Roland Schurig
Kommentar
zur Straßenverkehrs-Ordnung

Straßenverkehrs-Ordnung
StVO

Kommentar
von
Roland Schurig
Senatsrat bei der für Verkehr
zuständigen Senatsverwaltung Berlin

11. Auflage

Stand April 2002

KIRSCHBAUM VERLAG BONN

ISBN 3 7812 1557 1
© Kirschbaum Verlag GmbH, Fachverlag für Verkehr und Technik
Siegfriedstraße 28, 53179 Bonn
Fax 02 28 / 9 54 53 27, Internet www.kirschbaum.de
Satz und Lithographie Heinz-Bernd Haeseling, Bonn
Druck Druckhaus Locher GmbH, Köln
April 2002 · Best.-Nr. 1557

Vorwort zur 11. Auflage

Die StVO ist ein Kursbuch zur Unfallverhütung und zum Schutz vor verkehrsbezogenen Emissionen. Der Schwerpunkt liegt auf wenigen Regeln, deren Verletzung die häufigsten Unfallursachen darstellt. Bei oberflächlicher Betrachtung mag der Eindruck entstehen, die StVO befasse sich vor allem mit Kraftfahrzeugen und weniger mit Fußgängern oder Radfahrern. Dieser Eindruck täuscht jedoch. Die Betonung liegt nicht auf den Rechten der Verkehrsteilnehmer, sondern auf ihren Pflichten, die sie den anderen gegenüber wahrzunehmen haben. Von Kraftfahrern gehen die größeren Gefahren aus; infolgedessen sind auch ihre Pflichten umfangreicher ausgeprägt als die der schwächeren Verkehrsteilnehmer. Weitere Ziele der StVO sind das Aufrechterhalten eines flüssigen Verkehrsablaufs, das Gewährleisten der Ordnung im Verkehrsraum und das Vermeiden unnötiger Umweltbeeinträchtigungen.

Die Negativerscheinungen des motorisierten Verkehrs gehen vor allem von der Masse der Fahrzeuge aus. Sie zu mindern ist Aufgabe einer vom Grundkonsens der Gesellschaft getragenen Verkehrspolitik, die sich in ständiger Rechtsfortbildung befindet. Die StVO kann mit ihren Eingriffsmöglichkeiten dazu einen Beitrag leisten, aber nicht jedes Problem „innovativ, effizient und möglichst kostenneutral" lösen. Nur schwer durchsetzbare Raumordnungs-, Planungs- oder Bauvorhaben können nicht durch eine Beeinflussung des Verhaltensrechts ersetzt werden; aus der StVO lässt sich infolgedessen nicht alles herauspressen, was im Verkehrsraum wünschenswert erscheint. Regelungen, die losgelöst vom Normenzusammenhang und von der gesellschaftlichen Akzeptanz ein Verhalten der Bürger erzwingen sollen, das ohne faktische Relevanz lediglich massenhaft Verstöße provoziert, untergrüben die Verkehrsmoral und das Vertrauen in die öffentliche Sicherheit und Ordnung.

Neue Regelungen setzen sich infolge eingeschliffener Verhaltensweisen oft erst nach Jahren im Verkehrsalltag durch. Bereichert wird diese Tatsache durch die innere Einstellung, dass wir alle zwar neue Regeln zu unserem Schutz begrüßen, ihre Beachtung aber bereits vor der Haustür des Nachbarn nicht mehr zu akzeptieren bereit sind. Aus der Erkenntnis, dass Verkehrsunfälle fast ausschließlich auf menschliches Versagen zurückzuführen sind, will die StVO nicht nur Konfliktsituationen vermeiden, sondern strebt vor allem die Hebung der allgemeinen Verkehrsgesittung an. Kein gesetztes Recht kann indes so präzise ausgestaltet werden, dass es uns nicht die Freiheit der Wahl in vielen Bereichen ließe. Entscheidender Gesichtspunkt für den verbleibenden Spielraum im Verhaltensrecht bleibt daher das Wahren von Leben, Gesundheit und Sachwerten. Einem volkstümlichen Gesetz muss die Mahnung vorangestellt werden, dass der moderne Verkehr voller Gefahren ist und sich auf Dauer nur aufrechterhalten lässt, wenn jeder sich einfügt. Einer der „Väter" der StVO (Helmuth Booß) hat diesen heute noch gültigen Leitgedanken in der amtlichen Begründung ausdrücklich verankert.

Die 11. Auflage des Kommentars ist grundlegend neu bearbeitet worden. Das Werk setzt die Tradition der kurzen und knappen Darstellung verkehrsrechtlicher Problemstellungen aber auch hier fort, erläutert lehrbuchartig aktuelle Fragen und weist als Grundriss auf Nebengebiete hin. Die amtliche Begründung zur StVO ist auszugsweise insoweit aufgenommen worden, als sie dem besseren Verständnis des Regelwerks dient. Zur Übersichtlichkeit ist ein Katalog der häufigsten verkehrsrechtlichen Begriffe vorangestellt. Eine Chronologie über „150 Jahre Straßenverkehr" schließt den Bogen zu den Anfängen der Motorisierung.

Die 11. Auflage berücksichtigt den Rechtsstand bis April 2002. Paragraphenangaben ohne Zusatz beziehen sich auf die StVO.

Berlin, April 2002   Roland Schurig

Für Anregungen und Hinweise sind der Autor oder der Verlag unter www.kirschbaum.de dankbar.

Inhaltsverzeichnis

I. Allgemeine Verkehrsregeln

II. Zeichen und Verkehrseinrichtungen

III. Durchführungs-, Bußgeld- und Schlussvorschriften

Abkürzungen

Gewichtsangaben ohne Zusatz, wie „7,5 t", beziehen sich auf die höchstzulässige Gesamtmasse der Fahrzeuge.

Geschwindigkeitsangaben ohne Zusatz, wie „max. 50 km/h", beziehen sich auf die Höchstgeschwindigkeit.

Kubikangaben, wie „max. 80 cm^3", beziehen sich auf den höchstzulässigen Hubraum des Motors.

Leistungsangaben, wie „max. 20 kW", beziehen sich auf die höchstzulässige Motorleistung (1 kW = 1,3596 PS; 1 PS = 0,7355 kW).

Nennleistungsdrehzahlen, wie „max. 6000^{-1}", beziehen sich auf die höchstzulässige Motordrehzahl (in min^{-1}).

Leistungsbezogene Gewichtsangaben, wie „7 kg/kW", beziehen sich auf das Leergewicht, geteilt durch die max. Motorleistung in kW.

Angaben, wie „Z. 201", beziehen sich auf die Verkehrszeichen und Einrichtungen der Straßenverkehrs-Ordnung.

Angaben der **Paragraphen** ohne Zusatz, wie „§ 27", beziehen sich auf die Straßenverkehrs-Ordnung.

a.a.O.	am angegebenen Ort
aaSoP	amtlich anerkannter Sachverständiger oder Prüfer für den Kraftfahrzeugverkehr
ABBG	Autobahnbenutzungsgebührengesetz
ABE	Allgemeine Betriebserlaubnis für Fahrzeuge
ADR	Europäisches Übereinkommen für die internationale Beförderung gefährlicher Güter auf der Straße
AETR	Europäisches Übereinkommen über die Arbeit des im internationalen Straßenverkehr beschäftigten Fahrpersonals
a.F.	alte Fassung
AG	Amtsgericht
AltautoV	Altauto-Verordnung
Anh.	Anhang
Anm.	Anmerkung
Art.	Artikel
ASK	Aufbauseminar für Kraftfahrer
Aufl.	Auflage
AusnVO	Ausnahme-Verordnung des Bundesministeriums für Verkehr, Bau- und Wohnungswesen
AV	Ausführungsvorschrift
BAK	Blutalkoholkonzentration
BAnz	Bundesanzeiger, zitiert nach Nummer und Jahrgang
BASt	Bundesanstalt für Straßenwesen
BauNVO	Baunutzungsverordnung
BayObLG	Bayerisches Oberstes Landesgericht
BayVerfGH	Bayerischer Verfassungsgerichtshof
bbH	bauartbestimmte Höchstgeschwindigkeit
BegleitG	Begleitgesetz zum Telekommunikationsgesetz vom 17.12.1997 (BGBl. I S. 3108)

Begr.	Begründung zur StVO
BfF	Begutachtungsstelle für Fahreignung
BFH	Bundesfinanzhof
BGB	Bürgerliches Gesetzbuch
BGBl.	Bundesgesetzblatt, zitiert nach Teil, Jahr und Seite
BGH	Bundesgerichtshof
BImSchG	Bundesimmissionsschutzgesetz
BKatV	Bußgeldkatalog-Verordnung
BLFA-OWiG	Bund/Länder-Fachausschuss für Verkehrsordnungswidrigkeiten
BLFA-StVO	Bund/Länder-Fachausschuss für den Straßenverkehr und die Verkehrspolizei
BMVBW	Bundesministerium für Verkehr, Bau- und Wohnungswesen
BOKraft	Betriebsordnung für Kraftfahrunternehmen im Personenverkehr
BOStrab	Straßenbahn-Bau- und Betriebsordnung
BR	Bundesrat
BT	Bundestag
BVerfG	Bundesverfassungsgericht
BVerfGE	Entscheidungen des Bundesverfassungsgerichts, zitiert nach Band und Seite
BVerwG	Bundesverwaltungsgericht
BZR	Bundeszentralregister
CEMT	Europäische Verkehrsministerkonferenz
DA	Dienstanweisung
DAR	Deutsches Autorecht, zitiert nach Jahr und Seite
Drs.	Drucksache
DVO	Durchführungsverordnung
EBE	Einzelbetriebserlaubnis für Fahrzeuge
EBO	Eisenbahnbetriebsordnung
ECE	Europäische Wirtschaftskommission der UN
EG/EU	Europäische Gemeinschaft/Union
Erl.	Erläuterungen
EV	Einigungsvertrag (Vertrag über die Herstellung der Deutschen Einheit)
EWG	Europäische Wirtschaftsgemeinschaft
f., ff.	folgende, fortfolgende
FaP	Fahrerlaubnis auf Probe
FE	Fahrerlaubnis
FE-Behörde	Fahrerlaubnisbehörde
FE-Entzug	Fahrerlaubnisentzug
FE-Inhaber	Fahrerlaubnisinhaber
FeV	Fahrerlaubnis-Verordnung
FmH	Fahrrad mit Hilfsmotor
FStrG	Bundesfernstraßengesetz
GebOSt/GebTSt	Gebührenordnung/Gebührentarif für Maßnahmen im Straßenverkehr

GG	Grundgesetz der Bundesrepublik Deutschland
ggf.	gegebenenfalls
GGVS	Gefahrgutverordnung Straße
GKG	Gerichtskostengesetz
GüKG	Güterkraftverkehrsgesetz
h.A./h.M.	herrschende Ansicht/Meinung
HAV	Hinweise für das Anbringen von Verkehrszeichen und Verkehrseinrichtungen, 11. Auflage, Kirschbaum Verlag Bonn
IntKfzVO	Verordnung über internationalen Kraftverkehr
i.d.F.	in der Fassung
i.d.R.	in der Regel
IntVO	Verordnung über internationalen Kraftverkehr
JZ	Juristenzeitung, zitiert nach Jahr und Seite
KBA	Kraftfahrt-Bundesamt
KfSachvG	Kraftfahrsachverständigengesetz
KFZ	Kraftfahrzeug
KG	Kammergericht (Berlin)
KOM	Kraftomnibus
Krad	Kraftrad
KrW-/AbfG	Kreislaufwirtschafts- und Abfallgesetz
LG	Landgericht
LKW	Lastkraftwagen
LZA	Lichtzeichenanlage
MDR	Monatsschrift für Deutsches Recht, zitiert nach Jahr und Seite
Min.	Minute
Mofa	Fahrrad mit Hilfsmotor (25 km/h)
MPG	medizinisch-psychologisches Gutachten
MtP	Mehrfachtäter-Punktsystem
m.w.N.	mit weiteren Nachweisen
n.F.	neue Fassung
NJW	Neue Juristische Wochenschrift, zitiert nach Jahr und Seite
NVwZ	Neue Zeitschrift für Verwaltungsrecht, zitiert nach Jahr und Seite
NZV	Neue Zeitschrift für Verkehrsrecht, zitiert nach Jahr und Seite
o.g.	oben genannt
OLG	Oberlandesgericht
ÖPNV	Öffentlicher Personennahverkehr
OVG	Oberverwaltungsgericht
OWiG	Ordnungswidrigkeitengesetz
PBefG	Personenbeförderungsgesetz
PKW	Personenkraftwagen

PostG	Postgesetz
PZU	Postzustellurkunde
rd.	rund
Rn.	Randnote der VwV-StVO
RL	Richtlinien
R+S	Recht und Schaden, zitiert nach Jahr und Seite
RWBA	Richtlinien für wegweisende Beschilderung auf Autobahnen
Rspr.	Rechtsprechung
s	Sekunde
S.	Seite
s.a.	siehe auch
SG	Sozialgericht
SmogVO	Verordnung zur Verminderung schädlicher Umwelteinwirkungen bei austauscharmen Wetterlagen
StGB	Strafgesetzbuch
StPO	Strafprozessordnung
StVG	Straßenverkehrsgesetz
StVO	Straßenverkehrs-Ordnung
StVUnfStatG	Straßenverkehrsunfallstatistikgesetz
StVZO	Straßenverkehrs-Zulassungs-Ordnung
TMG	Telekommunikationsgesetz
u.a.	unter anderem
u.ä.	und ähnliche(s)
u.U.	unter Umständen
VA	Verwaltungsakt
VdTÜV	Verband der Technischen Überwachungsvereine
VE	Verkehrseinrichtung(en)
VerkMitt	Verkehrsrechtliche Mitteilungen, zitiert nach Jahr und Nummer
VersG	Versammlungsgesetz
VersR	Versicherungsrecht, zitiert nach Jahr und Seite
VG	Verwaltungsgericht
VGH	Verwaltungsgerichtshof
VkBl.	Verkehrsblatt, zitiert nach Jahr und Seite
VO	Verordnung/Rechtsverordnung
VO (EWG/EU)	EWG-Verordnung/EU-Verordnung
VRS	Verkehrsrechtssammlung, zitiert nach Band und Seite
VT	Verkehrsteilnehmer
VU	Verkehrsunfall
VwGO	Verwaltungsgerichtsordnung
VwVfG	Verwaltungsverfahrensgesetz
VwVG	Verwaltungsvollstreckungsgesetz
VwV-StVO	Allgemeine Verwaltungsvorschrift zur Straßenverkehrs-Ordnung
VZ (VZ/VE)	Verkehrszeichen (Verkehrszeichen/Verkehrseinrichtungen)
VZR	Verkehrszentralregister

WRV	Weimarer Reichsverfassung
WÜ	Wiener Übereinkommen über den Straßenverkehr und über Verkehrszeichen vom 8.11.1968 (BGBl. 1977 II S. 811, 893 ff.)
WÜD/WÜK	Wiener Übereinkommen über diplomatische bzw. konsularische Beziehungen vom 18.4.1961 (BGBl. II 1964, S. 957; 1965 S. 147)
Z.	Verkehrszeichen der StVO (Angabe mit amtlicher Nummer, z. B. Z. 101 = Gefahrstelle)
ZEVIS	Zentrales Verkehrsinformationssystem
ZFER	Zentrales Fahrerlaubnisregister des Kraftfahrt-Bundesamtes
ZfS	Zeitschrift für Schadensrecht, zitiert nach Jahr und Seite
zGg	zulässiges Gesamtgewicht von Fahrzeugen
ZPO	Zivilprozessordnung
z.T.	zum Teil
Zusatzabkommen	Zusatzabkommen zum NATO-Truppenstatut

150 Jahre Straßenverkehr

Allgemeine Mobilität ist immer ein entscheidender Faktor zur Fortentwick-
lung von Wirtschaft, Kultur und Wissenschaft gewesen. Soziales Wachstum
und Wohlstand im 20. Jahrhundert waren eng mit den Innovationsschüben
beim Transport von Gütern und Menschen verbunden. Daran wird sich
auch im 21. Jahrhundert nichts ändern.

1850 Entwicklung des Verfahrens zur Verbesserung der Fahrbahnoberfläche durch Asphalt

1876 August Otto entwickelt den nach ihm benannten Otto-Motor (lexika-
lische Kommentierung bei Meyer, 5. Aufl. 1896: „Ganz aussichtslos
erscheint die Idee der Personenbeförderung ... durch so genannte
Benzinwagen")

Verkehrsverbot für Fahrzeuge

1920   1934   1992

Bild 63   Bild 11   Zeichen 250

1881 Aufhebung des letzten Straßenzolls im Deutschen Reich

1888 Carl Benz erhält die Genehmigung für Versuchsfahrten mit dem von
ihm entwickelten Motorwagen im Raum Mannheim und damit die
erste Fahrerlaubnis

1892 Rudolf Diesel erhält das Patent für einen „rationellen Wärmemotor
zum Ersatz der Dampfmaschine" (Dieselmotor)

1894 Erste Autorennen Paris – Rouen über 128 km

1895 Inbetriebnahme des ersten Autoluftreifens durch die Brüder André
und Edouard Michelin

1896 Herstellung des ersten Motor-LKW (Daimler)

Geschwindigkeitsbeschränkung

1920   1934   1992

Bild 70   Bild 21   Zeichen 274

1896 Einsatz der ersten Kraftdroschke mit Taxameter in Stuttgart; es handelte sich um ein KFZ der Daimler-Motoren-Gesellschaft in Cannstatt

1897 Erste deutsche Automobilausstellung in Berlin

1901 Einführung einer amtlichen Bescheinigung in Preußen als Voraussetzung für die Benutzung von Automobilen

1902 Erstes Kraftfahrlehrbuch „Schule des Automobilfahrers"

1904 Einrichtung der „ersten deutschen Autolenkerschule" in Aschaffenburg zur Ausbildung „verständiger Autolenker" (bis dahin erfolgte eine Ausbildung allenfalls durch technische Einweisung beim Autohändler)

1909 Gesetz über den Verkehr mit Kraftfahrzeugen (Einführung der Halterhaftung mit Haftpflichtversicherung); Beginn der Besteuerung von KFZ durch die „Reichsstempelabgabe"

1909 KFZ-Bestand 41 000, Verkehrsunfälle: 6 063 mit 194 Toten und 2 945 Verletzten

1909 Erstes Pariser Übereinkommen über den internationalen Kraftfahrzeugverkehr

1910 Rahmen-Verordnung über den Kraftfahrzeugverkehr; Länderregelungen gelten aber weiter (Vorläufer der späteren StVO und StVZO)

1910 Die Fahrerlaubnis wird nur nach einer mündlichen und praktischen Prüfung erteilt. Die Durchführung der Prüfung wird den „Dampfkesselüberwachungsvereinen" (den späteren TÜV) übertragen

Halt! Vorfahrt gewähren

1939   1971

Ein entsprechendes
Verkehrszeichen für
nachgeordnete
Straßen gab es vor
1939 nicht

Bild 30 a   Zeichen 206

1922 Einführung der KFZ-Steuer; erste massive Tankstelle („Tankhaus") am Raschplatz in Hannover

1923 Verordnung über Kraftfahrzeugverkehr; das Verhaltensrecht richtete sich jedoch weiterhin nach den ländereigenen Verkehrsordnungen, z. B. „Berliner Straßenordnung" vom 15.1.1929 als klassische Polizeiverordnung oder „Preußische Straßenverkehrsordnung" vom 20.3.1934

1924 Erste elektrische Wechsel-Lichtzeichenanlage auf dem „Verkehrsturm" am Potsdamer Platz in Berlin (Anordnung der Signale zunächst noch waagerecht); Vorläufer waren von der Polizei manuell betriebene Signalscheiben und „Zeigerampeln". Der „Verkehrsturm" wurde bei der Umgestaltung des Potsdamer Platzes aus Anlass der Olympiade 1936 entfernt (ein Modell steht jetzt wieder dort)

1924 Entwicklung der hydraulischen Bremse durch Malcolm Loughead (späterer Name „Lockheed")

1926 Zweites Pariser Abkommen über den Internationalen Kraftfahrzeugverkehr (ersetzte das Abkommen von 1909)

1926 Erste „Grüne Welle" in der Leipziger Straße in Berlin

Haltverbote

1920   1934   1971

Bild 7   Bild 22   Zeichen 283

1930 Einführung der Mineralölsteuer

1931 Genfer Vereinbarung als erster Versuch einer Vereinheitlichung der Verkehrszeichen

1933 Verordnung über die Ausbildung von Kraftfahrzeugführern

1933 KFZ-Bestand 1,8 Mio.; Bevölkerung 66,4 Mio.; Verkehrsunfälle im statistischen Jahrbuch 1934 nicht erfasst (eine „aufstrebende Automobilnation" sollte sich nicht mit Negativerscheinungen konfrontiert sehen?!)

1933 Kostenbeispiele für Kraftfahrzeuge: Mercedes-Benz Limousine 7 655 ccm mit Kompressor und 150 PS = 41 000 (!) Reichsmark (RM); Ford PKW 3 560 ccm mit 90 PS = 5 250 RM; BMW Tourenwagen 1 910 ccm mit 45 PS = 4 500 RM; Fiat Cabriolet 1 930 ccm mit 45 PS = 5 690 RM; Opel PKW 1 920 ccm mit 36 PS = 3 600 RM; Audi PKW 2 241 ccm mit 50 PS = 7 950 RM

1933 Verordnung über internationalen Kraftfahrzeugverkehr

1934 Länderregelungen des Verhaltens- und Zulassungsrechts werden durch die Reichs-Straßenverkehrs-Ordnung abgelöst

1935 Eröffnung der ersten Autobahn in Deutschland

1937 Entwicklung des ersten Diesel-PKW von Daimler-Benz („Mercedes 260 D")

1937 KFZ-Bestand 2,85 Mio.; Verkehrsunfälle 266 400 mit 7 636 Toten und 174 200 Verletzten; Bevölkerung 67,8 Mio. (KFZ-Bestand in den USA bereits 24 Mio.)

Vorgeschriebene Fahrtrichtung rechts

1926   1934   1970   1992

Bild 4   Bild 26   Zeichen 209   Zeichen 209

1937 Aufteilung der Reichs-Straßenverkehrs-Ordnung in StVO und StVZO

1938 Gebührenordnung für Maßnahmen im Straßenverkehr (Erteilung der Fahrerlaubnis 3 RM, Zulassung eines KFZ 3 RM, technische Überprüfung eines KFZ 2 RM)

1940 Verordnung über Sachverständige für den Kraftfahrzeugverkehr

1946 Entwicklung des ersten Radialreifens („Michelin X")

1950 KFZ-Bestand 2,5 Mio.; Verkehrsunfälle 260 700 mit 6 428 Toten und 157 300 Verletzten; Bevölkerung 50,2 Mio. (nur alte Bundesländer)

1952 Erlass des (bereinigten) Straßenverkehrsgesetzes (StVG); Einführung des „Zebrastreifens" (aber erst ab 1964 hatten Fußgänger dort Vorrang)

1953 Erlass der (neuen) StVO und StVZO auf der Grundlage des (bereinigten) StVG

1954 Einführung der Parkuhr in Deutschland

1954 Gründung der Europäischen Wirtschaftsgemeinschaft (EWG)

1957 Grundsteinlegung für eine moderne, auf den Massenverkehr zugeschnittenen StVO durch die 4. Gemeinsame Straßenverkehrssicherheitskonferenz des Bundes und der Länder

Gefahrzeichen zur Temporeduzierung bei Kindern

1926	1934	1970	1992

Bild 1	Bild 33	Zeichen 136	Zeichen 136
Anl. V	Vorschriftzeichen	„Kinder"	„Kinder"
StVO 1926	„Schule"	StVO 1970	StVO 1992
	StVO 1934		

1961 Einführung der Parkscheibe in Deutschland

1968 Wiener Übereinkommen der UN über den Straßenverkehr und über Straßenverkehrszeichen. Die Signatarstaaten verpflichten sich, nur die im „Weltabkommen" vorgesehenen Verkehrsregeln und Verkehrszeichen in ihren nationalen Verkehrsordnungen zu verankern

1968 Entkriminalisierung der Verkehrsverstöße durch Einführung des Ordnungswidrigkeitengesetzes. Die gerichtlichen Strafverfügungen werden durch verwaltungsbehördliche Bußgeldbescheide abgelöst. Neben „Barverwarnungen" der Polizei sind jetzt auch schriftliche Verwarnungsbescheide möglich

1970 KFZ-Bestand 17,9 Mio.; Verkehrsunfälle 1,4 Mio. mit 19 193 (!) Toten und 531 700 Verletzten; Bevölkerung 60,7 Mio. (nur alte Bundesländer)

1970 Neufassung der StVO auf der Grundlage des Wiener Übereinkommens („Weltabkommen")

Verkehrsverbot für Kraftwagen

1920	1934	1971	1992

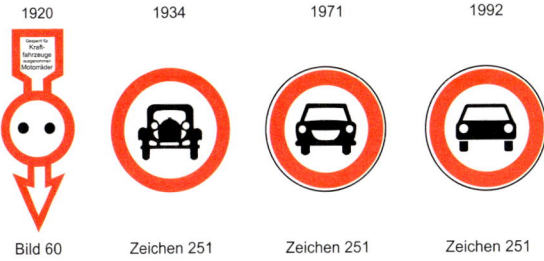

| Bild 60 | Zeichen 251 | Zeichen 251 | Zeichen 251 |

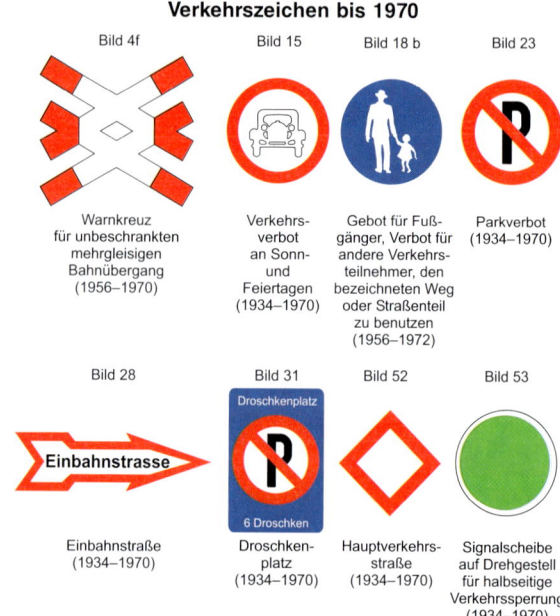

Verkehrszeichen bis 1970

Bild 4f	Bild 15	Bild 18 b	Bild 23
Warnkreuz für unbeschrankten mehrgleisigen Bahnübergang (1956–1970)	Verkehrs- verbot an Sonn- und Feiertagen (1934–1970)	Gebot für Fuß- gänger, Verbot für andere Verkehrs- teilnehmer, den bezeichneten Weg oder Straßenteil zu benutzen (1956–1972)	Parkverbot (1934–1970)

Bild 28	Bild 31	Bild 52	Bild 53
Einbahnstraße (1934–1970)	Droschken- platz (1934–1970)	Hauptverkehrs- straße (1934–1970)	Signalscheibe auf Drehgestell für halbseitige Verkehrssperrung (1934–1970)

1973 „Ölkrise" (ausgelöst durch Mineralölbeschränkungen der OPEC-Staaten) mit Fahrverboten an den 4 Sonntagen im November 1973 und Tempobegrenzung 100 km/h auf Autobahnen bis Juni 1974. Als Folge der Verteuerung der Treibstoffe wurden die Motoren höher verdichtet und damit einhergehend die Probleme der Stickoxidemissionen als einer der Auslösefaktoren für das „Waldsterben" verstärkt

1990 Bundesgebiet nur alte Länder: KFZ-Bestand 36,7 Mio.; Verkehrsunfälle 2 Mio. mit 7 906 Toten und 340 000 Verletzten; Bevölkerung 62,7 Mio.

2000 KFZ-Bestand 51 Mio. Verkehrsunfälle: 2,35 Mio. mit 7.503 Toten und 504 000 Verletzten; Volkswirtschaftliche Schäden durch Verkehrsunfälle: rd. 38 Mrd. €, davon 21 Mrd. € Personen- und 17 Mrd. € Sachschäden. Verkehrssünder im VZR des Kraftfahrt-Bundesamtes: 6,63 Mio., davon 5,42 Mio. Männer und 1,21 Mio. Frauen. Bevölkerung: 81 Mio. Straßennetz Gesamtlänge: 650 560 km, davon Autobahnnetz 10 700 km. Gesamtfahrleistung der KFZ: 535 Mrd. km, davon auf Autobahnen = 26 %, Außerortsstraßen = 39 % und Innerortsstraßen = 35 %.

2001 Niedrigste Anzahl von Verkehrstoten seit 1970: 2.361 Mio. Verkehrsunfälle mit 6.949 Toten und 494.356 Verletzten; Unfälle mit Personenschaden: 374.842, mit schwerem Sachschaden: 134.019, mit leichtem Sachschaden: 1.852.049, Verunglückte insgesamt 501.305.

Verkehrsrechtliche Begriffe

Abbiegen	Jede Richtungsänderung, bei der die bisher benutzte Fahrbahn verlassen und aus dem gleichgerichteten Verkehr heraus gefahren wird
Anhalteweg	Summe von Reaktions- und Bremsweg
Anhänger	Mehrspuriges Fahrzeug ohne eigenen Antriebsmotor zur Lastenbeförderung oder als Anhänger-Arbeitsmaschine
Arbeitsmaschine	Nicht der Güter- oder Personenbeförderung dienender selbstfahrender Kraftwagen mit Aufbauten zur Arbeitsleistung (z. B. Mähdrescher, Bagger, Abschleppwagen, Autokran)
Autobahn	Kreuzungsfreie Bundesfernstraße mit zwei durch Mittelstreifen und Leitplanken getrennten Richtungsfahrbahnen (ausgewiesen durch Z. 330)
Bahnübergang	Höhengleiche Kreuzung von Straße und Schienenweg mit Bahnvorrang (Kennzeichnung durch Andreaskreuz Z. 201)
Behinderung	Konkrete und vermeidbare Veranlassung eines anderen zu einem Verhalten, zu dem er rechtlich nicht verpflichtet ist
Beifahrer	Als Mitfahrer nur dann Verkehrsteilnehmer, wenn er auf den Verkehrsvorgang körperlich einwirkt (z. B. Eingriff in das Lenkrad, Sozius auf Motorrad)
Belästigung	Konkretes und vermeidbares Zufügen eines körperlichen oder geistigen Unbehagens
Beschleunigungsstreifen	Fahrstreifen zum Einfädeln des einmündenden Verkehrs (auf ihnen darf schneller als auf den anderen Fahrstreifen gefahren werden)
Bremsweg	Weg, den ein gebremstes Fahrzeug unter Berücksichtigung der Bremsverzögerung bis zum Stillstand zurücklegt. Bei Berechnung nach der Faustformel $[V:10]^2$ liegt eine Bremsverzögerung von 3,8 m/s^2 zu Grunde
Bußgeld	Ordnungsrechtliche Maßregelung durch Bußgeldbescheid ab 40 € bis 1 500 € als Folge einer tatbestandsmäßigen, rechtswidrigen und vorwerfbaren Handlung (ihr fehlt – anders als einer Strafe – das sozialethische Unwerturteil)
Einmündung	Knotenpunkt aus einer oder mehreren Straßen, die in eine durchgehende Straße führen, ohne sich fortzusetzen
Fahrbahn	Teil der Straße, der durch die Art seiner Befestigung für den Fahrzeugverkehr geeignet und für diesen freigegeben ist
Fahrerlaubnis	Recht, Kraftfahrzeuge im Rahmen der erteilten Klassen zu fahren

Fahrgast	Mitfahrer zum Zwecke der Ortsveränderung
Fahrlässigkeit	Rechtswidrige und vorwerfbare Tatbestandserfüllung, ohne es zu wollen oder zu erkennen
Fahrrad	Durch Muskelkraft angetriebenes einspuriges Fahrzeug (Regelfall)
Fahrstreifen	Teil der Fahrbahn, den ein mehrspuriges Fahrzeug zum ungehinderten Fahren im Verlauf der Fahrbahn benötigt (§ 7 Abs. 1 Satz 2 StVO)
Fahrverbot	Verbot für die Dauer von 1 bis 3 Monaten, Kraftfahrzeuge zu fahren, als Nebenfolge eines Bußgeld- oder Strafverfahrens; der Betroffene bleibt Inhaber der Fahrerlaubnis
Fahrzeug	Straßengebundenes Verkehrsmittel zur Beförderung von Personen oder Gütern mit oder ohne Maschinenantrieb (z. B. Fahrrad, Pferdekutsche, Kraftfahrzeug, Anhänger, Straßenbahn)
Fahrzeugführer	Derjenige, der die tatsächliche Gewalt über das Fahrzeug hat, es lenkt oder dessen Bewegungsabläufe steuert
Fahrzeughalter	Derjenige, der die Verfügungsgewalt über das Fahrzeug hat, es für eigene Rechnung gebraucht und für die Unterhaltskosten aufkommt
Fahrzeugschein	Dokument über die erteilte Zulassung (Betriebserlaubnis und Zuteilung eines amtlichen Kennzeichens)
Fortbewegungsmittel	Gerät zur Fortbewegung mit Muskelantrieb (kein Fahrzeug, es darf nicht auf der Fahrbahn, wohl aber auf Gehwegen betrieben werden, z. B. Rollstühle, Roller, Inline-Skates)
Fußgänger	Verkehrsteilnehmer, der sich ohne Fahrzeug fortbewegt
Fußgängerfurt	Durch Lichtzeichen geschützter Querungsbereich für Fußgänger
Fußgängerüberweg	Durch Markierung gekennzeichnete Querungsstelle mit Fußgängervorrang (Zebrastreifenmarkierung entspr. Z. 293 und Z. 350)
Führerschein	Dokument über die erteilten Fahrerlaubnis-Klassen
Gebühr	Öffentlich-rechtliche Geldforderung, die wegen einer individuell erhaltenen Leistung durch Gesetz, Rechtsverordnung oder sonstige hoheitliche Maßnahmen auferlegt wird, um die Kosten für diese Leistung ganz oder teilweise abzudecken (Abgrenzung zur Steuer)
Gefährdung	Herbeiführen einer konkreten Verkehrslage, bei der eine Schädigung von Leben, Gesundheit oder Sachwerten unmittelbar bevorsteht
Gehweg	Sonderweg für Fußgänger, dessen Zweckbestimmung aus der straßenbaulichen Gestaltung oder Kennzeichnung durch Verkehrszeichen folgt (Z. 240)
Generalprävention	Alle potenziellen Wirkungen straf- und ordnungsrechtlicher Normen, die auf das Unterlassen von kriminellen Handlungen und Ordnungsverstößen zielen

Grundsatz der doppelten Sicherung (Gefahrenlehre/ defensives Fahren)	Niemand darf in eine erkennbare Gefahrensituation hinein fahren, wenn er nicht sicher sein kann, dass er oder ein anderer sie rechtzeitig beseitigen wird; das gilt auch, wenn ein anderer Verkehrsteilnehmer die Gefahr verschuldet hat
Halten	Gewolltes zum Stillstand bringen eines Fahrzeugs, ohne durch die Verkehrslage dazu gezwungen zu sein
Kleinkraftrad	Motorisiertes Zweirad mit max. 50 cm^3 und 45 km/h
Kraftfahrstraße	Bundesfernstraße für Kraftfahrzeuge mit bauartbedingter Höchstgeschwindigkeit von mehr als 60 km/h
Kraftfahrzeug	Durch Maschinenkraft bewegtes ein- oder mehrspuriges Landfahrzeug, das nicht an Bahngleise gebunden ist (§ 1 Abs. 2 StVG)
Kraftomnibus	Kraftwagen zur Personenbeförderung mit mehr als acht Sitzplätzen (ohne Fahrersitz), unabhängig vom zulässigen Gesamtgewicht (KOM)
Kraftwagen	Drei- oder vierrädriges Kraftfahrzeug
Kreuzung	Knotenpunkt aus zwei oder mehreren Straßen, die aus verschiedenen Richtungen kommend sich in der Weise schneiden, dass jede Straße über den Schnittpunkt hinaus fortgesetzt wird
Kriechstreifen	Fahrstreifen an Steigungsstrecken für langsame Kraftfahrzeuge
Lastkraftwagen	Kraftwagen, der unabhängig vom zulässigen Gesamtgewicht und der Anzahl der Räder nach Bauart und Einrichtung zur Güterbeförderung bestimmt ist (LKW)
Leergewicht	Gewicht des Fahrzeugs ohne Beladung im fahrfertigen Zustand (zuzüglich 75 kg für den Fahrer, außer bei PKW und Motorrad)
Leichtkraftrad	Motorrad mit max. 125 cm^3 und max. 11 kW
Leichtmofa	Motorisiertes Fahrrad mit Hilfsmotor und max. 20 km/h (keine Schutzhelmtragepflicht)
Liegenbleiben	Stillstand des Fahrzeugs infolge einer technischen Panne oder einer Beeinträchtigung der Fahrfähigkeit (wird nicht dem ruhenden Verkehr zugerechnet)
Mofa	Fahrrad mit Hilfsmotor bis max. 25 km/h (vgl. o. Leichtmofa)
Motorrad	Motorisiertes Zweirad mit oder ohne Beiwagen
Öffentliche Verkehrsfläche	Alle dem allgemeinen Verkehr gewidmeten Straßen sowie solche Flächen, die mit Duldung des Verfügungsberechtigten tatsächlich von der Allgemeinheit genutzt werden
Ordnungswidrigkeit	Tatbestandsmäßige, rechtswidrige und vorwerfbare Verletzung einer mit Bußgeld bewehrten Rechtsnorm (hier insbesondere der StVO, StVZO, FeV)
Parken	Zielgerichtetes Anhalten von mehr als 3 Minuten Dauer oder mit Verlassen des Fahrzeugs

Parkplatz	Fläche zum Abstellen von Fahrzeugen, deren Zweckbestimmung aus der baulichen Gestaltung oder Kennzeichnung mit Verkehrszeichen folgt (Z. 314)
Personenkraftwagen	Kraftwagen zur Personenbeförderung mit nicht mehr als acht Sitzplätzen ohne Fahrersitz (PKW)
PKW Kombi	Kombinations-Kraftwagen zur Personenbeförderung mit max. acht Sitzplätzen ohne Fahrersitz und erweitertem Laderaum (werden den PKW zugerechnet)
Radweg	Sonderweg für Fahrräder, dessen Zweckbestimmung aus der straßenbaulichen Gestaltung oder Kennzeichnung durch Verkehrszeichen folgt (Z. 237)
Reaktionsweg	Weg, den ein Fahrzeug infolge subjektiver Reaktionszeit sowie technischer Bremsenansprech- und -schwellzeit bis zum vollen Einsatz der Bremsen ungebremst zurücklegt; Berechnung [V : 10] x 3 = rd. 1 Sekunde
Sattelkraftfahrzeug	Lastkraftwagen, bestehend aus einer Zugmaschine und dem Sattelauflieger
Schädigung	Körperschaden oder jeder wirtschaftlich messbare Vermögensnachteil (ab 20 €) eines Fremden
Schrecksekunde	Verlängerte Reaktionszeit, die nur bei einer Gefahrenlage zugebilligt wird, mit der der Fahrer nicht rechnen musste
Seitenstreifen	Ein neben der Fahrbahn liegender Straßenteil mit unterschiedlicher Zweckbestimmung
Sichtbarkeitsgrundsatz	Verkehrszeichen, Markierungen oder Einrichtungen müssen dem Betrachter bei Anwendung pflichtgemäßer Sorgfalt erkennbar und begreifbar sein, andernfalls ist ein Verkehrsteilnehmer von ihrer Beachtung entbunden. Im Gegensatz zum fließenden Verkehr sind die Anforderungen im ruhenden Verkehr geringer
Sonderfahrstreifen	Fahrstreifen für bestimmte Verkehrsarten; gekennzeichnet durch Markierungen und Verkehrszeichen (z. B. für Busse Z. 245, für Radfahrer als Schutzstreifen Z. 237)
Sonderkraftfahrzeug	Bestimmten Zwecken dienendes Fahrzeug (z. B. Wohnmobil, Polizei- und Feuerwehrfahrzeug, Rettungs- und Notarztwagen, Pannenhilfs-, Verkaufs- und Ausstellungsfahrzeug)
Sonderweg	Straßenteil, der ausschließlich bestimmten Verkehrsarten dient (z. B. Geh-, Rad-, Reitweg, Straßenbahntrasse)
Sonntagsfahrverbot	Verkehrsverbot für LKW ab 7,5 t oder LKW mit Anhänger an Sonn- und Feiertagen zwischen 0 und 22 Uhr
Straftat	Tatbestandsmäßige, rechtswidrige und vorwerfbare Verletzung einer mit Strafe bedrohten Handlung (hier insbesondere Unfallflucht § 142 StGB, Nötigung § 240 StGB, Gefährdung des Straßenverkehrs § 315c StGB, Trunkenheit im Verkehr § 316 StGB)

Straße   Alle für den öffentlichen Verkehr oder für einzelne Ver-
                      kehrsarten bestimmten Flächen, unabhängig von den
                      Eigentumsverhältnissen oder der straßenrechtlichen
                      Widmung

Straßenbahn   Schienengebundenes Fahrzeug, unterliegt bei straßen-
                      bündigem Gleiskörper nach § 55 BOStrab den Regeln
                      der StVO

Straßenteil   Alle Flächen, die nicht zur Fahrbahn gehören (z. B. Sei-
                      tenstreifen, Sonderwege, Parkplätze, Mittelstreifen,
                      Grundstückszufahrten)

Trike   Dreirädriges Kraftrad mit symmetrisch angeordneten
                      Rädern; sie werden zulassungsrechtlich einspurigen
                      Kraftfahrzeugen zugeordnet (Richtlinie 92/61/EWG),
                      fahrerlaubnisrechtlich gehören sie jedoch zu den PKW
                      (Fahrerlaubnis-Klasse B)

Überholen   Vorgang, bei dem ein von hinten sich näherndes Fahr-
                      zeug an einem anderen vorbeifährt, das sich auf dersel-
                      ben Straße in gleicher Richtung bewegt oder verkehrs-
                      bedingt wartet

Unfallbeteiligter Jeder, dessen Verhalten nach den Umständen zur Ver-
                      ursachung des Unfalls beigetragen haben kann (§ 142
                      Abs. 4 StGB, § 34 Abs. 2 StVO)

Unfallspuren   Alle Beweiszeichen, die zur Feststellung des Schadens-
                      herganges für die zivilrechtliche Klärung der Ersatz-
                      pflicht und/oder die strafrechtliche Würdigung von Be-
                      deutung sein können

Verkehrsmittel   Alle straßen- und schienengebundenen Landfahrzeuge,
                      die durch Motor- oder Muskelkraft angetrieben werden

**Verkehrsteil-   Jede Person, die sich verkehrserheblich verhält, d. h.
nehmer**   körperlich und unmittelbar durch Handeln oder pflicht-
                      widriges Unterlassen auf einen Verkehrsvorgang ein-
                      wirkt

Verkehrsunfall   Plötzliches Ereignis im Straßenverkehr, das mit dessen
                      typischen Gefahren in ursächlichem Zusammenhang
                      steht und einen Personen- oder einen nicht völlig belang-
                      losen Sachschaden zur Folge hat

**Vertrauens-   Auf das verkehrsgerechte Verhalten darf vertraut wer-
grundsatz**   den, d. h. mit fremden Verstößen braucht nicht gerechnet
                      zu werden, wenn sie lediglich ausnahmsweise vorkom-
                      men oder außerhalb der Erfahrung liegen (Einschrän-
                      kung durch Grundsatz der doppelten Sicherung, s. o.)

Verwarnungsgeld   Ordnungsrechtliche Maßregelung zwischen 5 € und 35 €
                      für Taten mit geringem Unrechtsgehalt

**Verzögerungs-   Fahrstreifen zum Ausgliedern aus dem durchgehenden
streifen**   Verkehr (auf ihnen darf rechts nicht schneller als auf
                      dem linken Fahrstreifen gefahren werden)

Vorfahrt   Berechtigung an Kreuzungen und Einmündungen als
                      Erster zu fahren (Unterfall des Vorrangs)

Vorrang   Berechtigung (nicht das Recht) als Erster fahren zu dürfen

Warten   Verkehrsbedingtes Anhalten (rechnet nicht zum ruhen-
                       den Verkehr)

Wenden   Weiterfahrt in die entgegengesetzte Richtung infolge
                       eines Bogens oder Rangierens

Zugmaschine   Kraftwagen, der ohne oder mit einer Hilfsladefläche
                       ausschließlich zum Ziehen von Anhängern bestimmt ist
                       (somit kein LKW)

Straßenverkehrs-Ordnung StVO

Vom 16. November 1970

(BGBl. I S. 1565, bereinigt 1971 S. 38),
geändert durch Verordnung vom 20. Oktober 1972 (BGBl. I S. 2069),
27. November 1975 (BGBl. I S. 2967), 2. Dezember 1975 (BGBl. I S. 2983),
5. August 1976 (BGBl. I S. 2067), 24. Mai 1978 (BGBl. I S. 635),
21. Juli 1980 (BGBl. I S. 1060), neu erlassen durch VO vom 28. April 1982
(BGBl. I S. 564), Änderungen vom 21. Juli 1983 (BGBl. I S. 949),
6. Juli 1984 (BGBl. I S. 889), 28. Februar 1985 (BGBl. I S. 499),
27. Juni 1986 (BGBl. I S. 939), 22. März 1988 (BGBl. I S. 405),
23. September 1988 (BGBl. I S. 1760) und 9. November 1989
(BGBl. I S. 1976), mit Sonderregelungen für die neuen Bundesländer
durch Anlage I Kapitel XI Sachgebiet B Abschnitt III Nr. 14
des Einigungsvertrages vom 31. August 1990 (BGBl. II S. 889, 1104),
Änderungen vom 15. Oktober 1991 (BGBl. I S. 1992),
19. März 1992 (BGBl. I S. 678), 22. Dezember 1992 (BGBl. I S. 2482,
bereinigt BGBl. I 1993 S. 223), 14. Dezember 1993 (BGBl. I S. 2043),
27. Dezember 1993 (BGBl. I S. 2378), 25. Oktober 1994
(BGBl. I S. 3127), 18. Juli 1995 (BGBl. I S. 935),
22. Februar 1996 (BGBl. I S. 216), 7. August 1997 (BGBl. I S. 2028),
17. Dezember 1997 (im BegleitG zum Telekommunikationsgesetz,
BGBl. I S. 3108/3119), 17. Dezember 1997 (BGBl. I S. 3108/3119),
25. Juni 1998 (BGBl. I S. 1654), vom 11. Dezember 2000 (BGBl. I S. 1690),
vom 14. September 2001 (BGBl. I S. 3783/3784), vom 29. Oktober 2001
(BGBl. I S. 2785)[1]

---

1 Art. 411 des 7. Zuständigkeitsanpassungsgesetzes vom 29.10.2001 (BGBl. I S. 2785) –
Änderung in § 46 Abs. 2 Satz 3 StVO „Bundesministerium für Verkehr, Bau- und
Wohnungswesen"

Allgemeine Verwaltungsvorschrift zur Straßenverkehrs-Ordnung (VwV-StVO) vom 22. Oktober 1998

(Neubekanntmachung BAnz. Nr. 246 b vom 31. Dezember 1998, bereinigt 1999 S. 947; VkBl. 1999, S. 290 ff.), in der Fassung 26. Januar 2001 (BAnz 2001 S. 1419; VkBl. 2000, S. 276), vom 18. Januar 2002 (BAnz S. 25513)

	Ausnahmeverordnungen zur StVO			
VO-Nr.	Ausnahmeregelung	VO vom	BGBl. I/ (VkBl.)	Bemerkung
1.	Helmtragepflicht bei Leichtmofas	26.2.1987	1987, S. 555, 1069 (= VkBl. S. 231)	Ausnahme erneuert durch 6. Verordnung
2.	Verwendung nicht amtlicher Schutzhelme bis 31.12.1992	19.3.1990	1990, S. 555 (= VkBl. S. 230)	Regelung ausgelaufen
3.	Rechtsabbiegen bei Rot an LZA mit Grünpfeilschild	11.12.1990	1990, S. 2765 (= VkBl. 1991 S. 6)	Regelung in die StVO übernommen
4.	Geltungsdauer für Verkehrszeichen vor 1.7.1992 bis 1.7.1994	23.6.1992	1992, S. 1124 (= VkBl. S. 347)	Regelung ausgelaufen
5.	Rückhalteeinrichtung für Kinder in KFZ der Stationierungsstreitkräfte	24.3.1994	1994, S. 623 (= VkBl. S. 346)	
6.	Helmtragepflicht bei Leichtmofas	24.3.1994	1994, S. 624 (= VkBl. S. 346)	
7.	Kindersicherung in Taxen	17.12.1997	1997, S. 3196 (= VkBl. 1998 S. 98)	Regelung tritt am 31.12.2002 außer Kraft (wird verlängert)
8.	Schutzhelmtragepflicht für bestimmte Krafträder mit Überrollbügel	20.5.1998	1998, S. 1130 (= VkBl. S. 556)	
9.	Tempo 100 für bestimmte PKW mit Anhänger auf Autobahnen und Kraftfahrstraßen	15.10.1998	1998, S. 3171 (= VkBl. S. 1310)	Geändert am 23.3.2001 (BGBl. S. 469 = VkBl. S. 202)
10.	Befahren von Fußgängerzonen zur Versorgung mit Euro-Bargeld	7.8.2001	2001, S. 2221 (= VkBl. S. 406)	Regelung trat am 28.2.2002 außer Kraft

I. Allgemeine Verkehrsregeln

§ 1 Grundregeln

(1) Die Teilnahme am Straßenverkehr erfordert ständige Vorsicht und gegenseitige Rücksicht.

(2) Jeder Verkehrsteilnehmer hat sich so zu verhalten, dass kein Anderer geschädigt, gefährdet oder mehr, als nach den Umständen unvermeidbar, behindert oder belästigt wird.

VwV zu § 1 Grundregeln

1 I. Die Straßenverkehrs-Ordnung (StVO) regelt und lenkt den öffentlichen Verkehr.

2 II. Öffentlicher Verkehr findet auch auf nicht gewidmeten Straßen statt, wenn diese mit Zustimmung oder unter Duldung des Verfügungsberechtigten tatsächlich allgemein benutzt werden. Dagegen ist der Verkehr auf öffentlichen Straßen nicht öffentlich, solange diese, zum Beispiel wegen Bauarbeiten, durch Absperrschranken oder ähnlich wirksame Mittel für alle Verkehrsarten gesperrt sind.

3 III. Landesrecht über den Straßenverkehr ist unzulässig (vgl. Artikel 72 Abs. 1 in Verbindung mit Artikel 74 Nr. 22 des Grundgesetzes). Für örtliche Verkehrsregeln bleibt nur im Rahmen der StVO Raum.

1 Aus der amtlichen Begründung

§ 1 Abs. 2 entspricht den Anforderungen des Art. 103 Abs. 2 des Grundgesetzes an die Bestimmtheit bußgeldrechtlicher Tatbestände, BVerfG DAR 1968, 329 (Begr. 1970).

2 Erläuterungen

2.1 Geltung der StVO

Der Geltungsbereich verkehrsrechtlicher Normen erstreckt sich auf alle Flächen, auf denen öffentlicher Verkehr stattfindet, nicht aber auf abgegrenztes Privatgelände. Zu den Verkehrsflächen gehören nicht nur der gewidmete Straßenraum, sondern auch Flächen, auf denen mit Duldung des Verfügungsberechtigten „faktisch öffentlicher Verkehr" stattfindet (Rn. 2 VwV zu § 1). Privatgelände ist dann öffentlicher Verkehrsraum, wenn jedermann zur verkehrlichen Nutzung zugelassen ist und das Gelände tatsächlich so genutzt wird, d.h. von einem nicht bestimmten oder nicht bestimmbaren Personenkreis (OLG Düsseldorf VerkMitt 1988 Nr. 69 = VRS 75, 61; OLG Zweibrücken NZV 1990, 476; OVG Nordrhein-Westfalen VRS 98, 474). Die Verkehrsregeln gelten deshalb in Parkhäusern gleichermaßen (OLG Düsseldorf VRS 39, 204; OLG Stuttgart DAR 1966, 163; OLG Bremen VRS 33, 193), auf Parkplätzen von Einkaufszentren (OLG Saarbrücken VerkMitt 1974 Nr. 104 = VRS 47, 54; OLG Stuttgart VerkMitt 1990 Nr. 104) oder von Gaststätten (OLG Düsseldorf NZV 1992, 120), auf Mülldeponien (OLG Zweibrücken VRS 60, 218), im Bereich öffentlicher Autowaschanlagen (BayObLG VerkMitt 1980 Nr. 57 = VRS 58, 216), geöffneten Tankstellen (OLG Düsseldorf VRS 76, 34), selten aber auf Hofgrundstücken (BGH NZV 1998, 418 = DAR 1998, 399), es sei denn, ein Hinterhofparkplatz steht unbestimmten Firmenkunden offen (OVG Münster VerkMitt 2000 Nr. 43 = DAR 2000, 91 = NZV 2000, 183). Die Beurteilung, ob ein Weg öffentlich im Sinne des Verkehrsrechts ist, muss der Kraftfahrer nach dem äußeren Gesamtbild treffen (BayObLG VRS 43, 134), z. b. bei Grundstückseinfahrten nach der Anzahl der angeschlossenen Häuser (OLG Düsseldorf VRS 74, 181).

2.1.1 Straße

Straßen sind alle für den Verkehr oder für einzelne Verkehrsarten bestimmten Flächen, und zwar unabhängig von den Eigentumsverhältnissen oder einer straßenrechtlichen Widmung. Soweit die StVO den Begriff „Straße" verwendet, ist darunter jeder öffentlich benutzbare Verkehrsraum zu verstehen, z. B. auch Parkflächen, Brücken, Tunnel, Dämme, Gräben, Böschungen, Treppen.

Die straßenrechtliche Widmung begründet einen Anspruch der Verkehrsteilnehmer auf Nutzung, die Teilwidmung nur für die dadurch Begünstigten, z. B. bei Fußgängerzonen nicht für Kraftfahrer, es sei denn, die Straßenaufsichtsbehörde gestattet die Benutzung durch eine Sondernutzungserlaubnis.

2.1.2 Fahrbahn

Die Fahrbahn ist der Teil der Straße, der durch die Art seiner Befestigung (Schwarzdecke, Beton, Pflasterung) für den Fahrzeugverkehr geeignet und für diesen freigegeben ist. Baulich getrennte „Nebenfahrbahnen" neben der „Hauptfahrbahn" gelten i. d. R. als selbstständige Straßen. Nicht zur Fahrbahn gehören Seitenstreifen, Rad- und Gehwege, Parkflächen, Schutzstreifen oder Böschungen. Die durchgezogene Linie in der Form einer „Fahrbahnbegrenzung" (Z. 295) hat nicht stets eine rechtsbegründende Wirkung in der Weise, dass rechts auch die Fahrbahn an der Markierung enden muss. Entscheidend sind vielmehr die tatsächlichen Verhältnisse, insbesondere die bauliche Ausgestaltung des Verkehrsraums rechts von der durchgezogenen Linie. Ist dieser Raum z. B. eine befestigte Fläche, ähnlich der „Hauptfahrbahn", so endet die Fahrbahn im Rechtssinn nicht an der Markierung. Welche Bedeutung der rechts von der ununterbrochenen Linie verbleibende Raum hat, hängt von seiner Zuordnung ab. Bei Ausweisung dieser Fläche durch Z. 245 oder 237 handelt es sich um einen Sonderfahrstreifen (dann gilt die durchgezogene Linie nicht als Fahrbahn-, sondern als Fahrstreifenbegrenzung). Normalerweise ist dieser Raum jedoch Seitenstreifen und gehört somit nicht zur Fahrbahn (z. B. Standspuren, Parkbuchten).

2.1.3 Fahrstreifen

Fahrstreifen ist der Teil der Fahrbahn, den ein **mehrspuriges Fahrzeug** zum ungehinderten Fahren im Verlauf der Fahrbahn benötigt (§ 7 Abs. 1 Satz 2), und zwar unabhängig von einer Markierung; infolgedessen gibt es markierte und unmarkierte Fahrstreifen. Ein mehrspuriges Fahrzeug größter zulässiger Breite benötigt gemäß § 32 Abs. 1 Nr. 1 StVZO 2,55 m (bei Kühlfahrzeugen 2,60 m), zuzüglich eines Sicherheitsabstandes von mindestens 0,50 m, so dass von einer Mindestbreite eines Fahrstreifens von 3 m auszugehen ist. Bei schnellem Verkehr, z.B. außerorts, müssen die Sicherheitsabstände nach rechts und links größer sein, so dass die Fahrstreifenbreite 3,5 bis 3,75 m beträgt. Wird dieses Maß unterschritten, liegt kein Fahrstreifen

Abgrenzung reiner Privatflächen vom öffentlichen Verkehrsraum

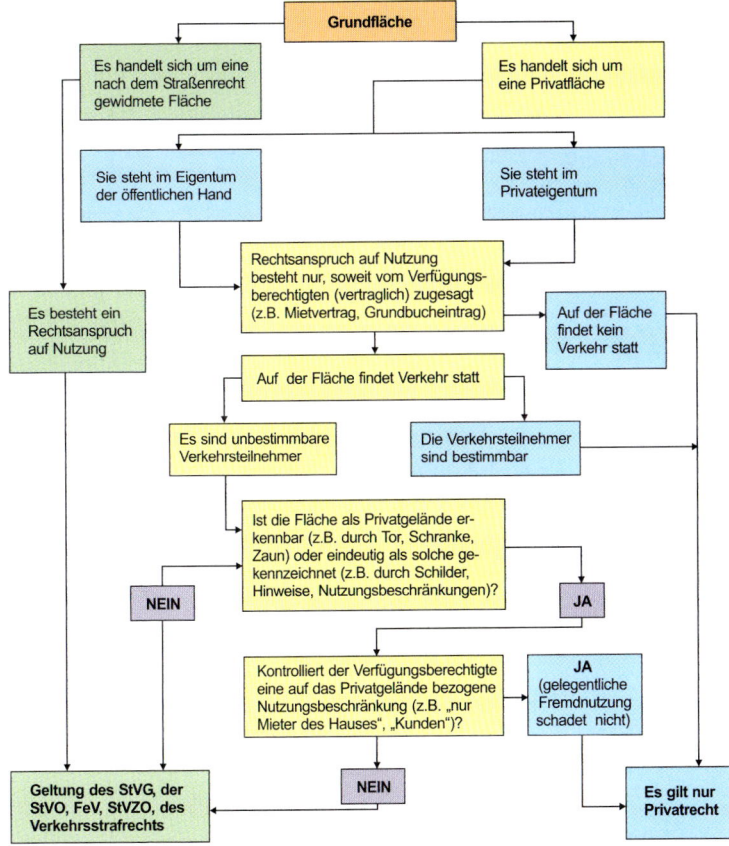

vor. Die Vorschriften, die auf das Vorhandensein eines Fahrstreifens abheben (z. B. § 7, bei Z. 340), sind dann nicht anwendbar.

Fahrstreifenarten: **Beschleunigungsstreifen** dienen dem Einfädeln des einmündenden Verkehrs, meist im Schnellverkehr. Auf ihnen darf schneller als auf den anderen Fahrstreifen gefahren werden. **Verzögerungsstreifen** dienen dem Ausgliedern aus dem durchgehenden Verkehr. Auf ihnen gilt das Rechtsüberholverbot, d.h. es darf rechts nicht schneller als auf dem linken Fahrstreifen gefahren werden (§ 42 Abs. 6 Nr. 1f). **Abbiegestreifen** sollen Behinderungen des durchgehenden Verkehrs durch Links- oder Rechtsabbieger vermeiden. **Kriechstreifen** sollen an Steigungsstrecken Behinderungen durch langsame KFZ ausschließen, meist durch Ausweisung der linken Fahrstreifen mit Mindestgeschwindigkeiten (Z. 275). Am Ende des Kriechstreifens hat sich der Verkehr nach dem Reißverschlussverfahren zu

Einteilung der Verkehrsflächen

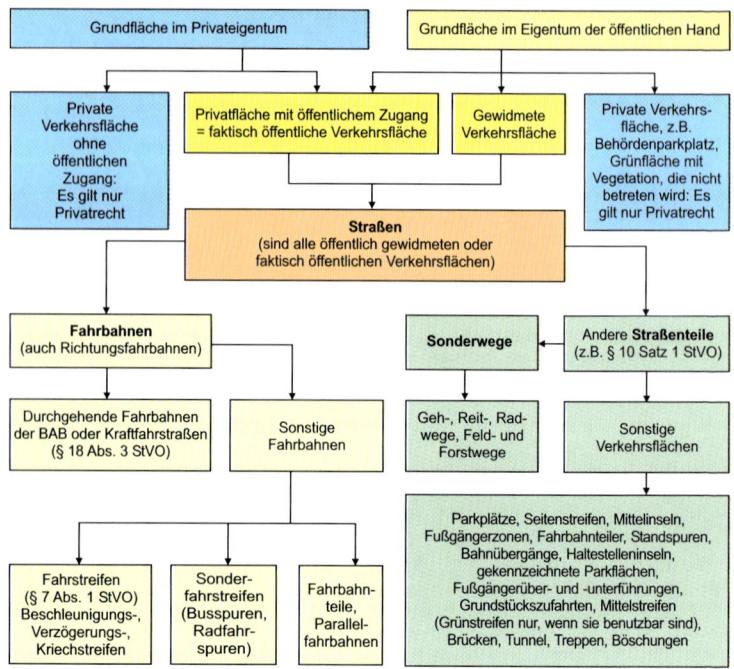

verflechten (§ 7 Abs. 4). Sonderfahrstreifen sind bestimmten Verkehrsarten zugeordnete und durch Markierungen (Z. 295, 340) sowie VZ gekennzeichnete Fahrbahnteile, z. B. **Sonderfahrstreifen** für Busse (Z. 245), Schutzstreifen für Radfahrer (Z. 237).

2.1.4 Sonderwege

Sonderwege sind Straßenteile, die ausschließlich bestimmten Verkehrsarten dienen (Geh-, Reit-, Radwege, Straßenbahntrassen). Begrifflich gehören sie zu den sonstigen Straßenteilen (§ 10). Die nach § 41 Abs. 2 Nr. 5 bezeichneten „Sonderwege" sind nach der systematischen Einordnung nur dann von der Fahrbahn abgesetzte Sonderwege, wenn sie durch bauliche Trennung räumlich von der Fahrbahn abgegrenzt und durch ihre Ausgestaltung oder Befestigung erkennbar sind (sonst bleiben sie als Fahrstreifen Teil der Fahrbahn).

Auch der Bürgersteig ist ein Sonderweg, weil er nur Fußgängern zur Verfügung steht. Eine Kennzeichnung durch Verkehrszeichen ist entbehrlich, wenn der Gehweg durch seine bauliche Gestaltung eindeutig bestimmt ist (Regelfall), z. B. durch Pflasterung, Plattenbelag. Zum Gehweg gehören auch Bordsteine, deren Überfahren unzulässig ist. Auch wer mit einem Rad auf dem Bordstein parkt, verstößt gegen § 12 Abs. 4.

2.1.5 Sonstige Straßenteile

„Andere" Straßenteile (§ 10 S. 1) sind alle Flächen, die nicht zur Fahrbahn gehören, z. B. Seitenstreifen, Sonderwege, Parkplätze, Brücken, Tunnel, Mittel-
oder Schutzstreifen, Grundstückszufahrten über Gehwege, auch für den
Verkehr noch nicht freigegebene Flächen, die nur als Baustellenzufahrten
dienen (OLG Frankfurt VRS 87, 107). Grünflächen sind dann öffentlich,
wenn sie den Verkehrsteilnehmern zugänglich sind; stehen sie infolge des
Bewuchses tatsächlich nicht zur Verfügung, gelten sie als Privatflächen (z. B.
dicht mit Büschen oder Bäumen bewachsene Mittelstreifen). Wird dort unzulässig geparkt, liegt kein Verstoß nach § 12 Abs. 4 vor, wohl aber eine Zuwiderhandlung nach den Straßengesetzen oder Landschaftsschutzverord-
nungen der Länder (OLG Düsseldorf VerkMitt 1993 Nr. 65; OLG Köln NZV
1997, 371 = DAR 1997, 286). Seitenstreifen (auch Bankette) sind beidseitig
der Fahrbahn verlaufende, mehr oder weniger befestigte Randstreifen des
Straßenkörpers, die nicht für den schweren Fahrzeugverkehr bestimmt und
geeignet sind. Sie gehören somit weder zur Fahrbahn, noch unterliegen sie
den für die Fahrbahn geltenden Regelungen. Mehrzweckstreifen liegen
jenseits der Fahrbahnrandlinie und stellen einen außerhalb der Fahrbahn
liegenden Seitenstreifen dar. Seitenstreifen dürfen nur benutzt werden, wenn
es ausdrücklich vorgesehen ist, z. B. als Parkstreifen, sofern sie als solche
deutlich erkennbar sind (§ 12 Abs. 4 Satz 1), für den Radfahrverkehr (§ 2
Abs. 4 S. 2), für langsame Fahrzeuge, um anderen das Überholen zu ermöglichen (§ 5 Abs. 6 S. 3), für Fußgänger, auch bei nur einseitig vorhandenen
Seitenstreifen (§ 25 Abs. 1 S. 1), für land- und forstwirtschaftliche Fahrzeuge
und Fuhrwerke sowie zum Halten (§ 41 Abs. 3 Nr. 3 b – Z. 295) oder als
„Standspuren" der Autobahnen zum Halten in Notsituationen (§§ 2 Abs. 1
S. 1, 18 Abs. 8; Freigabe der Standspuren für den durchgehenden Verkehr
s. Z. 223.1). Die unzulässige Benutzung der Seitenstreifen begründet einen
Verstoß gegen die Fahrbahnbenutzungspflicht (§§ 2 Abs. 1, 49 Abs. 1 Nr. 2).

2.2 Verkehrsteilnehmer

Verkehrsteilnehmer ist, wer sich verkehrserheblich verhält, d. h. wer körper-
lich und unmittelbar durch Handeln oder pflichtwidriges Unterlassen in
Beteiligungsabsicht auf einen Verkehrsvorgang einwirkt (KG VRS 18, 44;
BGH VRS 18, 213 = DAR 1960, 79). Dazu gehört auch der Beifahrer auf einem
Kraftrad, weil er die Führung des Kraftrades durch seine Körperhaltung beeinflusst (BGH VRS 7, 68 = DAR 1954, 304), nicht aber der sich passiv ver-
haltende Beifahrer im PKW, der Fahrgast in Bussen oder Straßenbahnen.
Zieht der Beifahrer die Handbremse, um den Fahrer zur Temporeduzierung
zu bewegen, ist er Verkehrsteilnehmer OLG Hamm NJW 2000, 2686).

2.2.1 Fußgänger

Fußgänger sind Verkehrsteilnehmer, die sich nicht mit Fahrzeugen fortbewegen. Auch wenn sie Fortbewegungsmittel benutzen (§ 24), müssen sie
sich nach den Fußgängerregeln zu richten (§ 25).

2.2.2 Fahrzeugführer

Fahrzeugführer ist derjenige, der die tatsächliche Gewalt über das Fahrzeug
hat, es lenkt oder dessen Bewegungsabläufe steuert. Bedienen zwei Personen
das Fahrzeug gleichzeitig, sind beide auch Fahrzeugführer. Bei Fahrschul-
fahrzeugen gilt der **Fahrlehrer** als Fahrzeugführer (§ 2 Abs. 15 StVG).

2.2.3 Fahrzeughalter

Fahrzeughalter ist derjenige, der die Verfügungsgewalt über das Fahrzeug hat, es für eigene Rechnung gebraucht und für die Unterhaltskosten aufkommt. Bei KFZ ist das der bei der Zulassungsstelle und im Fahrzeugschein eingetragene Halter. Auch mehrere Personen oder juristische Personen (z. B. GmbH) können Halter sein. Die Eintragung in das Fahrzeugregister ist zwar ein wichtiges Indiz für die Haltereigenschaft. Entscheidend sind jedoch die faktischen Verhältnisse. Hat ein anderer die Verfügungsgewalt über das Fahrzeug und bestreitet er die Unterhaltskosten, ist er trotz fehlender Eintragung dennoch Halter (BGH NZV 1997, 116 = VRS 93, 38). Ihn trifft dann auch die spezifische Verantwortung eines Fahrzeughalters (z. B. die Haftung nach § 7 StVG). Stimmen die tatsächlichen Verhältnisse nicht mit der Eintragung im Fahrzeugregister überein, müssen Fahrzeugbrief und Fahrzeugschein durch die Zulassungsbehörde berichtigt werden (§ 27 StVZO).

2.3 Verkehrsmittel

Verkehrsmittel sind alle straßen- und schienengebundenen Landfahrzeuge, die durch Motorkraft oder durch Muskelkraft angetrieben werden. Fahrzeuge sind alle straßengebundene Verkehrsmittel zur Beförderung von Personen oder Gütern mit oder ohne Motorantrieb. Mit Verkehrsmitteln sind die ihnen zugewiesenen Verkehrsflächen zu benutzen, z. B. mit Fahrzeugen die Fahrbahn (§ 2 Abs. 1). Im Prinzip gibt es keinen Vorrang bestimmter Verkehrsmittel gegenüber anderen (z. B. nicht von Straßenbahnen gegenüber Radfahrern). Die Straßenverkehrsbehörden können jedoch die Benutzung von Verkehrsflächen unter den Eingriffsvoraussetzungen des § 45 zu Gunsten oder zu Lasten bestimmter Verkehrsarten im Interesse des Gesamtverkehrs einschränken oder erweitern.

2.3.1 Kraftfahrzeuge

Kraftfahrzeuge sind Landfahrzeuge, die durch Maschinenkraft bewegt werden, ohne an Bahngleise gebunden zu sein (§ 1 Abs. 2 StVG). Die maximal zulässigen Abmessungen und Gewichte der KFZ folgen aus §§ 32, 34 StVZO. Auf die Antriebsart kommt es dabei nicht an (Otto-, Diesel-, Elektro-, Flüssiggas-, Turbinenmotor). Eine feste Verbindung zwischen Fahrgestell und Antriebsart ist nicht zwingend; auch ein durch Rucksackpropeller angetriebenes Fahrrad gilt als KFZ (OLG Oldenburg NZV 1999, 390 = VRS 97, 191 = DAR 2000, 373 = NZV 2000, 384). Nach dem systematischen Verzeichnis der Fahrzeug- und Aufbauarten werden Kraftfahrzeuge in 6 Gruppen unterteilt, und zwar in Krafträder, PKW, KOM, LKW, Zugmaschinen, selbstfahrende Arbeitsmaschinen und Sonderkraftfahrzeuge (Fahrzeug). Zu den **Krafträdern** gehören Motorräder (über 50 cm^3 und 45 km/h), einschließlich Beiwagen, Leichtkrafträder (max. 125 cm^3 und 11 kW), Kleinkrafträder (max. 50 cm^3 und 45 km/h), einschließlich Mokicks, sowie Fahrräder mit Hilfsmotor (max. 50 cm^3 und 45 km/h) nebst den Untergruppen Mofas (bis 25 km/h) und Leichtmofas (bis 20 km/h). Dreirädrige Krafträder ("Trikes") mit symmetrisch angeordneten Rädern werden zwar den einspurigen KFZ zugeordnet (Richtlinie 92/61/EWG), fahrerlaubnisrechtlich gehören sie jedoch zu den PKW (Fahrerlaubnisklasse 3 bzw. B). **PKW** und **KOM** sind KFZ zur Personenbeförderung, und zwar PKW bis max. 8 Fahrgastplätze (zuzüglich Fahrersitz) und KOM mit mehr als 8 Fahrgastplätzen, unabhängig vom zulässigen Gesamtgewicht. Hierzu zählen auch Obusse mit Elektroantrieb.

Kombinations-KFZ („PKW-Kombi") dienen überwiegend der Personenbeförderung mit einem erweiterten Laderaum; sie werden den PKW zugerechnet (§ 23 Abs. 6a StVZO). **LKW** sind KFZ, die nach Bauart und Einrichtung zur Güterbeförderung bestimmt sind, wobei es weder auf ein
bestimmtes zulässiges Gesamtgewicht oder die Anzahl der Räder (3 oder
mehr) noch auf die Eintragung im Fahrzeugschein oder -brief ankommt
(OLG Düsseldorf NZV 1991, 483). Infolgedessen gibt es auch LKW unter
3,5 t, z.B. vorn in der Art eines PKW, hinten mit einer Ladefläche. Sattelkraftfahrzeuge bestehen aus einer Zugmaschine und dem Sattelauflieger;
sie gehören zu den LKW (VwV zu § 3). Gleiches gilt für Tankfahrzeuge und
LKW-Kipper. Zugmaschinen sind KFZ, die ohne oder (nur) mit einer Hilfsladefläche ausschließlich zum Ziehen von Anhängern bestimmt sind, somit
keine LKW (OLG Hamm NZV 1997, 323). Zu den Zugmaschinen gehören
Sattelzugmaschinen, Ackerschlepper, Geräteträger. **Selbstfahrende Arbeitsmaschinen** sind KFZ, deren Aufbauten hauptsächlich aus Arbeitsgeräten
bestehen, wie Mähdrescher, Asphaltkocher, Planiermaschinen, Bagger,
Abschleppwagen, Autokräne. Zu den **Sonderkraftfahrzeugen** gehören
Krankenfahrstühle, Amphibien-, Kriegs- und Kettenfahrzeuge, Wohnmobile,
Polizei- und Feuerwehrfahrzeuge, Rettungs- und Notarztwagen, Pannen-
hilfs-, Verkaufs- und Ausstellungsfahrzeuge.

2.3.2 Sonstige Fahrzeuge

Sonstige **Fahrzeuge** sind alle Landfahrzeuge, die nicht maschinell angetrieben werden. Auch bei diesen Fahrzeugen werden die zulässigen Abmessungen und Gewichte durch §§ 32, 34 StVZO bestimmt. **Anhänger** sind
mehrspurige Fahrzeuge, die über keinen Antriebsmotor verfügen und der
Lastenbeförderung oder als Anhänger-Arbeitsmaschinen dienen. Hierzu
zählen auch Kipper, Nachläufer für Langmaterial, Tieflader, Baubuden,
Wohnwagen, Sportanhänger (nicht aber „Mobilheime"). Zu den sonstigen
Fahrzeugen gehören Fahrräder[1], auch Rikschas, Zweiräder mit elektrischer
Tretunterstützung, Liegefahrräder (BVerwG VRS 101, 310).

2.3.3 Schienenfahrzeuge

Schienenfahrzeuge (z.B. Straßenbahnen, Industriebahnen, S-/U-Bahnen,
Draisinen) gehören begrifflich nicht zu den KFZ, unterliegen aber den für
den Fahrzeugverkehr geltenden Regeln der StVO, wenn sie auf „straßenbündigem Gleiskörper" fahren (§ 55 Abs. 1 BOStrab). Wegen ihrer Bindung
an Gleise gelten teilweise Sonderregeln, insbesondere die §§ 5 Abs. 7, 9
Abs. 3, 11 Abs. 3, 12 Abs. 1 Nr. 5, 20 Abs. 1, 26 Abs. 1. Nehmen Straßenbahnen am allgemeinen Straßenverkehr teil, dürfen sie nicht länger als
75 m sein (§ 55 Abs. 2 BOStrab). Verkehren Schienenfahrzeuge auf Straßen
mit baulich von der Fahrbahn getrennten Gleiskörpern (Schienentrassen),
handelt es sich um Sonderwege; hier gelten die Regeln des § 19, insbesondere an den Bahnübergängen.

2.3.4 Fortbewegungsmittel

Sie sind **keine Fahrzeuge** (somit gibt es keinen Fahrzeugführer) und dürfen
nicht auf der Fahrbahn betrieben werden (s.a. § 24). Da sie den Regeln für
Fußgänger unterliegen (§ 25), müssen Gehwege benutzt werden, wenn der

---

1 Fahrrad = mindestens mit zwei Rädern muskelbetriebenes Fahrzeug

Fußgängerverkehr weder behindert noch gefährdet wird, in der Regel nur mit Schrittgeschwindigkeit (OLG Karlsruhe NZV 1999, 44). Zu den Fortbewegungsmitteln gehören solche Geräte, die wegen ihrer geringen Größe oder ihrer Bauart nicht in erster Linie der Transportfunktion dienen. Infolgedessen dürfen sie auch nicht mit Motorkraft betrieben werden. Zu den Fortbewegungsmitteln gehören Gehhilfen, wie Schiebe- oder Greifrollstühle (VwV zu § 24), Kinderwagen, Roller, Rollschuhe, Kinderfahrräder oder Dreiräder zum spielerischen Umherfahren für Kinder im Vorschulalter, Skateboards, Inline-Skater (OLG Karlsruhe VerkMitt 2000 Nr. 14; a. A. OLG Oldenburg NZV 2000, 470 = DAR 2000, 528), Schlitten (nur soweit zum Transport von Kleinkindern oder zur Rodelbahn mitgeführt), Schub- oder Sackkarren, Handkarren, Kofferroller, auch City-Roller für Erwachsene (OLG Oldenburg VerkMitt 1997 Nr. 5) sowie Bewegungsgeräte, meist im Zuge modischer Trends (Powerskip, Trailskater, Kick-Boards, Segway). Inline-Skater müssen sich mit der Gehwegbeschaffenheit abfinden (OLG Celle NZV 1999, 509). Selbst mit routinierter Bremstechnik („Hell-Stopp" oder „Schneepflug") erzielen erfahrene Inline-Skater nur eine Bremsverzögerung im Mittel von 2,1 m/s^2, so dass eine Fortbewegung auf der Fahrbahn gefährlich wäre (Niklas NZV 1999, 278); bei 30 km/h beträgt der Bremsweg rd. 16 m.

Von den Fortbewegungsmitteln sind **Sportgeräte** zu unterscheiden. Diese dürfen im Rahmen des Gemeingebrauchs bestimmungsgemäß nur auf den (durch Zusatzschilder) besonders ausgewiesenen Straßen, sonst nur außerhalb öffentlicher Verkehrsflächen betrieben werden (§ 31). Die Nutzung solcher Sportgeräte im öffentlichen Verkehrsraum wäre unzulässige Sondernutzung nach den Straßengesetzen der Länder. In Wintersportgebieten kann allerdings der Betrieb von Sportgeräten dem Gemeingebrauch zugerechnet werden. Zu den Sportgeräten zählen Skier, Rodel- oder Bobschlitten, Rhönräder, Schlitt- oder Gleitschuhe u. ä. (auch wenn sie mit Motoren ausgerüstet sind). Werden Fahrzeuge oder Fortbewegungsmittel allein als Sportgeräte benutzt (oder missbraucht), gilt das Verbot auch für sie.

Soweit sonstige Bewegungsgeräte mit Motorkraft im öffentlichen Verkehrsraum eingesetzt werden (meist als exotische Erscheinung erfindungsreicher Tüftler), gelten sie als „nicht zulassungsfähige Kraftfahrzeuge". Bei diesen Geräten fehlen regelmäßig die für Fahrzeuge vorgeschriebenen Betriebs- und Ausrüstungsgegenstände (Bremsen, Lenkung, Beleuchtung usw.). Bekannt sind motorbetriebene Rollbretter (Grams NZV 1994, S. 172), Rollschuhe mit Elektroantrieb oder Antrieb durch Rucksack-Propeller sowie Kombinationen von Luftkissen-, Gleit- oder Rollgeräten. Abgesehen von der Fahrerlaubnispflicht, scheitert ihre Zulassung an den Betriebs- und Ausrüstungsbestimmungen der StVZO. Ihr Betrieb im öffentlichen Verkehrsraum ist deshalb unzulässig.

2.4 Verkehrsrechtliche Grundsätze

Das Verkehrsrecht enthält verschiedene, zum Teil ungeschriebene Grundsätze, die unmittelbar Anwendung finden und das Maß der verkehrlichen Pflichten bestimmen. Im Allgemeinen werden diese Grundsätze aus den §§ 1 und 11 und für das Zulassungsrecht aus § 30 StVZO abgeleitet.

2.4.1 Grundsatz der Verkehrsfreiheit

Grundsätzlich ist jeder Verkehrsteilnehmer zum Verkehr auf öffentlichen Straßen zugelassen (Folge aus der Handlungsfreiheit des Art. 2 GG und der

Berufsausübung nach Art. 12 GG). Infolgedessen darf der Staat den individuellen Verkehrszweck nicht zum Gegenstand von Beschränkungen machen. Unzulässig wären Einschränkungen der Aufenthalts- oder Bewegungsfreiheit z. B. nur aus bestimmten oder verkehrspolitisch für „sinnvoll" gehaltenen Gründen. Das Verbot des „unnützen Hin- und Herfahrens" nach § 30 Abs. 1 Satz 2 ist verfassungsrechtlich nur deshalb tragbar, weil es sich nicht auf einen bestimmten Verkehrsnutzen bezieht, sondern allein der Vermeidung von Lärm- und Abgasbelästigungen dient. Zulässig sind allerdings Beeinträchtigungen der Mobilität im Interesse anderer schützenswerter Rechte, insbesondere zu Gunsten der Verkehrssicherheit und des Immissionsschutzes. So kann z. B. ungeeigneten oder verkehrsschwachen Personen das Führen von Fahrzeugen untersagt, eine Fahrerlaubnispflicht für Kraftfahrzeuge vorgeschrieben oder auf bestimmten Straßen ein Verkehrsverbot erteilt werden.

Der Grundsatz der Verkehrsfreiheit begründet zwar einen Anspruch auf Mobilität. Dieser besteht jedoch nur im Rahmen des straßenrechtlich zugelassenen Gemeingebrauchs, d. h. nur soweit, wie die Widmung einer Straße reicht. Das Recht auf Anliegergebrauch an öffentlich gewidmeten Straßen ist durch Art. 14 Abs. 1 GG in seinem Kernbereich geschützt und reicht soweit, wie die angemessene Nutzung des Grundeigentums eine Benutzung der Straße erfordert. Gewährleistet wird hierbei aber nur die Verbindung mit dem öffentlichen Straßennetz, d. h. die Erreichbarkeit des Grundstücks mit Fahrzeugen. Einen Rechtssatz dahingehend, dass Anlieger Parkplätze im öffentlichen Straßenraum vorfinden müssen, gibt es ebenso wenig, wie einen öffentlich-rechtlichen Anspruch auf Ausweisung von Verkehrsflächen oder den Bau von Straßen zur Gewährleistung der Mobilität (Brenner DAR 2001, 559). Bei Privatflächen mit faktisch öffentlichem Verkehr besteht die Bewegungsfreiheit in dem Rahmen, den der Verfügungsberechtigte (das kann auch die Gemeinde sein) zugelassen hat.

2.4.2 Auslegungsgrundsätze und Rangregeln

Die in der StVO enthaltenen unbestimmten Rechtsbegriffe (z. B. Vorsicht, Rücksicht, mäßige Geschwindigkeit, rechtzeitiges Ankünden, ausreichende Übersicht) sind nicht starr, sondern so auszulegen, dass die Grundregel des § 1 bestmöglich beachtet wird. Klare Verkehrsregeln sind einfach auszulegen (BGH NZV 1997, 70 = VRS 91, 421). Maßgeblich sind der Wortlaut, der systematische Zusammenhang der einzelnen Vorschriften innerhalb des Regelwerkes, die Zielsetzung des Gesetzgebers und der objektive Gesetzeszweck. Entscheidend ist dabei weniger die Absicht des Gesetzgebers, als sein objektiver Wille, wie er sich aus dem konkreten Wortlaut der Bestimmungen und dem Sinnzusammenhang ergibt, in den diese hineingestellt worden sind (BVerfGE 33, 294). Die subjektiven Vorstellungen der am Gesetzgebungsverfahren beteiligten Organe sind nur insoweit von Bedeutung, als sie die Richtigkeit einer nach den angegebenen Grundsätzen ermittelten Auslegung bestätigen oder Zweifel aufheben, die aus dem Wortlaut allein nicht beseitigt werden können.

a. Die Präambel des § 1 Abs. 1 enthält ein grundsätzliches Bekenntnis zur Vorsicht und Rücksichtnahme im Verkehr. Obwohl nicht als Ordnungswidrigkeit qualifiziert, ist der Programmsatz ungeschriebenes Tatbestandsmerkmal aller Verkehrsvorschriften und enthält insoweit den Maßstab für die Beurteilung der Intensität der wahrzunehmenden Verhaltenspflichten. Wie schnell z. B. innerhalb der vorgegebenen Grenzen gefahren, wie weit

Grundsatz der doppelten Sicherung bei abgesetzten Radwegen

Beim Radwegebau werden häufig Radwege etwas abgesetzt von der Fahrbahn angelegt. KFZ 1 fährt außerorts mit etwa 100 km/h auf den Kreuzungsbereich zu. Infolge der Geschwindigkeit „wachsen" die Abstände so zusammen, dass KFZ 1 den Grünstreifen als schmal und den Radweg als zur Kreuzung gehörend ansieht (ähnlich wie das „Schrumpfen" der immerhin 5 m langen Leitlinien bei hohem Tempo). Radfahrer 2 fährt langsam; er ordnet deshalb das weit links von ihm stehende Z. 205 („Vorfahrt gewähren") den kreuzenden Straßen, nicht aber dem Radweg zu und geht deshalb von der Regelung „Rechts vor Links" aus. Beide Fahrer nehmen damit jeder für sich eine Vorfahrtberechtigung in Anspruch und würden zwangsläufig zusammenstoßen.

Bleiben infolge der Örtlichkeit oder der Verkehrsbeschilderung (hier fehlendes Z. 205 am Radweg) die Vorfahrtverhältnisse unklar, müssen sich alle Verkehrsteilnehmer nach der Regel richten, die für sie selbst und andere die größte Sicherheit gewährt. KFZ 1 muss deshalb am Radweg von der Vorfahrtregel „Rechts vor Links" (§ 8 Abs. 1) ausgehen, Radfahrer 2 von der Beachtung des Z. 205 („Vorfahrt gewähren"). Beachtet wenigstens einer der beiden Fahrzeugführer den Grundsatz der „doppelten Sicherung", kann der drohende Verkehrsunfall vermieden werden (unabhängig davon sind die Straßenverkehrsbehörden verpflichtet, solche Zweifelsfälle durch eine eindeutige Beschilderung zu beseitigen und am Radweg ein zusätzliches negatives Vorfahrtzeichen 205 anzubringen – Rn. 16 VwV zu § 9).

vom Rechtsfahrgebot abgewichen werden darf oder welcher Abstand noch ausreichend ist, bestimmt sich danach, ob das Verhalten noch den Inhalten von Vorsicht und Rücksichtnahme entspricht.

b. Sicherheit geht vor Flüssigkeit des Verkehrs. Das Fahrverhalten ist deshalb so einzurichten, dass Gefährdungen vermieden werden. Mögliche Behinderungen müssen dabei in Kauf genommen werden. Bei der Auslegung von Rechtsnormen ist dieses Prinzip zu beachten. So hat z. B. der nachfolgende Verkehr Behinderungen durch den Vorfahrtberechtigten hinzunehmen, wenn das Fahrzeug vor der Kreuzung aus Sicherheitsgründen abgebremst werden muss (die Behinderung ist somit unvermeidbar).

c. Widersprechen sich Verkehrsregeln, ohne dass eine der Rangregeln in §§ 36 Abs. 1, 37 Abs. 1, 39 Abs. 2a und 3, 41 Abs. 4 oder 43 Abs. 2 zur Anwendung kommt, ist derjenigen Verhaltensweise der Vorzug zu geben, die die Sicherheit oder Ordnung für alle Verkehrsteilnehmer am besten gewährleistet.

2.4.3 Vertrauensgrundsatz

Auf das verkehrsgerechte Verhalten darf vertraut werden; mit fremden Verstößen braucht nicht gerechnet zu werden, wenn Zuwiderhandlungen

lediglich ausnahmsweise vorkommen oder außerhalb jeder Erfahrung liegen
(BGH VRS 31, 37). Der Vertrauensgrundsatz gilt jedoch nicht, wenn der
Fahrer selbst verkehrswidrig handelt, das verkehrswidrige Verhalten eines
anderen erkennt oder auf Grund der Umstände hätte erkennen müssen
(BayObLG VRS 60, 308; OLG Hamm VRS 98, 327). Gegenüber Kindern gilt
der Vertrauensgrundsatz im Rahmen des § 3 Abs. 2a (BGH NJW 1986, 40 =
VRS 69, 336 = VersR 1985, 1088; OLG Karlsruhe VersR 1986, 770; OLG
Nürnberg VersR 1989, 405). Wer eine Verkehrsgefahr herbeiführt, muss
damit rechnen, dass andere darauf fehlerhaft reagieren; er kann sich nicht
auf den Vertrauensgrundsatz berufen (OLG München VRS 31, 329).

2.4.4 Grundsatz der doppelten Sicherung

Aus den Grenzen des Vertrauensgrundsatzes ergibt sich der Grundsatz der
doppelten Sicherung, auch „Grundsatz des defensiven Fahrens" oder „Ge-
fahrenlehre" im Fahrschulunterricht. Niemand darf erkennbar in eine
Gefahrensituation hineinfahren, wenn er nicht sicher sein kann, dass er oder
ein anderer sie rechtzeitig beseitigen wird; ob er Vorrang oder Vorfahrt hat,
ist dabei unerheblich (§ 11 Abs. 3). Das gilt auch, wenn ein anderer Verkehrsteilnehmer die Gefahr verschuldet hat (BGH VRS 36, 356). Da diese
Pflicht für alle Verkehrsteilnehmer gilt, besteht eine „doppelte Verkehrssicherung". Bei Unklarheit der Sach- oder Rechtslage hat der Kraftfahrer
von der Alternative auszugehen, welche die größte Sorgfalt verlangt (OLG
Köln VerkMitt 1964 Nr. 43; BayObLG VRS 30, 131). § 1 ist damit auch
Grundlage für partnerschaftliches Verhalten im Verkehr. So müssen z. B. an
einer Engstelle beide Fahrer einander das Vorbeikommen ermöglichen
(OLG Bamberg VersR 1978, 351; KG VRS 91, 465); zu Silvester muss stets
mit regelwidrigem Verhalten von Fußgängern und Kraftfahrern gerechnet
werden (OLG Düsseldorf VRS 91, 464).

2.4.5 Sichtbarkeitsgrundsatz

Sind Verkehrsschilder, Markierungen oder Einrichtungen auch bei pflicht-
gemäßer Sorgfalt nicht zu erkennen, ist der Verkehrsteilnehmer von deren
Beachtung entbunden. Verkehrszeichen müssen deshalb nicht nur stets gut
sichtbar sein, sondern auch verständlich bleiben und Verkehrsteilnehmer
weder verunsichern noch optisch überfordern (OLG Stuttgart VRS 95, 441).
Bei Schilderhäufungen kann das Verständnis für die gewollte Regelung
verloren gehen; ebenso bei widersprüchlichen Regelungen. Die Anforderungen an die Zeichen des fließenden Verkehrs sind höher, als die für den
ruhenden Verkehr (OVG Münster NZV 1997, 366).

Der Sichtbarkeitsgrundsatz ist durch den Grundsatz der doppelten Sicherung
eingeschränkt, und zwar dann, wenn aus der Verkehrslage zu erkennen
ist, dass dort eine Regelung durch VZ/VE vorhanden sein muss und sich
andere Verkehrsteilnehmer nach der fehlenden oder nicht sichtbaren
Regelung richten. Bei witterungsbedingt nicht genau erkennbarer Beschilderung oder Markierung müssen sich Fußgänger, Rad- und Kraftfahrer
besonders vorsichtig verhalten. So ist z. B. die negative Vorfahrtregelung
des achteckigen Z. 206 oder des auf der Spitze stehenden Dreiecks Z. 205
selbst dann zu beachten, wenn die Zeichen mit Schnee bedeckt sind. Der
Vorrang der Fußgängerüberwege bleibt erhalten, wenn zwar die Zebra-
streifenmarkierung durch Schnee nicht sichtbar ist, das darüber befindliche
Richtzeichen 350 aber auf den Überweg hinweist (OLG Oldenburg VRS 44,
68; OLG Koblenz VRS 44, 68).

Negativbeispiel „Totempfahl"

Ein Kraftfahrer sollte Verkehrszeichen schnell erfassen können. Zwar sind die Anforderungen an die Begreifbarkeit von Regelungen im ruhenden Verkehr wesentliche geringer, als im fließenden Verkehr, wo deren Bedeutung mit einem Blick erkannt
werden muss (OLG Münster NZV 1997, 366). Bei der neben-
stehenden Schilderkombination muss der Kraftfahrer jedoch
längere Zeit in „tiefer Meditation" verharren, um die gewollte
„Bewirtschaftung" des Verkehrsraumes zutreffend einordnen
zu können: Die so ausgewiesene Straße darf von Montag bis
Freitag in der Zeit von 19 und 7 Uhr und zwischen 9 und 16 Uhr
befahren werden. Wer als Nicht-Anwohner am Sonntag in die
Straße einfährt, darf dort zwar bis Montag 7 Uhr parken, zwischen 7 und 9 Uhr aber nicht mehr heraus fahren. Ähnliche
Schwierigkeiten bestehen für den Lieferverkehr: Be- und Entladen ist nur Montag bis Freitag zwischen 9 und 16 Uhr zulässig.
Von 19 bis 22 Uhr darf auch nur ein- und ausgestiegen oder bis zu
3 Minuten gehalten werden. Wegen Verletzung des Sichtbarkeitsgrundsatzes ist bei dieser Schilderkombination ein möglicher Verkehrsverstoß nicht mehr vorwerfbar.
Derartige Schilderhäufungen „wachsen" oft mit spezifischen
Verkehrsbedürfnissen. Dabei hilft es nicht, wenn die Schilder
auf mehrere Maste hintereinander verteilt werden. Vielmehr
müssen die Verkehrsbehörden für eine sparsame und leicht
begreifbare Beschilderung sorgen. Ist das nicht möglich, muss
auf die eine oder andere Beschränkung verzichtet werden.

2.5 Geltung der VwV-StVO

Die Allgemeine Verwaltungsvorschrift[2] zur StVO (VwV-StVO) beschreibt
im Wesentlichen, welche Verkehrszeichen und Verkehrseinrichtungen
wann, wie, wo und durch wen anzuordnen und aufzustellen sind. Für die
Anordnung und Aufstellung bestimmter Verkehrszeichengruppen und
Lichtzeichenanlagen, Gestaltung von Straßenbaustellen, den Großraum- und
Schwerverkehr nach § 29 Abs. 3, die Wegweisung und andere Regelungs-
bedürfnisse gelten daneben Richtlinien, die im Rahmen der VwV-StVO
Anwendung finden. Ferner enthält die VwV-StVO auch Auslegungshilfen.
Als Verwaltungsvorschrift bindet die VwV-StVO nur die Verkehrsbehörden,
nicht jedoch die Verkehrsteilnehmer. Werden verpflichtende Vorschriften
der VwV-StVO missachtet oder infolge von Ermessensfehlgebrauch außer
Acht gelassen, wird die durch die Verkehrsbehörde getroffene Regelung
rechtswidrig und anfechtbar. Dadurch verursachte Schäden können im
Wege der Amtshaftung nach § 839 BGB i.V.m. Art. 34 GG geltend gemacht
werden.

2.6 Begriffe des § 1 Abs. 2

Geschützt sind „Andere". Gemeint sind nicht nur Verkehrsteilnehmer, sondern alle Menschen, auch der Fahrgast in der Straßenbahn („Andere" wird
deshalb im amtlichen Text groß geschrieben). Nach der Rechtsprechung
fällt auch die Gefährdung einer fremden Sache, die der Sicherheit des
Straßenverkehrs dient oder sonst verkehrsbezogen ist unter die Vorschrift,
z. B. auch ein parkender PKW (BGHSt 22, 368 = VRS 37, 383 = NJW 69,
1359; KG VRS 35, 455).

---

2 „Allgemeine" wird groß geschrieben, weil die VwV-StVO mit Zustimmung des
Bundesrates in allen Bundesländern gleichermaßen gilt

Richtlinien zur StVO		
Kurz-bezeichnung	**Richtlinien**	**Hinweis im Verkehrsblatt Jahr/Seite**
R-FGÜ	für die Anlage und Ausstattung von Fußgängerüberwegen	2001, S. 474
RWBA	für die wegweisende Beschilderung auf Autobahnen	2001, S. 125
HWBV	für die Wahl der Bauart von Verkehrszeichen und Verkehrseinrichtungen hinsichtlich ihrer lichttechnischen Eigenschaften	Schreiben BMVBW vom 8.10.2001 S28/38.60.70/43 F 2001
RWVA	für Wechselverkehrszeichenanlagen an Bundesfernstraßen	1997, Sonderheft B 6740
RWVZ	für Wechselverkehrszeichen an Bundesfernstraßen	1997, Sonderheft B 6738
RMS	für die Markierung von Straßen	1993, S. 667
RSA	für die Sicherung von Arbeitsstellen an Straßen	1995, Sonderheft B 5707
RiLSA	für Lichtsignalanlagen (Lichtzeichenanlagen)	1992, S. 356
RUB	für Umleitungsbeschilderungen	1992, S. 218
RWB	für die wegweisende Beschilderung außerhalb von Autobahnen	1992, S. 218/1999, S. 781
RGST	für Großraum- und Schwertransporte	1992, S. 199
RATG	für die Anordnung von verkehrsregelnden Maßnahmen an Straßen für den Transport gefährlicher Güter	1987, S. 857/ 1988, S. 576
RtH	für touristische Hinweise an Straßen	1988, S. 488
MLC	für die Beschilderung von Brücken beim militärischen Verkehr	1982, S. 13
BÜSTRA	über die Abhängigkeit zwischen der technischen Sicherung von Bahnübergängen und der Verkehrsregelung an benachbarten Straßenkreuzungen	1972, S. 547/ 1984, S. 38

Schädigung, Gefährdung, Behinderung und Belästigung müssen **konkret** sein (d. h. nicht abstrakt). So ist z. B. die bloße Möglichkeit einer Gefährdung oder Behinderung abstrakt. Abstrakte Handlungen werden von der StVO nur in den ausdrücklich genannten Fällen erfasst, z. B. in den §§ 32, 33, wenn dadurch der Verkehr gefährdet oder erschwert werden **kann**. Zwischen der Handlung und den Auswirkungen muss ein unmittelbarer Ursachenzusammenhang bestehen (Kausalität). Die Handlung (z. B. Fahrfehler) muss auf einer rechtswidrigen und vorwerfbaren Pflichtverletzung beruhen. Hierzu gehören auch Schäden, die ohne Berührung der Fahrzeuge durch Ausweichreaktionen entstehen (KG DAR 1999, 504). Der Zusammenhang ist dann zu verneinen, wenn z. B. der Schaden auch bei pflichtgemäßem Verhalten eingetreten wäre. Außerdem kommt nicht jeder weit entfernt liegende Ursachenverlauf in Betracht, sondern nur die vertretbare Zurechnung einer Ursache für eine Wirkung (kausale Adäquanz). So kann z. B. der Vorfahrtverpflichtete nicht geltend machen, der Unfall hätte sich nicht ereignet, wenn der Vorfahrtberechtigte auf seiner Fahrt nicht zuvor mehrfach mit überhöhter Geschwindigkeit gefahren und nur deshalb zur gleichen Zeit an der Kreuzung gewesen wäre.

2.6.1 Schädigung

Eine Schädigung umfasst fremde Körper- oder Sachschäden. Dabei muss mindestens ein wirtschaftlich messbarer Nachteil entstanden sein (KG VRS

Gefährdung – Begriff

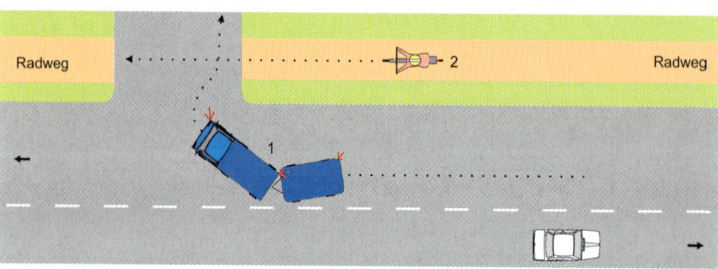

LKW 1 biegt – ohne anzuhalten – nach rechts ab, weil er den Radfahrer im toten Winkel seines Rückspiegels nicht bemerkt hat. Der geradeaus fahrende Radfahrer 2 wäre durch den LKW 1 angefahren worden, wenn der LKW ihn nicht im letzten Moment bemerkt und sofort abgebremst hätte. Eine Gefährdung i.S.d. § 1 Abs. 2 liegt dann nicht vor, weil der LKW zwar die Ursache für die Gefahr gesetzt, den möglichen Schaden jedoch durch eigenes Handeln (Bremsen) abgewendet hat. Reagiert jedoch nur der Radfahrer 2, indem er im letzten Moment seinerseits bremst oder ausweicht und dadurch die Unfallgefahr beseitigt, bleibt die Gefährdung nach § 1 Abs. 2 bestehen.

72, 380), d. h. ein Schaden über 20 bis 25 €. Zum Schaden gehört auch die Heilbehandlung von Tieren, selbst wenn die Kosten den Wert des Tieres übersteigen (§ 251 Abs. 2 BGB). Der Eigenschaden wird von § 1 Abs. 2 nicht erfasst, auch nicht am gemieteten Fahrzeug. § 1 gilt auch zu Gunsten der Insassen des Fahrzeugs; deshalb haben Fahrer öffentlicher Verkehrsmittel ruckartige Fahrbewegungen, rasantes Anfahren oder abruptes Abbremsen zu vermeiden (OLG Karlsruhe VRS 54, 123). Bei typischen Auffahrunfällen spricht der Anscheinsbeweis dafür, dass der Auffahrende durch mangelnden Sicherheitsabstand, unangepasste Geschwindigkeit oder durch Unaufmerksamkeit den Unfall verursacht hat (BGH VerkMitt 1993 Nr. 118); anders beim Auffahren des Vorfahrtberechtigten auf Autobahnen (KG VerkMitt 1996 Nr. 8).

2.6.2 Gefährdung

Gefährdung bedeutet das Herbeiführen einer Verkehrslage, die eine Schädigung wahrscheinlich macht, also bereits eine konkrete Gefahr für Leben, Gesundheit und Sachwerte enthält (OLG Köln DAR 1996, 507). Eine Gefährdung liegt auch dann vor, wenn der Schaden letztendlich durch das Verhalten eines anderen verhindert worden ist; anders nur, wenn die Gefahr durch das Verhalten des Täters selbst wieder beseitigt wird. Eine Gefährdung des Täters selbst oder seines Fahrzeugs reicht nicht aus. Der Begriff der Gefährdung bei § 315c StGB ist mit dem des § 1 Abs. 2 identisch.

2.6.3 Behinderung

Behinderung ist die (vermeidbare) Veranlassung eines anderen zu einem Verhalten, zu dem er rechtlich nicht verpflichtet ist, z. B. kann schon leichtes Bremsen Behinderung sein. Der Nötigungseffekt muss jedenfalls mit einer Änderung des Verkehrsverhaltens des anderen verbunden sein. Behinderungen in der Form einer strafbaren Nötigung (§ 240 StGB) liegen dann vor, wenn erschwerende Umstände hinzutreten, die das Verhalten als sozial

unerträglich qualifizieren, z. B. grundloses Blockieren der Fahrbahn, um
andere am Weiterfahren zu hindern (OLG Düsseldorf VerkMitt 2000 Nr. 70 =
DAR 2000, 367 = VRS 99, 45).

2.6.4 Belästigung

Belästigung bedeutet das (vermeidbare) Zufügen eines körperlichen oder
geistigen Unbehagens (z. B. provozierendes Hupen, Blinken, rücksichtsloses
Durchfahren von Pfützen, Störungen der Nachtruhe; nicht dagegen Warm-
laufenlassen des Motors, hier geht § 30 Abs. 1 vor. Notwendig ist eine
objektive, nicht jedoch die bloße subjektiv empfundene Belästigung (z. B.
bei Überempfindlichkeit).

Während das Schädigungs- und Gefährdungsverbot absolute Verbote sind,
sind die Behinderungs- und Belästigungsverbote durch ihre Vermeidbar-
keit relativiert. Behinderungen und Belästigungen sind **nicht** stets vermeidbar, weil jede Verkehrsteilnahme letztlich zu einer Beeinträchtigung des
Freiheitsraumes eines anderen führt. Folglich sind **nur** solche Behinderungen
oder Belästigungen verboten, die nach den konkreten Umständen vermeidbar sind.

2.7 Verschulden

Ein Verkehrsteilnehmer handelt fahrlässig, wenn der Regelverstoß von ihm
verschuldet worden ist. Das ist dann der Fall, wenn er die im Verkehr erforderliche Sorgfalt, zu der er nach den Umständen, nach seinen Kenntnissen
und Fähigkeiten verpflichtet ist, nicht beachtet. Fehlende Erfahrung,
Fahren unter Zeitdruck oder besondere Witterungslagen sind keine Ent-
schuldigung für Verkehrsverstöße (BGH DAR 1974, 294). Schreckzeit wird
nur zugebilligt, wenn man schuldlos von einem gefährlichen Ereignis über-
rascht wird (BGH VRS 23, 375). Wer als Kraftfahrer unverschuldet in Gefahr,
Schrecken oder Bestürzung gerät und dabei unter Zeitdruck unzweckmäßig
reagiert, verdient in der Regel nicht den Vorwurf der Fahrlässigkeit (OLG
Karlsruhe VRS 50, 280). Ein Kraftfahrer muss jedoch innerhalb einer geschlossenen Ortschaft, insbesondere an einer Kreuzung, immer reaktionsbereit sein, falls andere Verkehrsteilnehmer sich verkehrswidrig verhalten
und plötzlich ein Hindernis auftaucht. Eine Schrecksekunde ist ihm in solchen Fällen nicht zuzubilligen (OLG Hamm, VRS 43, 184). Aus § 1 Abs. 2
ergibt sich die Pflicht, nicht nur die vorausliegende Fahrbahn zu beobachten, sondern auch das Gelände rechts neben der Fahrbahn in einer Breite
von mehreren Metern, vor allem bei der Vorbeifahrt an Fußgängern am
Fahrbahnrand (BGH VRS 16, 279). Wer zwar vorschriftsmäßig fährt, durch
abruptes Bremsen aber einen Auffahrunfall herbeiführt, um Versiche-
rungsleistungen in Anspruch zu nehmen, macht sich wegen Bereiten eines
Hindernisses nach § 315 b Abs. 1 Nr. 2 und 3 StGB strafbar (BGH
VRS 98, 12). Keine grobe Fahrlässigkeit, wenn der Kraftfahrer während der
Fahrt ein Autoradio oder einen CD-Recorder bedient und dabei von der
Fahrbahn abkommt (OLG Hamm DAR 2001, 128).

2.8 Einzelfälle

2.8.1 Parkplätze und Tankstellen

Parkplätze dienen dem ruhenden Verkehr, so dass die für den fließenden
Verkehr geltenden Vorfahrt- und Abbiegeregeln (§§ 9 bis 10) dort nicht unmittelbar Anwendung finden. Vielmehr müssen Kraftfahrer den Pflichten

des § 1 Abs. 2 genügen. Gleiches gilt auf Tankstellen bei missbräuchlicher
Nutzung als Abkürzung (OLG Düsseldorf 2002, 87 = DAR 2002, 68). Das
Maß der dabei zu beobachtenden Vorsicht und Rücksichtnahme bestimmt
sich nach den eingeschliffenen Verhaltensweisen aus den Vorfahrt- und
Vorrangregeln der §§ 8 bis 10 (OLG Hamm VRS 99, 70). Sind Parklätze z. B.
mit kreuzenden Fahrgassen ausgestattet, hat über § 1 Abs. 2 derjenige den
Vortritt, der von rechts kommt oder der entsprechend § 10 auf einer baulich
angelegten Hauptfahrgasse fährt (OLG Köln VerkMitt 1999 Nr. 90).

2.8.2 Rauchen am Steuer

Unvorsichtiges Aufheben einer herabgefallenen Zigarette kann grob fahrlässig sein (KG VerkMitt 1983 Nr. 54; nicht aber bei einer Reflexhandlung:
OLG Dresden DAR 2001, 498), ebenso das Rauchen während der Fahrt ohne
Vorkehrungen gegen das Herabfallen von Zigaretten (OLG Karlsruhe NZV
1992, 367). Das Rauchverbot bei Gefahrguttransporten ist seit Neufassung
der GGVS (BGBl. I 1995, S. 1025) nicht mehr als Ordnungswidrigkeit qualifiziert (OLG Düsseldorf NZV 1997, 285).

2.8.3 Fahren mit offenem Fenster

Beim Fahren mit offenem Fenster hat der Kraftfahrer mit dem Hereinfliegen
von Fremdkörpern zu rechnen. Er darf in solchem Falle nicht falsch reagieren
(Verkehrsunfall wegen Abwehrens einer Fliege: OLG Hamm VRS 48, 21).

2.8.4 Kolonnenverkehr

§ 1 Abs. 2 verpflichtet zu erhöhter Aufmerksamkeit im Kolonnenverkehr auf
der Autobahn (OLG Celle NZV 1989, 36).

2.8.5 Maßregelung Dritter

Der Verkehrsteilnehmer muss grundsätzlich nicht dulden, dass ihn ein ande-
rer an der Weiterfahrt hindert, um ihn wegen vorangegangenen fehlerhaften
Verhaltens zur Rede zu stellen (BayObLG DAR 1993, 32 u. NZV 1993, 37).
Bedrängende Fahrweise kann Nötigung durch Gewaltanwendung sein
(OLG Köln NZV 1992, 371).

2.8.6 Zivilrechtliche Haftung bei Schädigung

Wird beim Fahrzeugbetrieb ein Schaden verursacht, haftet der Halter nach
der Gefährdungshaftung des § 7 StVG und der Fahrer nach § 18 StVG und
§ 823 BGB für seinen Schuldanteil. Verhindert ein Kraftfahrer infolge verkehrswidrigen Verhaltens eines Dritten eine Kollision und kommt dabei aber
selbst zu Schaden, haftet der Dritte nach den Grundsätzen der Geschäftsführung ohne Auftrag gemäß §§ 670, 683, 677 BGB, z. B. beim Ausweichen
eines plötzlich über die Fahrbahn laufenden Kindes (OLG Hamm DAR
2001, 127).

3 Hinweise

Nach § 55 BOStrab nehmen **Straßenbahnen** und sonstige Schienenfahrzeuge auf straßenbündigem Bahnkörper am Straßenverkehr teil und
müssen die sie betreffenden Vorschriften der StVO beachten.

§ 2 Straßenbenutzung durch Fahrzeuge

(1) Fahrzeuge müssen die Fahrbahnen benutzen, von zwei Fahrbahnen die rechte. Seitenstreifen sind nicht Bestandteil der Fahrbahn.

(2) Es ist möglichst weit rechts zu fahren, nicht nur bei Gegenverkehr, beim Überholtwerden, an Kuppen, in Kurven oder bei Unübersichtlichkeit.

(3) Fahrzeuge, die in der Längsrichtung einer Schienenbahn verkehren, müssen diese, soweit wie möglich, durchfahren lassen.

(3a) Beträgt die Sichtweite durch Nebel, Schneefall oder Regen weniger als 50 m, müssen sich die Führer kennzeichnungspflichtiger Kraftfahrzeuge mit gefährlichen Gütern so verhalten, dass eine Gefährdung anderer ausgeschlossen ist; wenn nötig, ist der nächste geeignete Platz zum Parken aufzusuchen. Gleiches gilt bei Schneeglätte oder Glatteis.

(4) Radfahrer müssen einzeln hintereinander fahren; nebeneinander dürfen sie nur fahren, wenn dadurch der Verkehr nicht behindert wird. Sie müssen Radwege benutzen, wenn die jeweilige Fahrtrichtung mit Zeichen 237, 240 oder 241 gekennzeichnet ist.[1] Andere rechte Radwege dürfen sie benutzen. Sie dürfen ferner rechte Seitenstreifen benutzen, wenn keine Radwege vorhanden sind und Fußgänger nicht behindert werden. Das gilt auch für Mofas[2], die durch Treten fortbewegt werden.

(5) Kinder bis zum vollendeten 8. Lebensjahr müssen, ältere Kinder bis zum vollendeten 10. Lebensjahr dürfen mit Fahrrädern Gehwege benutzen. Auf Fußgänger ist besondere Rücksicht zu nehmen. Beim Überqueren einer Fahrbahn müssen die Kinder absteigen.

VwV zu § 2 Straßenbenutzung durch Fahrzeuge

Zu Absatz 1

1 I. Zwei Fahrbahnen sind nur dann vorhanden, wenn die Fahrstreifen für beide Fahrtrichtungen durch Mittelstreifen, Trenninseln, abgegrenzte Gleiskörper, Schutzplanken oder andere bauliche Einrichtungen getrennt sind.

2 Ist bei besonders breiten Mittelstreifen, Gleiskörpern und dergleichen der räumliche Zusammenhang zweier paralleler Fahrbahnen nicht mehr erkennbar, so ist der Verkehr durch Verkehrszeichen auf die richtige Fahrbahn zu leiten.

II. Für Straßen mit drei Fahrbahnen gilt Folgendes:

3 1. Die mittlere Fahrbahn ist in der Regel dem schnelleren Kraftfahrzeugverkehr aus beiden Richtungen vorzubehalten. Es ist zu erwägen, auf beiden äußeren Fahrbahnen jeweils nur eine Fahrtrichtung zuzulassen.

4 2. In der Regel sollte die Straße mit drei Fahrbahnen an den Kreuzungen und Einmündungen die Vorfahrt erhalten. Schwierigkeiten können sich dabei aber ergeben, wenn die kreuzende Straße eine gewisse Verkehrsbedeutung hat oder

---

1 Die mit der 24. Verordnung zur Änderung straßenverkehrsrechtlicher Vorschriften (1997) erfolgte Aufhebung der Radwegebenutzungspflicht und Bindung an die Zeichen 237, 240 oder 241 ist am 1.10.1998 in Kraft getreten

2 Mofa = einspuriges, einsitziges Fahrrad mit Hilfsmotor (auch ohne Tretkurbel), Geschwindigkeit max. 25 km/h; dass die Drehzahl der Motors 4800 min^{-1} nicht übersteigen darf, ist entfallen

wenn der Abbiegeverkehr aus der mittleren der drei Fahrbahnen nicht ganz unbedeutend ist. In solchen Fällen kann es sich empfehlen, den äußeren Fahrbahnen an den Kreuzungen und Einmündungen die Vorfahrt zu nehmen. Das ist aber nur dann zu verantworten, wenn die Wartepflicht für die Benutzer dieser Fahrbahnen besonders deutlich zum Ausdruck gebracht werden kann. Auch sollen, womöglich, die äußeren Fahrbahnen in diesen Fällen jeweils nur für eine Richtung zugelassen werden.

5 3. In vielen Fällen wird sich allein durch Verkehrszeichen eine befriedigende Verkehrsregelung nicht erreichen lassen. Die Regelung durch Lichtzeichen ist in solchen Fällen aber schwierig, weil eine ausreichende Leistungsfähigkeit kaum zu erzielen ist. Anzustreben ist daher eine bauliche Gestaltung, die eine besondere Verkehrsregelung für die äußeren Fahrbahnen entbehrlich macht.

6 III. Auf Straßen mit 4 Fahrbahnen sind in der Regel die beiden mittleren dem schnelleren Fahrzeugverkehr vorzubehalten. Außerhalb geschlossener Ortschaften werden sie in der Regel als Kraftfahrstraßen (Z. 331) zu kennzeichnen sein. Ob das innerhalb geschlossener Ortschaften zu verantworten ist, bedarf gründlicher Erwägungen vor allem dann, wenn in kleineren Abständen Kreuzungen und Einmündungen vorhanden sind. Wo das Zeichen „Kraftfahrstraße" nicht verwendet werden kann, wird in der Regel ein Verkehrsverbot für Radfahrer und andere langsame Fahrzeuge (Z. 250 mit entsprechenden Sinnbildern) zu erlassen sein. Durch Z. 283 das Halten zu verbieten, empfiehlt sich in jedem Fall, wenn es nicht schon durch § 18 Abs. 8 verboten ist. Die beiden äußeren Fahrbahnen bedürfen, wenn die mittleren als Kraftfahrstraßen gekennzeichnet sind, keiner Beschilderung, die die Benutzung der Fahrbahn regelt; andernfalls sind sie durch Z. 251 für Kraftwagen und sonstige mehrspurige Kraftfahrzeuge mit Zusatzschild z. B. „Anlieger oder Parken frei" zu kennzeichnen; zusätzlich kann es auch ratsam sein, zur Verdeutlichung das Z. 314 „Parkplatz" anzubringen. Im Übrigen ist auch bei Straßen mit 4 Fahrbahnen stets zu erwägen, auf den beiden äußeren Fahrbahnen jeweils nur eine Fahrtrichtung zuzulassen.

Zu Absatz 3

7 Wo es im Interesse des Schienenbahnverkehrs geboten ist, den übrigen Fahrverkehr vom Schienenraum fern zu halten, kann das durch einfache bauliche Maßnahmen, wie Anbringung von Bordsteinen oder durch Fahrstreifenbegrenzungen (Z. 295) oder Sperrflächen (Z. 298) oder durch geeignete Verkehrseinrichtungen, wie Geländer oder Absperrgeräte (§ 43 Abs. 1 und 3) erreicht werden.

Zu Absatz 4 Satz 1

8 Auf das Gebot des Hintereinanderfahrens sind die Radfahrer bei allen sich bietenden Gelegenheiten hinzuweisen. Wenn bei Massenverkehr von Radfahrern, vor allem bei Betriebsschluss oder Schichtwechsel größerer Betriebe, ein Hintereinanderfahren nicht möglich ist, ist darauf hinzuwirken, dass sich die Radfahrer möglichst gut in die Ordnung des Verkehrs einfügen.

Zu Absatz 4 Satz 2

I. Allgemeines

9 1. Der Radverkehr muss in der Regel ebenso wie der Kraftfahrzeugverkehr die Fahrbahn benutzen. Die Anlage von Radwegen kommt im Allgemeinen dort in Betracht, wo es die Verkehrssicherheit, die Verkehrsbelastung, die Verkehrsbedeutung der Straße oder der Verkehrsablauf erfordern. Die Kennzeichnung mit dem Z. 237, 240 oder 241 begründet für den Radverkehr die Radwegebenutzungspflicht. Sie trennt dann den Fahrzeugverkehr und dient damit dessen Entmischung sowie dem Schutz des Radverkehrs vor den Gefahren des Kraftfahrzeugverkehrs.

10 2. Aus Gründen der Verkehrssicherheit ist es am besten, wenn zur Umsetzung einer im Einzelfall erforderlichen und verhältnismäßigen Radwegebenutzungspflicht ein Radweg baulich angelegt wird. Die Anlage von Radwegen ist deshalb wünschenswert und soll auch weiterhin angestrebt werden.

11 3. Ist ein baulich angelegter Radweg nicht vorhanden und dessen Anlage auch nicht absehbar, kommt die Abtrennung eines Radfahrstreifens von der Fahrbahn in Betracht. Ein Radfahrstreifen ist ein für den Radverkehr bestimmter, von der Fahrbahn nicht baulich, sondern mit Z. 295 „Fahrbahnbegrenzung" abgetrennter und mit dem Z. 237 „Radweg" gekennzeichneter Teil der Straße, wobei der Verlauf durch wiederholte Markierung des Z. 237 verdeutlicht werden kann. Das Z. 295 ist in der Regel in Breitstrich (0,25 m) auszuführen; vgl. zu § 41 Abs. 3 Nr. 9. Erwogen werden kann auch eine Kombination zwischen einem baulich angelegten Radweg (z. B. im Streckenverlauf) und einem Radfahrstreifen (z. B. vor Kreuzungen und Einmündungen). Zum Radfahrstreifen vgl. Nr. II zu Z. 237; Rn. 2 ff.

12 4. Ist ein Radfahrstreifen nicht zu verwirklichen und ist ein Mischverkehr nicht vertretbar, kann die Anlage eines getrennten Fuß- und Radweges erwogen werden; vgl. zu Z. 241.

13 5. Ist ein Radweg oder Radfahrstreifen nicht zu verwirklichen und ist ein Mischverkehr vertretbar, kann auf der Fahrbahn die Anlage eines Schutzstreifens oder auf dem Gehweg die Öffnung für den Radverkehr (z.B. Z. 240 „gemeinsamer Fuß- und Radweg" oder Z. 239 „Fußgänger" mit dem Zusatzschild 1022-10 ,,Radfahrer frei") erwogen werden. Der Anlage eines Schutzstreifens auf der Fahrbahn soll dabei in der Regel der Vorzug gegeben werden. Zum Schutzstreifen vgl. Nr. II zu Z. 340 (Rn. 2 ff.), zum Gehweg vgl. zu Z. 239 und zu Z. 240.

II. Radwegebenutzungspflicht

14 Ist aus Verkehrssicherheitsgründen die Anordnung der Radwegebenutzungspflicht mit den Z. 237, 240 oder 241 erforderlich, so ist sie, wenn nachfolgende Voraussetzungen erfüllt sind, vorzunehmen.

15 Voraussetzung für die Kennzeichnung ist, dass

1. eine für den Radverkehr bestimmte Verkehrsfläche vorhanden ist oder angelegt werden kann. Das ist der Fall, wenn

a) von der Fahrbahn ein Radweg baulich oder ein Radfahrstreifen mit Z. 295 „Fahrbahnbegrenzung" abgetrennt werden kann oder

b) der Gehweg von dem Radverkehr und dem Fußgängerverkehr getrennt oder gemeinsam benutzt werden kann,

16 2. die Benutzung des Radweges nach der Beschaffenheit und dem Zustand zumutbar sowie die Linienführung eindeutig, stetig und sicher ist. Das ist der Fall, wenn

17 a) er unter Berücksichtigung der gewünschten Verkehrsbedürfnisse ausreichend breit, befestigt und einschließlich eines Sicherheitsraumes frei von Hindernissen beschaffen ist. Dies bestimmt sich im Allgemeinen unter Berücksichtigung insbesondere der Verkehrssicherheit, der Verkehrsbelastung, der Verkehrsbedeutung, der Verkehrsstruktur, des Verkehrsablaufs, der Flächenverfügbarkeit und der Art und Intensität der Umfeldnutzung. Die lichte Breite (befestigter Verkehrsraum mit Sicherheitsraum) soll in der Regel dabei durchgehend betragen:

18 aa) Z. 237
– baulich angelegter Radweg

möglichst	2,00 m
mindestens	1,50 m

19 – Radfahrstreifen (einschließlich Breite des Z. 295)

möglichst	1,85 m
mindestens	1,50 m

20 bb) Zeichen 240
– gemeinsamer Fuß- und Radweg

innerorts mindestens	2,50 m
außerorts mindestens	2,00 m

21 cc) Zeichen 241
– getrennter Fuß- und Radweg für den Radweg
mindestens 1,50 m
Zur lichten Breite bei der Freigabe linker Radwege für die Gegenrichtung vgl. Nr. II 3 zu § 2 Abs. 4 Satz 3; Rn. 37 ff.

22 Ausnahmsweise und nach sorgfältiger Überprüfung kann von den Mindestmaßen dann, wenn es auf Grund der örtlichen oder verkehrlichen Verhältnisse erforderlich und verhältnismäßig ist, an kurzen Abschnitten (z. B. kurze Engstelle) unter Wahrung der Verkehrssicherheit abgewichen werden.

23 Die vorgegebenen Maße für die lichte Breite beziehen sich auf ein einspuriges Fahrrad. Andere Fahrräder (vgl. Definition des Übereinkommens über den Straßenverkehr vom 8.11.1968, BGBl. 1977 II S. 809) wie mehrspurige Lastenfahrräder und Fahrräder mit Anhänger werden davon nicht erfasst. Die Führer anderer Fahrräder sollen in der Regel dann, wenn die Benutzung des Radweges nach den Umständen des Einzelfalles unzumutbar ist, nicht beanstandet werden, wenn sie den Radweg nicht benutzen;

24 b) die Verkehrsfläche nach den allgemeinen Regeln der Baukunst und Technik in einem den Erfordernissen des Radverkehrs genügenden Zustand gebaut und unterhalten wird und

25 c) die Linienführung im Streckenverlauf und die Radwegeführung an Kreuzungen und Einmündungen auch für den Ortsfremden eindeutig erkennbar, im Verlauf stetig und insbesondere an Kreuzungen, Einmündungen und verkehrsreichen Grundstückszufahrten sicher gestaltet sind.

26 Das Abbiegen an Kreuzungen und Einmündungen sowie das Einfahren an verkehrsreichen Grundstückszufahrten ist mit Gefahren verbunden. Auf eine ausreichende Sicht zwischen dem Kraftfahrzeugverkehr und dem Radverkehr ist deshalb besonders zu achten. So ist es notwendig, den Radverkehr bereits rechtzeitig vor der Kreuzung oder Einmündung im Sichtfeld des Kraftfahrzeugverkehrs zu führen und die Radwegeführung an der Kreuzung oder Einmündung darauf abzustimmen. Zur Radwegeführung vgl. zu § 9 Abs. 2 und 3; Rn. 3 ff.

27 3. und bei Radfahrstreifen die Verkehrsbelastung und Verkehrsstruktur auf der Fahrbahn sowie im Umfeld die örtlichen Nutzungsansprüche auch für den ruhenden Verkehr nicht entgegenstehen. Vgl. Nr. II zu Z. 237; Rn. 2 ff.

28 III. Über die Kennzeichnung von Radwegen mit den Z. 237, 240 oder 241 entscheidet die Straßenverkehrsbehörde nach Anhörung der Straßenbaubehörde und der Polizei. In die Entscheidung ist, soweit örtlich vorhanden, die flächenhafte Radverkehrsplanung der Gemeinden und Träger der Straßenbaulast einzubeziehen. Auch kann sich empfehlen, zusätzlich Sachkundige aus Kreisen der Radfahrer, der Fußgänger und der Kraftfahrer zu beteiligen.

29 IV. Die Straßenverkehrsbehörde, die Straßenbaubehörde sowie die Polizei sind gehalten, bei jeder sich bietenden Gelegenheit die Radverkehrsanlagen auf ihre Zweckmäßigkeit hin zu prüfen und den Zustand der Sonderwege zu überwachen. Erforderlichenfalls sind von der Straßenverkehrsbehörde sowie der Polizei bauliche Maßnahmen bei der Straßenbaubehörde anzuregen. Vgl. Nr. IV 1 zu § 45 Abs. 3; Rn. 56.

Zu Absatz 4 Satz 3

I. Andere Radwege

30 1. Andere Radwege sind baulich angelegt und nach außen erkennbar für die Benutzung durch den Radverkehr bestimmt. Sie sind jedoch nicht mit dem Z. 237, 240 oder 241 gekennzeichnet. Solche Radwege kann der Radverkehr in Fahrtrichtung rechts benutzen. Es kann aber nicht beanstandet werden, wenn sie der Radverkehr nicht benutzt.

31 2. Der Radverkehr kann deshalb auch bei anderen Radwegen, insbesondere an Kreuzungen, Einmündungen und verkehrsreichen Grundstückszufahrten nicht sich selbst überlassen bleiben.

32 3. Es ist anzustreben, dass andere Radwege baulich so hergestellt werden, dass sie die (baulichen) Voraussetzungen für eine Kennzeichnung der Radwegebenutzungspflicht erfüllen.

33 4. Ist die Kennzeichnung der Radwegebenutzungspflicht unerlässlich, erfüllt der andere Radweg aber noch nicht die (baulichen) Voraussetzungen, kann die Kennzeichnung ausnahmsweise und befristet vorgenommen werden, wenn die Belange der Verkehrssicherheit gewahrt bleiben. Bei der Straßenbaubehörde sind gleichzeitig Nachbesserungen anzuregen.

34 5. Scheidet auf absehbare Zeit eine solche Herstellung des anderen Radweges aus und ist auch die an sich unerlässliche Kennzeichnung der Radwegebenutzungspflicht nicht möglich, soll dessen Auflassung bei der Straßenbehörde angeregt werden. Gleichzeitig sollen andere Maßnahmen (Radfahrstreifen, Schutzstreifen) geprüft werden.

II. Freigabe linker Radwege für die Gegenrichtung

35 1. Die Benutzung von in Fahrtrichtung links angelegten Radwegen in Gegenrichtung ist mit besonderen Gefahren verbunden und deshalb aus Gründen der Verkehrssicherheit grundsätzlich nicht erlaubt. Links angelegte Radwege können allerdings, wenn eine sorgfältige Prüfung nichts Entgegenstehendes ergeben hat, durch die Straßenverkehrsbehörden im Einzelfall mit Verkehrszeichen zur Benutzung durch die Radfahrer auch in Gegenrichtung freigegeben werden. Davon soll außerorts bei nur einseitig angelegten Radwegen in der Regel und innerorts nur in besonderen Ausnahmefällen Gebrauch gemacht werden.

36 2. Die Freigabe linker Radwege für die Gegenrichtung kann die Zahl der Fahrbahnüberquerungen für den Radverkehr senken. Andererseits entstehen neue Konflikte mit dem entgegenkommenden Radverkehr und an den Kreuzungen, Einmündungen und verkehrsreichen Grundstückszufahrten. Die Prüfung auch anderer Maßnahmen ist deshalb unabdingbar. Zu denken ist hier auch daran, den Bedarf zum Linksfahren, z.B. durch ein verbessertes Angebot von Überquerungsmöglichkeiten usw., zu verringern.

37 3. Voraussetzung für die Freigabe ist, dass

a) der Radweg baulich angelegt ist,

b) für den Radweg in Fahrtrichtung rechts eine Radwegebenutzungspflicht besteht,

c) die lichte Breite des Radweges einschließlich der seitlichen Sicherheitsräume (vgl. Nr. II 2a zu § 2 Abs. 4 Satz 2; Rn. 17 ff.) durchgehend in der Regel 2,40 m, mindestens 2 m, beträgt und

d) die Führung an den Kreuzungen, Einmündungen und verkehrsreichen Grundstückszufahrten eindeutig und besonders gesichert ist. Unabdingbar für die besondere Sicherung ist die ausreichende Sichtbeziehung zwischen dem Kraftfahrzeugverkehr und dem in beiden Fahrtrichtungen fahrenden Radverkehr. Vor allem ist auch auf die Sicht der nach links über den Radweg abbiegenden Kraftfahrer zu achten. Diese erwarten und erkennen die damit verbundenen Gefahren häufig nicht ausreichend.

38 4. An Kreuzungen und Einmündungen sowie an verkehrsreichen Grundstückszufahrten ist in der Regel

a) der abbiegende Kraftfahrzeugverkehr auf der Vorfahrtstraße mit dem seitwärts aufgestellten Z. 138 „Radfahrer" und dem Zusatzschild 1000-30 und

b) der Fahrzeugverkehr auf der untergeordneten Straße mit dem Z. 205 „Vorfahrt gewähren!" und dem angebrachten Zusatzschild „Sinnbild eines Radfahrers und von zwei gegengerichteten waagerechten Pfeilen" auf die besonderen Gefahren eines neben der durchgehenden Fahrbahn verlaufenden und zu kreuzenden Radwegs aufmerksam zu machen. Zum Standort des Z. 205 vgl. Nr. I zu den Z. 205 und 206; Rn. 1. Im Zweifel und bei abgesetzten Radwegen vgl. Nr. I zu § 9 Abs. 3; Rn. 16.

39 5. Ein Seitenstreifen ist der unmittelbar neben der Fahrbahn liegende Teil der Straße. Er kann befestigt oder unbefestigt sein.

40 III. Radfahrer haben das Recht, einen Seitenstreifen zu benutzen. Eine Benutzungspflicht besteht dagegen nicht. Sollen Seitenstreifen nach ihrer Zweckbestimmung auch der Benutzung durch Radfahrer dienen, ist auf eine zumutbare Beschaffenheit und einen zumutbaren Zustand zu achten.

1 Aus der amtlichen Begründung

1.1 Zahlreiche Radwege entsprechen nach Ausmaß und Ausstattung nicht den Erfordernissen des modernen Radverkehrs. Die Benutzung solcher Radwege ist daher für Radfahrer im Allgemeinen nicht ohne weiteres zumutbar. Andererseits ist es vertretbar, die Benutzung solcher Radwege dort noch anzubieten, wo dies nach Abwägung der Interessen für einen Teil der Radfahrer, z. B. ältere Radfahrer, vorteilhaft ist. Die Radwegebenutzungspflicht wird auf solche Radwege beschränkt, die durch die Straßenverkehrsbehörde orts- und verkehrsbezogen mit Zeichen 237, 240 oder 241 gekennzeichnet sind. Die Benutzung linker Radwege bleibt grundsätzlich verboten. Die Straßenverkehrsbehörde kann jedoch orts- und verkehrsbezogen geeignete linke Radwege für den gegenläufigen Radverkehr mit Zeichen 237, 240 oder 241 kennzeichnen und damit eine Benutzungspflicht einführen. Auf die Benutzungspflicht für Seitenstreifen durch Radfahrer wird verzichtet. Innerorts dienen Seitenstreifen meist dem ruhenden Verkehr und kommen für den Radverkehr kaum in Betracht. Außerorts dient der Seitenstreifen zwar auch dem ruhenden Verkehr, wird hier aber nur ausnahmsweise genutzt. Gleichwohl sind die Seitenstreifen außerorts in der Regel für einen modernen Radverkehr geeignet. Wo der Seitenstreifen über eine entsprechende Ausstattung verfügt, wird er durch den Radfahrer freiwillig angenommen. Ein Nutzungsrecht des Radfahrers für Seitenstreifen bleibt jedoch erhalten (Begr. 1997).

1.2 Mit dem Z. 223.1 wird der Seitenstreifen zum Fahrstreifen mit Benutzungspflicht (Begr. 2001).

2 Erläuterungen

2.1 Fahrbahnbenutzung

Fahrbahn ist der Teil der Straße, der zur Benutzung für Fahrzeuge allgemein bestimmt ist (s. a. Erl. 2.1.2 zu § 1). KFZ dürfen deshalb nicht Geh- oder Radwege, Mittelstreifen oder sonstige Straßenteile befahren, die weder Fahrbahn noch für den Kraftfahrzeugverkehr besonders freigegeben sind. Die Regelung des § 2 bezieht sich auf den Fahrverkehr, so dass zwar das Befahren der Gehwege nach Abs. 1, das Parken aber dort nach § 12 Abs. 4 unzulässig ist (BVerwG VerkMitt 1993 Nr. 1 = VRS 84, 127 = DAR 92, 473 = NJW 1993, 870). Eine Abweichung von der Fahrbahnbenutzungspflicht besteht für Rad fahrende Kinder bis 10 Jahren. Bis 8 Jahren müssen sie Gehwege benutzen, bis 10 Jahren dürfen sie es. Das gilt auch dann, wenn neben dem Gehweg Radwege vorhanden sind. Grundstückszufahrten sind besonders befestigte Teile des Gehweges, die für die Überfahrt durch Fahrzeuge bestimmt sind. Das Verhalten auf Grundstückszufahrten bestimmt sich nach § 10. Zur Einfahrt in ein Grundstück darf der davor liegende Gehweg überfahren, nicht aber auf ihm geparkt werden (OLG Düsseldorf VerkMitt 1992 Nr. 33). Auf Gehwegniveau angehobene Straßenteile zur Einfahrt in verkehrsberuhigte Gebiete bleiben Fahrbahnen, Fußgänger haben hier (anders als bei Grundstückszufahrten) keinen Vorrang.

Einteilung des Straßenraums

Geh-weg	Rad-weg	Grün-strei-fen	Fahrstreifen	Fahrstreifen	Mittel-strei-fen	Fahrstreifen	Fahrstreifen	Seiten-/Park-streifen	Sonderweg für Straßenbahn
			Richtungs-fahrbahn			Richtungs-fahrbahn			

Ein weder baulich noch durch Fahrstreifenbegrenzung abgesperrter Gleis-
bereich der Straßenbahn darf vom Kraftverkehr mitbenutzt werden, wenn
dadurch die Straßenbahn weder gefährdet noch behindert wird (OLG Karlsruhe VersR 1978, 871).

2.2 Rechtsfahrgebot und Seitenabstand

Das **Rechtsfahrgebot** bezieht sich nur auf den Längsverkehr mit Fahrzeugen
(für Fußgänger – auch mit Handkarren – gilt § 25). Es dient dem Schutz des
Gegen- und Überholverkehrs, insbesondere in den beispielhaft aufgezählten
Fällen bei Kurven und Kuppen, bei Überholvorgängen oder bei Unübersichtlichkeit. Sind zwei durch bauliche Einrichtungen getrennte Fahrbahnen
vorhanden, ist stets die rechte Fahrbahn zu benutzen. Das Rechtsfahrgebot
gilt auch in Einbahnstraßen (Z. 220) und im Kreisverkehr.

Wesentlich für die Beachtung des Rechtsfahrgebots ist der **Sicherheitsabstand** (Seitenabstand); er richtet sich nach der Art des Fahrzeugs, seiner
Geschwindigkeit, der Fahrbahnbreite und den Sichtverhältnissen (OLG
Frankfurt/M. DAR 1979, 336). Das Rechtsfahrgebot ist nicht starr, es verlangt,
dass man „vernünftig" weit rechts fährt. Ein **Abstand** von 80 cm vom rechten
Fahrbahnrand ist auch in einer unübersichtlichen Kurve und bei Gegen-
verkehr zulässig, wenn zur Leitlinie in der Fahrbahnmitte ein Abstand von
mindestens 50 cm eingehalten wird (BayObLG DAR 1981, 23, VRS 61, 55).
Andererseits muss dann äußerst rechts gefahren werden, wenn durch
Unübersichtlichkeit der Strecke (Kuppen, Kurven) Gefahren nicht auszuschließen sind (BGH VRS 92, 189; OLG Hamm NZV 2000, 265; 2000, 372).
Innerorts ist ein Abstand von 0,50 m zum Bordstein nicht zu beanstanden
(OLG Bremen VerkMitt 1979 Nr. 106). Keinesfalls darf der Abstand so gering
sein, dass ein an der Bordsteinkante stehender Fußgänger vom Außenspiegel
des Kraftfahrzeugs erfasst wird (OLG Düsseldorf VRS 83, 96). Bei besonders
lebhaftem Fußgängerverkehr kann ein größerer Seitenabstand zum Gehweg nötig sein (OLG Düsseldorf VerkMitt 1975 Nr. 132; OLG Düsseldorf
VRS 97, 97: 1 m). Das Fahren in einer Kolonne auf der Mitte des rechten
Fahrstreifens genügt diesem Gebot (BGH VRS 59, 324; OLG Zweibrücken

NZV 1988, 22). Ob es verletzt ist, wenn ein Motorradfahrer sich in einer Kurve über den Sicherheitsabstand hinaus vom rechten Fahrbahnrand entfernt, lässt sich nur nach der konkreten Verkehrssituation beurteilen (BGH NZV 1990, 229). In schmalen Straßen kann das Fahren in der Straßenmitte zur Wahrung des Sicherheitsabstandes vom Fahrbahnrand erlaubt sein (BayObLG VerkMitt 1990 Nr. 75 = NZV 1990, 122 = VRS 78, 216); allerdings ist dann auf halbe Sicht zu fahren (§ 3 Abs. 1 Satz 4) und der Gegenverkehr durchzulassen (OLG Schleswig NZV 1991, 431).

Das Schneiden von Linkskurven über die Fahrbahnmitte hinaus ist auch dann grundsätzlich verboten, wenn die Kurve übersichtlich ist und der

Abweichungen vom Rechtsfahrgebot				
Vorschriften der StVO	**Fahr- streifen mind.**	**Geltung für KFZ**		**Folge**
		innerorts	**außerorts**	
§ 2 Abs. 4 Nebeneinander fahren von Radfahrern	1	nur Radfahrer		Es darf nebeneinander gefahren werden, wenn der Verkehr nicht behindert wird
§ 7 Abs. 1 wenn es die Verkehrsdichte rechtfertigt	2	alle KFZ		Es darf nebeneinander gefahren, aber nicht rechts überholt werden
§ 7 Abs. 2 bei Fahrzeugschlangen	2	alle KFZ		Rechts darf überholt werden
§ 7 Abs. 2a für Einzelfahrzeuge, wenn eine Fahrzeugschlange auf dem linken Fahrstreifen steht oder langsam fährt	2	alle KFZ		Rechts darf mit einer Differenz- geschwindigkeit von max. 20 km/h überholt werden, wenn die linke Fahrzeugschlange nicht schneller als 60 km/h fährt
§ 7 Abs. 3 bei freier Fahrstreifenwahl	2 markiert	KFZ bis 3,5 t	nein	Rechts darf überholt werden; gilt nicht auf BAB (auch nicht inner- örtliche BAB)
§ 7 Abs. 4 Reißverschlussverfahren	2	alle KFZ		Wechselseitiges Einordnen auf einen Fahrstreifen
§ 37 Abs. 4 vor Lichtzeichenanlagen	2	alle KFZ		Es darf nebeneinander gefahren werden (auch rechts schneller)
§ 42 Abs. 6 Nr. 1d Satz 1 wenn rechts hin und wieder ein Fahrzeug hält oder fährt	3 markiert	nein	alle KFZ	Der mittlere Fahrstreifen darf durchgängig befahren werden
§ 42 Abs. 6 Nr. 1d Satz 3 zum Linksabbiegen	3 markiert	nein	LKW über 3,5 t und 7 m lange Züge	Der linke Fahrstreifen darf nur zum Abbiegen benutzt werden, für den dritten Fahrstreifen gilt dann Überholverbot
§ 42 Abs. 6 Nr. 1e auf Beschleunigungsstreifen	1 markiert	alle KFZ		Rechts darf schneller gefahren werden
§ 42 Abs. 6 Nr. 1f wenn ein Fahrstreifen auf einer BAB oder Kraftfahrstraße abgeht (an Kreuzen/Dreiecken)	2 markiert	alle KFZ		Abbieger dürfen ab der breiten Leitlinie (Blockmarkierung) rechts überholen; das gilt nicht für Verzögerungsstreifen
§§ 5 Abs. 7 und 9 Abs. 1 nach dem Einordnen zum Linksabbiegen	2	alle KFZ		Rechts darf überholt werden (auch bei Pfeilmarkierungen nach Z. 297)

Fahrzeugführer meint, dass er niemanden gefährdet oder behindert (BGH
VRS 39, 367; DAR 1971, 25, vgl. jedoch BayObLG VRS 61, 141: Befahren einer
Spitzkehre durch einen Omnibus). Das Rechtsfahrgebot gilt auch im Kreis-
verkehr.

2.3 Seitenstreifen

Seitenstreifen ist ein neben der Fahrbahn liegender Straßenteil, der durch
andere Befestigung oder Markierung (Z. 295) deutlich abgegrenzt ist. Zu den
Seitenstreifen gehören Bankette, Rand- oder Schutzstreifen, Standspuren
auf Autobahnen, Parkstreifen. Wer verbotswidrig auf der Standspur rechts
an dem Verkehr auf der Fahrbahn vorbeifährt, verstößt gegen die Fahrbahnbenutzungspflicht (§ 2 Abs. 1), nicht aber gegen das Rechtsüberholverbot (§ 5 Abs. 1), weil Überholen nur zwischen Fahrzeugen auf „derselben
Fahrbahn" stattfindet.

Mit dem (neuen) Z. 223.1 wird der Seitenstreifen zum Fahrstreifen, so dass
dann Benutzungspflicht besteht und das Rechtsfahrgebot des § 2 Abs. 1
gilt. Die durchgehende Fahrbahnbegrenzungslinie rechts vom Seitenstreifen
(Z. 295) erhält die Bedeutung einer „Leitlinie" (Z. 340); sie darf beim Z. 223.1
dann überfahren werden. Das Ende der Benutzung des Seitenstreifens
wird durch Z. 223.2 angeordnet (s. Erl. § 41 zu Z. 223.1).

2.4 Anlieger

Zum Befahren einer nur für den Anliegerverkehr freigegebenen Straße ist
auch berechtigt, wer lediglich den Besucher eines Anliegers abholen will
(OLG Hamm VerkMitt 1972 Nr. 94).

2.5 Ausweichen

Muss auf einer Bergstrecke bei der Begegnung zweier Omnibusse einer
auf einen rechten Seitenstreifen ausweichen, ist das vor allem demjenigen
zuzumuten, dessen Seitenstreifen nicht am abfallenden Hang, sondern an
der aufsteigenden Böschung verläuft. Gegenseitige Verständigung der beiden Omnibusfahrer ist geboten (OLG Saarbrücken VerkMitt 1975 Nr. 46).

2.6 Kriech- und Standspuren

Die **Kriechspur** auf Autobahnen ist für langsame Verkehrsteilnehmer
bestimmt; verbindlich ist ihre Benutzung, wenn Z. 211 („hier rechts") angeordnet ist (OLG Hamm VerkMitt 1973 Nr. 121 = DAR 1973, 275). Zum
Rechtsüberholen darf sie in der Regel nicht benutzt werden (BGH VRS 37,
443 = DAR 1970, 21). Die Standspur ist hingegen Seitenstreifen und darf
auf Autobahnen nicht von langsamen LKW benutzt werden.

2.7 Gefahrgutfahrzeuge

Die Regelung in § 2 Abs. 3a beruht auf Unfällen mit Tankfahrzeugen bei
extremen Witterungsverhältnissen. Obwohl sich Gefahrgutfahrer meist
verkehrsgerecht verhalten, werden sie durch riskante Fahrmanöver anderer
Kraftfahrer in Unfälle verwickelt, wobei mitgeführte Ladung austreten, sich
entzünden und zu schweren Unfallfolgen führen kann. Um dieses Risiko zu
mindern, sind Gefahrgutfahrer zu höchster Sorgfalt verpflichtet. Kann der
Gefährdungsausschluss auch durch besondere Vorsicht, strikte Beachtung
des Rechtsfahrgebots, Verzicht auf Überholen oder Langsamfahren nicht

mehr gewährleistet werden (z. B. bei Glatteis auf abschüssiger Strecke),
muss der Gefahrgutfahrer einen geeigneten Platz zum Parken aufsuchen.
Kein verantwortungsbewusster Gefahrgutfahrer würde bei extremen Verhältnissen die Fahrt fortsetzen, wenn sich die Weiterfahrt zu einem unvertretbaren Risiko gestaltet. Geeignete Stelle kann auch der Fahrbahnrand oder
ein Seitenstreifen sein; allerdings darf dann nicht die Gefahr von Auffahrunfällen entstehen. Notfalls müssen Fahrzeugbeleuchtung und Warnblinklicht eingeschaltet oder Warnleuchten aufgestellt werden.

Voraussetzung für die Pflicht zur Fahrtunterbrechung ist eine **tatsächlich**
vorhandene Schnee- oder Eisglätte und nicht nur Schneematsch auf der
vom Gefahrguttransport benutzten Fahrspur (BayObLG NZV 1989, 443 =
VRS 77, 458). Dies gilt auch dann, wenn durch eingeblendete Gefahrzeichen 113 an einer Verkehrsbeeinflussungsanlage auf drohende Glätte
hingewiesen wird (OLG Hamm NZV 1998, 213). Ungeachtet dessen kann
die Polizei aus dem Gesichtspunkt der Gefahrenabwehr eingreifen und
Gefahrgutfahrzeuge aus dem Verkehr herauswinken, wenn sie nach Beurteilung der Straßen- und Witterungsverhältnisse das Unfallrisiko als unvertretbar hoch einschätzt. Solchen Weisungen haben Gefahrgutfahrer zu folgen
(§ 36 Abs. 1).

2.8 Radfahrer

Fahrräder sind Fahrzeuge mit mindestens zwei Rädern und Muskelkraft-
antrieb[3] (VGH Stuttgart VerkMitt 2001 Nr. 16). Hierzu gehören auch Liegefahrräder (BVerwG NZV 2001, 494 = VRS 101, 310), Rikschas, dreirädrige
„Rennstühle" als Behindertenfahrrad, die durch Treten oder Greifen fortbewegt werden oder Zweiräder mit elektrischer Tretunterstützung. **Mofas**
sind einspurige, einsitzige Kraftfahrzeuge mit Hilfsmotor und einer bauartbedingten Höchstgeschwindigkeit von 25 km/h (§ 4 Abs. 1 Nr. 1 StVZO);
für Leichtmofas gilt max. 20 km/h. Die Rn. 9 bis 40 der VwV-StVO zu § 2
Abs. 4 Satz 2 enthalten eine Vielzahl straßenverkehrsbehördlicher Möglichkeiten, Radverkehrsanlagen im weitesten Sinne so zu gestalten, dass sie den
Bedürfnissen der Radfahrer gerecht werden: Anlage von Radwegen, auch
in Kombination mit Gehwegen, Radfahrstreifen, Schutzstreifen, Fahrradstraßen (Z. 244), Radfahren entgegen der Fahrtrichtung von Einbahnstraßen
(Zusatzschild zu Z. 220), Einfahren entgegen Z. 267 mit Zusatzschild 1022-10,
unterstützende Markierungen, Verbesserung der Sicht auf Radfahrer vor
Kreuzungen und Einmündungen, insbesondere bei von der Fahrbahn abgesetzten Radwegen, Freigabe der Radwege in Gegenrichtung, Radfahren
auf Busspuren (Z. 245).

Radfahrer dürfen bei Dunkelheit und Regen auf einer verkehrsreichen Straße
nicht weiter als 1 m vom rechten Fahrbahnrand fahren (OLG Saarbrücken
VerkMitt 1980 Nr. 53). Radfahrer handeln grob verkehrswidrig, wenn sie
unzulässig Gehwege in Gegenrichtung befahren (OLG Hamm NZV 1995,
152). Da Schutzhelme für Radfahrer nicht vorgeschrieben sind, entfällt ein
Mitverschulden des Radfahrers für Kopfverletzungen, die beim Tragen
eines Helmes vermieden worden wären (OLG Nürnberg DAR 1999, 507).

---

3 Nach der Begriffsbestimmung des Art. 1 Buchstabe l) WÜ ist Fahrrad „jedes Fahrzeug mit wenigstens zwei Rädern, das ausschließlich durch Muskelkraft auf ihm
befindlicher Personen, insbesondere mit Hilfe von Pedalen oder Handkurbeln, angetrieben wird"

2.8.1 Radweg

Radwege sind verkehrsrechtlich Sonderwege. Eine Benutzungspflicht durch Radfahrer besteht nur, wenn Radwege durch Z. 237, 240 oder 241 ausgewiesen sind. An Kreuzungen oder Einmündungen müssen Radfahrer jedoch auch dann Radwegeführungen folgen, wenn eine Kennzeichnung fehlt (§ 9 Abs. 2 Satz 5). Selbst wenn eine solche Kennzeichnung fehlt, dürfen Radwege nicht von anderen Verkehrsteilnehmern benutzt werden: Folge aus der Fahrbahnbenutzungspflicht für Fahrzeuge (§ 2 Abs. 1 Satz 1) und der Gehwegbenutzungspflicht für Fußgänger (§ 25 Abs. 1 Satz 1). Fuß-

Radverkehrsführung

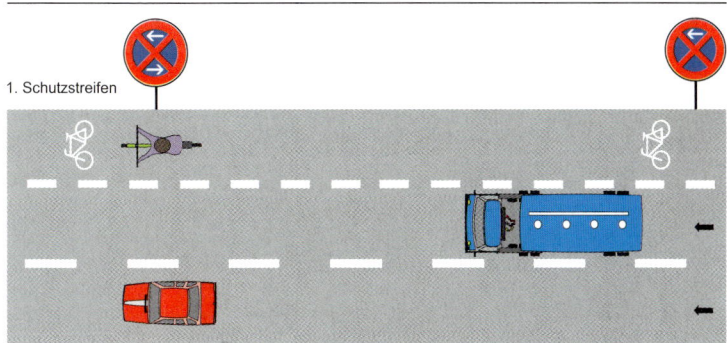

1. Schutzstreifen

Schutzstreifen können eingerichtet werden, wenn Straßenraum für die Anlage eines Radweges fehlt, jedoch eine ausreichende Fahrbahnbreite vorhanden ist. Schutzstreifen sind Bestandteile der Fahrbahn. Radfahrer müssen den Schutzstreifen benutzen (Folge aus dem Rechtsfahrgebot des § 2 Abs. 2). Sie dürfen den links vom Schutzstreifen fahrenden Verkehr dann rechts überholen (entsprechend § 7 Abs. 3, weil die Abweichung vom Rechtsüberholverbot für alle Fahrzeuge und nicht nur für diejenigen gilt, die an der freien Fahrstreifenwahl teilnehmen). KFZ dürfen den Schutzstreifen „bei Bedarf" überfahren, z.B. beim Ausweichen vor Hindernissen, bei Baustellen u.ä., nicht jedoch bei Stau zum schnelleren Vorankommen. Parken am Fahrbahnrand ist durch Z. 283 zu unterbinden; ist das wegen notwendigen Ladebedarfs nicht möglich, muss auf den Schutzstreifen verzichtet werden. Beim Rechtsabbiegen haben geradeaus fahrende Radfahrer Vorrang (§ 9 Abs. 3 Satz).

2. Radfahrstreifen

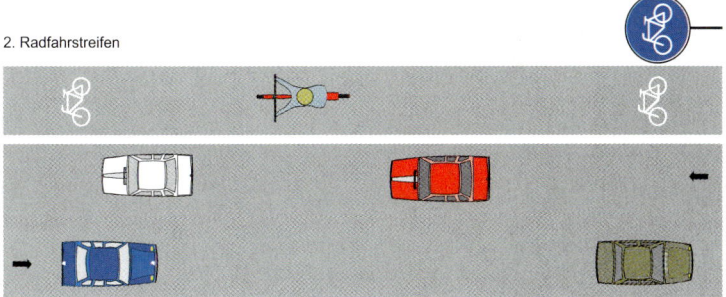

Radfahrstreifen ist ein für den Radverkehr bestimmter Straßenteil („Sonderfahrstreifen" für Radfahrer). Für Radfahrer besteht durch Z. 237 Benutzungspflicht, für KFZ Benutzungsverbot, auch für Ausweichmanöver oder zum Parken. Sie müssen links vom Radfahrstreifen fahren (§ 2 Abs. 2). Auf dem Radfahrstreifen darf schneller als auf der Fahrbahn gefahren werden. Beim Rechtsabbiegen haben geradeaus fahrende Radfahrer Vorrang.

gänger müssen beim Überqueren des Radweges auf Radfahrer achten (OLG Hamm VRS 97, 334). Kann der Radweg wegen unzureichender Breite (z. B. für dreirädrige Fahrräder) oder der Beschaffenheit (Schlaglöcher, Schnee) faktisch nicht benutzt werden, darf auf der Fahrbahn gefahren werden, selbst wenn Radwegebenutzungspflicht durch Z. 237, 240 oder 241 besteht (die StVO kann nichts Unmögliches verlangen).

2.8.2 Rad fahrende Kinder

Das Gebot der gegenseitigen Rücksichtnahme (§ 1 Abs. 1) gilt auf Gehwegen vor allem bei der Benutzung durch Rad fahrende Kinder bis 10 Jahre. Fußgänger dürfen dabei weder behindert noch gefährdet werden. Andererseits dürfen auch Fußgänger Rad fahrende Kinder nicht vermeidbar behindern. Vor Kreuzungen und Einmündungen müssen Rad fahrende Kinder absteigen. Tun sie es nicht, nehmen sie es (allerdings) an der Vorfahrt teil.

2.8.3 Radfahrer auf Einbahnstraßen

Die Einbahnstraßenregelung erstreckt sich auch auf Radwege an Einbahnstraßen (BGH DAR 1982, 14 = VersR 1982, 94). Ist die Benutzung für Radfahrer in der Gegenrichtung auf der Fahrbahn durch Zusatzschild zugelassen, hat die Einbahnstraße den Charakter einer Straße mit gegenläufigem Verkehr, beschränkt auf Radfahrer.

3 Hinweise

3.1 Ob zwei parallele, durch ungewöhnlich breite Grünstreifen, Gleiskörper und dgl. getrennte Fahrbahnen noch eine Straße bilden, entscheidet der optische Gesamteindruck.

3.2 Gestaffeltes Fahren auf mehrstreifigen Fahrbahnen für eine Richtung bei Verkehrsdichte: § 7 Abs. 1; freie Fahrstreifenwahl innerorts: § 7 Abs. 3.

3.3 Bei Markierung von drei oder mehr Fahrstreifen für eine Richtung durch Begrenzungs- oder Leitlinien darf der zweite Fahrstreifen von rechts benutzt werden, wenn – auch nur hin und wieder – rechts davon ein Fahrzeug hält oder fährt. Sind für eine Fahrtrichtung drei oder mehr Fahrstreifen durch Leitlinien markiert, darf der linke Streifen mit Lastkraftwagen über 3,5 t oder Zügen über 7 m nur zum Einordnen beim Linksabbiegen benutzt werden: Nr. 1 d zu Z. 340.

3.4 Freiheitsstrafe oder Geldstrafe bei Verstößen gegen das Rechtsfahrgebot an unübersichtlichen Stellen, wenn Personen oder erhebliche Sachwerte konkret gefährdet werden: § 315c StGB.

3.5 Ständiges Linksfahren auf einer Autobahn ist nur dann strafbare Nötigung (§ 240 StGB), wenn durch langsame Fahrweise oder Lenkbewegungen gezielt das Überholen unter Inkaufnahme von Gefährdungen verhindert werden soll (OLG Düsseldorf VerkMitt 2000 Nr. 70 = DAR 2000, 367 = VRS 99, 45 = NZV 2000, 301). Bedrängende Fahrweise des Überholenden kann ebenso Nötigung sein (OLG Köln NZV 1992, 371).

3.6 Richtlinien für die Anordnung von verkehrsregelnden Maßnahmen für den **Transport gefährlicher** Güter auf Straßen: VkBl. 1987, S. 857 und VkBl. 1988, S. 486. Geregelt werden die Voraussetzungen für die verkehrsbehördliche Anordnung von Verkehrsbeschränkungen und Umleitungen, insbesondere auf Gefällstrecken, Tunneln, Brücken, in Wasserschutzgebieten, Ortsdurchfahrten sowie von Verkehrsverboten durch Z. 261, 269.

§ 3 Geschwindigkeit

(1) Der Fahrzeugführer darf nur so schnell fahren, dass er sein Fahrzeug ständig beherrscht. Er hat seine Geschwindigkeit insbesondere den Straßen-, Verkehrs-, Sicht- und Wetterverhältnissen sowie seinen persönlichen Fähigkeiten und den Eigenschaften von Fahrzeug und Ladung anzupassen. Beträgt die Sichtweite durch Nebel, Schneefall oder Regen weniger als 50 m, so darf er nicht schneller als 50 km/h fahren, wenn nicht eine geringere Geschwindigkeit geboten ist. Er darf nur so schnell fahren, dass er innerhalb der übersehbaren Strecke halten kann. Auf Fahrbahnen, die so schmal sind, dass dort entgegenkommende Fahrzeuge gefährdet werden könnten, muss er jedoch so langsam fahren, dass er mindestens innerhalb der Hälfte der übersehbaren Strecke halten kann.

(2) Ohne triftigen Grund dürfen Kraftfahrzeuge nicht so langsam fahren, dass sie den Verkehrsfluss behindern.

(2a) Die Fahrzeugführer müssen sich gegenüber Kindern, Hilfsbedürftigen und älteren Menschen, insbesondere durch Verminderung der Fahrgeschwindigkeit und durch Bremsbereitschaft so verhalten, dass eine Gefährdung dieser Verkehrsteilnehmer ausgeschlossen ist.

(3) Die zulässige Höchstgeschwindigkeit beträgt auch unter günstigsten Umständen

1. innerhalb geschlossener Ortschaften für alle Kraftfahrzeuge   50 km/h,

2. außerhalb geschlossener Ortschaften

    a) für Kraftfahrzeuge mit einem zulässigen Gesamtgewicht über 3,5 t bis 7,5 t, ausgenommen Personenkraftwagen, für Personenkraftwagen mit Anhänger und Lastkraftwagen bis zu einem zulässigen Gesamtgewicht von 3,5 t mit Anhänger und für Kraftomnibusse, auch mit Gepäckanhänger   80 km/h,

    b) für Kraftfahrzeuge mit einem zulässigen Gesamtgewicht über 7,5 t, für alle Kraftfahrzeuge mit Anhänger, ausgenommen Personenkraftwagen sowie Lastkraftwagen bis zu einem zulässigen Gesamtgewicht von 3,5 t und für Kraftomnibusse mit Fahrgästen, für die keine Sitzplätze mehr zur Verfügung stehen   60 km/h,

    c) für Personenkraftwagen sowie für andere Kraftfahrzeuge mit einem zulässigen Gesamtgewicht bis 3,5 t   100 km/h.

    Diese Geschwindigkeitsbeschränkung gilt nicht auf Autobahnen (Z. 330) sowie auf anderen Straßen mit Fahrbahnen für eine Richtung, die durch Mittelstreifen oder sonstige bauliche Einrichtungen getrennt sind. Sie gilt ferner nicht auf Straßen, die mindestens zwei durch Fahrstreifenbegrenzung (Z. 295) oder durch Leitlinien (Z. 340) markierte Fahrstreifen für jede Richtung haben.

(4) Die zulässige Höchstgeschwindigkeit beträgt für Kraftfahrzeuge mit Schneeketten auch unter günstigsten Umständen 50 km/h.

VwV zu § 3 Geschwindigkeit

1 Sattelkraftfahrzeuge zur Lastenbeförderung sind Lastkraftwagen im Sinne der StVO.

1 Aus der amtlichen Begründung

1.1 In der Regel ist auch unter günstigsten Umständen das Fahren auf Sicht vorgeschrieben. Der Fahrer muss die Länge seines Anhaltewegs und die Reichweite seines Abblendlichts kennen; die verbreitete Unkenntnis dieser Daten ist die Ursache zahlreicher Unfälle, vor allem nächtlicher Unfälle. „Triftig" im Sinne des Abs. 2 ist ein Grund, wenn er subjektiv oder objektiv das Langsamfahren rechtfertigt, z. B. wegen mangelhafter Motorleistung oder wegen der Anfälligkeit eines Mitfahrers gegen Autokrankheit (Begr. 1970).

1.2 Die Höchstgeschwindigkeit von 100 km/h gilt auf allen **Außerortsstraßen** mit nur einem Fahrstreifen für jede Richtung (Begr. 1975).

1.3 Rücksichtnahme auf verkehrsungewandte Personen ist vor allem ein Geschwindigkeitsproblem. Sie setzt voraus, dass der Fahrer die geschützten Personen hätte erkennen können (Begr. 1980).

1.4 Die für schlechte Sichtverhältnisse geltenden Verhaltensregeln reichen nicht aus, um dem Phänomen der Nebelunfälle gerecht zu werden. Bei extrem schlechten Sichtverhältnissen ist den Kraftfahrern bei einer von ihnen erkennbaren Sichtweite (50 m = Regelabstand der Leitpfosten) eine eingängige Präzisierung der Geschwindigkeit von 50 km/h vorzugeben (Begr. 1989).

1.5 Die technische Entwicklung gestattet es, KFZ bis zu 3,5 t ohne Beeinträchtigung der Verkehrssicherheit mit den PKW gleich zu behandeln. Die Anhebung der Gewichtsklasse von 2,8 auf 3,5 t führt zu einer europäischen Harmonisierung der verhaltens- und fahrerlaubnisrechtlichen Bestimmungen (Begr. 1997).

2 Erläuterungen

Die geltenden Geschwindigkeitsgrenzen sind auch unter dem Gesichtspunkt des Lärm- und Abgasschutzes verfassungsgemäß (BVerfG DAR 1996, 92). Das schließt nicht aus, dass bei übermäßiger Lärm- oder Abgasentwicklung an einzelnen Straßenstrecken Verkehrsbeschränkungen angeordnet werden können.

2.1 Anhalteweg

Der Anhalteweg besteht aus dem Reaktions- und dem Bremsweg. Die Reaktionszeit einschließlich der Bremsenansprechzeit beträgt in der Regel 1 Sekunde (BGH VRS 38, 104). Der Bremsweg kann sehr unterschiedlich sein; in der Regel wird bei einem PKW eine mittlere Verzögerung von 7 m/s^2 angenommen. Der allgemein übliche Faustformel für den Anhalteweg **[V : 10 × 3] + [V : 10]**^{2} liegt eine mittlere Bremsverzögerung von rd. 3,8 m/s^2 zu Grunde. Entsprechend der Umsetzung der ECE-Regelung Nr. 13/RL 71/320 EWG in § 41 Abs. 4 StVZO beträgt jetzt die mittlere Vollbremsverzögerung eines KFZ mind. 5 m/s^2. Dennoch ist die Faustformel weiterhin aktuell, weil sich die ECE-Regelung auf die technische Ausgestaltung der Bremse, die Faustformel hingegen auf die erreichbare Bremsverzögerung unter Berücksichtigung des Straßen- und Witterungszustandes bezieht. Außerdem ist der Reaktionsweg **[V : 10 × 3]** mit knapp 1 Sekunde

Brems- und Anhalteweg

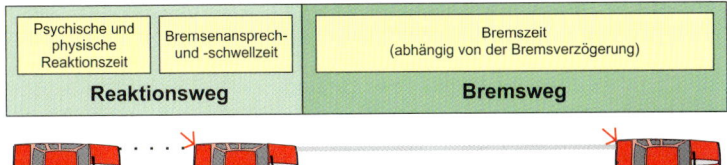

Psychische und physische Reaktionszeit	Bremsenansprech- und -schwellzeit	Bremszeit (abhängig von der Bremsverzögerung)
Reaktionsweg		**Bremsweg**

Anhalteweg

Die Summe der Reaktions-, Bremsenansprech- und Bremsenschwellzeiten ergeben den Reaktionsweg, Reaktionsweg und Bremsweg zusammen den Anhalteweg. Die subjektive Reaktionszeit beträgt bei einem guten Kraftfahrer mit angemessener Aufmerksamkeit etwa 0,6 s (Erkennen der Gefahr und Umsetzen des Fußes vom Gas auf die Bremse). Dazu kommt die Bremsenansprech- und Bremsenschwellzeit von etwa je 0,2 s (Zeit bis Bremsverzögerung eintritt), so dass die Reaktionszeit etwa 1 s beträgt, innerhalb der das KFZ die Strecke ungebremst zurücklegt. Die Reaktionszeit ist unabhängig von einer Schreckzeit, die zusätzlich 1 bis 3 s betragen kann. Eine Schreckzeit wird nur zugebilligt, wenn ein überraschendes Ereignis eintritt, mit dem der Kraftfahrer auch bei größter Sorgfalt nicht zu rechnen brauchte, z.B. Fußgänger auf der Autobahn. Muss hingegen mit Gefahren gerechnet werden, ist von einer Reaktionszeit von rd. 1 s auszugehen, z.B. bei Z. 136 „Kinder" (BGH VerkMitt 1994, Nr. 33). Bremsenansprech- und -schwellzeiten sind im Wesentlichen vom Zustand der Bremse abhängig.

Wie schnell ein KFZ vom Einsetzen der Bremswirkung (d.h. nach dem Reaktionsweg) zum Stillstand gebracht werden kann, hängt von der Bremsverzögerung ab. Diese ist abhängig von der Fahrbahnbeschaffenheit, den Reifen und dem technischen Zustand der Bremsanlage. Bei trockener und griffiger Fahrbahn und guten Reifen muss die Betriebsbremse eine mittlere Vollbremsverzögerung von mind. 5 m/s² erreichen (§ 41 Abs. 4 StVZO). Bei geringeren Werten ist das KFZ nicht mehr verkehrstüchtig. Gute Bremsen erreichen eine Bremsverzögerung bis zu 9,8 m/s² (Erdbeschleunigung), im Allgemeinen 7 bis 9 m/s². Beispiel: Bei Tempo 70 fährt das KFZ 19,4 m/s (70 km/h : 3,6 m/s). Wird es mit einer Bremsverzögerung von 4 m/s² abgebremst, beträgt die Geschwindigkeit nach 1 s (19,4 − 4 = 15,4 m/s) rd. 56 km/h, nach 2 s (15,4 − 4 = 11,4 m/s) rd. 41 km/h, nach 3 s (11,4 − 4 = 7,4 m/s) rd. 27 km/h und nach 4 s (7,4 − 4 = 3,4 m/s) rd. 12 km/h. Die in m/s angegebene Geschwindigkeit verringert sich somit in jeder Sekunde des Bremsvorganges um die Größe der Bremsverzögerung.

extrem kurz ausgelegt. Läuft z. B. 30 m vor einem mit Tempo 70 heranfahrenden KFZ ein Kind über die Fahrbahn, wird in 1 Sekunde ein Weg von rd. 20 m ungebremst zurückgelegt. Innerhalb der verbleibenden 10 m wird das Tempo sowohl bei einer Bremsverzögerung von 3,8 m/s² als auch von 7 m/s² nicht so weit herabgesetzt, dass beim Zusammenstoß schwere Verletzungsfolgen vermieden werden können. Bremsspuren auf der Fahrbahn lassen Rückschlüsse auf die Geschwindigkeit zu, die das Fahrzeug mindestens gehabt hat; sie sind jedoch kürzer als der Bremsweg, weil sie sich erst bei stärkerem Bremsen abzeichnen. Ihre Auswertung ist ohne die Feststellung der konkreten Bremsverzögerung nicht möglich (OLG Hamm VRS 39, 295).

2.2 Fahren auf Sicht

Wie schnell innerhalb der festen Tempogrenzen gefahren werden darf, bestimmt sich nach der Grundregel des § 3 Abs. 1, d. h. die höchst zulässige Geschwindigkeit darf nur unter günstigsten Umständen gefahren werden. Hierbei gilt vor allem die „**goldene Regel**" des **Fahrens** auf **Sicht**, d. h. es darf nur so schnell gefahren werden, dass innerhalb der übersehbaren

Strecke angehalten werden kann; bei schmalen Fahrbahnen auf halber Sichtweite.

Der **Vertrauensgrundsatz** wird durch das Gebot des Fahrens auf Sicht eingeschränkt (BGH VRS 64, 168 = VersR 83, 153). Das Gebot des Fahrens auf halbe Sicht gilt auch für schmale Fahrzeuge, wenn die Fahrbahnbreite für die gefahrlose Begegnung mit einem breiteren Fahrzeug nicht ausreicht (BayObLG VerkMitt 1956 Nr. 110). Ob der Fahrer wegen der geringen Breite einer Straße auf halbe Sicht fahren muss, richtet sich danach, ob bei Begegnung mit einem anderen Fahrzeug bis zu 2,5 m Breite genügend Platz (einschl. eines ausreichenden Seitenabstandes) bleiben würde. Er braucht nicht damit zu rechnen, dass ein noch unsichtbarer Verkehrsteilnehmer das Rechtsfahrgebot grob missachten werde; wichtig ist die Sicht auf den Fahrstreifen des Gegenverkehrs (BayObLG VRS 58, 366). Beschlägt das Visier des Motorradhelms durch Regen, muss der Motorradfahrer auch innerorts so langsam fahren, dass er Gefahren vermeiden kann (OLG Hamm VRS 101, 25).

2.3 Straßenverhältnisse

Eine Straße darf nur so schnell befahren werden, wie es ihr Zustand erlaubt. Bei Straßenschäden (wellige, eingedellte, bucklige Oberflächen, Spurrillen), muss das Tempo auf ein verkehrssicheres Maß herabgesetzt werden (OLG Naumburg DAR 1995, 206: bei Straßenschäden im Beitrittsgebiet).

2.4 Verkehrsverhältnisse

Auch bei Anpassung an den Verkehrsfluss darf die zulässige Höchstgeschwindigkeit nicht überschritten werden; kurzfristige unwesentliche Überschreitungen sollen unbeanstandet bleiben. Die auf Landstraßen für PKW zulässige Höchstgeschwindigkeit von 100 km/h gilt nur unter besonders günstigen Umständen (OLG Oldenburg NZV 1990, 473).

2.5 Geschwindigkeit an schlecht einsehbaren Stellen

Eine Herabsetzung der Fahrgeschwindigkeit ist dann geboten, wenn eine Straßenstelle **unübersichtlich** ist, weil der Fahrer den Verkehrsablauf nicht vollständig überblicken und deshalb auftretende Hindernisse und Gefahren nicht so rechtzeitig bemerken kann, um ihnen mit Sicherheit begegnen zu können (OLG Hamburg VerkMitt 1954 Nr. 7). Der Begriff der Unübersichtlichkeit bezieht sich nur auf die Fahrbahn; eine Straßenstelle ist nicht schon dann unübersichtlich, wenn der Verkehrsablauf in der seitlichen Umgebung der Straße nicht voll überblickt werden kann. Parkende Fahrzeuge begründen im Allgemeinen, besonders im Stadtverkehr, keine Unübersichtlichkeit. Wird allerdings durch parkende Fahrzeuge eine **Engstelle** geschaffen, in der der gebotene Sicherheitsabstand nicht eingehalten werden kann, wird die Stelle dadurch unübersichtlich (BayObLG VRS 5, 147; BGH DAR 1986, 17; BGH VerkMitt 1999 Nr. 1 = NZV 1998, 369 = VRS 95, 161 = DAR 1998, 388: kein Verschulden beim Vorbeifahren an einer Verkehrsinsel mit Querungshilfe für Fußgänger mit 39 km/h und Sichteinschränkung durch zuvor geparktes KFZ). Unübersichtlich ist die Straße auch bei Nebel (BayObLG DAR 1988, 277 = VRS 75, 209 = NZV 1988, 277). Die Geschwindigkeit bei Annäherung an eine **Kreuzung** gleichrangiger Straßen richtet sich nach der Möglichkeit, durch Einblick nach rechts Gewissheit über den von dort nahenden Verkehr zu erlangen (OLG Hamm VRS 61, 283). Bei Sichtbehin-

Gefahrbremsung

Blockierbremsung (sofort „voll in die Klötze"): Das KFZ ist nicht mehr lenkbar und bewegt sich unabhängig von der Stellung der Räder in der vorherigen Richtung fort. Der Bremsweg ist bei trockener und griffiger Fahrbahn nur geringfügig länger als beim Anti-Blockier-System (ABS), aber deutlich kürzer als bei der Stotterbremse.

Stotterbremse: Das KFZ bleibt lenkbar, erreicht jedoch den längsten Bremsweg, weil nach jedem Lösen der Bremse das KFZ ungebremst oder nur schwach verzögert weiter fährt. Die Stotterbremse sollte deshalb nur dann eingesetzt werden, wenn noch eine Chance besteht, um die Gefahrenstelle herum zu lenken, d.h. meist nur bei geringer Geschwindigkeit. Besteht diese Chance nicht, sollte die Bremse sofort bis zur Blockierung eingesetzt werden, um wenigstens die Aufprallwucht und damit den Schaden in Grenzen zu halten.

Anti-Blockier-System (ABS): Das KFZ bleibt lenkbar und erreicht durch elektronische Steuerung einen Bremsweg mit fast idealer Bremsverzögerung; allerdings auf trockener und griffiger Fahrbahn oder mit Winterreifen nicht wesentlich besser als bei der Blockierbremsung. ABS darf deshalb nicht zu riskanter Fahrweise verleiten.

derung muss sich der Kraftfahrer langsam und mit Bereitschaft zu sofortigem Anhalten vortasten. Hierauf kann auch der von links kommende Verkehrsteilnehmer vertrauen (OLG Saarbrücken VersR 1981, 580). Im **Parkhaus** sind in der Regel nur 10 km/h vertretbar (KG VerkMitt 1983 Nr. 73 = VRS 64,163 = DAR 83, 80).

2.6 Wetterverhältnisse

Bei ungünstigen Wetterverhältnissen (dichter Nebel) können 25 bis 30 km/h zu hoch sein. Bei Regen mit plötzlichem Temperaturanstieg nach Frost sowie auf feuchten Straßen bei Temperaturen um den Gefrierpunkt, hat der Fahrer die Geschwindigkeit auf mögliche Vereisung einzustellen (BGH VRS 38, 48). Voraussetzung ist allerdings, dass solche Gefahren erkannt werden können (OLG Köln VRS 95, 164; OLG Schleswig VRS 95, 166). Der Fahrer muss sich mit besonderen Witterungsverhältnissen, z. B. Föhn, rechtzeitig vertraut machen, um Unfälle zu vermeiden (OLG München VRS 32, 93). Herabsetzung der Geschwindigkeit bei Behinderung der Sicht durch Regentropfen auf dem Visier des Schutzhelms (OLG Hamm VersR 1990, 318). Im Winter ist zu beachten, dass innerorts nur an verkehrswichtigen und gefährlichen Stellen und außerhalb geschlossener Ortschaften nur an besonders gefährlichen Stellen gestreut sein kann. Bei Brücken und Waldschneisen ist nach allgemeiner Erfahrung mit Vereisungsgefahr zu rechnen (BGH DAR 1972, 183). Nach wolkenbruchartigem Regen kann auch auf der Autobahn eine Geschwindigkeit von 80 km/h zu hoch sein, wenn sich Wasserlachen (BGH DAR 1975, 95; BayObLG VRS 41, 65) oder Schmierfilm bei einsetzendem Regen (OLG Düsseldorf VerkMitt 1959 Nr. 23) gebildet haben, wodurch Gefahr von **Aquaplaning** entsteht (Auffahren auf einen Wasserkeil). Gleiches gilt bei Spurrillen (OLG Düsseldorf DAR 1999, 38).

Bei starkem Regen muss jeder Kraftfahrer mit Aquaplaning rechnen; gerät das Fahrzeug trotzdem ins Schleudern, spricht der erste Anschein für Verschulden (OLG Düsseldorf VersR 1975, 160).

2.7 Geschwindigkeit bei Dunkelheit

Bei nächtlicher Fahrt muss der Fahrer außer der Blendung die Blendstörwirkung berücksichtigen (Personen und Gegenstände, die sich farbig wenig von der Umgebung abheben, sind schwer zu erkennen). Er muss bei Blendung in der Regel damit rechnen, dass sich auf dem für ihn nicht einsehbaren Teil der Fahrbahn Fußgänger befinden (BGH VRS 32, 266). Die Geschwindigkeit ist jeweils nach dem dunkelsten Teil der Fahrbahn auszurichten; die Dunkelzonen zwischen den Straßenleuchten sind zu berücksichtigen. Bei nächtlichem Gegenverkehr tritt durch Abblendlicht für kurze Zeit eine Blendwirkung auf, die bei Regen durch die Spiegelung der nassen Windschutzscheibe oder der nassen Fahrbahn verstärkt werden kann; auch hierauf ist die Geschwindigkeit einzurichten (OLG Oldenburg VRS 32, 270).

Der Fahrer muss nicht nur den eigentlichen Fahrraum, sondern auch den Geländestreifen neben der rechten Fahrbahnseite (Bürgersteig, Seitenstreifen) beachten. Die Geschwindigkeit ist der Reichweite des Abblendlichts angepasst, wenn am Ende der benötigten Anhaltestrecke außer dem benutzten Fahrstreifen beiderseits je ein Raum von 1 m Breite ausgeleuchtet ist (BayObLG VRS 59, 292). Wer das Abblendlicht einschaltet, gleichwohl aber eine Geschwindigkeit beibehält, die das Anhalten innerhalb der im Abblendlicht überschaubaren Strecke unmöglich macht, hat für die Folgen aufzukommen (BGH VRS 30, 272; OLG Naumburg VerkMitt 2000 Nr. 13); auch beim Überholen und dabei entgegenkommenden betrunkenen Fußgänger auf der Fahrbahn (OLG Oldenburg NZV 1999, 466 = VRS 97, 241). Das Sichtfahrgebot wird durch § 18 Abs. 6 auf Autobahnen nicht eingeschränkt, sondern gewährt nur den Vertrauensschutz, dass sich in dem Zwischenraum zum Vorausfahrenden kein Hindernis befindet (OLG Bamberg NZV 2000, 49; OLG Hamm DAR 2000, 218). Der Überblick muss sich bei schmalen Straßen auf die volle Fahrbahnbreite erstrecken (BGH VersR 66, 763). Bei breiteren Straßen bezieht sich der erforderliche Überblick – wie der Grundsatz des Fahrens auf Sichtweite bei Dunkelheit – nur auf den vom Kraftfahrer in Anspruch genommenen Fahrstreifen, nicht auf die ganze Fahrbahn (OLG Hamm VRS 30, 227/228 f.; BGH VerkMitt 1985 Nr. 64 = DAR 1986, 17).

2.8 Geschwindigkeit bei unklaren Verkehrslagen

Eine unklare Verkehrslage ist nur zu bejahen, wenn die auf der Fahrbahn sichtbare Verkehrslage das Vertrauen ausschließt, dass die übrigen Verkehrsteilnehmer die freie Durchfahrt einräumen werden (OLG Düsseldorf VerkMitt 1976 Nr. 96). Der Umstand allein, dass auf einer Parallelfahrbahn eine Fahrzeugschlange wegen Rotlichts einer Verkehrsampel hält, begründet keine unklare Verkehrslage. Der die Schlange auf der Linksabbiegespur überholende Kraftfahrer muss nicht damit rechnen, dass ein Fahrzeug unvermittelt und ohne rechtzeitiges Zeichen die Fahrspur wechselt. Mit der Möglichkeit, dass ein Kind plötzlich auf die übersichtliche Fahrbahn läuft, braucht der Kraftfahrer nicht zu rechnen, wenn dazu kein „triftiger Anlass" besteht (BGH VerkMitt 1985 Nr. 64 = DAR 1986, 17), z. B. wenn schon ein Kind über die Fahrbahn läuft, dem möglicherweise ein weiteres folgt (OLG Hamburg NZV 1990, 71). Beim Überholen einer Fahrzeugreihe, die vor einer

Einmündung ins Stocken geraten ist, muss mit Hindernissen gerechnet und die Geschwindigkeit darauf eingerichtet werden (BGH VersR 1970, 159). Bleiben nach mehreren Tempobegrenzungen Zweifel an der zulässigen Höchstgeschwindigkeit, muss der Kraftfahrer sein Verhalten an der zuletzt gezeigten Tempobegrenzung ausrichten (KG VRS 89, 302).

2.9 Persönliche Fähigkeiten sowie Eigenschaften von Fahrzeug und Ladung

Der Fahrer ist zu gewissenhafter Selbstprüfung verpflichtet, vor allem bei altersbedingter Behinderung (BGH DAR 1988, 54), Ablenkung, Ermüdung oder Medikamentengebrauch. Zur Herabsetzung der Geschwindigkeit zwingen u. a. Kippneigung in Kurvenfahrten, beschlagene oder vereiste Fenster (BayObLG VRS 35, 280), ferner Fahrzeugmängel, wie schlechte Reifen (BGH VRS 37, 276), ausgeschlagene Schwingungsdämpfer, unzureichende Bremsen. Wird ein Mietwagen mit Automatikgetriebe gefahren, handelt der Fahrer grob pflichtwidrig, wenn er dessen Technik nicht beherrscht (BayObLG VRS 100, 199 = DAR 2001, 173: hier Rotlichtverstoß).

2.10 Verkehrsbehinderndes Langsamfahren

Das Verbot des Langsamfahrens ohne triftigen Grund nach § 3 Abs. 2 beruht auf Art. 13 Abs. 2 WÜ, wonach „kein Führer die normale Fahrt der anderen Fahrzeuge dadurch behindern darf, dass er ohne verkehrsbezogenen Grund mit ungewöhnlich niedrigem Tempo fährt". Die Behinderung muss konkret und mit einer deutlichen Geschwindigkeitsdifferenz verbunden sein (die Behinderung nach § 1 Abs. 2 StVO tritt zurück: OLG Hamm VerkMitt 1972 Nr. 101). Voraussetzung ist nicht die Behinderung eines Einzelnen, sondern des Verkehrsflusses; z. B. Fahren mit 80 km/h, wenn sich der Verkehr bei 100 km/h bewegt. Andernfalls würden Verkehrsteilnehmer zu sonst nicht gebotener Temporeduzierung oder riskanten Überholmanövern genötigt. Die Verpflichtung aus § 5 Abs. 6 Satz 2 für langsame Fahrzeuge, das Überholen anderer Fahrzeuge zu ermöglichen, begründet keinen Verstoß nach § 3 Abs. 2, wenn das geringe Tempo fahrzeug- oder ladungsbedingt ist (somit ein „triftiger Grund" vorliegt). Andererseits müssen diese Fahrzeuge an geeigneter Stelle den rückwärtigen Verkehr vorbeilassen. Ein Linienbus, der zur Einhaltung des Fahrplans innerorts nur 30 km/h fährt, ist nur dann ein Hindernis, wenn nicht nur einzelne Fahrzeuge, sondern der Verkehrsfluss insgesamt behindert wird.

Gezieltes Langsamfahren aus verkehrsfremden Motiven, um nachfolgenden Verkehr zum Abbremsen zu zwingen („Ausbremsen"), ist strafbare Nötigung nach § 240 StGB (BayObLG VerkMitt 2001, Nr. 87 = DAR 2002, 79).

2.11 Gefährdungsausschluss bei Kindern, älteren Menschen und Hilfsbedürftigen

Ist nach den gewöhnlichen Lebenserfahrungen nicht mit einer Gefährdung zu rechnen, bestehen gegenüber Kindern keine überspannten Sorgfaltsanforderungen aus § 3 Abs. 2a (BGH NZV 2001, 35 = DAR 2001, 33). So braucht nicht damit gerechnet werden, dass hinter jedem geparkten Fahrzeug ein Kind auf die Fahrbahn laufen könnte (OLG Köln DAR 2001, 510; OLG Hamm NZV 1991, 194) oder wenige Meter hinter einer ampelgeregelten Kreuzung bei Grün ein Kind zwischen geparkten Fahrzeugen auf die Fahrbahn rennt (KG NZV 1988; 104 = VRS 75, 285). Sieht der Fahrer einen

13-jährigen Jungen auf der Mitte des Bürgersteigs gehen, braucht er nicht
ohne weiteres damit zu rechnen, dass dieser plötzlich die Fahrbahn betritt
(OLG Hamm DAR 1991, 180); anders bei einem 7-jährigen Kind bei Annäherung an den Fahrbahnrand (OLG Frankfurt/M VerkMitt 2001, Nr. 84 =
DAR 2001 217). Die Ersatzpflicht der aufsichtsführenden Eltern für einen
Schaden, den ein Kind Dritten gegenüber widerrechtlich zufügt, folgt aus
§ 832 Abs. 1 i.V.m. §§ 1626 Abs. 1, 1631 Abs. 1 BGB. Die Ersatzpflicht ist
allerdings ausgeschlossen, wenn die Aufsichtspflicht erfüllt oder der Schaden
auch bei gehöriger Aufsicht entstanden wäre (s. a. Pardey DAR 2001, 1).

Ergeben sich jedoch aus dem Verhalten der Kinder oder aus der Verkehrssituation Auffälligkeiten, die zu Gefährdungen führen können, müssen alle
Maßnahmen zur Abwendung der Gefahr getroffen werden. Wesentlich ist
zunächst die „erkennbare" Anwesenheit von Kindern (OLG Köln VRS 89,
430), ferner ob der Kraftfahrer nach dem Alter und dem Verhalten des Kindes
mit einer Gefährdung rechnen musste (BGH NJW 1986, 183, 184 = DAR
1985, 313, 314; KG VRS 72, 250). Je jünger ein Kind ist, umso höher sind die
Sorgfaltsanforderungen. Beim Anfahren muss der Fahrer auch den unmittelbar vor ihm befindlichen Raum beobachten, selbst wenn dies bei einem
LKW und einem Kind schwierig ist (KG NZV 1999, 329). Zu berücksichtigen
ist, dass Kinder noch im Alter von 12 bis 14 Jahren vor allem bei größeren
Entfernungen und hohen Geschwindigkeiten zu Fehleinschätzungen der
Verkehrslage neigen und daher unbedacht die Fahrbahn betreten könnten
(BGH VRS 45, 356). Das gilt besonders im Bereich des Gefahrzeichens 136
„Kinder" (OLG Koblenz VRS 48, 465). Stehen Kinder am Fahrbahnrand,
muss der Fahrer die Geschwindigkeit so herabsetzen, dass er rechtzeitig
anhalten kann, wenn sie plötzlich über die Fahrbahn laufen (OLG Hamm
NZV 2000, 259: max. 20 km/h). Nähert sich der Fahrer dem Bereich eines
Kindergartens, sollte seine Geschwindigkeit nicht mehr als 10 km/h betragen,
wenn Kinder zu sehen sind (OLG Stuttgart VersR 1979, 1039), bei sonsti-
gem Vorbeifahren in der Nähe spielender Kinder 20 km/h (OLG Hamm
VRS 75, 84 = NZV 1988, 102; VersR 1989, 97). Bewegt sich ein Rad fahrendes
Kind auf die Fahrbahn zu, muss damit gerechnet werden, dass das Kind
nicht mehr anhält (BGH VRS 94, 33; DAR 2001, 33).

Der eingeschränkte Vertrauensschutz bei **älteren Menschen** und **Hilfsbedürftigen** erfordert, dass diese Personen auf Grund äußerer Merkmale für
den Fahrzeugführer erkennbar sind (OLG Hamm VerkMitt 2000 Nr. 11 =
VRS 97, 334) und eine geordnete Reaktion nicht zu erwarten ist, z. B. bei
gebückt Laufenden (OLG Frankfurt/M. NZV 2001, 218), bei taumelnd oder
winkend die Fahrbahn überquerenden Alkoholisierten (BGH VerkMitt 2000
Nr. 58; NZV 2000, 120 = DAR 2000, 114 = VRS 98, 266). Für einen Unfall
haftet der Fahrer aber nicht, wenn eine vorher nicht sichtbare betrunkene
und dunkel gekleidete Person nachts um ein Uhr plötzlich auf die Fahrbahn läuft (OLG Köln NZV 2001, 43).

2.12 Höchstgeschwindigkeiten

Innerorts beträgt die zulässige Höchstgeschwindigkeit 50 km/h. Allerdings
muss damit gerechnet werden, dass dort Tempo 30-Zonen überwiegen
(§ 39 Abs. 1 a). Die Voraussetzungen für die Anordnung von solchen Zonen
folgen aus § 45 Abs. 1 c. Ist eine Tempobegrenzung nur nachts angeordnet,
kann ein Tempoverstoß nicht mit tagesüblicher Fahrpraxis entschuldigt
werden (BayObLG DAR 2000, 577). Fehlt die **Ortstafel**, beginnt oder endet
die 50 km/h-Grenze dort, wo die geschlossene Bauweise eindeutig beginnt

oder endet (OLG Köln VerkMitt 1980 Nr. 42). Ist die Ortstafel nicht rechtzeitig erkennbar, kommt beim Überschreiten von Tempo 50 eine „Toleranz-
strecke" in Betracht, auf der die Überschreitung entschuldigt sein oder milder
beurteilt werden kann (OLG Stuttgart VRS 59, 251). Die Außerortsgeschwin-
digkeit für PKW von 100 km/h gilt nur für besonders günstige Verhältnisse
(OLG Oldenburg NZV 1990, 473). Wer innerorts auf einer **Vorfahrtstraße**
unzulässig mit Tempo 100 auf eine Kreuzung zufährt, ist für den Unfall mit
einem Wartepflichtigen auch dann verantwortlich, wenn er noch vor der
Kreuzung auf Tempo 50 voll abbremst (OLG Köln VRS 89, 345 = NZV 1995,
360). Das Tempolimit für **Lastkraftwagen** bezieht sich auf Kraftfahrzeuge,
die nach ihrer Bauart und Einrichtung zur Beförderung von Gütern, die
nicht der Funktion des Fahrzeugs dienen, bestimmt sind (OLG Düsseldorf
NZV 1991, 483); die Eintragung in den KFZ-Papieren ist unerheblich. Die vorgeschriebenen Höchstgeschwindigkeiten gelten auch für Arbeitsmaschinen
(OLG Düsseldorf NZV 1999. Nr. 51).

Zulässige Höchstgeschwindigkeiten von Kraftfahrzeugen
(innerorts gilt generell 50 km/h für alle KFZ)

Fahrzeugarten	Außerorts in km/h	Autobahn in km/h	Besonderheiten
Krafträder	100	ohne[1]	
Krafträder mit Anhänger	60	60	
PKW	100	ohne[1]	
PKW mit Anhänger	80	80	100 km/h mit Plakette
LKW bis 3,5 t	100	ohne[1]	
LKW bis 3,5 t mit Anhänger	80	80	
LKW über 3,5 bis 7,5 t	80	80	
LKW über 3,5 bis 7,5 t mit Anhänger	60	80	
LKW über 7,5 t, auch mit Anhänger	60	80	
Wohnmobile bis 3,5 t	100	ohne[1]	Wohnmobile über 3,5 t
Wohnmobile mit Anhänger[2]	60	80	bis 7,5 t = 80 km/h
KOM, auch mit Gepäckanhänger	80	80[3]	
KOM mit „100"-km/h-Plakette[4]	80	100	
KOM mit Stehplätzen bei Fahrgastbeförderung	60	60	
Zugmaschinen über 3,5 bis 7,5 t	80	80	
Zugmaschinen über 7,5 t	60	80	
Zugmaschinen mit einem Anhänger	60	80	
Zugmaschinen mit zwei Anhängern	60	60	
Selbstfahrende Arbeitsmaschinen mit Anhänger	60	60	

1 Im Übrigen gilt Richtgeschwindigkeit 130 km/h

2 Wohnmobile sind „Sonderkraftfahrzeuge" und unterliegen im Anhängerbetrieb der Temporegelung des § 3
Nr. 2b, selbst wenn das Zugfahrzeug nicht mehr als 3,5 t hat („...alle Kraftfahrzeuge mit Anhänger"...)

3 Die StVO sieht zwar in § 18 Abs. 5 Nr. 2 eine Tempobegrenzung für KOM mit Anhänger vor. Nach § 32a
Abs. 4 StVZO dürfen hinter KOM jedoch nur Gepäckanhänger mitgeführt werden

4 KOM dürfen (nur) auf Autobahnen 100 km/h mit einem Temposchild fahren. Im Fahrzeugbrief und -schein
muss unter Ziff. 33 der Eintrag „F. 100 km/h GEEIG" enthalten sein. Voraussetzung für die Zulassung von
100 km/h ist eine Motorleistung von mind. 11 kW/t, Bremsanlage nach EG-RL 71/320/EWG, Reifen nach
ECE Nr. 54 oder EG-RL 92/23 EWG, gepolsterte Reisebestuhlung, Sicherheitsgurte für Fahrer, Beifahrer
und Sitze, vor denen sich keine weiteren Sitze befinden. Ausländische KOM mit technischem Gutachten
können für Tempo 100 km/h durch Ausnahmegenehmigung nach §§ 46 Abs. 2, 18 Abs. 5 Nr. 1 auf (deutschen) Autobahnen zugelassen werden. Die Ausnahme wird von der an den jeweiligen Grenzübergängen
zuständigen Verkehrsbehörde erteilt

Geschwindigkeit auf autobahnähnlich ausgebauten Straßen

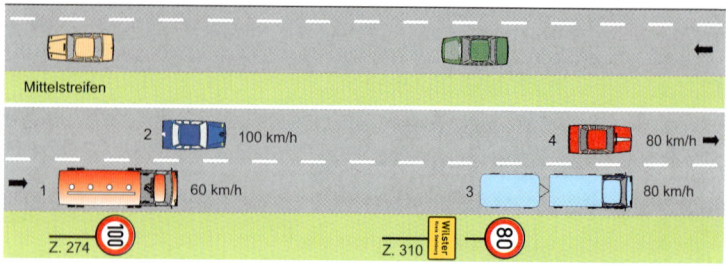

Bei autobahnähnlich ausgebauten Straßen außerorts muss das Tankfahrzeug 1 mit einer zulässigen Gesamtmasse über 7,5 t Tempo 60 einhalten (§ 3 Abs. 3 Nr. 2b); PKW 2 darf 100 km/h fahren (§ 3 Abs. 3 Nr. 2c Satz 2 und 3). Innerorts gelten hingegen die Tempogrenzen für alle Fahrzeuge. LKW 3 und PKW 4 dürfen deshalb nach dem Ortseingangsschild (Z. 310) ab dem Z. 274 max. 80 km/h fahren (§ 41 Abs. 2 Nr. 7 Satz 2).

Ist die autobahnähnlich ausgebaute Straße hingegen durch das blaue Z. 331 als „Kraftfahrstraße" ausgewiesen, würde für das Tankfahrzeug 1 außerorts Tempo 80 km/h gelten (§ 18 Abs. 5 Satz 2); PKW 2 würde außerorts an sich keiner Geschwindigkeitsbegrenzung unterliegen, dürfte jedoch wegen des Z. 274 höchstens 100 km/h fahren. Innerorts bliebe es bei der Regelung des § 41 Abs. 2 Nr. 7 Satz 2, d.h. LKW 3 und PKW 4 dürfen beide 80 km/h fahren.

Außerorts dürfen PKW und andere KFZ bis 3,5 t (nur) 100 km/h fahren (§ 3 Abs. 3 Nr. 2c StVO). Die Freistellung vom Tempolimit 100 km/h außerorts auf Straßen mit Mittelstreifen oder solchen mit baulich getrennten Fahrbahnen (autobahnähnlich ausgebauten Straßen) bezieht sich nur auf diese KFZ, nicht aber auf die in § 3 Abs. 3 Nr. 2a und b genannten Fahrzeuge. Die in § 18 Abs. 5 ebenfalls auf autobahnähnliche Straßen bezogenen Geschwindigkeitsgrenzen sind nur für gekennzeichnete außerörtliche Kraftfahrstraßen (Z. 331) anwendbar (BayObLG VerkMitt 2000 Nr. 29 = DAR 1999, 411 = NZV 1999, 393 =VRS 98, 43). Wird auf autobahnähnlichen Straßen außerorts (ohne Z. 331) die Geschwindigkeit durch Z. 274 angehoben, gilt diese nur für die in § 3 Abs. 3 Nr. 2c genannten Fahrzeuge, weil die für bestimmte Fahrzeugarten (§ 3 Abs. 2 Nr. 2a und b) geltenden Höchstgeschwindigkeiten unberührt bleiben (§ 41 Abs. 2 Nr. 7 Satz 3). Infolgedessen darf z. B. ein LKW über 7,5 t dort nur Tempo 60 fahren, selbst wenn das Z. 274 Tempo 100 erlaubt. Wird hingegen auf einer solchen Straße innerorts die Geschwindigkeit durch Z. 274 auf über 50 km/h angehoben, gilt dies für alle Fahrzeuge (§ 41 Abs. 2 Nr. 7 Satz 2). Infolgedessen darf der LKW über 7,5 t dort 80 km/h fahren, wenn das Z. 274 Tempo 80 erlaubt. Damit trägt der Verordnungsgeber der Homogenität des meist starken Verkehrsflusses innerorts Rechnung.

2.13 Richtgeschwindigkeit

Wer die Richtgeschwindigkeit überschreitet, haftet zu 20 %, wenn der durch verkehrswidriges Verhalten eines anderen verursachte Unfall bei Einhaltung der Richtgeschwindigkeit (130 km/h) vermieden worden wäre (OLG Hamm NZV 1995, 194; DAR 2000, 218).

2.14 Tachometer

Bei Ausfall des Geschwindigkeitsmessgeräts muss sich der Kraftfahrer anhand der Fahrgeräusche besonders sorgfältig vergewissern, dass er die

erlaubte Geschwindigkeit nicht überschreitet (OLG Celle DAR 1978. 169),
ein zusätzlicher „Toleranzabzug" wird nicht zugebilligt (OLG Köln DAR 2001,
135 = VRS 100, 204). Er darf sich auch nicht einfach dem mit unzulässig überhöhtem Tempo fahrenden Verkehrsfluss anpassen (BayObLG VerkMitt
2000 Nr. 50 = DAR 2000, 171 = NZV 2000, 216 = VRS 98, 288). Wesentlich
sind der Abstand zum Vordermann, die Geschwindigkeit, die Sicht und die
Straßenverhältnisse (OLG Koblenz VRS 74, 196; ähnlich OLG Düsseldorf
VRS 83, 216).

2.15 Geschwindigkeitskontrollen

Geschwindigkeitsüberschreitungen müssen von der Polizei grundsätzlich
durch Messungen nachgewiesen werden (Radar, Tachometervergleich,
Stoppuhr, Spiegelmessverfahren, Fahrtschreiber). Für einen Tempoverstoß
genügt dabei nicht allein die Angabe des Messwertes, vielmehr sind auch
das Messverfahren und die abzuziehenden Toleranzwerte im Bußgeldbescheid anzugeben (OLG Hamm VRS 93, 144). Die Messgeräte müssen nach
§ 2 Abs. 2 EichG geeicht sein (auch Stoppuhren BayObLG VRS 90, 230).
Wird die Überschreitung des zulässigen Tempos festgestellt, ist die Messmethode anzugeben und zu möglichen Fehlerquellen Stellung zu nehmen
(OLG Düsseldorf VerkMitt 1992 Nr. 7; OLG Köln VerkMitt 1991 Nr. 97),
auch wenn der Betroffene die Überschreitung zugibt (OLG Düsseldorf
VerkMitt 1991, Nr. 118). Standardisierte Messverfahren können nicht mit
der Behauptung abstrakt möglicher Fehlerquellen angezweifelt werden;
vielmehr sind konkrete Anhaltspunkte erforderlich (OLG Hamm VRS 98,
305; OLG Zweibrücken DAR 2000, 225 = NZV 2001, 48).

Brems- und Stabilisierungssysteme		
System	**Bezeichnung**	**Wirkung**
ABV	Automatischer-Blockierverhinderer	Bremssystem zur Verhinderung des Blockierens der Räder
ASR	Anti-Schlupf-Regelung	Verhinderung des Durchdrehens der Antriebs-räder mittels elektronischer Steuerung bei unterschiedlichen Fahrbahnzuständen
ESP	Electronic Stability Program	Stabilisierung der Fahrdynamik in Verbindung mit ABS und ASR zur Verhinderung des Schleuderns bei Fahrspurwechsel in enger Kurvenfahrt („Elchtest")
EHB	Elektro-Hydraulische-Bremse	Verkürzung der Bremsenansprechzeit durch elektronische Druckmodulation
ACC	Adaptive Cruise Control	Einhaltung eines ausreichenden Abstandes durch automatische Verzögerung bei zu dichtem Auffahren (Einwirkung auf Motor-drehzahl und Bremse)
EVA	Emergency Valve Assistance („Bremsassistent")	System erkennt eine gewollte Gefahrbremsung und verstärkt den Bremsdruck durch Sensoren im Hauptbremszylinder automatisch bis zur Vollbremsung
ADAM	Advance Dynamic Aid Mechanism („Bremsassistent")	System erkennt eine gewollte Gefahrbremsung und verstärkt den Bremsdruck durch die Träg-heit beweglicher Teile im Bremskraftverstärker automatisch bis zur Vollbremsung

Schätzungen (ohne Messgeräte) können bei besonderer Erfahrung des Schätzenden und erheblicher Geschwindigkeitsüberschreitung genügen, um einen Verkehrsverstoß nachzuweisen (BGH VRS 38, 104; BayObLG DAR 1958, 338; OLG Hamm DAR 1974, 77; BayObLG DAR 2001, 37: Schätzung, dass nicht mit Schrittgeschwindigkeit gefahren wird).

Radarwarngeräte sind nach § 23 verboten. Die **Warnung** an Kraftfahrer vor **Tempokontrollen** mit anderen Mitteln (z. B. hochgehaltenes Schild) beeinträchtigt die Durchführung der präventiv-polizeilichen Aufgabe und stellt deshalb eine Gefahr für die öffentliche Sicherheit dar; sie kann von der Polizei mit Anordnung der sofortigen Vollziehung untersagt werden (OVG Münster NZV 1997, 326; DÖV 1997 512). Andererseits sind solche Warnungen nur dann Ordnungswidrigkeiten, wenn dabei Verkehrsverstöße begangen werden, z. B. Behinderungen oder Belästigungen nach § 1 Abs. 2 (OLG Stuttgart VerkMitt 1997 Nr. 50 = NZV 1997, 242 = VRS 93, 294). Wer zur erkannten Kamera einer Messstelle den „Stinkefinger" zeigt, macht sich auch dann wegen Beleidigung nach § 185 StGB strafbar, wenn die kontrollierenden Beamten selbst nicht sichtbar sind (BayObLG DAR 2000, 277 = VRS 98, 348 = NZV 2000, 337

Unzulässig ist die Benutzung von Klebefolien oder reflektierenden Materialien, um die Erkennbarkeit des Kennzeichens zu erschweren (BGH NZV 2000, 47 = VRS 98, 129: Verstoß gegen § 60 StVZO, aber keine Verfälschung einer Urkunde – § 267 StGB). Unzulässig sind auch „Gegenblitzanlagen", um die Identifizierung des Fahrers zu verhindern (LG Flensburg DAR 2000, 122: aber keine Fälschung technischer Aufzeichnungen – § 268 Abs. 3 StGB).

2.15.1 Radargeräte

Radargeräte sind zur Tempokontrolle geeignet. Dabei muss nachprüfbar sein, wie die Geschwindigkeit gemessen und ob ein zugelassenes und geeichtes Gerät verwendet worden ist (OLG Düsseldorf DAR 1988, 103; OLG Köln NZV 1991, 280). Die wesentlichen Identifizierungsmerkmale, die Art des Messverfahrens und die Messtoleranzen müssen genannt sein (OLG Düsseldorf DAR 2001, 516; OLG Hamm NZV 2001, 90 = DAR 2001, 85; NZV 2000, 264; OLG Brandenburg DAR 2000, 278). Messfehler können auftreten, wenn der Messwinkel zu klein ist (OLG Hamm VRS 60, 135 zum Gerät **Multanova**; zur Auswertung OLG Düsseldorf NZV 1989, 202). Zum Radargerät Multanova MU VR 6 F und der Überprüfung durch Segment- und Quarztest: OLG Hamm VRS 79, 45 = NZV 1990, 279 und 402; OVG Münster NJW 1995, 3336. Messung mit dem Handradargerät **Speedcontrol** setzt voraus, dass sich nur ein Fahrzeug im wirksamen Strahlungsbereich befindet (BayObLG VerkMitt 1991 Nr. 72). Messungen mit Radargerät MESTA 204 sind auch bei heißem Wetter beweiserheblich (OLG Hamm VRS 37, 450); Tempomessung durch nicht standardisiertes Verfahren mit Moving Radargerät **Traffipax Speedophot**: OLG Düsseldorf DAR 1995, 373 = VRS 89, 380. Zur Messung mit Radarpistole: BayObLG VerkMitt 1992 Nr. 72 = VRS 82, 371 = NZV 1992,161; zuverlässige Feststellung nur, wenn sich ein einzelnes Fahrzeug im Strahlungsbereich befindet. Zum **HICO-NEAS-Geschwindigkeitsmessgerät** Typ 468: KG, NZV 1990, 160.

2.15.2 Lasermessgeräte

Lasermessgeräte sind zur Tempokontrolle geeignet (OLG Hamm NZV 1997, 187; BayObLG VerkMitt 1997 Nr. 36 = VRS 92, 353 = NZV 1997, 322). Zu der von der Physikalisch-Technischen Bundesanstalt (PTB) zugelassenen

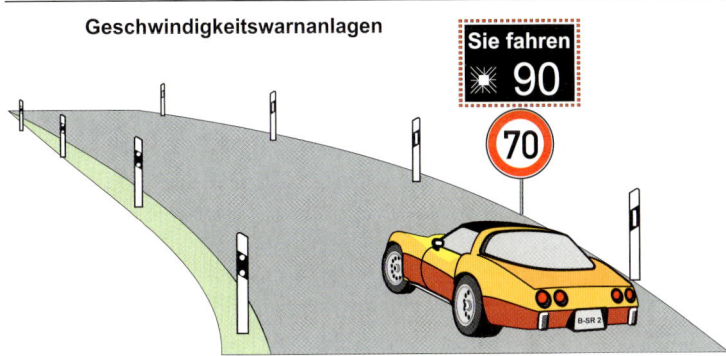

Geschwindigkeitswarnanlagen

Automatische Geschwindigkeitswarnanlagen werden wirksam, wenn Kraftfahrer das höchstzulässige Tempo überschreiten. Durch Anzeige der tatsächlich gefahrenen Geschwindigkeit und durch Blinklichter sollen Kraftfahrer veranlasst werden, ihr Tempo zu reduzieren. Beim sparsamen Einsatz an unfallträchtigen Strecken und Beachtung des Gewöhnungseffektes oder als Nebelwarnanlagen haben sich solche Einrichtungen durchaus als wirksam erwiesen. Obwohl der verkehrserzieherische Zweck der Anlagen im Vordergrund steht, können die Anlagen auch mit Blitzlicht und Fotokamera zur Erfassung von Verstößen kombiniert werden.

Laserpistole LASER-GMG LTI 20/20 TS/KM: OLG Oldenburg VRS 88, 306. Bei der Laserpistole LTI 20/20 muss eine eindeutige Zuordnung des Messwertes zum anvisierten KFZ sichergestellt sein; dies ist im Allgemeinen bei Tageslicht und zu verkehrsarmer Zeit möglich (OLG Frankfurt/M. NZV 1995, 458; OLG Oldenburg DAR 1996, 291 = NZV 1996, 328: aber auch bei Dunkelheit). Bei dem Laser-Messgerät LAVEG (Laseroperated velocity guard) von Jenaoptik GmbH ist eine Toleranz von 3 % abzuziehen (OLG Saarbrücken NZV 1996, 207 = VRS 91, 63; die Laserpistole Riegel LR90-235/P ist ein standardisiertes Messverfahren BayObLG DAR 1999, 563; s. a. Thumm DAR 1998, 116).

2.15.3 Funkstoppverfahren

Das Funkstoppverfahren ist eine anerkannte Messmethode, bei der ein gleich bleibender Abstand zwischen Fahrzeugen über eine bestimmte Mindeststrecke erforderlich ist (OLG Koblenz VRS 55, 290). Die Messung erfolgt über eine Strecke mit Anfangs- und Endpunkt, wobei 150 m genügen. Zum Fehlerausgleich ist in der Regel ein Zuschlag von 0,7 s auf die längste der gemessenen Fahrzeiten vorzunehmen (Hanseat. OLG VRS 74, 62). Zum Toleranzausgleich bei Verwendung einer geeichten Stoppuhr: BayObLG VRS 90, 230.

2.15.4 Lichtschranken

Die Tempomessung durch Lichtschranken ist eine anerkannte Messmethode. Gemessen wird die Zeit, die ein KFZ zwischen den Messpunkten von zwei Lichtschranken durchfährt. Während der Messung darf der Lichtstrahl nicht durch einen anderen Körper (Fahrzeug, Fußgänger) unterbrochen werden (BayObLG VRS 53, 298; BayObLG VRS 74, 384). Zum Lichtschrankengerät ESO UP 80/VI: OLG DAR 1993, 2. Lichtschrankenmessungen mit dem

Gerät TYP U P 80/VI sind grundsätzlich zuverlässig (BayObLG DAR 1988,
211 = NZV 1988, 30; BayObLG DAR 1990, 394); Anzeigen- und Dekoder-
test bei jedem Messeinsatz, jedoch nicht bei jedem Filmwechsel: BayObLG
VerkMitt 1991 Nr. 19. Zum **Koaxialkabelverfahren** Truvelo M-4 Quadrat:
OLG Zweibrücken NZV 1992, 375.

2.15.5 Tempokontrolle durch Hinterherfahren

Geschwindigkeitsmessungen durch Hinterherfahren sind zulässig (OLG
Düsseldorf VerkMitt 1988 Nr. 44 = NZV 1988, 32). Neben der Geschwindigkeit sind die Beleuchtungsverhältnisse, die Sicht und der Abstand zu dokumentieren (OLG Hamm VRS 96, 458). Die Messstrecke muss mindestens
300 m, bei Geschwindigkeiten ab 100 km/h mindestens 500 m betragen.
Der Abstand sollte etwa der Hälfte der gefahrenen Geschwindigkeit in
Metern entsprechen; ist er größer, muss die Messstrecke länger sein oder
eine größere Toleranz bis zu 15 % eingeräumt werden (OLG Düsseldorf
VRS 92, 356; BayObLG DAR 1996, 288; OLG Braunschweig DAR 1989, 110;
bei Messstrecke 250 m und 20 % Toleranzabzug: OLG Frankfurt DAR 1997,
285). Zur Messung durch Nachfahren im Bereich unterschiedlicher Höchstgeschwindigkeiten: OLG Hamm NZV 1992, 374; OLG Düsseldorf NZV 1993,
80. Anzeichen für einen Messfehler liegen vor, wenn eine Differenz von
20 km/h zur bauartbedingten Höchstgeschwindigkeitsgrenze besteht (OLG
Düsseldorf DAR 1999, 413). Beim **nächtlichen** Hinterherfahren über 900 m
und 60 m Abstand ist ein Sicherheitszuschlag von 17 % nicht zu beanstanden
(OLG Hamm DAR 1995, 374; OLG Oldenburg DAR 1996, 291 – bei 100 m
sind für die Schätzung des Abstandes weitere Feststellungen erforderlich).
Bei nächtlicher Sichtbeeinträchtigung sind neben der Messung genaue
Angaben über die getroffenen Feststellungen erforderlich (BayObLG DAR
2000, 320).

Das Eichgesetz verbietet nicht die Verwendung ungeeichter Tachometer
(KG VRS 90, 62). Bei **nicht justiertem Tachometer** sind aber 7 % des Skalen-
endwerts und 12 % der abgelesenen Geschwindigkeit abzuziehen (OLG
Köln NZV 1991, 202: 7 %; OLG Düsseldorf NZV 1992, 496: 10 %; KG NZV
1995, 456: 20 km/h). Die Beweiskraft des Tachometervergleichs gilt auch,
wenn zwischen dem zu prüfenden Fahrzeug und dem Polizeifahrzeug ein
anderes Fahrzeug in dieselbe Richtung fährt (OLG Düsseldorf NZV 1990,
318). Wesentlich und daher festzustellen ist der Abstand zwischen dem zu
prüfenden Fahrzeug und dem Polizeifahrzeug (KG NZV 1991, 119). Bei
Ermittlung der Durchschnittsgeschwindigkeit mit dem **Hico-Naes-System**
(Weg-Zeit-Messung) auf über 500 m sind 10 % Sicherheitsabzug ausreichend
(KG VerkMitt 1996 Nr. 50 = NZV 1996, 79); ebenso bei Messgerät Proof
Electronic (BayObLG NZV 1998, 421). Zur Verwendung einer **Traffipax-
anlage** beim Messen durch Nachfahren: OLG Düsseldorf NZV 1986, 76:
Abzug 15 %. Das **Police-Pilot-Steuergerät** (PPS) ist ein standardisiertes
Messverfahren, so dass die Angabe der Art des Messverfahrens und der
Toleranzabzug ausreicht (OLG Celle VRS 92, 435 = NZV 1997, 188; OLG
Braunschweig DAR 1995, 371 = NZV 1995, 367: Sicherheitsabzug von 5 %;
ebenso OLG Düsseldorf DAR 2001, 374; KG VRS 88, 473: von 10 %).

2.15.6 Tempokontrolle durch Vorausfahren

Es gelten die gleichen Regeln, wie bei Messungen durch Hinterherfahren;
allerdings muss die Einhaltung des Abstandes, die Länge der Messstrecke
und die Geschwindigkeit des Messfahrzeugs noch sorgfältiger beobachtet

und dokumentiert werden (BayObLG VerkMitt 2001 Nr. 45 = VRS 92, 364 = NZV 1997, 322; NZV 2001, 271).

2.15.7 Tempokontrolle durch Videoaufzeichnung

Geschwindigkeitsmessungen mit Videokamera und gekoppeltem geeichtem Messgerät sind zulässig, erfordern aber Sicherheitszuschläge von 10 % (BayObLG DAR 1998, 359, 360; BayObLG VRS 199, 378: bei Proof Speed Messgerät). Zur Geschwindigkeitskontrolle durch Videoaufnahmen und Computer: OLG Celle DAR 1990, 279 = NJW 1990, 1308; NZV 1991, 281 (5 % Sicherheitsabschlag +3 % bei Reifenmängeln; OLG Celle VerkMitt 1997 79: Toleranz bei neuen Reifen ohne Neueichung). Bei dem Messgerät ProViDa sind die Auswertung und Berechnung darzulegen (OLG Düsseldorf VerkMitt 2001 Nr. 40); wegen der Fehlerfrequenz ab 100 km/h von 5 % sind außerdem Angaben über die Messtoleranz erforderlich (OLG Naumburg VRS 100, 201).

2.15.8 Kontrollen durch Hubschrauber

Zur Geschwindigkeitsmessung durch **Videofilmaufnahmen** vom **Hubschrauber** aus: OLG Koblenz VerkMitt 1992 Nr. 96 (10 % Abzug der abgelesenen Geschwindigkeit).

2.15.9 Diagrammscheibe von Fahrtschreibern

Die Auswertung der Diagrammscheiben in **EG-Kontrollgeräten** für Geschwindigkeitskontrollen ist ohne Einschränkung zulässig (OLG Hamm VRS 82, 235; OLG Düsseldorf VRS 92, 446; NZV 1996, 503; bei Abzug einer Toleranz von 6 km/h: OLG Köln VRS 93, 206). Sind auf einer Diagrammscheibe mehrere Tempoverstöße während einer Fahrt aufgezeichnet, kann jeder Verstoß gesondert geahndet werden, wenn die Fahrt dazwischen unterbrochen wurde.

2.16 Tempoüberschreitung bei Notstand

Eine akute Gefahr kann die Überschreitung der zulässigen Höchstgeschwindigkeit rechtfertigen (§ 16 OWiG), z. B. Fahrt bei Lebensgefahr zum Krankenhaus (OLG Schleswig VRS 30, 462) oder zum Arzt (OLG Düsseldorf VRS 30, 444), bei einsetzenden Wehen im Taxi (OLG Düsseldorf VerkMitt 1995 Nr. 70 = VRS 88, 454 = NZV 1996, 122), Warnung eines vorausfahrenden Kraftfahrers vor einer Verkehrsgefahr (OLG Düsseldorf VRS 30, 39), zur Vermeidung eines Auffahrunfalles (OLG Naumburg DAR 1997, 30). Verneint für eine Fahrt mit einem Haustier zum Tierarzt bei Lebensgefahr für das Tier: OLG Düsseldorf VRS 79, 144; NZV 1990, 483.

3 Hinweise

3.1 Geschwindigkeitsregelung auf **Autobahnen** und **Kraftfahrstraßen**: § 18 Abs. 5 (auch für innerörtliche Autobahnen); bauartbedingte Mindestgeschwindigkeit: 60 km/h (§ 18 Abs. 1); Abweichung von der Pflicht zur Anpassung der Geschwindigkeit an die Reichweite des **Abblendlichts**: § 18 Abs. 6 (nicht auf Kraftfahrstraßen).

3.2 Verordnung über eine allgemeine **Richtgeschwindigkeit 130 km/h** auf Autobahnen und ähnlichen Straßen: Autobahn-Richtgeschwindigkeits-Verordnung vom 21.11.1978 (BGBl. I S. 1824) i. d. F. des Art. 3 der Verordnung vom 7.8.1997 (BGBl. I S. 2028).

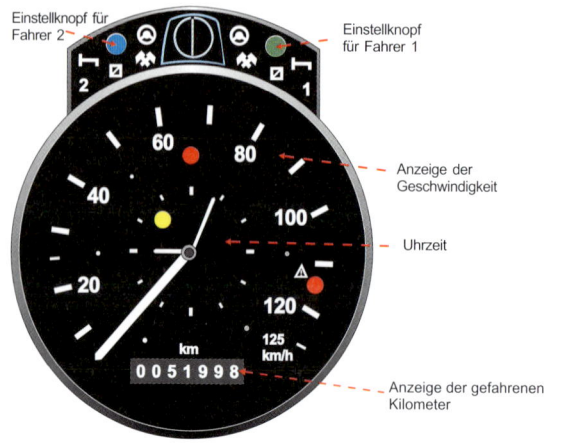

Einstellknopf für Fahrer 2

Einstellknopf für Fahrer 1

EU-Kontroll-gerät und Kontrollscheibe

Anzeige der Geschwindigkeit

Uhrzeit

Anzeige der gefahrenen Kilometer

Diagrammscheibe

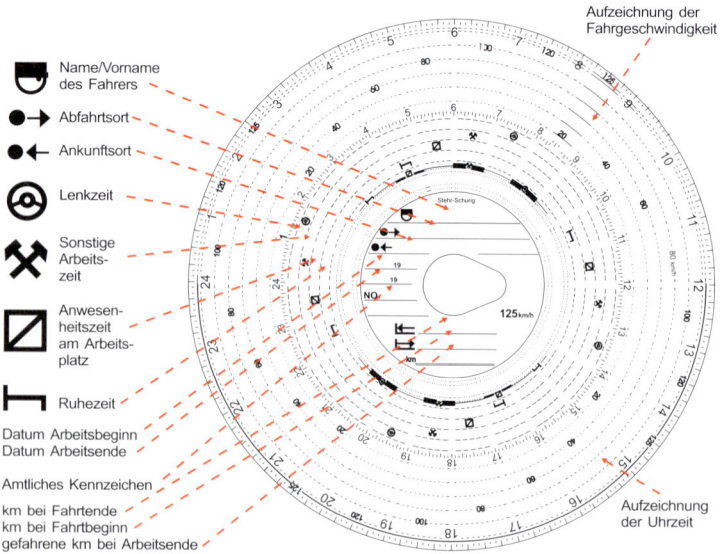

Aufzeichnung der Fahrgeschwindigkeit

Name/Vorname des Fahrers

Abfahrtsort

Ankunftsort

Lenkzeit

Sonstige Arbeits-zeit

Anwesen-heitszeit am Arbeits-platz

Ruhezeit

Datum Arbeitsbeginn
Datum Arbeitsende

Amtliches Kennzeichen

km bei Fahrtende
km bei Fahrtbeginn
gefahrene km bei Arbeitsende

Aufzeichnung der Uhrzeit

3.3 Mäßige Geschwindigkeit vor Kreuzungen und Einmündungen: § 8 Abs. 2, vor Bahnübergängen: § 19 Abs. 1, beim Vorbeifahren an Haltestellen öffentlicher Verkehrsmittel: § 20 Abs. 1, vor Fußgängerüberwegen: § 26 Abs. 1.

3.4 Schrittgeschwindigkeit und Seitenabstand beim Vorbeifahren rechts an Haltestellen öffentlicher Verkehrsmittel, wenn Fahrgäste ein- oder aussteigen: § 20 Abs. 2. Schrittgeschwindigkeit (auch des Gegenverkehrs) an haltenden Linien- und Schulbussen mit **Warnblinklicht**: § 20 Abs. 4; bei zugelassenem Verkehr auf Gehwegen oder in Fußgängerzonen: Z. 239; in verkehrsberuhigten Bereichen: Z. 325.

3.5 Freiheits- oder Geldstrafe bei grob verkehrswidriger und rücksichtsloser Tempoüberschreitung an unübersichtlichen Stellen, Kreuzungen, Einmündungen oder Bahnübergängen mit Gefährdung: § 315 c StGB. Kurzes Antippen des Bremspedals, um durch das Aufleuchten der Bremsleuchten nachfolgende KFZ zur Einhaltung eines ausreichenden Abstandes zu veranlassen, ist **keine Nötigung**, wenn nicht von vornherein mit einer Panikreaktion zu rechnen ist (OLG Köln VRS 93, 338).

3.6 Fahrverbote bei erheblicher Tempoüberschreitung: § 2 und Tabellen 1, 1 a BKatV. Einmaliger grober Verstoß kann ein Fahrverbot rechtfertigen, ohne dass ausdrücklich festgestellt werden muss, ob nicht eine erhöhte Geldbuße ausreicht (BGH VerkMitt 1992 Nr. 1; VerkMitt 1992 Nr. 11).

3.7 Geschwindigkeitsbegrenzer entsprechend EU-Richtlinie 92/24/EWG gelten für LKW, Zugmaschinen ab 12 t zul. Gesamtmasse sowie bei KOM ab 10 t (§ 57 c Abs. 2 StVZO). Abgeregelt wird die Geschwindigkeit ab 90 km/h (V_{set} + Toleranz), bei Omnibussen ab 100 km/h.

3.8 Kennzeichnung von **Fahrzeugen** mit **Tempobegrenzung**: § 58 Abs. 3 StVZO. Mit dem Schild müssen mehrspurige KFZ unter 60 km/h, Anhänger unter 100 km/h oder mit einer Bremsverzögerung von weniger als 2,5 m/s^2 versehen sein (Schilderdurchmesser 200 mm).

3.9 Diagrammscheiben der **EU-Kontrollgeräte** können zur Feststellung von Geschwindigkeitsverstößen herangezogen werden.

4 Varianten von Zeichen für die Geschwindigkeitsregelung

Zeichen 311-41

Ortstafel (doppelseitig)
Vorderseite (Tempo 50)

Rückseite
mit Angabe des nächsten Zielortes
(Aufhebung Tempo 50)

§ 4 Abstand

(1) Der Abstand von einem vorausfahrenden Fahrzeug muss in der Regel so groß sein, dass auch dann hinter ihm gehalten werden kann, wenn es plötzlich gebremst wird. Der Vorausfahrende darf nicht ohne zwingenden Grund stark bremsen.

(2) Kraftfahrzeuge, für die eine besondere Geschwindigkeitsbeschränkung gilt, sowie Züge, die länger als 7 m sind, müssen außerhalb geschlossener Ortschaften ständig so großen Abstand von dem vorausfahrenden Kraftfahrzeug halten, dass ein überholendes Kraftfahrzeug einscheren kann. Das gilt nicht
1. wenn sie zum Überholen ausscheren und dies angekündigt haben,
2. wenn in der Fahrtrichtung mehr als ein Fahrstreifen vorhanden ist oder
3. auf Strecken, auf denen das Überholen verboten ist.

(3) Lastkraftwagen mit einem zulässigen Gesamtgewicht über 3,5 t und Kraftomnibusse müssen auf Autobahnen, wenn ihre Geschwindigkeit mehr als 50 km/h beträgt, von vorausfahrenden Fahrzeugen einen Mindestabstand von 50 m einhalten.

(VwV zu § 4 nicht vorhanden)

1 Aus der amtlichen Begründung

1.1 Der Abstand (nach vorn) muss deutlich die Strecke überschreiten, die man in einer Sekunde zurücklegt. Man sollte auf halben Tachoabstand fahren. Kürzere Sicherheitsabstände sind im Stadtverkehr gerechtfertigt (Begr. 1970).

1.2 Um LKW und KOM bessere Anhaltspunkte für die Bemessung des notwendigen Sicherheitsabstandes zu geben, ist das Maß von 50 m vorgegeben. Es entspricht dem Abstand der Leitpfosten am Fahrbahnrand (Begr. 1988)

2 Erläuterungen

2.1 Sicherheitsabstand

Durch den notwendigen Abstand nach vorn sollen nicht nur Auffahrunfälle verhindert, sondern auch der Gegenverkehr, Überholer und Fußgänger gegen plötzlich seitliches Ausbrechen von Fahrzeugen geschützt werden (Prell DAR 1999, 49). Wie groß der Abstand zum Vorausfahrenden sein muss, richtet sich nach der Geschwindigkeit, den Sicht-, Verkehrs- und Straßenverhältnissen. Die **Faustregeln** des „2-Sekundenwegs" (BayObLG, DAR 1956, 333) oder des „**halben Tachoabstandes**" (OLG Hamm NZV 1994, 79) gelten für gewöhnliche Verhältnisse; sie setzen Übung und Erfahrung im Entfernungsschätzen voraus (BGH DAR 1968, 50 = VRS 34, 89 = VkBl. 1968, 538; OLG Stuttgart VRS 45, 135; OLG Karlsruhe VerkMitt 1975 Nr. 47 = VRS 49, 448). Der Abstand muss größer als nach den Faustregeln sein, wenn mit hoher Bremsverzögerung des Vorausfahrenden zu rechnen ist, ferner bei Glatteis (OLG Hamm DAR 1969, 251). Im Großstadtverkehr kann er geringer sein (etwa 3 PKW-Längen), doch muss er ausreichen, um das Auffahren zu vermeiden, wenn der Vordermann normal und verkehrsgerecht bremst (OLG Düsseldorf VerkMitt 1967 Nr. 35). Bei einem vollbeladenen LKW muss er größer sein als bei einem leeren LKW (LG Koblenz VersR 1975, 480).

Eine **Gefährdung** des Vorausfahrenden ist anzunehmen, wenn der Sicherheitsabstand nach vorn nicht nur vorübergehend geringer ist als die in 0,8 Sekunden durchfahrene Strecke (OLG Karlsruhe VRS 43, 106). Beim **Überholen** muss der Mindestabstand zum vorausfahrenden Fahrzeug gewahrt bleiben, solange der Nachfolgende nicht zum Überholen ausschert (BayObLG VRS 40,69 = VkBl 1971, 439; OLG Hamm VRS 49, 58). Beim **Einscheren** in eine Lücke nach dem Überholen muss der Fahrer auch für **Sicherheitsabstand nach hinten** sorgen; der Überholte darf nicht „geschnitten" werden (BayObLG VRS 23, 388; OLG Celle VRS 23, 143). Im Bereich einer **LZA** muss der Abstand so groß sein, dass nicht schon das plötzliche Bremsen des Vordermanns zum Auffahren führt (OLG Celle VersR 1976, 545). Beim Anfahren nach dem Umschalten der LZA auf Grün ist der erforderliche Sicherheitsabstand zum Vordermann herzustellen (KG VersR 1979, 234). Wird der Vordermann dabei durch Fehlverhalten eines Dritten zu plötzlichem scharfen Bremsen gezwungen, haftet allein der Dritte (KG VerkMitt 1993 Nr. 35).

2.2 Abstand beim Bremsen des Vorausfahrenden

Ein **zwingender Grund** für starkes Bremsen setzt eine plötzliche ernste Gefahr voraus (OLG Düsseldorf VerkMitt 1975 Nr. 9). Dabei müssen die Gründe, aus denen gebremst wird, in einem angemessenen Verhältnis zu der Gefährdung des nachfolgenden Verkehrs stehen. Ist nachfolgender Verkehr nicht vorhanden oder besteht zu ihm ein ausreichend großer Sicherheitsabstand, darf auch ohne zwingenden Grund scharf gebremst werden (KG VerkMitt 2000 Nr. 88). Gefahr für ein Kleintier (Katze, Hund, Fuchs) rechtfertigt scharfes Bremsen nur, wenn dieses Bremsen weder Menschen noch bedeutende Sachwerte gefährdet (OLG Frankfurt VerkMitt 1984 Nr. 41 = DAR 1984, 157; LG Koblenz DAR 2001, 227; OLG Nürnberg DAR 2001, 224) oder innerorts bei Tempo 50 das nachfolgende KFZ im Abstand von 25 m fährt (KG DAR 2001, 122). Eine zu spät erkannte Parklücke ist kein zwingender Grund (KG VerkMitt 1974 Nr. 76), auch nicht vorübergehende Sichtbehinderung durch Spritzwasser auf der Windschutzscheibe (KG VerkMitt 1979 Nr. 83) oder Annäherung an eine Kurve (OLG Saarbrücken VerkMitt 1975 Nr. 71). Ob die Gelbschaltung zu starkem Bremsen zwingt, hängt davon ab, in welcher Phase der Fahrer sich der Lichtzeichenanlage nähert (KG VerkMitt 1983 Nr. 15). Mit Hindernissen, die erst sichtbar werden, wenn der Vordermann den Fahrstreifen wechselt, braucht man jedoch nicht ohne weiteres zu rechnen (BGH VerkMitt 1987 Nr. 79). Beim Anfahren vor einer LZA ist ein verkürzter Abstand durch erhöhte Bremsbereitschaft auszugleichen (OLG Karlsruhe VRS 73, 334). Beim Auffahrunfall trifft den Auffahrenden die Beweislast, dass der Vordermann grundlos gebremst hat (BGH DAR 1989, 23).

2.3 Sicherheitsabstand bei LKW und KOM

Jede Unterschreitung des Mindestabstandes von 50 m ist unzulässig; die Regelfolge nach Abs. 1 findet bei Abs. 3 keine Anwendung (OLG Zweibrücken VerkMitt 1997 Nr. 91 = NZV 1997, 283). Eine Ausnahme gilt nur dann, wenn die Abstandsunterschreitung von dem LKW oder KOM nicht zu vertreten ist, z. B. ein Fahrzeug drängelt sich in den 50 m-Abstand ein.

2.4 Abstandsmessung

Traffipax-Verfahren: Lichtbilder bei Beginn und am Ende einer Messstrecke, gleichzeitige Zeitfeststellung durch geeichte Stoppuhren (OLG
Oldenburg VRS 67, 54; OLG Köln VRS 67, 286; OLG Düsseldorf VerkMitt
1983 Nr. 67; BGH VerkMitt 1983 Nr. 1). Abzug für Messfehler: 15 % (OLG
Düsseldorf VRS 74, 449 = NZV 1988, 76). FESAM-Verfahren: Kontrollaufnahme in bestimmtem Abstand vor der Messstelle, 2. Kontrollaufnahme
nach 0,8 sec (OLG Celle VerkMitt 1980 Nr. 17). Distanova-Verfahren:
Kamera mit Teleobjektiv, Übersichtsaufnahme, manuelle Kontrollaufnahme,
gefolgt von einer automatischen Kontrollaufnahme nach einem bestimmten
Zeitintervall (OLG Stuttgart VRS 64, 145). Zur Feststellung des gefährlichen
Abstands im Abstandsmessverfahren ist in der Regel der in 0,8 sec zurückgelegte Weg (Reaktions- und Bremsansprechzeit) der beiden Fahrzeuge
um einen Sicherheitsabzug von 15 % zu kürzen (BayObLG VRS 59, 285;
OLG Hamm VRS 55, 211). Zur Messung durch Videofilmaufnahme vom
Hubschrauber aus: OLG Koblenz VerkMitt 1992 Nr. 96 (10 % Zuschlag zum
gemessenen Abstand, 10 % Abschlag von der gemessenen Geschwindigkeit). Abstandskontrollen durch Nachfahren erfordern eingehende Beobachtungen darin geübter Personen über eine längere Fahrstrecke, wobei nur
deutliche Abstandsunterschreitung und keine „Grenzfälle" beurteilt werden
können (OLG Düsseldorf DAR 2000, 80).

3 Hinweise

3.1 Abstand bei Abblendlicht auf Autobahnen: § 18 Abs. 6; beim Einscheren
nach dem Überholen: § 5 Abs. 4 Satz 4; Abblenden bei geringem Abstand
des Vorausfahrenden: § 17 Abs. 2 Satz 3; Abstand innerhalb geschlossener
Verbände: § 27 Abs. 2; Abstand beim Halten und Parken: § 12 Abs. 5, beim
Warten vor Bahnübergängen: § 19 Abs. 3 bis 5 und vor Fußgängerüberwegen:
§ 26 Abs. 2.

3.2 Seitenabstand beim Vorbeifahren an Haltestellen öffentlicher Verkehrsmittel mit ein- oder aussteigenden Fahrgästen: § 20 Abs. 1; Seitenabstand
beim Überholen: § 5 Abs. 4.

3.3 Verbot für KFZ über 3,5 t und Zugmaschinen (ausgenommen PKW und
KOM), den angegebenen Mindestabstand zu einem vorherfahrenden KFZ
gleicher Art zu unterschreiten: Z. 273.

§ 5 Überholen

(1) Es ist links zu überholen.

(2) Überholen darf nur, wer übersehen kann, dass während des ganzen Überholvorgangs jede Behinderung des Gegenverkehrs ausgeschlossen ist. Überholen darf ferner nur, wer mit wesentlich höherer Geschwindigkeit als der zu Überholende fährt.

(3) Das Überholen ist unzulässig:

1. bei unklarer Verkehrslage oder
2. wo es durch Verkehrszeichen (Zeichen 276, 277) verboten ist.

(3 a) Unbeschadet sonstiger Überholverbote dürfen die Führer von Kraftfahrzeugen mit einem zulässigen Gesamtgewicht über 7,5 t nicht überholen, wenn die Sichtweite durch Nebel, Schneefall oder Regen weniger als 50 m beträgt.

(4) Wer zum Überholen ausscheren will, muss sich so verhalten, dass eine Gefährdung des nachfolgenden Verkehrs ausgeschlossen ist. Beim Überholen muss ein ausreichender Seitenabstand zu anderen Verkehrsteilnehmern, insbesondere zu Fußgängern und Radfahrern, eingehalten werden. Der Überholende muss sich sobald wie möglich wieder nach rechts einordnen. Er darf dabei den Überholten nicht behindern.

(4 a) Das Ausscheren zum Überholen und das Wiedereinordnen sind rechtzeitig und deutlich anzukündigen; dabei sind die Fahrtrichtungsanzeiger zu benutzen.

(5) Außerhalb geschlossener Ortschaften darf das Überholen durch kurze Schall- oder Leuchtzeichen angekündigt werden. Wird mit Fernlicht geblinkt, so dürfen entgegenkommende Fahrzeugführer nicht geblendet werden.

(6) Wer überholt wird, darf seine Geschwindigkeit nicht erhöhen. Der Führer eines langsameren Fahrzeugs muss seine Geschwindigkeit an geeigneter Stelle ermäßigen, notfalls warten, wenn nur so mehreren unmittelbar folgenden Fahrzeugen das Überholen möglich ist. Hierzu können auch geeignete Seitenstreifen in Anspruch genommen werden; das gilt nicht auf Autobahnen.

(7) Wer seine Absicht, nach links abzubiegen, ankündigt und sich eingeordnet hat, ist rechts zu überholen. Schienenfahrzeuge sind rechts zu überholen. Nur wer das nicht kann, weil die Schienen zu weit rechts liegen, darf links überholen. Auf Fahrbahnen für eine Richtung dürfen Schienenfahrzeuge auch links überholt werden.

(8) Ist ausreichender Raum vorhanden, dürfen Radfahrer und Mofa-Fahrer Fahrzeuge, die auf dem rechten Fahrstreifen warten, mit mäßiger Geschwindigkeit und besonderer Vorsicht rechts überholen.

VwV zu § 5 Überholen und § 6 Vorbeifahren

1 An Teilnehmern des Fahrbahnverkehrs, die sich in der gleichen Richtung weiterbewegen wollen, aber warten müssen, wird nicht vorbeigefahren; sie werden überholt. Wer durch die Verkehrslage oder durch eine Anordnung aufgehalten ist, der wartet.

1 Wo es an geeigneten Stellen fehlt und der Verkehrsfluss wegen Lastkraftwagen-verkehrs immer wieder leidet, ist der Bau von Haltebuchten anzuregen.

1 Aus der amtlichen Begründung

1.1 Das Ausweichen langsamer Fahrzeuge auf den Standstreifen wird auf Kraftfahrstraßen nach § 5 Abs. 6 erlaubt, nicht aber auf Autobahnen (Begr. 1988).

1.2 Beim Warten vor Ampelrot ist Radfahrern und Mofa-Fahrern der Verbleib hinter der Autoschlange nicht zuzumuten. § 5 Abs. 8 erlaubt daher das Aufschließen rechts (Begr. 1988).

1.3 Die Erfahrung lehrt, dass auch bei geringen Sichtweiten noch überholt und die situationsangepasste Fahrgeschwindigkeit nicht eingehalten wird. In vielen Fällen lösen LKW, auch wenn sie nicht den ersten Unfall in der Kette verursachen, erst die schwerwiegenden Folgen aus, wenn sie auf der Überholspur in die Unfallstelle hineinfahren. Das Überholen durch LKW bei geringen Sichtweiten bewirkt zudem oft für PKW einen Nachzieheffekt und damit eine erhebliche Gefahrenerhöhung. Dem Überholverbot kommt in Verbindung mit der festgelegten Geschwindigkeitsobergrenze insoweit ein zusätzlicher beruhigender und geschwindigkeitsmindernder Effekt zu, weil das Überholverbot besser akzeptiert wird (Begr. 1991).

2 Erläuterungen

2.1 Überholen

a. Überholen ist ein tatsächlicher Vorgang, bei dem ein von hinten heran-kommendes Fahrzeug an einem anderen vorbeifährt, das sich auf derselben Straße in derselben Richtung bewegt oder verkehrsbedingt wartet. Dem-gemäß überholen sich auch Fahrzeugschlangen, die mit unterschiedlicher Geschwindigkeit aneinander vorbeiziehen; gleiches gilt bei der „freien Fahrstreifenwahl". Die in § 7 Abs. 2 und 3 mit den Worten „... darf rechts schneller als links fahren" beschriebenen Verkehrsvorgänge sind keine Regelungen eigener Art (so noch Booß StVO 3. Aufl. Anm. 2 zu § 7), sondern gelten als Überholen (BGH VerkMitt 1975 Nr. 52 = DAR 1975, 165 = VRS 48, 281). Infolgedessen müssen Überholverbote auch bei der freien Fahr-streifenwahl oder vor Lichtzeichenanlagen beachtet werden. Da verkehrs-bedingt wartende Fahrzeuge überholt werden, gilt das auch beim Vorbei-ziehen an Fahrzeugen, die im Stau stehen (BGH VRS 88, 95); ebenso an einer vor Rotlicht wartenden Kolonne (OLG Köln VersR 1989, 98) oder an einem wartenden Fahrzeug, das aus Gefälligkeit auf seinen Vorrang ver-zichtet (OLG Köln VerkMitt 1999 Nr. 76).

b. Das Überholen beginnt mit dem Ausscheren und endet erst mit dem Wiedereingliedern nach rechts. Daher liegt noch kein Überholen vor, wenn nach links zur Prüfung der Verkehrslage versetzt gefahren wird; wohl aber, wenn das KFZ unter Verkürzung des Sicherheitsabstandes nach links aus-schert (OLG Hamm VRS 43, 137). Andererseits dauert das Überholen noch an, wenn der Überholende zwar die anderen KFZ hinter sich gelassen, sich aber noch nicht wieder eingeordnet hat. Bei einer Fahrzeugkolonne hat derjenige den Vortritt, der als Erster den Fahrtrichtungsanzeiger betätigt und zum Überholen ausschert (KG VerkMitt 1995 Nr. 41). Eine Kolonne ist nach dem Wegfall des Überholhindernisses in der Regel dadurch aufzulösen, dass zunächst das unmittelbar hinter dem Spitzenfahrzeug befindliche

Fahrzeug und die folgenden nacheinander überholen; der jeweils Vorausfahrende hat den Vortritt (OLG Schleswig VersR 1974, 109). Ein Kraftfahrer, der innerorts eine Reihe wartender Fahrzeuge auf dem Fahrstreifen des Gegenverkehrs überholt, muss mit Fußgängern rechnen, die zwischen den wartenden Fahrzeugen hervortreten und nur auf den Gegenverkehr achten (KG VRS 49, 262).

c. Für das Überholen ist es gleichgültig, ob es rechts oder links erfolgt; ein Verstoß nach Z. 276 liegt deshalb auch dann vor, wenn unzulässig rechts

Abweichungen vom Rechtsüberholverbot				
Vorschriften der StVO	Fahrbahn-verhält-nisse	Geltung für KFZ		Folge
		innerorts	außerorts	
§ 5 Abs. 7 Satz 1 nach dem Einordnen zum Linksabbiegen	auf allen Fahrbahnen (außer BAB)	alle Fahrzeuge		Rechts darf überholt werden
§ 5 Abs. 7 Satz 2 bei Schienenfahrzeugen	auf Fahr-bahnen mit Gleisen links oder in der Mitte	alle Fahrzeuge		Schienenfahrzeuge sind rechts zu überholen (nur in Einbahnstraßen darf links überholt werden)
§ 5 Abs. 8 bei Rad- und Mofafahrern	genügend Raum zw. Fahrzeug-schlange und Bordstein	nur Rad- und Mofafahrer		Links wartende Fahrzeuge dürfen mit mäßiger Geschwindigkeit und besonderer Vorsicht rechts überholt werden
§ 7 Abs. 2 bei Fahrzeugschlangen	mindestens 2 Fahr-streifen	alle KFZ		Rechts darf überholt werden
§ 7 Abs. 2a wenn eine Fahrzeugschlange auf dem linken Fahrstreifen steht oder langsam fährt	mindestens 2 Fahr-streifen	alle KFZ		Rechts darf bis zu einer Differenz-geschwindigkeit von max. 20 km/h überholt werden, wenn die Fahrzeugschlange nicht schneller als 60 km/h fährt
§ 7 Abs. 3 bei freier Fahrstreifenwahl	mindestens 2 markierte Fahrstreifen	nur KFZ bis 3,5 t	nein	Rechts darf innerorts überholt werden; gilt nicht auf BAB (auch nicht innerörtliche BAB)
§ 37 Abs. 4 vor Lichtzeichenanlagen	mindestens 2 Fahr-streifen	alle KFZ		Es darf nebeneinander gefahren und rechts überholt werden
§ 42 Abs. 6 Nr. 1d Satz 3 zum Linksabbiegen	mindestens 3 markierte Fahrstreifen (Geltung nicht auf BAB)	nein	LKW über 3,5 t und 7 m lange Züge	Der linke Fahrstreifen darf nur zum Abbiegen benutzt werden; für den dritten Fahrstreifen gilt dann Überholverbot; rechts darf überholt werden
§ 42 Abs. 6 Nr. 1e auf Beschleunigungsstreifen	mindestens 1 markierter Fahrstreifen	alle KFZ		Rechts darf überholt werden
§ 42 Abs. 6 Nr. 1f wenn ein Fahrstreifen auf einer BAB oder Kraftfahrstraße abgeht (an Kreuzen/Dreiecken)	mindestens 2 markierte Fahrstreifen	alle KFZ (bauartbedingt über 60 km/h)		Abbieger dürfen ab der breiten Leitlinie (Blockmarkierung) rechts überholen; das gilt nicht für Verzögerungsstreifen

überholt wird. Das Überholen setzt weiter voraus, dass die beteiligten Fahrzeuge dieselbe Fahrbahn benutzen. Fährt z. b. ein Fahrzeug auf dem Seitenstreifen an einem KFZ auf der Fahrbahn vorbei, liegt eine Verletzung der Fahrbahnbenutzungspflicht (§ 2 Abs. 1), nicht aber unzulässiges Überholen vor, selbst wenn auf der Fahrbahn Überholverbot nach Z. 276 besteht (nach § 2 Abs. 1 S. 2 ist ein Seitenstreifen nicht Bestandteil der Fahrbahn).

2.2 Rechtsüberholen

Grundsätzlich ist links zu überholen; die Pflicht gilt für den Fahrverkehr auf allen Fahrbahnteilen, Sonderwegen und Autobahnen. Zweitüberholen ist auf zweistreifiger Autobahn unzulässig (OLG Düsseldorf VRS 22, 471), sonst ist es nur auf besonders breiter Straße und nur bei klarer und sicherer Verkehrslage gestattet (BGH DAR 1957, 186). Vom Linksüberholgebot gibt es jedoch zahlreiche Abweichungen (s. Tabelle). Wer sich an einer Kreuzung oder Einmündung deutlich nach links eingeordnet hat, darf nicht mehr links überholt werden, auch wenn er kein Richtungszeichen gegeben hat (BayObLG VerkMitt 1985 Nr. 71 = VRS 69, 23). Rechtsüberholen ist unter den Voraussetzungen des § 7 Abs. 2 a (stockender Verkehr links) zulässig, keinesfalls jedoch auf der Standspur der Bundesautobahn (Verstoß gegen Fahrbahnbenutzungspflicht – § 2 Abs. 1). Kein verbotenes Rechtsüberholen beim Schnellfahren auf Beschleunigungsstreifen (OLG Hamm DAR 1975, 277). Zweiradfahrer dürfen nicht zwischen den von KFZ besetzten „Fahrstreifen" hindurchfahren und den Bereich der Trennlinie als weiteren Fahrstreifen benutzen (OLG Hamm NZV 1988, 105); sie überholen dann die links befindlichen unzulässig rechts (OLG Düsseldorf VerkMitt 1990 Nr. 121). Nur **Rad- und Mofafahrer** dürfen auf dem rechten Fahrstreifen wartende Kolonnen mit mäßiger Geschwindigkeit (8 bis 12 km/h) rechts überholen, wenn zwischen dem Fahrbahnrand und der Kolonne ausreichend Platz ist (OLG Hamm NZV 2000, 126). Das gilt nicht für links abbiegende Radfahrer, die auf dem linken Fahrstreifen ebenfalls links abbiegende KFZ auf der rechten Seite überholen (OLG Hamm NZV 2001, 39 = DAR 2001, 220). Auf Fahrbahnen mit mehreren Fahrstreifen für eine Richtung darf bei Lichtzeichenregelung auch rechts überholt werden (BayObLG VRS 58, 279 = NJW 1980, 1115); Überholverbotszeichen sind aber zu beachten (OLG Düsseldorf DAR 1986, 93 = VRS 70, 41). Auf Autobahnanschlussstellen überholt trotz § 42 Abs. 6 Nr. 1f im Vorsortierraum unzulässig rechts, wer nicht dem Verlauf der fahrstreifengegliederten Vorwegweiser folgt, sondern zum schnelleren Vorankommen nach dem Rechtsüberholen wieder nach links einschert (OLG Düsseldorf VRS 88, 467).

2.3 Rückschaupflicht und Ankündigung des Überholens

Vor dem Ansetzen zum Überholen und noch vor der Ankündigung ist sorgfältige Rückschau zu halten (OLG Karlsruhe VRS 74, 166). Ankündigungspflichten bestehen beim Ausscheren und Wiedereinordnen durch die Fahrtrichtungsanzeiger (§ 5 Abs. 4 a); somit braucht nicht während des gesamten Überholweges geblinkt zu werden. Ausscheren ist eine Seitenbewegung, durch die die Fahrlinie so weit verlegt wird, dass dadurch die Benutzung des anliegenden Fahrstreifens für eine ungehinderte Weiterfahrt beeinträchtigt wird. Der Ausscherende darf den rückwärtigen Verkehr nicht gefährden; er muss sich deshalb vergewissern, ob nicht bereits ein anderes KFZ von hinten mit hoher Geschwindigkeit überholt (OLG Hamm DAR 2001, 165). Auch wenn der Überholvorgang abgebrochen wird, muss das

Pflichten beim Überholen

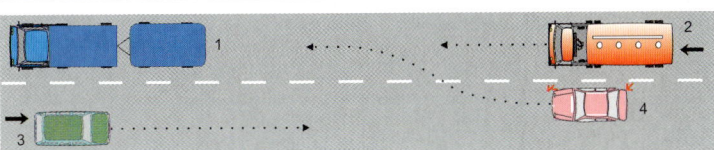

Verhaltenspflichten des Überholenden	Vorschriften der StVO	KFZ der Skizze
1. Behinderungsverbot gegenüber dem Gegenverkehr	§ 5 Abs. 2 Satz 1	KFZ 4 zu KFZ 3
2. Gefährdungsausschluss gegenüber dem nachfolgenden Verkehr	§ 5 Abs. 4 Satz 1	KFZ 6 zu KFZ 8
3. Wesentlich höheres Tempo als das zu überholende KFZ	§ 5 Abs. 2 Satz 2	KFZ 4 zu KFZ 2
4. Rechtzeitiges und deutliches Ankündigen des Überholens mit Fahrtrichtungsanzeiger	§ 5 Abs. 4a	KFZ 6
5. Ausreichender Seitenabstand zum überholten Fahrzeug und zu Fußgängern	§ 5 Abs. 4 Satz 2	KFZ 4 zu KFZ 2
6. Rechtzeitiges Wiedereinordnen nach Beendigung des Überholvorganges mit Ankündigen durch Fahrtrichtungsanzeiger	§ 5 Abs. 4 Satz 3	KFZ 7
8. Behinderungsverbot und Beachtung eines ausreichenden Sicherheitsabstandes gegenüber dem überholten Fahrzeug	§ 5 Abs. 4 Satz 4	KFZ 4 zu KFZ 2 KFZ 7 zu KFZ 5

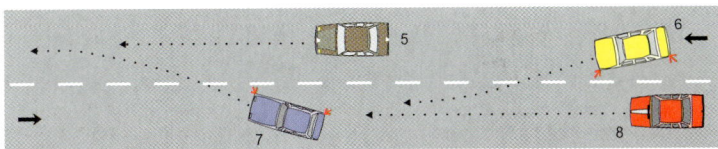

Verhaltenspflichten des Überholten	Vorschriften der StVO	KFZ der Skizze
1. Verbot der Tempoerhöhung gegenüber dem überholenden Fahrzeug	§ 5 Abs. 6 Satz 1	KFZ 2 zu KFZ 4 KFZ 5 zu KFZ 7
2. Strikte Einhaltung des Rechtsfahrgebots und des Verbots, nach links auszuscheren	§ 2 Abs. 2	KFZ 6 zu KFZ 8
3. Verpflichtung langsamer Fahrzeuge		
a. zur Einhaltung eines so großen Abstandes, dass ein überholendes Fahrzeug einscheren kann, auf Autobahnen mindestens 50 m	§ 4 Abs. 2 und 3	
b. das Überholen zu ermöglichen	§ 5 Abs. 6 Satz 2 und 3	

Wiedereinordnen nach rechts durch Fahrtrichtungszeichen angekündigt werden (OLG Saarbrücken VerkMitt 1981 Nr. 41).

Außerorts dürfen auch maßvoll Schall- und Leuchtzeichen gegeben werden (§§ 5 Abs. 5, 16 Abs. 1 Nr. 1), wenn andere weder geblendet, noch Vorausfahrende genötigt werden. Um den Überholweg zu überblicken, ist kurzes Einschalten des Fernlichts zu Beginn des Überholvorganges auch dann zulässig, wenn der Vorausfahrende dadurch geblendet werden kann. Dann ist jedoch mit Abblendlicht zu fahren, bis beide Fahrzeuge in gleicher Höhe sind; erst dann darf wieder Fernlicht eingeschaltet werden (BGH NZV 2000, 292).

2.4 Abstand beim Überholen

Die Einhaltung eines ausreichenden Sicherheitsabstandes nach vorn richtet sich nach § 4 Abs. 1 und beträgt mindestens „1/2-Tachoabstand" oder

Berechnung der Länge des Überholweges
(bei konstanter Geschwindigkeit)

Die Überholstrecke (Üs) ist das Produkt des zurückgelegten Weges in Metern (m), der vom Überholenden (KFZ 1) vom Ausscheren nach links, während der Vorbeifahrt am Überholten (KFZ 2) bis zum Wiedereinscheren nach rechts bei einer bestimmten Geschwindigkeit benötigt wird. Grundsätzlich gilt, dass die Überholstrecke wegen des Gegenverkehrs und auf der BAB wegen der Flüssigkeit des Verkehrs möglichst kurz sein muss. Die Überholstrecke wird um so kürzer, je höher die Differenzgeschwindigkeit der beteiligten Fahrzeuge (zwischen KFZ 1 und 2) ist. Infolgedessen darf nur überholt werden, wenn das Tempo des Überholenden wesentlich höher als das des Überholten ist (§ 5 Abs. 2 Satz 2), d.h. etwa 15 bis 20 km/h.

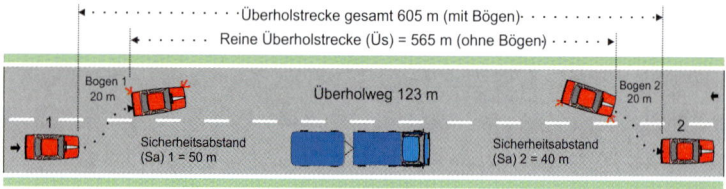

KFZ 1 = 5 m
V1 = 100 km/h

KFZ 2 = 18 m
V2 = 80 km/h

KFZ 1 nach
dem
Einscheren

Bei der Berechnung der Überholstrecke (Üs) ist das Produkt aus dem Überholweg (Üw) und der Geschwindigkeit des Überholenden (KFZ 1) zu bilden, geteilt durch die Differenzgeschwindigkeit (V1 von KFZ 1 minus V2 von KFZ 2).

a. Der **Überholweg** (Üw) setzt sich aus der Summe der erforderlichen Sicherheitsabstände (1/2 Tachoabstand) und den Fahrzeuglängen zusammen:

$$\text{Üw} = Sa + \text{Länge von KFZ 2} + Sb + \text{Länge von KFZ 1} = 50\,m + 18\,m + 40\,m + 5\,m = 113\,m$$

b. Die **Überholstrecke** (Üs) berechnet sich dann wie folgt:

$$\text{Üs} = \frac{\text{Üw} \times V1}{V1 - V2} = \frac{113 \times 100\,km/h}{100\,km/h - 80\,km/h} = \frac{11.300}{20\,km/h} = \text{rd. } \mathbf{565\,m}$$

Zum gleichen Ergebnis kommt die Berechnung der Überholstrecke (Üs) durch Bildung des Produkts aus der Überholzeit (Üt) und der Geschwindigkeit des Überholenden (KFZ 1), geteilt durch die Zeit von 3,6 Sekunden (s). KFZ 1 muss eine Strecke von 113 m mit einer Differenzgeschwindigkeit von 20 km/h durchfahren. KFZ 1 fährt bei 20 km/h = 5,6 m/s (20 : 3,6 s). Für die Strecke von 113 m benötigt KFZ 1 bei 20 km/h (113 m : 5,6) = rd. **28 s Üt**. Die Überholstrecke (Üs) ist dann wir folgt zu ermitteln:

$$\frac{\text{Üt} \times V1}{3,6\,s} = \frac{20 \times 100\,km/h}{3,6\,s} = \frac{2000}{3,6\,s} = (555,5) = \text{rd. } \mathbf{565\,m}$$

In beiden Berechnungen sind außerdem die beiden rd. 20 m langen Bögen für das Ausweichen nach links und rechts einzubeziehen, so dass der gesamte Überholvorgang = 565 m + 20 m + 20 m = 605 m beträgt.

Vor dem Überholen muss sich KFZ 1 außerdem davon überzeugen, dass während des gesamten Überholvorganges der Gegenverkehr nicht beeinträchtigt wird. Die Einschätzung der Geschwindigkeit des Gegenverkehrs ist schwierig und erfordert Erfahrung, um aus den größer werdenden KFZ auf deren Tempo zu schließen. Der Überholvorgang muss innerhalb der halben frei übersehbaren Strecke abgeschlossen sein. Die übersehbare Strecke muss so lang sein wie die doppelte Überholstrecke, und zwar von dem Punkt an, wo der Überholvorgang nicht mehr gefahrlos abgebrochen werden kann. KFZ 1 benötigt für die Strecke den Sicherheitsabstand Sb 2 von 40 m + Bogen 2 von 20 m + KFZ 2 von 18 m, insgesamt 78 m. Für diese Strecke braucht KFZ 1 bei 5,6 m/s = 13,9 s (78 m : 5,6 s). In der Zeit von 13,9 s durchfährt ein z.B. mit 100 km/h (d.h. mit 27,8 m/s) entgegenkommendes KFZ eine Strecke von 13,9 s x 27,8 s = 386 m. Die übersehbare Strecke beim Überholen muss daher für KFZ 1 mindestens 386 m + 605 m = rd. **1.000 m** betragen.

„2-Sekunden-Abstand" (OLG Köln VRS 40, 436). Die Unterschreitung des Abstandes auf 1/4 des Tachoabstandes bei Geschwindigkeiten über 80 km/h wird mit Bußgeld geahndet, weil eine angemessene Reaktion beim Bremsen des Vorausfahrenden nicht mehr möglich ist und deshalb abstrakte Gefährdungen nicht mehr auszuschließen sind.

Abstandsunterschreitungen sind eine der Hauptunfallursachen (vor allem außerorts) und tragen einen unverkennbar aggressiven Charakter. So beträgt der Reaktionsweg bei 80 km/h mindestens 24 m. Bei 1/4-Tachoabstand (= 20 m) sind Auffahrunfälle beim plötzlichen Bremsen vorausfahrender KFZ unvermeidbar.

Für den **Seitenabstand** beim Überholen gibt es keinen allgemein gültigen Wert, doch reicht ein Abstand von 1 m im Regelfall aus (BGH VRS 8, 248). Der Seitenabstand hängt auch von der Geschwindigkeit der beiden Fahrzeuge ab (BGH VersR 1959, 392); bei höherem Tempo muss der Abstand größer sein, insbesondere beim Überholen von LKW. Bei der Bemessung des Seitenabstandes gegenüber Radfahrern sind deren mögliche Seitwärtsbewegungen zu beachten (BGH VRS 27, 196), deshalb ist ein Abstand von 2 m einzuhalten (OLG Frankfurt/M. DAR 1981, 18).

2.5 Pflichten gegenüber dem Gegenverkehr

Während des gesamten Überholvorganges muss jede Behinderung und Gefährdung des Gegenverkehrs ausgeschlossen sein. Der Gegenverkehr darf nicht einmal zum Abbremsen gezwungen werden. Infolgedessen ist Überholen nur dann zulässig, wenn die Gegenfahrbahn bis zu dem Bereich hindernisfrei eingesehen werden kann, wo wieder ein gefahrloses Einordnen nach rechts möglich ist (BGH VerkMitt 2000 Nr. 84 = NZV 2000, 291). Taucht Gegenverkehr auf, ist sofort rechts zu fahren (§ 2 Abs. 2) und das Überholmanöver sofort abzubrechen (OLG Hamm NZV 2000, 265). Das gilt auch bei Dämmerung, wenn mit Abblendlicht gefahren wird und entgegenkommender Verkehr noch kein Licht eingeschaltet hat. Zulässig ist kurzes Aufblenden mit dem Fernlicht, um die Überholstrecke zu übersehen (OLG Hamm VRS 62, 214). Wer eine Kolonne auf der dem Gegenverkehr vorbehaltenen Fahrbahnseite überholt, verstößt gegen § 5 Abs. 2 Satz 1, nicht gegen § 5 Abs. 3 Nr. 1. Hierbei kommt es nicht darauf an, ob tatsächlich Gegenverkehr herrscht, es genügt, dass Gegenverkehr nicht auszuschließen ist (KG VRS 101, 56 = DAR 2001, 467).

2.6 Geschwindigkeit beim Überholen

Der **Geschwindigkeitsunterschied** sollte mindestens 20 km/h betragen; für das Überholen im Stadtverkehr auf hinreichend breiter Fahrbahn genügt eine Differenz von 10 km/h (BGH VersR 1968, 1040).

2.7 Überholweg

Wäre beim Überholen wegen der Enge der Fahrbahn eine Kollision mit dem Gegenverkehr nicht ausgeschlossen, muss nicht nur die gesamte zum Überholen benötigte Strecke eingesehen werden können, sondern auch der benötigte Weg, den ein entgegenkommendes KFZ mit zulässigem Tempo während des Überholens zurücklegt.

Der einsehbare Weg ist von der Stelle aus zu bestimmen, an der der Überholvorgang nicht mehr gefahrlos abgebrochen werden kann (OLG Düsseldorf VerkMitt 1997 Nr. 88).

2.8 Überholverbote

Der Überholvorgang darf nicht begonnen werden, wenn nur mit überhöhter Geschwindigkeit überholt (BGH VRS 12, 417 = DAR 1957, 186) oder der Überholvorgang nicht vor Beginn einer Überholverbotsstrecke beendet werden kann (OLG Frankfurt DAR 1957, 218). Fehleinschätzungen gehen zu Lasten des Überholenden (BGH VersR 1970, 62); im Zweifel muss das Überholen unterbleiben.

2.8.1 Überholverbot bei unklarer Verkehrslage

Unklar ist eine Verkehrslage, wenn nach den Umständen auf der gesamten Länge der Überholstrecke mit einem ungefährlichen Überholvorgang nicht gerechnet werden kann (OLG Düsseldorf VRS 91, 142; OLG Hamm NZV 2000, 265). Die Regelung bezieht sich auf den Quer- und den zu überholenden Verkehr, nicht aber auf den Gegenverkehr; hier gilt § 5 Abs. 2 Satz 1 (KG VRS 101, 56 = DAR 2001, 467). Eine bloße abstrakte Gefahr reicht allerdings nicht aus. Vielmehr muss die Verkehrslage konkret Zweifel nahe legen, ob der Überholvorgang gefahrlos beendet werden kann. Dies kann sich aus dem konkreten **Verkehrsvorgang** (z. B. Länge der vorausfahrenden Kolonnen), aus den **Fahrbahnverhältnissen** (z. B. nicht einsehbare Kurven, Kuppen, Straßenengstellen, Wechsel im Fahrbahnbelag), aus den **Witterungs-** und Beleuchtungsverhältnissen (z. B. Regen, Nebel, Dämmerung) oder aus nicht einschätzbarem Verhalten anderer **Verkehrsteilnehmer** (z.B. Radfahrer, Fußgänger) ergeben. Vor allem beim Überholen von vorausfahrenden jugendlichen Radfahrern ist zu beachten, dass diese sich häufig nicht verkehrsgerecht verhalten (OLG Koblenz DAR 1973, 105). **Einzelfälle**: Wegen unklarer Verkehrslage ist das Überholen verboten, wenn sich ein Fahrzeug zum Linksabbiegen nach links eingeordnet hat, aber kein Fahrtrichtungszeichen gibt, oder sich nach links orientiert, um einen freien Parkstand anzusteuern (OLG Köln VerkMitt 1999 Nr. 75 = NZV 1999, 333 = DAR 1999, 548), wenn ein Vorausfahrender sich einem Hindernis nähert, das ihn zwingt, entweder scharf zu bremsen oder nach links auszuweichen (KG VRS 52, 271), wenn ein Einweiser auf der Fahrbahn einen LKW dirigiert (OLG Hamm DAR 2001, 222) oder wenn sich hinter einem langsamen Fahrzeug eine Kolonne gebildet hat und mehrere Fahrzeuge gleichzeitig überholen wollen (OLG Karlsruhe DAR 2001, 459 = VRS 101, 84 = NZV 2001, 473; OLG Celle VerkMitt 1979 Nr. 51 = VRS 56, 125); durch Warnsignale muss der Hinterherfahrende dem Vordermann die Überholabsicht deutlich machen (OLG Karlsruhe DAR 2001, 473). Der Kraftfahrer, der vor einer Kreuzung auffallend langsam fährt, schafft nicht schon dadurch eine unklare Verkehrslage, die das Überholen verbietet (BayObLG VRS 59, 235; OLG Karlsruhe VRS 54, 68); anders, wenn er sich zur Mitte der Fahrbahn einordnet, ohne zu blinken. Wer außerhalb geschlossener Ortschaften einen PKW überholen will, dessen linke Blinkleuchte für ihn durch ein anderes Fahrzeug verdeckt ist und der ungewöhnlich langsam fährt, muss wegen unklarer Verkehrslage vom Überholen absehen (OLG Hamm VRS 48, 461). Solange an einem vorausfahrenden Fahrzeug der linke Fahrtrichtungsanzeiger nicht eingeschaltet ist, ist das Überholen in der Regel nicht deshalb unzulässig, weil sich dieses Fahrzeug einem noch langsameren Vordermann nähert (BayObLG VerkMitt 1975 38 = VRS 47, 379; BayObLG VRS 61, 63). Das Fortsetzen des Überholens kurz vor einer unübersichtlichen Kurve ist grob verkehrswidrig (OLG Koblenz VRS 49, 40).

Unklare Verkehrslage bei hellem Sonnenschein

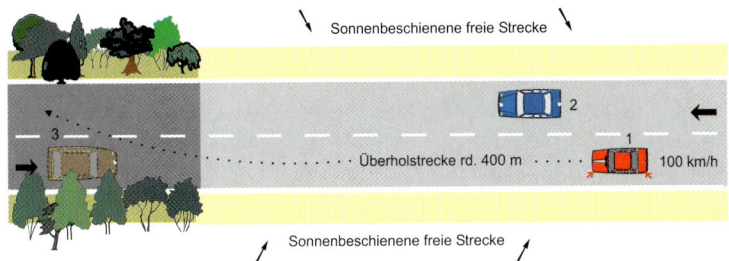

Sonnenbeschienene freie Strecke

Überholstrecke rd. 400 m   100 km/h

Sonnenbeschienene freie Strecke

KFZ 1 überholt außerorts bei hellem Sonnenschein auf freier Strecke mit Tempo 100 km/h das mit 80 km/h fahrende KFZ 2. Das Auge stellt sich stets auf den hellsten Punkt ein (auf die sonnige Strecke). Anders als bei Bewölkung erscheint bei großem Hell-Dunkel-Kontrast der dicht mit Alleebäumen bewachsene Streckenabschnitt dunkel (wie in einem Tunnel), so dass KFZ 1 diesen Bereich nicht einsehen und entgegenkommende KFZ nur unzureichend wahrnehmen kann. Da der Bereich, wo sich KFZ 1 wieder gefahrlos nach rechts einordnen kann, nicht einsehbar ist, liegt wegen der konkreten Gefahrenlage eine unklare Verkehrslage vor, die das Überholen verbietet. KFZ 1 muss deshalb den Überholvorgang (bei einem Überholweg von etwa 600 m) noch vor den Alleebäumen abbrechen (§ 5 Abs. 3 Nr. 1).

2.8.2 Überholverbot durch Z. 276, 277

Die Zeichen beziehen sich nur auf die Fahrbahn und verbieten jedes Überholen (rechts oder links). Das Ende des Überholverbotes wird nicht angezeigt, wenn die Gefahrstelle zweifelsfrei erkennbar ist, z. B. an Baustellen, bei Entfernungsangaben oder durch Gefahrzeichen. Die Z. 276/277 verbieten nicht nur die Einleitung, sondern auch die Fortsetzung des Überholvorganges (OLG Schleswig VerkMitt 64 Nr. 28). Die Z. 276/277 erlauben das Überholen nicht motorisierter Fahrzeuge und von Krafträdern ohne Beiwagen (nicht aber umgekehrt – OLG Koblenz VRS 59, 467; a. A. noch AG Düren NJW 1980, 1117). Wird das Überholen von langsamen Fahrzeugen durch Zusatzschild 1049-11 gestattet (Symbol „Traktor"), gilt das nicht für KFZ mit bauartbedingter höherer Fahrgeschwindigkeit, die infolge der Verkehrs- oder Straßenverhältnisse nicht schneller fahren können. Z. 277 erfasst auch Wohnmobile über 3,5 t (Wohnmobile sind Sonderkraftfahrzeuge, keine LKW, KOM oder PKW. Ist ein Überholverbot (Z. 276) auf LKW beschränkt, gilt es nicht für selbstfahrende Arbeitsmaschinen (OLG Köln VRS 61, 51). Das Vorbeifahren innerhalb einer durch Z. 276 gekennzeichneten Strecke an einer vor Rotlicht wartenden Fahrzeugschlange ist unzulässiges Überholen (BGH JZ 1975, 289), auch wenn es zum Linksabbiegen geschieht (OLG Köln VerkMitt 1975 Nr. 117). Wer nach Einleitung des Überholvorgangs nicht mehr vor Erreichen eines Überholverbotsschildes auf die rechte Seite seiner Fahrbahnhälfte zurückkehren kann (z.B. wegen dichten Verkehrs), muss das Überholen abbrechen (OLG Düsseldorf VerkMitt 1975 Nr. 123). Das Z. 276 gilt für die Benutzer der beschilderten Straße auch dann weiter, wenn es an einer Straßeneinmündung nicht wiederholt wird (OLG Koblenz NZV 1988, 77 = VRS 75, 62; OLG Koblenz DAR 1976, 110).

2.8.3 Überholverbot bei Sichtbeeinträchtigung

Bei Nebel, Schneefall oder Regen mit Sichtweiten unter 50 m gilt für KFZ über 7,5 t Überholverbot (§ 5 Abs. 3 a). Die Vorschrift ist außerdem an das feste Tempolimit des § 3 Abs. 1 Satz 2 von 50 km/h bei Sichtweiten unter 50 m gekoppelt und soll Massenunfällen entgegenwirken („Sicht 50 m – Tempo 50"). Dem Tempolimit unterliegen allerdings im Gegensatz zum Überholverbot alle Fahrzeuge.

2.8.4 Überholverbot an Fußgängerüberwegen (§ 26 Abs. 3, Z. 293)

Das Überholverbot gilt auch dann, wenn keine Fußgänger den Überweg überqueren wollen. Ein vorher eingeleiteter Überholvorgang muss vor dem Überweg abgeschlossen sein, spätestens am Richtzeichen 350. Wird der Überweg durch Gefahrzeichen 134 angekündigt, sollte ein begonnener Überholvorgang abgebrochen werden. Das Überholverbot am Z. 293 gilt auch bei freier Fahrstreifenwahl innerorts. Befinden sich Überwege an Straßen mit 2 Fahrstreifen je Richtung (selten), darf sich der Verkehr auf dem freien Fahrstreifen schon wegen der Sichtverhältnisse auf Fußgänger nur mit äußerster Vorsicht und max. 10 km/h vorbeitasten, wenn der Verkehr auf einem Fahrstreifen stockt (Rechtsanalogie aus dem Grundgedanken des § 7 Abs. 2 a).

Das Überholverbot am Fußgängerüberweg gilt nur für den Verkehr auf der Fahrbahn. Parallel neben der Fahrbahn verlaufende Sonderwege oder abgetrennte Seitenstreifen gehören nicht dazu. Führt deshalb der Überweg auch über einen rechts verlegten Radweg, gilt das Überholverbot nicht zwischen Radfahrer und KFZ (wohl aber zwischen Radfahrern untereinander). Radfahrer müssen jedoch nach dem Prinzip der doppelten Sicherung auf Fußgänger besondere Rücksicht nehmen und Gefährdungen bei schnellerer Fahrweise vermeiden.

2.8.5 Überholverbot an Bussen mit Warnblinklicht

Nähern sich Linienbusse oder (gekennzeichnete) Schulbusse einer Haltestelle (Z. 224) und haben sie Warnblinklicht eingeschaltet, darf nicht überholt werden (§ 20 Abs. 3). Das Überholverbot gilt im unmittelbaren Einzugsbereich von Haltestellen von dem Punkt an, wo Warnblinklicht eingeschaltet wird. An Bussen mit Warnblinklicht, die an der Haltestelle stehen (halten), darf jedoch mit Schrittgeschwindigkeit vorbeigefahren werden (kein Überholen!); Schrittgeschwindigkeit gilt auch für den Gegenverkehr. Haltestellen, an denen Busse Warnblinklicht einschalten müssen, werden von der Straßenverkehrsbehörde festgelegt.

2.8.6 Überholverbot auf Verzögerungsstreifen

Auf Verzögerungsstreifen darf weder rechts noch links überholt werden (§ 42 Abs. 6 Nr. 1 f; s. a. Z. 333 – „Rausschmeißer"). Verzögerungsstreifen leiten den Verkehr in regionale Straßennetze ab, wobei immer damit gerechnet werden muss, dass andere noch ausscheren. Infolgedessen darf hier nicht schneller als auf der durchgehenden Fahrbahn gefahren werden. Ist der Verzögerungsstreifen zweispurig, darf auch nicht rechts schneller als auf dem linken Fahrstreifen gefahren werden. Anders bei Beschleunigungsstreifen, die der Eingliederung in den durchgehenden Verkehr dienen. Hier darf der Verkehr auf der Hauptfahrbahn überholt werden; außerdem darf bei zweispurigen Beschleunigungsstreifen rechts überholt werden (§ 42 Abs. 6 Nr. 1 e).

2.9 Pflichten des gleichgerichteten Verkehrs

Der Überholende hat darauf zu achten, dass ein nachfolgendes, auf der Überholspur herannahendes Fahrzeug nicht zu einer raschen und erheblichen Geschwindigkeitsherabsetzung veranlasst wird. Leichtere Behinderungen, die sich nicht zu einer Gefährdung ausweiten können, muss der auf der Überholspur herannahende andere Fahrer jedoch in Kauf nehmen und sich in seiner Reaktionsbereitschaft und Fahrweise darauf einrichten (OLG Köln VRS 44, 436). Nähern sich zwei PKW mit etwa gleicher Geschwindigkeit einem vorausfahrenden LKW, darf der Fahrer des vorausfahrenden PKW als Erster überholen, auch wenn der zweite PKW bereits auf der linken Fahrbahnhälfte fährt (OLG Schleswig DAR 1975, 76; OLG Celle VersR 1979, 476). Anders ist es bei höherer Geschwindigkeit und erkennbarer Überholabsicht des nachfolgenden Fahrers (OLG Hamm VerkMitt 1986 Nr. 9). Das „Weghupen" eines überholungswilligen Vordermanns vom Überholstreifen ist strafbare Nötigung (BGH VRS 26, 358 = DAR 1964, 167), ebenso absichtliches Langsamfahren zur Verhinderung des Überholens (BGH VRS 25, 117 = DAR 1963, 308 = VkBl 1963, 475). Nach dem Überholen eines Kraftfahrzeugs muss beim Einscheren ein Sicherheitsabstand zum überholten Wagen eingehalten werden, der etwa der Strecke entspricht, die das überholte Fahrzeug in einer Sekunde zurücklegt (OLG Koblenz VRS 45, 209). Ein zu knappes Einscheren („Schneiden") ist grob verkehrswidrig (OLG Düsseldorf VRS 64,7). Wer überholt wird, darf vom Beginn bis zum Ende des Überholvorgangs seine Geschwindigkeit nicht mehr erhöhen (BayObLG VerkMitt 1978 Nr. 49 = VRS 55, 142); dies gilt auch, wenn der andere unerlaubt überholt.

2.10 Verkehrsbehinderndes Langsamfahren

Die Verpflichtung zum Ausweichen besteht im Interesse der Vermeidung gefahrträchtiger Überholmanöver, wenn das eingehaltene Tempo über eine längere Strecke zu Fahrzeugschlangen schnellerer KFZ (mehr als drei) führt. Um einer Fahrzeugschlange das Überholen zu ermöglichen, darf der Langsamfahrer kurzfristig auf einen rechten Seitenstreifen überwechseln. Den Seitenstreifen darf er jedoch nicht durchgängig befahren, weil dieser für andere langsame Fahrzeuge (§ 41 Abs. 3 Nr. 3a aa) vorbehalten ist. Langsam ist ein Fahrzeug, das mit geringerem Tempo als der übrige Verkehr fährt und dadurch den Verkehrsfluss behindert (ca. 30 km/h). Hierzu gehören außerorts vor allem landwirtschaftliche Fahrzeuge oder selbstfahrende Arbeitsmaschinen, nicht aber LKW über 7,5 t, deren Tempo gemäß § 3 Abs. 2 auf 60 km/h begrenzt ist (a.A. OLG Karlsruhe NZV 1992, 122: Sattelschlepper mit 67 km/h). Eine Verpflichtung zum Ausweichen an geeigneter Stelle für alle Fahrzeuge, die das gesetzliche Tempolimit von 100 km/h nicht einhalten „dürfen", würde zu einer unverhältnismäßigen Belastung des langsameren Wirtschaftsverkehr führen: Diese KFZ müssten dann entgegen dem Prinzip der Erhaltung eines homogenen Verkehrsflusses jeweils auf Parkplätze oder Seitenstreifen ausweichen, um sich dann trotz ihres geringen Beschleunigungsvermögens gefahrträchtig wieder in den fließenden Verkehr einzufädeln. Unberührt bleibt allerdings die Empfehlung für solche KFZ zum Ausweichen, wenn es ohne negative Folgen möglich ist.

3 Hinweise

3.1 Verbot des Überholens auf Fahrstreifen des Gegenverkehrs von Fahrbahnen, die insgesamt 3 oder 4 markierte Fahrstreifen haben: Z. 340 Nr. 1 b und 1 c; LKW mit mehr als 3,5 t und Züge über 7 m dürfen außerorts auf Fahrbahnen mit mehr als 3 markierten Fahrstreifen pro Richtung den linken Fahrstreifen nur zum Linksabbiegen benutzen: Z. 340 Nr. 1d.

3.2 Ermöglichen des Überholens von LKW über 7,5 t und Zügen außerorts vor Bahnübergängen: § 19 Abs. 3 und 5.

3.3 Abstand für Fahrzeuge über 3,5 t und Züge von mehr als 7 m Länge zum Einscheren eines überholenden Fahrzeugs: § 4.

3.4 Freiheits- oder Geldstrafe für falsches Überholen oder falsches Verhalten bei Überholvorgängen bei konkreter Gefährdung von Personen oder erheblichen Sachwerten: § 315 c StGB. Der Begriff des „unzulässigen Überholens" reicht hier weiter als bei § 5. Unter die Strafnorm fallen auch Taten, die nach der StVO nicht dem Überholen auf der Fahrbahn zuzurechnen sind, z. B. Vorbeifahren auf der Standspur einer Autobahn (BVerfG NZV 1995, 79 = DAR 1975, 154).

§ 6 Vorbeifahren

Wer an einem haltenden Fahrzeug, einer Absperrung oder einem sonstigen Hindernis auf der Fahrbahn links vorbeifahren will, muss entgegenkommende Fahrzeuge durchfahren lassen. Muss er ausscheren, so hat er auf den nachfolgenden Verkehr zu achten und das Ausscheren sowie das Wiedereinordnen – wie beim Überholen – anzukündigen.

(VwV zu § 6 siehe zu § 5)

1 Aus der amtlichen Begründung

§ 6 gilt nur für die vorübergehende Verengung der Fahrbahn durch ein Hindernis. Bei dauernder (baulicher) Verengung der Fahrbahn hat Vorrang, wer den Engpass (mit deutlichem Vorsprung) zuerst erreicht; erreichen beide den Engpass gleichzeitig, müssen sich die Fahrzeugführer verständigen, d. h. keiner hat Vorrang (Begr. 1970).

2 Erläuterungen

Vorbeifahren ist die Änderung der Fortbewegungsrichtung, bedingt durch ein stehendes Hindernis (parkendes KFZ, abgestellter Container). **Überholen** ist dagegen die Änderung der Fortbewegungsrichtung im fließenden Verkehr. Verkehrsbedingt wartende KFZ gehören zum fließenden Verkehr und werden deshalb überholt (Rn. 1 VwV zu §§ 5 und 6; BGH VerkMitt 1975 Nr. 52; BVerwG VerkMitt 1995 Nr. 18).

2.1 Vorbeifahren

Engstellen sind vorübergehende Einengungen einer sonst ausreichend breiten Straße, z. B. Baustellen, Schneeverwehungen. Sie sind mit angepasster Geschwindigkeit zu befahren (OLG Düsseldorf VRS 44, 228). Vorbeifahren ist an unübersichtlichen Stellen gestattet (unter Beachtung des Vorrangs des Gegenverkehrs), Überholen nicht. Auch in einer unübersichtlichen Kurve darf man an einem dort haltenden Fahrzeug auf der Gegenfahrbahn vorbeifahren, allerdings nur mit besonderer Vorsicht (BayObLG VRS 58, 450). Wer einen fahrplanbedingt haltenden Bus und Kraftfahrzeuge umfährt, die hinter dem Bus angehalten haben, um dessen Weiterfahrt zu ermöglichen, fährt an dem Bus vorbei, überholt jedoch die anderen Kraftwagen (OLG Düsseldorf VRS 59, 288).

2.2 Ankündigung

Beim Vorbeifahren ergänzen sich **Rückschau** und **Fahrtrichtungszeichen**; Blinken allein genügt keinesfalls (OLG Stuttgart VRS 28, 40).

2.3 Abstand

Besondere Vorsicht ist beim Vorbeifahren an einem haltenden Kraftomnibus geboten; hier ist ein Seitenabstand von 2 m einzuhalten, um plötzlich hervortretende Fußgänger nicht zu verletzen (BGH VerkMitt 1968 Nr. 93; OLG Köln VRS 64, 434/435).

Vorrang beim Vorbeifahren

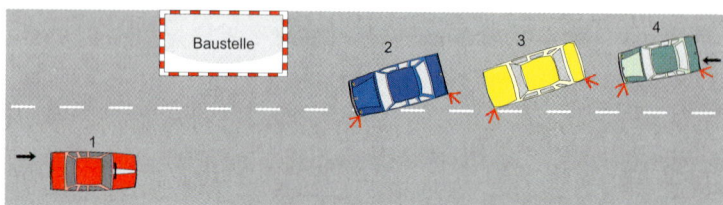

KFZ 2, 3 und 4 müssen den Vorrang des Gegenverkehrs (KFZ 1) beachten, weil sich das Hindernis auf ihrer Fahrbahnseite befindet und sie daran „vorbeifahren". Infolgedessen bedarf es keiner Beschilderung. Im Interesse eines besseren Verkehrsflusses bietet sich jedoch an, den Vorrang durch Z. 208 und Z.308 so zu regeln, dass die
Richtung mit dem stärksten Verkehr bevorrechtigt wird. Nach § 39 Abs. 2 gehen dann die Z. 208 und 308 der allgemeinen Regel des § 6 Abs. 1 vor. KFZ 6, 7 und 8 haben nunmehr Vorrang vor KFZ 5. In allen Fällen bleiben die
Sorgfaltspflichten nach § 6 Abs. 2 gegenüber dem nachfolgenden Verkehr erhalten. KFZ 6, 7 und 8 dürfen nur
dann ausscheren, wenn dadurch der rückwärtige Verkehr nicht gefährdet wird. Das Ausscheren und das Wiedereinordnen ist mit dem Fahrtrichtungsanzeiger rechtzeitig und deutlich anzukündigen.

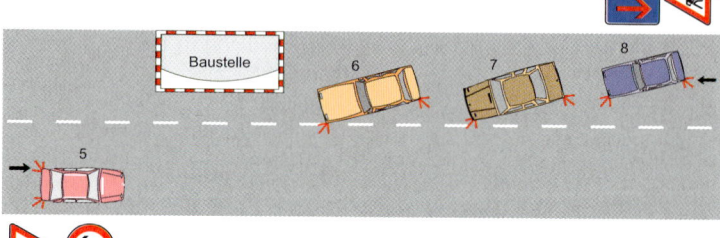

Befindet sich auf beiden Fahrbahnhälften je eine Engstelle, besteht kein Vorrang nach § 6 Abs. 1, und zwar weder
für die eine (KFZ 9 und 10) noch für die andere Richtung (KFZ 11 und 12). Der Verkehr aus beiden Richtungen
muss den Vorrang beachten und sich nach dem Gebot der „Rücksichtnahme" (§ 1 Abs. 1) verständigen. Die Engstelle darf nur dann durchfahren werden, wenn eine Gefährdung des Gegenverkehrs ausgeschlossen ist. Die
Sorgfaltspflichten nach § 6 Satz 2 gegenüber dem nachfolgenden Verkehr bleiben bestehen. Durch negative und
positive Beschilderung mit Z. 208 und Z. 308 kann auch hier der Vorrang den Verkehrsbedürfnissen angepasst
werden.

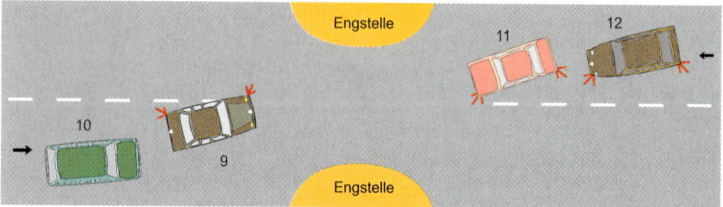

2.4 Pflichten zum Gegenverkehr

Den Vorrang muss derjenige beachten, auf dessen Seite sich die Engstelle befindet; durch Z. 208 und 308 kann der Vorrang anders geregelt sein. Ermöglicht eine **Engstelle** zwei sich begegnenden Fahrzeugen das gleichzeitige Passieren, müssen beide ihre Geschwindigkeit verringern, um die Seitenabstände gefahrlos mindern zu können; reicht der Verkehrsraum für eine gefahrlose Begegnung nicht aus, hat Vorrang, wer auf seiner Fahrbahnhälfte bleiben kann (OLG Hamm VRS 52, 213). Müssen beide jeweils die Gegenfahrbahn benutzen, hat Vorrang, wer die Engstelle deutlich zuerst erreicht hat (OLG Zweibrücken VerkMitt 1979 Nr. 115 = VRS 57, 134 = DAR 1980, 54). An Engstellen auf **Bergstrecken** muss der Fahrer ausweichen, dessen Seitenstreifen nicht am abfallenden Hang, sondern an der aufsteigenden Böschung verläuft; gegenseitige Verständigung der Fahrer ist geboten (OLG Saarbrücken VerkMitt 1975 Nr. 46). Der Wartepflichtige muss durch sein Fahrverhalten, vor allem durch mäßige Geschwindigkeit, erkennen lassen, dass er warten werde. Wer die begründete Befürchtung erweckt, er werde den Vorrang nicht beachten, verletzt den Vorrang und haftet für die Folgen (KG VerkMitt 1980 Nr. 58).

3 Hinweise

3.1 Schrittgeschwindigkeit bei der Vorbeifahrt an haltenden Linien- oder Schulbussen mit Warnblinklicht: § 20 Abs. 4.

3.2 Anwendung des Reißverschlussverfahrens an Hindernissen: § 7 Abs. 4.

§ 7 Benutzung von Fahrstreifen durch Kraftfahrzeuge

(1) Auf Fahrbahnen mit mehreren Fahrstreifen für eine Richtung dürfen Kraftfahrzeuge von dem Gebot, möglichst weit rechts zu fahren (§ 2 Abs. 2), abweichen, wenn die Verkehrsdichte das rechtfertigt. Fahrstreifen ist der Teil einer Fahrbahn, den ein mehrspuriges Fahrzeug zum ungehinderten Fahren im Verlauf der Fahrbahn benötigt.

(2) Ist der Verkehr so dicht, dass sich auf den Fahrstreifen für eine Richtung Fahrzeugschlangen gebildet haben, so darf rechts schneller als links gefahren werden.

(2 a) Wenn auf der Fahrbahn für eine Richtung eine Fahrzeugschlange auf dem jeweils linken Fahrstreifen steht oder langsam fährt, dürfen Fahrzeuge diese mit geringfügig höherer Geschwindigkeit und mit äußerster Vorsicht rechts überholen.

(3) Innerhalb geschlossener Ortschaften – ausgenommen auf Autobahnen (Zeichen 330) – dürfen Kraftfahrzeuge mit einem zulässigen Gesamtgewicht bis zu 3,5 t auf Fahrbahnen mit mehreren markierten Fahrstreifen für eine Richtung (Zeichen 296 oder 340) den Fahrstreifen frei wählen, auch wenn die Voraussetzungen des Absatzes 1 Satz 1 nicht vorliegen. Dann darf rechts schneller als links gefahren werden.

(4) Ist auf Straßen mit mehreren Fahrstreifen für eine Richtung das durchgehende Befahren eines Fahrstreifens nicht möglich oder endet ein Fahrstreifen, so ist den am Weiterfahren gehinderten Fahrzeugen der Übergang auf den benachbarten Fahrstreifen in der Weise zu ermöglichen, dass sich diese Fahrzeuge unmittelbar vor Beginn der Verengung jeweils im Wechsel nach einem auf dem durchgehenden Fahrstreifen fahrenden Fahrzeug einordnen können (Reißverschlussverfahren).

(5) In allen Fällen darf ein Fahrstreifen nur gewechselt werden, wenn eine Gefährdung anderer Verkehrsteilnehmer ausgeschlossen ist. jeder Fahrstreifenwechsel ist rechtzeitig und deutlich anzukündigen; dabei sind die Fahrtrichtungsanzeiger zu benutzen.

VwV zu § 7 Benutzung von Fahrstreifen durch Kraftfahrzeuge

Zu den Absätzen 1 bis 3

1 I. Ist auf einer Straße auch nur zu gewissen Tageszeiten mit so dichtem Verkehr zu rechnen, dass Kraftfahrzeuge vom Rechtsfahrgebot abweichen dürfen oder mit Nebeneinanderfahren zu rechnen ist, empfiehlt es sich, die für den gleichgerichteten Verkehr bestimmten Fahrstreifen einzeln durch Leitlinien (Z. 340) zu markieren. Die Fahrstreifen müssen so breit sein, dass sicher nebeneinander gefahren werden kann.

2 II. Wo auf einer Straße mit mehreren Fahrstreifen für eine Richtung wegen ihrer baulichen Beschaffenheit nicht mehr wie bisher nebeneinander gefahren werden kann, ist durch geeignete Markierungen, Leiteinrichtungen, Hinweistafeln oder dergleichen zu zeigen, welcher Fahrstreifen endet. Auf Straßen mit schnellem Verkehr ist zu prüfen, ob eine Geschwindigkeitsbeschränkung erforderlich ist.

Zu Absatz 3

3 Werden innerhalb geschlossener Ortschaften auf Straßen mit mehreren Fahrstreifen für eine Richtung Leitlinien markiert, so ist anzustreben, dass die Anzahl der dem geradeausfahrenden Verkehr zur Verfügung stehenden Fahrstreifen im Bereich von Kreuzungen und Einmündungen nicht dadurch verringert wird, dass ein Fahrstreifen durch einen Pfeil auf der Fahrbahn (Z. 297) nur einem abbiegenden Verkehrsstrom zugewiesen wird. Wenn das Abbiegen zugelassen werden muss, besondere Fahrstreifen für Abbieger aber nicht zur Verfügung stehen, so kommt unter Umständen die Anbringung kombinierter Pfeile, z. B. Geradeaus/Links, in Frage.

1 Aus der amtlichen Begründung

1.1 Die Erlaubnis, **gestaffelt** zu fahren, macht das Rechtsüberholen nicht zulässig. Vielmehr muss der links Fahrende nach rechts einscheren, um dem Nachfolgenden das Überholen zu ermöglichen. (Begr. 1970 zum damaligen § 2).

1.2 In den Fällen des Absatzes 2 muss der Verkehr so dicht sein, dass sämtliche Fahrstreifen für eine Richtung, auch Überholstreifen, befahren werden. Fahrzeugschlangen entstehen, wenn die Kraftfahrzeuge auf den nebeneinander liegenden Fahrstreifen für dieselbe Richtung mit einem Abstand, der nicht wesentlich größer ist als der erforderliche Sicherheitsabstand, hintereinander fahren, so dass die Geschwindigkeit der nachfolgenden Fahrzeuge von der des Vorausfahrenden abhängt. Verboten ist das „Springen" von Reihe zu Reihe (Begr. 1970).

1.3 § 7 Abs. 3 („stay in lane") gilt nicht außerhalb geschlossener Ortschaften. Angesichts der hohen Geschwindigkeitsdifferenzen von manchmal 100 km/h wäre es äußerst gefährlich, wenn Kraftfahrer einmal links und dann wieder rechts überholt würden. Bei allen Arten des Nebeneinanderfahrens muss eine Gefährdung anderer Verkehrsteilnehmer ausgeschlossen sein (Begr. 1975).

1.4 Die zulässigen Abweichungen vom Rechtsfahrgebot und die freie Fahrstreifenwahl innerhalb geschlossener Ortschaften werden auf alle Arten von Kraftfahrzeugen ausgedehnt. Durch die Formulierung, dass die linke Fahrzeugschlange „steht oder langsam fährt" wird deutlich, dass es sich um eine Geschwindigkeit handeln muss, die – auch auf Autobahnen – sich dem stehenden Verkehr nähert, jedenfalls aber deutlich unterhalb von 60 km/h liegen muss. Das Gefährdungsverbot (§ 5 Abs. 5) gilt auch beim Fahrstreifenwechsel im Zusammenhang mit dem Reißverschlussverfahren (Begr. 1988).

1.5 Das Reißverschlussverfahren soll unmittelbar am Beginn der Engstelle praktiziert werden (Begr. 2000).

2 Erläuterungen

Durch die Regelung des Fahrens in Fahrstreifen (§§ 7, 42 Abs. 6 Nr. 1 StVO) wird ein in der Praxis eingeführtes Fahrverhalten geregelt und eine zur besseren Ausnutzung des Verkehrsraumes bestimmte Ordnung vorgegeben.

2.1 Verkehrsdichte

Abs. 1 enthält eine Abweichung vom Rechtsfahrgebot. Eine das Nebeneinanderfahren zulassende Verkehrsdichte liegt vor, wenn das Rechtseinordnen nach einem Überholverbot kurz nachher erneut zum Überholen nötigen würde (zähflüssiger Verkehr). Die nur außerorts geltende Regelung, dass bei 3 Fahrstreifen je Richtung der mittlere durchgängig befahren werden darf, wenn rechts hin und wieder ein Fahrzeug hält oder fährt (§ 42 Abs. 6 Nr. 1 d Satz 1), ist zwar ebenfalls eine Abweichung vom Rechtsfahrgebot, erfordert aber noch keine „Verkehrsdichte".

**Rechtsüberholen von Fahrzeugschlangen
auf dreistreifigen Richtungsfahrbahnen**

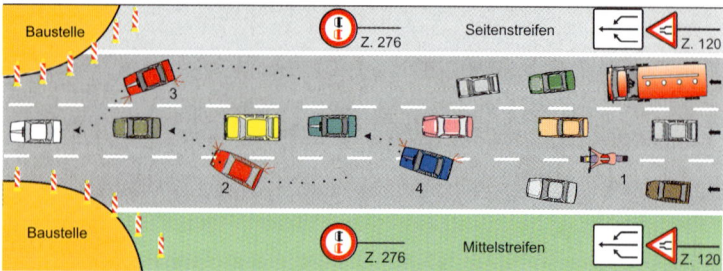

Haben sich auf einer Fahrbahn mit 3 Fahrstreifen Fahrzeugschlangen gebildet, darf jeweils die rechte Kolonne schneller als die linke fahren (Abweichung vom Rechtsüberholverbot – § 7 Abs. 2). Sind die jeweils linken Fahrzeugschlangen schneller als die rechte, liegt der Regelfall des (zulässigen) Linksüberholens vor (§ 5 Abs. 1). Motorradfahrer 1 darf hingegen (als Einzelfahrer) die linke Kolonne nicht rechts überholen. Er kann sich nicht auf § 7 Abs. 2a berufen, weil der von ihm genutzte Fahrraum keinen „Fahrstreifen" i.S.d. § 7 Abs. 1 Satz 2 bildet (OLG Düsseldorf VerkMitt 1990, Nr. 94). Auch das Überholen der rechten Fahrzeugschlange verbietet sich für ihn wegen der unklaren Verkehrslage infolge geringer Seitenabstände und der Gefahr nach rechts ausscherender KFZ (§ 5 Abs. 3 Nr. 1).

Wird durch Z. 276 das Überholen verboten, gilt das Verbot ab dem Schild für das Rechts- und Linksüberholen (BayObLG VerkMitt 1996, Nr. 51). Keine der Fahrzeugschlangen darf dann mehr schneller als die andere sein. KFZ 2 und 3 überholen deshalb die mittlere Kolonne unzulässig. Durch das Überholverbot soll der vordere Stauraum vor der Baustelle freigehalten und der Verkehr veranlasst werden, sich schon vorher nach dem Reißverschlussprinzip (§ 7 Abs. 4) aus der Bewegung heraus wechselseitig einzuordnen (z.B. KFZ 4). Hilfreich sind in diesem Fall weit vorher aufgestellte Verkehrslenkungstafeln.

2.2 Fahrzeugschlangen

Abs. 2 enthält eine Abweichung vom Rechtsfahr- und Linksüberholgebot. Es müssen mindestens zwei Fahrstreifen (je etwa 3 m – markiert oder unmarkiert) vorhanden sein. Eine Fahrzeugschlange erfordert mehr als zähflüssigen Verkehr und mehr als fünf Fahrzeuge hintereinander, die infolge des geringen Tempos mit verminderten Sicherheitsabständen fahren. Ein Überholverbot nach Z. 276, 277 muss auch von der rechten Fahrzeugschlange beachtet werden, weil der Begriff „rechts schneller als links" als Überholen verstanden wird. Die gegenteilige Auffassung von Booß (StVO 3. Aufl. Anm. 2 zu § 7), den der Begriff aus Art. 11 Abs. 6 WÜ ableitet, ist heute nicht mehr aktuell.

2.3 Rechtsüberholen linker Fahrzeugkolonnen

Die Abweichung vom Rechtsüberholverbot für Einzelfahrzeuge nach Abs. 2a setzt eine Fahrzeugschlange auf dem linken Fahrstreifen voraus. Die Regelung gilt inner- und außerorts (auch auf BAB) für Einzelfahrzeuge, die linke Fahrzeugschlangen auf einem rechten (freien) Fahrstreifen rechts überholen, sei es um eine vor der Engstelle vorhandene Ausfahrt zu nutzen oder bis zur Engstelle aufzuschließen, um sich dort nach den Regeln des Reißverschlussverfahrens nach links einzuordnen. Liegen jedoch die Voraussetzungen der „freien Fahrstreifenwahl" vor, richtet sich das Rechtsüberholen einer linken Fahrzeugkolonne nach § 7 Abs. 3 und nicht nach § 7 Abs. 2a (OLG Hamm NZV 2000, 85). Handelt es sich nicht um ein Einzelfahrzeug,

Rechtsüberholen einer linken Fahrzeugkolonne außerorts

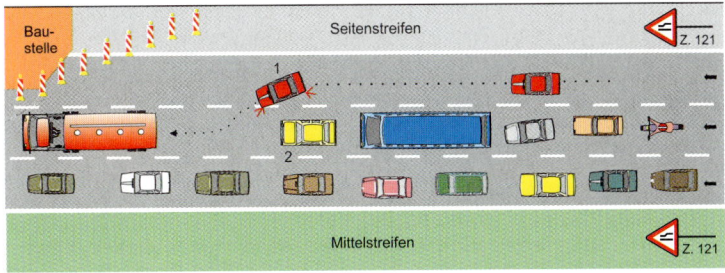

Wenn auf der Fahrbahn für eine Richtung eine Fahrzeugschlange auf dem jeweils linken Fahrstreifen steht oder „langsam" fährt, darf diese mit geringfügig höherer Geschwindigkeit und äußerster Vorsicht rechts überholt werden (§ 7 Abs. 2a). KFZ 1 darf deshalb die links von ihm befindliche Fahrzeugschlange mit einer Differenzgeschwindigkeit von max. 20 km/h überholen. Fährt die Kolonne mit 30 km/h, darf KFZ 1 mit 50 km/h überholen; fährt sie 55 km/h, darf die Differenzgeschwindigkeit max. 75 km/h nicht übersteigen. Fährt die Kolonne hingegen schneller als 60 km/h, liegen die Voraussetzungen des § 7 Abs. 2a („langsam fährt") nicht mehr vor, so dass nicht mehr rechts überholt werden darf (§ 5 Abs. 1). Das gilt auch auf Autobahnen. Beim Überwechseln auf den linken Fahrstreifen darf sich KFZ 1 nicht hineindrängeln, das KFZ 2 somit nicht gefährden (§ 7 Abs. 5).

---

sondern um eine Kolonne, so gilt die Regelung aus § 7 Abs. 2. Auf der gesamten Überholstrecke muss vorsichtig gefahren werden, um der Gefahr nach rechts ausscherender KFZ begegnen zu können. Deshalb darf die Differenzgeschwindigkeit zwischen der Fahrzeugschlange und dem Einzelfahrzeug nach den von der Rechtsprechung entwickelten Grundsätzen (BGH VRS 35, 141) höchstens 20 km/h betragen. Wegen der Unfallträchtigkeit des Verkehrsvorganges ist die Überholmöglichkeit auf eine Geschwindigkeit der Fahrzeugschlange von max. 60 km/h begrenzt, d. h. fährt die Kolonne schneller als 60 km/h, darf nicht mehr überholt werden. Durch Einordnungstafeln und Überholverbote (Z. 276) mit einschränkenden Zusatzschildern (z. B. „Ausfahrtverkehr frei") kann an die Kraftfahrer „appelliert" werden, den Stauraum für den ausfahrenden Verkehr freizuhalten.

2.4 Befahren von Anschlussstellen

Vor allem an Anschlussstellen von Autobahnen und ähnlichen Knotenpunkten, bei denen Fahrstreifen von durchgehenden Fahrbahnen abgehen, darf im „Vorsortierraum" vom Beginn der breiten Leitlinie rechts schneller als auf der durchgehenden Fahrbahn gefahren werden (§ 42 Abs. 6 Nr. 1f Satz 1). Voraussetzung ist allerdings, dass dann der Richtung der Vorwegweiser gefolgt wird; andernfalls liegt verbotswidriges Rechtsüberholen vor (OLG Düsseldorf VRS 88, 467). Da auf Verzögerungsstreifen nicht rechts überholt werden darf, handelt es sich vor solchen Anschlussstellen um die verbreiterte Fahrbahn der Hauptstrecke, bei der ein Teil durch Leitlinien in Breitstrich („Blockmarkierungen") und meist kombinierte Wegweiser mit Pfeilen gekennzeichnet ist. Da eine Vorsortierung stattfindet, darf dort rechts überholt werden. Dies gilt unabhängig von der Verkehrsdichte und der Fahrgeschwindigkeit auf dem durchgehenden Teil der Fahrbahn. Beachtet werden muss allerdings, dass sich Kraftfahrer plötzlich nach rechts einordnen können, um der abgehenden Richtung zu folgen; beim Rechtsüberholen ist deshalb vorsichtig und nur angemessen schnell zu fahren.

2.5 Freie Fahrstreifenwahl

Die freie Fahrstreifenwahl setzt markierte Fahrstreifen voraus; sie gilt nur innerorts und nicht auf Autobahnen (auch nicht auf innerörtlichen Autobahnen, selbst wenn diese im Tempo durch Z. 274 beschränkt sind). Damit sich die freie Fahrstreifenwahl nicht zu Lasten des rechts verbleibenden Verkehrs auswirkt, darf auf dem rechten Fahrstreifen auch dann schneller als links gefahren werden, wenn es sich um nicht zur Fahrstreifenwahl zugelassene Fahrzeuge handelt (Radfahrer oder KFZ über 3,5 t).

2.6 Reißverschlussverfahren

Das Verfahren gilt nicht nur bei Fahrbahnverengungen oder endenden Fahrstreifen, sondern auch bei Behinderung des Verkehrs durch parkende Fahrzeuge (KG VRS 54, 215) oder beim Ausweichen vor liegen gebliebenen Fahrzeugen (KG VerkMitt 1990 Nr. 118). Das Verfahren beginnt auf dem freien Fahrstreifen **unmittelbar** vor der Engstelle; das von dort kommende Fahrzeug fährt zuerst (KG VerkMitt 1980 Nr. 27 = VRS 57/321), doch muss der Berechtigte auf diesen Vorrang verzichten, wenn er erkennbar nicht beachtet wird (KG VRS 68, 339 = VersR 1986, 60). Um einen zu frühen Fahrstreifenwechsel zu begegnen, kann das Zusatzschild „Reißverschluss erst in ... m" vor der Engstelle aufgestellt werden (VkBl. 2001, S. 47). Das Reißverschlussverfahren bedeutet keinen schematischen Wechsel; mehrere Fahrzeuge dürfen ohne vom anderen Fahrstreifen her in ihrer Reihe unterbrochen zu werden, weiterfahren, wenn dadurch der Verkehrsraum hinter der Engstelle besser ausgenutzt wird, z. B. PKW – LKW (KG VRS 54, 217). Bei trichterförmiger Verengung der Fahrbahn nach links hat der Fahrer auf dem linken Fahrstreifen Vorrang vor dem Fahrer auf dem rechten (OLG Stuttgart VRS 64, 296 = ZfS 83, 288). Das Reißverschlussverfahren ist nicht bußgeldbewehrt.

Reißverschlussverfahren

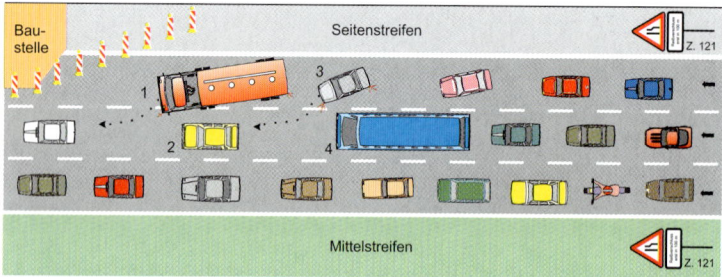

Beim Reißverschlussverfahren gilt nicht die Verpflichtung zum „rechtzeitigen" Einordnen wie beim Abbiegen nach § 9 Abs. 1. Zur Ausnutzung des Stauraumes ist vielmehr bis unmittelbar zur Engstelle vorzufahren und sich dort wechselseitig einzuordnen (§ 7 Abs. 4). Das Reißverschlussverfahren ist nur zwischen den Kolonnen des rechten und mittleren Fahrstreifens in der Fahrfolge der KFZ 1–2–3–4 zu vollziehen. Die auf der äußersten linken Spur befindliche Kolonne muss allerdings mit dem Einfädeln von Fahrzeugen aus der mittleren Spur rechnen und darf deshalb nur vorsichtig fahren.

Obwohl Verstöße gegen das Reißverschlussverfahren keine Ordnungswidrigkeiten sind, muss beim Einfädeln der Grundsatz der gegenseitigen Rücksichtnahme beachtet werden (§ 1 Abs. 1). Hat z.B. KFZ 1 bereits mit dem Einfädeln nach links begonnen und schließt nunmehr KFZ 2 gezielt nach vorn auf, um KFZ 1 nicht vor ihm in die Spur zu lassen, begeht KFZ 2 eine Behinderung (§ 1 Abs. 2). Drängelt sich KFZ 1 dennoch in die Lücke, so dass KFZ 2 stärker bremsen muss, verstößt KFZ 2 gegen das Gefährdungsverbot beim Fahrstreifenwechsel (§ 7 Abs. 5).

Gefährdung beim Fahrstreifenwechsel auf Autobahnen

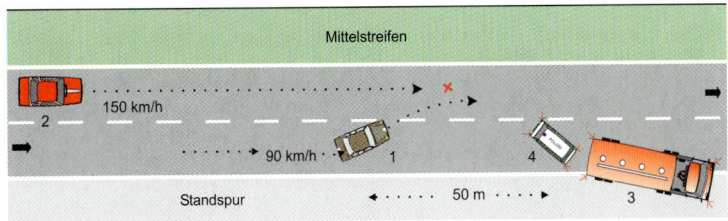

KFZ 1 wechselt mit Tempo 90 km/h vor dem liegengebliebenen LKW 3 und dem sichernden Polizeifahrzeug 4 mit Blaulicht auf den linken Fahrstreifen der Autobahn über. KFZ 1 kann nicht darauf vertrauen, dass KFZ 2 seine Geschwindigkeit so verringert, dass KFZ 1 gefahrlos nach links ausscheren kann (KG VerkMitt 1990, Nr. 118). Kommt es zum Unfall, haftet KFZ 1 wegen Verletzung des Gefährdungsverbots beim Fahrstreifenwechsel (§ 7 Abs. 5 i.V.m. § 1 Abs. 1 und § 6). KFZ 2 fährt mit 150 km/h auf die „Überholspur" auf das Hindernis zu. KFZ 2 kann ebenfalls nicht darauf vertrauen, dass KFZ 1 noch vor dem LKW abbremst. KFZ 2 muss vielmehr damit rechnen, dass KFZ 1 infolge der geringen Entfernung noch vor dem Hindernis die Spur wechselt und „vorbeifährt". Blaulicht allein verpflichtet die Kraftfahrer nicht zur „freien Bahn" (§ 38 Abs. 2), legt ihnen aber gesteigerte Sorgfaltspflichten auf. KFZ 2 muss deshalb sein Tempo so verringern (mindestens auf Richtgeschwindigkeit), dass ein Auffahrunfall vermieden wird (BGH NJW 1992, 1684). Kommt es zum Unfall, kann KFZ 2 wegen nicht angepasster Geschwindigkeit zur Verantwortung gezogen werden (§ 3 Abs. 1 i.V.m. § 1 Abs. 2).

2.7 Fahrstreifenwechsel

Jede Gefährdung muss ausgeschlossen sein, nicht aber jede Behinderung, weil andernfalls kaum ein Fahrstreifenwechsel möglich wäre (Grundsatz der Subsidiarität). Andererseits ist ein Fahrstreifenwechsel nicht bereits strafbare Nötigung (§ 240 StGB), wenn sich der Fahrer verkehrswidrig in die Lücke einer stehenden oder langsam fahrenden Fahrzeugschlange hinein drängelt, selbst wenn ein Auffahrunfall nur durch eine Vollbremsung vermieden werden kann (OLG Köln VRS 98, 124). Auf Fahrstreifen mit Fahrzeugschlangen muss der Hintermann den angekündigten Fahrstreifenwechsel jedenfalls dann ermöglichen, wenn ein berechtigter Grund erkennbar ist (BayObLG DAR 1973, 166 = VRS 44, 453; vgl. § 11 StVO). Die besondere Sorgfaltspflicht nach § 7 Abs. 5 gilt auch bei der Vorbeifahrt an liegen gebliebenen Fahrzeugen z. B. auf der Autobahn (KG VerkMitt 1990 Nr. 118). Auf die Beachtung des § 7 Abs. 5 (rechtzeitige und deutliche Ankündigung des Fahrstreifenwechsels) dürfen die anderen Fahrer vertrauen (BayObLG VerkMitt 1985 Nr. 20 = DAR 1985, 88; KG VerkMitt 1988 Nr. 50). Die gesteigerte Sorgfaltspflicht hängt nicht von der Markierung der Fahrstreifen ab (OLG Düsseldorf VRS 74, 216).

Wer die Richtgeschwindigkeit überschreitet, haftet zu 20 % bei einem Unfall durch fehlerhaften Fahrstreifenwechsel eines anderen, wenn der Unfall bei Einhaltung der Richtgeschwindigkeit (130 km/h) vermieden worden wäre (OLG Hamm NZV 1995, 194). Beim Rechtsabbiegen von einer mehrstreifigen in eine zweistreifige rechts abgehende Fahrbahn liegt im Verhältnis zwischen einem aus dem rechten und dem zweiten Fahrstreifen Abbiegenden im Einmündungsbereich kein Fahrstreifenwechsel vor. Der aus dem rechten Fahrstreifen Abbiegende hat selbst dann Vorrang aus § 9 Abs. 1 Satz 2, wenn er an der Einmündung vom rechten Fahrstreifen der Hauptfahrbahn in den linken Fahrstreifen der rechts abgehenden Straße überwechselt.

3 Hinweise

3.1 Nebeneinander fahren von Radfahrern: § 2 Abs. 4; Nebeneinander fahren vor Kreuzungen und Einmündungen mit Regelung durch Lichtzeichen: § 37 Abs. 4, einschließlich der Dauerlichtzeichen; Nebeneinander fahren an Stellen, wo Pfeile das Einordnen regeln: § 41 Abs. 3 Nr. 5 (Zeichen 297); Einordnen auf Fahrstreifen an BAB-Kreuzen/Dreiecken: § 42 Abs. 6 Nr. 1 f; Beschleunigungsstreifen: § 42 Abs. 6 Nr. 1 e; auf 3-streifigen Außerortsstraßen: § 42 Abs. 6 Nr. 1 d.

3.2 Rechtsüberholen von Fahrzeugen, die sich auf dem linken Fahrstreifen zum Abbiegen eingeordnet haben: § 5 Abs. 7 S. 1; Rechtsüberholen von Schienenfahrzeugen mit Gleisen links oder in der Mitte: § 5 Abs. 7 Satz 2; Einordnen zum Linksabbiegen auf Gleisen: § 9 Abs. 1 Satz 3.

4 Varianten von Zeichen für das Einordnen

Zusatzschild zur Einengungstafel (Z. 531 ff. StVO) nach VkBl. 2001, S. 47[1]

---

1 „ . . . Häufig ordnet sich ein Großteil der Fahrzeugführer sehr frühzeitig, teilweise mehrere 100 m vor dem Ende eines Fahrstreifens auf dem durchgehenden Fahrstreifen ein, während nur wenige Fahrzeugführer bis zum Ende des Fahrstreifens durchzufahren, um sich dann – vorschriftenkonform – in den Verkehr auf dem durchgehenden Fahrstreifen einzuordnen. Dieses Verfahren wird häufig von denjenigen Fahrzeugführern, die sich frühzeitig auf dem durchgehenden Fahrstreifen eingeordnet haben, als unsozial empfunden mit der Folge, dass sie die (am Fahrstreifenende) einscherenden Fahrzeuge behindern und nur erschwert einscheren lassen.

Um das Verhalten der Verkehrsteilnehmer positiv im Sinn der Einhaltung des § 7 Abs. 4 zu beeinflussen, erscheint die Verwendung eines Zusatzschildes mit den Worten „Reißverschluss erst in ... m" unter der Einengungstafel (Z. 531 ff. StVO) sinnvoll; dies gilt vor allem bei Autobahn-Baustellen mit Verengung auf einen Fahrstreifen. ..."

§ 8 Vorfahrt

(1) An Kreuzungen und Einmündungen hat die Vorfahrt, wer von rechts kommt. Das gilt nicht,

1. wenn die Vorfahrt durch Verkehrszeichen besonders geregelt ist (Zeichen 205, 206, 301, 306) oder

2. für Fahrzeuge, die aus einem Feld- oder Waldweg auf eine andere Straße kommen.

(2) Wer die Vorfahrt zu beachten hat, muss rechtzeitig durch sein Fahrverhalten, insbesondere durch mäßige Geschwindigkeit, erkennen lassen, dass er warten wird. Er darf nur weiterfahren, wenn er übersehen kann, dass er den, der die Vorfahrt hat, weder gefährdet noch wesentlich behindert. Kann er das nicht übersehen, weil die Straßenstelle unübersichtlich ist, so darf er sich vorsichtig in die Kreuzung oder Einmündung hineintasten, bis er die Übersicht hat. Auch wenn der, der die Vorfahrt hat, in die andere Straße abbiegt, darf ihn der Wartepflichtige nicht wesentlich behindern.

VwV zu § 8 Vorfahrt

Zu Absatz 1

Verkehrsregelung an Kreuzungen und Einmündungen

1　I. 1. Kreuzungen und Einmündungen sollten auch für den Ortsfremden erkennbar sein. Wünschenswert ist es, dass sie schon durch ihre bauliche Beschaffenheit auffallen. Wenn das nicht der Fall ist, sollten bei der Straßenbaubehörde bauliche Veränderungen angeregt werden. Ist eine ausreichende Erkennbarkeit nicht gewährleistet, sollten die zu der Kreuzung oder Einmündung gehörenden Verkehrszeichen (positive und negative Vorfahrtzeichen oder Gefahrzeichen 102 „Kreuzung") in der Regel auf beiden Seiten der Straße und ausnahmsweise auch über der Fahrbahn angebracht werden. Auch ergänzende Maßnahmen, wie Veränderung des Unterbrechungsverhältnisses der Leitlinien in der untergeordneten Straße, verzerrte Wiedergabe der aufgestellten Schilder auf der Fahrbahn (vgl. § 42 Abs. 6 Nr. 3) in ausreichender Entfernung oder eine besondere Beleuchtung können sich empfehlen.

2　2. An schiefwinkligen Kreuzungen und Einmündungen ist zu prüfen, ob für den Wartepflichtigen die Tatsache, dass er an dieser Stelle andere durchfahren lassen muss, deutlich erkennbar ist und ob die Sicht aus dem schräg an der Straße mit Vorfahrt wartenden Fahrzeug ausreicht. Ist das nicht der Fall, so ist mit den Maßnahmen zu Nr. I 1 und II zu helfen; des Öfteren wird es sich empfehlen, bei der Straßenbaubehörde eine Änderung des Kreuzungswinkels anzuregen.

3　II. Die Verkehrsregelung an Kreuzungen und Einmündungen soll so sein, dass es für den Verkehrsteilnehmer möglichst einfach ist, sich richtig zu verhalten. Es dient der Sicherheit, wenn die Regelung dem natürlichen Verhalten des Verkehrsteilnehmers entspricht. Unter diesem Gesichtspunkt sollte, wenn möglich, die Entscheidung darüber getroffen werden, ob an Kreuzungen der Grundsatz „Rechts vor Links" gelten soll oder eine Regelung durch Verkehrszeichen vorzuziehen ist und welche Straße dann die Vorfahrt erhalten soll. Bei jeder Regelung durch Verkehrszeichen ist zu prüfen, ob die Erfassbarkeit der Regelung durch Längsmarkierungen (Mittellinien und Randlinien, die durch retroreflektierende Markierungsknöpfe verdeutlicht werden können) im Verlauf der Straße mit Vorfahrt verbessert werden kann.

4　1. Im Verlauf einer durchgehenden Straße sollte die Regelung stetig sein. Ist eine solche Straße an einer Kreuzung oder Einmündung mit einer Lichtzeichenanlage versehen oder positiv beschildert, so sollte an der nächsten nicht „Rechts vor Links" gelten, wenn nicht der Abstand zwischen den Kreuzungen oder Einmündungen sehr groß ist oder der Charakter der Straße sich von einer Kreuzung oder Einmündung zur anderen grundlegend ändert.

5 2. Einmündungen von rechts sollte die Vorfahrt grundsätzlich genommen werden. Nur wenn beide Straßen überwiegend dem Anliegerverkehr dienen (z. B. Wohnstraßen) und auf beiden nur geringer Verkehr herrscht, bedarf es nach der Erfahrung einer Vorfahrtbeschilderung nicht.

6 3. An Kreuzungen sollte der Grundsatz „Rechts vor Links" nur gelten, wenn

a) die kreuzenden Straßen einen annähernd gleichen Querschnitt und annähernd gleiche, geringe Verkehrsbedeutung haben,

b) keine der Straßen, etwa durch Straßenbahngleise, Baumreihen, durchgehende Straßenbeleuchtung, ihrem ortsfremden Benutzer den Eindruck geben kann, er befinde sich auf der wichtigeren Straße,

c) die Sichtweite nach rechts aus allen Kreuzungszufahrten etwa gleich groß ist und

d) in keiner der Straßen in Fahrstreifen nebeneinander gefahren wird.

7 4. Müsste wegen des Grundsatzes der Stetigkeit die Regelung „Rechts vor Links" für einen ganzen Straßenzug aufgegeben werden, weil für eine einzige Kreuzung eine solche Regelung nach nicht in Frage kommt, so ist zu prüfen, ob nicht die hindernde Eigenart dieser Kreuzung, z. B. durch Angleichung der Sichtweiten, beseitigt werden kann.

8 5. Der Grundsatz „Rechts vor Links" sollte außerhalb geschlossener Ortschaften nur für Kreuzungen und Einmündungen im Verlauf von Straßen mit ganz geringer Verkehrsbedeutung gelten.

9 6. Scheidet die Regelung „Rechts vor Links" aus, so ist die Frage, welcher Straße die Vorfahrt zu geben ist, unter Berücksichtigung des Straßencharakters, der Verkehrsbelastung, der übergeordneten Verkehrslenkung und des optischen Eindrucks der Straßenbenutzer zu entscheiden. Keinesfalls darf die amtliche Klassifizierung der Straßen entscheidend sein.

10 a) Ist eine der beiden Straßen eine Vorfahrtstraße oder sind auf einer der beiden Straßen die benachbarten Kreuzungen positiv beschildert, so sollte in der Regel diese Straße die Vorfahrt erhalten. Davon sollte nur abgewichen werden, wenn die Verkehrsbelastung der anderen Straße wesentlich stärker ist oder wenn diese wegen ihrer baulichen Beschaffenheit dem, der sie befährt, den Eindruck vermitteln kann, er befände sich auf der wichtigeren Straße (z. B. Straßen mit Mittelstreifen oder mit breiter Fahrbahn oder mit Straßenbahngleisen).

11 b) Sind beide Straßen Vorfahrtstraßen oder sind auf beiden Straßen die benachbarten Kreuzungen positiv beschildert, so sollte der optische Eindruck, den der Fahrer von der von ihnen befahrenen Straße haben, für die Wahl der Vorfahrt wichtiger sein als die Verkehrsbelastung.

12 c) Wird entgegen diesen Grundsätzen entschieden oder sind aus anderen Gründen Missverständnisse über die Vorfahrt zu befürchten, so muss die Wartepflicht entweder besonders deutlich gemacht werden (z. B. durch Markierung, mehrfach wiederholte Beschilderung), oder es sind Lichtzeichenanlagen anzubringen. Erforderlichenfalls sind bei der Straßenbaubehörde bauliche Maßnahmen anzuregen.

13 7. Bei Kreuzungen mit mehr als 4 Zufahrten ist zu prüfen, ob nicht einzelne Kreuzungszufahrten verlegt oder gesperrt werden können. In anderen Fällen kann die Einrichtung von der Kreuzung wegführender Einbahnstraßen in Betracht kommen.

14 8. Bei der Vorfahrtregelung sind die Interessen der öffentlichen Verkehrsmittel besonders zu berücksichtigen; wenn es mit den unter Rn. 9 dargelegten Grundsätzen vereinbar ist, sollten diejenigen Kreuzungszufahrten Vorfahrt erhalten, in denen öffentliche Verkehrsmittel linienmäßig verkehren. Kann einer Straße, auf der eine Schienenbahn verkehrt, die Vorfahrt durch Verkehrszeichen nicht gegeben werden, so ist eine Regelung durch Lichtzeichen erforderlich; keinesfalls darf auf einer solchen Kreuzung die Regel „Rechts vor Links" gelten.

15 III. 1. Als Vorfahrtstraßen sollen nur Straßen gekennzeichnet sein, die über eine längere Strecke die Vorfahrt haben und an zahlreichen Kreuzungen bevorrechtigt sind. Dann sollte die Straße solange Vorfahrtstraße bleiben, wie sich das Erscheinungsbild der Straße und ihre Verkehrsbedeutung nicht ändern. Bei der Auswahl von Vorfahrtstraßen ist der Blick auf das gesamte Straßennetz besonders wichtig.

16 a) Bundesstraßen, auch in ihren Ortsdurchfahrten, sind in aller Regel als Vorfahrtstraßen zu kennzeichnen.

17 b) Innerhalb geschlossener Ortschaften gilt das auch für sonstige Straßen mit durchgehendem Verkehr.

18 c) Außerhalb geschlossener Ortschaften sollten alle Straßen mit erheblicherem Verkehr Vorfahrtstraßen werden.

19 2. Im Interesse der Verkehrssicherheit sollten im Zuge von Vorfahrtstraßen außerhalb geschlossener Ortschaften Linksabbiegestreifen angelegt werden, auch wenn der abbiegende Verkehr nicht stark ist. Linksabbiegestreifen sind umso dringlicher, je schneller die Straße befahren wird.

20 3. Über die Beschilderung von Kreuzungen und Einmündungen vgl. Nr. VII zu den Z. 205 und 206 (Rn. 11 ff.), von Vorfahrtstraßen vgl. zu den Z. 306 und 307, von Bundes- und Europastraßen vgl. zu den Z. 401 und 410.

21 IV. Über die Verkehrsregelung durch Polizeibeamte und Lichtzeichen vgl. zu § 36 Abs. 2 und 4; Rn. 3 ff. sowie Nr. IV zu den Nr. 1 und 2 zu § 37 Abs. 2; Rn. 12.

1 Aus der amtlichen Begründung

1.1 Je später sich Fahrzeugführer sehen können, umso geringer muss die Geschwindigkeit des Wartepflichtigen sein. Unzulässig ist forsches Heranfahren an die Kreuzung, um erst auf den letzten Metern scharf zu bremsen. Andererseits ist dem Vorfahrtberechtigten zuzumuten, auch einmal zu Gunsten eines Wartepflichtigen den Fuß vom Gashebel zu nehmen. Für die Vorfahrt ist unwesentlich, ob sich der Vorfahrtberechtigte auf der richtigen oder der falschen Straßenseite bewegt oder eine angemessene Geschwindigkeit einhält. Fehlschätzungen des Wartepflichtigen gehen zu dessen Lasten (Begr. 1970).

1.2 Die Vorschriften über die Vorfahrt gelten nur für Fahrzeuge. Im Verhältnis von Fußgängern mit Fahrzeugen auf der Fahrbahn und Kraftfahrern gilt an Kreuzungen und Einmündungen gegenseitige Verständigung (Begr. 1988).

2 Erläuterungen

2.1 Kreuzungen und Einmündungen

Die Vorfahrtregeln beziehen sich nur auf Kreuzungen und Einmündungen („Knotenpunkte"), bei Autobahnen und Kraftfahrstraßen auf die durchgehende Fahrbahn (§ 18 Abs. 3). Bei Zufahrten zu Fußgängerzonen, verkehrsberuhigten Gebieten, Parkplätzen und sonstigen Straßenteilen gilt § 10. Bei einer **Kreuzung** schneiden sich zwei oder mehrere Straßen aus verschiedenen Richtungen in der Weise, dass jede über den Schnittpunkt hinaus fortgesetzt wird. Bei einer **Einmündung** führen eine oder mehrere Straßen in eine durchgehende Straße hinein, ohne sich fortzusetzen. Zu den Kreuzungen und Einmündungen gehören die Fahrbahnen, einschließlich der längs verlaufenden Radwege und Straßenbahntrassen (BGH VRS 71, 383). Da Fußgänger mit oder ohne Fortbewegungsmittel (§ 24 Abs. 1) nicht an der Vorfahrt teilnehmen, gehören Gehwege nicht zur Kreuzung, es sei denn sie sind für Fahrzeuge ausdrücklich zugelassen, z.B. gemeinsamer Fußgänger- und Radweg (OLG Karlsruhe DAR 2000, 307). Das gilt im Prinzip auch für Kreuzungen mit Lichtzeichenanlagen (LZA). Sind dort Fußgängerfurten oder Zufahrten in die Signalsteuerung einbezogen, erstreckt sich der Schutzbereich der Kreuzung auch auf diese, d. h. bei Rot ist spätestens vor

Kreuzung

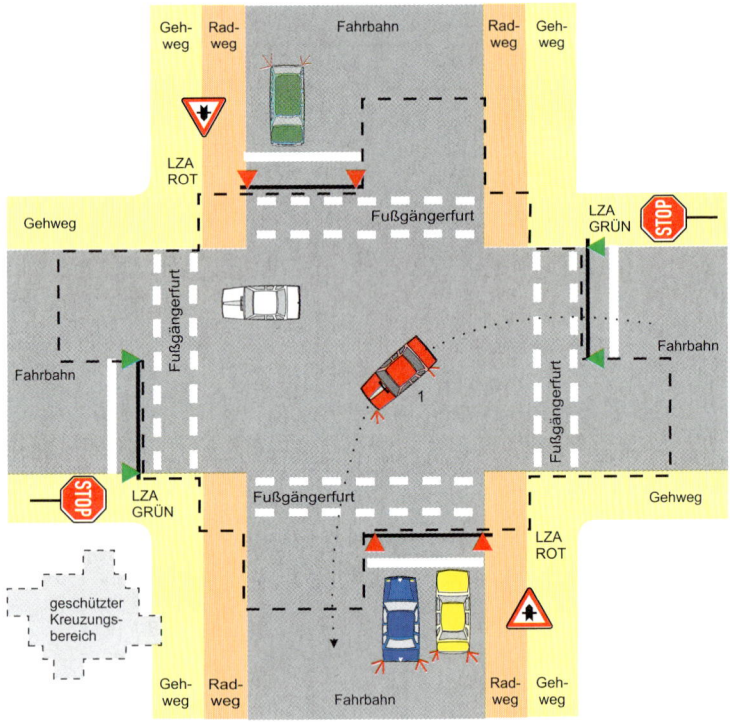

Der Kreuzungsbereich wird durch die Schnittkanten der Straßen bestimmt (BGH VRS 28, 44). Dazu gehören nicht nur die Fahrbahnen, sondern auch sonstige Teile der Straße, auf denen Fahrverkehr stattfindet, z.B. Radwege. Die Gehwege gehören im Allgemeinen nicht dazu, weil sich § 8 nur auf den Fahrverkehr bezieht; das Verhältnis Fußgänger–Fahrverkehr bestimmt sich nach § 25. Da aber auch Kinder mit Fahrrädern Gehwege benutzen dürfen und an der Vorfahrt teilnehmen, zählen auch Gehwege – nur insoweit – zum geschützten Kreuzungsbereich (OLG Karlsruhe NZV 1989, 158 = VRS 76, 390). Ferner gehören dazu die durch Lichtzeichen geschützten Fußgängerfurten, wenn sie räumlich dem Kreuzungsbereich zugeordnet sind. Außerdem bezieht sich die Vorfahrt auch auf die zur Weiterfahrt bestimmten Fahrbahnteile, die der bevorrechtigte Verkehr (KFZ 1) zum Einbiegen benötigt (KG VerkMitt 1984, Nr. 48).

der Furt, i.d.R. an der Haltlinie, anzuhalten. Das gilt auch dann, wenn die Fußgängerfurt durch Rot gesperrt ist (AG Celle VerkMitt 2000 Nr. 26, gegen OLG Celle VRS 94, 139).

Auf die bauliche Ausgestaltung des Knotenpunktes oder auf die Fahrbahnbeschaffenheit kommt es bei der Vorfahrt nicht an; ebenso nicht auf die Straßenbenennung. Auch versetzte Kreuzungen oder Einmündungen mit Aufpflasterungen unterliegen den Vorfahrtregeln, z. B. innerhalb verkehrsberuhigter Bereiche (Z. 325); an der Ausfahrt gilt aber § 10. Bei der Vorfahrt „Rechts vor Links" sind alle Straßen gleichberechtigt; somit besteht kein Unterschied zwischen Haupt- und Nebenstraßen. Die Vorfahrt ist unabhängig vom Ausbauzustand der Straßen. Sie bleibt auch dann bestehen, wenn z. B. ein Kiesweg in eine gepflasterte Straße mündet; es sei denn es handelt sich um einen Feld- oder Waldweg (§ 8 Abs. 1 Nr. 2). Im Zweifelsfall hat sich jeder an die für ihn strengeren Sorgfaltspflichten zu halten. Zu den Kreuzungs- und Einmündungsbereichen gehören auch trichterförmige Ausweitungen (OLG Hamm NZV 1997, 180). In welchem Winkel Straßen aufeinander treffen, ist unerheblich, z. B. rechts im spitzen Winkel einmündende Fahrbahn. Zu weiträumigen Knotenpunkten siehe Erl. 2.1 zu § 9.

2.2 Geltungsbereich

Die **Vorfahrtregeln** gelten, wenn an einer Kreuzung oder Einmündung mindestens zwei Fahrzeuge, die aus verschiedenen Richtungen kommen, sich so zu einander bewegen, dass sich ihre Fahrlinien unter Berücksichtigung der Entfernung und Geschwindigkeit mit Kollisionsgefahr schneiden (BGH NZV 1991, 187). Ist im konkreten Bewegungsablauf hingegen eine Annäherung der Fahrlinien und damit jede mögliche Behinderung ausgeschlossen, liegt kein Vorfahrtfall vor. Ebenso nicht, wenn sich Fahrzeuge mit einer so großen Zeitdifferenz einem Knotenpunkt nähern, dass sie ohne Behinderung aneinander vorbeifahren können.

Die Vorfahrt gilt nur für Fahrzeuge und solchen gleichgestellten Verkehrsteilnehmern, z. B. geschlossene Verbände, Reiter (§§ 27 Abs. 1, 28 Abs. 2). Fußgänger mit und ohne Fortbewegungsmittel nehmen nicht an der Vorfahrt teil, sie müssen warten oder sich mit den Fahrzeugführern verständigen. Gleiches gilt für denjenigen, der ein liegen gebliebenes Fahrzeug schiebt.

Für die Vorfahrt kommt es nicht darauf an, wohin der Kraftfahrer fahren will, sondern woher er kommt. Vorfahrt besteht deshalb auch beim Rechts- oder Linksabbiegen. Die Vorfahrt betrifft nur den fließenden Fahrzeugverkehr, wobei kurzes Anhalten zur Prüfung der Verkehrslage („Warten") den Fahrer nicht von der Vorfahrtregelung ausschließt. Gegenüber dem **ruhenden Verkehr** besteht keine Vorfahrt, z. B. nicht zu einem in die Kreuzung hinein ragenden falsch geparkten KFZ. Zum **vorfahrtberechtigten** Straßenteil gehört auch die Fläche, die vom abbiegenden Verkehr bis zum vollständigen Eingliedern in den Querverkehr benötigt wird (KG DAR 1978, 20; OLG Köln VRS 94, 249). Infolgedessen ist ein Vorfahrtfall erst dann beendet, wenn sich die Fahrzeuge wieder in einem solchen Abstand befinden, dass eine Gefährdung nicht mehr besteht. Die Vorfahrt bezieht sich nicht auf Straßenteile, die für den Fahrzeugverkehr gesperrt sind oder nicht von ihm benutzt werden dürfen (BGH NJW 19982, 334). Dementsprechend nimmt ein von links kommender Radfahrer auf einem Gehweg nicht an der Vorfahrt teil, wohl aber ein 8-jähriges Rad fahrendes Kind bei zulässiger Benutzung des Gehwegs (BayObLG VRS 71, 304); hier sind auch § 2 Abs. 5 und § 3 Abs. 2a zu beachten (OLG Hamm VRS 98, 327).

2.3 Wartepflicht

Die Vorfahrt ist demjenigen einzuräumen, der von rechts kommt. Der Wartepflichtige darf dabei den Vorfahrtberechtigten weder gefährden noch wesentlich behindern. Er muss mit mäßiger Geschwindigkeit an den Knotenpunkt heranfahren und darf erst dann in den Kreuzungsbreich einfahren, wenn jede Beeinträchtigung eines sich nähernden Vorfahrtberechtigten ausgeschlossen ist. Mäßige Geschwindigkeit bedeutet, Anhalten ohne scharfes Bremsen (OLG Düsseldorf VRS 75, 223). Durch die Fahrweise dürfen keine Zweifel an der Beachtung der Vorfahrt entstehen (OLG Hamm DAR 2000, 63 = NZV 2000, 178). Fährt der Wartepflichtige zu schnell heran, liegt ein Verstoß nach § 3 Abs. 1 in Tateinheit mit § 8 Abs. 2 Satz 2 vor, wenn es dabei zu einer konkreten Behinderung kommt (die Behinderung des § 1 Abs. 2 ist bereits in § 8 Abs. 2 Satz 2 einbezogen). **Fehlschätzungen** der Annäherungsgeschwindigkeit gehen zu Lasten des Wartepflichtigen (BGH VersR 1964, 619; BayObLG DAR 1975, 277; OLG Köln MDR 1975, 935). Kann der Wartepflichtige die Kreuzung nicht übersehen, darf er sich hineintasten, bis er **Sicht** hat. „Hineintasten" bedeutet zentimeterweises Vorwärtsbewegen mit mehrfachen Stopps, nicht dagegen Vorrollen über die Schnittkante der bevorrechtigten Straße und Blockierung der Fahrlinie des bevorrechtigten Verkehrs (KG NZV 2000, 377).

Ob der Vorfahrtberechtigte vorschriftsmäßig fährt, ist für den Wartepflichtigen unwesentlich. Vorfahrt hat deshalb auch, wer gegen das Rechtsfahrgebot verstößt (OLG Jena DAR 2000, 570), gegen ein Überholverbot verstößt, falsch einbiegt, die beabsichtigte Änderung der Fahrtrichtung nicht anzeigt (BGH DAR 1966, 23 = VkBl 1966, 65 = VRS 30, 26), unbeschadet der Verpflichtung aus § 9 Abs. 5 rückwärts fährt (OLG Düsseldorf DAR 1984, 123), die Geschwindigkeit überschreitet (OLG Hamm DAR 2001, 506; OLG KG NZV 2000, 377; Köln VRS 99 323; BGH DAR 1986, 142), eine Kurve schneidet (OLG Frankfurt/M. NZV 1990, 472), verbotswidrig den linken Radweg benutzt (OLG Düsseldorf DAR 2001, 78) oder ohne Fahrerlaubnis fährt (KG NZV 2002, 80). Der Wartepflichtige braucht aber nicht mit groben Verkehrsverstößen des Vorfahrtberechtigten zu rechnen (OLG Düsseldorf VersR 1977, 841 = DAR 1977, 161), z. B. nicht mit eklatanten Tempoverstößen (OLG Hamm DAR 2001, 362: 30 km/h mehr als erlaubt). Fährt der Vorfahrtberechtigte innerorts unzulässig 100 km/h, bleibt er für den Unfall auch dann verantwortlich, wenn er das Tempo vor der Kreuzung durch eine Gefahrbremsung auf 50 km/h ermäßigt (OLG Köln NZV 1995, 360). Hat der Vorfahrtberechtigte Fahrtrichtungszeichen gegeben, kann der Wartepflichtige in der Regel darauf vertrauen, dass das andere Fahrzeug in die angezeigte Richtung fahren wird (BayObLG VerkMitt 1981 Nr. 11 = VRS 59, 365 = DAR 1980, 374; VRS 63, 289).

Ist der Verkehr auf einer **Vorfahrtstraße** (Z. 306) zum Halten gekommen, darf sich der Wartepflichtige durch eine für die Durchfahrt freie Lücke vortasten (BayObLG VerkMitt 1988 Nr. 95 = DAR 1988, 28 = NZV 1988, 77). Bei einer Vorfahrtstraße mit Radweg muss er mit Radfahrern rechnen, die den Radweg in falscher Richtung benutzen (OLG Hamm NZV 1992, 364). Der Wartepflichtige ist berechtigt, vor dem Einfahren in eine bevorrechtigte Straße an der Sichtlinie anzuhalten, auch wenn er vorher schon angehalten hat; jeder nachfolgende Fahrer muss damit rechnen (OLG Koblenz VersR 1980, 753). Muss der Wartepflichtige sich in eine unübersichtliche Kreuzung oder Einmündung „hineintasten", bedeutet dies „zentimeterweises Vorrollen" bis er volle Sicht hat (OLG Saarbrücken VerkMitt 1980 Nr. 82).

Abbiegen und Vorfahrt im Kreuzungsbereich

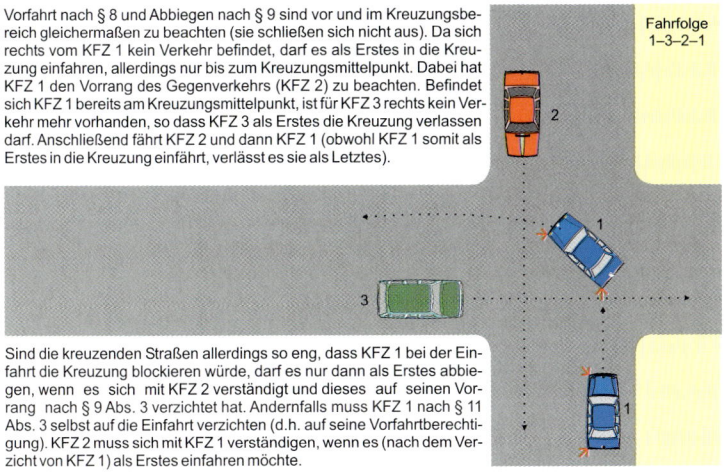

Vorfahrt nach § 8 und Abbiegen nach § 9 sind vor und im Kreuzungsbereich gleichermaßen zu beachten (sie schließen sich nicht aus). Da sich rechts vom KFZ 1 kein Verkehr befindet, darf es als Erstes in die Kreuzung einfahren, allerdings nur bis zum Kreuzungsmittelpunkt. Dabei hat KFZ 1 den Vorrang des Gegenverkehrs (KFZ 2) zu beachten. Befindet sich KFZ 1 bereits am Kreuzungsmittelpunkt, ist für KFZ 3 rechts kein Verkehr mehr vorhanden, so dass KFZ 3 als Erstes die Kreuzung verlassen darf. Anschließend fährt KFZ 2 und dann KFZ 1 (obwohl KFZ 1 somit als Erstes in die Kreuzung einfährt, verlässt es sie als Letztes).

Fahrfolge
1–3–2–1

Sind die kreuzenden Straßen allerdings so eng, dass KFZ 1 bei der Einfahrt die Kreuzung blockieren würde, darf es nur dann als Erstes abbiegen, wenn es sich mit KFZ 2 verständigt und dieses auf seinen Vorrang nach § 9 Abs. 3 verzichtet hat. Andernfalls muss KFZ 1 nach § 11 Abs. 3 selbst auf die Einfahrt verzichten (d.h. auf seine Vorfahrtberechtigung). KFZ 2 muss sich mit KFZ 1 verständigen, wenn es (nach dem Verzicht von KFZ 1) als Erstes einfahren möchte.

2.4 Vorfahrtberechtigung

Ein Vorfahrtrecht gibt es nicht, nur eine „Vorfahrtberechtigung". Sie reicht so weit, wie der Wartepflichtige die Vorfahrt beachtet (OLG Karlsruhe VerkMitt 2002, Nr. 12 = VRS 101, 460). Der Vorfahrtberechtigte kann auf die Beachtung seiner Vorfahrt nur dann vertrauen, wenn keine Anhaltspunkte für eine Missachtung der Vorfahrt gegeben sind. Im Zweifel muss er auf den Vorrang verzichten (§§ 1, 11 Abs. 3). Fährt der Wartepflichtige zu schnell an die Kreuzung heran, muss der Berechtigte mit einer Vorfahrtverletzung rechnen und abbremsen (OLG Köln VRS 93, 44). Bei gleichberechtigten Kreuzungen oder Einmündungen („Rechts vor Links") besteht wegen des Grundsatzes der doppelten Sicherung ohnehin nur „**halbe Vorfahrtberechtigung**", d. h. jeder Verkehrsteilnehmer darf nur mit mäßiger Geschwindigkeit an den Knotenpunkt heranfahren (denn hier könnte nicht nur von links, sondern auch von rechts ein Fahrzeug kommen). Auf Vorfahrtstraßen (Z. 306) dürfen sich hingegen Fahrzeuge mit unverminderter Geschwindigkeit der Kreuzung nähern; sie genießen somit Vertrauensschutz in die Beachtung ihrer Vorfahrtberechtigung. Ist die Vorfahrt nur durch Z. 301 geregelt oder verhält sich der Berechtigte selbst verkehrswidrig, vermindert sich der Vertrauensschutz entsprechend (OLG Hamm VRS 93, 253).

Der Vorfahrtberechtigte sollte vor einer „Rechts vor Links"-Kreuzung stets bremsbereit sein, d. h. die Bremse ist so weit zu betätigen, dass durch Wegfall der „Bremsenschwellzeit" der Reaktionsweg bei einer Gefahrsituation extrem kurz ist. Hat er keine Sicht in die Kreuzung, muss er das Fahrzeug nach den Sichtverhältnissen angemessen abbremsen. Der Vorfahrtberechtigte muss vom Fahrbahnrand einen seitlichen Abstand halten, der für den Wartepflichtigen beim Hineintasten in die Vorfahrtstraße zur freien Sicht

Vorfahrt beim Zusammenführen von Fahrbahnen

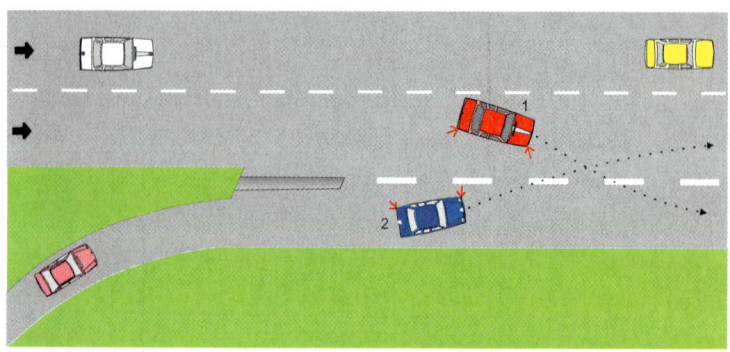

Vorfahrt ist stets dann gegeben, wenn sich Verkehrswege aus verschiedenen Richtungen kommend schneiden. Das gilt auch dann, wenn zwei Straßen trichterförmig zusammengeführt werden. Lässt der Schnittpunkt der Einmündung infolge straßenbaulicher Einrichtungen (Mittelstreifen, Gitter u.ä.) eine Verflechtung nicht zu und setzen sich die beiden Verkehrswege als eine Straße fort (hier mit 3 Fahrstreifen), finden die Vorfahrtregeln dann keine Anwendung mehr, wo eine Verflechtung der Fahrzeuge tatsächlich möglich ist. Die Verflechtung richtet sich in diesem Fall nach den Regeln des Fahrstreifenwechsels, insbesondere des Gefährdungsverbots (§ 7 Abs. 5). Da KFZ 1 und 2 jeweils den Fahrstreifen wechseln, müssen beide den Gefährdungsausschluss beachten. KFZ 2 kann nicht geltend machen, es habe vor KFZ 1 nach der Regel Rechts vor Links die Vorfahrt.

nötig ist; er muss auch reaktionsbereit sein (BGH VRS 60, 251 = DAR 1981, 86 = VersR 1981, 336; OLG Köln VRS 50, 114). Der Vorfahrtberechtigte kann nicht auf die Beachtung seiner Vorfahrt vertrauen, wenn er Kurven schneidet (BGH VRS 4, 458), links fährt (BGH VRS 11, 438; OLG Bremen DAR 1970, 97), eine nicht unterbrochene Leitlinie überfährt (OLG Oldenburg DAR 1964, 142), verbotswidrig den linken Radweg benutzt (OLG Düsseldorf NZV 2000, 506) oder andere grobe Fahrfehler begeht, z. B. auf verkehrswidriges Verhalten des Wartepflichtigen erheblich zu spät reagiert (OLG Köln NZV 1992, 116). Er verliert dadurch zwar seine Vorfahrtberechtigung nicht, haftet aber für seinen Schuldanteil. Bei verbotener Fahrtrichtung in Einbahnstraßen oder bei der Ausfahrt aus einer für den gesamten Verkehr gesperrten Straße (Z. 250 ohne Zusatzschild) besteht keine Vorfahrtberechtigung mehr (BGH VRS 62, 93; NJW 1986, 2651). Erkennt der andere Fahrer das regelwidrige Verhalten, muss er allerdings nach dem Grundsatz der „doppelten Sicherung" reagieren und abbremsen, um einen Unfall zu verhindern. Wer die Vorfahrt missbraucht (d.h. sie erzwingt), verstößt nicht gegen § 8, wohl aber gegen § 1 Abs. 2 oder § 3 Abs. 1; der Grund liegt darin, dass die Vorfahrt zwingend ist und keine Zweifelsfälle offen lassen darf. Der Vorfahrtberechtigte muss besonders aufmerksam auf Verkehrsteilnehmer achten, bei denen nach der Verkehrslage mit Verstößen gegen die Verkehrsregeln zu rechnen ist (Radfahrer, Fußgänger, Kinder). Überholt er eine Kolonne wartender Fahrzeuge, muss er auf Querverkehr durch offen gelassene Lücken aus einmündenden Nebenstraßen achten; ebenso, wenn er in einer Kolonne fährt (BGH VerkMitt 1974 Nr. 56). Kein Fahrer darf darauf vertrauen, dass er die Vorfahrt an einer Kreuzung hat, nachdem er sie an der vorhergehenden Kreuzung hatte (BGH VRS 38, 412). Bei besonderen

Umständen muss stets mit der Verletzung der Vorfahrt gerechnet werden (BGH DAR 1961, 52), z. B. bei Glatteis oder starkem Nebel (OLG Celle VRS 27, 470; OLG Nürnberg DAR 1989, 107), bei der Begegnung mit einem Rad fahrenden Kind (BGH VRS 45, 168), bei unübersichtlichen Einmündungen (OLG Celle DAR 1975, 273) oder beim Einfahren aus einem Nebenweg in eine Straße von größerer Verkehrsbedeutung (BayObLG VerkMitt 1989 Nr. 55 = VRS 76, 310).

2.5 Vorfahrt durch Verkehrszeichen

2.5.1 Zeichen 205 und 206

Abweichend vom Grundsatz „Rechts vor Links" regeln die negativen Z. 205, 206 und die positiven Z. 301, 306 die Vorfahrt gesondert (§ 8 Abs. 1 Nr. 1). Im Interesse der Klarheit und Sicherheit des Verkehrs ist grundsätzlich eine Doppelbeschilderung mit positiven und negativen Vorfahrtzeichen geboten (Ausnahme § 10 Satz 3). Die Vorfahrt gilt für rechts oder links einmündende nachgeordnete Straßen. Wer in eine bevorrechtigte Straße einbiegt, muss auch darauf achten, dass der bevorrechtigte Verkehr nicht gerade am Überholen begriffen ist (OLG Hamm NZV 2001, 519). Am „Stoppschild" (Z. 206) ist dort zu halten, wo die bevorrechtigte Straße eingesehen werden kann; somit nicht vor dem Zeichen, sondern an der Sichtlinie vor den Schnittkanten des Knotenpunktes. Das Z. 301 regelt die Vorfahrt nur an der betreffenden Kreuzung/Einmündung, d. h. der Kraftfahrer muss am nächsten Knotenpunkt mit einer anderen Vorfahrtregelung rechnen und sein Fahrverhalten darauf einstellen. Das Z. 306 macht die Straße insgesamt bis zu seiner Aufhebung durch die Z. 307, 205 oder 206 zur Vorfahrtstraße (außerorts wird die Vorfahrtstraße neben den Z. 205, 206 stets, innerorts nur in der Regel durch 307 aufgehoben); von der Vorfahrtstraße wegführende Einbahnstraßen müssen dann beschildert werden, wenn gegenläufiger Radverkehr zugelassen ist. Kommt es zum Unfall mit einem Vorfahrtberechtigten, spricht der Beweis des ersten Anscheins für ein Verschulden des Vorfahrtverpflichteten (OLG Köln DAR 2001, 223)

2.5.2 Halt- und Wartelinien

Soweit die Vorfahrt durch Halt- oder Wartegebote zu beachten ist (Z. 205, 206, Rot der LZA, Weisungen der Polizei nach § 36 Abs. 2 Nr. 1 oder Vorrang an Bahnübergängen nach § 19 Abs. 2), ordnet die Haltlinie (Z. 294) „ergänzend" das Warten („Stopp") vor der Linie an. Das Wartegebot der Haltlinie erstreckt sich auf den gesamten Bereich der geregelten Vorfahrt. Infolgedessen ist auch eine zurückgesetzte Haltlinie zu beachten, wenn sie objektiv erkennbar der dahinter liegenden Vorfahrtregelung dient. Zu halten ist „an" der Linie, d. h. unmittelbar davor. Wartet eine Fahrzeugschlange vor der Haltlinie, brauchen die hinter der Linie wartenden Fahrzeuge beim Umschalten der LZA auf Grün nicht nochmals anzuhalten, weil die Haltlinie bei Grün kein Wartegebot mehr entfaltet (§ 37 Abs. 1). Bei Kombination der Haltlinie mit Z. 206 müssen hingegen alle KFZ der Fahrzeugschlange die Haltlinie beachten, weil das mit Z. 206 kombinierte Wartegebot für jedes Fahrzeug gesondert gilt. Ist die Fahrzeugschlange vor der Haltlinie zum Stillstand gekommen und der Knotenpunkt von dort einsehbar und frei, handelt es sich hingegen nur um eine geringfügige Ordnungswidrigkeit, wenn die Fahrzeuge nicht nochmals (wie an einer „Perlenschnur") an der Haltlinie anhalten. Zwar soll die Haltlinie in Kombination mit Z. 206 dort angebracht sein, wo die Sicht in den bevorrechtigten Verkehr gegeben ist. Kann die andere Straße jedoch an dieser Stelle nicht eingesehen werden, weil z. B. ein geparkter LKW die Sicht beeinträchtigt, so muss sich der Kraftfahrer nach dem Stopp an der Haltlinie mit äußerster Vorsicht in den bevorrechtigten Verkehrsraum zentimeterweise hineintasten, ohne dass es nochmals „zwingend" zu einem Halt kommen muss. Nur wenn die Haltlinie weit hinter die Sichtlinie zurückgesetzt ist, z. B. wegen einer zu engen „Schleppkurve" für einbiegende LKW-Züge, ist nach dem Halt am Z. 294 nochmals an der Sichtlinie anzuhalten. Die (durchbrochene) Wartelinie Z. 341 empfiehlt hingegen nur das Anhalten. Bei Nichtbeachtung der Empfehlung ist besondere Vorsicht geboten (Folge aus dem Grundsatz der doppelten Sicherung).

2.5.3 Abknickende Vorfahrt

An Kreuzungen und Einmündungen wird die abknickende Vorfahrt durch Z. 306 nebst Zusatzschildern positiv und an einmündenden (untergeordneten) Straßen negativ durch Z. 205 oder Z. 206 nebst Zusatzschildern gekennzeichnet. Die abknickende Vorfahrtstraße gilt (meist entgegen ihrem natürlichen Verlauf) als einheitlicher Straßenzug. Dementsprechend finden grundsätzlich an dem „Knick" die Vorfahrt- und Abbiegeregelungen der §§ 8 und 9 Anwendung. Lediglich das dem Verlauf der abknickenden Vorfahrt folgende Fahrzeug biegt wegen der Sonderregelung in § 42 Abs. 2 zum Z. 306 nicht ab, obwohl es seine Fahrtrichtung ändert. Dennoch ist die Fahrtrichtung im abknickenden Straßenverlauf anzuzeigen; der Fahrer unterliegt aber nicht der doppelten Rückschaupflicht (OLG Koblenz VRS 55, 294).

Wer dem natürlichen Verlauf der Straße folgt und geradlinig aus dem Knick herausfährt, gilt als „**Abbieger**", obwohl er die Fahrtrichtung nicht ändert. Wegen der Verwechslungsgefahr mit „echten" Rechts- oder Linksabbiegern darf er die Fahrtrichtungsanzeiger nicht betätigen (OLG Oldenburg DAR 2000, 35). Obwohl der Wartepflichtige nicht darauf vertrauen darf, dass der Vorfahrtberechtigte ohne zu blinken geradeaus fährt (BayObLG VRS 47, 457), haftet der Vorfahrtberechtigte ebenfalls, wenn es infolge des falschen Blinkens zum Missverständnis kommt (OLG Frankfurt/M. MDR 1977, 671). Als Abbieger müssen sich Fahrzeuge einordnen und auf den nachfolgenden Verkehr achten (§ 9 Abs. 1). Bei einer nach links abknickenden Vorfahrtstraße muss der sich nach links einordnende und geradlinig aus dem Knick herausfahrende Kraftfahrer als „Rechtsabbieger" auch den Vorrang der Rad- und Mofafahrer beachten, die dem Verlauf des Knicks folgen (§ 9 Abs. 3 Satz 1). Gegenüber dem von rechts einmündenden, nicht bevorrechtigten Verkehr hat der geradeaus Fahrende die Vorfahrt (BGH NJW 1983, 2939 = DAR 1983, 354). Bei einer nach rechts abknickenden Vorfahrtstraße gilt das für den von links einmündenden Verkehr entsprechend. Fahren auf der abknickenden Vorfahrtstraße jeweils entgegenkommende Fahrzeuge geradlinig aus dem Knick heraus und folgen dem natürlichen Verlauf der Straße, sind sie zueinander Gegenverkehr (somit kein Vorfahrtfall „Rechts vor Links"). Schneiden sich ihre Fahrlinien dabei, hat jeder den Gefährdungsausschluss des § 9 Abs. 3 zu beachten und sich notfalls zu verständigen; die Rangfolge, dass der Rechtsabbiegende Vorrang vor dem Linksabbieger hat (§ 9 Abs. 4 Satz 1), ist in diesem Fall mangels Vertrauensschutzes nur bedingt anwendbar.

Querende **Fußgänger** haben gegenüber den Fahrzeugen, die dem Verlauf der abknickenden Vorfahrt folgen, Vorrang (Zusatzschild zum Z. 306). Bei der Anlage einer abknickenden Vorfahrt sollte allerdings der **Fußgänger-verkehr** durch Geländer oder Ketten so abgesichert werden, dass Fußgänger die Straße nicht an dem Knick selbst überqueren können. Dennoch muss der Kraftfahrer auf mögliche Fußgänger besondere Rücksicht nehmen und notfalls warten; er hat insoweit keinen Vertrauensschutz in die Abschirmung der Fußgänger. Lässt sich der Fußgängerquerverkehr nicht unterbinden, muss die Absicherung notfalls durch eine Lichtzeichenanlage erfolgen.

Die Fahrzeuge aus den einmündenden und nicht bevorrechtigten Straßen müssen die Vorfahrtregelung durch Z. 205 oder Z. 206 beachten. Sind beide einmündenden Straßen mit Z. 205 oder Z. 206 nebst Zusatzschildern ausgewiesen, gilt für die einfahrenden Fahrzeuge untereinander die Regel „Rechts vor Links" auch dann, wenn nur eine der Straßen mit Z. 206 („Halt! Vorfahrt gewähren") und die andere mit Z. 205 ausgewiesen ist (BayObLG VerkMitt 1978 Nr. 65 = VRS 55, 222).

2.6 Verzicht auf Vorfahrt

Ein Verzicht darf nur angenommen werden, wenn der Berechtigte ihn unmiss-verständlich zum Ausdruck bringt (BGH VRS 18, 249 = DAR 1960, 137). Kurzes Halten des Vorfahrtberechtigten, um die Verkehrslage zu prüfen, ist kein Verzicht auf die Vorfahrt (BGH VRS 14, 4). Jedoch kann eine unklare Verkehrslage entstehen, die im Schadensfall Mithaftung bedeutet (KG VerkMitt 1980 Nr. 113 = VersR 1981, 485); der Fahrer muss den Warte-pflichtigen deshalb genau beobachten (OLG Saarbrücken VerkMitt 1982 Nr. 4). Die Betätigung der Lichthupe darf nur bei deutlichem Anhalten, nicht aber bei bloßer Tempoherabsetzung des betreffenden Fahrzeugs als Vorfahrtverzicht verstanden werden (OLG Koblenz NZV 1991, 428; OLG Hamm NZV 2000, 415).

Verzicht auf Vorfahrt

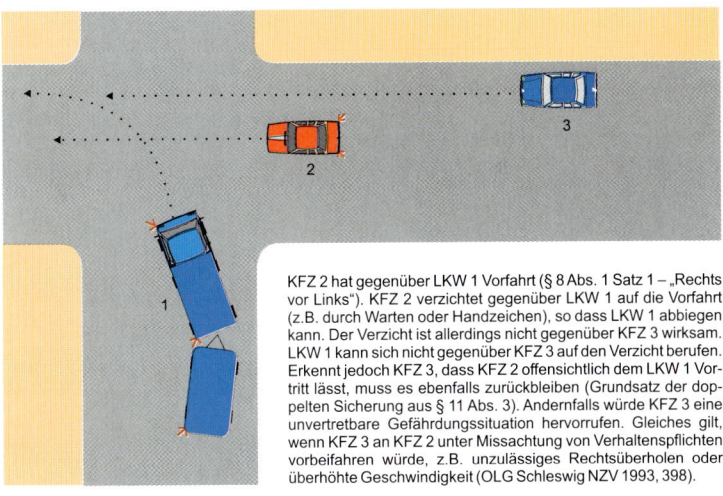

KFZ 2 hat gegenüber LKW 1 Vorfahrt (§ 8 Abs. 1 Satz 1 – „Rechts vor Links"). KFZ 2 verzichtet gegenüber LKW 1 auf die Vorfahrt (z.B. durch Warten oder Handzeichen), so dass LKW 1 abbiegen kann. Der Verzicht ist allerdings nicht gegenüber KFZ 3 wirksam. LKW 1 kann sich nicht gegenüber KFZ 3 auf den Verzicht berufen. Erkennt jedoch KFZ 3, dass KFZ 2 offensichtlich dem LKW 1 Vor-tritt lässt, muss es ebenfalls zurückbleiben (Grundsatz der doppelten Sicherung aus § 11 Abs. 3). Andernfalls würde KFZ 3 eine unvertretbare Gefährdungssituation hervorrufen. Gleiches gilt, wenn KFZ 3 an KFZ 2 unter Missachtung von Verhaltenspflichten vorbeifahren würde, z.B. unzulässiges Rechtsüberholen oder überhöhte Geschwindigkeit (OLG Schleswig NZV 1993, 398).

2.7 Sonderfälle

2.7.1 Feld- und Waldwege

Feld- und Waldwege sind Fahrwege, die überwiegend land- oder forstwirtschaftlichen Zwecken dienen und keine überörtliche Bedeutung haben (BGH DAR 1976, 76 = VRS 50, 164 = VersR 1976, 365), z. B. auch Parzellenwege aus einem Kleingartengebiet (OLG Bremen NZV 1991, 472). Wesentlich für die Beachtung der Vorfahrt ist die Verkehrsbedeutung, weniger das äußere Erscheinungsbild und die Art der Befestigung (OLG München VersR 1981, 561; BGH VRS 73, 437). Zu den Feld- und Waldwegen gehören auch Wiesen-, Moor-, Weinberg- und ähnliche Wege.

2.7.2 Gabelungen

Spitzwinklige oder trichterförmige Zusammenführung von zwei Straßen sind Einmündungen im Sinne der Vorfahrtregeln. Lässt allerdings der Schnittpunkt der Einmündung infolge straßenbaulicher Trennung (z. B. Gitter oder Mittelstreifen) eine Verflechtung erst weit hinter dem Einmündungsbereich zu, gelten dort die Regeln des Fahrstreifenwechsels.

2.7.3 Parkplätze

Auf einer allgemein zugänglichen Park- oder Tankfläche gilt die Vorfahrtregel „Rechts vor Links" als eingeschliffenes Verhalten über § 1 Abs. 2 sinngemäß, wenn der Straßencharakter der sich schneidenden oder zusammenstoßenden Fahrgassen für den Verkehrsteilnehmer unmissverständlich ist (KG NZV 1988. 65 = DAR 1988, 272 = VRS 75, 95; OLG Düsseldorf VerkMitt 2000 Nr. 53 = DAR 2000, 175 = NZV 2000, 263 = VRS 98, 387). Die Regel gilt nicht beim Einfahren von einer Parkfläche in einen Fahrstreifen oder beim Überfahren markierter Parkflächen (OLG Nürnberg NJW 1977, 1888 = VersR 1977, 1059). Auch für den „Vorrangberechtigten" gilt auf dem Parkplatz wegen der ständig wechselnden Verkehrsverhältnisse die Pflicht zum Langsamfahren bei steter Bremsbereitschaft; er kann nicht darauf vertrauen, dass die Regel entsprechend „Rechts vor Links" beachtet wird (KG VerkMitt 1977 Nr. 29 = DAR 1977, 47; OLG Düsseldorf VRS 56, 294; KG VersR 1977, 1103; OLG Köln VRS 89, 97).

2.7.4 Kreisverkehr

Soweit keine regelnde Beschilderung vorhanden ist, hat der Verkehr im Kreis gegenüber den von rechts einmündenden Straßen keine Vorfahrt. Siehe im Übrigen zu § 9 a.

2.7.5 Nebenwege

Bei der Einfahrt aus Nebenwegen, die keine „Feld- oder Waldwege" sind, gilt die Vorfahrtregel des § 8; kann der von links kommende Benutzer der Durchgangsstraße den Nebenweg nicht einsehen, muss der Vorfahrtberechtigte entsprechend vorsichtig fahren, sich also wie ein Wartepflichtiger verhalten (§ 1 Abs. 2 StVO; OLG Düsseldorf VRS 73, 299).

2.7.6 Privatstraßen

Die Regel „Rechts vor Links" gilt auch im Verhältnis zwischen einer öffentlich gewidmeten Straße und einem der Allgemeinheit zugänglichen Privatweg.

Der bevorrechtigte Benutzer einer derartigen Privatstraße muss beim Einbiegen in die öffentliche Straße besonders vorsichtig sein, wenn die Gestaltung des Einmündungsbereichs und die Beschilderung der Privatstraße zu
einer irrtümlichen Beurteilung der Vorfahrt führen können (OLG Koblenz
VersR 1979, 1156).

2.7.7 Radwege

Ein Radfahrer auf der Vorfahrtstraße behält die Vorfahrt gegenüber kreuzenden und einbiegenden Fahrzeugen, wenn er den linken von zwei Radwegen
benutzt, der nicht für die Gegenrichtung freigegeben ist (BGH VRS 71, 383 =
NJW 1986, 2650 = DAR 1986).

3 Hinweise

3.1 Vorfahrt des durchgehenden Verkehrs auf Autobahnen und Kraftfahrstraßen gegenüber einfahrenden Fahrzeugen: § 18 Abs. 3.

3.2 Freiheitsstrafe oder Geldstrafe für Missachtung der Vorfahrt oder für
zu schnelles Fahren an Knotenpunkten, wenn Personen oder erhebliche
Sachwerte konkret gefährdet werden: § 315c StGB.

3.3 Verhalten an Aus- und Einfahrten: § 10.

3.4 Verkehrseinrichtung: Verkehrsspiegel zur Sicht auf Querverkehr:

4 Varianten von Zeichen für die Vorfahrt

Zusatzschilder bei abknickender Vorfahrt mit Verlauf der Vorfahrtstraße

zwei einmündende Straßen

Zeichen 1002-10

(von unten nach links)

Zeichen 1002-20

(von unten nach rechts)

§ 9 Abbiegen, Wenden und Rückwärtsfahren

(1) Wer abbiegen will, muss dies rechtzeitig und deutlich ankündigen; dabei sind die Fahrtrichtungsanzeiger zu benutzen. Wer nach rechts abbiegen will, hat sein Fahrzeug möglichst weit rechts, wer nach links abbiegen will, bis zur Mitte, auf Fahrbahnen für eine Richtung möglichst weit links einzuordnen, und zwar rechtzeitig. Wer nach links abbiegen will, darf sich auf längs verlegten Schienen nur einordnen, wenn er kein Schienenfahrzeug behindert. Vor dem Einordnen und nochmals vor dem Abbiegen ist auf den nachfolgenden Verkehr zu achten; vor dem Abbiegen ist es dann nicht nötig, wenn eine Gefährdung nachfolgenden Verkehrs ausgeschlossen ist.

(2) Radfahrer, die auf der Fahrbahn abbiegen wollen, müssen an der rechten Seite der in gleicher Richtung abbiegenden Fahrzeuge bleiben, wenn dort ausreichender Raum vorhanden ist. Radfahrer, die nach links abbiegen wollen, brauchen sich nicht einzuordnen. Sie können die Fahrbahn hinter der Kreuzung oder Einmündung vom rechten Fahrbahnrand aus überqueren. Dabei müssen sie absteigen, wenn es die Verkehrslage erfordert. Sind Radwegeführungen vorhanden, so haben Radfahrer diesen zu folgen.

(3) Wer abbiegen will, muss entgegenkommende Fahrzeuge durchfahren lassen, Schienenfahrzeuge, Fahrräder mit Hilfsmotor[1] und Radfahrer auch dann, wenn sie auf oder neben der Fahrbahn in der gleichen Richtung fahren. Dies gilt auch gegenüber Linienomnibussen und sonstigen Fahrzeugen, die gekennzeichnete Sonderfahrstreifen benutzen. Auf Fußgänger muss er besondere Rücksicht nehmen; wenn nötig, muss er warten.

(4) Wer nach links abbiegen will, muss entgegenkommende Fahrzeuge, die ihrerseits nach rechts abbiegen wollen, durchfahren lassen. Führer von Fahrzeugen, die einander entgegenkommen und jeweils nach links abbiegen wollen, müssen voreinander abbiegen, es sei denn, die Verkehrslage oder die Gestaltung der Kreuzung erfordern, erst dann abzubiegen, wenn die Fahrzeuge aneinander vorbeigefahren sind.

(5) Beim Abbiegen in ein Grundstück, beim Wenden und beim Rückwärtsfahren muss sich der Fahrzeugführer darüber hinaus so verhalten, dass eine Gefährdung anderer Verkehrsteilnehmer ausgeschlossen ist; erforderlichenfalls hat er sich einweisen zu lassen.

VwV zu § 9 Abbiegen, Wenden und Rückwärtsfahren

Zu Absatz 1

1   I. Wo erforderlich und möglich, sind für Linksabbieger besondere Fahrstreifen zu markieren. Auf Straßen innerhalb geschlossener Ortschaften mit auch nur tageszeitlich starkem Verkehr und auf Straßen außerhalb geschlossener Ortschaften sollte dann der Beginn der Linksabbiegestreifen so markiert werden, dass Fahrer, die nicht abbiegen wollen, an dem Linksabbiegestreifen vorbeigeleitet werden. Dazu eignen sich vor allem Sperrflächen; auf langsamer befahrenen Straßen genügen Leitlinien.

---

1 Nicht nur Mofas

2 II. Es kann sich empfehlen, an Kreuzungen Abbiegestreifen für Linksabbieger so zu markieren, dass aus entgegengesetzten Richtungen nach links abbiegende Fahrzeuge voreinander vorbeigeführt werden (tangentiales Abbiegen). Es ist dann aber immer zu prüfen, ob durch den auf dem Fahrstreifen für den nach links abbiegenden Gegenverkehr Wartenden nicht die Sicht auf den übrigen Verkehr verdeckt wird.

Zu Absatz 2

3 I. Die Radverkehrsführung ist eine Markierung, welche z. B. die Linienführung eines Radweges über Kreuzungen und Einmündungen hinwegführt. Die Radverkehrsführung kann, muss aber nicht, mit dem Z. 237, 240 oder 241 gekennzeichnet sein. Der auf einem Radweg herankommende Radverkehr hat deshalb der markierten Radverkehrsführung auch dann zu folgen, wenn für den Radweg keine Radwegbenutzungspflicht besteht.

II. An Kreuzungen und Einmündungen

4 1. Zur Radwegeführung dienen vor allem Radfahrerfurten, Radfahrerschleusen, aufgeweitete Radaufstellstreifen und Abbiegestreifen. Die Radfahrerfurten geben gleichzeitig das indirekte Abbiegen, die Radfahrerschleusen, aufgeweitete Radaufstellstreifen und Abbiegestreifen gleichzeitig das direkte Abbiegen vor.

5 2. Radfahrerfurten sind stets im Zuge von gekennzeichneten Vorfahrtstraßen (vgl. Nr. III zu § 8 Abs. 1; Rn. 15 ff.) und an Lichtzeichenanlagen zu markieren. Die Markierung besteht aus zwei unterbrochenen Quermarkierungen in Breitstrich (0,25 m), die in der Regel 2 m Abstand haben. Davon abweichend beträgt der Abstand bei der Freigabe linker Radwege für die Gegenrichtung in der Regel 3 m und bei gemeinsamen Fuß- und Radwegen mindestens dessen Breite.

6 3. Radfahrerschleusen und aufgeweitete Radaufstellstreifen können zusätzlich an Lichtzeichenanlagen dann markiert werden, wenn dem Radverkehr die Wahlmöglichkeit zwischen dem indirekten und direkten Abbiegen eröffnet werden soll. Dies setzt eine sorgfältige Überprüfung voraus, welche die besonderen örtlichen und verkehrlichen Gegebenheiten zu berücksichtigen hat. Bei Radfahrerschleusen wird das Einordnen zum Abbiegen durch vorgeschaltete Lichtzeichen ermöglicht. Voraussetzung ist, dass der Radweg mit Radwegebenutzungspflicht neben der Fahrbahn verläuft und die vorgeschalteten Lichtzeichen für den Kraftfahrzeugverkehr auf der Fahrbahn und den Radverkehr auf dem Radweg mindestens 30 m vor dem Hauptlichtzeichen entfernt sind. Das Haltgebot für den Kraftfahrzeugverkehr auf der Fahrbahn wird an dem vorgeschalteten Lichtzeichen und das Haltgebot für den gesamten Verkehr wird an dem Hauptlichtzeichen zusätzlich mit Z. 294 „Haltlinie" gekennzeichnet.

7 Bei aufgeweiteten Radaufstellstreifen wird das Einordnen zum Abbiegen im Gegensatz zur Radfahrerschleuse nur mit dem Hauptlichtzeichen und durch zwei Z. 294 „Haltlinie" ermöglicht, wobei das Haltgebot für den Kraftfahrzeugverkehr auf der Fahrbahn durch ein vorgeschaltetes Z. 294 mit räumlichem und verkehrlichem Bezug zur Lichtzeichenanlage angeordnet wird.

Radfahrerschleusen ist in der Regel der Vorzug vor aufgeweiteten Radaufstellstreifen zu geben.

8 4. Abbiegestreifen können in besonders gelagerten Einzelfällen an Lichtzeichenanlagen, aber auch an gekennzeichneten Vorfahrtstraßen, markiert werden, wenn eine Radwegeführung mit der Möglichkeit des direkten Abbiegens unabdingbar ist und die Anlage insbesondere von Radfahrerschleusen ausscheidet.

9 Bei Abbiegestreifen werden auf der Fahrbahn neben den Abbiegefahrstreifen für den Kraftfahrzeugverkehr mit Z. 295 „Fahrstreifenbegrenzung" eigene Abbiegefahrstreifen für den Radverkehr markiert.

10 Der Radverkehr muss dazu den Radweg unter Beachtung der allgemeinen Verhaltensregeln des § 10 Satz 1 verlassen und auf die Fahrbahn einfahren. Bei Radwegen mit Radwegebenutzungspflicht ist die Möglichkeit zum Verlassen des Radweges mit Z. 297 „Pfeil links und Pfeil gerade" zu kennzeichnen und zusätzlich mit einem Zusatzschild deutlich zu machen. Bei Radfahrstreifen kann Z. 296 „einseitige Fahrstreifenbegrenzung" genügen.

11 5. Das direkte Abbiegen darf mit einer Radwegeführung nur dann vorgegeben werden, wenn

a) an Kreuzungen und Einmündungen mit Lichtzeichenanlage die Verkehrsbelastung an der (an allen) Knotenpunktzufahrt(en) bei höchstens 1 200 KFZ/Std. liegt und nicht mehr als zwei Fahrstreifen zu überqueren sind;

12 b) an Kreuzungen und Einmündungen mit durch Verkehrszeichen bevorrechtigten Knotenpunktzufahrten die Verkehrsbelastung bei bis zu 800 KFZ/Std. liegt und nur ein Fahrstreifen je Fahrtrichtung zu überqueren ist;

13 c) in wartepflichtigen und nicht mit Lichtzeichen signalisierten Knotenpunktzufahrten dann, wenn hierfür ein besonderes und unabweisbares Bedürfnis besteht.

14 6. Die Verkehrsfläche innerhalb der Markierung kann rot eingefärbt sein. Davon soll nur in besonderen Konfliktbereichen im Zuge gekennzeichneter Vorfahrtstraßen Gebrauch gemacht werden. An Lichtzeichenanlagen und Kreuzungen mit „Rechts vor Links-Regelung" ist von einer Rot-Einfärbung abzusehen.

15 III. Eine bauliche Unterstützung der Radwegeführung (z. B. Radfahrerfurt auf Aufpflasterung) ist nicht ausgeschlossen. Die Zuordnung der Aufpflasterung zur Fahrbahn sollte dann auch baulich (z. B. durch entsprechende Materialien) zum Ausdruck kommen. Bauliche Maßnahmen können bei der Straßenbaubehörde angeregt werden.

Zu Absatz 3

16 I. Darüber, ob Radfahrer noch neben der Fahrbahn fahren, wenn ein Radweg erheblich von der Straße abgesetzt ist, entscheidet der optische Gesamteindruck. Können Zweifel aufkommen oder ist der abgesetzte Radweg nicht eindeutig erkennbar, so ist den Radfahrern durch ein verkleinertes Z. 205 eine Wartepflicht aufzuerlegen.

17 II. Über Straßenbahnen neben der Fahrbahn vgl. Nr. VII zu Z. 201; Rn. 17 bis 19.

1 Aus der amtlichen Begründung

1.1 Der Radfahrer soll zunächst die Fahrbahn der von rechts einmündenden Straße überqueren und sodann, wie ein Fußgänger, im rechten Winkel die Fahrbahn der Straße kreuzen, die er verlassen will (Begr. 1988).

1.2 § 9 Abs. 4 bestimmt für das Linksabbiegen zweier entgegenkommender Fahrzeuge das tangentiale Abbiegen als Regelfall. Diese Form des Abbiegens hat sich für die Mehrzahl dieser Begegnungsfälle bewährt. Für Fälle, in denen diese Abbiegeform aus Platzgründen ungeeignet ist, wird aber auch das Abbiegen nach der Vorbeifahrt zugelassen (Begr. 1992).

1.3 Trotz Aufhebung der Benutzungspflicht für Radwege ist an Kreuzungen und Einmündungen einer vorhandenen Radwegeführung immer dann zu folgen (Verhaltenspflicht), wenn diese im Zuge eines Radweges markiert wurde. Auf die Kennzeichnung des Radweges mit Zeichen 237, 240 oder 241 oder die Freigabe für gegenläufigen Radverkehr kommt es insofern nicht an (Begr. 1997).

2 Erläuterungen

2.1 Abbiegen

Die Abbiegeregelung des § 9 gilt nur für den **Fahrzeugverkehr**. Vorrang hat der geradeaus fahrende Verkehr. Der Vorrang bezieht sich nicht auf Straßenteile, die für den Fahrzeugverkehr gesperrt sind oder von ihm nicht benutzt werden dürfen, z. B. Radfahrer auf einem Gehweg, nicht aber ein 8-jähriges Rad fahrendes Kind bei zulässiger Benutzung des Gehwegs (OLG Frankfurt NZV 1999, 138). Soweit sich Fußgänger mit Fahrzeugen auf der Fahrbahn geradeaus bewegen, müssen sie vor abbiegendem Gegenverkehr warten; Abbieger müssen jedoch Rücksicht nehmen.

Abbiegen ist jede Richtungsänderung, bei der die bisher benutzte Fahrbahn der Straße verlassen und aus dem gleichgerichteten Verkehr heraus gefahren wird, z. B. in eine andere Straße, einen Parkplatz oder ein Grundstück. Nicht erforderlich ist, dass der Straßenraum selbst verlassen wird; so liegt Abbiegen auch dann vor, wenn von der Fahrbahn in einen Parkstand auf einem Mittel- oder Seitenstreifen übergewechselt wird. Beim Abbiegen in eine Grundstückszufahrt gelten allerdings die strengeren Sorgfaltsanforderungen des § 9 Abs. 5 („jede Gefährdung muss ausgeschlossen sein"). Auch das Abbiegen an Autobahnknotenpunkten oder unbefestigten Feld-/ Wald- oder Sonderwegen wird von § 9 erfasst; entsprechendes gilt für das Abbiegen in nicht gewidmete Verkehrsflächen.

Im **Verhältnis zur Vorfahrt** kommt es beim Abbiegen nicht darauf an, woher das Fahrzeug kommt, sondern wohin es fährt (bei der Vorfahrt hingegen darauf, woher das Fahrzeug kommt und nicht wohin es fährt). Der Abbiegende muss zunächst die Vorfahrt beachten. Befindet er sich dann auf der Kreuzung, muss er seinen Verpflichtungen gegenüber dem Mit- und Gegenverkehr auch dann genügen, wenn der Gegenverkehr wegen eigener Beachtung der Vorfahrt nicht weiterfahren kann; d.h. der Abbiegende warten muss.

Auch weiträumige Knotenpunkte bilden eine Kreuzung, selbst wenn die zuführenden Fahrbahnen der Straßen durch Mittelstreifen getrennt sind. Nur wenn die zuführenden Fahrbahnen räumlich so weit auseinander liegen, dass sie als selbstständige Straßen anzusehen sind, handelt es sich um zwei Kreuzungsbereiche („Doppelkreuzung"). Die zwischen den Fahrbahnen befindliche Fläche (z. B. Mittel- oder Grünstreifen) müsste dann eine Breite von 50 m oder mehr haben. Nur dann gelten die Vorfahrt- und Abbiegeregeln für jede Kreuzung gesondert. Dagegen gilt an einer einheitlichen Kreuzung, die durch Mittelstreifen getrennte (Ein-Richtungs-) Fahrbahnen aufweist, grundsätzlich der Vorrang des Gegenverkehrs vor dem Abbiegenden. Im Verhältnis zur Vorfahrt ist jedoch der Fall zu unterscheiden, dass ein Linksabbieger von einer durch Z. 205 gekennzeichneten „untergeordneten" Straße in eine Vorfahrtstraße (Z. 306) abbiegt. Zum Gegenverkehr hat der Abbieger dann die Vorfahrtberechtigung, wenn er sich links in die Kreuzung so eingeordnet hat, dass er sich mit der gesamten Länge seines KFZ oder KFZ-Zuges, gedeckt durch die Breite des Mittelstreifens, auf der bevorrechtigten Straße befindet (BGH VRS 18, 252, BayObLG VkBl. 1963, 218, OLG Düsseldorf VRS 55, 376). In diesem Fall soll sich quasi die Vorrangverpflichtung aus § 9 Abs. 3 Satz 1 in eine Vorfahrtberechtigung „umdrehen". Diese von der Rechtsprechung im Interesse der Flüssigkeit des Verkehrs entwickelte Lösung kommt allerdings nur auf weiträumigen Kreuzungen mit solchen Mittelstreifen zum Tragen, die wegen ihrer Breite ein vollständiges Einordnen der KFZ auf der Vorfahrtstraße zulassen. Ist der Mittelstreifen schmaler (oder das KFZ länger) oder wird nach § 9 Abs. 4 Satz 2 voreinander abgebogen und ist deshalb ein vollständiges Einordnen auf der Vorfahrtstraße nicht möglich, bleibt es bei der Vorrangverpflichtung des Abbiegenden zum Gegenverkehr. Wenn aber die Abbiege- oder Vorfahrtregeln weitgehend von der Ausgestaltung der Kreuzung, der Länge der KFZ, der Breite der Mittelstreifen oder der Abbiegeart (tangential oder im weiten Bogen) abhängen sollen, bleibt die Anwendbarkeit der sich aus den örtlichen Verkehrsverhältnissen ergebenden „Vorfahrtberechtigung" in der täglichen Praxis unbefriedigend. Die Vorfahrt sollte stets eindeutig sein, nicht zu Zweifeln Anlass geben und auch nicht von der subjektiven Einschätzung abhängen. Daraus folgt zunächst, dass die Verkehrsbehörden solche Kreuzungen weitgehend so abzusichern haben, dass keine Zweifel auftreten können. Außerdem ist bei der Auslegung von Rechtsnormen der Grundsatz zu beachten, dass die Sicherheit der Flüssigkeit des Verkehrs vorgeht; eine „Umdrehung" der Vorrangverpflichtung in eine Vorfahrtberechtigung ist deshalb abzulehnen.

2.2 Fahrtrichtungsanzeige

Fahrtrichtungsanzeiger sind die in § 54 StVZO vorgeschriebenen optisch wirkenden Blinkleuchten. Fahrzeuge ohne Fahrtrichtungsanzeiger (Radfahrer, Pferdekutschen) haben die Zeichen in anderer Weise zu geben, z. B. durch Handzeichen, Kellen o. ä. Das gilt auch beim Abschleppen, wenn auf das eingeschaltete Warnblinklicht nach § 15a Abs. 3 wegen des starken Verkehrs nicht verzichtet werden kann.

Die Anzeigepflicht beim Abbiegen mit Fahrtrichtungsanzeiger soll andere auf das Bevorstehen eines besonderen Fahrmanövers hinweisen. Die Pflicht richtet sich an alle im fließenden Verkehr abbiegenden Fahrzeuge. Die Anzeigepflicht folgt aus dem abstrakten Gefährdungsverbot und besteht unabhängig davon, ob jemand durch die Verletzung der Pflicht möglicherweise gefährdet wird. Die Fahrtrichtungsanzeige ist deshalb (als eingeschliffene Verhaltensweise) selbst dann zu geben, wenn kein Verkehr herrscht, somit niemand da ist, dem etwas anzuzeigen ist.

Rechtzeitig ist die Fahrtrichtungsanzeige, wenn sich Verkehrsteilnehmer auf die Richtungsänderung in Ruhe einstellen können; die verbleibende Zeitspanne ist wichtiger als die noch bestehende Entfernung zum Abbiegepunkt (BGH VRS 24, 15). Der Nachfolgende darf darauf vertrauen, dass ein Abbieger seine Absicht rechtzeitig ankündigen wird. Wer zwei Mal in kurzem Zeitabstand abbiegt, muss dies durch die Fahrtrichtungsanzeige deutlich erkennen lassen; kein ununterbrochenes Blinken (KG VRS 31, 381; KG VerkMitt 1979 Nr. 35). Je weniger sinnfällig das Abbiegeziel ist, umso sorgfältiger muss der Abbiegende sein. Wer dem Verlauf der abknickenden Vorfahrtstraße folgt, nimmt keine „Richtungsänderung" vor, dennoch ist die Anzeige der Fahrtrichtung erforderlich (§ 42 Abs. 2 zu Z. 306). Es ist jedoch keine Fahrtrichtungsanzeige erforderlich, wenn die abknickende Vorfahrtstraße geradlinig verlassen wird, obwohl im Rechtssinn „abgebogen" wird.

Die Fahrtrichtung ist „**richtig**" anzuzeigen; wer nach rechts blinkt und dennoch geradeaus fährt, haftet für die Unfallfolgen (LG Rostock DAR 2001, 227). Die Fahrtrichtung ist so lange anzuzeigen, bis der Abbiegevorgang beendet, somit die bisher befahrene Straße nicht bloß verlassen, sondern der neue Verkehrsraum erreicht ist. Damit sollen Zweifel vermieden werden, ob das Abbiegemanöver aufgegeben worden ist.

2.3 Einordnen und Rückschaupflicht

Das Einordnen ist nur zulässig, wenn auch abgebogen werden darf und das Abbiegen nicht durch Z. 209 bis 214, 267 oder Fahrbahnmarkierungen 295, 297 verboten ist. Gleiches gilt, wenn die Straße, in die abgebogen wird, durch entgegenkommende oder parkende KFZ blockiert ist. Das Einordnungsgebot soll den Verkehr flüssig halten. Deshalb muss derjenige, der sich falsch eingeordnet hat, in die angezeigte Richtung weiterfahren. Auch das Einordnen muss (wie die vorherige Ankündigung) so rechtzeitig erfolgen, dass sich der rückwärtige Verkehr darauf einstellen kann. Bei starkem mehrstreifigen Verkehr innerorts soll deshalb bereits weit vorher der für das Abbiegen erforderliche Fahrstreifen gewählt werden („vorausschauendes Fahren"). Beim Fahrstreifenwechsel ist das Gefährdungsverbot des § 7 Abs. 5 zu beachten.

Wer **rechts abbiegen** will, muss schon beim Warten vor einer Ampel prüfen, ob sich rechts neben der Fahrbahn Radfahrer nähern (OLG Hamm VRS 73, 280; BayObLG VRS 74, 134). Wer nach links abbiegen will, unterliegt der „doppelten Rückschaupflicht"; er muss sich vor dem Einordnen und nochmals vor dem Abbiegen vergewissern, ob ein schnellerer Hintermann zum Überholen nach links ausscheren wird (BayObLG VerkMitt 1975 Nr. 55 = DAR 1975, 192 = VRS 49, 64). Er muss jedenfalls Verkehrsteilnehmer passieren lassen, die mit dem Überholen begonnen haben oder beim Verzicht auf das Überholen scharf bremsen müssten (OLG Karlsruhe VRS 47, 105). Die Pflicht, nochmals vor dem Abbiegen auf den nachfolgenden Verkehr zu achten (OLG Köln VRS 89), gilt auch beim Abbiegen auf ein Grundstück (OLG Düsseldorf VRS 95, 180). Je nach Fahrweise und Verkehrslage kann es ausreichen, wenn sich der Abbiegende schon eine gewisse, wenn auch nicht lange Strecke (z. B. 10 m) vor der Einleitung des Abbiegemanövers letztmalig nach hinten orientiert hat (OLG Düsseldorf VerkMitt 1975 Nr. 8). Die **Rückschaupflicht** gilt auch für Rechtsabbieger (OLG Düsseldorf VerkMitt 1975 Nr. 111), vor allem langsam fahrende LKW, neben denen sich Radfahrer befinden können (OLG Celle NZV 1990, 481). Von der Rückschaupflicht unmittelbar vor dem Abbiegen ist der Linksabbieger nur befreit, wenn ein Überholen faktisch nicht mehr möglich ist; z. B. an Mittelstreifen (OLG Stuttgart VerkMitt 1972 Nr. 91 = VRS 44, 149) oder durch eindeutige Verkehrsregelung verboten ist (KG VerkMitt 1977 Nr. 70; OLG Düsseldorf DAR 1980, 157; a. M. BayObLG VRS 47, 462).

2.4 Paarweises Abbiegen

Haben sich die **Linksabbieger** wegen dichten Verkehrs nebeneinander in zwei Reihen aufgestellt, ohne dass Fahrbahnmarkierungen für paarweises Abbiegen vorhanden sind, dürfen die Fahrzeuge der rechten Reihe nicht schneller als die der linken Reihe fahren und diese beim Einfahren in die Querstraße nicht behindern (BayObLG VerkMitt 1975 Nr. 21). Das paarweise **Rechtsabbiegen** ist zulässig, wenn es zur Ausnutzung des Verkehrsraums im Großstadtverkehr zweckmäßig ist und niemand gefährdet oder behindert wird (BayObLG VRS 60, 391). Auch ohne Markierungen ist mehrspuriges Einordnen und Abbiegen erlaubt, wenn die örtlichen Verhältnisse und die Verkehrslage es zulassen (KG VRS 77, 237 = NZV 1989, 363). Der aus dem rechten Fahrstreifen Abbiegende hat allerdings wegen des strikten Einordnungsgebots selbst dann Vorrang vor dem aus dem 2. Fahrstreifen ebenfalls nach rechts Abbiegenden, wenn er im Einmündungsbereich in den linken Fahrstreifen der rechts abgehenden Straße überwechselt.

2.5 Art des Abbiegens

2.5.1 Linksabbiegen

Beim **Abbiegen nach links** ist das Fahrzeug bis zur Mitte, auf Richtungsfahrbahnen (und Einbahnstraßen) möglichst weit links einzuordnen. Der
Kraftfahrer hat rechts der Linie zu bleiben, die zum Schnittpunkt der Mittellinien der beiden Fahrbahnen führt; dies gilt auch bei einer trichterförmig
erweiterten Straßeneinmündung (BayObLG VerkMitt 1981 Nr. 2 = DAR
1981, 21; BayObLG VerkMitt 1977 Nr. 2 = VRS 51, 373). Im Verhältnis zum
ebenfalls links abbiegenden Gegenverkehr ist **grundsätzlich tangential**
(voreinander) abzubiegen. Diese Abbiegeart hat sich bei großräumigen
Kreuzungen mit mehreren Fahrstreifen als geeignet erwiesen, weil sie der
Verbesserung des Verkehrsflusses dient. Vielfach wird auch das tangentiale
Abbiegen durch Markierungen nach Z. 340 oder durch (nicht amtliche)
Hinweisschilder vorgegeben. Durch das tangentiale Abbiegen kann jedoch
die Sicht auf den geradeaus durchfahrenden Gegenverkehr verdeckt werden,
insbesondere bei starkem Verkehr. Bei engen Kreuzungen oder solchen mit
Mittelinseln ist auch das Abbiegen im weiten Bogen gestattet. Der Mittel-
streifen muss dann aber i. d. R. mindestens so breit sein, wie das KFZ lang
ist (damit es vom Gegenverkehr abgeschirmt ist). Beim Abbiegen im weiten
Bogen ist im Allgemeinen eine Verständigung mit dem ebenfalls links abbiegenden Gegenverkehr erforderlich (z. B. durch Ansetzen zum weiten
Bogen). Ein Dissens bei der Verständigung geht zu Lasten des im weiten
Bogen Abbiegenden. Beim tangentialen Abbiegen ist **Vorsicht** geboten,
weil das Abbiegen im weiten Bogen als eingeschliffene Verhaltensweise
noch lange Zeit erhalten bleiben wird. Der tangential Abbiegende wird
sich deshalb nicht auf den Vertrauensgrundsatz berufen können; vielmehr
muss er besonders sorgfältig das Verhalten des links abbiegenden Gegenverkehrs beobachten und im Zweifel erst dann abbiegen dürfen, wenn der
Gegenverkehr selbst abgebogen ist.

Nicht jeder Abbiegevorgang kann in der durch § 9 Abs. 1 und 4 beschriebenen Weise durchgeführt werden. Insbesondere beim Einfahren von LKW
in Grundstückszufahrten oder in enge Seitenstraßen ist ein Abbiegen oft nur
mit atypisch weitem Bogen oder durch Rangieren möglich. Das Abbiegen
wird dadurch nicht unzulässig, jedoch sind die Sorgfaltsanforderungen
gegenüber dem Normalfall gesteigert. Auch beim atypischen Abbiegevorgang muss jede Gefährdung des bevorrechtigten Verkehrs ausgeschlossen
und eine Behinderung so weit herabgesetzt sein, dass entsprechend reagiert
werden kann. Hieraus folgt u. U. die Notwendigkeit, sich durch Hilfspersonen
einweisen zu lassen.

2.5.2 Rechtsabbiegen

Beim Abbiegen nach rechts gilt das Einordnungsgebot „möglichst weit
rechts". Daraus folgt ein möglichst enger Bogen, weil nach § 2 Abs. 1 in der
Abbiegerichtung wieder rechts gefahren werden muss. Im weiten Bogen
ist rechts abzubiegen, wenn die Fahrzeugart ("Schleppkurve" eines LKW)
oder die Verkehrsverhältnisse (parkende KFZ in der Abbiegerichtung) es
erfordern. Der Rechtsabbiegende hat Vorrang vor dem Linksabbiegenden
(BayObLG VRS 28, 230). Der Fahrer eines Busses muss das Rechtsabbiegen
im Kreuzungsbereich abbrechen, sobald dadurch ein links daneben in derselben Richtung abbiegendes KFZ gefährdet wird, das nicht ausweichen
kann (KG VerkMitt 1991 Nr. 81). Beim Rechtseinbiegen in eine Vorfahrt-

Vorrang beim Rechtsabbiegen

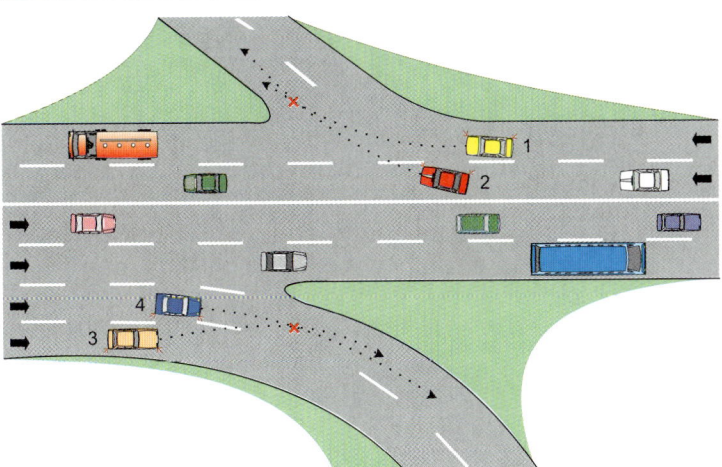

Wer nach rechts abbiegt, muss sich „möglichst weit rechts" einordnen (§ 9 Abs. 1 Satz 1). Aus dieser (strikten) Regel folgt der Vorrang von KFZ 1 gegenüber KFZ 2, das sich nicht rechts, sondern im 2. Fahrstreifen zum Rechtsabbiegen eingeordnet hat (obere Richtungsfahrbahn). KFZ 2 genießt auch keinen Vertrauensschutz, dass KFZ 1 im rechten Fahrstreifen verbleibt, selbst wenn paarweises Abbiegen möglich und üblich ist. Vielmehr obliegt KFZ 2 eine gesteigerte Sorgfaltspflicht, es muss KFZ 1 den Vortritt lassen, wenn KFZ 1 auf den linken Fahrstreifen der abgehenden Fahrbahn überwechselt (keine Anwendung des Gefährdungsausschlusses beim Fahrstreifenwechsel – § 7 Abs. 5). Kommt es zum Unfall, muss KFZ 2 den gesamten Schaden tragen (KG VerkMitt 1991, Nr. 48). Das gilt selbst dann, wenn KFZ 1 die Fahrtrichtung zwar rechts anzeigt, dann aber geradeaus weiterfährt (KG VerkMitt 1986, Nr. 82 = VRS 69, 305). Den Vertrauensschutz in die richtige Fahrtrichtungsanzeige des Wartepflichtigen bei der Vorfahrt wendet die Rechtsprechung beim Abbiegen nicht an. Sind hingegen die Fahrstreifen zur abgehenden Fahrbahn hin als „Abbiegespuren" markiert (untere Richtungsfahrbahn), darf sich der aus dem 2. Fahrstreifen Abbiegende (KFZ 4) darauf verlassen, dass der aus dem rechten Fahrstreifen Herankommende seine Fahrtrichtung beibehält (KFZ 3). Wechselt KFZ 3 dennoch über, gilt zu seinen Lasten der Gefährdungsausschluss beim Fahrstreifenwechsel (§ 7 Abs. 5). Für einen unfallbedingten Schaden wäre KFZ 3 (allein) verantwortlich.

straße mit Radweg ist mit Radfahrern zu rechnen, die den Radweg in falscher Richtung benutzen (OLG Hamm NZV 1992, 364).

2.6 Vorrang des Gegenverkehrs

Der Gegenverkehr darf weder beim Rechts- noch Linksabbiegen gefährdet werden; der Abbiegende muss somit warten, dabei ist es gleich ob der Geradeausverkehr auf der Fahrbahn, Sonderwegen (Radweg) oder Sonderfahrstreifen fährt. Die Wartepflicht zum Gegenverkehr besteht dann, wenn sich beide Fahrlinien kreuzen oder der Gegenverkehr so nahe herangekommen ist, dass er durch das Abbiegen gefährdet oder an der zügigen Weiterfahrt wesentlich behindert werden könnte. Sie entfällt nur dann, wenn der Linksabbieger mit Sicherheit damit rechnen kann, dass er die Fahrbahn vor dem Entgegenkommenden schon verlassen hat. Der Gegenverkehr darf grundsätzlich darauf vertrauen, dass sein Vorrang beachtet wird, selbst wenn er sich verkehrswidrig verhält, z. B. bei Gelb oder frühem

Rot („Blutorange") in die Kreuzung einfährt (OLG Hamm NZV 2001, 520), mit überhöhtem Tempo fährt (OLG Zweibrücken DAR 2000, 312); bei extrem überhöhter Geschwindigkeit haftet er aber zu 2/3 für die Unfallfolgen (KG VRS 100, 279: 50 km/h mehr als erlaubt). Um im Interesse des Gesamtverkehrs die Kreuzung möglichst rasch zu räumen, muss der Gegenverkehr allerdings unwesentliche Behinderungen hinnehmen, so weit sie unvermeidbar sind. Eine unwesentliche Behinderung liegt dann vor, wenn der Bevorrechtigte zu Reaktionen veranlasst wird, die er ohne Gefahr für sich und andere ausführen kann (z. B. Gas wegnehmen oder leichtes Ausweichen). Weiterhin muss der Gegenverkehr bei schwierigen Abbiegevorgängen Rücksicht nehmen, z. B. an engen oder unübersichtlichen Bereichen, an Baustellen, bei Großraum- oder Schwertransporten, bei Rangiermanövern von LKW. Solche Verkehrsverhältnisse können einen Verzicht auf den Vorrang nach § 11 Abs. 3 begründen.

Wer an einer unübersichtlichen Stelle nach links abbiegen will, muss sich vorsichtig in die Gegenfahrbahn hineintasten (BGH VersR 1966, 1074), auch bei Ausnutzung einer Lücke einer wartenden Autokolonne (vgl. OLG Düsseldorf DAR 1980, 117 = VersR 1980, 634 = MDR 1980, 405; BayObLG VRS 60, 133). Wer unberechtigt eine Busspur befährt, verliert den Vorrang nach § 9 Abs. 3 vor dem begegnenden Linksverkehr (KG VerkMitt 1991 Nr. 23; a. A. OLG Stuttgart DAR 1995, 32). Der Vorrang gilt nicht gegenüber einem Mofa, das im Gegenverkehr vom Gehweg (unzulässig) auf die Fahrbahn fährt (KG VerkMitt 1990 Nr. 44), auch nicht beim Einfahren gegenüber einem aus demselben Grundstück ausfahrenden PKW (OLG Düsseldorf NZV 1991, 342). Beim Linksabbiegen ist damit zu rechnen, dass entgegenkommende Fahrzeuge während der Gelbphase und während des Beginns der Rotphase noch durchfahren (OLG Hamm VersR 1980, 722). Abbiegen darf man erst, wenn man sicher sein kann, dass kein Fahrzeug im Gegenverkehr die Fahrlinie kreuzen kann (OLG Köln VersR 1992, 1016). Kommt es zum Unfall, spricht der Beweis des ersten Anscheins für ein Fehlverhalten des Abbiegenden (KG VerkMitt 1998 Nr. 43). Ein Linksabbieger muss in einer lichtzeichengeregelten Kreuzung (ohne besondere Linksabbiegespur) unabhängig von den Farbzeichen der Ampeln entgegenkommende Fahrzeuge durchfahren lassen (OLG Düsseldorf VersR 1980, 1029 = VRS 59, 408).

2.7 Pflichten gegenüber nachfolgendem Verkehr

Eine allgemeine Pflicht, dem nachfolgenden Verkehr Vorrang einzuräumen, besteht nicht (BGH VRS 27, 268). Es würde den Verkehrsablauf beeinträchtigten, wenn der Linksabbieger den nachfolgenden Verkehr erst vorbeilassen müsste. Der nachfolgende Verkehr muss deshalb solange warten, bis der Abbiegevorgang beendet ist. Demgegenüber besteht die Pflicht uneingeschränkt, vor dem Einordnen auf den nachfolgenden Verkehr zu achten (§ 9 Abs. 1 Satz 4). Im Übrigen gilt § 9 Abs. 3 für Schienenfahrzeuge, Sonderfahrstreifen und Radfahrer. Vor allem beim Rechtsabbiegen muss sich der Kraftfahrer durch den „Schulterblick" davon überzeugen, dass kein Radfahrer (auch auf Radwegen) in gleicher Richtung weiterfährt. Wer auf einer mit Z. 245 ausgewiesene Busspur unzulässig fährt, hat keinen Vorrang vor dem Rechtsabbieger (KG VerkMitt 2000 Nr. 87). Kann ein LKW-Fahrer trotz Rückspiegel (infolge der „toten Winkel") den rückwärtigen Radfahrverkehr nicht ausreichend beobachten, darf er sich höchstens mit Schrittgeschwindigkeit (ggf. zentimeterweise) nach rechts hineintasten.

2.8 Vorrang der Fußgänger

Beim Einbiegen in eine andere Straße ist besondere Rücksicht auch auf solche Fußgänger zu nehmen, die einige Meter neben der Einmündung die Fahrbahn überschreiten (KG VerkMitt 1975 Nr. 2).

2.9 Sonderfälle des Abbiegens

2.9.1 Abknickende Vorfahrt

Bei der abknickenden Vorfahrt wird zwar die Fahrtrichtung geändert, jedoch nicht i. S. d. § 9 abgebogen; trotzdem ist die Änderung der Fahrtrichtung wegen der Sonderregelung in § 42 Abs. 2 Satz 9 (Zusatzschild zum Z. 306) anzuzeigen. Außerdem ist das Einordnen zur Mitte der Fahrbahn wegen des Rechtsfahrgebots unzulässig (BayObLG VRS 42, 301). Für alle anderen Verkehrsvorgänge im Bereich abknickender Vorfahrt gilt § 9 uneingeschränkt, sofern sie mit einer Fahrtrichtungsänderung an den einmündenden Straßen verbunden sind. Wer eine nach links abknickende Vorfahrtstraße geradeausfahrend verlässt, biegt zwar nach rechts ab und muss daher einen Radfahrer durchfahren lassen, der dem Verlauf der Vorfahrtstraße folgt (BayObLG VerkMitt 1986 Nr. 79 = VRS 70, 377); da er aber seine Fahrtrichtung nicht ändert, darf nicht rechts geblinkt werden. Etwas anderes gilt bei Straßengabelungen mit abknickender Vorfahrt; wird hier die Fahrtrichtung geändert, ist sie anzuzeigen. Wer die nach rechts abknickende Vorfahrtsstraße geradeaus verlässt, biegt nach links ab (OLG Hamm VRS 51, 73).

Abbiegen an abknickender Vorfahrt mit platzartigen Einmündungen

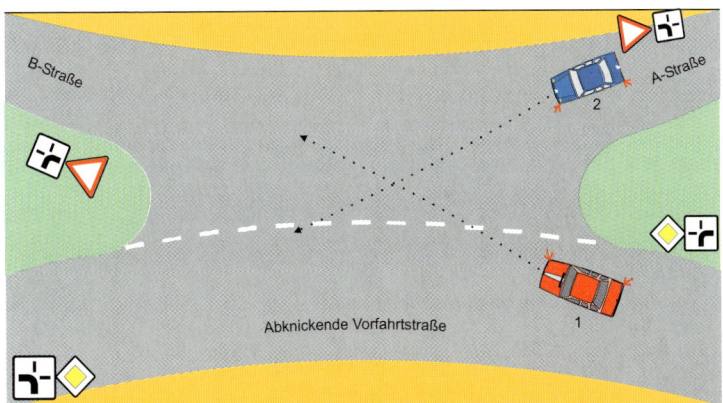

Die durch eine trichterförmige Erweiterung entstehende platzartige Fläche bildet mit der Vorfahrtstraße eine Einheit, so dass sich die Vorfahrtberechtigung auch auf diesen Bereich erstreckt. Der von der nachgeordneten Straße auf die platzartige Fläche einfahrende Verkehr (KFZ 2) muss deshalb die Vorfahrt des von der abknickenden Vorfahrtstraße abbiegenden Verkehrs (KFZ 1) beachten. Das gilt selbst dann, wenn der Verlauf der Vorfahrtstraße durch eine seitliche bogenförmige Markierung („Würfelkette") gekennzeichnet ist. Wegen des atypischen Straßenverlaufs muss allerdings der nach rechts („geradeaus" zur B-Straße) abbiegende Verkehr (KFZ 1) besonders vorsichtig fahren und darf nicht darauf vertrauen, dass der nach links abbiegende Verkehr (KFZ 2) die Vorfahrt beachtet (OLG Hamm NZV 1997, 180).

Fußgänger, die eine Kreuzung mit abknickender Vorfahrt überqueren, sind gegenüber dem Fahrzeugverkehr, der dem Verlauf der Vorfahrtstraße folgt, nicht aus § 9 Abs. 3 Satz 3, wohl aber aus § 42 Abs. 2 Satz 10 (Zusatzschild zum Z. 306) bevorrechtigt (im Interesse der Fußgängersicherheit sollen die Straßenverkehrsbehörden die Überquerung von Kreuzungen mit abknickender Vorfahrt durch Geländer u. ä. absichern).

2.9.2 Straßengabel

Teilt sich die bisher befahrene Straße in eine Straßengabel, biegt ab, wer seine Fahrbahn verlassen muss, um in die gewünschte Richtung zu gelangen. Dabei ist gleichgültig, ob einer der beiden Schenkel der Gabel bevorrechtigt oder nach seiner Bauart als Fortsetzung der bisherigen Straße anzusehen ist (Folge aus § 9, weil nicht mehr Voraussetzung ist, dass in eine andere Straße abgebogen werden muss; so früher noch KG VerkMitt 1957 Nr. 23). Beim Einfahren in eine der beiden Straßen ist die Fahrtrichtungsänderung anzuzeigen (OLG Oldenburg DAR 1954, 117). Für beide Straßen gelten die Vorfahrtregeln (BGH VRS 27, 74).

2.9.3 Kreisverkehr

Bei der Einfahrt in den Kreis (mit Ein-Richtungsverkehr) wird zwar der gleichgerichtete Verkehr nicht verlassen, weil eine andere Fahrtrichtung meist nicht möglich ist. Dennoch wird die Fahrtrichtung geändert, weil der natürliche Verlauf der Straße regelmäßig am Kreis endet. Infolgedessen wird dort abgebogen (a. A. für Kreisverkehr mit grünem Pfeilschild KG NZV 1994, S. 159). Ebenfalls wird abgebogen, wenn der Kreis nach rechts verlassen wird. Hier gelten das Einordnungsgebot sowie die Pflichten gegenüber dem nachfolgenden und dem Gegenverkehr gleichermaßen (§ 9 Abs. 1 und 3). Auch wenn der Kreis in beiden Richtungen befahrbar ist (selten), wird bei der Einfahrt und beim Verlassen abgebogen (vgl. im Übrigen § 9a).

2.9.4 Abbiegen in ein Grundstück

Beim Linksabbiegen in ein Grundstück muss sich der Fahrer so rechtzeitig einordnen, dass sich der nachfolgende Verkehr gefahrlos darauf einstellen kann; nötigenfalls muss er warten bis alle Nachfolgenden vorbeigefahren sind, auch Radwegebenutzer (OLG Köln VRS 99, 39; OLG Düsseldorf VersR 1983, 40; KG VRS 89, 260). Grundstücke i. S. d. § 9 Abs. 5 sind alle Flächen, die nicht dem fließenden Verkehr dienen, auch Parkplätze (vgl. KG VerkMitt 1974 Nr. 47; OLG Celle DAR 1973, 306) und Tankstellenflächen, nicht aber Feld- und Waldwege (OLG Nürnberg DAR 2001, 170). Beim Abbiegen in ein Grundstück gelten die allgemeinen Abbiegeregeln (Richtungsanzeige, Einordnen, zweimalige Rückschau), daneben aber auch die Pflicht, dem fließenden Verkehr Vortritt zu lassen und äußerste Sorgfalt (wie beim Wenden und Rückwärtsfahren) anzuwenden (OLG Oldenburg VersR 1978, 1027). Wer von der Durchgangsfahrbahn über eine Beschleunigungsspur in eine Tankstelle fahren will, muss den Verkehr auf dem Beschleunigungsstreifen vorbeilassen (OLG Braunschweig VerkMitt 1976 Nr. 53 = VRS 50, 386). Geschützt wird der Folge- und Gegenverkehr (OLG Düsseldorf VRS 76, 35), nicht Personen, die sich auf oder neben dem Grundstück befinden (OLG Düsseldorf VerkMitt 1993 Nr. 37). Der aus einem Grundstück Ausfahrende ist jedoch gegenüber dem einfahrenden Abbieger nicht „Gegenverkehr" (OLG Düsseldorf NZV 1991, 342).

Abbiegen von Radfahrern

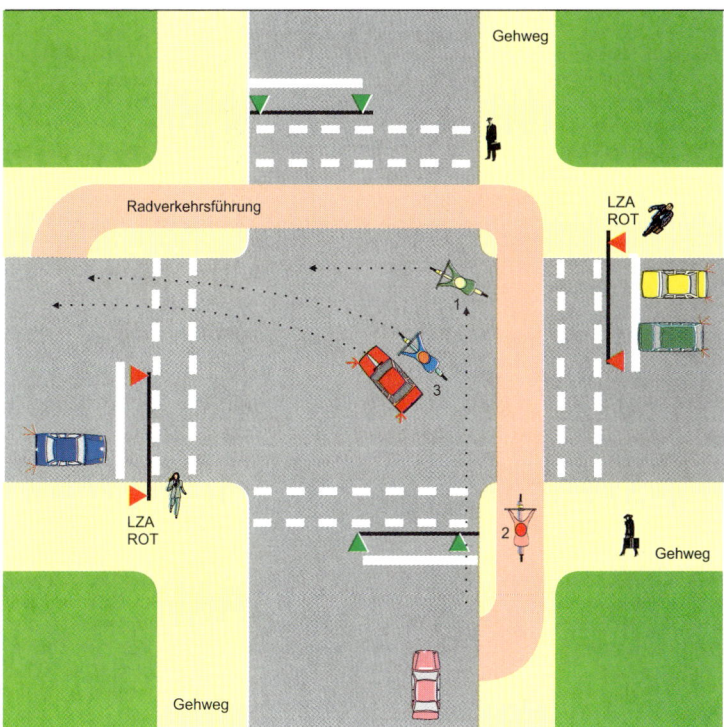

Sind an Knotenpunkten Radverkehrsführungen vorhanden (Radwege, Radfahrstreifen, Schutzstreifen, Leitmarkierungen) „müssen" Radfahrer der vorgegebenen Wegführung auch dann folgen, wenn keine Z. 237, 240 oder Z. 241 angeordnet sind (Radfahrer 2). Dabei haben sie sich an die Radfahrsignale zu halten. Sind keine vorhanden, müssen sie die Fußgängersignale beachten. Fehlt eine Radverkehrsführung, sollen Radfahrer möglichst rechtwinklig abbiegen (Radfahrer 1). Bei der Weiterfahrt haben sie sich nach dem Grün der Lichtzeichenanlage zu richten. Diese Abbiegeart gilt jedoch nur als Empfehlung und sollte vor allem bei starkem Verkehr gewählt werden. Sind keine Radverkehrsführungen vorhanden, müssen sich Radfahrer (wenn sie nicht rechtwinklig abbiegen) rechts von abbiegenden KFZ halten (Radfahrer 3).

2.9.5 Richtungspfeile auf der Straße

Pfeile ohne Fahrstreifenmarkierungen (Z. 295 oder 340) haben zwar nur Empfehlungscharakter. Der Fahrtrichtung auf der folgenden Kreuzung/ Einmündung muss jedoch dann gefolgt werden, wenn infolge des falschen Einordnens die Geradeausfahrt oder das Abbiegen nicht ohne Behinderung oder Gefährdung des nachfolgenden Verkehrs möglich ist. Befinden sich Pfeile zwischen Fahrstreifenmarkierungen, muss der Pfeilrichtung auf der folgenden Kreuzung/Einmündung gefolgt werden. Nach Art. 28 Abs. 1 Satz 3 WÜ „müssen Führer der Fahrtrichtung folgen, wenn sie sich auf einer durch Längsmarkierung in Fahrstreifen aufgeteilten Fahrbahn befinden, auf der ein Pfeil aufgetragen ist". Die StVO hat diese Regelung auf mehrere Pfeile (d. h. mindestens zwei) ausgedehnt, die in verschiedene Richtungen weisen müssen, d. h. zwischen den Fahrstreifen mindestens zwei nebeneinander liegende Pfeile. Das gilt auch auf Fahrbahnen mit mehreren Fahrstreifen, von denen jedoch nur zwei mit Pfeilen markiert sind. Ist hingegen nur ein Pfeil zwischen den (mehreren markierten) Fahrstreifen vorhanden, gilt diese Regelung lediglich als Empfehlung. Wird der Pfeilrichtung in diesem Fall nicht gefolgt, besteht jedoch kein Vertrauensschutz gegenüber anderen Fahrzeugen, die von einem Abbiegen ausgehen.

Soweit keine Behinderung oder Gefährdung des nachfolgenden Verkehrs zu erwarten ist, darf der innerhalb des Pfeilbereichs falsch eingeordnete Kraftfahrer den Fahrstreifen dann noch wechseln, wenn sich zwischen den Pfeilen Leitlinien (Z. 340) befinden. Nur wenn zwischen den Pfeilen ununterbrochene Linien (Z. 295) markiert sind, darf das falsche Einordnen nicht mehr korrigiert werden. Der Kraftfahrer muss dann der Pfeilrichtung folgen (OLG Bremen VerkMitt 1993 Nr. 60; OLG Düsseldorf VRS 89, 138).

2.9.6 Straßenbahngleise und Sonderfahrstreifen

Beim Linksabbiegen ist das Einordnen auf Gleisen nur zulässig, wenn kein Schienenfahrzeug behindert wird (BGH VerkMitt 1976 Nr. 117 = VRS 51, 337 = DAR, 1976, 271 = VersR 1976, 932; OLG Hamm VRS 61, 353). Gemeint ist hier eine konkrete Behinderung, d. h. bei Verstößen ist die Behinderung aus § 1 Abs. 2 subsidiär. Für Rechtsabbieger enthält § 9 kein dem Abs. 1 Satz 3 entsprechendes Verbot, sich auf rechts verlegten Gleisen einzuordnen. Das Verbot, Schienenbahnen zu behindern, folgt jedoch aus Abs. 3. Danach muss man Schienenfahrzeuge durchfahren lassen (der Vorrang der Schienenbahn aus § 2 Abs. 3 in der Längsrichtung gilt nur für den Verkehr geradeaus). Entsprechendes gilt für die auf Sonderfahrstreifen zugelassenen Fahrzeuge, die sich in gleicher Richtung fortbewegen (Linienbusse, Taxen, Radfahrer).

2.9.7 Radwegeführung

Abbiegende Radfahrer müssen nach § 9 Abs. 2 an der rechten Seite der in gleicher Richtung abbiegenden KFZ bleiben, sofern dort ausreichender Raum vorhanden ist (etwa 1 m). Fehlt es daran, darf der Radfahrer wie ein KFZ abbiegen und einen angemessenen Teil des Abbiege-Fahrstreifens benutzen. Beim Linksabbiegen wird dem Radfahrer empfohlen, rechtwinklig unter Ausnutzung der Kreuzungskanten abzubiegen; dabei muss er absteigen, wenn es die Verkehrslage erfordert. Hier können sich Radfahrer bei signalgeregelten Kreuzungen nach den Lichtzeichen für Fußgänger richten. Ist die Linienführung an Knotenpunkten durch Radfahrmarkierungen, Radwege oder Radaufstellflächen vorgegeben, müssen Radfahrer in Abweichung von § 2 Abs. 4 dieser Wegführung folgen (§ 9 Abs. 2 Satz 5), selbst wenn keine verpflichtende Beschilderung durch Z. 237, 240 oder 241 vorhanden ist. Nur wenn eine Radwegefurt neben einer Fußgängerfurt verläuft und für Radfahrer keine eigenen Lichtzeichen vorhanden sind, müssen sie sich nach den Lichtzeichen für Fußgänger richten (§ 37 Abs. 2 Nr. 6).

2.10 Verzicht auf Vorrang

Verzichtet ein Fahrer auf den Vorrang, muss dies unmissverständlich zum Ausdruck kommen. Auch dann muss der Linksabbieger die Fahrzeuge durchfahren lassen, die ihm noch außer dem Fahrzeug des verzichtenden

Verzicht beim Abbiegen

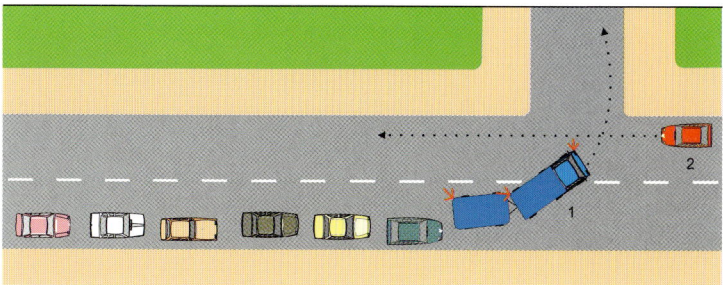

Der abbiegende Verkehr muss sich möglichst weit links einordnen. LKW 1 benötigt jedoch für das Abbiegen einen größeren Radius. Der verbleibende Raum reicht häufig nicht aus, damit der nachfolgende Verkehr den LKW rechts überholen kann. Die nachfolgenden KFZ haben keinen Vorrang vor dem Abbiegenden – sie müssen warten. Der LKW braucht seinen Abbiegevorgang nicht abzubrechen (aber gesteigerte Sorgfalt, sofern in ein „Grundstück" abgebogen wird – § 9 Abs. 5).

KFZ 2 hat als Gegenverkehr Vorrang vor LKW 1. Aus §§ 1 Abs. 1, 11 Abs. 3 kann sich jedoch die Pflicht ergeben, auf den Vorrang zu verzichten. Ob sich die Rücksichtnahme aus § 11 Abs. 3 verdichtet, hängt davon ab, wie weit sich der LKW bereits in der Einmündung befindet und ob der Verzicht dem Gegenverkehr zumutbar ist. Nicht zumutbar wäre der Verzicht, wenn der Gegenverkehr nicht unbehindert abfließen kann und sich beim Warten aufstaut. Für KFZ 2 empfiehlt sich jedoch mangels rückwärtigen Verkehrs vor der Einmündung zu warten und den LKW durchfahren zu lassen, damit dort der Stau abgebaut wird. Andererseits hat der LKW 1 keinen Anspruch auf einen Verzicht. Er muss deshalb so lange warten, bis der Gegenverkehr ihn durchfahren lässt. Muss der LKW wegen starken Gegenverkehrs unvertretbar lange warten, kann sich für ihn aus dem Behinderungsverbot des § 1 Abs. 2 die Verpflichtung ergeben, auf das Abbiegen zu verzichten und durch Blockumfahrung von anderer Seite sein Ziel zu erreichen.

Fahrers entgegenkommen (OLG Düsseldorf VerkMitt 1973 Nr. 85). Der Linksabbieger darf keinen Verzicht annehmen, wenn das entgegenkommende KFZ lediglich das Tempo herabsetzt und die Lichthupe betätigt (OLG Hamm DAR 2000, 163 = NZV 2000, 415).

2.11 Rückwärtsfahren

Rückwärtsfahren ist gewolltes Fahren im Rückwärtsgang entgegen der Fahrtrichtung des fließenden Verkehrs nach hinten; nicht Vorwärtsfahren in verbotener Richtung. Unbeabsichtigtes Zurückrollen oder Rangieren in einer Parklücke fällt unter das Gefährdungsverbot des § 1 Abs. 2, nicht des § 9 Abs. 5, weil sich die Vorschriften der §§ 8 bis 10 auf Flächen des fließenden, nicht auf die des ruhenden Verkehrs beziehen. Dabei bestimmen aber die Rechtspflichten des § 9 Abs. 5 das Maß der Sorgfalt nach § 1 Abs. 2 (OLG Düsseldorf VerkMitt 2000 Nr. 103 = NZV 2000, 303 = DAR 2000, 367 = VRS 99, 69; OLG Koblenz DAR 2000, 84).

Beim Rückwärtsfahren ist jede Gefährdung anderer Verkehrsteilnehmer auszuschließen. Dabei darf nur der vom Fahrer aus sichtbare oder mindestens von einer Hilfsperson beobachtete Straßenteil befahren werden (OLG Oldenburg NZV 2001, 377). Das Fahrzeug ist möglichst nahe am rechten Fahrbahnrand mit sehr geringer Geschwindigkeit und in ständiger Bremsbereitschaft zurückzusetzen. Der von rückwärts nahende Verkehr ist ständig zu beobachten; das gilt auch beim Rückwärtsfahren auf den Zufahrten öffentlicher Tiefgaragen (OLG Hamburg VerkMitt 2000 Nr. 52 = DAR 2000,

Rückwärtsfahren

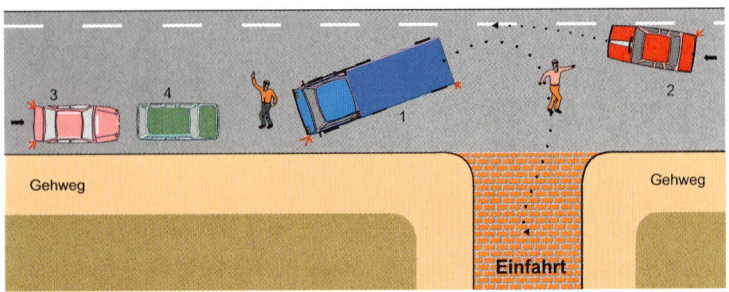

Atypische Fahrmanöver, wie Rückwärtsfahren in eine Einfahrt, sind nicht unzulässig. Allerdings muss dabei äußerste Vorsicht gewahrt und jede Gefährdung vermieden werden. Da meist keine Sicht nach hinten besteht, muss sich LKW 1 einweisen lassen (gegenüber KFZ 2). Beim Ausscheren im weiten Bogen ist auch der Verkehr in Gegenrichtung abzusichern (KFZ 3 und 4). Der Einweiser hat zwar keine Befugnis, den Verkehr anzuhalten; andere Verkehrsteilnehmer müssen aber auf das atypische Fahrmanöver durch Rücksichtnahme reagieren und notfalls anhalten. Für KFZ 2 besteht wegen unklarer Verkehrslage Überholverbot nach § 5 Abs. 3 Nr. 1 (OLG Hamm DAR 2001, 222). Andererseits darf LKW 1 erst dann nach links ausholen, wenn jede Gefährdung ausgeschlossen ist.

---

41). Der Fahrer muss sofort anhalten, wenn ein Fahrzeug in den Gefahrenbereich gerät (OLG Hamm DAR 1970, 103). Besondere Vorsicht ist beim Rückwärtsfahren in einer Straße geboten, in der mit spielenden Kindern (OLG Hamm VRS 42, 422), mit Fußgängern (OLG Hamm NZV 1998, 372) oder mit ausfahrenden KFZ zu rechnen ist (KG DAR 1996, 366). Der Fahrer muss die Hindernisfreiheit auch im Bereich des toten Winkels feststellen, nötigenfalls sich einweisen lassen (OLG Düsseldorf VerkMitt 1994 Nr. 82). Ist der tote Winkel nicht mit Gewissheit leer und steht kein Einweiser zur Verfügung, muss das Zurücksetzen unterbleiben (OLG Schleswig VerkMitt 1973 Nr. 73). Im Übrigen muss der Fahrer bei der Rückschau die Fahrbahn umso länger nach hinten beobachten, je größer der tote Winkel seiner Rückspiegel ist (OLG Düsseldorf VerkMitt 1973 Nr. 107).

Aus dem Gefährdungsausschluss folgt, dass nur über kurze Strecken rückwärts gefahren werden darf; andernfalls muss der Kraftfahrer wenden. Rückwärtsfahren entgegen der vorgeschriebenen Fahrtrichtung in Einbahnstraßen ist unzulässig (§ 41 Abs. 2 Nr. 2, Z. 220), auch zu einer Parklücke hin; Rückwärtseinparken ist jedoch erlaubt (OLG Karlsruhe VerkMitt 1978 Nr. 13 = VRS 54, 150 = DAR 1978, 171). Wer wegen einer Parklücke auf einer Vorfahrtstraße über eine längere Strecke rückwärts fährt, handelt grob verkehrswidrig und genießt auch keinen Vertrauensschutz gegenüber einem aus einem Grundstück Ausfahrenden (KG DAR 1996, 366).

Auf Autobahnen und Kraftfahrstraßen ist Rückwärtsfahren generell unzulässig (§ 18 Abs. 7). Bei Gefährdung oder Unfällen handelt es sich um eine Straftat (§ 315c Abs. 1 Nr. 2f StGB), ohne Gefährdung um eine Zuwiderhandlung gegen die Benutzungspflicht rechter Fahrbahnen (§ 2 Abs. 1 Satz 1 StVO). „Geisterfahrer" auf Autobahnen fahren nicht rückwärts, sondern vorwärts in verbotener Richtung. Wird vor einem „Geisterfahrer" im Autoradio gewarnt, müssen Kraftfahrer auf dem gefährdeten Streckenabschnitt strikt rechts fahren und dürfen nicht mehr überholen. Das Einschalten des

Warnblinklichts ist geboten, auch um andere zu warnen, die die Meldung nicht gehört haben.

2.12 Wenden

Wenden ist ein Fahrmanöver eigener Art, bei dem das Fahrzeug von der bisherigen in die entgegengesetzte Richtung gebracht wird (KG VerkMitt 1981 Nr. 67; OLG Hamburg DAR 1981, 327; OLG Hamm 1997, 438). Strittig ist, ob § 9 Abs. 1 bis 4 auch beim Wenden gilt (so KG VerkMitt 1981 Nr. 67; a. A. OLG Hamburg VerkMitt 1981 Nr. 116 = DAR 1981, 327). Wenden unterscheidet sich aber vom Abbiegen dadurch, dass der Fahrer auf derselben Fahrbahn bleibt (BGH NJW 1982, 2454). Wenden liegt auch bei Mitbenutzung einer Grundstückseinfahrt vor; doch muss der Wendende mit einem Teil des Fahrzeugs auf der Fahrbahn bleiben (OLG Köln VerkMitt 2000 Nr. 42 = DAR 2000, 120; OLG Koblenz DAR 1986, 155 = VRS 71, 58). Mangels Durchquerung des Längsverkehr wendet nicht, wer den Wendekopf einer Sackgasse umrundet, um in der Gegenrichtung weiterzufahren (OLG Köln VRS 96, 345 = DAR 1999, 314 = NZV 1999, 373). Wenden beginnt mit dem Eindrehen des Lenkrades und Anfahren in die neue Fahrtrichtung; es endet mit der Ausführung des Bogens und dem Einordnen in den Verkehr der Gegenrichtung, dabei ist es gleich, ob die Fahrt danach fortgesetzt wird oder nicht (BayObLG VRS 92, 37). Gegenüber dem vom Fahrbahnrand Anfahrenden (= ruhender Verkehr) hat der Wendende (= fließender Verkehr) Vorrang (KG VerkMitt 1984 Nr. 52). Der Wendende muss jede Gefährdung anderer vermeiden. „Höchster Grad der Sorgfalt" bedeutet bei einem Unfall: Anscheinsbeweis für Fehlverhalten – Umkehr der Beweislast (BGH VerkMitt 1986 Nr. 3 = VRS 69, 345). Die besonderen Sorgfaltspflichten beim Wenden sollen den fließenden Mit- und Gegenverkehr vor den Gefahren seiner Durchquerung schützen. Selbst der aus einer durch Z. 205 gekenn-

Wenden auf der Vorfahrtstraße

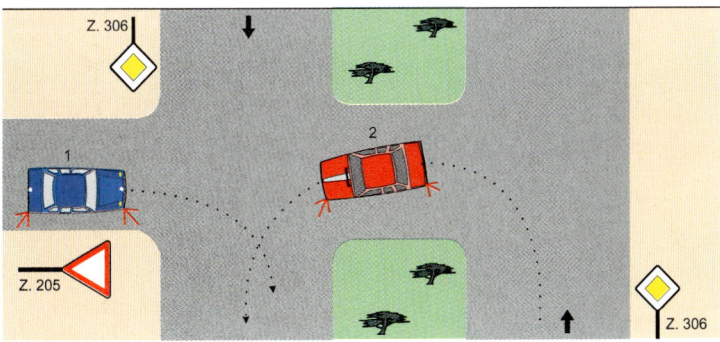

KFZ 2 wendet am Mittelstreifen auf der Vorfahrtstraße in Höhe der Einmündung. Wenden ist nicht doppeltes Abbiegen, sondern ein Verkehrsvorgang eigener Art. KFZ 2 hat zwar wegen Z. 306 „Vorfahrt". Da jedoch beim Wenden jede Gefährdung anderer Verkehrsteilnehmer ausgeschlossen sein muss (§ 9 Abs. 5), gilt das auch gegenüber KFZ 1. KFZ 2 kann sich nicht auf eine Bevorrechtigung gegenüber KFZ 1 berufen, sondern muss KFZ 1 vorfahren lassen, wenn nur dadurch eine Gefährdung vermieden werden kann (LG Berlin VerkMitt 2000, Nr. 16 = NZV 1999, 515 = DAR 1999, 363).

zeichneten untergeordneten Straße rechts Abbiegende hat Vorrang vor dem über einen Mittelstreifendurchbruch einer Vorfahrtstraße Wendenden (OLG Düsseldorf VerkMitt 2000 Nr. 6; LG Berlin VerkMitt 2000 Nr. 16 = DAR 1999, 363; LG Karlsruhe DAR 2000, 123; OLG Hamm NZV 1997, 438; KG VerkMitt 1993 Nr. 34). Wenden ist nicht doppeltes Abbiegen, so dass nur Z. 272, nicht aber Z. 209 oder 214 das Wenden verbietet (KG VerkMitt 1975, Nr. 106; a. A. KG VRS 55, 219); wegen des Gefährdungsausschlusses und des Behinderungsverbots aus § 1 Abs. 2 muss aber bei stärkerem Verkehr das Wenden bei den Z. 209 bis 214 unterbleiben. Nur wenn die andere Fahrbahnseite nicht in einem, wenn auch größerem Bogen, sondern erst über einen breiten Mittelstreifen nach einer beträchtlichen Geradeausfahrt erreicht werden kann, liegt „doppeltes Abbiegen" vor.

3 Hinweise

3.1 Rechtsüberholen beim Linksabbiegen: § 5 Abs. 7 Satz 1; kein Einordnen von Fußgängern mit Fahrzeugen vor dem Linksabbiegen: § 25 Abs. 2; Pfeile auf der Fahrbahn zur Regelung des Einordnens vor dem Abbiegen: Z. 297; Wartelinie für Linksabbieger: Z. 341.

3.2 Freiheitsstrafe oder Geldstrafe für Wenden oder versuchtes Wenden auf einer Autobahn, wenn Personen oder erhebliche Sachwerte (konkret) gefährdet werden: § 315c StGB.

4 Varianten von Zeichen für das Abbiegen

Zeichen 209-30	Zeichen 209-31	Zeichen 214-10

Vorgeschriebene Fahrtrichtung – geradeaus	Vorgeschriebene Fahrtrichtung – rechts oder links	Vorgeschriebene Fahrtrichtung – geradeaus und links

§ 9 a Kreisverkehr

(1) Ist an der Einmündung in einen Kreisverkehr Zeichen 215 (Kreisverkehr) unter Zeichen 205 (Vorfahrt gewähren!) angeordnet, hat der Verkehr auf der Kreisfahrbahn Vorfahrt. Bei der Einfahrt in einen solchen Kreisverkehr ist die Benutzung des Fahrtrichtungsanzeigers unzulässig. Innerhalb des Kreisverkehrs ist das Halten auf der Fahrbahn verboten.

(2) Die Mittelinsel des Kreisverkehrs darf nicht überfahren werden. Ausgenommen davon sind Fahrzeuge, denen wegen ihrer Abmessungen das Befahren sonst nicht möglich wäre. Mit ihnen darf die Fahrbahnbegrenzung überfahren werden, wenn eine Gefährdung anderer Verkehrsteilnehmer ausgeschlossen ist.

VwV zu § 9 a Kreisverkehr

1 I. Die Zeichen 205 und 215 sind an allen einmündenden Straßen anzuordnen (vgl. zu Zeichen 215).

2 II. Der Fahrradverkehr ist entweder wie der Kraftfahrzeugverkehr auf der Kreisfahrbahn zu führen oder auf einem baulich angelegten Radweg (Zeichen 237, 240, 241). Ist dieser baulich angelegte Radweg eng an der Kreisfahrbahn geführt (Absatzmaß max. 4 – 5 m), so sind in den Zufahrten die Zeichen 215 (Kreisverkehr) und 205 (Vorfahrt gewähren!) vor der Radfahrerfurt anzuordnen. Ist der baulich angelegte Radweg von der Kreisfahrbahn abgesetzt oder liegt der Kreisverkehr außerhalb bebauter Gebiete, so ist für den Radverkehr Zeichen 205 anzuordnen.

3 III. Zur Anordnung von Fußgängerüberwegen auf den Zufahrten vgl. R-FGÜ.

4 IV. Ein Kreisverkehr darf nur angeordnet werden, wenn die Mittelinsel von der Kreisfahrbahn baulich abgegrenzt ist. Dies gilt auch, wenn die Insel wegen des geringen Durchmessers des Kreisverkehrs von großen Fahrzeugen überfahren werden muss.

5 V. Zeichen 295 als innere Fahrbahnbegrenzung ist in Form eines Breitstrichs auszuführen (vgl. RMS).

6 VI. Außerhalb geschlossener Ortschaften ist der Kreisverkehr mit Vorwegweiser (Zeichen 438) anzukündigen.

1 Aus der amtlichen Begründung

Zur Verbesserung der Leistungsfähigkeit können Kreisverkehrsplätze durch das neue Zeichen 215 „Kreisverkehr" ausgewiesen werden. Die Regelung bezieht sich vor allem auf kleine Kreisverkehre mit geringem Durchmesser (Begr. 2000).

2 Erläuterungen

Die besonderen Regeln des Kreisverkehrs gelten nur für die mit den Z. 215 und 205 ausgeschilderten Knotenpunkte; solche können sich auch in Tempo 30-Zonen befinden. Bei anderen mit Z. 209/211 ausgeschilderten Kreisplätzen gelten die allgemeinen Vorfahrt- und Abbiegeregeln.

2.1 Vorfahrt im Kreis

Das Z. 215 entspricht dem Verkehrschild „D 3 " des WÜ und zeigt ausschließlich die im Kreis einzuhaltende Richtung an, hat aber selbst keine vorfahrtregelnde Wirkung. Die Kreisvorfahrt gegenüber einmündenden Straßen ergibt sich nur aus der Kombination mit dem Z. 205 „Vorfahrt gewähren". Bei Missachtung der Vorfahrt wird deshalb gegen das Z. 205, nicht gegen § 9a Abs. 1 verstoßen. Fahren Straßenbahnen durch den Kreis, dürfen Z. 215 nicht aufgestellt werden (Rn. 3 VwV-StVO zu Z. 215). Dem Kreisverkehr selbst wird die Vorfahrt nicht durch positive Vorfahrtzeichen 301 angezeigt. Kollisionsgefahren können entstehen, wenn zwei Fahrzeuge mit

Kreisverkehr

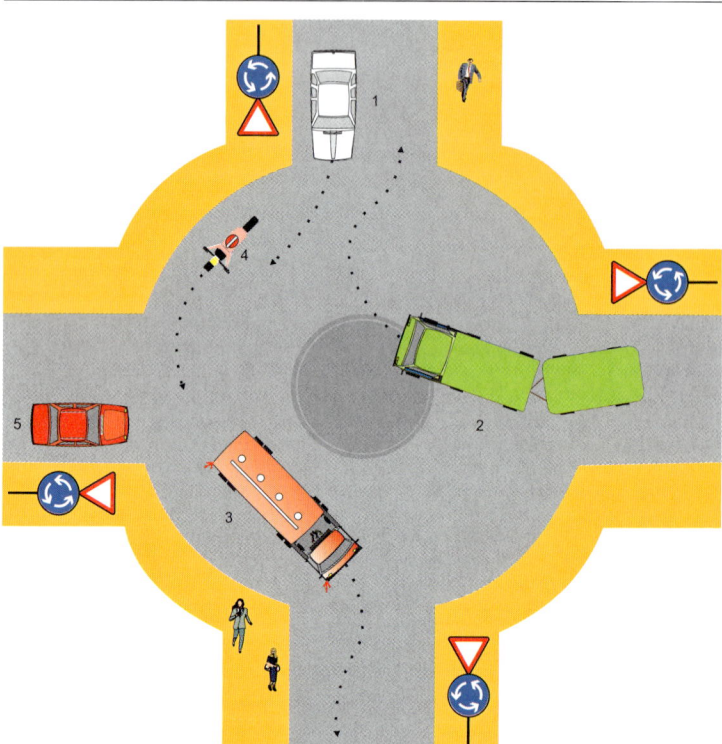

Ein Kreisverkehr setzt eine baulich oder durch Markierung hervorgehobene Mittelinsel voraus. Die um die Insel verlaufende Fläche muss den Charakter einer „Ringfahrbahn" haben; die zulaufenden Straßen bilden Einmündungen. Durch Z. 215 wird (nur) die Richtung des Kreisverkehrs (Fahrtrichtung rechts) gekennzeichnet, durch Z. 205 hat der Verkehr im Kreis Vorfahrt (KFZ 2, 3, 4), ohne dass die Vorfahrt im Kreis durch Z. 301 nochmals angezeigt wird. Beim Einfahren in den Kreis wird zwar abgebogen, Fahrtrichtungsanzeiger dürfen jedoch nicht benutzt werden (KFZ 1 und 5). Bei der Ausfahrt aus dem Kreis ist die Fahrtrichtung – wie beim Abbiegen – anzuzeigen (KFZ 3). Der Vorrang querender Fußgänger ist zu beachten. Innerhalb des Kreises gilt Haltverbot. Insbesondere bei „Minikreisen" mit einer Kreismarkierung (Fahrstreifenbegrenzungslinie) ist es wegen der Schleppkurven von LKW-Zügen meist nicht möglich, um den Kreis herumzufahren. In diesem Fall dürfen große KFZ (KFZ 2) den Kreis über die Kreismarkierung hinweg befahren. Dabei muss jede Gefährdung anderer Verkehrsteilnehmer ausgeschlossen werden. Fußgänger dürfen den Kreisplatz nicht diagonal über die Kreismarkierung queren, sondern müssen die Gehwege benutzen.

unterschiedlichem Beschleunigungsvermögen zeitgleich aus kurz hintereinander folgenden Einmündungen in einen Minikreis einfahren. Das
schnellere Fahrzeug kann sich dabei nicht auf die Vorfahrt berufen, sondern muss das Gefährdungsverbot des § 1 Abs. 2 beachten (OLG Hamm
NZV 2000, 413). Verläuft ein Radweg um den Kreisplatz, gelten die Vorfahrtregeln auch für Radfahrer (Rn. 2 VwV-StVO zu § 9 a).

2.2 Abbiegen im Kreis

Bei der **Einfahrt** in den Kreis wird zwar abgebogen, die Fahrtrichtungsänderung darf jedoch zur Vermeidung von Missverständnissen nicht angezeigt
werden. Infolge der meist dicht aufeinander folgenden Ein- und Ausfahrten
sollen Unsicherheiten vermieden werden, ob der Einfahrende den Kreis
bereits an der nächsten Ausfahrt wieder verlässt. Da bei Radfahrern diese
Besorgnis weniger besteht, fällt ein Handzeichen nicht unter das Verbot; es
ist auch kein „Fahrtrichtungsanzeiger". Bei der **Ausfahrt** aus dem Kreis
muss dem nachfolgenden Verkehr jedoch die Änderung der Fahrtrichtung
angezeigt werden; das Ausfahren aus dem gekennzeichneten Kreisverkehr
ist Abbiegen i. S. d. § 9 Abs. 1.

2.3. Haltverbot im Kreis

Innerhalb des durch Z. 215 gekennzeichneten Kreisverkehrsplatzes besteht
auf der Fahrbahn Haltverbot, und zwar sowohl rechts, als auch links an
und auf der Mittelinsel. Das gilt auch bei großen durch Z. 215 gekennzeichneten Kreisplätzen. Ist die Mittelinsel baulich hervorgehoben, ist sie
nicht Fahrbahnrand, so dass dort ohnehin Halt- und Parkverbot nach § 12
Abs. 4 besteht.

2.4 Kreismarkierungen

Sind durch Z. 215 ausgewiesene Kreisverkehrsplätze in der Mitte mit Kreis-
markierungen ausgestattet, dürfen (nur) Fahrzeuge, deren Abmessungen
das Umfahren des Kreises infolge der benötigten Kurvenradien sonst nicht
zulassen würden, diese Markierungen überfahren (§ 41 Abs.3 Nr. 3a zu
Z. 295). Das gilt auch für Fahrzeugkombinationen, z. B. Klein-LKW mit
langem Anhänger. In solchen Fällen darf nach dem Überfahren des Kreises
zur Vermeidung von Missverständnissen der Fahrtrichtungsanzeiger nicht
betätigt werden. Die Kreisinsel kann auch durch hervorhebende Farb-
gebung oder andere Pflasterung deutlich gemacht werden. Muss der innere
Kreis durchfahren werden, ist höchste Sorgfalt geboten und jede Gefährdung anderer Verkehrsteilnehmer zu vermeiden, insbesondere Fahrzeuge
(Radfahrer!) auf der Kreisfahrbahn. Ist die Mittelinsel hingegen infolge
baulicher Elemente faktisch nicht überfahrbar, müssen die zuführenden
Straßen unter Ausweisung von Umleitungsstrecken für längere Fahrzeuge
gesperrt werden (durch Z. 266). Für alle anderen Fahrzeuge folgt das Verbot
zum Überfahren der Kreisinsel aus § 2 Abs. 1.

Fußgänger dürfen den Kreisverkehrsplatz nicht diagonal queren, sondern
müssen sich auf den Gehwegen bewegen, die um den Platz herumführen.
Queren sie den Kreisverkehrsplatz unzulässig diagonal, müssen auch LKW,
die den Mittelkreis überfahren dürfen, auf sie achten.

§ 10 Einfahren und Anfahren

Wer aus einem Grundstück, aus einem Fußgängerbereich (Zeichen 242 und 243), aus einem verkehrsberuhigten Bereich (Zeichen 325/326) auf die Straße oder von anderen Straßenteilen oder über einen abgesenkten Bordstein hinweg auf die Fahrbahn einfahren oder vom Fahrbahnrand anfahren will, hat sich dabei so zu verhalten, dass eine Gefährdung anderer Verkehrsteilnehmer ausgeschlossen ist; erforderlichenfalls hat er sich einweisen zu lassen. Er hat seine Absicht rechtzeitig und deutlich anzukündigen; dabei sind die Fahrtrichtungsanzeiger zu benutzen. Dort, wo eine Klarstellung notwendig ist, kann Zeichen 205 stehen.

(VwV zu § 10 nicht vorhanden)

1 Aus der amtlichen Begründung

1.1 § 10 gilt auch für Fahrzeuge, die von Gehwegen, Seitenstreifen oder Parkplätzen auf die Fahrbahn einfahren. Er fordert äußerste Sorgfalt vom Einfahrenden (Begr. 1970).

1.2 Satz 3 enthält eine Ausnahme von dem Grundsatz, dass das Zeichen 205 nur an Kreuzungen und Einmündungen zur Regelung der Vorfahrt aufgestellt wird (§ 8 Abs. 1). Davon soll nur im Einzelfall dort Gebrauch gemacht werden, wo besondere Umstände dies aus Gründen der Verkehrssicherheit dringend erfordern. Es soll dabei die negative Beschilderung mit Zeichen 205 (abweichend von BGH DAR 1988, 269) genügen, weil die Zeichen nur die allgemeine Verhaltensregel des § 10 Satz 1 klarstellen und verdeutlichen sollen. Allerdings wird wegen des Vorrangs der Verkehrszeichenregelung (§ 39 Abs. 3) der Gefährdungsausschluss anderer abgeschwächt. Bereits deshalb ist eine zurückhaltende Anwendung angebracht. Entscheidend ist der optische Gesamteindruck, die räumliche Nähe zur Vorfahrtstraße und die Gefahrenabwägung im Einzelfall (Begr. 1997).

2 Erläuterungen

2.1 Ausfahrt aus einem Grundstück

Das Ausfahren aus einem Grundstück beginnt mit Erreichen der öffentlichen Verkehrsfläche und dauert mit dem Erfordernis der höchsten Sorgfaltsstufe an, bis der Fahrer in zügiger Fahrt selbst zum fließenden Verkehr gehört (OLG Düsseldorf VRS 60, 420). Der aus einem Grundstück Ausfahrende muss den Vorrang anderer auch auf der linken Fahrbahnseite beachten (BGH NZV 1991, 187). Die besonderen Sorgfaltspflichten des Ausfahrenden gelten auch gegenüber einem verkehrswidrig Überholenden (KG NZV 1998, 376). Beim Ausfahren aus einem Grundstück sind Fußgänger auf dem Gehweg vorbeizulassen, ebenso Radfahrer auf der Fahrbahn oder einem Radweg (OLG Düsseldorf VerkMitt 1979 Nr. 29). Besteht keine Sicht, muss sich der Kraftfahrer einweisen lassen, zumindest sich aber zentimeterweise in den Verkehrsraum hineintasten (OLG Celle DAR 1991, 181 = NZV 1991, 195).

2.2 Fußgängerbereich

Fußgängerbereiche sind die mit Z. 242/243 gekennzeichneten Zonen, auch wenn zu bestimmten Zeiten Lieferverkehr zugelassen ist. § 10 gilt auch bei der Ausfahrt einer Straßenbahn aus einem Fußgängerbereich (LG Karlsruhe NZV 1992, 241).

2.3 Anderer Straßenteil

Andere Straßenteile sind alle Verkehrsflächen, die nicht dem durchgehenden Verkehr dienen, insbesondere Gehwege, Radwege, Parkstreifen, Parallelfahrbahnen, Parkplätze (OLG Karlsruhe VerkMitt 1989 Nr. 9 = NZV 1989, 116; OLG Celle DAR 2000, 216: bei Ausfahrt auf einen angrenzenden Zufahrtsweg) und erfordert u. U. einen Einweiser (OLG München NZV 1990, 274). Bei der Zufahrt auf eine baulich angelegte Hauptfahrgasse eines Parkplatzes gilt der Vorrang nach § 10 (OLG Köln VerkMitt 1999 Nr. 90). Auch die Ausfahrt aus einem beschilderten und markierten Taxenstand unterliegt den besonderen Sorgfaltsanforderungen (LG Köln VersR 1990, 285); ebenso die Zufahrt eines Radweges über einen abgesenkten Bordstein in den Wendekopf einer Sackgasse (OLG Köln VRS 96, 345). Bei Ausfahrt aus einem **Parkstreifen** gilt die Pflicht zu besonderer Vorsicht auch gegenüber den anderen Benutzern des Parkstreifens (OLG Zweibrücken VerkMitt 1976 Nr. 126); auch gegenüber dem Wendenden (KG VerkMitt 1984 Nr. 52).

2.4 Verkehrsberuhigter Bereich

Hierzu gehören die durch die Z. 325/326 gekennzeichneten Verkehrsflächen mit besonderen Verhaltensregeln. Die besonderen Sorgfaltspflichten bei der Ausfahrt gelten auch dann, wenn das Z. 326 bereits in Höhe der Baufluchtlinie steht, aber noch dem Einmündungsbereich zugerechnet werden kann.

2.5 Abgesenkter Bordstein

Mangels bautechnischer Normung gibt es keinen einheitlichen Typ des „abgesenkten Bordsteins". Verkehrsteilnehmer finden deshalb die unter-

Vorrang bei Einmündungen mit abgesenktem Bordstein

Bestehen auf Grund der bautechnischen Ausgestaltung Zweifel über das Vorhandensein eines abgesenkten Bordsteins und an der Vorfahrt, hat sich jeder nach derjenigen Regel zu richten, die für ihn und andere die größte Sicherheit bringt. KFZ 2 muss sich so verhalten, als ob es über einen abgesenkten Bordstein einfährt (also Beachtung des „Vorranges" von KFZ 1). KFZ 1 hat sich hingegen so zu verhalten, als ob die Vorfahrtregel „Rechts vor Links" gilt (also Beachtung der „Vorfahrt" des KFZ 2). Beachtet wenigstens einer der beiden Kraftfahrer den Grundsatz der „doppelten Sicherung", lassen sich Gefährdungen vermeiden. Um diesen Schwierigkeiten zu begegnen, sollten die Verkehrsbehörden nicht genau definierbare Knotenpunkte mit einseitig negativen Vorfahrtzeichen 205 (notfalls auch positivem Z. 301) beschildern, wenn Gefährdungen nicht auszuschließen sind (§ 10 Satz 3).

schiedlichsten Gestaltungselemente vor, so dass es zwischen Ausfahrenden und Querverkehr zu unterschiedlicher Beurteilung des Vorranges kommen kann. Werden bei Kreuzungen und Einmündungen die querenden Fahrbahnen höhengleich in andere Verkehrswege überführt, ohne dass es sich um einen verkehrsberuhigten Bereich (Z. 325/326) oder eine Bordsteinabsenkung handelt, bleibt es auch dann bei den Vorfahrt- und Abbiegeregeln der §§ 8, 9 und 25 Abs. 3, wenn die Knotenpunkte mit anderen Baumaterialien, Markierungen oder atypischen Farbanstrichen („Haifischzähne") hervorgehoben sind.

Entsprechendes gilt, wenn der gesamte Kreuzungs- oder Einmündungsbereich höhengleich aufgepflastert ist. Bleiben auf Grund der bautechnischen Ausgestaltung Zweifel an den Vorrangverhältnissen, hat sich jeder nach der Regel zu richten, die für ihn und andere Verkehrsteilnehmer die größtmögliche Sicherheit gewährleistet. Der Ausfahrende muss deshalb den (möglichen) Querverkehr beachten, während der Querverkehr von der Vorfahrtregel „Rechts vor Links" ausgehen muss. Einen Vertrauensschutz in das verkehrsgerechte Verhalten anderer besteht nicht. Um Unsicherheiten vorzubeugen, können solche Bereiche mit einseitig negativen Vorfahrtzeichen 205 gekennzeichnet werden (§ 10 Satz 3).

2.6 Anfahrt vom Fahrbahnrand

Der Gefährdungsausschluss gilt nur beim Anfahren vom Fahrbahnrand, nicht beim Halten aus zweiter Spur. Fährt der in 2. Spur Haltende an, muss er darauf achten, dass nicht ein anderes Fahrzeug gleichzeitig vom Fahrbahnrand anfährt (KG VerkMitt 2001 Nr. 31 = DAR 2001, 34 = VRS 100, 286). Der Vorrang des fließenden Verkehrs vor anfahrenden Fahrzeugen gilt auch für ein wendendes Fahrzeug. Der Vorrang darf jedoch nicht erzwungen werden; notfalls ist das Anfahren durch Gaswegnehmen oder leichtes Abbremsen zu ermöglichen (OLG Oldenburg DAR 1960, 366). Der Anfahrende muss sich vergewissern, dass er niemanden hinter sich gefährdet (BGH VRS 13, 220) und der rückwärtige Verkehr sich auf das Anfahren einstellen kann (BayObLG VkBl 1956, 230 = VRS 10, 303 = DAR 1956, 133; OLG Hamburg VerkMitt 1969 Nr. 28). Der Vorrang des Linienbusses erlischt, wenn die Anfahrabsicht nicht rechtzeitig und deutlich angezeigt wird und das Anfahren den fließenden Verkehr gefährdet (§ 20 Abs. 5; BayObLG NZV 1990, 402).

Anders als beim Anfahren bestehen keine gesteigerten Pflichten beim **Ausgliedern** aus dem fließenden Verkehr, z.B. zum Parken. Es hat nach § 1 Abs. 2 unter Vermeidung von Gefährdungen und unvertretbaren Behinderungen zu erfolgen; die Benutzung des Fahrtrichtungsanzeigers ist empfehlenswert, um dem Mitverkehr das Ausweichen zu ermöglichen.

2.7 Gefährdungsausschluss beim An- und Ausfahren

Beim An- und Ausfahren ist das **Höchstmaß** an zumutbarer **Sorgfalt** erforderlich, notfalls durch zentimeterweises Vortasten, damit andere reagieren können. Verkehrsverstöße Dritter sind in Rechnung zu stellen, z.B. Radfahrer von Gehwegen, Tempoüberschreitung (OLG Karlsruhe DAR 1977, 109). Mit groben Verstößen braucht jedoch nicht ohne weiteres gerechnet werden (OLG Celle VRS 51, 305). Ein **Einweisen** kann bei nächtlicher Ausfahrt aus einem Grundstück erforderlich sein (OLG Saarbrücken VerkMitt 1980 Nr. 116). Der Einweiser haftet hierbei selbst (auch bei Gefälligkeit), wenn er dem Fahrer falsche Zeichen gibt (AG Lahnstein NZV 2000, 379).

Vorrang des Gegenverkehrs
bei Ausfahrt über einen abgesenkten Bordstein

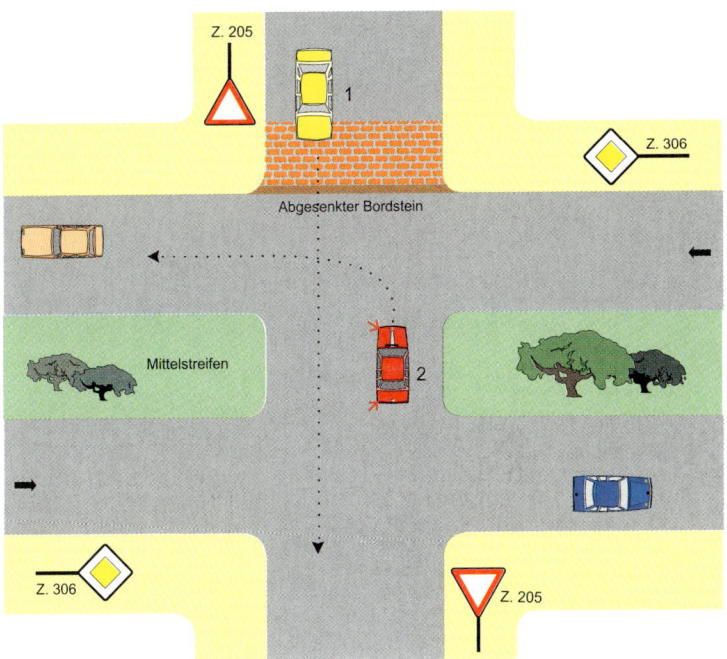

Obwohl KFZ 1 über einen abgesenkten Bordstein auf die Vorfahrtstraße einfährt, bleibt es für KFZ 2 „Gegenverkehr". KFZ 1 darf deshalb nach § 9 Abs. 3 vor KFZ 2 fahren. Nach § 39 Abs. 3 gehen Verkehrszeichen allgemeinen Regeln vor. Durch Z. 205 („Vorfahrt gewähren") wird die allgemeine Vorrangregel des § 10 aufgehoben, so dass KFZ 2 als Abbieger den Vorrang von KFZ 1 beachten muss.

Die erhöhte Sorgfaltspflicht gilt auch, wenn das Fahrzeug aus einer Parklücke geschoben wird (KG VerkMitt 1990 Nr. 105). Sie besteht auch bei Ausfahrt von einem Parkplatz auf eine Bundesstraße (OLG München VersR 1990, 1159 = VRS 78, 421). Gelbes Rundumlicht und Einweiser mit kreisender Blinkleuchte sind beim Einfahren eines Treckergespanns bei Dunkelheit auf eine Außerortsstraße unerlässlich (OLG Hamm NZV 1997, 267). Keine gesteigerte Sorgfaltspflicht besteht für Verkehrsteilnehmer, die aus dem fließenden Verkehr nach verkehrsbedingtem Warten am Straßenrand weiterfahren (BayObLG VerkMitt 1984 Nr. 55 = DAR 1984, 31).

3 Hinweise

Vorrang beim Anfahren von Omnibussen an Haltestellen: § 20 Abs. 5.

§ 11 Besondere Verkehrslagen

(1) Stockt der Verkehr, so darf trotz Vorfahrt oder grünem Lichtzeichen niemand in die Kreuzung oder Einmündung einfahren, wenn er auf ihr warten müsste.

(2) Stockt der Verkehr auf Autobahnen und Außerortsstraßen mit mindestens zwei Fahrstreifen für eine Richtung, so müssen Fahrzeuge für die Durchfahrt von Polizei- und Hilfsfahrzeugen in der Mitte der Richtungsfahrbahn, bei Fahrbahnen mit drei Fahrstreifen für eine Richtung zwischen dem linken und dem mittleren Fahrstreifen, eine freie Gasse bilden.

(3) Auch wer sonst nach den Verkehrsregeln weiterfahren darf oder anderweitig Vorrang hat, muss darauf verzichten, wenn die Verkehrslage es erfordert; auf einen Verzicht darf der andere nur vertrauen, wenn er sich mit dem Verzichtenden verständigt hat.

(VwV zu § 11 nicht vorhanden)

1 Aus der amtlichen Begründung

1.1 § 11 Absatz 3 konkretisiert die ständige Vorsicht und gegenseitige Rücksichtnahme. Wie auch § 1 Abs. 1 ist die Verpflichtung nicht bußgeldbewehrt. Bei Autobahneinfahrten soll der Benutzer der durchgehenden Fahrbahn dem Einfahrenden das Einfädeln ermöglichen (Begr. 1970).

1.2 Die Pflicht zur Bildung einer freien Gasse bei Verkehrsstau auf allen Außerortsstraßen mit mehreren Fahrstreifen wird nicht mehr in § 18, sondern in § 11 StVO geregelt (Begr. 1992).

2 Erläuterungen

2.1 Verkehrsstockung

Der Verkehr stockt nach Abs. 1, wenn die Kreuzung oder Einmündung durch Fahrzeuge bereits so überfüllt ist, dass mit Sicherheit nicht alle diesen Bereich wieder verlassen können, sobald sie freie Fahrt erhalten (BayObLG DAR 1989, 112; KG VerkMitt 1977 Nr. 30 = VersR 1977, 377), nicht aber schon dann, wenn sich in einer geräumigen Kreuzung mehrere Linksabbieger befinden, die wegen Gegenverkehrs anhalten mussten (KG VRS 48, 462; OLG Düsseldorf VRS 76, 312). Der **Vorrang des Nachzüglers** bei einer ampelgeregelten Kreuzung besteht auch gegenüber dem Gegenverkehr, doch darf der Nachzügler nicht ohne weiteres auf die Einräumung des Vorrangs vertrauen (OLG Hamm NZV 1991, 31). Wer bei Grün losfährt, aber noch vor der Kreuzung infolge einer Stockung warten muss, ist kein „Kreuzungsräumer"; er darf nicht in den signalgeregelten Knotenpunkt einfahren, wenn sein Lichtzeichen zwischenzeitlich auf Rot gewechselt hat (OLG Hamburg DAR 2001 217).

2.2 Freie Gasse

Eine freie Gasse ist nach Abs. 1 bei zweistreifigen Richtungsfahrbahnen in der Mitte, bei dreistreifigen zwischen dem linken und mittleren Fahrstreifen zu bilden. Reicht der Platz infolge enger Fahrstreifen nicht zur Durchfahrt der Hilfsfahrzeuge aus, ist bei deren Herannahen unter dem Notstandsgesichtspunkt auf die Seiten- und Mittelstreifen auszuweichen. Bußgeld-

Bildung einer freien Gasse auf einer dreispurigen Richtungsfahrbahn

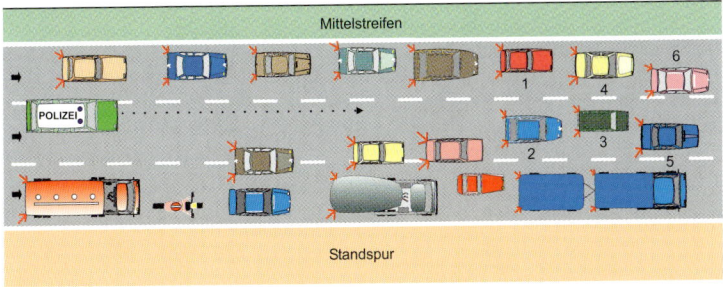

Die freie Gasse für Hilfsfahrzeuge (Polizei, Rettungswagen, Feuerwehr) ist bei 3 Fahrstreifen zwischen dem mittleren und linken Fahrstreifen zu bilden (bei 2 Fahrstreifen in der Mitte). Die Fahrzeuge auf dem linken Fahrstreifen haben sich dabei möglichst weit links, die KFZ auf dem mittleren und rechten Fahrstreifen möglichst weit rechts so einzuordnen, dass eine Gasse von mindestens 3 m entsteht. Die freie Gasse muss dabei noch vor dem Stillstand der KFZ zustande kommen, weil beim Stopp infolge der engen Abstände zu den vorderen Fahrzeugen ein Rangieren weder nach links noch nach rechts möglich ist (KFZ 1 bis 6). Die Hilfsfahrzeuge würden zwangsläufig in eine „Sackgasse" fahren.

bewehrt ist die Missachtung eines Freiraums nur, wenn Anzeichen dafür sprechen, dass Hilfsfahrzeuge nach vorn fahren, z. B. bei Verkehrsunfällen. Da der Grund für einen Stau im Vorfeld aber meist nicht erkennbar ist, müssen bei Verkehrsstockungen die Abstände zum vorderen Fahrzeug so gewählt werden, dass beim Herannahen von Hilfsfahrzeugen die Gasse noch frei gemacht werden kann.

Hat sich bei Verkehrsstau eine freie Gasse zwischen den Fahrstreifen gebildet, darf dieser Raum nicht von anderen Fahrzeugen zum schnelleren Vorankommen benutzt werden, insbesondere nicht von Motorrädern. Da die freie Gasse keinen „Fahrstreifen" (§ 7 Abs. 1) bildet, liegt bei solchem Verhalten unzulässiges Rechtsüberholen der linken Fahrzeugschlange vor (§ 5 Abs. 1).

2.3 Verzicht auf Vorrang

Die Verpflichtung zum Verzicht auf den Vorrang nach Abs. 3 erfasst alle Vorrangfälle, nicht nur die Vorfahrt. Der Verzicht erfordert neben einem entsprechenden Fahrverhalten eine Geste des Verzichtenden, aus der unmissverständlich zu entnehmen ist, dass er den anderen Verkehrsteilnehmer vorbeilassen werde (OLG Hamm NZV 1988, 24). Ein Verzicht kann daher nicht schon dann angenommen werden, wenn der Vorfahrtberechtigte an einer Einmündung oder Kreuzung gleichberechtigter Straßen anhält, um den für ihn von rechts kommenden Verkehr vorbeizulassen (KG VerkMitt 1973 Nr. 66). Geben die örtlichen Verhältnisse und das Verhalten anderer Verkehrsteilnehmer Anlass zur Befürchtung, ein Wartepflichtiger werde die Vorfahrt verletzen, muss der Berechtigte besondere Vorsicht walten lassen und erforderlichenfalls auf die Vorfahrt verzichten (OLG Köln VerkMitt 1975 Nr. 10). Der Verzicht gilt nur bilateral zwischen den Fahrzeugen, die sich verständigt haben, nicht zu Lasten Dritter. Der durch den Verzicht Begünstigte darf deshalb nur weiterfahren, wenn die Verkehrslage es zulässt. Er haftet allein, wenn er im Vertrauen auf den Verzicht weiterfährt und es zu einem Unfall mit einem Dritten kommt.

Ein Verzicht kommt bei allen Verkehrslagen in Betracht, die ein für die Sicherheit oder Flüssigkeit des Verkehrs sinnvolles Verhalten erfordern, z. B. beim Nebeneinanderfahren für denjenigen, der „seine Fahrspur hält", um anderen das Überwechseln in seinen Fahrstreifen zu ermöglichen; ferner für den Gegenverkehr, um Fahrzeugen mit geringer Beschleunigung das Abbiegen oder Rangieren in eine Parklücke zu ermöglichen.

Die Vorschrift ist nicht als Ordnungswidrigkeit qualifiziert. Eine Ahndung folgt aber aus der Verletzung anderer Pflichten, z. B. bei Behinderung oder Schädigung nach § 1 Abs. 2.

3 Hinweise

Unzulässig ist das Befahren von Bahnübergängen (§ 19 Abs. 4) oder Fußgängerüberwegen (§ 26 Abs. 2), wenn wegen stockenden Verkehrs gewartet werden müsste.

§ 12 Halten und Parken

(1) Das Halten ist unzulässig
1. an engen und an unübersichtlichen Straßenstellen,
2. im Bereich von scharfen Kurven,
3. auf Beschleunigungsstreifen und auf Verzögerungsstreifen,
4. auf Fußgängerüberwegen sowie bis zu 5 m davor,
5. auf Bahnübergängen,
6. soweit es durch folgende Verkehrszeichen oder Lichtzeichen verboten ist:
   a) Haltverbot (Zeichen 283),
   b) eingeschränktes Haltverbot (Zeichen 286),
   c) Fahrbahnbegrenzung (Zeichen 295 Buchstabe b, bb),
   d) Richtungspfeile auf der Fahrbahn (Zeichen 297),
   e) Grenzmarkierung für Haltverbote (Zeichen 299),
   f) rotes Dauerlicht (§ 37 Abs. 3),
7. bis zu 10 m vor Lichtzeichen und Zeichen „Dem Schienenverkehr Vorrang zu gewähren!" (Zeichen 201), „Vorfahrt gewähren!" (Zeichen 205) und „Halt! Vorfahrt gewähren!" (Zeichen 206), wenn sie dadurch verdeckt werden,
8. vor und in amtlich gekennzeichneten Feuerwehrzufahrten,
9. an Taxenständen (Zeichen 229).

(1a) Taxen ist das Halten verboten, wenn sie einen Fahrstreifen benutzen, der ihnen und den Linienomnibussen vorbehalten ist, ausgenommen an Bushaltestellen zum sofortigen Ein- und Aussteigenlassen von Fahrgästen.

(2) Wer sein Fahrzeug verlässt oder länger als drei Minuten hält, der parkt.

(3) Das Parken ist unzulässig
1. vor und hinter Kreuzungen und Einmündungen bis zu je 5 m von den Schnittpunkten der Fahrbahnkanten,
2. wenn es die Benutzung gekennzeichneter Parkflächen verhindert,
3. vor Grundstücksein- und -ausfahrten, auf schmalen Fahrbahnen auch ihnen gegenüber,
4. bis zu je 15 m vor und hinter Haltestellenschildern (Zeichen 224),
5. *(gestrichen)*
6. vor und hinter Andreaskreuzen (Zeichen 201)
   a) innerhalb geschlossener Ortschaften (Zeichen 310 und 311) bis zu je 5 m,
   b) außerhalb geschlossener Ortschaften bis zu je 50 m,
7. über Schachtdeckeln und anderen Verschlüssen, wo durch Zeichen 315 oder eine Parkflächenmarkierung (§ 41 Abs. 3 Nr. 7) das Parken auf Gehwegen erlaubt ist,
8. soweit es durch folgende Verkehrszeichen verboten ist:
   a) Vorfahrtstraße (Zeichen 306) außerhalb geschlossener Ortschaften,
   b) Fahrstreifenbegrenzung (Zeichen 295 Buchstabe a) oder einseitige Fahrstreifenbegrenzung (Zeichen 296 Buchstabe b),
   c) Parken auf Gehwegen (Zeichen 315), auch mit Zusatzschild

d) Grenzmarkierung für Parkverbote (Zeichen 299) und
e) Parkplatz (Zeichen 314) mit Zusatzschild,
9. vor Bordsteinabsenkungen.

(3 a) Mit Kraftfahrzeugen mit einem zulässigen Gesamtgewicht über
7,5 t sowie mit Kraftfahrzeuganhängern über 2 t zulässiges Gesamtgewicht ist innerhalb geschlossener Ortschaften
1. in reinen und allgemeinen Wohngebieten,
2. in Sondergebieten, die der Erholung dienen,
3. in Kurgebieten und
4. in Klinikgebieten
das regelmäßige Parken in der Zeit von 22.00 bis 06.00 Uhr sowie an
Sonn- und Feiertagen unzulässig. Das gilt nicht auf entsprechend
gekennzeichneten Parkplätzen für das Parken von Linienomnibussen
an Endhaltestellen.

(3 b) Mit Kraftfahrzeuganhängern ohne Zugfahrzeug darf nicht länger als zwei Wochen geparkt werden. Das gilt nicht auf entsprechend
gekennzeichneten Parkplätzen.

(4) Zum Parken ist der rechte Seitenstreifen, dazu gehören entlang
der Fahrbahn angelegte Parkstreifen, zu benutzen, wenn er dazu ausreichend befestigt ist, sonst ist an den rechten Fahrbahnrand heranzufahren. Das gilt in der Regel auch für den, der nur halten will; jedenfalls muss auch er dazu auf der rechten Fahrbahnseite rechts bleiben.
Taxen dürfen, wenn die Verkehrslage es zulässt, neben anderen Fahrzeugen, die auf dem Seitenstreifen oder am rechten Fahrbahnrand
halten oder parken, Fahrgäste ein- oder aussteigen lassen. Soweit auf
der rechten Seite Schienen liegen sowie in Einbahnstraßen (Zeichen
220), darf links gehalten und geparkt werden. Im Fahrraum von
Schienenfahrzeugen darf nicht gehalten werden.

(4 a) Ist das Parken auf dem Gehweg erlaubt, so ist hierzu nur der
rechte Gehweg, in Einbahnstraßen der rechte oder linke Gehweg zu
benutzen.

(4 b) *(gestrichen)*

(5) An einer Parklücke hat Vorrang, wer sie zuerst unmittelbar
erreicht; der Vorrang bleibt erhalten, wenn der Berechtigte an der
Parklücke vorbeifährt, um rückwärts einzuparken oder wenn er sonst
zusätzliche Fahrbewegungen ausführt, um in die Parklücke einzufahren. Satz 1 gilt entsprechend für Fahrzeugführer, die an einer frei
werdenden Parklücke warten.

(6) Es ist Platz sparend zu parken; das gilt in der Regel auch für das
Halten.

VwV zu § 12 Halten und Parken

Zu Absatz 1

1   Halten ist eine gewollte Fahrtunterbrechung, die nicht durch die Verkehrslage
    oder eine Anordnung veranlasst ist.

Zu Absatz 3 Nr. 1 und Nr. 8 d

2   Wo an einer Kreuzung oder Einmündung die 5-Meter-Zone ausreichende Sicht in
    die andere Straße nicht schafft oder das Abbiegen erschwert, ist die Parkverbots-
    strecke z. B. durch die Grenzmarkierung (Z. 299) angemessen zu verlängern.

Da und dort wird auch die bloße Markierung der 5-Meter-Zone zur Unterstreichung des Verbots ratsam sein.

Zu Absatz 3a

3 I. Die Straßenverkehrsbehörden sollten bei den Gemeinden die Anlage von Parkplätzen anregen, wenn es für ortsansässige Unternehmer unmöglich ist, eigene Betriebshöfe zu schaffen. Bei Anlage derartiger Parkplätze ist darauf zu achten, dass von ihnen keine Störung der Nachtruhe der Wohnbevölkerung ausgeht.

4 II. Wirkt sich das regelmäßige Parken schwerer Kraftfahrzeuge oder Anhänger in anderen als den aufgeführten Gebieten, z. B. in Mischgebieten, störend aus, kommen örtliche, zeitlich beschränkte Parkverbote in Betracht (§ 45 Abs. 1).

Zu Absatz 4

5 Wo es nach dem äußeren Anschein zweifelhaft ist, ob der Seitenstreifen für ein auf der Fahrbahn parkendes Fahrzeug fest genug ist, darf wegen Nichtbenutzung des Seitenstreifens nicht eingeschritten werden. Über die Kennzeichnung unzureichend befestigter Seitenstreifen vgl. zu Z. 388.

1 Aus der amtlichen Begründung

1.1 Parkverbote lassen das Halten bis zu 3 Minuten auch dann zu, wenn es weder zum Ein- oder Aussteigen noch zum Be- oder Entladen geschieht, sondern z. B. dem Kartenstudium dient. Sie verlangen aber, dass sich der Fahrer im Fahrzeug oder in dessen Nähe zur jederzeitigen Abfahrt bereithält. (Begr. 1970).

1.2 Das Parkverbot schwerer Fahrzeugeinheiten wird beschränkt auf die reinen, allgemeinen und besonderen Wohngebiete, auf die Sondergebiete, die der Erholung dienen (z. B. Wochenendhausgebiete, Ferienhausgebiete, Campingplatzgebiete) sowie auf Kur- und Klinikgebiete. Diese Begriffe sind der Baunutzungsverordnung vom 15. September 1977 entnommen worden (BGBl. I S. 1763; jetzt BGBl. I 1990, S. 132). Nicht betroffen sind Kerngebiete, Gewerbegebiete, Industriegebiete, Mischgebiete. Verboten ist nur das „regelmäßige", nicht aber das gelegentliche Parken. Das gelegentliche Aussparen einiger Nächte oder Wochenenden steht der „Regelmäßigkeit" nicht entgegen (Begr. 1980).

1.3 Der Belästigung durch isoliert abgestellte Anhänger, insbesondere der Wegnahme von Parkraum durch „Überwintern" von Wohnwagenanhängern, ist entgegenzuwirken. Vorrang an einer Parklücke soll haben, wer sie zuerst unmittelbar erreicht, also nicht z. B. auf der gegenüberliegenden Fahrbahnseite (Begr. 1988).

1.4 Das Parken an abgesenkten Bordsteinen wird verboten, um Rollstuhlfahrern die Auf- und Abfahrt zu erleichtern. Das Parkverbot im Fahrraum von Schienenfahrzeugen wird aus der StVO-DDR übernommen (Begr. 1992).

2 Erläuterungen

Der ruhende Verkehr steht in seiner Bedeutung dem fließenden Verkehr nicht nach, weil die Transportfunktion nur dann wirksam werden kann, wenn am Ziel auch Parkraum verfügbar ist. Beschränkungen des ruhenden Verkehrs beeinflussen deshalb auch entscheidend den fließenden Verkehr (z. B. Zonenhaltverbote zur Verkehrsverdünnung von Kernstadtgebieten; Nacht- und Sonntagsparkverbot zur Verdrängung des Schwerverkehrs; Parkscheiben, Parkuhren und Parkscheinautomaten zur Beschränkung des Berufspendlerverkehrs).

Begriffe des ruhenden Verkehrs

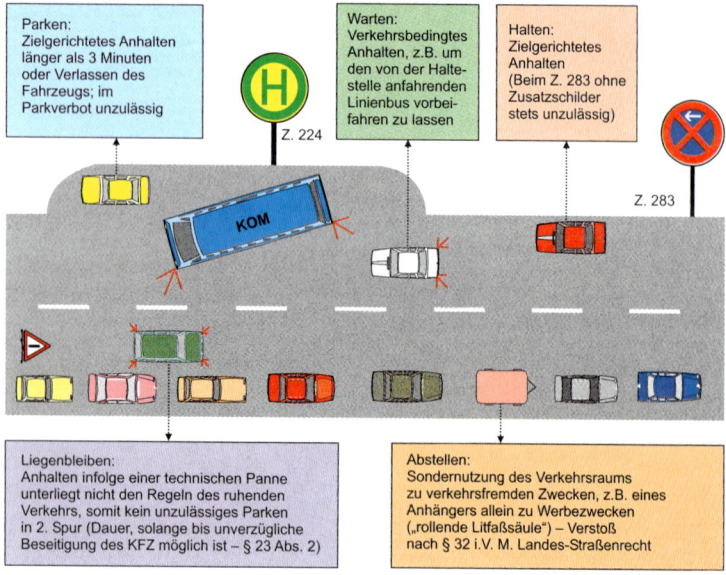

Parken:
Zielgerichtetes Anhalten länger als 3 Minuten oder Verlassen des Fahrzeugs; im Parkverbot unzulässig

Warten:
Verkehrsbedingtes Anhalten, z.B. um den von der Haltestelle anfahrenden Linienbus vorbeifahren zu lassen

Halten:
Zielgerichtetes Anhalten (Beim Z. 283 ohne Zusatzschilder stets unzulässig)

Z. 224

Z. 283

Liegenbleiben:
Anhalten infolge einer technischen Panne unterliegt nicht den Regeln des ruhenden Verkehrs, somit kein unzulässiges Parken in 2. Spur (Dauer, solange bis unverzügliche Beseitigung des KFZ möglich ist – § 23 Abs. 2)

Abstellen:
Sondernutzung des Verkehrsraums zu verkehrsfremden Zwecken, z.B. eines Anhängers allein zu Werbezwecken („rollende Litfaßsäule") – Verstoß nach § 32 i.V. M. Landes-Straßenrecht

2.1 Begriffe des ruhenden Verkehrs

2.1.1 Halten

Halten ist eine gewollte Fahrtunterbrechung, die nicht durch die Verkehrslage oder eine verkehrspolizeilichen Anordnung veranlasst worden ist (Rn. 1 VwV zu § 12). Halten wird deshalb dem ruhenden Verkehr zugerechnet und umfasst Anhalten, Sicherung des Fahrzeugs und Stillstand im Verkehrsraum. Das (ungewollte) Anhalten aus Verkehrsgründen („Warten"), z.B. Stau, Rot einer LZA, unterliegt nicht den Regeln des ruhenden, sondern des fließenden Verkehrs.

2.1.2 Parken

Das länger als 3 Minuten dauernde Halten oder das Verlassen des Fahrzeugs innerhalb dieser Zeit führt zum Parken. Halten ist kein Parken, wenn der Fahrer zwar aus dem Fahrzeug ausgestiegen ist, jedoch in der Nähe bleibt und jederzeit wieder den Fahrersitz einnehmen und wegfahren kann (BayObLG VRS 51, 459; OLG Stuttgart VersR 1974, 1133; 1975, 190). Wer sich von seinem Fahrzeug so weit entfernt, dass er die Verkehrslage nicht mehr übersehen kann, parkt, auch wenn er vor Ablauf von drei Minuten davonfährt (KG VRS 59, 228). Das gilt auch dann, wenn er sich zwar in der Nähe des Fahrzeugs befindet, dieses jedoch nicht mehr im Auge hat. Beim Halten bis zu 3 Minuten auf einem Behindertenparkplatz liegt bereits bei kurzer Entfernung unzulässiges Parken vor, weil ein Behinderter jederzeit die Einfahrmöglichkeit auf den Parkplatz haben muss (OLG Düsseldorf VerkMitt 1996 Nr. 86 = NZV 1996, 161).

2.1.3 Warten

Warten ist (ungewolltes) verkehrsbedingtes, vorübergehendes Stehenbleiben; es wird dem fließenden Verkehr zugerechnet. Der am Z. 283 Wartende verstößt deshalb nicht gegen das Haltverbot. Es liegt auch kein Parken beim Aussteigen aus dem verkehrsbedingt haltenden Fahrzeug vor (OLG Düsseldorf NZV 1989, 81).

2.1.4 Liegenbleiben

Bleibt das Fahrzeug infolge eines technischen Defektes stehen, liegt weder Halten noch Warten vor. Vielmehr ist das Fahrzeug zu sichern und unverzüglich auf dem kürzesten Weg aus dem Verkehr zu ziehen (§§ 15, 15 a, 16, 23 Abs. 2). Verbleibt das Fahrzeug im Haltverbot, obwohl die Beseitigung möglich wäre, wird aus dem „Liegenbleiben" unzulässiges Halten.

2.1.5 Parken und Gemeingebrauch

Parken ist im Allgemeinen zulässig, wo es nicht durch Halt- oder Parkverbote eingeschränkt wird (OLG Düsseldorf VerkMitt 1986 Nr. 52 = DAR 1986, 157). Das bedeutet aber nicht, dass das Parken dort, wo es nicht ausdrücklich verboten ist, unbeschränkt erlaubt ist. Die Zulässigkeit des Parkens wird auch vom Gemeingebrauch nach Maßgabe der straßenrechtlichen Widmung bestimmt. Zum Gemeingebrauch gehört die Verkehrsüblichkeit und Gemeinverträglichkeit, d.h. die Bereitstellung eines KFZ zum Verkehr (ruhender Verkehr) und die Inbetriebnahme des KFZ zur Ortsveränderung (fließender Verkehr). Es kommt hierbei entscheidend darauf an, zu welchem Zweck das Fahrzeug im öffentlichen Straßenraum stehen gelassen wird. Ist die Motivation darauf gerichtet, das Fahrzeug wieder in den fließenden Verkehr zu bringen und ist das dem Fahrzeugführer auch tatsächlich möglich, ist das Parken gemeingebräuchlich. Erstreckt sich die straßenrechtliche Widmung für den Verkehr über die gesamte Straße (Regelfall), wäre z. B. unzulässiges Gehwegparken zwar nach § 12 Abs. 4 verboten, jedoch keine unzulässige Sondernutzung.

Kein Gemeingebrauch liegt hingegen vor, wenn die Straße nicht zu Verkehrszwecken benutzt wird (z. B. zur Lagerung von Gegenständen nach § 32 Abs. 1 oder zum Anbieten von Waren und Leistungen nach § 33 Abs. 1). Auch das Abstellen eines betriebsunfähigen oder nicht zugelassenen KFZ überschreitet den Gemeingebrauch, weil es nicht zu Verkehrszwecken, sondern aus anderen Motiven erfolgt. Entsprechendes gilt für das Abstellen eines Wohnwagenanhängers, der nur einmal im Jahr zum Urlaub in Betrieb genommen wird; hier wird die Straße als „Abstellplatz" zu Lasten der Parkplatzsuchenden missbraucht. Nicht gemeingebräuchlich ist das Abstellen eines KFZ allein zur Werbung, auch mit drehbarem halbkugelförmigem Dachaufsatz oder Schildern (OVG Hamburg VRS 98, 396) oder zum Übernachten, z. B. in einem Wohnwagen (BayObLG VerkMitt 1983 Nr. 58; OLG Hamm DAR 1999, 226). Ist dem (alleinigen) Fahrer die Fahrerlaubnis entzogen worden und ihm die Inbetriebnahme seines auf der Straße geparkten Fahrzeuges (rechtlich) unmöglich, wird aus dem Parken unzulässiges Abstellen. Das Parken von KFZ einer Vermietfirma wird hingegen noch der Verkehrsüblichkeit zugerechnet, denn das Firmeninteresse ist gerade auf den Verkehrszweck „Inbetriebnahme" gerichtet (BVerwG VerkMitt 1983 Nr. 21 = VRS 63, 229). Ein Fahrzeug mit einer Verkaufsofferte gehört noch zum Gemeingebrauch, es sei denn, es wird nur zu diesem Zweck abgestellt, z. B. mit rotem Kennzeichen (OVG Münster VerkMitt 2001 Nr. 51 = VRS 100,

228 = DAR 2001, 184 = NZV 2001, 533; OVG Koblenz DAR 1983, 302). Auch das überschaubare Dauerparken eines Fahrzeugs gehört noch zum Parken (BVerwG VRS 30, 468), z. B. während einer mehrwöchigen oder sogar mehrmonatigen Urlaubsfahrt (die Grenze dürfte bei max. einem halben Jahr liegen).

Ist das Parken nicht mehr gemeinverträglich, liegt unzulässige Sondernutzung nach den Landesstraßengesetzen vor. Außerdem wird das KFZ zum „Gegenstand" i. S. d. § 32 Abs. 1. Ist der Abstellvorgang mit einer abstrakten Behinderung verbunden, ist der Tatbestand des § 32 erfüllt. Die unzulässige Sondernutzung steht dabei in Tateinheit mit § 32. Da die StVO und das Straßenrecht unterschiedliche Zielsetzungen haben, liegt keine Kollision mit Art. 31 GG vor. Nicht mehr zugelassene „Rostlauben" werden darüber hinaus als Abfall behandelt und entfernt (Kennzeichnung durch „roten Punkt").

Bei Verstößen gegen das Nacht- und Sonntagsparkverbot nach § 12 Abs. 3 a und das Parkverbot für KFZ-Anhänger über mehr als zwei Wochen nach § 12 Abs. 3 b geht § 32 Abs. 1 vor. Daneben liegt eine unzulässige Sondernutzung nur dann vor, wenn im Rahmen dieser Parkvorgänge der Gemeingebrauch überschritten wird, z. B. der Anhänger wird als „rollende Litfaßsäule" ausschließlich zur Werbung genutzt und alle zwei Wochen an einen anderen Ort abgestellt. In diesem Fall ist bereits vom ersten Tag an eine unzulässige Sondernutzung gegeben.

2.2 Parkaufstellung und Vorrang

Das Ausgliedern aus dem fließenden Verkehr zum Halten oder Parken muss unter Vermeidung von Gefährdungen und unvertretbaren Behinderungen erfolgen (§ 1 Abs. 2); die Benutzung des Fahrtrichtungsanzeigers ist empfehlenswert, um dem Mitverkehr das Ausweichen zu ermöglichen.

2.2.1 Rechtsparkgebot (§ 12 Abs. 4 Satz 1)

Beim Parken ist möglichst **weit rechts** anzuhalten, und zwar auf dem rechten Seitenstreifen (wozu auch der Parkstreifen gehört), sonst am rechten Fahrbahnrand in Fahrtrichtung; beim Halten „in der Regel" gleichfalls. Dementsprechend ist z. B. das Parken auf Gehwegen unzulässig (BVerwG VerkMitt 1993 Nr. 1 = VRS 84, 127 = DAR 92, 473 = BVerwG NJW 1993, 870). Gleiches gilt (vorbehaltlich entsprechender Markierungen) auch für Kleinst-PKW unter 3 m Länge. Das Aufstellen von Zweiradfahrzeugen auf ausreichend breiten Gehwegen wird jedoch oft im Wege der polizeilichen Opportunität geduldet (§ 53 Abs. 1 OWiG), wenn weder Gefährdungen noch Behinderungen zu besorgen sind. Das Gebot zum Parken auf Seitenstreifen gilt für **alle Fahrzeuge**, somit auch für Motorräder. Seitenstreifen dürfen nur dann nicht zum Halten und Parken benutzt werden, wenn sie erkennbar ungenügend befestigt oder mit Z. 388 ausgewiesen sind. Auch das Parken auf Mittel- oder Grünstreifen ist unzulässig. Handelt es sich um einen durch Sträucher nicht einmal den Fußgängern zugänglichen Bereich, liegt eine „private" Verkehrsfläche vor, so dass unzulässige Parkvorgänge (nur) mit Mitteln des Privatrechts (§ 859 BGB) oder als Verstöße gegen kommunale Pflanzenschutznormen beanstandet werden können (OLG Karlsruhe NZV 1993, 38).

2.2.2 Parken in Fahrtrichtung

Entsprechend der internationalen Regelung des Art. 23 Abs. 2 WÜ muss regelmäßig **parallel** (in Fahrtrichtung) zum Fahrbahnrand geparkt werden, weil dadurch beim Einparken und Anfahren die geringste Beeinträchtigung des fließenden Verkehrs eintritt; außerdem nachts die roten Rückstrahler erkennbar sind. Das gilt für alle Verkehrsarten, auch für Kleinst-PKW, Motorräder oder Mofas (KG NZV 1992, 249 = VRS 82, 374), selbst wenn Zweiradfahrzeuge beim unzulässigen Querparken nicht über die Kanten der längs aufgestellten mehrspurigen Fahrzeuge in die Fahrbahn hineinragen. Schräg- oder Senkrechtparken ist außer bei Markierungen nach § 41 Abs. 3 Nr. 7 auch auf sehr breiten Straßen und Park- oder Seitenstreifen zulässig, wenn der fließende Verkehr nicht behindert wird und die Verkehrsverhältnisse diese Aufstellungsart gestatten (Folge aus dem Gebot des Platz sparenden Parkens nach § 12 Abs. 6). In solchen Bereichen dürfen auch Kleinst-PKW geringer Länge, z. B. Smart mit rd. 2,50 m, senkrecht zum Fahrbahnrand parken oder markierte Restflächen ausnutzen. Dort, wo auch Kleinst-PKW zulässigerweise nur in Längsrichtung geparkt werden dürfen, ist allerdings bei der polizeilichen Überwachung Augenmaß erforderlich, weil andernfalls eine rein formale Betrachtung schikanös wirken kann.

Weiterhin ist am rechten Fahrbahnrand zu parken. Abweichungen vom **Rechtsparkgebot** sind nur bei Einbahnstraßen nach Z. 220 (auch beim zugelassenen Gehwegparken durch Z. 315) und bei rechts verlegten Straßenbahnschienen zulässig (§ 12 Abs. 4 Satz 4). Bei Einbahnstraßen darf rechts und links am Fahrbahnrand geparkt und gehalten werden, natürlich nur in Fahrtrichtung. Bei rechts verlegten Gleisen darf links geparkt werden, und zwar entgegen der Fahrtrichtung (Fall des zulässigen Parkens entgegen der Fahrtrichtung; andernfalls hätte es der ausdrücklichen Erwähnung in § 12 Abs. 4 Satz 4 nicht bedurft). Bei rechts oder links verlegten Gleisen darf generell nicht geparkt oder gehalten werden (somit auch nicht in der Mitte). Handelt es sich bei Verkehrsflächen nicht um „Fahrbahnen" (z. B. Mischflächen verkehrsberuhigter Gebiete), gilt § 12 Abs. 4 nicht; es darf somit auch auf der anderen Seite entgegen der Fahrtrichtung geparkt werden (OLG Köln NZV 1997, 449 = VRS 94. 136).

2.2.3 Parken auf Seitenstreifen

Befindet sich rechts von der Fahrbahn ein ausreichend befestigter Seiten- oder Parkstreifen, muss dort geparkt werden (§ 12 Abs. 4). Das Parken links daneben auf der Fahrbahn ist selbst dann unzulässig, wenn dadurch keine Parkstände verstellt werden. Ist auf der rechten Seite der Fahrbahn eine **durchgehende Linie** (Z. 295) aufgetragen, handelt es sich i. d. R. um eine **Fahrbahnbegrenzung**. Bleibt rechts von Z. 295 Straßenraum frei, darf nicht links davon gehalten werden (§ 41 Abs. 3 Nr. 3 b). Rechts von der Linie darf geparkt werden, wenn dieser Raum zum Parken vorgesehen ist oder langsam fahrende Fahrzeuge (z. B. Radfahrer) nicht behindert werden.

2.2.4 Parken an Mittelstreifen oder Verkehrsinseln

Mittelstreifendurchlässe auf Straßen sind weder Seitenstreifen noch Fahrbahnränder. Infolgedessen ist dort das Parken nach § 12 Abs. 4 unzulässig. Diese Durchlässe sind zwar Teil der Fahrbahn; rechter Fahrbahnrand ist jedoch nur der in Längsrichtung vorgesehene Straßenteil (KG VRS 72, 87; 80, 223). Das gilt auch für die Mittelstreifenköpfe oder Mittelinseln in Kreuzungsbereichen (auch hier ist somit das Parken unzulässig).

2.2.5 Rückwärtsparken

Parkplätze dienen dem ruhenden Verkehr, so dass beim Rückwärtsparken das Gefährdungsverbot des § 9 Abs. 5 nicht unmittelbar Anwendung findet,

Parkverbot an Mittelstreifen und innerhalb von Kreuzungen

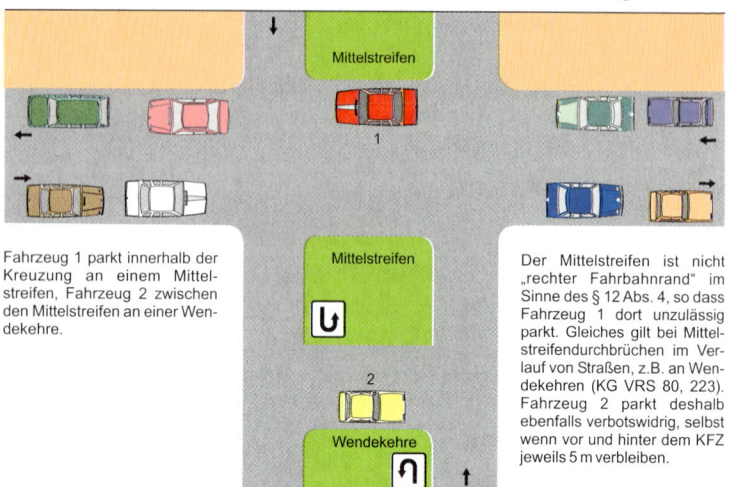

Fahrzeug 1 parkt innerhalb der Kreuzung an einem Mittelstreifen, Fahrzeug 2 zwischen den Mittelstreifen an einer Wendekehre.

Der Mittelstreifen ist nicht „rechter Fahrbahnrand" im Sinne des § 12 Abs. 4, so dass Fahrzeug 1 dort unzulässig parkt. Gleiches gilt bei Mittelstreifendurchbrüchen im Verlauf von Straßen, z.B. an Wendekehren (KG VRS 80, 223). Fahrzeug 2 parkt deshalb ebenfalls verbotswidrig, selbst wenn vor und hinter dem KFZ jeweils 5 m verbleiben.

wohl aber das Maß der nach § 1 Abs. 2 zu beobachtenden Sorgfalt bestimmt. Wer in eine Parklücke rückwärts einparkt, muss dabei äußerste Vorsicht beobachten. Dies gilt besonders dann, wenn ein neben der Parklücke stehendes KFZ zur gleichen Zeit ebenfalls rückwärts ausparken will (OLG Hamm VRS 99, 70).

Ist Senkrechtparken zulässig, sollte vor allem an Parkbuchten entlang der Straße wegen der vermeidbaren **Abgasbelästigung** von Fußgängern nur mit der Vorderseite des KFZ zum Gehweg hin geparkt werden (§ 30 Abs. 1 Satz 1). Das ist insbesondere dann geboten, wenn sich auf dem Gehweg spielende Kinder, Rollstuhlfahrer oder Personen mit Kinderwagen aufhalten. Mögliche Schwierigkeiten beim Ausparken müssen dann in Kauf genommen werden. Ein nicht amtliches Hinweisschild ist oft hilfreich, um Kraftfahrer zu veranlassen, nur vorwärts einzuparken.

2.2.6 Halten und Parken in 2. Spur

Parken in 2. Spur ist **schlechthin unzulässig** (OLG Düsseldorf VerkMitt 1988 Nr. 41) auch wenn es ausschließlich dem Be- und Entladen dient (BGH VerkMitt 1979 Nr. 4 = VRS 55, 462). Dasselbe gilt für Parken links neben einem befestigten Seitenstreifen oder einer Parkbucht (OLG Düsseldorf NZV 1989, 82), nicht jedoch bei Unbenutzbarkeit des Seitenstreifens oder der Parkbucht z.B. durch Lagerung von Baumaterial (OLG Düsseldorf VRS 78, 218). Nur betriebsbereiten Taxen (im Personenverkehr) ist das Parken in 2. Spur gestattet, um Fahrgäste ein- oder aussteigen zu lassen (Voraussetzung: keine Behinderung des Verkehrsflusses – § 12 Abs. 4 Satz 3). Hierzu gehören auch Nebenverrichtungen, z.B. Gepäckausladen. Demgegenüber ist das Halten für alle anderen Fahrzeuge nur „**in der Regel**" verboten. Von der Regelfolge darf dann abgewichen werden, wenn in zumutbarer Entfernung kein Parkraum vorhanden ist, durch die Aufstellung in 2. Spur der Verkehrsfluss nicht behindert wird und das Interesse des

Haltenden gegenüber der Regelabweichung überwiegt, z. B. zur Lieferung
schwerer Güter (BGH VRS 38, 228 = DAR 1970, 110), zur dringenden Verständigung über einen Fahrzeugmangel (KG VerkMitt 1973 Nr. 52), zur
Orientierung auf einem Stadtplan (BayObLG VerkMitt 1972 Nr. 68; KG
VerkMitt 1974 Nr. 15). Außerdem darf das Halten in 2. Spur nicht länger als
3 Minuten dauern, weil sonst aus dem Halten unzulässiges Parken wird. Bei
extremem Parkdruck in Innenstädten wird Lieferverkehr in 2. Spur häufig
von der Polizei aus Opportunitätserwägungen geduldet (§ 53 Abs. 1 OWiG),
wenn der Verkehrsfluss nicht behindert wird. Andernfalls wären ausreichend
große Lieferzonen durch Z. 286 auszuweisen, deren Überwachung häufig
an den personellen Kapazitäten der Polizei scheitert.

2.2.7 Platz sparendes Parken

Platz sparendes Parken nach § 12 Abs. 6 erfordert eine angemessene Aus-
nutzung des Verkehrsraums dort, wo er knapp ist. Mehrmaliges Vor- und
Zurücksetzen, um aus einer Parklücke herauszukommen, ist dabei zumut-
bar. Bloße Unbequemlichkeiten müssen in Kauf genommen werden. Die
Grenze liegt bei vermeidbarer Blockierung des Ausparkenden (OLG Düssel-
dorf VerkMitt 1973 Nr. 108). **Schräg-** oder **Querparken** ist nur auf breiten
Parkflächen erlaubt (KG VRS 82, 371); keine Sonderregelung für Krafträder
(KG NZV 1992, 249). Die Vorschrift ist als Ordnungswidrigkeit qualifiziert.

2.2.8 Vorrang an einer Parklücke (§ 12 Abs. 5)

Der Vorrang an einer freien oder frei werdenden Parklücke steht dem zu,
der sie zuerst **unmittelbar** erreicht, gleich ob er vorwärts oder rückwärts
einparken will. Unmittelbar erreicht hat die Parklücke, wer sich mit seinem
Fahrzeug, zumindest mit dem vorderen Teil, in gleicher Höhe mit der in
seiner Fahrtrichtung liegenden Parklücke befindet. Hierbei ist Rücksichtnahme geboten (§ 1 Abs. 1). Der Vorrang bleibt erhalten, wenn der Berechtigte vorbeifährt, um rückwärts einzuparken oder sonst unmittelbar mit dem

Vorrang an einer Parklücke

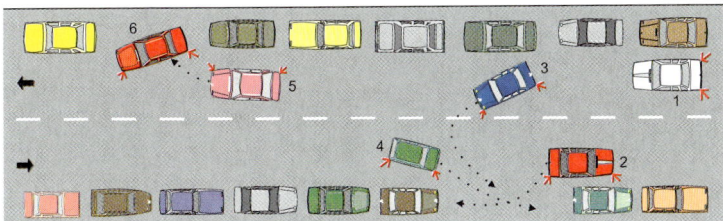

KFZ 1 wartet auf einen möglicherweise frei werdenden Parkstand. Sofern es länger als 3 Minuten hält, parkt
es unzulässig in 2. Spur (§ 12 Abs. 4).
KFZ 2 „wartet", um rückwärts einparken zu können. Da es die Parklücke als Erster erreicht hat, muss KFZ 4
ihm das Einparken selbst dann ermöglichen, wenn KFZ 4 aus der Fahrbewegung heraus als „erster" einfah-
ren könnte (§ 12 Abs. 5).
KFZ 3 hat die Parklücke zwar eher als KFZ 2 erreicht, jedoch nicht „unmittelbar zuerst" (§ 12 Abs. 5 Satz 1).
KFZ 2 darf deshalb vor KFZ 3 in die Parklücke einfahren.
KFZ 5 wartet, um in die frei werdende Parklücke von KFZ 6 einfahren zu können. Die Aufstellung zum unmit-
telbaren Einparken ist verkehrsrechtlich „Warten", selbst wenn das Einparken länger als 3 Minuten dauert.
Wird jedoch der Verkehrsfluss unvertretbar behindert, muss KFZ 5 auf das Einparken verzichten.

Einparken zusammenhängende Fahrmanöver ausführt, z. B. beim Schräg- oder Senkrechtparken. Der Vorrang besteht nicht beim **Warten** auf einen frei werdenden Parkstand auf der gegenüberliegenden Fahrbahnseite, wenn von dort nicht unmittelbar eingeparkt werden kann (OLG Düsseldorf VerkMitt 1992 Nr. 59 = NZV 1992, 199).

Wer die Einfahrt dadurch erzwingt, dass er auf einen Fußgänger, der die Parklücke freihalten will, in gefährdender Weise zufährt, begeht eine straf- bare **Nötigung** (OLG Düsseldorf VerkMitt 1978 Nr. 68; OLG Naumburg VerkMitt 1998 Nr. 37 = VRS 94, 338 = NZV 1998, 163: nicht aber bei „sanftem" Wegdrängeln). Andererseits behindert der Fußgänger den Einfahrenden unzulässig, nötigt ihn jedoch nicht. Die Behinderung allein rechtfertigt jedenfalls keine Notwehrhandlung (BayObLG NZV 1995, 327).

2.3 Haltverbote

2.3.1 Enge und unübersichtliche Straßenstellen (§ 12 Abs. 1 Nr. 1)

Das Haltverbot soll einen ausreichenden Raum für den fließenden Verkehr gewährleisten. Die StVO unterscheidet zwischen Straßenstellen (z. B. §§ 8 Abs. 2, 15, 27 Abs. 2, 36 Abs. 4) und Straßenstrecken (z. B. § 3 Abs. 1). In allen Fällen sind die Begriffe im natürlichen Wortsinn zu verstehen. **Eng** ist eine Straßenstelle dann, wenn durch das haltende Fahrzeug die Durchfahrt eines KFZ größtmöglicher Breite (2,55 m), zuzüglich des Sicherheitsabstands von 0,5 m nicht mehr gewährleistet ist (OLG Düsseldorf VerkMitt 2000 Nr. 71 = NZV 2000, 340; VRS 98, 299; VerkMitt 1988 Nr. 41 = VRS 75, 66). KFZ, die dort unzulässig parken, können auch ohne konkrete Behinderung abgeschleppt werden (VG Berlin VerkMitt 1998 Nr. 80). Ist der zwischen zwei parkenden KFZ verbleibende Fahrraum geringer als 3 m, muss auch der zuerst dort Parkende den Verkehrsraum frei machen (OLG Köln VRS 34, 312). **Unübersichtlichkeit** ist dann gegeben, wenn aus der Sicht des fließenden Verkehrs nicht zuverlässig beurteilt werden kann, ob der davor befindliche Verkehrsraum frei ist (z. B. an Gefällstrecken hinter Straßenkuppen, hinter Fahrbahnverschwenkungen, an Baustellen, u. U. auch vor Fußgängerfurten).

2.3.2 Bereich scharfer Kurven (§ 12 Abs. 1 Nr. 2)

Ob eine Kurve scharf ist, hängt vom Radius der Krümmung ab, die eine Behinderung bewirken kann. Das Verbot gilt für die Außen- und Innenseite sowie vor und hinter der Kurve (Haltverbot gilt „im Bereich" solcher Kurven). Dass die Kurve unübersichtlich ist, wird selbst nicht gefordert; Unüber- sichtlichkeit kann sich jedoch aus dem Gefährdungsausschluss ergeben.

2.3.3 Beschleunigungs- und Verzögerungsstreifen (§ 12 Abs. 1 Nr. 3)

Das Verbot gilt für alle Straßen mit Beschleunigungs- oder Verzögerungs- streifen. Auf Autobahnen oder Kraftfahrstraßen ist das Halten nach § 18 Abs. 8 unzulässig (§ 12 Abs. 1 Nr. 3 tritt dort zurück).

2.3.4 Auf und 5 m vor Fußgängerüberwegen (§ 12 Abs. 1 Nr. 4)

Das Haltverbot dient der Sicht auf den Fußgängerüberweg und gilt **auf** und 5 m **vor** dem Überweg (§ 26, Z. 293); nicht dahinter und auch nicht für sonstige Überquerungsmöglichkeiten für Fußgänger (z. B. Fußgängerfurten vor LZA). Die Entfernung ist von der Markierung ab rückwärts zu messen; bei schräg verlaufenden Überwegen von der Fahrbahnkante aus. Auf

Haltverbot in scharfen Kurven

Im Bereich „scharfer Kurven" besteht Haltverbot (§ 12 Abs. 1 Nr. 2) nicht nur dann, wenn durch die Krümmung der Kurve keine Sicht auf den Gegenverkehr besteht, sondern auch dann, wenn infolge der Radien (Schleppkurve) ein gefahrloses Durchfahren des Kurvenbereichs nicht mehr möglich ist. KFZ 1 würde beim Einschwenken in die Kurve mit KFZ 2 kollidieren. KFZ 2 steht deshalb im Haltverbot. Das gilt auch für KFZ 3, weil sich das Haltverbot auf die Innen- und Außenseite der Kurve erstreckt.

Durch § 12 Abs. 1 Nr. 2 ist das Halten in der Kurve, im „Bereich" davor und dahinter verboten, wenn dadurch Gefahren in der Kurve auftreten können. LKW 1 muss zum Befahren der Kurve nach rechts ausschwenken. KFZ 4, 5, 6 und 7 verhindern dies und parken verbotswidrig.

Fußgängerüberwegen ist auch für Straßenbahnen das Halten verboten (BGH VerkMitt 1975 Nr. 98 = VRS 49, 243).

2.3.5 Auf Bahnübergängen (§ 12 Abs. 1 Nr. 5)

Es handelt sich um die nach § 19 bezeichneten höhengleichen Übergänge. Meist fahren hier Schienenfahrzeuge auf gesonderten Trassen. Haltverbot gilt aber auch dann, wenn die Gleise Bestandteil der Fahrbahn sind und dieser Raum durch Andreaskreuze gesichert ist.

2.3.6 In absoluten Haltverboten (§ 12 Abs. 1 Nr. 6 a, Z. 283)

Das Verbot dient nicht nur der Flüssigkeit, sondern auch der Sicherheit des Verkehrs, z. B. auch dem Schutz querender Fußgänger (BGH VerkMitt 1983 Nr. 57). Das Haltverbot endet nach § 41 Abs. 2 Nr. 8 b an der nächsten Kreuzung oder Einmündung der gleichen Straßenseite (Gleiches gilt für das eingeschränkte Haltverbot nach Z. 286). Enden kann das Haltverbot auch ohne Zusatzschild „Ende", wenn der Grund für die Freihaltung der Verkehrsfläche eindeutig erkennbar ist, z. B. im Kurvenbereich, an Baustellen. Das Verbot bezieht sich nur auf Haltvorgänge auf der Fahrbahn; auf Seitenstreifen (Parkbuchten) darf somit gehalten werden. Wird im Bereich eines Z. 283 auf dem Gehweg unzulässig geparkt, liegt ein Verstoß nach § 12 Abs. 4 Satz 1 vor (BGH VRS 84, 127). Soll auch der Seitenstreifen in das Haltverbot einbezogen werden, muss das Zusatzschild 1052-37 (Symbol eines durchgestrichenen PKW) mit Z. 283 kombiniert werden. Durch Zusatzschild 1052-39 „auf dem Seitenstreifen" wird das Haltverbot auf diesen Straßenteil beschränkt (selten). Bei längeren Haltverbotsstrecken sollte innerorts das Haltverbot im Interesse des Sichtbarkeitsgrundsatzes nach 100 m, außerhalb nach 200 m wiederholt werden (weißer Doppelpfeil im Z. 283).

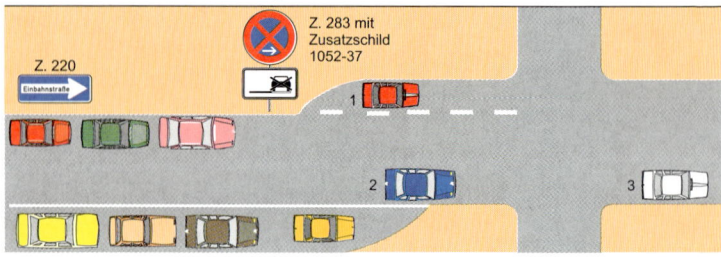

Geltungsbereich des Haltverbots

Z. 283 mit Zusatzschild 1052-37 verbietet das Halten „auch" auf den Seitenstreifen. KFZ 1 hält deshalb verbotswidrig. Das Haltverbot auf der rechten Fahrbahnseite gilt nur für die Fahrbahn, nicht für die Parkbucht (sie ist „Seitenstreifen", keine Fahrbahn – § 2 Abs. 1 Satz 2). KFZ 2 hält verbotswidrig (Verstoß gegen Z. 283; § 12 Abs. 4 tritt wegen § 39 Abs. 2 zurück). Z. 283 gilt außerdem nur bis zur Kreuzung (§ 41 Abs. 2 Nr. 8 b). KFZ 3 parkt deshalb zulässig.

Z. 283 kann auch aus Gründen der öffentlichen Sicherheit angeordnet werden, z. B. zur Verhütung von Brandanschlägen auf Gebäude. In solchen Fällen ist die Umsetzung (Abschleppen) des KFZ verhältnismäßig und zulässig. Haltverbote sind keine enteigungsgleichen Eingriffe, gegen die ein Anlieger klagen kann (VGH Mannheim NZV 1990, 406).

2.3.7 In eingeschränkten Haltverboten (§ 12 Abs. 1 Nr. 6 b, Z. 286)

Im eingeschränkten Haltverbot darf **bis zu 3 Minuten** gehalten werden, wobei es auf den Zweck des Haltens nicht ankommt. Anders als bei § 12 Abs. 2 darf das KFZ auch „verlassen" werden, denn § 12 Abs. 2 grenzt nur das Halten zum Parken ab, während Z. 286 das **zweckfreie Halten** bis zu 3 Minuten erlaubt.

Das eingeschränkte Halten erlaubt das **Aus- oder Einsteigen**(-lassen!) sowie das **Be- oder Entladen**, einschließlich von **Nebenverrichtungen**. Das sind solche Tätigkeiten, die wegen der notwendigen Zugehörigkeit zum Be- oder Entladen bzw. zur Aufnahme oder zum Absetzen von Fahrgästen als Bestandteil des Haltens erscheinen, z. B. Bezahlen und Kontrolle der Waren oder des Fahrpreises, Abschluss von Bestellungen, Begleitung behinderter Personen bis zur Haustür (BGH VRS 40, 180; BayObLG VerkMitt 1979 Nr. 59 = DAR 1979, 138 = VRS 57, 140). Die Dauer der Nebenverrichtungen darf **15–20 Minuten** nicht übersteigen. Da sich das Ein- und Aussteigen nur auf Fahrgäste bezieht, verstößt der Fahrer gegen Z. 286, wenn nur er „aussteigt" und später als 3 Minuten wieder „einsteigt". Andererseits ist das Ein- oder Aussteigen, Be- oder Entladen zeitlich nicht beschränkt, es muss nur zügig durchgeführt werden. Hinsichtlich der transportierten Sachen muss deren Größe und Gewicht die Beförderung mit einem KFZ erforderlich machen; d. h. leichte gewöhnliche Gegenstände rechtfertigen nicht die Inanspruchnahme der Ladezone (OLG Karlsruhe VerkMitt 1975 Nr. 26 = VRS 49, 216). Auch die physische Leistungsfähigkeit des Transporteurs, der Wert oder die Empfindlichkeit der Gegenstände (z. B. hohe Geldbeträge, medizinische Präparate) sind zu berücksichtigen. Zu unterscheiden von der „Ladeerlaubnis" ist die Erlaubnis „Lieferverkehr frei", die durch Zusatzschild in Fußgängerbereichen gewährt wird. Sie gestattet Fahrzeugverkehr zur Versorgung und Entsorgung der Geschäfte und Betriebe (OVG Lüneburg, VerkMitt

1981 Nr. 61). Zum zulässigen Be- und Entladen gehört auch der Austausch von Ladungsträgern (OLG Frankfurt/M. DAR 1995, 457). Das Zusatzschild 1042-30 „**werktags**" schließt auch den **Sonnabend** ein (OLG Hamm VerkMitt 2001, Nr. 91 = NZV 2001, 355 = DAR 2001, 376 = VRS 100, 468; OLG Hamburg VerkMitt 1984 Nr. 73 = DAR 1984, 157 = VRS 66, 379; kritisch Ortbauer DAR 1995, 463).

Das **Zonenhaltverbot** (Z. 290) enthält zur Vermeidung von Schilderhäufungen die flächendeckende Regelung des eingeschränkten Haltverbots. Anders als bei Z. 283/286 endet es somit nicht an jeder Kreuzung oder Einmündung, sondern gilt vom Beginn bis zu seiner Aufhebung durch Z. 292 innerhalb des gesamten so gekennzeichneten Gebietes. Mit Rücksicht auf den Sichtbarkeitsgrundsatz sollte allerdings das Gebiet für die Verkehrsteilnehmer überschaubar bleiben. Die zusätzliche Verdeutlichung flächendeckender Parkverbote durch farbige Straßenmarkierungen (z. B. blau oder grün) kann die notwendige Bestimmbarkeit des Verbotsgebietes beeinträchtigen (Verletzung des Sichtbarkeitsgrundsatzes) und deshalb zur Rechtswidrigkeit führen (BVerwG DAR 1993, 191). Das Zeichen steht meist in Verbindung mit einer Parkscheibe (Bild 291). Ist der zeitliche Aufenthalt durch Zusatzschilder beschränkt, z. B. Z. 290 mit Parkscheibe „3 Stunden", muss der Bereich danach verlassen werden; das „Umparken" lediglich auf einen anderen Parkstand oder in eine andere Straße innerhalb des Gebietes ist deshalb unzulässig. Z. 290 kann auch ohne „Kurzparkregelung" angeordnet werden. In diesem Fall ist die Bedeutung mit Z. 286 deckungsgleich. Innerhalb der Zone bleiben gemäß § 13 Abs. 2 Satz 2 und 3 die sonstigen Halt- und Parkverbote unberührt; deshalb müssen evtl. vorhandene Parkuhren bedient und sonstige Halt- oder Parkverbote respektiert werden.

2.3.8. An Fahrbahnbegrenzungen (§ 12 Abs. 1 Nr. 6c, Z. 295)

Bei Z. 295 besteht links von der **Fahrbahnbegrenzung** Haltverbot, wenn rechts vom Z. 295 ausreichender Straßenraum freibleibt (Seitenstreifen oder befestigter Randstreifen). Ist Z. 295 hingegen Fahrstreifenbegrenzung, so darf nur dann auf der Fahrbahn geparkt werden, wenn zwischen dem KFZ und Z. 295 mindestens 3 m verbleiben. Entsprechendes gilt bei der Ausgestaltung des Z. 295 als **Doppellinie** (§ 41 Abs. 3 Nr. 3a Satz 2).

2.3.9 An Richtungspfeilen auf Fahrbahnen (§ 12 Abs. 1 Nr. 6d, Z. 297)

Das Haltverbot bei Richtungspfeilen auf der Fahrbahn (Z. 297) gilt für alle Fahrstreifen und **beginnt** mit dem Ende des vom Fahrer zuerst erreichten Richtungspfeils. Dem Haltverbot unterliegen allerdings nur Markierungen, bei denen sich Pfeile zwischen Z. 295 oder Z. 340 befinden, die in verschiedene Richtungen weisen (OLG Düsseldorf VRS 66, 380), nicht jedoch empfehlende Pfeilmarkierungen.

2.3.10 Auf Grenzmarkierungen (§ 12 Abs. 1 Nr. 6e, Z. 299)

Eine Grenzmarkierung für Halt-(und Park-)verbote bezeichnet, verlängert oder verkürzt **bestehende** Haltverbote. Diese hat deshalb nur Wirkung in Verbindung mit einem Haltverbot; isoliert ist sie unbeachtlich (OLG Düsseldorf VRS 74, 68).

2.3.11 An rotem Dauerlicht (§§ 12 Abs. 1 Nr. 6f, 37 Abs. 3)

Durch Dauerlichtzeichen werden wechselseitig Fahrstreifen freigegeben oder gesperrt. Im Interesse der Verkehrsflüssigkeit darf deshalb dort nicht

Dauerlichtzeichen

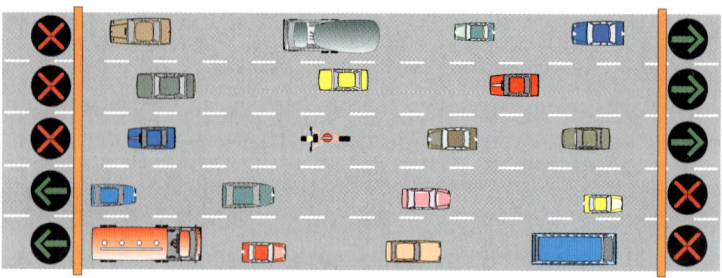

Die „Bewirtschaftung" von Fahrstreifen je Fahrtrichtung mit der größten Verkehrsdichte erfolgt durch Dauerlichtzeichen (§ 37 Abs. 3), z.B. in der Frühspitze 3 Fahrstreifen für eine Richtung, nachmittags im Berufsverkehr umgekehrt. Grüne Pfeile geben den Verkehr für den betreffenden Fahrstreifen frei, rote gekreuzte Sig-
nalbalken sperren den Fahrstreifen, schräg nach unten gerichtete gelbe Pfeile gebieten, den Fahrstreifen in
Pfeilrichtung zu wechseln; dabei ist das Gefährdungsverbot des § 7 Abs. 5 zu beachten. Zur Aufrechterhaltung der Flüssigkeit des Verkehrs besteht absolutes Haltverbot auf allen Fahrstreifen (§ 12 Abs. 1 Nr. 6 f).

gehalten werden. Das Haltverbot bezieht sich auf die gesamte Strecke der
Dauerlichtzeichenanlage, die durch rote Kreuze und grüne Pfeile „bewirtschaftet" wird.

2.3.12 Zehn Meter vor Licht- und Vorfahrtzeichen
(§ 12 Abs. 1 Nr. 7, Z. 201, 205, 206)

Das Haltverbot gilt nur, wenn diese Zeichen **konkret** verdeckt werden, z. B.
durch LKW, KOM. Die LZA muss betriebsbereit sein, d. h. Lichtsignale
abstrahlen. Ist die LZA außer Betrieb (z. B. nachts oder während Wartungsarbeiten), besteht zwar kein Haltverbot; der Kraftfahrer muss jedoch darauf
achten, dass sein KFZ die Signale nicht verdeckt, wenn die Anlage wieder
eingeschaltet wird. Auch Sondersignale für Radfahrer oder an Busspuren,
die meist niedriger angebracht sind, gehören zu den Lichtzeichenanlagen
und dürfen nicht verdeckt werden.

2.3.13 Vor und in Feuerwehrzufahrten (§ 12 Abs. 1 Nr. 8)

Feuerwehrzufahrten sind befestigte Flächen, deren Freihaltung aus Gründen
des Brandschutzes notwendig ist. Haltverbot besteht nur **vor** und **in** amtlich
gekennzeichneten Zufahrten (eine bauliche Hervorhebung ist nicht erforderlich). Hierzu gehören auch Durchfahrten, die sonst nicht vom Fahrzeugverkehr benutzt werden (z. B. Feuerwehrzufahrten zu Hinterhöfen). Das
Haltverbot gilt jedoch nur für denjenigen Teil der Feuerwehrzufahrt, der
mindestens faktisch öffentlich ist. Wird hingegen der private Teil der Feuerwehrzufahrt verstellt, kann nur privatrechtlich gegen den „Falschparker"
vorgegangen werden (§ 859 BGB – Beseitigung einer Besitzstörung: OLG
Köln NZV 1994, 121).

Beispiel amtlicher Kennzeichnung

Feuerwehrzufahrt   **Feuerwehrzufahrt**

Amtliche Schilder sind nur solche, die nach den landesrechtlichen Bauord-
nungen oder den Vorschriften der örtlichen Gemeinde von den Brand-
schutzbehörden angeordnet werden. „Feuerwehraufstellflächen" begründen
ebenso wie private Schilder deshalb keine Haltverbote, auch wenn sie wie
amtliche Schilder aussehen (KG NZV 92, 291; KG VRS 88, 215).

2.3.14 An Taxenständen (§ 12 Abs. 1 Nr. 9, Z. 229)

Z. 229 begründet an Taxenständen ein Haltverbot. Es dient der Gewähr-
leistung eines möglichst reibungslosen Taxenverkehrs vor unberechtigt
haltenden oder parkenden Fahrzeugen. Das Zeichen ist am Anfang der
Verbotsstelle, bei mehr als 5 Taxenständen auch am Ende aufzustellen.
Steht das Z. 229 nur am Beginn, sind die Taxenstände zu markieren. Das
Verbot gilt nicht für betriebsbereite Taxen, wohl aber für Taxen, die nach
Schichtende keine Fahrgäste mehr aufnehmen.

2.3.15 Auf Autobahnen und Kraftfahrstraßen (§ 18 Abs. 8)

Haltverbot besteht nicht nur auf den Fahrbahnen, sondern auch auf den
Seitenstreifen („**Standspuren**" dürfen nur unter Notgesichtspunkten benutzt
werden); nicht jedoch auf Rast- oder Parkplätzen (OLG Koblenz NZV 1994,
83). Die Zufahrten zu diesen Nebenanlagen unterliegen ebenfalls dem
Haltverbot.

2.3.16 Taxen auf Sonderfahrstreifen (§§ 12 Abs. 1 a, 41 Abs. 2 Nr. 5)

Soweit Taxen das Befahren der durch Z. 245 ausgewiesenen „**Busspuren**"
gestattet ist, dürfen sie nur zum Aus- oder Einsteigen lassen an den mit
Z. 224 gekennzeichneten Haltestellen kurz halten. Zulässig sind dabei die
erforderlichen Nebenverrichtungen, wie Bezahlen und Gepäckausladen.
Busse dürfen dabei allerdings nicht behindert werden.

2.3.17 Haltverbot im Fahrbereich von Schienenfahrzeugen (§ 12 Abs. 4)

Es handelt sich hierbei i. d. R. um solche Bereiche, wo sich Straßenbahngleise
links am Fahrbahnrand befinden. Dort verkehren auch Straßenbahnen
außerhalb der Betriebszeiten (z. B. Werkstattwagen), so dass das Haltverbot von daher seine Berechtigung hat.

2.3.18 Haltverbot in Kreisverkehrsplätzen (9 a Abs. 1 Satz 3)

Haltverbot auf den Fahrbahnflächen innerhalb eines Kreisverkehrsplatzes
besteht nur, wenn vor dem Kreis Z. 215 steht. Auf anderen Kreisplätzen
ohne Z. 215 darf geparkt werden, sofern die Fahrbahnbreite dies zulässt.

2.3.19 Halten bei Verkehrsverboten

Dort, wo Verkehrsverbote (**Benutzungsverbote**) für bestimmte Straßenteile
angeordnet sind, darf weder gehalten noch geparkt werden, z. B. Sperrflächen, Busspuren, Straßenbaustellen. Radfahrstreifen. Entsprechendes
gilt in Landschaftsschutz- und Waldgebieten, sofern die landesrechtlichen
Regelungen die Benutzung durch KFZ untersagen (OLG Düsseldorf NZV
1997, 189). Haltverbote können auch bei Störungen der **allgemeinen Sicherheit** erlassen und in den Medien bekannt gemacht werden, z. B. zum Schutz
von Objekten oder bei allgemeiner Gefahrenlage, wie Überschwemmungen.

Haltverbot auf rechts verlegten Gleisen

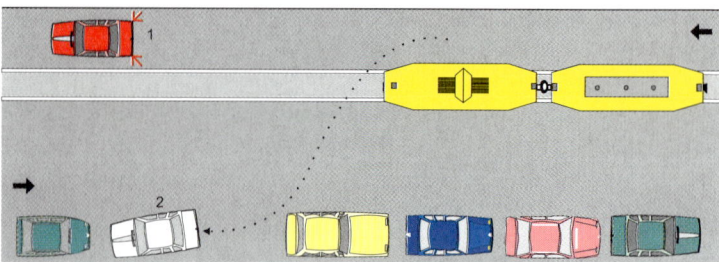

Bei rechts verlegten Gleisen besteht im Fahrraum von Schienenfahrzeugen Haltverbot (§ 12 Abs. 4 Satz 4). Der Fahrraum besteht aus den Schienen sowie einem angemessenen (seitlichen) Sicherheitsabstand von etwa 1,5 m rechts und links. Am rechten Fahrbahnrand darf deshalb nur dann gehalten werden, wenn zwischen den Schienen und der linken Fahrbahnkante ein Raum von mindestens 1,5 m verbleibt. Da Betriebsfahrten der Straßenbahnen auch nachts stattfinden können, muss der Fahrraum auch außerhalb der Betriebszeiten öffentlicher Verkehrsmittel frei bleiben. KFZ 1 darf auf den Schienen auch zur Aufnahme von Fahrgästen nicht kurzfristig halten, selbst wenn keine Straßenbahn in Sicht ist.

Bei rechts verlegten Gleisen darf links gehalten und geparkt werden (§ 12 Abs. 4 Satz 4). Dabei handelt es sich um den einzigen Fall, wo entgegen der Fahrtrichtung geparkt werden darf (KFZ 2).

Hier bedarf es keiner gesonderten Beschilderung; das Haltverbot ergibt sich dann unmittelbar aus der veröffentlichten Anordnung (§ 45 Abs. 1 b Nr. 4 i. V. m. Abs. 4).

2.4. Parkverbote

2.4.1 Fünf Meter vor und hinter Kreuzungen und Einmündungen
(§ 12 Abs. 3 Nr. 1)

Die Berechnung erfolgt von den **Schnittkanten** aus. Bei abgerundeten Einmündungen, deren Bogen weiter als 5 m vom Schnittpunkt der gedachten Verlängerung der Fahrbahnkanten beginnt oder endet, darf nicht näher als 5 m am verlängerten Fahrbahnrand einer der beiden Straßen geparkt werden (BayObLG VerkMitt 1981 Nr. 21 = VRS 59, 375 = DAR 1981, 22). Parken ist nicht nur vor und hinter Einmündungen, sondern auch in ihnen unzulässig (OLG Düsseldorf VerkMitt 1988 Nr. 22; KG VRS 72, 127; 80, 334). Andererseits wird ein Parkverbot weder in der Kreuzung selbst, noch gegenüber von Einmündungen begründet. Wird der Verkehr trotz Einhaltung der 5 m-Grenze beeinträchtigt, ist das Parken als unvermeidbare Behinderung zulässig (Folge aus der abweichenden Regelung bei Grundstücksausfahrten); allerdings können die Straßenverkehrsbehörden durch eine Beschilderung (Z. 283) oder Markierung (Z. 299) den notwendigen Raum schaffen. Das Parkverbot gilt wegen der Zufahrt von Sonderrechtsfahrzeugen auch an Einmündungen von Straßen, die für alle Fahrzeuge gesperrt sind (OLG Oldenburg VRS 48, 146). Ebenso für Kreuzungen und Einmündungen mit Vorrang aus § 10. Mündet z. B. ein verkehrsberuhigter Bereich (Z. 325/326) in eine andere Straße, gilt dort die 5-Meter-Grenze; für die zuführende verkehrsberuhigte Straße gilt das Parkverbot des Z. 325. Parkverbot gilt auch beim zugelassenen Gehwegparken durch Z. 315, wenn der Parkbereich bis an die Schnittkanten des Knotenpunktes reicht.

2.4.2 Zur Benutzung von gekennzeichneten Parkflächen (§ 12 Abs. 3 Nr. 2)

Gekennzeichnete Parkflächen sind diejenigen Teile öffentlicher Verkehrs-
flächen, die mit Z. 314, 315, durch Parkstandmarkierung nach § 41 Abs. 3
Nr. 7, durch Parkuhren oder mit Z. 286 nebst Zusatzschild zu Gunsten
Schwerstgehbehinderter oder Anwohner ausgewiesen sind. Durch das
Parkverbot soll die Benutzung dieser Parkflächen gewährleistet werden.
Hinsichtlich der Behinderung ist § 12 Abs. 3 Nr. 2 Spezialregelung zu § 1
Abs. 2. Sofern keine Verkehrsbehinderung eintritt und keine ausschließende
Beschilderung vorhanden ist, darf außerhalb der gekennzeichneten Park-
fläche geparkt werden, z. B. auf Restflächen.

2.4.3 Vor Grundstückszufahrten und gegenüber schmalen Fahrbahnen (§ 12 Abs. 3 Nr. 3)

Das Verbot dient dem **Schutz** des Ein- und Ausfahrt**berechtigten**; ihm und
den von ihm Ermächtigten (z. B. Mietern des Grundstücks) gegenüber gilt es
mangels eines Schutzbedürfnisses nicht (BayObLG VerkMitt 1975 Nr. 65;
DAR 1992, 270). Das gilt selbst dann, wenn sich die Grundstückszufahrt
innerhalb eines Zonenhaltverbots (Z. 290) befindet (nach Hess. VGH VRS 76,
52 jedoch dann nicht, wenn die Grundstückszufahrt durch Z. 286 überlagert
wird; a. A. OLG Düsseldorf NZV 1994, S. 162 bei Parkberechtigung für
Anwohner). Eine Grundstückszufahrt setzt eine örtliche Gestaltung voraus,
die erkennbar der befahrbaren Verbindung zwischen dem Grundstück und
dem öffentlichen Verkehrsraum dient. Dazu gehören i. d. R. Oberflächen-
befestigungen, abgesenkte Bordsteine usw. (KG VRS 68, 297). Wird die Zufahrt erkennbar nicht benutzt (z. B. nicht zu öffnendes Tor), greift das Parkverbot nicht (KG VRS 62, 142). Nur unmittelbar vor der Zufahrt gilt das
Verbot (**nicht daneben**), somit nur auf einer Strecke, die so lang, wie das

Parkverbot an Grundstückszufahrten

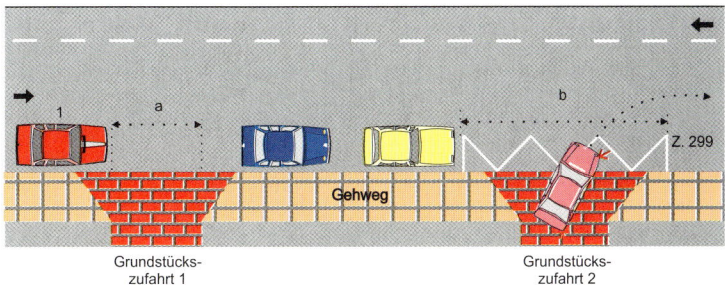

Das Parkverbot an Grundstückszufahrten dient dem Schutz des Zufahrtberechtigten. Es gilt nur unmittelbar
für die Grundstückszufahrt selbst, somit auf einer Strecke, die so lang wie die Breite der Zufahrt oder des
Tores ist (Strecke a). KFZ 1 steht somit noch nicht im Parkverbot. Allerdings gilt auch hier § 1 Abs. 1: Ist ausreichender Parkraum vorhanden, gebietet die Rücksichtnahme die Freihaltung des schwalbenschwanzförmig
abgesenkten Bereichs.

Wird die gesamte Länge des schwalbenschwanzförmig abgesenkten Zufahrtsbereichs zum Aus- und Einfahren benötigt, muss das Parkverbot durch eine Grenzmarkierung nach Z. 299 (Strecke b) oder durch eingeschränkte Haltverbote nach Z. 286 mit Anfangs- und Endpfeilen verlängert werden. Das Parkverbot des § 12
Abs. 3 Nr. 3 gilt dann für die gesamte Strecke b.

Tor zur Einfahrt breit ist (KG VRS 53, 302; OLG Düsseldorf VRS 78, 367); allerdings unter Berücksichtigung der Art des zu erwartenden Ausfahrtverkehrs (z. B. Schwerlastverkehrs). Das gilt unbeschadet der Regelung nach § 12 Abs. 3 Nr. 9, weil die dort genannten Bordsteinabsenkungen nur so freizuhalten sind, dass der begünstigte Verkehr (somit auch ein Behinderter) von und zur Fahrbahn überwechseln kann. Deshalb begründet die Bordsteinabsenkung auch weiterhin nicht in voller Länge ein Parkverbot. Soll das Parkverbot verlängert werden, ist Z. 299 anzuordnen. Parken im Bereich einer Grundstückseinfahrt auf dem Gehweg ist auch mit Zustimmung des Grundeigentümers nach § 12 Abs. 4 Satz 1 unzulässig (KG VRS 73, 473). Beharrliches Blockieren der Ausfahrt durch abgestellte KFZ ist rechtswidrige Nötigung (OLG Koblenz VRS 49, 32). Außerdem kann der Grundeigentümer verkehrsordnende Maßnahmen der Straßenverkehrsbehörde verlangen (Hess. VGH VerkMitt 1977 Nr. 112).

Schmal ist die Fahrbahn dann, wenn die konkrete Ausfahrt des die Einfahrt benutzenden KFZ wesentlich **erschwert** wird, z. B. infolge eines verbleibenden Verkehrsraums von 3 m. Der Benutzer der Einfahrt muss nach ein- bis zweimaligem Rangieren die Einfahrt erreichen oder verlassen können (OLG Frankfurt VerkMitt 1980 Nr. 71; OVG Koblenz DAR 1999, 421), in Altstadtquartieren auch nach mehrmaligem Rangieren (VGH München DAR 1998, 207; nach BayVGH VRS 95, 157 = VRS 95, 157 bei dreimaligem Rangieren). Gegen verkehrswidriges Parken auf schmaler Straße gegenüber einer Ein- und Ausfahrt kann der Grundstückseigentümer auf Unterlassung klagen (OLG Karlsruhe NJW 1978, 274 = VRS 55, 249).

2.4.4 Fünfzehn Meter vor und hinter Haltestellen (§ 12 Abs. 3 Nr. 4, Z. 224)

Das Verbot greift nur bei Haltestellen, die durch Z. 224 (auch mit Zusatzschild „Schulbus") ausgewiesen sind, nicht jedoch bei Haltbereichen (ohne Z. 224) privater Busunternehmer (z. B. Werkverkehr, Militärverkehr). Das am Fahrbahnrand aufgestellte Z. 224 begründet auch ein Verbot, wenn Straßenbahnen auf der Fahrbahnmitte halten. Steht das Zeichen jedoch auf einer Haltestelleninsel, besteht kein Parkverbot am Fahrbahnrand rechts von der Mittelinsel (möglicherweise jedoch Haltverbot, wenn der verbleibende Raum weniger als 3 m beträgt). Die durch Z. 224 begünstigten Verkehrsmittel dürfen beim Betriebseinsatz parken, weil mit den Zeichen ein Platz nicht nur für das Aufnehmen/Absetzen von Fahrgästen, sondern auch für die Bereitstellung zum Betrieb zur Verfügung gestellt wird. Bei Überlagerung eines Haltestellenbereichs durch Z. 283 gilt für das Z. 224 eine Ausnahme zum Halten für öffentliche Verkehrsmittel.

2.4.5 Vor und hinter Bahnübergängen (§12 Abs. 3 Nr. 6, Z. 201)

Mit dem Parkverbot innerorts (je 5 m) sowie außerorts (je 50 m) soll die **Sicht** auf die Bahnanlagen gewährleistet werden. Handelt es sich um eine **Vorfahrtstraße** außerorts, besteht unabhängig von der 50 m-Grenze generell Parkverbot (§ 12 Abs. 3 Nr. 8 a, Z. 306).

2.4.6 Auf Schachtdeckeln (§ 12 Abs. 3 Nr. 7, Z. 315)

Schachtdeckel sind nicht nur Gullys, sondern auch Unterflurhydranten, Notausstiege (bei U-Bahnen), Kabelschächte u.ä. Verschlüsse. Das Parkverbot soll den Zugang zu den unterirdisch verlegten Leitungen ermöglichen, wenn das Parken auf Gehwegen durch Z. 315 oder eine Parkflächenmarkierung nach § 41 Abs. 3 Nr. 7 gestattet ist. Versorgungsleitungen für Telefon,

Strom, Gas und Wasser zu den Grundstücken befinden sich meist im Geh-
wegbereich. Deshalb soll auch das Parken auf Gehwegen durch Z. 315 nur
dann zugelassen werden, wenn diese Flächen ausreichend befestigt sind und
durch Erdverdichtung keine Beschädigung der Leitungen zu besorgen ist.

2.4.7 Auf Vorfahrtstraßen (§ 12 Abs. 3 Nr. 8 a, Z. 306)

Das Parkverbot bezieht sich auf **beide** Fahrbahnränder von Vorfahrtstraßen
außerorts, nicht aber auf Seitenstreifen, wenn diese nach der Befestigung
oder Breite zum Parken geeignet sind (BGH VRS 72, 38). Der Sichtbarkeitsgrundsatz ist beim Einfahren von einer mit Z. 205/206 ausgewiesenen
untergeordneten Straße auf die Vorfahrtstraße hinsichtlich des Z. 306 eingeschränkt; der Kraftfahrer darf deshalb auch dann nicht parken, wenn
Z. 306 erst an der nächsten Einmündung erneut aufgestellt ist.

2.4.8 An Fahrstreifenbegrenzungen (§ 12 Abs. 3 Nr. 8 b, Z. 295 und 296)

Das Verbot besteht dann, wenn zwischen dem parkenden KFZ und der
Fahrstreifenbegrenzung **weniger als 3 m** verbleiben, d. h. weniger als ein
Fahrstreifen für den fließenden Verkehr (§ 7 Abs. 1 Satz 2). Bei Z. 296 gilt
das Verbot nur für die Seite der **ununterbrochenen** Linie. Auf der Seite der
unterbrochenen Linie müssen dann Z. 283 oder 286 angeordnet werden,
wenn dort der Verkehrsraum ein Parken nicht zulässt.

2.4.9 Parken auf Gehwegen (§ 12 Abs. 3 Nr. 8 c und 4 a, Z. 315)

Das Verbot bezieht sich nur auf die Missachtung der in § 42 Abs. 4 Nr. 1 bis 3
mit dem Z. 315 beschriebenen Aufstellungsart (z. B. mehr als 2,8 t, mit
4 statt 2 Rädern entgegen der angegebenen Aufstellung, bei Beschränkung
auf PKW), begründet jedoch kein isoliertes Parkverbot auf der Fahrbahn
(die Auffassung des BGH in DAR 1976, 307 ist überholt). Parkt hingegen
ein KFZ am Fahrbahnrand und verstellt dadurch die Gehwegparkfläche,
greift das Verbot nach § 12 Abs. 3 Nr. 2. Erforderlich ist allerdings eine konkrete Behinderung, sofern für die Fahrbahn wegen ihrer Enge ohnehin
nicht Haltverbot nach § 12 Abs. 1 besteht. Bei Längsaufstellung auf dem
Gehweg darf nach § 12 Abs. 4 a dort nur der rechte, in Einbahnstraßen
auch der linke Gehweg (in Fahrtrichtung) benutzt werden.

Parken auf dem Gehweg ohne Z. 315 oder Parkstandmarkierungen begründet einen Verstoß nach § 12 Abs. 4 Satz 1, nicht aber eine Zuwiderhandlung gegen die Fahrbahnbenutzungspflicht nach § 2 Abs. 1 (OLG
Düsseldorf VerkMitt 1992 Nr. 87; BVerwG VerkMitt 1993 Nr. 1). Da auch
unzulässiges Gehwegparken in der Regel der „Bereitstellung" zum Verkehr
dient, liegt keine Überschreitung des Gemeingebrauchs vor. Eine nach den
Straßengesetzen der Länder unzulässige Sondernutzung öffentlicher Straßen
ist aber dann anzunehmen, wenn das Gehwegparken verkehrsfremden
Zwecken dient, z. B. Abstellen allein zur Werbung oder von betriebsunfähigen KFZ.

2.4.10 Auf Grenzmarkierungen (§ 12 Abs. 3 Nr. 8 d, Z. 299)

Z. 299 begründet selbst kein Parkverbot, sondern verlängert, verkürzt oder
bezeichnet nur ein **bestehendes** Verbot durch eine allgemeine Parkregel
oder durch ein Verkehrszeichen (z. B. bei Z. 224, vor Grundstückszufahrten).
Befindet sich die Grenzmarkierung („Zickzacklinie") auf der Fahrbahn,
ohne dass dort sonst ein Halt- oder Parkverbot besteht, ist die Markierung

selbst unbeachtlich (z. B. bei vorübergehender Verlegung einer dort vorher vorhandenen Haltestelle nach Z. 224).

2.4.11 Auf Parkplätzen (§ 12 Abs. 3 Nr. 8 e, Z. 314)

Z. 314 erlaubt das Parken. Das Verbot wird infolgedessen nur durch Parkbeschränkungen bei angeordneten Zusatzschildern wirksam, z. B. Zusatzschild „nur innerhalb markierter Parkstände" oder für bestimmte Fahrzeugarten, Gewichtsgrenzen, Zeiten, für Anwohner, Schwerstgehbehinderte. Voraussetzung für die Benutzung von Parkreservaten ist, dass der Begünstigte den von der Verkehrsbehörde ausgestellten Parkausweis von außen gut lesbar auslegt (VGH Mannheim DAR 1992, 273). Das Be- und Entladen von Nichtberechtigten auf den reservierten Flächen darf nur entsprechend der 3 Minuten-Regelung des § 12 Abs. 2 erfolgen (OLG Köln VRS 88, 289).

„Parken" soll auch bei der Kombination von Z. 314 mit einer Parkscheibenanordnung (Bild 291) gegeben sein, obwohl (genau genommen) der Wortlaut des § 13 Abs. 2 Satz 1 nur das „Halten" unter den dort genannten Voraussetzungen gestattet (OLG Oldenburg NZV 1994, 491). Ein 3-Minuten-Stopp ohne Parkscheibe wäre demnach an sich unzulässig (§ 12 Abs. 2); hier sollte jedoch das polizeiliche Augenmaß im Sinne der Opportunität gewahrt bleiben (§ 53 Abs. 1 OWiG).

2.4.12 Vor Bordsteinabsenkungen (§ 12 Abs. 3 Nr. 9)

Das Parkverbot soll vor allem Rollstuhlfahrern die Querung der Fahrbahn an abgesenkten Gehwegen ermöglichen. Nicht alle Absenkungen sind aber gleichzeitig „Bordsteinabsenkungen". So gibt es Straßenstrecken, wo die Fahrbahn an Gehwegen höhengleich für andere Zweckbestimmungen angrenzt (z. B. Grundstückszufahrten, Gehwegparkflächen). Hier gelten die für solche Bereiche vorgesehenen spezifischen Regelungen, nicht aber das Parkverbot zu Gunsten von Rollstuhlfahrern (OLG Köln VRS 92, 439). Andererseits gilt das Parkverbot nicht nur vor Bordsteinabsenkungen im Bereich der Kreuzungen oder Einmündungen, sondern auf allen Gehwegstrecken, die zu Gunsten der Behinderten Absenkungen auf Fahrbahnniveau enthalten. Hierbei kommt es darauf an, ob die Absenkung nach ihrer baulichen Ausgestaltung auch tatsächlich von hilfsbedürftigen Personen benutzt werden kann. Bei Grundstückszufahrten ist das dann nicht gegeben, wenn zu große Höhenunterschiede bestehen oder auf der gegenüberliegenden Straßenseite eine korrespondierende Absenkung fehlt. In solchen Fällen bleibt auch das Vorrecht des Grundeigentümers zum Parken in seiner Zufahrt erhalten. Bestehen Zweifel über die Zweckbestimmung der Bordsteinabsenkung, kann eine Fahrbahnmarkierung in der Form eines Rollstuhlfahrersymbols hilfreich sein.

2.4.13 Nacht- und Sonntagsparkverbot für schwere Fahrzeugeinheiten
    (§ 12 Abs. 3 a)

Das Parkverbot dient vor allem dem Schutz der Wohnbevölkerung vor Lärm und Abgasen schwerer Fahrzeugeinheiten. Die Verbotsgebiete bestimmen sich zwar nach der **Baunutzungsordnung**; entscheidend ist jedoch die tatsächliche Bebauung (OLG Hamm VRS 66, 53; BayObLG NZV 1990, 282). Infolgedessen greift z. B. das Parkverbot auch in einem solchen Gebiet, das nach der Bauweise dem Gebietscharakter der Baunutzungsverordnung entspricht, aber nicht als „allgemeines Wohngebiet" ausgewiesen ist. Erforderlich ist ferner **regelmäßiges** Parken während der angegebenen Zeiten; gelegentliches Parken (ein oder zweimaliges Parken innerhalb desselben Gebietes während einer Woche) kann somit noch nicht die Verbotswirkung auslösen. Zu den KFZ über 7,5 t gehören auch Sattelzugmaschinen ohne Auflieger (BayObLG NZV 1997, 530). Ist der Gebietstyp nicht erkennbar, kann er durch eine Beschilderung verdeutlicht werden (z. B. Z. 253 mit Zusatzschildern). Als Feiertage gelten die in § 30 Abs. 4 bezeichneten Tage; die Nachtzeit erstreckt sich von 22 bis 6 Uhr.

2.4.14 Isoliertes Parken von Anhängern über 2 Wochen (§ 12 Abs. 3 b)

Der Missbrauch öffentlichen Straßenraums durch Abstellen von Anhängern wird durch das Parkverbot überlagert. § 12 Abs. 3 b geht deshalb den straßenrechtlichen Bestimmungen über die Sondernutzung vor, allerdings nur soweit, als der Anhänger noch gemeingebräuchlich genutzt wird, d. h. zu Verkehrszwecken. Wird der Anhänger zu anderen Zwecken genutzt (z. B. zur Werbung), liegt eine unzulässige Sondernutzung bereits vom Beginn des Abstellens an vor. Entsprechendes gilt für das Überwintern von Wohnmobilen. Das Parkverbot gilt inner- und außerorts für alle Anhänger ohne Gewichtsbeschränkung innerhalb der 2-Wochen-Frist, auch für das bloße „Umparken" des Anhängers von einem Parkstand zu einem anderen, sofern der Parkvorgang innerhalb desselben Bereichs erfolgt. Die 2-Wochen-Frist wird nicht dadurch unterbrochen, dass mit dem Anhänger eine kurze Fahrt außerhalb des Gebietes nur zu dem Zweck unternommen wird, den Anhänger anschließend wieder im gleichen Bereich zu parken (OLG Frankfurt DAR 1992, 305). Die 2-Wochen-Frist ist vielmehr nur dann wirksam unterbrochen, wenn andere KFZ eine reelle Chance erhalten, auf dem bisher genutzten Parkstand zu parken. Nur in einem solchen Fall liegt dann bei Rückkehr ein „neuer Parkvorgang" mit der Folge vor, dass die 2-Wochen-Frist erneut beginnt.

2.4.15 Innerhalb verkehrsberuhigter Bereiche
          (§ 42 Abs. 4 a Nr. 5, Z. 325/326)

Das Parken ist nur auf den ausgewiesenen Flächen zulässig (Z. 314, 315, Markierung nach § 41 Abs. 3 Nr. 7). Außerhalb dieser Flächen darf nur bis zu 3 Minuten (§ 12 Abs. 2) sowie zum Be- oder Entladen, Aus- oder Einsteigen (-lassen) unter den gleichen Bedingungen wie beim Z. 286 gehalten werden. Grundstückszufahrten sind keine „gekennzeichneten" Parkflächen; Z. 325 geht nach § 39 Abs. 3 dem Parkverbot des § 12 Abs. 3 Nr. 3 vor und damit auch der Privilegierung des Grundeigentümers. Grundstückszufahrten werden in verkehrsberuhigten Bereichen häufig als Ausweichstellen benötigt. Fehlt in den mit Z. 325 gekennzeichneten Mischgebieten eine „Fahrbahn", darf auf den ausgewiesenen Parkflächen auch links entgegen der Fahrtrichtung geparkt werden (OLG Köln NZV 1997, 449 = VRS 94, 136). Das Abschleppen von Falschparkern ist zulässig, wenn die Funktion des Gebietes beeinträchtigt wird.

2.4.16 Parkflächenmarkierungen (§ 41 Abs. 3 Nr. 7)

Parkflächenmarkierungen erlauben das Parken, schreiben jedoch vor, wie die Fahrzeuge aufzustellen sind. Infolgedessen darf nicht zwischen, sondern nur innerhalb der Markierungen in Fahrtrichtung geparkt werden. Ragen

Parken vor Parkbuchten und Parkaufstellung

Nach § 12 Abs. 4 darf nicht am Fahrbahnrand geparkt werden, wenn rechts ein Parkstreifen vorhanden ist. Der Parkstreifen wird nicht unterbrochen, wenn (nur) ein Parkstand durch Bäume oder Straßenbegleitgrün ausgespart worden ist. KFZ 1 parkt deshalb verbotswidrig.

Die Art der Parkaufstellung ist in der StVO nicht vorgeschrieben. Infolgedessen kann sowohl vorwärts als auch rückwärts eingeparkt werden. Werden allerdings durch die Fahrzeugabgase (KFZ 2) Fußgänger, Tiere oder Kleinkinder in Kinderwagen betroffen, handelt es sich um eine vermeidbare Abgasbelästigung i.S.d. § 30 Abs. 1 Satz 1. Der Kraftfahrer ist dann verpflichtet, nur vorwärts einzuparken.

Fahrzeuge wegen ihrer Länge oder Breite über die Markierung hinaus (z. B. bei angekuppelten Anhängern), dürfen sie dort nicht geparkt werden. Andererseits können mehrere Motorräder innerhalb einer Parkstandmarkierung abgestellt werden. Wird die Fläche durch Parkscheinautomaten bewirtschaftet, muss für jedes Motorrad ein Parkschein gelöst werden. Besteht die Parkflächenmarkierung nur aus einer durchgehenden Linie auf der Fahrbahn, darf die Linie überfahren werden. Das Parken **außerhalb** von **Markierungen** oder daneben ist (nur) dann unzulässig, wenn dadurch andere behindert werden (§ 1 Abs. 2) oder das Parken durch Z. 314 mit Zusatzschild „nur innerhalb markierter Parkstände" beschränkt wird (BayObLG VerkMitt 1978 Nr. 59; VRS 82, 228). Im Übrigen wird durch § 41 Abs. 3 Nr. 7 kein Verbot für das Parken außerhalb oder neben diesen Markierungen begründet (BGH VerkMitt 1980 Nr. 33; OLG Düsseldorf DAR 1995, 457).

2.4.17 Parken bei Benutzungsverboten

Dort, wo die Benutzung von Verkehrsflächen verboten ist, darf auch nicht geparkt werden, z. B. Fußgängerzonen – Z. 242 (OLG Köln NZV 1997, 191 = VRS 92, 362), Busspuren – Z. 245, Sperrflächen – Z. 198; ferner nicht in Landschaftsschutz- oder Waldgebieten, wenn landesrechtliche Normen das Fahren mit KFZ dort verbieten (OLG Düsseldorf VerkMitt 1997 Nr. 60 = NZV 1997, 189). Das Verkehrsverbot für Fahrzeuge aller Art (Z. 250) gilt uneingeschränkt auch für den ruhenden Verkehr (OLG Hamm VRS 47, 475). Wird das Fahrzeug jedoch außerhalb der Geltungsdauer des Verbots geparkt (z. B. Z. 250 mit Zusatzschild „werktags"), muss nicht weggefahren werden, wenn das Verkehrsverbot wirksam wird; in dieser Zeit darf aber auch nicht herausgefahren werden.

2.4.18 Parkverbot bei Gefährdung, Behinderung oder Belästigung

An sich erlaubtes Parken kann nach § 1 Abs. 2 unter besonderen Umständen verboten sein, z. B. an stark befahrenen Ausfallstraßen (BayObLG VRS 28, 140), wenn im Erdgeschoss Wohnende unzumutbaren Belästigungen ausgesetzt werden (BGH VRS 19, 170 = DAR 1960, 290), bei mittig verlegten Gleisen, wenn zwischen Straßenbahnen und geparkten Fahrzeugen kein Fahrstreifen mehr verbleibt oder bei Geruchsbelästigung durch Parken (OLG Saarbrücken VRS 22, 62).

2.5 Parkprivilegien

Die StVO sieht allgemeine „**Parkprivilegien**" in der Form von Ausnahmegenehmigungen nach § 46 Abs. 1 **nur** zu Gunsten von **Schwerbehinderten** mit außergewöhnlicher Gehbehinderung, von Blinden und **Anwohnern** vor. Die Kennzeichnung der Sonderparkplätze richtet sich nach der Verlautbarung des Bundesverkehrsministeriums vom 29.7.1980 (VkBl. S. 527).

2.5.1 Schwerstgehbehinderte

Schwerbehinderte mit außergewöhnlicher Gehbehinderung sind solche Personen, die wegen der Schwere ihrer Leiden dauernd auf fremde Hilfe angewiesen sind und sich nur mit großer Anstrengung außerhalb ihrer Kraftfahrzeuge bewegen können. Die nach Rn. 130 VwV-StVO zu § 46 Abs. 1 Nr. 11 aufgeführten Erkrankungen sind nur Beispielfälle, die die Art der Leiden charakterisieren. Infolgedessen gehören auch solche Personen dazu, deren Leiden nach versorgungsärztlicher Feststellung zu einer ähnlichen Behinderung führt (SG Dresden DAR 2001, 476: 8–10 Min. für Wegstrecke von 50 m unter Schmerzen und Mühen mit Sturzgefahr). Die Feststellung des Leidens erfolgt durch die Versorgungsämter und führt zu dem Eintrag

Parksonderrechte

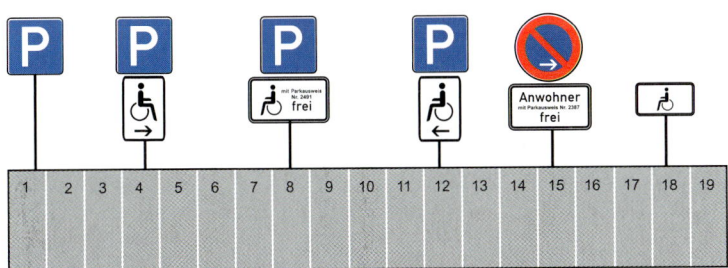

Auf den Parkständen 1 bis 3 und 13, 14 dürfen alle parken. Die Parkstände 4 bis 12 und 18 sind für Schwerbehinderte mit außergewöhnlicher Gehbehinderung und Blinde mit einem blauen oder europäischen Parkausweis (rosa) reserviert. Andere Behinderte, auch mit dem Merkzeichen „G" oder 100 % Schwerbehinderte dürfen dort nicht parken. Der Parkstand 8 ist nur demjenigen Behinderten personengebunden vorbehalten, der Inhaber eines Parkausweises mit der auf dem Zusatzschild angegebenen Registrier-Nr. ist (andere Schwerstgehbehinderte dürfen dort nicht parken). Die Parkstände 15 bis 19 stehen nur Anwohnern mit der auf dem Zusatzschild angegebenen Registrier-Nr. zu. Auf dem Parkstand 18 dürfen alle schwerstgehbehinderte Anwohner parken. Auf den Parkständen 15 bis 19 darf nur zum Be- oder Entladen, Ein- oder Aussteigen gehalten werden. Die privilegiert Parkenden müssen die jeweiligen Parkausweise von außen gut sichtbar im Fahrzeug auslegen (andernfalls handeln sie ordnungswidrig).

Muster eines EU-einheitlichen Parkausweises für Behinderte
(VkBl. 2000, S. 624)

Format DIN A 6, Material Karton (plastifiziert mit Aussparung für die Unterschriftzeile)

Vorderseite

Parkauseis
für Behinderte

Parking Card
Parkeringskort
Καρτα σταφμευσηζ
Tarjeta de estacionamiento
Contrassegno di parcheggio
Parkeerkaart
Cartão de estacionamento
Pysäköintilupa
Parkeringstillstånd
Carte de stationnement

gültig bis

31.12.2005

Ausweis-Nr.
1302

Genehmigungsbehörde

**Der Polizeipräsident in Berlin
Landespolizeiverwaltungsamt**

Modell der Europäischen Gemeinschaften

Rückseite

Ausweis-Inhaber

Name
Mustermann

Vorname
Manfred

Unterschrift
Manfred Mustermann

Dieser Ausweis berechtigt zur Inanspruchnahme
der geltenden Parkerleichterungen in dem Mitgliedstaat,
in dem sich der Parkberechtigte aufhält

Dieser Ausweis ist im Fall seiner Benutzung
im vorderen Teil des Fahrzeugs so anzubringen,
dass die Vorderseite des Ausweises
zu Kontrollzwecken gut sichtbar ist.

Parken mit Behinderten-Parkausweis in der Europäischen Union Parken ist überall auf gekennzeichneten Behinderten-Parkflächen erlaubt, nicht aber auf personenbezogenen Parkständen (gekennzeichnet mit Nummer/Name) und auf Straßen mit Haltverboten ohne Beschränkungen; im Übrigen gelten die nachstehenden Regelungen in den EU-/EWR-Mitgliedstaaten			
EU-/EWR-Mitgliedstaat	**Parken auf Verkehrsflächen**		**Befahren von Fußgängerzonen zu bestimmten Zeiten**
	mit Parkverboten (eingeschränktem Haltverbot)	mit zeitlich beschränkter Parkerlaubnis	an Parkuhren/Park-scheinautomaten ohne Bezahlung	
Belgien	nein	ja	ja[1]	nein
Dänemark	max. 15 Minuten	ja[5]	nein	ja
Deutschland	max. 3 Std.[3]	ja	ja	nein[1]
Finnland	ja	ja	ja	ja[1]
Frankreich	nein	ja[1]	nein, (ja in Paris)	nein
Griechenland	nein	nein	nein	nein
Großbritannien	max 3 Std.[4]	ja[4]	ja[4]	nein[1,4]
Irland	nein	nein	ja[1]	nein
Island	nein	nein	ja[1]	nein
Italien	nein[1]	ja	ja	nein[1]
Liechtenstein	nein	nein	nein	nein
Luxemburg	nein	nein	nein	nein
Niederlande	max. 3 Std.	ja	nein[1]	nein
Norwegen	nein	ja	ja	nein
Österreich	nein	ja	nein[1]	ja
Portugal	nein	nein	nein	nein
Schweden	max. 3 Std.	ja[4]	ja[1]	max. 3 Std.
Spanien	nein[1]	ja[1]	ja[1]	nein[1]

1 Lokale Beschränkungen oder Ausnahmen möglich (Angabe auf Verkehrsschildern)
2 Bei Parkzeitbeschränkung bis 30 Minuten darf bis zu 1 Stunde, bei Parkzeitbeschränkung bis zu 3 Stunden darf bis zu 24 Stunden geparkt werden
3 Nur in Bereichen mit eingeschränktem Haltverbot oder Zonenhaltverbot
4 Nicht bei Angabe „No loading or unloading"; außerdem gelten in London besondere Regelungen
5 Bei Parkzeitbeschränkung unter 3 Stunden darf bis zu 3 Stunden, bei Parkzeitbeschränkung über 3 Stunden bis zu 24 Stunden geparkt werden

„aG" (außergewöhnliche Gehbehinderung) oder „Bl" (Blind) im Schwerbehindertenausweis. Auf Grund dieser Eintragungen stellen die Straßenverkehrsbehörden den blauen Parkausweis aus. Für Schwerbehinderte mit dem Merkzeichen „G" (Gehbehinderung) gelten die Parkprivilegien grundsätzlich nicht, selbst wenn ihnen 100 % Erwerbsminderung zuerkannt worden ist. Allerdings gewähren einige Bundesländer in Härtefällen auch Parkerleichterungen solchen Personen, die das Merkzeichen „aG" nur kapp verfehlen[1].

---

1 z.B. bei Funktionsstörungen allein der unteren Gliedmaßen von mind. 80 % und Merkzeichen „G" und „B" im Behindertenausweis (Bayern, Sachsen-Anhalt) oder bei Morbus-Crohn-Kranken oder solchen mit künstlichen Darm- und Harnleiterausgang (Baden-Württemberg, Berlin, Rheinland-Pfalz)

Die Sonderparkberechtigung gilt für den Behinderten persönlich und ist nicht an ein bestimmtes Fahrzeug gebunden. Infolgedessen dürfen die Parkprivilegien auch dann in Anspruch genommen werden, wenn der Behinderte mit einer Taxe oder dem Fahrzeug der Begleitperson befördert wird (Rn. 126 VwV-StVO zu § 46 Abs. 1 Nr. 11). Fährt der Behinderte selbst, kann vor Erteilung der Parkberechtigung die Fahreignung geprüft werden; datenschutzrechtlich sind dabei die Sicherheits- und Ordnungs- sowie die Datenschutzgesetze der Länder zu beachten. Einen personengebundenen Parkstand für Schwerstgehbehinderte darf anderen Kraftfahrern nicht überlassen werden (VG Berlin NZV 1996, 48). Wird der Parkausweis unberechtigt benutzt (z. B. nach dem Tode des Behinderten), liegt ein strafbarer Missbrauch von Ausweispapieren (§ 281 StGB) vor, ggf. auch eine strafbare Erschleichung von Leistungen (§ 265 a StGB) bei kostenpflichtigen Parkplätzen.

Mit dem Parkausweis für Behinderte darf auf Behindertenparkplätzen (Rollstuhlfahrersymbol) unbeschränkt sowie im eingeschränkten Haltverbot bis zu 3 Stunden geparkt werden; dabei ist die Ankunftszeit auf einer Parkscheibe anzugeben. Ferner erstreckt sich die Parkerlaubnis auf Zonenhaltverbote, auf Parkplätze mit begrenzter Zeit, auf Fußgängerzonen während der Ladezeit und an Parkuhren oder Parkscheinautomaten ohne Gebührenentrichtung; auch hier ist die höchstzulässige Parkzeit durch eine Parkscheibe nachzuweisen (VGH Mannheim DAR 2002, 92 = VRS 101, 472). Der am 1.1.2001 eingeführte EU-einheitliche Parkausweis gilt unmittelbar (ohne weitere Formalitäten) in allen EU- und EWR-Mitgliedstaaten (VkBl. 2000, S. 624), wobei jedoch die in diesen Ländern bestehenden Parkerleichterungen zu beachten sind.

Der nationale (dunkelblaue) Parkausweis gilt noch bis zum 31.12.2010 (auch innerhalb der EU/EWR- und der CEMT-Mitgliedstaaten) und kann auf Antrag in den EU-einheitlichen Parkausweis umgetauscht werden.

2.5.2 Bewohner

Die Ausweisung von Parksonderrechten für Bewohner erfolgt durch eingeschränktes Haltverbot (Z. 286) mit dem Zusatzschild „Anwohner mit Parkausweis Nr.: . . . frei", um anderen hier Ein- und Aussteigen sowie Be- und Entladen weiterhin zu ermöglichen. Die Kennzeichnung dieser Bereiche kann aber auch durch Z. 314 und dem Zusatz „Nur Anwohner mit Parkausweis Nr.: . . ." erfolgen. Andere dürfen dann dort bis zu max. 3 Minuten halten (§ 12 Abs. 2). Ein Anspruch der Bewohner auf Anordnung von Parkerleichterungen besteht nicht (BVerwG NJW 63, 770). Ebenso wenig gibt es personengebundene Parkstände für Bewohner, so dass sie auch keinen

Anwohnerparkausweis (grüner Ausweis),
Format DIN A 6, Material Karton
(Es können auch Plaketten in anderen Formen
oder Materialien verwendet werden)

Nicht amtlicher Ausweis der Ärztekammer
zum Auslegen hinter der Windschutzscheibe
(Format DIN A 6, Material Karton – VkBl. 1977, 408, 643)

Anspruch auf einen „bestimmten" Parkstand innerhalb des privilegierten Parkraums haben. Sind alle Parkstände besetzt, muss das KFZ anderweitig (ordnungsgemäß) geparkt werden. Bewohner sind nur diejenigen Personen, die in dem ausgewiesenen Gebiet **tatsächlich** wohnen. Der enge Begriff „Bewohner" ist deshalb nicht identisch mit „Anlieger". Grundsätzlich erhält der Bewohner die Sonderparkberechtigung nur für **ein** KFZ, selbst wenn er Halter mehrerer KFZ ist. In dem Ausweis können aber mehrere KFZ-Kennzeichen aufgenommen werden, wobei der Bewohner nur eines seiner KFZ jeweils in der privilegierten Zone parken darf. Eine Sonderparkberechtigung kann auch für ein nicht auf den Bewohner zugelassenes KFZ erteilt werden, wenn es von ihm ständig von seinem Wohnsitz aus benutzt wird, z. B. dauernd überlassenes Firmenfahrzeug (VGH München NZV 1995, 501). Nicht zu den Bewohnern gehören Geschäftsinhaber, Rechtsanwälte oder Ärzte mit Sitz in dem Gebiet (BVerwG VerkMitt 1995 Nr. 27 = NJW 1995, 473).

Kennzeichnung von Sonderparkplätzen sowie besonderer Parkausweise für Bewohner: VkBl. 1980, S. 530 i. d. F. VkBl. 1998, S. 99.

2.5.3 Ärzte

Ärzte genießen keine Parksonderrechte. Die von der Ärztekammer ausgegebenen Ausweise zeigen an, dass der Arzt einen Notfallpatienten behandelt und sich für sein verbotswidrig abgestelltes Fahrzeug auf den rechtfertigenden Notstand beruft (§ 16 OWiG). Bereits bei der Verkehrsüberwachung sollte das berücksichtigt werden (d. h. keine Anzeige fertigen).

Auch die nicht amtliche Fahrbahnmarkierung „ARZT" enthält **kein** Parkreservat für den Arzt. Sie empfiehlt lediglich anderen Parkplatzsuchenden, diesen Platz für den häufig Notfallpatienten behandelnden Arzt frei zu lassen:

2.6 Ausnahmen im ruhenden Verkehr

Freistellungen von den Halt- und Parkverboten dürfen die Straßenverkehrsbehörden nur in Einzelfällen bei begründeten Anliegen genehmigen (z. B. zur Aufrechterhaltung des Zugangs zu Grundstücken, zur Belieferung, Entsorgung u. ä.). Voraussetzung ist allerdings, dass der Antragsteller gegenüber anderen Verkehrsteilnehmern unverhältnismäßig stark belastet wird, die Verweigerung der Ausnahme sich somit als eine unbillige nicht von der StVO gewollte Härte erweisen würde. Das ist bei dem Begehren vieler **Berufsgruppen** auf Freistellung von den Halt- und Parkverboten grundsätzlich nicht der Fall. Vielmehr müssen die beruflichen Belastungen durch den Mangel an Parkraum von der Verkehrsgemeinschaft gleichermaßen getragen werden. Das gilt auch für technische Notdienste sowie wichtige ärztliche, soziale und sonstige Berufssparten (z. B. Handwerker, Schlüsseldienste, fahrbarer Mittagstisch, Hebammen, Rechtsanwälte, Notare, Gerichtsvollzieher, Journalisten, Diplomaten usw.). Würden all diesen Personen „Parkerleichterungen" genehmigt werden, müssten meist mehr Ausnahmen erteilt werden, als überhaupt Parkraum verfügbar ist. Eine Umgehung der fehlenden Freistellung durch Haltverbote mit Zusatzschild für bestimmte Berufsgruppen oder Institutionen ist unzulässig, z. B. „Behördenfahrzeuge frei" (BVerwG VerkMitt 1968 Nr. 1 = VRS 33, 149).

2.7 Verfolgung von Parkverstößen

Grundsätzlich ist der **Fahrer** für die Halt- und Parkverstöße verantwortlich. Die Ahndung richtet sich nach den bundeseinheitlichen Verwarnungs- und Bußgeldkatalogen (VerwarnVwV und BKatV). Überwiegend handelt es sich dabei um Kennzeichenanzeigen. Lässt sich der schuldige Fahrer nicht ermitteln, können dem Halter die Verfahrenskosten auferlegt werden (§ 25 a StVG). Andererseits kann aber auch der **Halter** des Fahrzeugs unmittelbar für die Parkverstöße des Fahrers zur Verantwortung gezogen werden, wenn er Kenntnis von der verbotswidrigen Aufstellungsart seines Fahrzeugs hat und es unterlässt, das Fahrzeug ordnungsgemäß zu parken.

2.8 Abschleppen (Umsetzen) verbotswidrig abgestellter Fahrzeuge

2.8.1 Auf öffentlichen Verkehrsflächen

Der verkehrswidrige Zustand eines verbotswidrig geparkten Fahrzeugs kann neben der Ahndung als Ordnungsverstoß durch Abschleppen bzw. Umsetzen des KFZ von der Polizei beseitigt werden. Es handelt sich dabei um eine Maßnahme zur Gefahrenabwehr für die öffentliche Sicherheit oder Ordnung nach den Polizeigesetzen der Länder. Die Umsetzung ist materiell eine polizeiliche Vollstreckungsmaßnahme in der Gestalt einer Ersatzvornahme zu Lasten des an sich pflichtigen Fahrzeughalters (OVG Hamburg DAR 1994, 290). Beim Abschleppen wird das Fahrzeug weder polizeilich sichergestellt noch öffentlich-rechtlich verwahrt. Wird deshalb das Fahrzeug nach dem Umsetzen durch einen Dritten beschädigt, hat der Halter keinen Ersatzanspruch gegen die Polizei (nur gegen den Dritten). Die Beseitigung des verkehrswidrig abgestellten Fahrzeugs steht unter dem Grundsatz der **Verhältnismäßigkeit**. Die Länder entwickeln auf der Grundlage der Rechtsprechung „Abschleppkataloge", die den Vollzug erleichtern. Abschleppen kommt bei groben Verstößen gegen Halt- oder Parkverbote dann in Betracht, wenn die Verkehrsstörung nicht auf andere Weise zu beseitigen ist; auf die Dauer des Verstoßes oder den Zeitpunkt kommt es nicht an. Eine konkrete Gefährdung oder Behinderung ist nicht erforderlich, weil die Polizei nicht warten muss, bis sich die Störung unmittelbar auswirkt (VG Berlin DAR 1997, 366); ebenso nicht eine vorherige Androhung (BVerwG VerkMitt 1978 Nr. 28; OVG Bremen VerkMitt 1985 Nr. 86 = DAR 1985, 127; VGH Mannheim NZV 1990, 286). Die Verhältnismäßigkeit ist auch gewahrt, wenn im Fahrzeug eine Mitteilung über die Erreichbarkeit des Fahrers mit Telefonnummer ausliegt (OVG Hamburg DAR 2002, 41 = NZV 2002, 52 = VRS 101, 454). Abschleppen ist auch zulässig, wenn eine negative Vorbildwirkung zu befürchten ist (BVerwG VerkMitt 1990 Nr. 53 = VRS 79, 79; VG Berlin DAR 1997, 366) oder Abschleppkosten die Parkgebühr und das Verwarnungsgeld weit übersteigen (VGH München NJW 1999, 1130). Abgeschleppt werden dürfen Falschparker aus einer Fußgängerzone (OLG Koblenz NZV 1989, 46), von Behindertenparkplätzen, selbst wenn der Berechtigte nicht konkret am Einparken gehindert wird (OVG Münster NZV 2000, 310; OVG Münster VRS 69, 475; auch bei sehr kurzer Parkdauer: OVG Hamburg NZV 2001, 52 = DAR 2001, 42 = NJW 2001, 168), von Geh- oder Radwegen (OVG Hamburg VRS 99, 380; VG Berlin DAR 2000, 182; BayVGH DAR 1989, 154), bei Haltverboten nach Z. 283 oder 286 (OVG Schleswig DAR 2001, 475; OVG Münster DAR 1998, 365: aus einer mit Z. 286 ausgewiesenen Ladezone bereits nach einer halben Stunde), aus Busspuren (VG Berlin VerkMitt 2001, Nr. 93), aus einem Busparkplatz (OVG Münster VRS 97, 400), von abgesenkten Bordsteinen für Rollstuhlfahrer (VG Schwerin DAR 1998, 405), aus dem 5 m-Bereich vor Einmündungen (OVG Münster VerkMitt 2001 Nr. 8 = NJW 2001, 172 = VRS 99, 380). Bei Blockierung einer Fahrbahn durch zwei gegenüber parkende KFZ tritt die Blockierung durch das zweite KFZ ein, das zuerst parkende KFZ haftet nicht für die Abschleppkosten (OVG Münster VerkMitt 2001 Nr. 41 = NZV 2001, 94).

Da der Halter für den verkehrswidrigen Zustand seines KFZ verantwortlich ist, darf das KFZ auch dann abgeschleppt werden, wenn das Fahrzeug zunächst ordnungsgemäß geparkt war, später aber durch Aufstellen von Haltverboten (z. B. wegen einer Baustelle, eines Umzugs, Filmaufnahmen) hätte entfernt werden müssen (OVG Münster NZV 1995, 460: bereits ab 48 Stunden; BVerwG NZV 1997, 246 = VRS 93, 149 = DAR 1997, 199: nach 4 Tagen; VG Berlin DAR 2001, 234: 3 Tage; nicht aber bei notwendiger Verkehrsführung über den Parkstreifen infolge plötzlich auftretender Fahrbahnschäden: OVG Hamburg VRS 100, 478). Zwar muss der Halter die Abschleppkosten tragen; der Bußgeldverstoß gegen das Haltverbot selbst kann aber dem Fahrer oder Halter nicht zur Last gelegt werden (hier wirkt der Sichtbarkeitsgrundsatz weiter).

Beauftragt die Polizei zur Durchsetzung der öffentlichen Aufgabe mit hoheitlichen Zwangsmaßnahmen eine private Abschleppfirma, handelt diese Firma als „verlängerter Arm" der Polizei. Schäden, die durch unsachgemäße Durchführung des Abschleppvorganges – auch Dritten gegenüber – verursacht werden, können Ersatzansprüche nach den Grundsätzen der Amtshaftung nach § 839 BGB, Art. 34 GG auslösen (LG Frankfurt/M DAR 2000, 268); möglich sind auch Ansprüche nach den jeweiligen Sicherheits- und Ordnungsgesetzen der Länder.

Das Abschleppen ist ein **Verwaltungsakt**, die Kosten trägt der Halter des KFZ als Verhaltens- oder Zustandsverantwortlicher, wobei unerheblich ist, ob der Halter oder Fahrer die Gefahr verursacht hat (OVG Hamburg VRS 89, 68; BVerwG NZV 1997, 245). Hat der Halter das Fahrzeug an einen anderen verkauft, haftet dieser für die Abschleppkosten selbst dann, wenn der Halterwechsel nicht eingetragen worden ist (Hessisches VGH VRS 97, 473). Die Erhebung von Kosten ist auch dann zulässig, wenn nach einem Abschleppauftrag der Halter das KFZ selbst wegfährt, nicht dagegen, wenn das Abschleppunternehmen am gleichen Ort weitere KFZ umsetzt (OVG Münster VRS 100, 234 = NVwZ 2001, 954; OVG Hamburg VRS 99,

381 = NZV 2001, 52 = DAR 2001, 42 = NJW 2001, 168: Verstoß gegen das
Äquivalenzprinzip). Gibt der Halter als Täter des Parkverstoßes eine im
Ausland lebende Person an, können wegen schwieriger Vollstreckungsver-
hältnisse die Kosten dem Halter auferlegt werden (VG Berlin 2001, 86). Die
Höhe der Abschleppkosten ist in den Kommunen unterschiedlich; sie richtet
sich nach den Gebührenordnungen für die Benutzung polizeilicher Einrichtungen. Abschleppgebühren sind verfassungsgemäß (OVG Münster
VRS 100, 234 = NVwZ 2001, 954). Über Widersprüche entscheidet die
Fachaufsichtsbehörde der Polizei; gegen ablehnende Widerspruchsbescheide
kann das **Verwaltungsgericht** angerufen werden. Daneben ergeht ein Ver-
warnungs- oder Bußgeldbescheid wegen des Parkverstoßes durch die Bußgeldbehörde. Hiergegen kann der betroffene **Fahrer** (nicht der Halter,
wenn er nicht gleichzeitig der Fahrer ist) Einspruch einlegen, über den
(nach dem Zwischenverfahren) das örtlich zuständige **Amtsgericht** entscheidet.

Im Gegensatz zum Abschleppen wird bei Verwendung einer „Radkralle"
der verkehrswidrige Zustand „zementiert". Die Radkralle dient nicht der
Beseitigung einer Störung, sondern der Feststellung des schuldigen Fahrers
(das „an den Pranger stellen" des Schuldigen ist nur ein Nebeneffekt). Ihre
Anwendung ist keine polizeiliche „Ersatzmaßnahme", so dass die Kosten
nicht dem Halter auferlegt werden können.

2.8.2 Auf Privatgelände

Das **Abschleppen** auf reiner **Privatfläche** (ohne faktische Öffentlichkeit)
kann hingegen **nur** durch den Eigentümer oder Verfügungsberechtigten
über das Gelände veranlasst werden. Die Polizei wird hier (ausgenommen
bei unmittelbarer Gefahr im Verzug) nicht tätig. Der Privateigentümer darf
als Selbsthilfemaßnahme unter dem Gesichtspunkt der „Besitzstörung" das
rechtswidrig abgestellte Fahrzeug beseitigen (§ 859 Abs. 1 und 3 BGB). Unzulässig ist hingegen die Blockierung des widerrechtlich geparkten Fahrzeugs, weil dadurch keine Beseitigung der Besitzstörung erfolgt. Die meist
zur „Erteilung einer Lehre aus erzieherischen Gründen" vorgenommene
Blockierung kann strafrechtlich als Nötigung nach § 240 StGB gewertet
werden (vor allem dann, wenn ein Hinweis auf die Erreichbarkeit des Verfügungsberechtigten zur Aufhebung der Blockade an dem betroffen
Fahrzeug fehlt; s. a. Schünemann DAR 1997, 267).

3 Hinweise

3.1 Verbot des nächtlichen Stehenlassens unbeleuchteter und leicht von
der Fahrbahn entfernbarer Fahrzeuge: § 17 Abs. 4. Kennzeichnung auf der
Fahrbahn haltender Fahrzeuge über 3,5 t und Anhänger (ausgenommen
PKW) innerhalb geschlossener Ortschaften mit Parkwarntafel: Z. 630 (VkBl.
1980, 737 und 1981, 276). Kennzeichnung von Laternen, die nicht die
ganze Nacht brennen: Z. 394.

3.2 Haltverbote durch Verkehrszeichen gelten nur auf der Seite, auf der
sie stehen, wenn nichts anderes angeordnet ist, nur bis zur nächsten Kreuzung oder Einmündung: § 41 Abs. 2 Nr. 8a, b zu Z. 283 und 286.

3.3 Ausweisung von **Sonderparkflächen** für Schwerbehinderte mit **außergewöhnlicher Gehbehinderung** und **Blinde** sowie für **Anwohner**: § 45 Abs. 1 b
Nr. 2 (s. a. VkBl. 1980, S. 527, 530 und 2000, S. 624). Gewährung von Parkprivilegien für Schwerstgehbehinderte und Blinde: Rn. 118 ff. VwV zu § 46.

4 Varianten von Zeichen Halten und Parken

Zeichen 283-30

Haltverbot
(„Wiederholer" im Verlauf
der Verbotsstrecke)

Zeichen 286-30

Eingeschränktes
Haltverbot
(„Wiederholer" im Verlauf
der Verbotsstrecke)

Parkstandmarkierungen nach § 41 Abs. 3 Nr. 7

erlauben das Parken und ordnen an, wie die Fahrzeuge aufzustellen sind.
Verstöße, z.B. Parken auf den Markierungen,
sind Ordnungswidrigkeiten nach § 49 Abs. 3 Nr. 4

Zeichen 315-70

Parken auf Gehwegen
(nur mit den Vorderrädern)

Zeichen 315-80

Parken auf Gehwegen
(mit 4 Rädern senkrecht)

§ 13 Einrichtungen zur Überwachung der Parkzeit

(1) An Parkuhren darf nur während des Laufens der Uhr, an Parkscheinautomaten nur mit einem Parkschein,[1] der am oder im Fahrzeug von außen gut lesbar angebracht sein muss, für die Dauer der zulässigen Parkzeit gehalten werden. Ist eine Parkuhr oder ein Parkscheinautomat nicht funktionsfähig, so darf nur bis zur angegebenen Höchstdauer geparkt werden. In diesem Fall ist die Parkscheibe zu verwenden (Abs. 2 Satz 1 Nr. 2). Die Parkzeitregelungen können auf bestimmte Stunden oder Tage beschränkt sein.

(2) Wird im Bereich eines eingeschränkten Haltverbots für eine Zone (Zeichen 290 und 292) oder beim Zeichen 314 oder 315 durch ein Zusatzschild die Benutzung einer Parkscheibe (Bild 291) vorgeschrieben, so ist das Halten nur erlaubt,

1. für die Zeit, die auf dem Zusatzschild angegeben ist, und
2. wenn das Fahrzeug eine von außen gut lesbare Parkscheibe hat und wenn der Zeiger der Scheibe auf den Strich der halben Stunde eingestellt ist, die dem Zeitpunkt des Anhaltens folgt.

Wo in dem eingeschränkten Haltverbot für eine Zone Parkuhren oder Parkscheinautomaten aufgestellt sind, gelten deren Anordnungen. Im Übrigen bleiben die Halt- und Parkverbote des § 12 unberührt.

(3) Einrichtungen zur Überwachung der Parkzeit brauchen nicht betätigt zu werden

1. beim Ein- oder Aussteigen sowie
2. zum Be- oder Entladen.

---

1 § 6 a StVG (Gebühren)

(6) Soweit das Parken auf öffentlichen Wegen und Plätzen nur während des Laufs einer Parkuhr oder anderer Vorrichtungen oder Einrichtungen zur Überwachung der Parkzeit zulässig ist, werden Gebühren erhoben; dies gilt nicht für die Überwachung der Parkzeit durch Parkscheiben. Die Gebühren stehen in Ortsdurchfahrten den Gemeinden, im Übrigen dem Träger der Straßenbaulast zu. Die Gebühren betragen je angefangene halbe Stunde 0,10 DM. Es kann eine höhere Gebühr als 0,10 DM festgesetzt werden, wenn und soweit dies nach den jeweiligen örtlichen Verhältnissen erforderlich ist, um die Gebühr dem Wert des Parkraums für den Benutzer angemessen anzupassen. Neben der Gebühr je angefangene halbe Stunde kann eine pauschalierte Gebühr für einen längeren Zeitraum festgesetzt werden. Die Nutzung des Parkraums durch eine möglichst große Anzahl von Verkehrsteilnehmern ist zu gewährleisten. Bei der Gebührenfestsetzung kann eine innerörtliche Staffelung vorgesehen werden. Für den Fall, dass solche höheren Gebühren festgesetzt werden sollen, werden die Landesregierungen ermächtigt, Gebührenordnungen zu erlassen. In diesen kann auch ein Höchstsatz festgelegt werden. Die Ermächtigung kann durch Rechtsverordnung weiter übertragen werden.

(7) Die Regelung des Absatzes 6 Satz 4 bis 10 ist auf die Erhebung von Gebühren für die Benutzung gebührenpflichtiger Parkplätze im Sinne des § 6 Abs. 1 Nr. 13 entsprechend anzuwenden (bei Großveranstaltungen im Interesse der Sicherheit und Ordnung des Verkehrs).

VwV zu § 13 Einrichtungen zur Überwachung der Parkzeit

Zu Absatz 1

1 I. Wo Parkuhren aufgestellt sind, darf das Z. 286 nicht angebracht werden.

2 II. Parkuhren sind vor allem dort aufzustellen, wo der Parkraum besonders kostbar ist und daher erreicht werden muss, dass möglichst viele Fahrzeuge nacheinander für möglichst kurze, nach oben genau begrenzte Zeit, parken können. Die Parkzeiten sind dort nach den örtlichen Bedürfnissen festzulegen. Vor Postämtern kann z. B. eine Höchstparkdauer von 15 Minuten genügen, vor anderen öffentlichen Gebäuden und Kaufhäusern je nach Art der dort geleisteten Dienste oder der Art der Warenangebote eine solche von 30 Minuten bis zu einer Stunde. Wo das Parken für längere Zeit erlaubt werden kann oder nur das Dauerparken unterbunden werden muss, können Parkuhren mit einer Höchstparkdauer von mehr als einer Stunde aufgestellt werden.

3 III. Vor dem Aufstellen von Parkuhren sind die Auswirkungen auf den fließenden Verkehr und auf benachbarte Straßen zu prüfen.

4 IV. Parkuhren sind wirksam zu überwachen. Es empfiehlt sich, dafür Hilfskräfte einzusetzen.

5 V. Unerlaubt haltende Fahrzeuge können nach Maßgabe der polizeilichen Vorschriften kostenpflichtig abgeschleppt werden.

6 VI. Über Parkuhren in Haltverbotszonen vgl. Nr. II zu den Z. 290 und 292; Rn. 2.

7 VII. Parkscheinautomaten kommen insbesondere in Betracht, wo Parkuhren nicht aufgestellt werden können, weil die Parkflächen mehrfach genutzt werden (z. B. als Markt- und als Parkplatz).

8 Der Parkschein soll mindestens folgende gut lesbare Angaben enthalten:

1. Name des Parkplatzes,

9 2. Datum und

10 3. Ende der Parkzeit.

Zu Absatz 2

11 I. Das Parken mit Parkscheibe darf nur in Haltverbotszonen (Z. 290) oder dort vorgeschrieben werden, wo das Z. 314 oder 315 aufgestellt ist.

12 II. Die höchstzulässige Parkdauer darf nicht niedriger als auf eine Stunde angesetzt werden.

13 III. Auf der Vorderseite der Parkscheibe sind Zusätze, auch solche zum Zwecke der Werbung, nicht zulässig.

1 Aus der amtlichen Begründung

1.1 Bei Parkuhren ist die Ausnutzung der Restparkzeit erlaubt. Zur Ausnutzung der höchstzulässigen Parkzeit dürfen Münzen nachgeworfen werden. Die Parkscheibe ist nicht verwendbar, wo das Parken nur für eine viertel oder halbe Stunde erlaubt werden kann (Begr. 1970).

1.2 Parkscheinautomaten kommen in Betracht, wo eine größere Anzahl von Parkuhren z. B. das historische Stadtbild stören oder die wechselnde Verwendung eines Marktplatzes behindern würde (Begr. 1980).

1.3 Parkscheine und **Parkscheiben** in Fahrzeugen müssen von außen nicht nur sichtbar, sondern auch lesbar sein (Begr. 1988).

2 Erläuterungen

2.1 Parkuhren und Parkscheinautomaten

Parkuhren und Parkscheinautomaten sind Verkehrseinrichtungen nach § 43 Abs. 1. Baumuster für Parkuhren oder Parkscheinautomaten gibt es nicht;

Beispiel Parkuhr

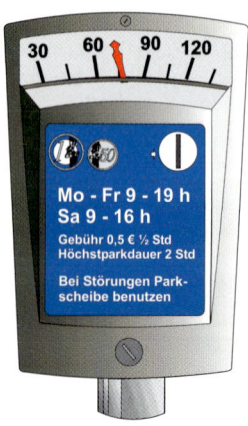

Die Bauart einer Parkuhr ist nicht vorgeschrieben, sie muss nur deutlich als amtliche Verkehrseinrichtung nach § 43 erkennbar sein und die Höchstparkzeit, die Gebührenhöhe und die Geltungszeit anzeigen. Eine lokale farbige Kennzeichnung der Parkuhr bei unterschiedlicher Gebührenhöhe ist zulässig. Wer keine geeigneten Münzen hat, darf nicht parken; auch nicht mit Parkscheibe. Parkuhren kennzeichnen einen oder als Doppelparkuhr zwei Parkstände. Eine Eichpflicht besteht nicht; bei Störungen ist die Parkscheibe zu verwenden. Läuft die Uhr zu schnell ab, gilt die richtige Zeit, läuft sie zu langsam ab, ist die an der Parkuhr angezeigte Zeit maßgebend. Eine Karenzzeit bei abgelaufener Parkuhr wird nicht zugebilligt.

Be- und Entladen, Aus- und Einsteigen(-lassen) ist ohne Betätigung der Parkuhr oder des Parkscheinautomaten zulässig; hierzu gehören auch Nebenverrichtungen (maximal 20 Minuten). Die angegebene Höchstparkdauer insgesamt darf aber nicht überschritten werden. Kleinwüchsige Menschen, Schwerstgehbehinderte, Blinde und Ohnhänder dürfen mit Ausnahmegenehmigung ohne Betätigung der Parkuhr bzw. des Parkscheinautomaten parken; auch über die Höchstparkzeit hinaus.

die technische Gestaltung muss jedoch der Zweckbestimmung entsprechen. Zwar müssen Einrichtungen zur amtlichen Überwachung des Straßenverkehrs geeicht sein (§ 25 Abs. 1 Nr. 3 Eichgesetz). Nach Anhang A Nr. 26 zu § 8 der Eichordnung sind Parkuhren jedoch von der **Eichpflicht ausgenommen.** Parkscheinautomaten werden zwar in der Eichordnung nicht ausdrücklich erwähnt; rechtlich erfüllen sie als „Sammelparkuhren" aber den gleichen Zweck, so dass sich die Freistellung von der Eichpflicht auch auf diese Automaten erstrecken muss. Läuft eine Parkuhr infolge von **technischen Störungen** zu schnell ab, darf dies nicht zu Lasten des Parkenden gehen; es gilt somit die richtige Zeit. Schaltet das Uhrwerk nicht mit dem Erreichen der Minute 0, sondern erst nach 5 oder 10 Minuten aus, kommt diese „Karenzzeit" dem Parkenden zugute (OLG Hamm VerkMitt 1984 Nr. 61).

Parkuhren und Parkscheinautomaten verbieten das Halten (nicht das Parken) mit der Maßgabe, dass nur während der Ingangsetzung der Geräte „gehalten" werden darf. Das Halten in der Zeit bis zum Lösen des Parkscheins ist „systembedingt" zulässig, nicht aber ein zweckfreies Halten bis zu 3 Minuten, weil Parkeinrichtungen nicht mit der Regelung nach Z. 286 identisch sind. Die 3-Minuten-Grenze des § 12 Abs. 2 StVO ist ebenfalls nicht anwendbar, weil sich diese auf Parkverbote bezieht, Parkzeiterfassungsgeräte aber Haltverbote begründen. Halten ohne Betätigung der Parkeinrichtungen zum Ein- oder Aussteigen(-lassen), Be- oder Entladen ist hingegen zulässig (§ 13 Abs. 3). Allerdings ist dabei die insgesamt angegebene Höchstparkdauer einzuhalten, weil § 13 Abs. 3 nur von der Bedienung der Parkeinrichtungen freistellt, nicht aber von den übrigen Verhaltenspflichten. Infolgedessen darf an Parkuhren oder Parkscheinautomaten nicht unbegrenzt geladen werden, sondern nur solange die Höchstparkdauer reicht (Bouska StVO Anm. 7 zu § 13; a. A. Jagusch-Hentschel StVO Rdn. 9 zu § 13). Ein Parkscheinautomat längs der Straße gilt für mehrere Parkstände bis zum nächsten Automaten, nicht aber für die gesamte Parkzone und auch nicht für die andere Straßenseite (Folge aus § 41 Abs. 2 Nr. 8a). Mit Rücksicht auf den Sichtbarkeitsgrundsatz dürfen Parkscheinautomaten nicht in einem so großen Abstand aufgestellt werden, dass der Bezug zwischen den

Automaten verloren geht (z. B. 150 m zur Minimierung der Investitions- und Wartungskosten). Auf der dazwischen liegenden Fläche darf selbst dann ohne Parkschein geparkt werden, wenn sich ein Automat auf der gegenüberliegenden Straßenseite befindet, denn die Wirkung des Parkscheinautomaten bezieht sich nur auf die Straßenseite, wo der Automat steht). Da Grundstückszufahrten frei zu halten sind (§ 12 Abs. 3 Nr. 3), führt die entlang der Fahrbahn geltende Parkscheinregelung nicht zu einem Parkverbot für den berechtigten Grundeigentümer (er darf dort ohne Parkschein parken).

2.1.1 Parkdauer

Mit Parkuhren oder Parkscheinautomaten soll die Nutzung des knappen Verkehrsraums durch eine möglichst große Anzahl von parkenden Fahrzeugen ermöglicht werden (§ 6 a Abs. 6 Satz 6 StVG). Infolgedessen ist eine Höchstparkdauer festzusetzen (z. B. 1 oder 2 Std.). Ohne eine solche Höchstparkdauer hätte die Parkraumbewirtschaftung den Charakter einer „Parksteuer" oder „Straßenbenutzungsgebühr", die mangels gesetzlicher Grundlage rechtswidrig wäre.

Die an den Parkautomaten oder durch Zusatzschilder angegebene **Höchstparkdauer** darf nicht überschritten werden. Nach Ablauf der Parkzeit muss der Parkstand verlassen werden. Bloßes Vor- und Zurückbewegen genügt dabei nicht; vielmehr muss das KFZ so weit entfernt werden, dass andere die Chance zum Einparken haben. Ein daneben befindlicher freier Parkstand darf jedoch benutzt werden. Die Ausnutzung von Restparkzeiten des Vorgängers, insbesondere die Übertragung des nicht ausgenutzten Parkscheins, sowie das Nachwerfen von Münzen ist zulässig, darf jedoch nur bis zur Höchstparkdauer erfolgen. Wer versehentlich einen Parkschein nur für eine Stunde löst, kann eine Höchstparkdauer von z. B. 2 Stunden nicht dadurch ausnutzen, dass er zur gleichen Zeit einen 2. Parkschein für eine weitere Stunde zieht und beide Parkscheine im Fahrzeug auslegt (OLG Bremen DAR 1997, 454). Obwohl der Betroffene die Parkgebühr für zwei Mal eine Stunde entrichtet hat, wird insoweit bei der Überwachung eine reine formale Handhabung praktiziert. Bei Funktionsstörungen der Parkuhren (z. B. Einfrieren im Winter, Stromausfall bei solarbetriebenen Automaten) ist der Nachweis der Höchstparkdauer durch die Parkscheibe zu erbringen (§ 13 Abs. 1 Satz 2). Bei Bewirtschaftung eines gesamten Straßenzuges durch Parkscheinautomaten ist es bei Ausfall eines Automaten zumutbar, den Parkschein am nächst gelegenen zu lösen. Befindet sich dieser Automat weiter als etwa 150 m entfernt, darf die Parkscheibe verwendet werden. Werden mehrere Motorräder innerhalb eines gebührenpflichtigen Parkstandes abgestellt, muss für jedes Fahrzeug ein Parkschein erworben werden; bei einer Parkuhr braucht allerdings nur einer zu bezahlen (die StVO verlangt nichts Unmögliches).

2.1.2 Gebühren

Die Höhe der Parkuhrgebühr als Benutzungsgebühr für die Inanspruchnahme des Parkraums richtet sich auf Grund der Ermächtigung des § 6a Abs. 6 und 7 StVG nach den landesrechtlichen Parkgebühren-Ordnungen. Die Gebühr ist dem Wert des Parkraums für den Benutzer angemessen anzupassen. Infolgedessen darf die Gebühr nicht so hoch angesetzt werden, dass die Parkstände leer bleiben (Beachtung des Übermaßverbots). Die Gebührenhöhe ist regelmäßig auf den Parkuhren und Parkscheinautomaten angegeben. Die rein technische Art der Gebührenerhebung ist bei Parkscheinautomaten nicht beschrieben. Infolgedessen ist neben der Zahlung von Münzen auch der Betrieb mit Scheck- oder Kreditkarten zulässig („elektronische Geldbörse"). Wer nicht über geeignete Münzen verfügt, darf nicht parken. Der Einwurf ausländischer passender Münzen ist kein strafbarer Betrug, wohl aber eine Ordnungswidrigkeit. Die Einnahmen an Parkgebühren stehen den Kommunen zu. Die frühere (in § 6a Abs. 6 StVG enthaltene) **Zweckbindung** der Einnahmen zu Gunsten von Parkeinrichtungen ist gestrichen worden (BGBl. I 1994, S. 2047), weil der Bund nicht vorschreiben darf, wie die Kommunen in den Ländern die ihnen zustehenden Gebühren zu verwenden haben.

Mit Einführung der **€-Währung** seit 1.1.2002 als alleiniges gesetzliches Zahlungsmittel sind die Parkgebühren-Verordnungen der Länder auf automatengerechte Beträge umgestellt worden.[2] Beträgt z. B. die Parkgebühr bisher 1 DM/halbe Std., ist die Gebührenordnung auf 0,5 € zu glätten, bei 2 DM auf 1 €, bei 0,50 DM auf 0,25 € usw. Hieraus folgen etwas geringere Einnahmen.

Für **private** Entgelte auf faktisch öffentlichen Verkehrsflächen (Parkhäuser, Tiefgaragen, Plätze) stellt § 52 klar, dass diese der gebührenrechtlichen Vorschrift des § 6a Abs. 6, 7 StVG nicht entgegenstehen. Dementsprechend ist z. B. auch die Erhebung privatrechtlicher Entgelte für die Benutzung von Privatstraßen (sog. Mautgebühr) zulässig. Werden auf Privatflächen ähnliche Geräte wie Parkuhren verwendet, handelt es sich um „Inkassogeräte" (nicht um Parkscheinautomaten i. S. d. § 13). Bei Verstößen gilt dann nur das Privatrecht, z. B. Verstoß gegen Benutzungsordnungen von Parkhäusern.

2.1.3 Parkscheine

Parkscheine sind gut lesbar auszulegen (§ 42 Abs. 4 Nr. 2); nicht nur vor der Windschutzscheibe, auch auf der Abdeckplatte des Gepäckraums in PKW (BayObLG VRS 90, 64). Das Auslegen eines gültigen Parkscheins neben vielen anderen ungültigen beeinträchtigt die „Lesbarkeit" und ist unzulässig. Werden mehrere Motorräder innerhalb eines gebührenpflichtigen Parkstandes abgestellt, muss für jedes Fahrzeug ein Parkschein erworben werden (bei einer Parkuhr braucht nur einer zu bezahlen). Parkscheine sind Urkunden, die bestätigen, dass eine Parkgebühr entrichtet und die Berechtigung erworben worden ist, für eine bestimmte Zeitspanne im Bereich des Parkautomaten zu parken. Wer das Datum oder die Ablaufzeit des Parkscheins verändert, begeht eine strafbare Urkundenfälschung nach § 267 StGB, aber keinen Betrug (OLG Köln NZV 2001, 481 = DAR 2001, 520 = VRS 101, 197). Da die staatliche Maßregelung eine Unrechtsfolge eigener

---

2 Die auf „DM"-Beträge lautenden Gesetze und Rechtsverordnungen gelten zwar auf der Basis des Umrechnungskurses (1,95583 DM = 1 €) fort, ohne dass es einer Änderung bedarf (Art. 7 EG-Rats-VO ABl. EG L 1997, S, 162/2). Da Parkuhren und Parkscheinautomaten jedoch keine „krummen" Münzbeträge annehmen, ist eine Glättung der bisher auf DM ausgewiesenen Beträge zulässig. Die Euro-Umstellung darf jedoch nicht Anlass von Gebührenanhebungen sein. Die Vereinbarung der Banken und Automatenverbände vom 22.10.1998 über die Verwendung von DM-Münzen noch bis zum 28.2.2002 bezieht sich auf private Leistungsautomaten, nicht auf staatliche Gebührensätze. Werden Parkuhren oder Parkscheinautomaten bis zum 1.1.2002 nicht auf €-Beträge umgestellt, gelten sie als nicht „funktionsfähig" und müssen nicht bedient werden. Allerdings ist dann eine Parkscheibe zu verwenden (§ 13 Abs. 1 Satz 2 und 3), mit der bis zur angegebenen Höchstparkdauer geparkt werden darf.

Beispiel Parkscheinautomat und Parkschein

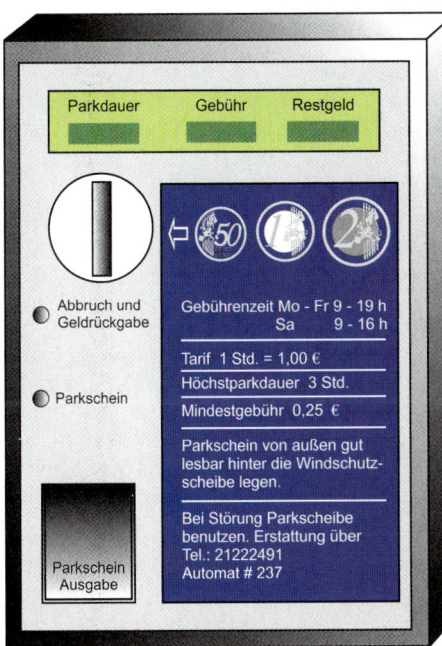

Parkscheinautomaten (auch als „Sammelparkuhr" bezeichnet) sind Verkehrseinrichtungen nach § 43. Mit ihnen werden Parkplätze, Parkstreifen oder auch Parkstände längs am Fahrbahnrand bewirtschaftet. Bei der Aufstellung am Fahrbahnrand sollte ein Automat für maximal 20 bis 30 Parkstände vorgehalten werden (d.h. jeweils 50 bis 75 m rechts und links des Parkscheinautomaten). Die Nutzung eines Automaten auf der gegenüberliegenden Straßenseite ist nicht zulässig, kann aber im Wege der polizeilichen Opportunität gestattet werden. Die Kennzeichnung des gebührenpflichtigen Bereichs erfolgt durch Z. 314 mit Zusatzschild 1052-33 „mit Parkschein". Parkscheinautomaten unterliegen zwar nicht der Eichpflicht, sie sollten jedoch genau gehen. Bei Funktionsbeeinträchtigungen ist die Parkscheibe zu benutzen. Die lokale farbige Kennzeichnung der Automaten bei unterschiedlicher Gebührenhöhe ist zulässig.

Be- und Entladen, Ein- und Aussteigen(-lassen) ist ohne Betätigung des Parkscheinautomaten zulässig; hierzu gehören auch Nebenverrichtungen (max. 20 Minuten). Die angegebene Höchstparkdauer insgesamt darf aber nicht überschritten werden.

Art ist, begründet die Manipulation am Parkschein zur Vermeidung eines Verwarnungsgeldes keinen Vermögensnachteil des Staates i. S. d. Betrugstatbestandes (§ 263 StGB).

2.2 Parkscheiben (§ 13 Abs. 2, Bild 291)

Bei der durch „Bild" 291 in den Z. 290, 314 oder 315 ausgewiesenen (kostenneutralen) Beschränkung der Parkdauer ist die Parkscheibe zu verwenden. Der Zeiger der Parkscheibe ist auf die nächst folgende halbe Stunde einzustellen (§ 13 Abs. 2 Nr. 2). Die Parkscheibe ist damit ungenauer als die Park-

uhr und sollte deshalb nur dort eingesetzt werden, wo die Parkdauer länger
als 1 Stunde betragen kann. Wo die Parkscheibe auszulegen ist, wird nicht
ausdrücklich vorgeschrieben; sie muss jedenfalls von außen gut lesbar sein,
d. h. im Allgemeinen auf dem Armaturenbrett vor der Windschutzscheibe
(OLG Naumburg VerkMitt 1998 Nr. 49 = VRS 94, 357 = NZV 1998, 165; aber
auch auf der Hutablage OLG Köln DAR 1993, 70). Die Auslage mehrerer
Parkscheiben mit unterschiedlichen Zeitangaben ist unzulässig und begründet einen Parkverstoß (OLG Köln VRS 58, 154). Bei Schneefall muss
die Windschutzscheibe nicht ständig freigehalten werden. Ein „Nachstellen"
der Parkscheibe nach Ablauf der Höchstparkdauer ist unzulässig. Wo durch
Z. 314 (Parkplatz) mit Zusatzschild die Benutzung einer Parkscheibe vorgeschrieben ist, darf zum Be- oder Entladen auch ohne ihre Verwendung gehalten werden (BayObLG VRS 55, 464; VerkMitt 1979 Nr. 6 = DAR 1979, 27).

Das **Zonenhaltverbot**, verbunden mit der Parkscheibe, ist für Fälle bestimmt,
in denen das „Dauerparken" unterbunden werden muss, Parkzeiten von
mehr als einer Stunde aber noch hinnehmbar sind. Muss die Parkzeit strenger
begrenzt werden, ist die Parkuhr das vorgesehene Mittel. Parken vor einer
Grundstückseinfahrt innerhalb eines Zonenhaltverbots, die beiderseits von
Parkstreifen begrenzt wird, ist mit Genehmigung des Grundstückseigen-
tümers zulässig (BayObLG VerkMitt 1992 Nr. 92 = NZV 1992, 417). Im
Zonenhaltverbot mit Parkscheibenregelung (Bild 291) darf auch ein Kraftrad mit Parkscheibe parken (OLG Koblenz VRS 54, 302).

2.3 Be- und Entladen bei Parkraumbewirtschaftung

Zum Be- und Entladen gehören auch die erforderlichen Nebentätigkeiten
(OLG Düsseldorf VerkMitt 1991 Nr. 117). Die Höchstparkdauer darf allerdings nicht überschritten werden (streitig).

2.4 Ordnungswidrigkeiten

Parkzeitüberschreitungen werden als Ordnungswidrigkeiten geahndet,
wobei die Höhe der Verwarnungsgelder von der Dauer der Überschreitung
abhängt (z. B. bei mehr als 1 Std. 20 €, mehr als 3 Std. 25 €). Duldet der Fahrzeughalter Parkuhrverstöße des Fahrers, beteiligt er sich an diesen Ordnungswidrigkeiten (OLG Koblenz VerkMitt 1986 Nr. 95 = NJW 1986, 1003).
Die Überwachung des ruhenden Verkehrs durch staatlich beauftragte Firmen
ist rechtswidrig (KG NZV 1997, 48 = DAR 1996, 504; BayObLG VerkMitt
1998 Nr. 13). Wird die Parkzeit an der Parkuhr überschritten, kann das Fahrzeug auf Kosten des Fahrers oder Halters **abgeschleppt** werden; in hoch-
belasteten Kerngebieten bereits nach einer Stunde (BVerwG VRS 74.397 =
NZV 1988, 38; BVerwG DAR 1983, 398; OVG Hamburg DAR 1989, 475).
Parkuhren ordnen nach Ablauf der Parkzeit das sofortige Wegfahren an.

3 Hinweise

3.1 Durch Rechtsverordnung erheben alle Bundesländer Parkgebühren je
nach Parkdruck zwischen 0,25 bis 1,25 € je angefangene Stunde. Die Mindest-
parkzeit ist nach § 6 a Abs. 6 StVG auf eine halbe Stunde bezogen; infolgedessen sind Mindestparkzeiten von 15 Minuten oder weniger unzulässig.

3.2 Ausnahmegenehmigungen von der Benutzung von Parkuhren und
Parkscheinautomaten: § 46 Abs. 1, i. d. R. nur für Schwerbehinderte mit
außergewöhnlicher Gehbehinderung und Blinde sowie für kleinwüchsige
Menschen unter 1,39 m: Rn. 10, 11, 118 ff. VwV zu § 46.

§ 14 Sorgfaltspflichten beim Ein- und Aussteigen

(1) Wer ein- oder aussteigt, muss sich so verhalten, dass eine Gefährdung anderer Verkehrsteilnehmer ausgeschlossen ist.

(2) Verlässt der Führer sein Fahrzeug, so muss er die nötigen Maßnahmen treffen, um Unfälle oder Verkehrsstörungen zu vermeiden. Kraftfahrzeuge sind auch gegen unbefugte Benutzung zu sichern.

VwV zu § 14 Sorgfaltspflichten beim Ein- und Aussteigen

Zu Absatz 2

1 Wenn der Führer eines Kraftfahrzeugs sich in solcher Nähe des Fahrzeugs aufhält, dass er jederzeit eingreifen kann, ist nichts dagegen einzuwenden, wenn eine besondere Maßnahme gegen unbefugte Benutzung nicht getroffen wird. Andernfalls ist darauf zu achten, dass jede vorhandene Sicherung verwendet, insbesondere auch bei abgeschlossenem Lenkradschloss das Fahrzeug selbst abgeschlossen wird; wenn die Fenster einen Spalt offen bleiben oder wenn das Verdeck geöffnet bleibt, ist das nicht zu beanstanden.

1 Aus der amtlichen Begründung

Zur Sicherung gegen unbefugte Benutzung gehört die Betätigung aller hierfür am Fahrzeug vorhandenen Einrichtungen (Begr. 1970).

2 Erläuterungen

2.1 Gefährdungsausschluss beim Ein- und Aussteigen

Der Ein- oder Aussteigende hat die höchste Stufe an Sorgfalt zu beachten. Der Gefährdungsausschluss gilt gegenüber allen Verkehrsteilnehmern. Zuvor ist der rückwärtige Verkehr zu beobachten; ist das nicht hinreichend möglich, darf die linke Tür nur spaltenweit geöffnet werden. Bei dichtem Verkehr ist vor dem Aussteigen stets damit zu rechnen, dass vor allem Radfahrer zu geringen Seitenabstand halten (OLG Hamm VRS 46, 222) oder rechts überholen (OLG Hamm NZV 2000, 126). Der Gefährdungsausschluss gilt auch gegenüber Fußgängern und Radfahrern beim Öffnen der rechten Fahrzeugtür. Andererseits darf der Kraftfahrer beim **Vorbeifahren** an einem parkenden Fahrzeug nur darauf vertrauen, dass dessen Tür nicht plötzlich überraschend mit einem Ruck weit geöffnet wird; mit einem geringen Öffnen muss er rechnen, weil ein solches Fehlverhalten häufig ist (BGH VerkMitt 1981 Nr. 55 = DAR 1981, 148; KG VerkMitt 1985 Nr. 75 = DAR 1986, 88). Infolgedessen muss beim Vorbeifahren an einer Parkreihe ausreichend Seitenabstand gehalten werden (LG Berlin VerkMitt 2001, Nr. 79).

2.2 Sicherungspflichten beim Verlassen des Fahrzeugs

Beim Ausgliedern aus dem Verkehrsraum zum Zweck des Anhaltens bestehen (anders als beim Anfahren nach § 10) keine besonderen Pflichten; es hat vorsichtig und rücksichtsvoll sowie unter Beachtung des Gefährdungs- und Behinderungsverbots gegenüber dem fließenden Verkehrs zu erfolgen (§ 1). Notfalls muss bei starkem Verkehr auf das Anhalten verzichtet und das Ziel durch Blockumfahrung erneut angesteuert werden. Der Begriff „Verlassen" des Fahrzeugs ist enger als der Begriff des Parkens in

§ 12 Abs. 2, denn Gefahren können durch Wegrollen sogar schon beim Aussteigen entstehen.

Beim Halten und Parken des Fahrzeugs ist die Handbremse anzuziehen (OLG Düsseldorf DAR 2001, 504). Auf abschüssigem Gelände ist das Fahrzeug gegen Abrollen doppelt zu sichern; zusätzlich zur Betätigung der Bremsen ist ein (gegenläufiger) Gang einzulegen. Bei besonders starkem Gefälle kann eine dreifache Sicherung (Feststellbremse, Gang, Unterlegkeile) nötig sein (BGH VRS 22, 351 = DAR 1962, 186). Besondere Vorsicht ist bei **Kühlfahrzeugen** nötig, wenn der Motor wegen der Kühlaggregate während der Abstellzeit laufen muss. Beim Verlassen des Fahrzeugs müssen alle vorhandenen Sicherungseinrichtungen betätigt werden; das gilt in der Regel auch, wenn das Fahrzeug auf einem Privatgrundstück abgestellt wird (BGH VRS 20, 135 = DAR 1961, 149; vgl. BGH VersR 1971, 1019).

2.3 Sicherungspflichten gegen unbefugtes Benutzen des Fahrzeugs

Das Abziehen des Zündschlüssels und Sperrung des Lenkradschlosses genügen nicht; Fenster, Schiebedach und Türen sind zu schließen (VG Frankfurt VRS 99, 389), auch bei einer Abwesenheit von nur 2 Minuten (OLG Hamm VRS 31, 283; OLG Düsseldorf VerkMitt 1986 Nr. 104; VRS 70, 379). Ein Kabriolett darf jedoch ohne Schließen des Verdecks und der Fenster geparkt werden. Kurzzeitiges Verlassen des Kraftfahrzeugs ohne Sicherung ist grobfahrlässig (OLG Hamm NZV 1991, 195). Die Polizei darf ein unverschlossen abgestelltes KFZ nach den Sicherheits- und Ordnungsgesetzen der Länder abschleppen, um es vor Verlust oder Beschädigung zu schützen (BVerwG NZV 2000, 514). Verbleibt im Fahrzeug ein nicht fahrberechtigter Beifahrer, muss der Zündschlüssel mitgenommen werden (BGH VersR 1960, 695). Haben Personen, deren Zuverlässigkeit zweifelhaft ist, zu einer geschlossenen Garage Zutritt, sind zusätzliche Sicherungsmaßnahmen geboten. Fahrzeug und Fahrzeugschlüssel dürfen Unbefugten nicht zugänglich sein; auch nicht in einem vom Fahrzeughersteller im Motorenraum vorgesehenen Schlüsselversteck (OLG Nürnberg NZV 1995, 154). Besondere Vorsicht ist gegenüber Kindern und Jugendlichen angebracht sowie gegenüber Personen, die schon einmal ein Kraftfahrzeug unbefugt benutzt und seither nicht die Fahrerlaubnis erworben haben (OLG Nürnberg VerkMitt 1980 Nr. 60). Auswechseln des Zündschlosses nach ungeklärtem Verlust des Fahrzeugschlüssels: OLG Hamm NZV 1990, 470. Ausbau der Batterie genügt als Wegnahmesicherung für ein im verschlossenen Schuppen stehendes Fahrzeug (OLG Karlsruhe NZV 1992, 485). Der Kraftfahrer haftet für die Schwarzfahrt des Diebes, wenn Mängel der Fahrzeugsicherung den Diebstahl begünstigt haben (BGH VRS 60, 85 DAR 1981, 50; OLG Nürnberg VersR 1964, 32).

3 Hinweise

3.1 Ein- und Aussteigen von Fahrgästen der Schienenfahrzeuge oder Busse an gekennzeichneten Haltestellen: § 20 Abs. 1; Einschalten von Warnblinklicht an Haltestellen, die von der Straßenverkehrsbehörde dafür vorgesehen sind: § 16 Abs. 2 Nr. 2.

3.2 Beleuchtung haltender Fahrzeuge: § 17 Abs. 4; Warntafeln an Fahrzeugen über 3,5 t und Anhänger (ausgenommen PKW), die innerhalb geschlossener Ortschaften nachts parken: § 43 Abs. 4 StVO (Z. 630), § 51 c Abs. 2 Nr. 4 und Abs. 5 StVZO.

3.3 Einrichtungen zur Sicherung von PKW und Krafträdern: § 38a StVZO.

§ 15 Liegenbleiben von Fahrzeugen

Bleibt ein mehrspuriges Fahrzeug an einer Stelle liegen, an der es nicht rechtzeitig als stehendes Hindernis erkannt werden kann, so ist sofort Warnblinklicht einzuschalten. Danach ist mindestens ein auffällig warnendes Zeichen gut sichtbar in ausreichender Entfernung aufzustellen, und zwar bei schnellem Verkehr in etwa 100 m Entfernung; vorgeschriebene Sicherungsmittel, wie Warndreiecke, sind zu verwenden. Darüber hinaus gelten die Vorschriften über die Beleuchtung haltender Fahrzeuge.

(VwV zu § 15 nicht vorhanden)

1 Aus der amtlichen Begründung

Warndreiecke stehen meist sinnlos nur wenige Meter hinter dem Fahrzeug. Deshalb wird eine Zahl genannt (100 m), um zu verdeutlichen, dass eine wirksame Sicherung der Fahrzeuge nur gegeben ist, wenn sie in erheblicher Entfernung aufgestellt sind (Begr. 1970).

2 Erläuterungen

2.1 Warneinrichtungen

Mehrspurige Fahrzeuge mit Fahrtrichtungsanzeigern müssen mit Warnblinklicht (Impuls 90 ± 30 pro Minute) ausgerüstet sein (§ 53a StVZO). Warndreiecke und Warnleuchten müssen tragbar sein.

2.2 Liegenbleiben

Liegenbleiben bedeutet Stillstand des Fahrzeugs infolge einer technischer Panne oder Beeinträchtigung der Fahrfähigkeit. Es dauert nur solange, bis das Fahrzeug repariert oder abgeschleppt werden kann. Wird die (zumutbare) Entfernung aus dem Verkehrsraum oder Instandsetzung nicht wahrgenommen, wird aus dem „Liegenbleiben" eine „gewollte Fahrtunterbrechung", so dass die Halt- oder Parkverbote zu beachten sind (OLG Düsseldorf VerkMitt 1980 Nr. 49; OLG Frankfurt DAR 1988, 245). Bei schnellem Verkehr muss das Fahrzeug möglichst bald von der Fahrbahn entfernt werden (OLG Saarbrücken VerkMitt 1980 Nr. 51). Wer das Liegenbleiben verschuldet hat, haftet auch für etwaige Auffahrunfälle. Dies ändert allerdings nichts an der Mitschuld des Auffahrenden, der unachtsam oder zu schnell gefahren ist (OLG Düsseldorf VersR 1977, 186). Die Mitverantwortung für den nachfolgenden Verkehr entfällt nur, wenn alle nötigen Sicherheitsmaßnahmen getroffen sind (OLG Karlsruhe VersR 1979, 1013). § 15 gilt nicht für Fahrzeuge von **Hilfeleistenden**, doch müssen diese ähnlich gesichert werden wie liegen gebliebene Fahrzeuge (OLG Saarbrücken VerkMitt 1981 Nr. 25).

2.3 Sicherungspflichten beim Liegenbleiben eines Fahrzeugs

Schutzzweck ist die Sicherung anderer Verkehrsteilnehmer vor Gefahren, die von stehenden Fahrzeugen ausgehen. Wegen der abstrakter Gefahrenlage sind Sicherungspflichten vordringlich zu erfüllen und gehen der Behebung von Pannen oder dem Wegschaffen des KFZ vor. Die angegebene Entfernung von 100 m für das Aufstellen des Warndreiecks ist nur ein Beispiel. Bei

Sicherungspflichten bei Pannen

Beim ersten Anzeichen für eine Fahrzeugpanne ist noch während der Fahrt das Warnblinklicht einzuschalten und sofort möglichst weit rechts heranzufahren. Anschließend ist das Fahrzeug auf dem Seitenstreifen (Standspur) zum Stillstand zu bringen. Bei schnellem Verkehr ist das Warndreieck im Abstand von mindestens 150 bis 200 m aufzustellen (Anhalteweg bei 130 km/h wegen verlängertem Reaktionsweg rd. 170 m). Warndreiecke werden häufig in zu kurzem Abstand aufgestellt, weil nach einer schnellen Fahrt die subjektive Einschätzung der Entfernung täuscht. KFZ 1 muss sich deshalb an den Leitpfosten in je 50 m orientieren. Auf dem Weg zum Aufstellungsort ist das Warndreieck zur Eigensicherung voranzutragen. Anschließend ist die Straßenmeisterei über Nottelefon zu verständigen (Pfeile an den Leitpfosten weisen auf die nächste Meldestelle hin). Bei schnellem Verkehr oder fehlenden Seitenstreifen ist der Verkehr zusätzlich durch einen Warnposten mit Flagge, Tuch o.ä. zu warnen; dabei ist auch hier auf Eigensicherung zu achten (OLG Hamm NZV 2001, 260). Bei Dunkelheit ist Beleuchtung einzuschalten. I st die Lichtanlage ausgefallen, muss das KFZ anderweitig beleuchtet werden, z.B. Handlampe, notfalls Signalfeuer. Alle Sicherungspflichten gehen dem Beheben der Panne oder der Hilfeleistung bei Unfällen vor. Nach Beheben der Panne ist das Warndreieck zu entfernen (um das nicht zu vergessen, sollte die Hülle vorher auf den Fahrersitz gelegt werden).

---

schnellerem Verkehr muss das Warndreieck in größerer Entfernung aufgestellt werden (Anpassung an den Anhalteweg bei verlängertem Reaktionsweg). Ist die Beseitigung des liegen gebliebenen Fahrzeugs eher als die Absicherung möglich und eine Warnung des Verkehrs nicht geboten, kann auf die Aufstellung des Warndreiecks verzichtet werden (OLG Karlsruhe DAR 2002, 34; OLG Köln NZV 1995, 159 = VRS 88, 433). Bloßes Schwenken einer brennenden Taschenlampe kann zur Sicherung eines liegen gebliebenen Fahrzeugs unzureichend sein (BGH VerkMitt 1969 Nr. 70). Wer wegen blockierten Motors liegen bleibt, darf nicht warten, bis ihn Rauchentwicklung zum Aussteigen zwingt. Trotz des Qualms muss er sich beim Öffnen der Tür vergewissern, dass er den nachfolgenden Verkehr nicht gefährdet (KG VerkMitt 1974 Nr. 125). Fehlende Eigensicherung führt zum Mitverschulden bei Unfällen (OLG Hamm NZV 2001, 260 = VD 2001, 150).

2.3.1 Warnblinklicht

Warnblinklicht ist schon beim langsamen Ausrollen nach Eintritt einer Panne einzuschalten (BGH VerkMitt 1973 Nr. 5). Das Warnblinklicht muss auch dann eingeschaltet bleiben, wenn Warndreiecke oder Warnleuchten aufgestellt sind (OLG Hamburg DAR 1981, 156). Die Pflicht zur Betätigung des Warnblinklichts endet, wenn das Fahrzeug nach Behebung des Schadens wieder in Bewegung gesetzt wird (OLG Bremen VersR 1980, 1147). Das Einschalten des Warnblinklichts befreit den Fahrer nicht von der Sorgfaltspflicht, wenn damit zu rechnen ist, dass das Warnblinklicht noch vor dem Abtransport des Fahrzeugs wegen Stromverbrauchs ausfallen wird (BGH VerkMitt 1988 Nr. 26 = DAR 1988, 129 = VRS 74, 245). Wer auf Unregelmäßigkeiten an seinem Fahrzeug hingewiesen wird, darf auch bei Dunkelheit auf einer Schnellverkehrsstraße anhalten; er muss das Warnblinklicht einschalten und – wenn er nicht sogleich weiterfahren kann – Warndreieck und Warnleuchte aufstellen (BayObLG VRS 70, 461). Besonders langsame Fahrzeuge haben bei schnellem Verkehr außerorts und bei Dunkelheit Warnblinklicht einzuschalten (OLG Düsseldorf NZV 2000, 164).

2.3.2 Warndreieck und Warnleuchten

Bei der rückwärtigen Sicherung eines liegen gebliebenen Fahrzeugs sind die Sicherungseinrichtungen (Warndreieck, Warnleuchte) nicht mitten auf der Fahrbahn, sondern am Fahrbahnrand aufzustellen. Wird das aufgestellte Warndreieck zerstört, muss der Fahrer die anderen Verkehrsteilnehmer in geeigneter Weise (z. B. Ablegen von Gegenständen am Fahrbahnrand) auf das Hindernis hinweisen und nötigenfalls vom Grünstreifen neben dem Fahrbahnrand auch durch Handzeichen warnen (OLG Saarbrücken VerkMitt 1974 Nr. 62).

3 Hinweise

3.1 Freiheits- oder Geldstrafe für qualifizierte Verstöße mit konkreter Gefährdung gegen Sicherungspflichten bei liegen gebliebenen Fahrzeugen: § 315 c StGB.

3.2 Aufstellung des Warndreiecks außerorts mindestens in 100 m, bei schnellem Verkehr unter Berücksichtigung eines längeren Reaktionsweges entsprechend dem Bremsweg in größerer Entfernung (auf Autobahnen ohne Tempolimit und Standspur je nach Sichtverhältnissen bis zu 200 m). Dabei soll sich der Kraftfahrer strikt an den Leitpfosten orientieren, weil beim plötzlichen Anhalten aus schneller Fahrt der Fußweg bis zum Aufstellungsort des Warndreiecks meist überschätzt wird.

§ 15 a Abschleppen von Fahrzeugen

(1) Beim Abschleppen eines auf der Autobahn liegen gebliebenen Fahrzeugs ist die Autobahn (Zeichen 330) bei der nächsten Ausfahrt zu verlassen.

(2) Beim Abschleppen eines außerhalb der Autobahn liegen gebliebenen Fahrzeugs darf nicht in die Autobahn eingefahren werden.

(3) Während des Abschleppens haben beide Fahrzeuge Warnblinklicht einzuschalten.

(4) Krafträder dürfen nicht abgeschleppt werden.

(VwV zu § 15 a nicht vorhanden)

1 Aus der amtlichen Begründung

§ 15 a Abs. 4 ist eine Sondervorschrift gegenüber dem Verbot des Anhängens an Fahrzeuge nach § 23 Abs. 3 Satz 1 (Begr. 1988).

2 Erläuterungen

2.1 Abschleppen und Schleppen

Das **Abschleppen** erfolgt unter Notgesichtspunkten, um ein liegen gebliebenes Fahrzeug infolge einer technischen Panne aus dem Verkehr zu ziehen oder zu einer nahe gelegenen Werkstatt zu bringen. Das ziehende und gezogene KFZ bilden dabei keine Fahrzeugkombination (Zug), so dass nur die Fahrerlaubnis des ziehenden KFZ erforderlich ist (z. B. bei einem PKW die FE-Klasse B). Der Fahrer des gezogenen KFZ braucht somit keine Fahrerlaubnis, er muss jedoch zum sicheren Fahren in der Lage sein. Er unterliegt den gleichen Alkoholgrenzwerten wie der Fahrer (OLG Hamm VerkMitt 2000 Nr. 21; BGH NZV 1990, 157 = NJW 1990, 1245). Ein abgeschlepptes Fahrzeug, das gelenkt werden muss, ist im Betrieb befindlich und unterliegt der Gefährdungshaftung des § 7 Abs. 1 StVG (OLG Köln DAR 1986, 321). Wegen der Instabilität dürfen Krafträder nicht abgeschleppt werden (auch nicht mit einem Slippstek, der sich beim Ziehen an den Enden sofort löst); sie müssen deshalb verladen werden. Beim **Schleppen** von KFZ i. S. d. § 33 StVZO (Betrieb eines KFZ als Anhänger) bilden hingegen ziehendes und gezogenes KFZ (unbeschadet der Vorschrift des § 33 Abs. 2 Nr. 3 StVZO – Schleppgenehmigung erforderlich) auch fahrerlaubnisrechtlich einen „Zug", so dass für das ziehende KFZ eine der Anhänger-Klassen „E" erforderlich ist (z. B. für das Schleppen eines PKW von 2,2 t durch einen LKW von 3,5 t: FE-Klasse C1E). Für das geschleppte KFZ ist die dafür notwendige Fahrerlaubnis erforderlich (hier Klasse B). Das Verbringen eines KFZ vom Händler zum Kunden mittels einer Abschleppachse ist Schleppen, kein Abschleppen.

2.2 Pflichten vor dem Abschleppen

Vor Beginn des Abschleppens müssen die Fahrer der beiden Fahrzeuge vereinbaren, wie sie sich während der Abschleppfahrt verständigen und welche Geschwindigkeit sie fahren wollen (OLG Koblenz VRS 42, 474). Hierzu gehören vor allem Hinweise auf die Hilfsbremsanlage und Servolenkung, die bei ausgefallenem Motor ungewohnt schwer zu bedienen

Abschleppen

Pflichten vor dem Abschleppen
– Absicherung des Verkehrsraums bei Rangiermanöver
– Verständigung über Fahrweg, Bremsmanöver, Abbiegen, Geschwindigkeit
– Vereinbarung von Zeichen bei unvorhersehbaren Störungen
– Hinweis auf das Nichtfunktionieren von Servobremse, Servolenkung
– Sichere Befestigung des Abschleppseils (max. 5 m) an Schleppösen oder Abschleppstange (mit roter
  Fahne in der Mitte) bei Ausfall der Lichtanlage für anderweitige Beleuchtung sorgen (Warnlampe)

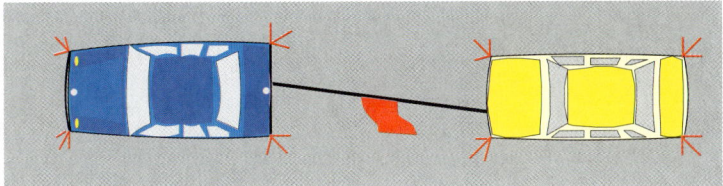

Pflichten während des Abschleppens
– Einschalten des Warnblinklichts
– Einhalten einer angemessenen Geschwindigkeit, außerorts nicht über 60 km/h, innerorts max. Tempo 50
– Abschleppseil straff halten; das abgeschleppte KFZ muss wegen des verminderten Reaktionsweges vor
  dem Schleppfahrzeug bremsen
– Kurven sind weit auszufahren, ähnlich wie im Anhängerbetrieb
– Abschleppverbot über die Autobahn beachten

sind. Der Abschleppende muss deshalb besonders langsam fahren. Außerdem muss bei der vereinbarten Geschwindigkeit der infolge des nur 5 m langen Abschleppseils verkürzte Reaktionsweg berücksichtigt werden. Zu vereinbaren ist ferner, wie beim Abbiegen zu verfahren ist, weil durch das Warnblinklicht die Anzeige der Fahrtrichtung nicht möglich ist. Hierbei ist festzulegen, ob das Warnblinklicht kurz auszuschalten ist, wenn die Anzeige der Fahrtrichtung dringender als die Warnung vor dem Abschleppvorgang ist. Der Abgeschleppte soll sich dabei nach dem Verhalten des Abschleppenden richten. Bei Ausfall der Lichtanlage ist das abgeschleppte Fahrzeug durch gesonderte Warn- oder Blinkleuchten zu sichern. Die Sicherungspflichten gehen dem Interesse am schnellen Weiterkommen vor. Fallen die Bremsen des abzuschleppenden Fahrzeugs aus oder ist dieses schwerer als 4 t, ist eine Abschleppstange (kein Abschleppseil) zu benutzen (vgl. OLG Hamm VRS 30, 137).

2.3 Pflichten beim Abschleppen

Der Fahrer des abschleppenden Fahrzeugs muss mit Fehlern des anderen Fahrers rechnen, wenn er die Geschwindigkeit erhöht (BGH VRS 15, 268). Er muss auf sorgfältige Abstimmung der Fahrweise beider Fahrzeuge achten (OLG Celle DAR 1961, 280). Der Fahrer des schleppenden Fahrzeugs muss bedenken, ob und wie sich der Führer des geschleppten Fahrzeugs auf die Fahrweise einstellen kann, insbesondere durch Hinweise auf Hilfsbremse und Servolenkung, die bei Motorpannen nicht mehr wirksam sind. Der Führer des geschleppten Fahrzeugs muss sich auf das schleppende Fahrzeug konzentrieren und Gegenlenkung vermeiden. Bei Straßenglätte kann die Übernahme dieser Aufgaben die Fahrer überfordern und daher rechtswidrig sein (OLG Schleswig VRS 82, 259 = NZV 1992, 319). Wer noch nie beim Abschleppen eines Kraftfahrzeugs mitgewirkt hat, handelt fahrlässig, wenn er seinen PKW über eine schneeglatte Straße durch Ankopplung eines Seils an einen anderen Kraftwagen abschleppen lässt (OLG Schleswig DAR 1992, 465).

Bei Autobahnen (nicht Kraftfahrstraßen) darf das liegen gebliebene KFZ nur bis zur nächsten Ausfahrt abgeschleppt werden. Ist der Verbringungsort weiter entfernt, muss der Abschleppvorgang auf Bundes- oder Landstraßen weiter geführt werden.

3 Hinweise

3.1 Das abzuschleppende Fahrzeug ist von den Vorschriften über die **Betriebserlaubnis** befreit: § 18 Abs. 1 StVZO.

3.2 Mit Abschleppwagen oder Abschleppachsen abgeschleppte Fahrzeuge müssen Schlussleuchten, Bremsleuchten, Rückstrahler und Fahrtrichtungsanzeiger haben. Diese Beleuchtungseinrichtungen dürfen auf einem Leuchtenträger angebracht sein (§ 49a Abs. 9 StVZO) und müssen vom abschleppenden Fahrzeug aus betätigt werden können (§ 53 Abs. 8 StVZO).

§ 16 Warnzeichen

(1) Schall- und Leuchtzeichen darf nur geben
1. wer außerhalb geschlossener Ortschaften überholt (§ 5 Abs. 5) oder
2. wer sich oder andere gefährdet sieht.

(2) Der Führer eines Omnibusses des Linienverkehrs oder eines gekennzeichneten Schulbusses muss Warnblinklicht einschalten, wenn er sich einer Haltestelle nähert und solange Fahrgäste ein- oder aussteigen, soweit die Straßenverkehrsbehörde für bestimmte Haltestellen ein solches Verhalten angeordnet hat. Im Übrigen darf außer beim Liegenbleiben (§ 15) und beim Abschleppen von Fahrzeugen (§ 15 a) Warnblinklicht nur einschalten, wer andere durch sein Fahrzeug gefährdet oder andere vor Gefahren warnen will, z. B. bei Annäherung an einen Stau oder bei besonders langsamer Fahrgeschwindigkeit auf Autobahnen und anderen schnell befahrenen Straßen.

(3) Schallzeichen dürfen nicht aus einer Folge verschieden hoher Töne bestehen.

VwV zu § 16 Warnzeichen

Zu Absatz 1 Nr. 2

1 Gegen missbräuchliche Benutzung des Warnblinklichts ist stets einzuschreiten. Das ist immer der Fall, wenn durch ein Fahrzeug der Verkehr nicht gefährdet, sondern nur behindert wird, z. B. ein Fahrzeug an übersichtlicher Stelle be- oder entladen wird.

Zu Absatz 2

2 Die Straßenverkehrsbehörden haben sorgfältig zu prüfen, an welchen Haltestellen von Schulbussen sowie von Omnibussen des Linienverkehrs der Fahrer des Busses das Warnblinklicht einzuschalten hat. Maßgebliches Kriterium sind dabei die Belange der Verkehrssicherheit.

3 Dort, wo sich in der Vergangenheit bereits Unfälle zwischen Fahrgästen und dem Kraftfahrzeugverkehr an der Haltestelle ereignet haben, ist die Anordnung, das Warnblinklicht einzuschalten, indiziert. Andererseits spricht das Nichtvorkommen von Unfällen, vor allem bei Vorhandensein von Querungshilfen für Fußgänger (z. B. Fußgängerüberweg, Lichtsignalanlage) in unmittelbarer Nähe der Haltestelle, gegen eine entsprechende Anordnung. Auch die Höhe des Verkehrsaufkommens, das Vorhandensein baulich getrennter Richtungsfahrbahnen, insbesondere bei mehrstreifiger Fahrbahnführung, sowie die bauliche Ausgestaltung der Haltestelle selbst (z. B. Absperrgitter zur Fahrbahn), sind in die Entscheidung einzubeziehende Abwägungskriterien. Die Lage der Haltestelle in unmittelbarer Nähe einer Schule oder eines Altenheimes spricht für das Einschalten des Warnblinklichts. Unter Umständen kann es auch in Betracht kommen, das Einschalten des Warnblinklichtes nur zu bestimmten Zeiten, gegebenenfalls auch für bestimmte Tagesstunden, anzuordnen.

4 Maßgeblich für die Entscheidung, an welcher Haltestelle die Anordnung, das Warnblinklicht einzuschalten, erforderlich ist, ist in jedem Fall die Sachkunde und die Ortskenntnis der Straßenverkehrsbehörden. Entsprechendes gilt für die Anordnung, in welcher Entfernung von der Haltestelle das Warnblinklicht eingeschaltet werden soll.

5 Die Anordnung, wo das Warnblinklicht eingeschaltet werden muss, ist gegenüber den Busbetreibern und den Fahrern der Busse auszusprechen.

1 Aus der amtlichen Begründung

Die wissenschaftliche Auswertung schwerer Unfälle auf Autobahnen hat ergeben, dass Fahrzeuge, die im Verhältnis zum allgemeinen Verkehrsablauf extrem langsam fahren, eine besondere Gefahr darstellen. Bei Annäherung an einen erkennbaren Stau ist deshalb Warnblinklicht einzuschalten. Dadurch werden nachfolgende Fahrzeuge wirksam gewarnt. Eine ähnliche Gefahrensituation besteht dann, wenn Fahrzeuge auf schnell befahrenen Straßen extrem langsam fahren, z. B. an Steigungen oder auf Grund technischer Probleme. Hier ist allerdings die Übung, Warnblinklicht einzuschalten, noch nicht verbreitet. Um die genannten Gefahren möglichst zu vermindern, werden in Abs. 1 Nr. 2 beide Sachverhalte als Beispiele aufgeführt (Begr. 1997).

2 Erläuterungen

2.1 Warnzeichen

Die Abgabe von Warnzeichen erfordert eine **konkrete** Gefahrenlage. Warnzeichen sind nach § 1 Abs. 2 geboten, wenn die Gefahr anders nicht mehr gebannt werden kann (wie Abbremsen, Anhalten) und die Abgabe eines Warnzeichens noch Erfolg verspricht. Warnzeichen dürfen nicht gegeben werden, wenn es die Gefahr vergrößert, z. B. Erschrecken, Verunsicherung oder falsche Reaktion des Gewarnten. Wer durch ein unrichtiges Warnzeichen einen anderen Verkehrsteilnehmer verwirrt und zu unrichtiger Reaktion veranlasst, hat für die Folgen einzustehen (OLG Hamm DAR 1961, 24). Mit Warnblinklicht darf vor einem Falschfahrer gewarnt werden, jedoch nicht durch sonstige Leucht- oder Schallzeichen. Beim Abbiegen ersetzen Warnzeichen nicht die Fahrtrichtungsanzeige (BGH VRS 9, 121). Das Verbot der Benutzung von Mehrklanghupen nach Abs. 3 gilt auch für Ausländer, an deren Fahrzeugen nach den Vorschriften für den internationalen Verkehr Mehrklanghupen zulässig sind.

2.1.1 Warnzeichen beim Überholen

Außerorts darf das Überholen durch kurze Schall- oder Leuchtzeichen angekündigt werden. Wird mit Fernlicht geblinkt („Lichthupe"), dürfen entgegenkommende Fahrzeugführer nicht geblendet werden. Wer mehrere vor ihm auf dem Überholstreifen einer Autobahn fahrende KFZ überholen will, braucht die Überholabsicht nicht durch Schall- oder Leuchtzeichen anzukündigen (BayObLG VerkMitt 1980 Nr. 3 = VRS 57, 209). Wer auf der Autobahn überholen will, darf einen Vordermann, der unzulässig auf dem Überholstreifen fährt, durch kurze Warnzeichen zur Freigabe auffordern (BayObLG VRS 62, 218). Längeres Aufblenden und dichtes Auffahren kann jedoch strafbare Nötigung (§ 240 StGB) sein.

2.1.2 Warnzeichen bei Gefährdung

Fährt ein PKW langsam aus einer Grundstücksausfahrt auf die Straßenmitte, muss ein auf der anderen Straßenseite nahender PKW-Fahrer Warnzeichen geben, wenn Kollisionsgefahr besteht (OLG Celle VersR 1978, 873). Fußgänger dürfen durch „Lichthupe" nur gewarnt werden, wenn sie eindeutig gefährdet sind und die Warnung für sie eindeutig ist. Andernfalls muss ein Kraftfahrer damit rechnen, dass sein Leuchtzeichen als Einräumung des Vorrangs oder Aufforderung zum Überqueren der Fahrbahn missdeutet wird (BGH VerkMitt 1977 Nr. 62 = VersR 1977, 434 = DAR 1977, 157).

2.2 Warnblinklicht

Warnblinklicht kann bereits bei **abstrakten** Gefahrenlagen eingeschaltet werden.

2.2.1 Warnblinklicht bei Stau oder langsamem Verkehr

Zur Vermeidung von Auffahrunfällen bei schnellem Verkehr ist bereits bei Annäherung an einen Verkehrsstau Warnblinklicht einzuschalten. Ein langsam fahrender Bagger oder landwirtschaftliche Fahrzeuge müssen nachts auf einer Bundesstraße außerorts zusätzlich Warnblinklicht einschalten (OLG Düsseldorf DAR 1999, 543).

2.2.2 Warnblinklicht bei Schulbussen

Die Regelung gilt nur für Linien- und Schulbusse, nicht für PKW, die im Linienersatzdienst oder freigestellten Schüler- und Behindertenverkehr eingesetzt werden. Voraussetzung für die Verpflichtung zum Einschalten des Warnblinklichts an Haltestellen ist eine Anordnung der Straßenverkehrsbehörde gegenüber dem Träger des Schulbusverkehrs. Eine Kennzeichnung dieser Haltestellen ist nicht vorgesehen. Da Schulkinder, ältere und hilflose Personen auch in Linienbussen befördert werden, gilt das auch für die Träger dieser Verkehrsart (nicht aber bei Straßenbahnen). Das Warnblinklicht ist bereits bei Annäherung an die Haltestelle einzuschalten (etwa 50 bis 100 m davor). Da stets mit unüberlegtem Verkehrsverhalten einzelner Kinder zu

Überholverbot an Linien- und Schulbussen mit Warnblinklicht

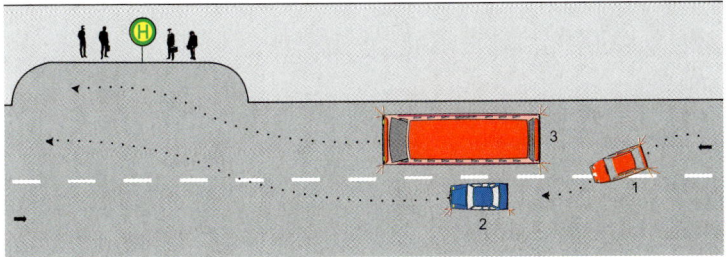

Linienbusse und gekennzeichnete Schulbusse, die sich mit Warnblinklicht einer Haltestelle (Z. 224) nähern, dürfen nicht mehr überholt werden (§ 20 Abs. 3). Das Überholverbot gilt somit nicht an Bussen des Gelegenheitsverkehrs oder bei Straßenbahnen. Bei den Haltestellen handelt es sich um solche, an denen die Straßenverkehrsbehörde das Einschalten des Warnblinklichts angeordnet hat (§ 16 Abs. 2 Satz 1). Die Anordnung richtet sich an den Träger des Busverkehrs, ohne dass die Haltestelle äußerlich als solche erkennbar sein muss.

KFZ 1 hat den Überholvorgang eingeleitet, befindet sich aber seitlich versetzt noch hinter dem Bus, als dieser Warnblinklicht einschaltet, um eine Haltestelle anzufahren. Da das Überholverbot vom Ausscheren nach links bis zum Wiedereinordnen reicht, muss KFZ 1 den Überholvorgang abbrechen.

KFZ 2 befindet sich beim Überholen des Busses bereits seitlich daneben, als dieser Warnblinklicht einschaltet. Da aus dieser Position nicht zwischen Warnblinklicht und Fahrtrichtungsanzeige unterschieden werden kann, kommt das Überholverbot wegen des Sichtbarkeitsgrundsatzes nicht zum Tragen. KFZ 2 begeht somit keine Ordnungswidrigkeit, wenn der Überholvorgang vollendet wird. Da in Verbindung mit einer Haltestelle aber mit Warnblinklicht zu rechnen ist, empfiehlt sich für KFZ 2, den Überholvorgang abzubrechen, wenn dies ohne Gefährdung des Busses oder nachfolgender Fahrzeuge möglich ist.

rechnen ist (OLG Stuttgart VRS 43, 136) darf – unbeschadet der Verpflichtung aus § 3 Abs. 2 a – nicht mehr überholt (§ 20 Abs. 3) und an den Haltestellen nur noch mit Schrittgeschwindigkeit vorbeigefahren werden (§ 20 Abs. 4). Schrittgeschwindigkeit gilt dann auch für den Gegenverkehr. Das Warnblinklicht ist solange einzuschalten, bis die Aus- und Einssteigvorgänge beendet sind und die Kinder eine sichere Position im Verkehrsraum erreicht haben.

3 Hinweise

3.1 Warnung durch blaues Blinklicht (Rundumlicht), Einsatzhorn (Schallzeichen mit einer Folge verschieden hoher Töne), gelbes Blinklicht: § 38.

3.2 Warnblinkanlage, Warndreiecke und Warnleuchten: § 53 a StVZO.

3.3 Beachtung des Überholverbots bei Linien- und Schulbussen mit Warnblinklicht: § 20 Abs. 3. Verpflichtung zum Einhalten der Schrittgeschwindigkeit: § 20 Abs. 4. Ist die Fahrbahn durch einen Mittelstreifen getrennt, gilt die Regelung des § 20 Abs. 4 nur für die Richtungsfahrbahn, an der sich die Haltestelle befindet. Der Gegenverkehr auf der anderen Richtungsfahrbahn muss daher sein Tempo nicht auf Schrittgeschwindigkeit ermäßigen.

§ 17 Beleuchtung

(1) Während der Dämmerung, bei Dunkelheit oder wenn die Sicht-verhältnisse es sonst erfordern, sind die vorgeschriebenen Beleuch-tungseinrichtungen zu benutzen. Die Beleuchtungseinrichtungen dürfen nicht verdeckt oder verschmutzt sein.[1]

(2) Mit Begrenzungsleuchten (Standlicht) allein darf nicht gefahren werden. Auf Straßen mit durchgehender, ausreichender Beleuchtung darf auch nicht mit Fernlicht gefahren werden. Es ist rechtzeitig ab-zublenden, wenn ein Fahrzeug entgegenkommt oder mit geringem Abstand vorausfährt oder wenn es sonst die Sicherheit des Verkehrs auf oder neben der Straße erfordert. Wenn nötig, ist entsprechend langsamer zu fahren.

(2 a) Krafträder müssen auch am Tage mit Abblendlicht fahren.

(3) Behindert Nebel, Schneefall oder Regen die Sicht erheblich, dann ist auch am Tage mit Abblendlicht zu fahren. Nur bei solcher Witterung dürfen Nebelscheinwerfer eingeschaltet sein. Bei zwei Nebelschein-werfern genügt statt des Abblendlichts die zusätzliche Benutzung der Begrenzungsleuchten. An Krafträdern ohne Beiwagen braucht nur der Nebelscheinwerfer benutzt zu werden. Nebelschlussleuchten dürfen nur dann benutzt werden, wenn durch Nebel die Sichtweite weniger als 50 m beträgt.

(4) Haltende Fahrzeuge sind außerhalb geschlossener Ortschaften mit eigener Lichtquelle zu beleuchten. Innerhalb geschlossener Ort-schaften genügt es, nur die der Fahrbahn zugewandte Fahrzeugseite durch Parkleuchten oder auf andere zugelassene Weise kenntlich zu machen; eigene Beleuchtung ist entbehrlich, wenn die Straßenbe-leuchtung das Fahrzeug auf ausreichende Entfernung deutlich sicht-bar macht. Auf der Fahrbahn haltende Fahrzeuge, ausgenommen Personenkraftwagen, mit einem zulässigen Gesamtgewicht von mehr als 3,5 t und Anhänger sind innerhalb geschlossener Ortschaften stets mit eigener Lichtquelle zu beleuchten oder durch andere zugelassene lichttechnische Einrichtungen kenntlich zu machen. Fahrzeuge, die ohne Schwierigkeiten von der Fahrbahn entfernt werden können, wie Krafträder, Fahrräder mit Hilfsmotor, Fahrräder, Krankenfahrstühle, einachsige Zugmaschinen, einachsige Anhänger, Handfahrzeuge oder unbespannte Fuhrwerke dürfen bei Dunkelheit dort nicht unbe-leuchtet stehen gelassen werden.

(4 a) Soweit bei Militärfahrzeugen von den allgemeinen Beleuchtungs-vorschriften abgewichen wird, sind gelb-rote retroreflektierende Warntafeln oder gleichwertige Absicherungsmittel zu verwenden. Im Übrigen können sie an diesen Fahrzeugen zusätzlich verwendet werden.

(5) Führen Fußgänger einachsige Zug- oder Arbeitsmaschinen an Holmen oder Handfahrzeuge mit, so ist mindestens eine nach vorn

---

1 Nach der 2. Ausnahme-Verordnung i.d.F. vom 18.5.1992 (BGBl. I S. 989) dürfen lichttechnische Einrichtungen von Zugmaschinen bis 32 km/h bei örtlichen Brauch-tumsveranstaltungen, Landschaftssäuberungsaktionen oder Feuerwehreinsätzen zusätzlich angebracht, aber auch verdeckt werden

und hinten gut sichtbare, nicht blendende Leuchte mit weißem Licht auf der linken Seite anzubringen oder zu tragen.

(6) Suchscheinwerfer dürfen nur kurz und nicht zum Beleuchten der Fahrbahn benutzt werden.

VwV zu § 17 Beleuchtung

Zu Absatz 1

1 Es ist zu beanstanden, wenn der, welcher sein Fahrzeug schiebt, Beleuchtungseinrichtungen durch seinen Körper verdeckt; zu den Beleuchtungseinrichtungen zählen auch die Rückstrahler (§ 49a Abs. 1 Satz 2 StVZO).

Zu Absatz 2

2 I. Es ist darauf hinzuwirken, dass der Abblendpflicht auch gegenüber Radfahrern auf Radwegen sowie bei der Begegnung mit Schienenfahrzeugen und gegenüber dem Schiffsverkehr, falls die Führer dieser Fahrzeuge geblendet werden können, genügt wird. Einzelner entgegenkommender Fußgänger wegen muss dann abgeblendet werden, wenn sie sonst gefährdet wären (§ 1 Abs. 2).

3 II. Nicht nur die rechtzeitige Erfüllung der Abblendpflicht und die darauf folgende Pflicht zur Mäßigung der Fahrgeschwindigkeit sind streng zu überwachen; vielmehr ist auch darauf zu achten, dass nicht

4 1. Standlicht vorschriftswidrig verwendet wird,

5 2. Blendwirkung trotz Abblendens bestehen bleibt,

6 3. die vordere Beleuchtung ungleichmäßig ist,

7 4. Nebelscheinwerfer, Nebelschlussleuchten oder andere zusätzliche Scheinwerfer oder Leuchten vorschriftswidrig verwendet werden.

Zu Absatz 4

8 Andere zugelassene lichttechnische Einrichtungen zur Kennzeichnung sind Park-Warntafeln nach § 43 Abs. 4. Einzelheiten über die Verwendung ergeben sich aus § 51c Abs. 5 StVZO. Die Park-Warntafeln unterliegen einer Bauartgenehmigung nach § 22a StVZO.

Zu Absatz 4a

9 Machen Militärfahrzeuge, insbesondere Panzer, von den Sonderrechten nach § 35 Gebrauch und fahren ohne Beleuchtung, so sind sie mit gelb-roten retroreflektierenden Warntafeln oder gleichwertigen Absicherungsmitteln zu kennzeichnen.

1 Aus der amtlichen Begründung

Nach amerikanischen und schwedischen Untersuchungen kann die Verkehrssicherheit der Krafträder ganz wesentlich dadurch erhöht werden, dass sie auch bei Tage mit Abblendlicht fahren. Sie sind dann für den übrigen Verkehr eher erkennbar. Insbesondere geht die Zahl der Zusammenstöße mit dem Gegenverkehr zurück. Die CEMT hat deshalb empfohlen, in der nationalen Gesetzgebung vorzusehen, dass Krafträder auch am Tage mit Abblendlicht fahren müssen. Dagegen kam man einstimmig zu dem Ergebnis, das Fahren mit Abblendlicht am Tage für alle Fahrzeuge nicht zu empfehlen, weil die gewonnene Sicherheit für Motorradfahrer dadurch in Frage gestellt würde (Begr. 1988).

2 Erläuterungen

2.1 Beleuchtungseinrichtungen

Welche Beleuchtungseinrichtungen **zulässig** sind, bestimmt sich nach den Ausrüstungsvorschriften der §§ 49a bis 54b, 66a, 67 StVZO; hierzu gehört auch **Reflexmaterial** (z. B. retroreflektierende Kennzeichenschilder, seitliche

Konturmarkierungen an LKW). Nicht zugelassene Reflexfolien dürfen am
Fahrzeug nicht angebracht werden. Wie Beleuchtungseinrichtungen zu
benutzen sind, richtet sich nach den Verhaltensregeln der StVO. Beleuchtungseinrichtungen müssen die gebotene Lichtstärke abstrahlen und dürfen deshalb weder verdeckt noch verschmutzt sein; ausgenommen sind
versenkbare Scheinwerfer sowie Nebelscheinwerfer, die wegen der tiefen
Anbringung zum Schutz gegen Steinschlag bei Nichtbenutzung abgedeckt
werden dürfen (VkBl. 1966, 123). Weiterhin sind Beleuchtungseinrichtungen
bei KFZ, Anhängern und Fahrrädern auch am Tage nicht nur wegen der
Witterung, sondern auch wegen örtlicher Gegebenheiten (Tunnel, Unterführungen) betriebsbereit zu halten (§ 23 Abs. 1 S. 4). Dies ist vor Fahrtantritt
zu prüfen; nach Fahrtantritt nur bei besonderem Anlass (KG VRS 39, 29).
Mängel an den Beleuchtungseinrichtungen beeinträchtigen stets die Verkehrssicherheit. Fallen sie aus, ist das Fahrzeug auf kürzestem Weg aus
dem Verkehr zu ziehen (§ 23 Abs. 2). Ob dabei noch bis zur nächsten Werkstatt oder Tankstelle gefahren werden darf, hängt vom Umfang der Störung,
von den Lichtverhältnissen, der Verkehrsstärke und Geschwindigkeit ab.
Nach dem Vertrauensgrundsatz dürfen sich andere darauf verlassen, dass
entgegenkommende Fahrzeuge beleuchtet sind. Das gilt jedoch nicht bei
Dämmerung, solange ein Teil der Fahrzeuge noch unbeleuchtet fährt.

2.1.1 Abblendlicht

Im Fahrverkehr ist Abblendlicht zusammen mit dem Standlicht (Begrenzungsleuchten) zu benutzen. Die Leuchtweite des Abblendlichtes darf
nach § 50 Abs. 6 StVZO wegen der Blendwirkung des Gegenverkehrs in 25 m
und 15 cm Höhe von der Fahrbahn max. 1 Lux betragen (etwa Helligkeit

Abblendlicht und Fahrgeschwindigkeit

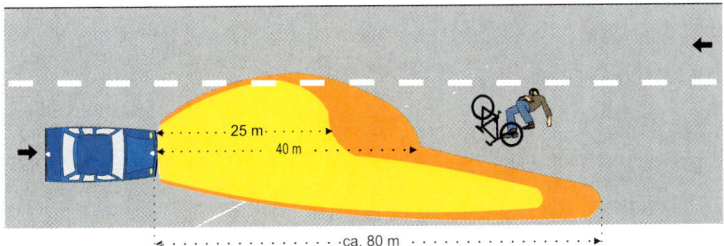

Das Abblendlicht beträgt nach § 50 Abs. 6 StVZO in 25 m nur noch 1 Lux in Höhe der Scheinwerfermitte (etwa
Helligkeit einer Kerze). Ausgeleuchtet wird die linke Fahrbahnseite nur bis etwa 40 m. Das asymmetrische Abblendlicht reicht zwar rechts bis etwa 80 m, die linke Seite bleibt jedoch dunkel. Da sich das Auge jeweils auf
die hellste Stelle ausrichtet (Scheinwerferkegel), ist der Bereich hinter der 40-Meter-Grenze nur dann einsehbar, wenn die Fahrbahn das Licht reflektiert oder andere Lichtquellen diesen Teil ausleuchten, wie Straßenlaternen, Gegenverkehr, Mondlicht. Bei stockdunkler Nacht und dunkler Fahrbahn ist der Bereich hinter
der 40-Meter-Grenze jedenfalls schwer erkennbar. Nach § 3 Abs. 1 darf nur so schnell gefahren werden, wie
die Sicht auf der befahrenen Strecke reicht. Bei einer Bremsverzögerung von rd. 7 m/s² beträgt der Bremsweg bei 70 km/h rd. 27 m, der Reaktionsweg 20 m und der Anhalteweg 47 m. Reicht die Sicht auf den linken
Fahrbahnteil einer außerörtlichen Landstraße bei stockdunkler Nacht nicht weiter als 40 m, ist eine Geschwindigkeit von rd. 70 km/h zu hoch, um möglichen Hindernissen auf der Fahrbahn rechtzeitig auszuweichen oder vor ihnen anhalten zu können (OLG Naumburg VerkMitt 2000, Nr. 13; OLG Frankfurt DAR
1991, 99). Nur auf Autobahnen darf schneller gefahren werden, weil dort mit Hindernissen nicht gerechnet zu
werden braucht (§ 18 Abs. 6).

einer Kerze). Dementsprechend ist auch die zulassungsrechtlich vorgeschriebene Leuchtweiteregelung im KFZ so einzustellen, dass eine Blendung
ausgeschlossen ist. Bei asymmetrischen Scheinwerfern darf die 1 Lux-
Grenze von der Scheinwerfermitte in einem Winkel von 15° nach rechts an-
steigen (der asymmetrische Lichtkegel selbst entsteht durch eine um 15°
geneigte Abdeckplatte bzw. Kerbe in der Abdeckpfanne unter dem Glüh-
wendel für das Abblendlicht; die Streuscheibe enthält ein 15°-Segment, so
dass der asymmetrische Lichtkegel nach rechts vorn geworfen werden kann).
In der Fahrbahnmitte bleibt deshalb auch bei asymmetrischen Scheinwerfern
nach links ein Dunkelfeld ab 25 m. Abgesehen von der Sonderregelung auf
Autobahnen (§ 18 Abs. 6 StVO) darf daher bei Nacht und dunkler Fahrbahn außerorts nicht schneller gefahren werden, als die Sichtweite reicht
(§ 3 Abs. 1 S. 4). In extremen Fällen kann Tempo 60 bereits grobes Verschulden sein (OLG Frankfurt DAR 1991, 99; OLG Naumburg VerkMitt 2000
Nr. 13). Entsprechendes gilt auf schwach ausgeleuchteten Straßen innerorts für die durch Scheinwerfer erfasste Strecke (KG VerkMitt 1996 Nr. 26).

2.1.2 Fernlicht

Fernlicht (Leuchtstärke in 100 m mindestens noch 1 Lux; bei Krafträdern
über 100 ccm noch 0,50 Lux – § 50 Abs. 5 StVZO) soll zur Verbesserung der
Sichtverhältnisse bei Dunkelheit stets verwendet werden. Verboten ist die
Benutzung des Fernlichts bei durchgehender ausreichender Straßenbeleuchtung (§ 17 Abs. 2 Satz 2), um unnötige Blendwirkung zu vermeiden. Notfalls
muss auch langsamer gefahren werden (§ 17 Abs. 2 Satz 4). Ausreichend ist
eine Straßenbeleuchtung dann nicht, wenn auf längerer Strecke, mindestens mehrere 100 m, die Lichtkegel unbeleuchtete Fahrbahnflächen übrig
lassen. Fernlicht darf außerdem nicht bei Blendung entgegenkommenden
oder vorausfahrenden Verkehrs verwendet werden (§ 17 Abs. 2 Satz 3).
Abzublenden ist stets dann, wenn andere KFZ in den Lichtkegel des
Scheinwerfers gelangen; jedenfalls so rechtzeitig, dass andere nicht beeinträchtigt oder unsicher werden.

2.1.3 Nebelscheinwerfer

Nebelscheinwerfer dürfen (müssen aber nicht) bei sichtbeeinträchtigendem
Nebel, Regen oder Schneefall eingeschaltet werden (zusammen mit den
Begrenzungsleuchten). Die Aufzählung ist nicht abschließend, so dass
auch bei ähnlichen Sichtbeeinträchtigungen die Benutzung von Nebel-
scheinwerfern zulässig ist, z. B. bei starkem Dunst.

2.1.4 Nebelschlussleuchte

Die Benutzung von Nebelschlussleuchten ist **nur** bei **Nebel** inner- und
außerorts mit Sichtweiten unter 50 m zulässig. Bei unzulässiger Benutzung
(Leuchtdichte mind. 150, max. 300 Candela – Richtlinie des Bundesverkehrsministeriums über „Technische Anforderungen an Fahrzeugteile bei der
Bauartprüfung nach § 22a StVZO" – VkBl. 1973, 558) besteht Blendgefahr
und Gefahr der Überstrahlung der Bremsleuchten (Lichtstärke mind. 30,
max. 100 cd; obwohl die Leistungsstärke der Glühbirnen mit 21 W gleich
ist, befindet sich in der Nebelschlussleuchte zusätzlich ein Reflektor).

2.2 Dämmerung und Dunkelheit

Dämmerung beginnt mit Sonnenuntergang. Während der Dämmerung ist entscheidend, dass man selbst gesehen wird; infolgedessen ist Beleuchtung auch dann einzuschalten, wenn zwar Gegenstände noch gut erkennbar sind, andere KFZ aber bereits mit Licht fahren. Dunkelheit besteht auch bei hellem Mondlicht oder ausreichender Fremdbeleuchtung, z. B. durch Straßenlaternen, Leuchtreklame (KG VerkMitt 1975 Nr. 68).

2.3 Sichtbeeinträchtigungen

Unzureichende Sichtverhältnisse liegen vor bei mangelnder Erkennbarkeit des KFZ, orientiert an einer möglichen Verkehrsgefährdung, insbesondere bei Regen, Nebel, Schneefall, Industrieabgasen, Smog, aufziehenden Unwettern (Sicht ca. 100 m) oder diffusen Lichtverhältnissen, die das Adaptionsvermögen der Augen beeinträchtigen, z. B. heller Himmel (Abendrot) und dunkle Fahrbahn, dichter Wald bei hellem Himmel, Bergschluchten, Tunneln, Unterführungen. Bei Dunkelheit darf (abgesehen von § 18 Abs. 6 auf Autobahnen) nur so schnell gefahren werden, wie die Sicht durch Scheinwerfer reicht; auch auf nicht ausgeleuchteten Straßen innerorts (KG VerkMitt 1996 Nr. 10). Fällt die Lichtanlage plötzlich aus, ist unverzüglich zu bremsen und nötigenfalls anzuhalten (BGH VersR 1964, 621). Bei starkem **Regen** ist Abblendlicht einzuschalten, wenn die Sicht auf 60 bis 80 m begrenzt ist (OLG Hamm VerkMitt 1973 Nr. 9), auf Autobahnen bei einer Sichtweite von 150 m (OLG Hamm VRS 59, 379). **Nebel** mit einer Sichtweite von 100 m bedeutet auf einer Bundesstraße außerorts eine erhebliche Sichtbehinderung (OLG Koblenz VRS 64, 305).

2.4 Abblenden

Schon bei der Gefahr alsbaldiger **Blendung** muss die Geschwindigkeit herabgesetzt werden (BGH VRS 24, 287 = DAR 1963, 193); nicht erst, wenn entgegenkommender Verkehr auf Blinkzeichen hin abblendet (BGH DAR 1954, 69). Keinesfalls darf blindlings in einen nicht einsehbaren Raum weitergefahren werden (BGH VersR 1972, 258). Im Übrigen muss nachts jeder Fahrer mit plötzlicher Blendung rechnen und deshalb vorsichtig fahren (OLG Düsseldorf DAR 1974, 74 = VersR 1974, 657). Vor Bahnübergängen kann nach den Ortsverhältnissen, z.B. bei ansteigender Straße, auch Abblendlicht blenden. Bei nächtlichem Warten vor einer Rotampel genügt Standlicht nicht (OLG Köln DAR 1975, 307).

2.5 Beleuchtung im ruhenden Verkehr

2.5.1 Außerhalb geschlossener Ortschaften

Außerorts sind alle haltenden und parkenden Fahrzeuge mit eigener (vorgeschriebener) Lichtquelle zu beleuchten (§ 17 Abs. 4 Satz 1). Dazu reicht im Allgemeinen das Standlicht aus; Anhänger ohne eigene Lichtquelle sind durch geeignete Beleuchtungskörper kenntlich zu machen. Der Betrieb von Parkleuchten außerorts ist unzulässig. Eigene Beleuchtung haltender Fahrzeuge ist auch in mondhellen Nächten erforderlich (OLG Düsseldorf VerkMitt 1957 Nr. 145). Bei extremen Witterungsverhältnissen, z. B. Nebel und starkem Verkehr, müssen zusätzliche Sicherungen durch Abblendlicht und Nebelschlussleuchte erfolgen. Bei liegen gebliebenen Fahrzeugen sind neben der Beleuchtung Sicherungsmaßnahmen nach § 15 erforderlich. Dem Fahrzeugführer obliegen ferner Überwachungspflichten der Beleuchtungsanlage, z. B. bei schwacher Batterie.

Scheinwerfer und asymmetrisches Abblendlicht

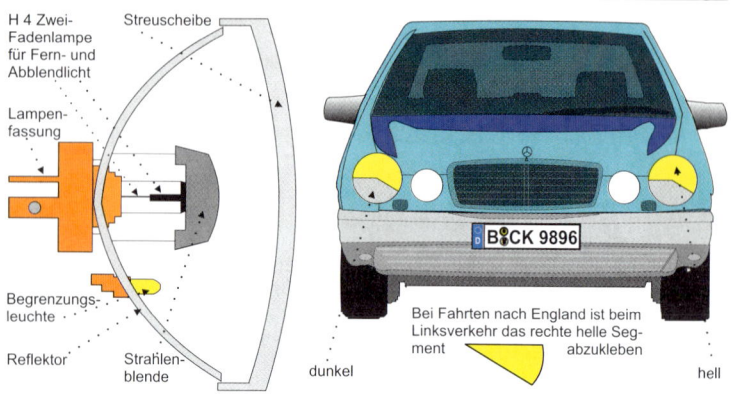

H 4 Zwei-Fadenlampe für Fern- und Abblendlicht

Streuscheibe

Lampen-fassung

Begrenzungs-leuchte

Reflektor   Strahlen-blende

dunkel

Bei Fahrten nach England ist beim Linksverkehr das rechte helle Segment abzukleben

hell

2.5.2. Innerhalb geschlossener Ortschaften

Innerorts brauchen haltende und parkende PKW und KFZ bis 3,5 t nur dann mit eigener Lichtquelle beleuchtet zu werden, wenn sie durch die Straßenbeleuchtung auf ausreichende Entfernung nicht deutlich sichtbar sind. In diesem Fall genügen Parkleuchten auf der der Fahrbahn zugewandten Seite; ferner die Parkwarntafel (vorn und hinten) nach Z. 630. Schaufenster-, Reklame- oder andere Fremdbeleuchtung ersetzen nicht die Straßenbeleuchtung; dabei ist auch Z. 394 zu beachten (roter Ring = Laterne brennt nicht die ganze Nacht). Die Straßenbeleuchtung ist nur dann ausreichend, wenn sie mindestens der Eigenbeleuchtung entspricht und die Fahrzeugumrisse auf 35–40 m so deutlich macht, dass andere KFZ mit Tempo 50 gefahrlos ausweichen können (OLG Hamm VRS 21, 56; OLG Hamburg VerkMitt 1956 Nr. 12; OLG Hamburg VersR 1976, 595).

Fahrzeuge über 3,5 t und Anhänger müssen hingegen auch innerorts stets mit Eigenbeleuchtung versehen sein, weil sie meist aus der parkenden PKW-Reihe in die Fahrbahn hineinragen und die Straßenbeleuchtung ihre Umrisse unzureichend deutlich macht. Zur Eigenbeleuchtung genügt die rot-weiße Park-Warntafel (Z. 630), die zur Fahrbahn hin mit dem Umriss des Fahrzeugs oder der Ladung abschließen muss (Abweichungen bis zu 100 mm nach innen sind zulässig). Die Parkwarntafeln müssen nach § 22a StVZO bauartgenehmigt und mit dem nationalen Prüfzeichen nach der Fahrzeugteile-VO gekennzeichnet sein. Warntafeln, die nur während des Haltens angebracht sein dürfen (rot/weiße Schraffen zur Fahrbahn weisend), müssen möglichst niedrig, keinesfalls aber höher als 1000 mm (Oberkante Warntafel) über der Fahrbahn angebracht sein. Rückstrahler und Kennzeichen dürfen durch die Park-Warntafel nicht verdeckt werden (§ 51c Abs. 5 StVZO; „Kennzeichnung auf der Fahrbahn haltender Fahrzeuge über 3,5 t und Anhänger": VkBl. 1980, S. 737). Da § 17 Abs. 4 Satz 3 eine besondere Beleuchtungsvorschrift ist, müssen mit Park-Warntafeln versehene Fahrzeuge auch innerorts nicht zusätzlich durch Straßenlaternen ausgeleuchtet werden (OLG Celle VRS 98, 5 = NZV 1999, 469).

Fahrzeuge, die ohne Schwierigkeiten von der Fahrbahn entfernt werden
können, dürfen bei Dunkelheit dort nicht stehen gelassen werden (§ 17
Abs. 4 Satz 4). Die Vorschrift enthält im Prinzip ein nächtliches Parkverbot
auf Fahrbahnen für leichte Fahrzeuge (Fahrräder, Mofas, Kleinkrafträder).
Entscheidend ist hier, ob eine Entfernung von der Fahrbahn zumutbar ist.
Das gilt auch für die beispielhaft aufgeführten Fahrzeuge. Bei einem
schweren Motorrad moderner Bauart mit 200 kg und mehr trifft dies kaum
zu, so dass es nachts am Fahrbahnrand ohne Eigenbeleuchtung (aber mit
Fremdbeleuchtung durch Straßenlaternen) geparkt werden darf.

3 Hinweise

3.1 Sicherung liegen gebliebener Fahrzeuge durch Beleuchtungseinrichtungen: § 15 und Warnblinklicht: § 16 Abs. 2; Beleuchtungseinrichtungen
zur Sicherung von Ladung: § 22 Abs. 5. Beleuchtungseinrichtungen zur
Sicherung reitender oder marschierender Verbände: § 27 Abs. 4, beim Treiben und Führen von Tieren: § 28. Beleuchtung von Verkehrshindernissen:
§ 32 Abs. 1 Satz 2.

3.2 Militärfahrzeuge (§ 35 Abs. 1 und 5) müssen im ruhenden und fließenden
Verkehr bei Abweichung von den allgemeinen Beleuchtungspflichten mit
gelb/roten reflektierenden Warntafeln oder mindestens gleichwertigen
Sicherungsmitteln gekennzeichnet sein (§ 17 Abs. 4a). Ob Militärfahrzeuge
von den Beleuchtungspflichten abweichen dürfen, bestimmt sich nach den
Sonderrechten in § 35 Abs. 1, 5, 8. Ausrüstung mit Tarnleuchten: § 53c StVZO.

3.3 Verbot des Blendens beim Warten vor Bahnübergängen: § 19 Abs. 7;
Mitführen der vorgeschriebenen betriebsfertigen Beleuchtungseinrichtungen
auch bei Tage: § 23 Abs. 1 Satz 4.

3.4 Freiheitsstrafe oder Geldstrafe für nicht ausreichende Sicherung eines
haltenden oder liegen gebliebenen Fahrzeugs gegen Auffahren, wenn Personen oder erhebliche Sachwerte (konkret) gefährdet werden: § 315c StGB.

4 Varianten von Zeichen für Beleuchtung

Hinweis auf Laternen, die nicht die ganze Nacht brennen

Zeichen 394-50   Zeichen 394-51

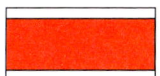   

Schild für Laternen   Ring für Laternenpfähle

5 Nicht amtliche Zeichen

Mit den Schildern

wird das Einschalten des Abblendlichts vor Tunneln oder Unterführungen auf Autobahnen und auf sonstigen Straßen

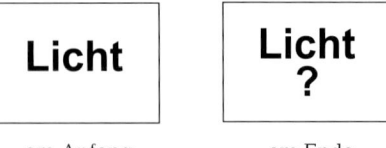

am Anfang   am Ende

empfohlen. Selbst wenn die Anlagen ausreichend beleuchtet sind, sollte der Empfehlung stets gefolgt werden, weil ein dunkles Fahrzeug innerhalb beleuchteter Fahrzeugreihen nur schwer zu erkennen ist.

§ 18   Autobahnen und Kraftfahrstraßen

(1) Autobahnen (Zeichen 330) und Kraftfahrstraßen (Zeichen 331) dürfen nur mit Kraftfahrzeugen benutzt werden, deren durch die Bauart bestimmte Höchstgeschwindigkeit mehr als 60 km/h beträgt; werden Anhänger mitgeführt, so gilt das Gleiche auch für diese. Fahrzeug und Ladung dürfen zusammen nicht höher als 4 m und nicht breiter als 2,55 m sein. Kühlfahrzeuge dürfen nicht breiter als 2,6 m sein.

(2) Auf Autobahnen darf nur an gekennzeichneten Anschlussstellen (Zeichen 330) eingefahren werden, auf Kraftfahrstraßen nur an Kreuzungen oder Einmündungen.

(3) Der Verkehr auf der durchgehenden Fahrbahn hat die Vorfahrt.

(4) *(aufgehoben)*

(5) Auf Autobahnen darf innerhalb geschlossener Ortschaften schneller als 50 km/h gefahren werden. Auf ihnen sowie außerhalb geschlossener Ortschaften auf Kraftfahrstraßen mit Fahrbahnen für eine Richtung, die durch Mittelstreifen oder sonstige bauliche Einrichtungen getrennt sind, beträgt die zulässige Höchstgeschwindigkeit auch unter günstigen Umständen

1. für Kraftfahrzeuge mit einem zulässigen Gesamtgewicht von mehr als 3,5 t, ausgenommen Personenkraftwagen, für Personenkraftwagen mit Anhänger, Lastkraftwagen mit Anhänger, Wohnmobile mit Anhänger und Zugmaschinen mit Anhänger sowie für Kraftomnibusse ohne Anhänger oder mit Gepäckanhänger   80 km/h,[1]

2. für Krafträder mit Anhänger und selbstfahrende Arbeitsmaschinen mit Anhänger, für Zugmaschinen mit zwei Anhängern sowie für Kraftomnibusse mit Anhänger oder Fahrgästen, für die keine Sitzplätze mehr zur Verfügung stehen,   60 km/h,

3. für Kraftomnibusse ohne Anhänger,
   a) die nach Eintragung im Fahrzeugschein geeignet sind, eine Höchstgeschwindigkeit von 100 km/h zu fahren,
   b) deren Motorleistung mindestens 11 kW/t des zulässigen Gesamtgewichts beträgt und
   c) an deren Rückseite eine mit dem Siegel der Zulassungsstelle versehene „100"-Plakette angebracht ist,   100 km/h.

(6) Wer auf der Autobahn mit Abblendlicht fährt, braucht seine Geschwindigkeit nicht der Reichweite des Abblendlichts anzupassen, wenn

1. die Schlussleuchten des vorausfahrenden Kraftfahrzeugs klar erkennbar sind und ein ausreichender Abstand von ihm eingehalten wird oder

---

1 **9. Ausnahmeverordnung** vom 15.10.1998 (BGBl. I S. 3171; VkBl. S. 1310) i. d. F. vom 23.3.2001 (BGBl. I S. 469; VkBl. S. 201): 100 km/h für KFZ-Kombinationen bis 3,5 t mit besonderer technischer Ausstattung

2. der Verlauf der Fahrbahn durch Leiteinrichtungen mit Rückstrahlern und, zusammen mit fremdem Licht, Hindernisse rechtzeitig erkennbar sind.

(7) Wenden und Rückwärtsfahren sind verboten.

(8) Halten, auch auf Seitenstreifen, ist verboten.

(9) Fußgänger dürfen Autobahnen nicht betreten. Kraftfahrstraßen dürfen sie nur an Kreuzungen, Einmündungen oder sonstigen dafür vorgesehenen Stellen überschreiten; sonst ist jedes Betreten verboten.

(10) Die Ausfahrt von Autobahnen ist nur an Stellen erlaubt, die durch die Ausfahrttafel (Zeichen 332) und durch das Pfeilschild (Zeichen 333) oder durch eins dieser Zeichen gekennzeichnet sind. Die Ausfahrt von Kraftfahrstraßen ist nur an Kreuzungen oder Einmündungen erlaubt.

VwV zu § 18 Autobahnen und Kraftfahrstraßen

1 Vgl. zu den Z. 330, 331, 332, zu den Z. 332 und 333, zu Z. 334, zu den Z. 330, 332 bis 334 und 448 bis 453, zu Z. 336 und zu den Z. 330, 331, 334 und 336.

1 Aus der amtlichen Begründung

Autobahnähnliche Straßen stehen bei der Geschwindigkeitsregelung den Kraftfahrstraßen gleich. Die Vorschriften des § 18, die weder Autobahnen noch Kraftfahrstraßen nennen, gelten für beide Straßenarten (Begr. 1988).

2 Erläuterungen

2.1 Autobahnen und Kraftfahrstraßen

Die durch die Bauart bestimmte Höchstgeschwindigkeit von mindestens 60 km/h ergibt sich aus dem Fahrzeugschein (BGH VRS 27, 412 = VkBl 1965, 177). Das Verbot gilt für langsamere Fahrzeuge auch dann, wenn tatsächlich schneller gefahren werden kann, z. B. bei unzulässigen technischen Veränderungen, bei Gefällstrecken oder wenn die Geschwindigkeit auf 50 km/h begrenzt ist. „Klimatisierte" KFZ sind keine Kühlfahrzeuge, so dass deren zulässige Breite 2,55 m nicht überschreiten darf.

2.2 Einfahrt

Kraftfahrer haben sich bei der Einfahrt in die Autobahn nach den Z. 330, 331 zu richten (OLG Hamm VRS 43, 311). Auf einem Beschleunigungsstreifen der Autobahn darf auch dann rascher als auf der durchgehenden Fahrbahn gefahren werden, wenn für die durchgehende Fahrbahn ein Überholverbot gilt (OLG Düsseldorf DAR 1981, 19). Fahren mehrere Kraftfahrer von der Beschleunigungsspur auf die durchgehende Fahrbahn, müssen sie sich in der Reihenfolge nacheinander einfädeln (OLG Hamburg NZV 2000, 507). Kann der Kraftfahrer bis zum Ende der **Beschleunigungsspur** nicht auf die durchgehende Fahrbahn überwechseln, muss er solange warten, bis er dies gefahrlos tun kann (OLG Hamm NZV 2001, 85). Bei einem Unfall spricht der Beweis des ersten Anscheins gegen den Vorfahrtverpflichteten (KG VerkMitt 2001, Nr. 88). Von der Beschleunigungsspur darf nicht in einem Zug auf die Überholspur der Autobahn gefahren werden; man muss sich zunächst in den Verkehrsfluss auf der Normalspur einfügen (BGH

NJW 1986, 1044 = VRS 70, 184). Der Fahrstreifenwechsel auf der **Verteilerfahrbahn** einer Autobahn beim Aus- oder Einfahren in die Autobahn wird nicht durch § 18 Abs. 3 geregelt; er unterliegt dem Prinzip der gegenseitigen Rücksichtnahme und Verständigung (OLG Düsseldorf VerkMitt 1989 Nr. 101 = VRS 77, 300 = NZV 1989, 404 = DAR 1990, 269). Kann der Fahrstreifen nur mit Gefährdung anderer gewechselt werden, muss auf die Eingliederung verzichtet werden (§ 7 Abs. 5).

2.3 Vorfahrt

Zur vorfahrtberechtigten Fahrbahn gehören alle dem Längsverkehr dienenden Fahrstreifen der Hauptrichtung, einschließlich Kriechstreifen, nicht aber Beschleunigungs- und Verzögerungsstreifen, Parallel- oder Verteilerfahrbahnen an Knotenpunkten sowie Abfahrten von Park- und Rastplätzen. Soweit für den Autobahnverkehr relevant, gelten ergänzend die Vorfahrtregeln des § 8, z. B. beim Zusammentreffen von Beschleunigungs- und Parallelfahrstreifen oder beim Überwechseln vom Beschleunigungsstreifen auf die Hauptfahrbahn gilt das Behinderungsverbot des § 8 Abs. 2. Dem Einfahrenden muss aber das Einfädeln ermöglicht werden, wenn die Verkehrslage es zulässt. Das gilt auch beim Einfahren in die Fahrbahn aus einem Parkplatz (OLG Celle VRS 52, 450: „Einfädeln ermöglichen durch Überwechseln auf den Überholstreifen"). Bei typischen Auffahrunfällen spricht der Anscheinsbeweis dafür, dass der Auffahrende durch mangelnden Sicherheitsabstand, unangepasste Geschwindigkeit oder durch Unaufmerksamkeit den Unfall verursacht hat (BGH VerkMitt 1993 Nr. 118); anders beim Auffahren des Vorfahrtberechtigten auf Autobahnen (KG VerkMitt 1996 Nr. 8).

2.4 Geschwindigkeit

Die Temporegelung des Abs. 5 gilt zwar auch für innerörtliche Autobahnen; wegen der größeren Gefahren unterliegen sie aber bei Verstößen den innerörtlichen Bußgeldregeln, z. B. Fahrverbot bei über 31 km/h mehr als erlaubt (KG NZV 2002, 47).

Das Sichtfahrgebot des § 3 Abs. 1 Satz 4 gilt auch für § 18 Abs. 6; es besteht lediglich Vertrauensschutz, dass sich in dem Zwischenraum zum Vorausfahrenden kein Hindernis befindet. Mit verdeckten Hindernissen, die erst erkennbar werden, wenn der Vorausfahrende, ohne abzubremsen, unmittelbar davor den Fahrstreifen wechselt, braucht nicht gerechnet zu werden (KG VRS 74, 251 = NZV 1988, 270). Im Kolonnenverkehr auf Autobahnen besteht wegen längerer Bremswege Auffahrgefahr; sie verpflichtet zu erhöhter Aufmerksamkeit (OLG Celle VRS 75, 313). Bei Dunkelheit und ausreichendem Abstand darf sich der Fahrer an klar erkennbaren Schlussleuchten des Vorausfahrenden orientieren (BGH VerkMitt 1984 Nr. 19 = DAR 1984, 283 = VRS 67, 161). Dann darf auch schneller gefahren werden, als das Abblendlicht reicht. Dies gilt nicht, wenn Anhaltspunkte für eine besondere Gefahrenlage vorhanden sind, z. B. wenn mit Fußgängern zu rechnen ist, die für ein liegen gebliebenes Fahrzeug Hilfe holen wollen (OLG Düsseldorf VerkMitt 1979 Nr. 84). Ist ein Vorausfahrender nicht vorhanden, darf auf Autobahnen bei Dunkelheit nur so schnell gefahren werden, dass ein Anhalten unter Berücksichtigung sonstiger Lichtquellen und Leiteinrichtungen vor Hindernissen möglich ist (OLG Hamm NZV 2000, 369; OLG Frankfurt/M. NZV 1990, 154; OLG Bamberg NZV 2000, 49: Gefahr von Massenunfällen bei Nebel).

2.5 Überholen

Der Schnellfahrende auf der Autobahn oder Kraftfahrstraße hat beim Überholen gegenüber einem langsamer fahrenden Vordermann, der ebenfalls überholen will, keinen Vorrang (OLG Celle VRS 40, 218). Vor dem Ausscheren zum Überholen muss man sich sorgfältig vergewissern, dass nachfolgende Fahrzeuge dadurch weder gefährdet noch behindert werden; es ist in Betracht ziehen, dass die nachfolgenden Fahrzeuge die empfohlene Richtgeschwindigkeit erheblich überschreiten, z. B. mit 170 bis 180 km/h fahren könnten (OLG Köln VersR 1978, 143; ähnlich OLG Karlsruhe VRS 74, 166); aber zivilrechtliches Mitverschulden ist möglich (BGH NJW 1992, 1684; OLG Hamm NZV 1994, 193). Bleibt man auf der Autobahn nach dem Überholen zunächst auf der Überholspur, muss man sich bei späterem **Einscheren** nach **rechts** vergewissern, dass ein nachfolgendes Fahrzeug durch den Fahrstreifenwechsel nicht gefährdet wird (BayObLG VerkMitt 1975 Nr. 104). Auf der Autobahn darf eine links nicht schneller als 60 km/h fahrende Kolonne von einzelnen Fahrzeugen rechts überholt werden, wenn die Mehrgeschwindigkeit 20 km/h nicht übersteigt und größte Vorsicht angewandt wird, nicht aber auf der Standspur (§ 7 Abs. 2a). Ein Kraftfahrer überholt unerlaubt, wenn er auf der Autobahn im Stau zwischen zwei Fahrzeugkolonnen in der „freien Gasse" nach vorn fährt (OLG Stuttgart VRS 57, 364). Für das Vorbeifahren an vorübergehenden Hindernissen auf Autobahnen oder Kraftfahrstraßen gilt § 6 (OLG Hamm VerkMitt 1973 Nr. 47). Auf der Autobahn darf man zum Überholen nur ausscheren, wenn dadurch ein aufmerksamer nachfolgender Fahrer, der auf der Überholspur herannaht, nicht zu einer raschen und erheblichen Geschwindigkeitsherabsetzung veranlasst wird. Leichte Behinderungen, die sich nicht zu einer Gefährdung ausweiten können, muss der auf der Überholspur herannahende andere Fahrer jedoch in Kauf nehmen (OLG Köln VRS 44, 43; OLG Celle VRS 40, 218; BayObLG VerkMitt 1982 Nr. 24). Zum Rechtsüberholen bei fahrstreifengegliederten Vorwegweisern nach § 42 Abs. 6 Nr. 1 f (Z. 340): OLG Düsseldorf NZV 1990, 281.

2.6 Benutzung von Kriechstreifen

Der Kriechstreifen ist Teil der Fahrbahn (anders die Standspur, sie ist Seitenstreifen – § 2 Abs. 1). Ein verbindliches Gebot zur Benutzung des Kriechstreifens folgt aus dem Rechtsfahrgebot des § 2 Abs. 2, im Übrigen aus der Beschilderung mit Z. 275 an dessen Beginn (OLG Hamm DAR 1973, 275).

2.7 Haltverbot

Das **Haltverbot** nach § 18 Abs. 8 gilt für den gesamten Autobahnbereich außerhalb der Park- und Rastplätze, somit auch für Zu- und Abfahrten zu Tankstellen oder Rastplätzen (BayObLG VerkMitt 1980 Nr. 75 = DAR 1980, 246).

In Notfällen ist das Halten jedoch erlaubt, z. B. zur Hilfeleistung (BGH VerkMitt 1975 Nr. 125 = DAR 1975, 304 = VRS 49, 327); dann ist das Fahrzeug durch Warnblinklicht, Warndreieck, ggf. auch Warnposten abzusichern. Gegen das Haltverbot verstößt, wer ein wegen Motorschadens nicht mehr fahrbereites Fahrzeug länger als nötig auf der Standspur der Autobahn stehen lässt, obwohl es entfernt werden könnte (OLG Düsseldorf VRS 58, 281).

Benutzung der Standspur von Autobahnen

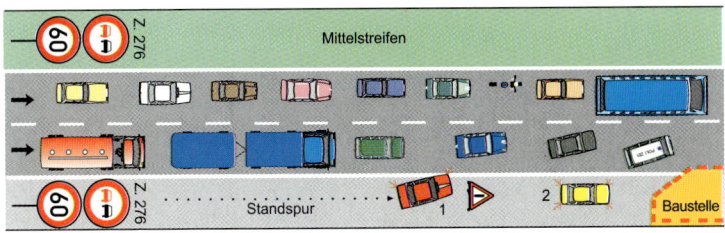

Die Standspur ist Seitenstreifen, gehört somit nicht zur Fahrbahn (§ 2 Abs. 1 Satz 2). Wer unzulässig die Standspur befährt, z.B. um einen Stau zu umgehen (KFZ 1), verstößt gegen die Fahrbahnbenutzungspflicht. Das Überholverbot (Z. 276) bezieht sich nur auf die Fahrbahn (OLG Düsseldorf VRS 91, 387). Infolgedessen verstößt KFZ 1 weder gegen § 5 Abs. 3 Nr. 2 noch gegen das Rechtsüberholverbot des § 5 Abs. 1. Auch die Regelung in § 7 Abs. 2 a, wonach Fahrzeugschlangen rechts überholt werden dürfen, gilt nur für den rechten (freien) Fahrstreifen der Fahrbahn, nicht aber für die Standspur.

Auf der Standspur darf nur in Notfällen angehalten werden, z.B. beim „Liegenbleiben" (KFZ 2). § 18 Abs. 8 verbietet das „Halten auf Seitenstreifen". Halten ist eine „gewollte" Fahrtunterbrechung. „Liegenbleiben" zählt nicht dazu, denn der Kraftfahrer möchte weiterfahren, kann es infolge einer Panne oder subjektiven Unvermögens nicht (z.B. weil ihm schlecht geworden ist). Beim zulässigen Anhalten auf der Standspur ist der Verkehr nach § 15 abzusichern (mindestens durch Warnblinklicht und Warndreieck). Das KFZ ist dann unverzüglich aus dem Verkehrsraum zu entfernen. Die Standspur darf außerdem zur Hilfestellung bei Verkehrsunfällen oder zur Zeugenfeststellung benutzt werden (die Sicherungspflichten gelten auch hier).

2.8 Pannen

Standspuren der Autobahn dürfen nur in Not- oder Unglücksfällen oder auf polizeiliche Weisung hin benutzt werden (BGH VerkMitt 1981 Nr. 64 = DAR 1981, 295 = VRS 61, 57). Das Verbot des Rückwärtsfahrens gilt auch hier (OLG Düsseldorf DAR 1985, 261). Bei Pannen darf der **Beschleunigungsstreifen** an der BAB-Auffahrt nur in Notfällen benutzt werden (OLG Frankfurt DAR 1986, 24). Muss der Fahrer auf der Autobahn oder Kraftfahrstraße bei Dunkelheit seine Fahrt wegen Motorschadens erheblich verlangsamen, ist er nach § 1 Abs. 2 verpflichtet, den nachfolgenden Verkehr durch mehrfaches Antippen der Bremse aufmerksam zu machen (BGH VersR 1972, 10, 71). Für einen ausreichenden Vorrat an **Kraftstoff** ist der Fahrer vor allem auf der Autobahn verantwortlich, um das Liegenbleiben des Fahrzeugs zu verhindern (OLG Hamm DAR 1961, 176; KG VRS 47, 315). Das liegen gebliebene Fahrzeug muss nach vorheriger Absicherung so bald wie möglich von der Fahrbahn entfernt werden (OLG Köln VRS 45, 233).

2.9 Rückwärtsfahren

Das **Rückwärtsfahrverbot** auf der Autobahn gilt auch für die Standspur (OLG Oldenburg VRS 60, 312), den Beschleunigungsstreifen (OLG Köln VerkMitt 1980 Nr. 28 = VRS 59, 53) und die Zu- und Abfahrten von Autobahnraststätten (BayObLG DAR 1980, 91 = NJW 1980, 1639 = VRS 58, 154); nicht aber auf den Rast-, Tank- oder Parkplätzen. Kein Wenden, wohl aber unzulässiges Rückwärtsfahren liegt vor, wenn auf einer Kraftfahrstraße rückwärts in einem Bogen (vollständig) in einen Forst- oder Privatweg eingefahren und anschließend die Fahrt in der Gegenrichtung fortgesetzt wird (BayObLG DAR 1996, 104).

2.10 Wenden

Das Wendeverbot beginnt mit dem Eindrehen des Lenkrades und Anfahren in die neue Fahrtrichtung und ist mit der Ausführung des Bogens vollendet, gleich ob die Fahrt danach fortgesetzt wird oder nicht (BGH DAR 1977, 306 = VRS 53, 307 = NJW 1977, 2085). Bloßes Abbremsen oder Anhalten gehört jedoch noch nicht zum Wenden, wenn das Wendemanöver anschließend unterbleibt (BayObLG VRS 92, 37; NZV 1997, 366). Das Verbot gilt auch auf Autobahntangenten (vgl. OLG Celle VerkMitt 1980 Nr. 102) sowie auf gesperrten Autobahnteilstücken (OLG Hamm VerkMitt 1998 Nr. 28 = NZV 1998, 40 = VRS 94, 307); nicht aber auf Park- und Rastplätzen (OLG Celle VRS 61, 66). Wer hingegen nur zunächst auf den Parkplatz einer Kraftfahrstraße abbiegt, um von dort aus die entgegengesetzte Fahrbahn zu erreichen, wendet nicht (OLG Stuttgart VerkMitt 2001 Nr. 15 = DAR 2000, 585; a. A. BayObLG NZV 2001, 526 = VRS 101, 305: Vorlagebeschluss zum BGH).

Fahren in die falsche Richtung („Geisterfahrer") ist kein Verstoß gegen § 18 Abs. 7, sondern gegen die Fahrbahnbenutzungspflicht des § 2 (OLG Düsseldorf NZV 1992, 82; BayObLG NZV 1997, 499 = VRS 94, 295). Werden jedoch dabei andere konkret gefährdet, liegt eine Straftat vor (§ 315c Abs. 1 Nr. 2f StGB). Wenden auf der Autobahn zur Bergung einer verlorenen Brieftasche ist keine Notstandshandlung i. S. des § 16 OWiG. Verbotenes Wenden auf einer Kraftfahrstraße liegt auch vor, wenn die Fahrtrichtung unter Einbeziehung eines auf der linken Fahrbahnseite gelegenen Parkplatzes geändert wird (OLG Koblenz NZV 1992, 406); nicht aber bei Inanspruchnahme von zwei gegenüberliegenden Parkplätzen (OLG Stuttgart VRS 99, 376). Unzulässig wendet auch, wer auf der Kraftfahrstraße eine Unterbrechung des Mittelstreifens für den Querverkehr zum Wenden benutzt (OLG Hamm VRS 45, 256; OLG Düsseldorf VerkMitt 2000 Nr. 6 = VRS 97. 269 = NZV 2000, 176).

2.11 Ausfahrt

Bei der Ausfahrt aus einer Autobahn wird beim Überwechseln auf die Verzögerungsspur „abgebogen", nicht der Fahrstreifen gewechselt. Infolgedessen muss der Ausfahrende die Verhaltenspflichten des § 9 beachten (LG Berlin VerkMitt 2000 Nr. 25). Stockt der Verkehr kurz vor einer Autobahnausfahrt, darf die „Standspur" nicht zum Erreichen der Ausfahrt benutzt werden (OLG Düsseldorf DAR 1974, 192). Wer auf einer Autobahn den linken oder den mittleren Fahrstreifen befährt und sich rechts zur Ausfahrt einordnen will, darf den Verkehr auf dem linken oder mittleren Fahrstreifen nicht durch Langsamfahren oder Anhalten behindern; nötigenfalls muss er bis zur nächsten Ausfahrt weiterfahren (OLG Köln VRS 47, 23). Beim Verlassen der Autobahn braucht man nicht schon am Anfang des Verzögerungsstreifens in diesen einzufahren. Man darf jedoch andere beim Ausfahren nicht behindern und muss sich auf dem **Verzögerungsstreifen** eingeordnet haben, bevor die durchgezogene Linie erreicht wird (OLG Düsseldorf VerkMitt 1976 Nr. 125).

3 Hinweise

3.1 Dichtes Auffahren unter Betätigung der Lichthupe, um andere von der Überholspur abzudrängen, ist strafbare Nötigung (§ 240 StGB); nicht jedoch kurzes Antippen des Bremspedals, um durch das Aufleuchten der Bremsleuchten nachfolgende KFZ zur Einhaltung eines ausreichenden Ab-

Autobahnausfahrt über kombinierten Beschleunigungs- und Verzögerungsstreifen

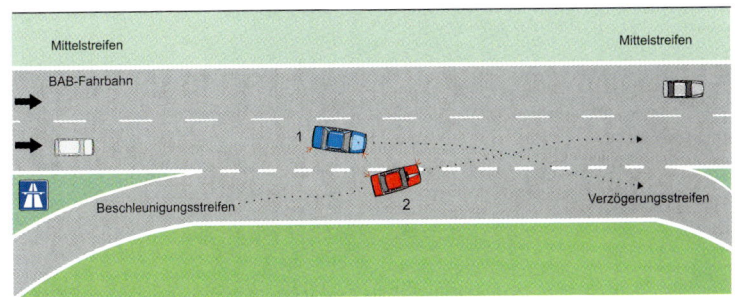

Der vom Beschleunigungsstreifen einfahrende Verkehr (KFZ 2) hat die Vorfahrt auf der durchgehenden Fahrbahn der Autobahn zu beachten (§ 18 Abs. 3). Daran ändert sich auch nichts, wenn Beschleunigungs- und Verzögerungsstreifen ineinander übergehen, ohne dass deren Beginn und Ende deutlich werden (meist auf innerstädtischen Autobahnen mit kurz aufeinander folgenden Zu- und Abfahrten). Der besondere Charakter des Fahrstreifens wird durch Breitstrichmarkierung hervorgehoben. KFZ 2 darf nicht rechts überholen (§ 5 Abs. 1); auch nicht auf dem Verzögerungsstreifen (§ 42 Abs. 6 Nr. 1 f). Wer aus der Autobahn ausfährt, wechselt nicht den Fahrstreifen, sondern biegt ab und hat deshalb die sich aus § 9 Abs. 1 ergebenden Pflichten zu beachten. Er kann sich nicht auf die Vorfahrt des § 18 Abs. 3 für den einfahrenden Verkehr berufen (LG Berlin VerkMitt 2000, Nr. 25 = DAR 1999, 507 = VZV 2000, 45). KFZ 1 fährt als Rechtsabbieger von der durchgehenden Fahrbahn ab und darf das rechts von ihm auf dem kombinierten Fahrstreifen befindliche KFZ 2 nicht gefährden (OLG Hamm VerkMitt 1968, Nr. 16).

Etwas anderes gilt nur, wenn Beschleunigungs- und Verzögerungsstreifen so lang sind, dass sie zum einheitlichen Bestandteil der durchgehenden Fahrbahn werden (selten) und sich die Autobahn mit einem drei- oder mehrstreifigen Fahrbahnteil fortsetzt (in der Skizze müsste diese Strecke mehr als 1000 m betragen). I n diesem Fall fänden beim Überwechseln die Regeln des Fahrstreifenwechsels und des Überholens Anwendung. KFZ 1 und KFZ 2 müssten das Gefährdungsverbot des § 7 Abs. 5 beachten; KFZ 2 als Überholter dürfte seine Geschwindigkeit nicht erhöhen (§ 5 Abs. 6), KFZ 1 als Überholender KFZ 2 nicht behindern (§ 5 Abs. 4 Satz 4).

---

standes zu veranlassen (OLG Köln VRS 93, 338). Verbleibt ein Langsamfahrer grundlos auf dem linken Fahrstreifen und behindert den von hinten herankommenden Schnellfahrer, liegt eine strafbare Nötigung (§ 240 StGB) vor, sofern dies absichtlich mit mäßiger Geschwindigkeit erfolgt, um ein Überholen unter Inkaufnahme von Gefährdungen zu verhindern (OLG Düsseldorf VerkMitt 2000 Nr. 70 = DAR 2000, 367 = VRS 99, 45).

3.2 Das Verbot der Verkehrsbehinderung durch Langsamfahren ohne triftigen Grund (§ 3 Abs. 2) gilt auch auf Autobahnen.

3.3 Für PKW mit Anhänger und KFZ bis 3,5 t mit Anhänger gelten nach der 9. Ausnahmeverordnung 100 km/h.[2]

---

2 **9. Ausnahmeverordnung** vom 15.10.1998 (BGBl. I S. 3171/VkBl. S. 1310) i. d. F. vom 23.3.2001 (BGBl. I S. 469/VkBl. S. 202)
(Anlage nicht abgedruckt)

§ 1

Abweichend von § 18 Abs. 5 Nr. 1 StVO beträgt auf Autobahnen (Z. 330) und Kraftfahrstraßen (Z. 331) die zulässige Höchstgeschwindigkeit auch unter günstigsten Umständen für PKW mit Anhänger (Kombination) und für mehrspurige KFZ mit einem zulässigen Gesamtgewicht bis zu 3,5 t mit Anhänger (Kombination), für

2 **9. Ausnahmeverordnung** *(Fortsetzung)*

Kraftomnibus-Anhänger-Kombinationen jedoch nur, wenn der Kraftomnibus mit einem zulässigen Gesamtgewicht bis zu 3,5 t als Zugfahrzeug eine Tempo 100 km/h-Zulassung nach § 18 Abs. 5 Nr. 3 StVO hat, 100 km/h, wenn
1. die zulässige Masse des Anhängers den Wert (x mal Leermasse Zugfahrzeug) nicht überschreitet; es gilt:
a) für alle Anhänger ohne Bremse und für Anhänger mit Bremse, aber ohne hydraulische Schwingungsdämpfer: X = 0,3,
b) für Wohnanhänger mit Bremse und hydraulischen Schwingungsdämpfern: X = 0,8,
c) für andere Anhänger mit Bremse und hydraulischen Schwingungsdämpfern: X = 1,1, wobei als Obergrenze in jedem Fall der jeweils kleinere Wert der beiden folgenden Bedingungen gilt:
d) zulässige Masse Anhänger = zulässige Masse Zugfahrzeug,
e) zulässige Masse Anhänger = zulässige Anhängelast gemäß Fahrzeugschein,
2. ein amtlich anerkannter Sachverständiger oder ein Prüfingenieur einer amtlich anerkannten Überwachungsorganisation gemäß Nr. 1 der Anlage zu dieser Verordnung bestätigt hat,
a) dass die Voraussetzungen der Nr. 1 vorliegen (die Massen sind den Eintragungen in den Fahrzeugscheinen zu entnehmen),
b) ob der Anhänger ohne Bremse oder mit Bremse und mit hydraulischen Schwingungsdämpfern ausgerüstet ist,
c) dass die Anhängerreifen für eine Geschwindigkeit von 100 km/h keinen Zuschlag zum Lastindex erhalten haben, jünger als 6 Jahre sind und mindestens der Geschwindigkeitskategorie L (= 120 km/h) entsprechen,
d) dass das Zugfahrzeug mit einem automatischen Blockierverhinderer (ABS) ausgerüstet ist,
3. die Straßenverkehrsbehörde gemäß Nr. 2 der Anlage zu dieser Verordnung die zulässige Höchstgeschwindigkeit der Kombination von 100 km/h bescheinigt,
4. die von der Straßenverkehrsbehörde mit der Bescheinigung gemäß Nr. 2 der Anlage zu dieser Verordnung ausgegebenen und gesiegelten Tempo-100 km/h-Plaketten an der Kombination angebracht sind, wobei die große Plakette an der Rückseite des Anhängers, die kleine Plakette mittig, am oberen Rand der Innenseite der Windschutzscheibe des Zugfahrzeuges anzubringen ist und
5. die Bestätigung des Sachverständigen gemäß Nr. 1 der Anlage zu dieser Verordnung und die Bescheinigung der Straßenverkehrsbehörde gemäß Nr. 2 der Anlage zu dieser Verordnung vom Fahrzeugführer während der Fahrt mitgeführt und zuständigen Personen auf Verlangen zur Prüfung ausgehändigt wird.

§ 2

Der Bestätigung eines amtlich anerkannten Sachverständigen oder eines Prüfingenieurs einer amtlich anerkannten Überwachungsorganisation nach § 1 Nr. 2 dieser Verordnung ist die Bestätigung einer in anderen EU-/EWR-Mitgliedsstaaten zugelassenen Stelle gleichwertig, wenn die der Bestätigung dieser Stellen zu Grunde liegenden technischen Anforderungen, Prüfungen und Prüfverfahren denen der deutschen Stellen gleichwertig sind und die Bestätigung in deutscher Sprache erstellt wurde oder eine amtlich beglaubigte Übersetzung in deutscher Sprache vorgelegt und nach Maßgabe des § 1 Nr. 5 dieser Verordnung während der Fahrt mitgeführt und zuständigen Personen auf Verlangen zur Prüfung ausgehändigt wird.

§ 3

Die Reifen des Anhängers sind nach Ablauf eines Alters von 6 Jahren zu erneuern; das Alter der Reifen ergibt sich aus der Bestätigung des Sachverständigen gemäß Nr. 1 der Anlage zu dieser Verordnung. Die neuen Reifen dürfen für eine Geschwindigkeit von 100 km/h keinen Zuschlag zum Lastindex erhalten, müssen jünger als sechs Jahre sein und mindestens der Geschwindigkeitskategorie L (= 120 km/h) entsprechen. Ansonsten und bei Veränderungen an der Kombination nach Bestätigung des Sachverständigen richtet sich die zulässige Höchstgeschwindigkeit an der Kombination nach den Regelungen der StVO.

§ 4

Die Ausführung der großen Tempo-100 km/h-Plakette für den Anhänger richtet sich nach § 58 Abs. 2 StVZO. Die Vorschrift gilt entsprechend für die auf der Innen-

3.4 Rechtsüberholen linker Fahrzeugkolonnen als Einzelfahrzeug: § 7 Abs. 2 a.

3.5 Verordnung über eine allgemeine Richtgeschwindigkeit auf Autobahnen und ähnlichen Straßen (**Autobahn-Richtgeschwindigkeits-V**) vom 21. November 1978 (BGBl. I S. 1824) in der Fassung vom 7. August 1997 (BGBl. I S. 1177).[3] Kraftfahrer unterliegen bei einem Unfall unter Überschreitung der Richtgeschwindigkeit der **Gefährdungshaftung** nach §§ 7, 18 StVG (OLG Hamm NZV 2000, 373; BGH VerkMitt 1992 Nr. 56 = NJW 1992, 1684 = NZV 1992, 229; OLG Köln NZV 1993, 34).

3.6 Keine Abschleppfahrten über die Autobahnen: § 15 a.

4 Varianten von Zeichen für Autobahnen und Kraftfahrstraßen

Zeichen 360-51

Fernsprecher

---

2 **9. Ausnahmeverordnung** *(Fortsetzung)*

seite der Windschutzscheibe des Zugfahrzeuges anzubringende kleine Tempo-100 km/h-Plakette mit der Maßgabe, dass der Durchmesser dieser Plakette 80 mm und die Schriftgröße 30 mm betragen muss.

§ 5

Diese Verordnung tritt am Tage nach der Verkündung in Kraft. Sie tritt mit Ablauf des 31. Dezember 2003 außer Kraft.

3 **Richtgeschwindigkeits-Verordnung**

§ 1

Den Führern von Personenkraftwagen sowie von anderen Kraftfahrzeugen mit einem zulässigen Gesamtgewicht bis zu 3,5 t wird empfohlen, auch bei günstigen Straßen-, Verkehrs-, Sicht- und Weiterverhältnissen

1. auf Autobahnen (Zeichen 330),
2. außerhalb geschlossener Ortschaften auf anderen Straßen mit Fahrbahnen für eine Richtung, die durch Mittelstreifen oder sonstige bauliche Einrichtungen getrennt sind, und
3. außerhalb geschlossener Ortschaften auf Straßen, die mindestens zwei durch Fahrstreifenbegrenzung (Zeichen 295) oder durch Leitlinien (Zeichen 340) markierte Fahrstreifen für jede Richtung haben,

nicht schneller als 130 km/h zu fahren (Autobahn-Richtgeschwindigkeit). Das gilt nicht, soweit nach der StVO oder nach deren Zeichen Höchstgeschwindigkeiten (Zeichen 274) oder niedrigere Richtgeschwindigkeiten (Zeichen 380) bestehen.

§ 2

Im Übrigen bleiben die Vorschriften der Straßenverkehrs-Ordnung unberührt und gelten entsprechend für diese Verordnung. Die in § 1 genannten Zeichen sind die der Straßenverkehrs.

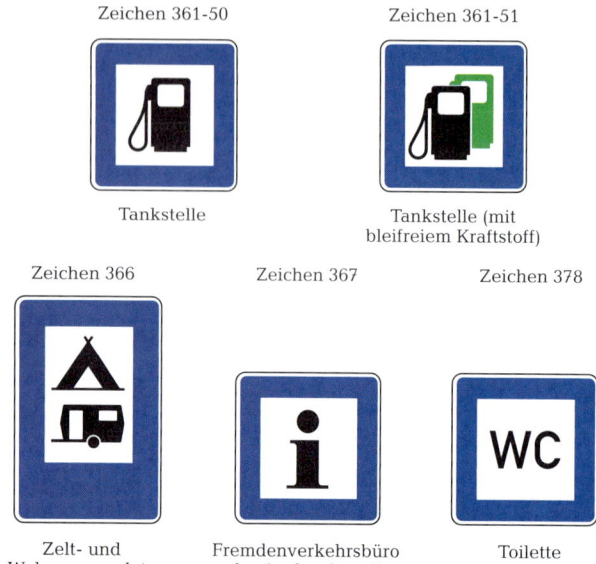

Zeichen 361-50

Tankstelle

Zeichen 361-51

Tankstelle (mit
bleifreiem Kraftstoff)

Zeichen 366

Zelt- und
Wohnwagenplatz

Zeichen 367

Fremdenverkehrsbüro
oder Auskunftsstelle

Zeichen 378

Toilette

Pfeilmarkierungen an Leitpfosten zum Hinweis auf den nächst gelegenen Notrufmelder (die Notrufmelder befinden sich etwa im Abstand von 2 km). Notrufsäulen an Autobahnen werden von einem „Call Center" betrieben (Dienstleistungs-GmbH des Gesamtverbandes der Versicherungswirtschaft). Moderne Rufsäulen haben einen gelben Schalter für Pannen und einen roten für Unfälle (RWBA 2000). Für Anrufer ist der Notruf kostenfrei. Befindet sich die nächste Rufsäule rückwärts in Fahrtrichtung, darf dorthin nur gelaufen, nicht gefahren werden, auch nicht bei Notfällen. Notfalls sollte ein anderer Fahrer mit der Alarmierung zur nächsten Rufsäule in Fahrtrichtung beauftragt werden. Vorher ist das mit Blinklichtern so weit wie möglich rechts abgestellte KFZ durch Warndreieck zu sichern (Abstand mind. 100–200 m). Mitfahrer sollten das zur Sicherheit verlassen und sich hinter der Leitplanke aufhalten; auf Kinder ist besonders zu achten.

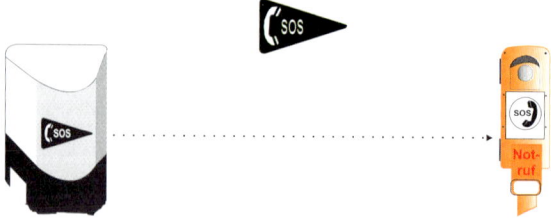

Bei Betätigung der Notrufsäule ist der Name, Marke, Typ und Kennzeichen des KFZ, Ort, Art des Unfalls, Zahl der Verletzten und Verletzungsart anzugeben. Zur Beantwortung möglicher Nachfragen soll das Gespräch nie vom Anrufer beendet werden.

5 Hinweisschilder auf Autohöfe an Autobahnen (VkBl. 1994, 699)

Die Beschilderung soll die Einhaltung der Lenk- und Ruhezeiten (EWG-Verordnung 3820/85) fördern und den LKW-Verkehr möglichst nahe an den Autobahnen halten (VkBl. 1994, S. 699). Die Kosten für die Beschilderung trägt der Autohof als „sonstige Anlage" i.S.d. Kostenbestimmung des § 5 b Abs. 2 e StVG (VG München VerkMitt 1998 Nr. 10).

6 Autobahngebühren

Für schwere Nutzfahrzeuge oder Fahrzeugkombinationen über 12 t werden auf den Autobahnen Benutzungsgebühren erhoben (Autobahnbenutzungsgebührengesetz – ABBG – BGBl. II 1994, 176). Hierzu gehören auch der Güterbeförderung dienende Sattelzugmaschinen über 12 t (OLG Köln NZV 2001, 393). Die Höhe der Gebühr hängt auch von der Zahl der Achsen ab (4 Achsen sind teurer als 2). Bei Verstößen können Bußgelder bis zu 5 000 € erhoben werden (OLG Köln VRS 100, 388: Befahren einer Autobahn, ohne die Gebühr bezahlt zu haben). Da es sich bei der Gebühr um eine „Maut" handelt, die vor allem ausländische LKW und Züge erfassen soll, werden deutsche Nutzfahrzeuge bei der Kraftfahrzeugsteuer begünstigt. Die Gebühren können am Grenzübergang, an Tankstellen, Raststätten, Werkstätten, Autohöfen u.a. bezahlt werden. Die Verkaufsstellen für die Gebührenbescheinigungen sind durch ein Symbol gekennzeichnet:

In Vorbereitung ist die Umstellung der bisherigen Gebührenerhebung auf zurückgelegte Kilometer und elektronische Gebührenerfassung auf Autobahnen.

§ 19 Bahnübergänge

(1) Schienenfahrzeuge haben Vorrang
1. auf Bahnübergängen mit Andreaskreuz (Zeichen 201),
2. auf Bahnübergängen über Fuß-, Feld-, Wald- oder Radwege und
3. in Hafen- und Industriegebieten, wenn an den Einfahrten das Andreaskreuz mit dem Zusatzschild „Hafengebiet, Schienenfahrzeuge haben Vorrang" oder „Industriegebiet, Schienenfahrzeuge haben Vorrang" steht. Der Straßenverkehr darf sich solchen Bahnübergängen nur mit mäßiger Geschwindigkeit nähern.

(2) Fahrzeuge haben vor dem Andreaskreuz, Fußgänger in sicherer Entfernung vor dem Bahnübergang zu warten, wenn
1. sich ein Schienenfahrzeug nähert,
2. rotes Blinklicht oder gelbe oder rote Lichtzeichen gegeben werden,
3. die Schranken sich senken oder geschlossen sind oder
4. ein Bahnbediensteter Halt gebietet.

Hat rotes Blinklicht die Form eines Pfeiles, so hat nur zu warten, wer in die Richtung des Pfeiles abbiegen will. Das Senken der Schranken kann durch Glockenzeichen angekündigt werden.

(3) Lastkraftwagen mit einem zulässigen Gesamtgewicht über 7,5 t und Züge haben in den Fällen des Absatzes 2 Nr. 2 und 3 außerhalb geschlossener Ortschaften auf Straßen, auf denen sie von mehrspurigen Fahrzeugen überholt werden können und dürfen, schon unmittelbar nach der einstreifigen Bake (Zeichen 162) zu warten.

(4) Kann der Bahnübergang wegen des Straßenverkehrs nicht zügig und ohne Aufenthalt überquert werden, ist vor dem Andreaskreuz zu warten.

(5) Wer einen Fuß-, Feld-, Wald- oder Radweg benutzt, muss sich an Bahnübergängen ohne Andreaskreuz entsprechend verhalten.

(6) Vor Bahnübergängen ohne Vorrang der Schienenfahrzeuge ist in sicherer Entfernung zu warten, wenn ein Bahnbediensteter mit einer weiß-rot-weißen Fahne oder einer roten Leuchte Halt gebietet. Werden gelbe oder rote Lichtzeichen gegeben, gilt § 37 Abs. 2 Nr. 1 entsprechend.

(7) Die Scheinwerfer wartender Kraftfahrzeuge dürfen niemand blenden.

(VwV zu § 19 nicht vorhanden)

1 Aus der amtlichen Begründung

Insbesondere bei ansteigender Straße kann beim Anhalten vor Bahnübergängen Abblendlicht blenden; das Abblendlicht ist dann abzuschalten. Weder der Lokomotivführer noch der Gegenverkehr dürfen geblendet werden (Begr. 1970).

2 Erläuterungen

2.1 Vorrang an Bahnübergängen

Schienenfahrzeuge haben auf gekennzeichneten Bahnübergängen (Z. 201 „Andreaskreuz") absoluten Vorrang; bei querenden Feld-, Wald-, Fuß- oder

Radwegen auch ohne Andreaskreuz. Die Vorfahrtregelung des § 8 ist auf Bahnübergänge nicht anwendbar (OLG Düsseldorf VerkMitt 1990, Nr. 46 = NZV 1989, 482). Wer einen Bahnübergang befahren will, muss trotz offener Schranken die Bahnstrecke beobachten, ob sich ein Schienenfahrzeug nähert (BGH VRS 4, 131). Das Überqueren ist bereits dann verboten, wenn das Schienenfahrzeug noch über eine größere Strecke entfernt ist (BayObLG DAR 1972, 221; VRS 43, 222).

2.2 Geschwindigkeit

Bei Annäherung an einen Bahnübergang ist mäßige Geschwindigkeit geboten, d. h. rechtzeitiges Anhalten ohne Gefahrbremsung muss möglich sein. An einen unübersichtlichen, nur durch Warnkreuz gesicherten Bahnübergang muss so vorsichtig herangefahren werden, dass man bei plötzlichem Erscheinen eines Zuges rechtzeitig vor dem Gleis anhalten kann (Züge haben Bremswege von 1 km und mehr). Fehlen Anhaltspunkte für eine besondere Gefahr und ist der Bahnübergang außerdem durch eine Lichtzeichenanlage gesichert, darf innerorts bei Grün auch mit 50 km/h heran gefahren werden (BayObLG VerkMitt 1985, Nr. 66 = DAR 1985, 277 = VRS 68, 472).

2.3 Lichtsignale

Rotes Blinklicht ist eine Sonderregelung gegenüber dem Rot einer LZA (OLG Köln VRS 94, 291). Es bedeutet ein absolutes Wartegebot auch dann, wenn der Zug, vor dem gewarnt wurde, bereits vorbeigefahren und ein weiterer Zug nicht zu sehen ist (OLG Hamm DAR 1962, 59). Beim Aufleuchten des roten Blinklichts ist spätestens vor dem Andreaskreuz anzuhalten, sofern dies durch mittelstarkes Bremsen (etwa 4 m/s^2) noch möglich ist; andernfalls darf der Bahnübergang noch überquert werden (OLG Schleswig DAR 1985, 291; BayObLG VerkMitt 1981, Nr. 57 = DAR 1981, 153). Ist dem Senken der Schranken rotes Blinklicht vorgeschaltet, kann darauf vertraut werden, dass drei Sekunden zum Halten vor dem Andreaskreuz verbleiben (OLG Köln VRS 58, 455). Wer witterungsbedingt oder wegen tief stehender Sonne das rote Blinklicht nicht sieht, handelt grob verkehrswidrig, wenn er weiterfährt (OLG München DAR 2002, 43; OLG Köln VRS 93, 40; NZV 1997, 365). Reichen rotes Blinklicht und Andreaskreuz zur Verhütung von Unfällen auf Bahnübergängen mit erheblichem Verkehr nicht aus, muss der Bahnunternehmer weitere Sicherungsmaßnahmen durch Schranken o. ä. treffen; andernfalls haftet er anteilig für Unfallrisiken (OLG Oldenburg NZV 1999, 419). Dient eine Lichtzeichenanlage der Absicherung sowohl des Bahnüberganges, als auch des Querverkehrs einer davor befindlichen Einmündung, liegt tateinheitlich ein qualifizierter Rotlichtverstoß auch gegen § 37 Abs. 2 Nr. 1 vor, wenn eine Sekunde nach dem Aufleuchten des roten Signals in die Einmündung abgebogen wird (BayObLG VerkMitt 2001, Nr. 75).

2.4 Schallzeichen

Glockenzeichen bedeuten das Nahen eines Zuges und verlangen erhöhte Aufmerksamkeit (OLG Braunschweig VRS 54, 222). Infolgedessen ist vor dem Andreaskreuz anzuhalten (§ 19 Abs. 2 Nr. 1).

2.5 Warten vor und auf Bahnübergängen

Warten vor dem Bahnübergang ist verkehrsbedingtes Anhalten. Infolgedessen muss schon wegen der Auffahrgefahr bei Dunkelheit die Beleuchtung (Abblendlicht) eingeschaltet bleiben. Standlicht ist dann einzuschalten, wenn es infolge Anrampung des Übergangs zur Blendung des Gegenverkehrs kommt. Mehrspuriges Auffahren vor einer geschlossenen Bahnschranke ist im Bereich eines Überholverbots unzulässig (BGH VRS 48, 381). Die Verpflichtung zum Abschalten des Motors beim Warten vor dem Bahnübergang folgt aus § 30 Abs. 1 (unnötiges Laufenlassen des Fahrzeugmotors). Warten auf dem Bahnübergang ist aus Sicherheitsgründen auch bei Verkehrstockungen unzulässig.

3 Hinweise

3.1 Rot-weiße **Schranken** an Bahnübergängen: § 43 Abs. 3 Nr. 1.

3.2 Richtlinien über die Abhängigkeit zwischen der technischen Sicherung von Bahnübergängen und der Verkehrsregelung an benachbarten Straßenkreuzungen und -einmündungen: VkBl 1972, 547; 1977, 90; 1984, 38 (BÜStRA).

3.3 Die vorderen drei **Scheinwerfer** eines herannahenden Zuges haben die Form eines Dreiecks (Signalordnung der Bahn). Das gilt auch für den ICE-Zug, bei dem am Tage allerdings nur zwei weiße Scheinwerfer sichtbar sind; der dritte obere Scheinwerfer befindet sich verdeckt in Höhe des Lokführerstandes. Hinten haben Züge zwei rote Leuchten. Kraftfahrer können deshalb aus dem Signalbild das Herannahen eines Zuges erkennen.

3.4 Bahnübergänge nach der Straßenbahn-Bau- und Betriebsordnung: BOStrab.[1] An Bahnübergängen von Privatwegen müssen nicht bahnbediente Schranken verschlossen bleiben (BGH DAR 1955, 199 = VRS 9, 202).

3.5 **Haltverbot** auf Bahnübergängen sowie bis zu 10 m vor der Lichtzeichenanlage oder dem Andreaskreuz, wenn diese verdeckt werden: § 12 Abs. 1 Nr. 7. **Parkverbot** vor und hinter Andreaskreuzen: innerhalb geschlossener Ortschaften bis zu 5 m, außerhalb geschlossener Ortschaften bis zu 50 m: § 12 Abs. 3 Nr. 6.

3.6 Freiheitsstrafe oder Geldstrafe bei zu schnellem Fahren an Bahnübergängen und bei konkreter Gefährdung des Schienenverkehrs durch Hindernisse: §§ 315, 315 c StGB.

---

1 **§ 20 BOStrab** (Auszug)

(1) Bahnübergänge sind durch Andreaskreuze nach Anlage l Bild l gekennzeichnete höhengleiche Kreuzungen von Straßenbahnen auf unabhängigem Bahnkörper mit Straßen, Wegen oder Plätzen.

(2) Auf Bahnübergängen hat der Straßenbahnverkehr Vorrang vor dem Straßenverkehr.

(3) Die den Vorrang nach Absatz 2 kennzeichnenden Andreaskreuze müssen an den Stellen stehen, vor denen Wegebenutzer warten müssen, wenn der Bahnübergang nicht überquert werden darf.

(4) und (5) regeln die technische Sicherung.

(6) Die Sicherung durch die Übersicht auf die Bahnstrecke ist vorhanden, wenn die Wegebenutzer die Bahnstrecke so weit und aus einem solchen Abstand übersehen können, dass sie bei Anwendung der im Verkehr erforderlichen Sorgfalt den Bahnübergang ungefährdet überqueren oder vor ihm anhalten können.

(7) Als Bahnübergänge gelten auch höhengleiche Kreuzungen von Straßenbahnen auf besonderem Bahnkörper mit Straßen, Wegen oder Plätzen, wenn die Vorschriften der Absätze 3 bis 6 eingehalten sind.

4 Varianten von Zeichen für Bahnübergänge

Zeichen 201-53

Andreaskreuz (liegend) mit Hinweis
auf elektrische Fahrleitung (Oberleitung)

Zeichen 201 in Kombination mit Lichtsignalen an Bahnübergangen

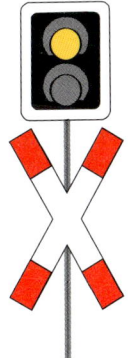

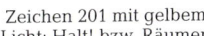

| Zeichen 201 mit gelbem Licht: Halt! bzw. Räumen | Zeichen 201 mit rotem Licht: Halt! | Zeichen 201 mit rotem Blinklicht: Halt! |

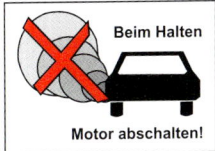

Warnfahne für Bahnbedienstete

5 Nicht amtliche Schilder an Bahnübergängen

Hinweis zum **Abstellen des Motors** beim Warten vor geschlossenen Schranken oder rotem Lichtsignal; die Verpflichtung folgt nicht aus dem Schild selbst, wohl aber aus § 30 Abs. 1 (vermeidbare Abgas- oder Lärmbelästigung).

§ 20 Öffentliche Verkehrsmittel und Schulbusse

(1) An Omnibussen des Linienverkehrs, an Straßenbahnen und an gekennzeichneten Schulbussen, die an Haltestellen (Zeichen 224) halten, darf, auch im Gegenverkehr, nur vorsichtig vorbeigefahren werden.

(2) Wenn Fahrgäste ein- oder aussteigen, darf rechts nur mit Schrittgeschwindigkeit und nur in einem solchen Abstand vorbeigefahren werden, dass eine Gefährdung von Fahrgästen ausgeschlossen ist. Sie dürfen auch nicht behindert werden. Wenn nötig, muss der Fahrzeugführer warten.

(3) Omnibusse des Linienverkehrs und gekennzeichnete Schulbusse, die sich einer Haltestelle (Zeichen 224) nähern und Warnblinklicht eingeschaltet haben, dürfen nicht überholt werden.

(4) An Omnibussen des Linienverkehrs und an gekennzeichneten Schulbussen, die an Haltestellen (Zeichen 224) halten und Warnblinklicht eingeschaltet haben, darf nur mit Schrittgeschwindigkeit und nur in einem solchen Abstand vorbeigefahren werden, dass eine Gefährdung von Fahrgästen ausgeschlossen ist. Die Schrittgeschwindigkeit gilt auch für den Gegenverkehr auf derselben Fahrbahn. Die Fahrgäste dürfen auch nicht behindert werden. Wenn nötig, muss der Fahrzeugführer warten.

(5) Omnibussen des Linienverkehrs und Schulbussen ist das Abfahren von gekennzeichneten Haltestellen zu ermöglichen. Wenn nötig, müssen andere Fahrzeuge warten.

(6) Personen, die öffentliche Verkehrsmittel benutzen wollen, müssen sie auf den Gehwegen, den Seitenstreifen oder einer Haltestelleninsel, sonst am Rand der Fahrbahn erwarten.

VwV zu § 20 Öffentliche Verkehrsmittel und Schulbusse

Zu Absatz 4

1 I. Vor der Festlegung von Haltestellen von Schulbussen sind von der Straßenverkehrsbehörde neben Polizei und Straßenbaubehörde auch Schule, Schulträger und Schulbusunternehmer zu hören. Dabei ist darauf zu achten, dass die Schulbusse möglichst – gegebenenfalls unter Hinnahme eines Umwegs – so halten, dass die Kinder die Fahrbahn nicht überqueren müssen.

2 II. Es ist vorzusehen, dass Schulbusse nur rechts halten. Die Mitbenutzung der Haltestellen öffentlicher Verkehrsmittel ist anzustreben.

1 Aus der amtlichen Begründung

1.1 Der Kraftfahrer ist zur Vorsicht beim Vorbeifahren an haltenden öffentlichen Verkehrsmitteln auch verpflichtet, wenn er links davon vorbeifährt (Begr. 1975).

1.2 § 20 wird auf „Ein- und Aussteigen über Radwege" erstreckt (Begr. 1988).

1.3 Schrittgeschwindigkeit beim Vorbeifahren an haltenden Schul- und Linienbussen soll maßgeblich dazu beitragen, Kinder und auch ältere Menschen besser gegenüber dem Kraftfahrzeugverkehr zu schützen. Junge Fahrgäste sind altersbedingt nicht in jedem Fall in der Lage, die Gefahren des Straßenverkehrs zutreffend einzuschätzen und sich insoweit richtig zu verhalten. Beim Erreichen bzw. beim Verlassen des Busses bringen sie nicht immer die erforderliche Aufmerksamkeit auf. Die Schrittgeschwindigkeit gewährleistet deshalb in Gefahrsituationen ein sofortiges Anhalten (Begr. 1995).

2 Erläuterungen

2.1 Vorrang öffentlicher Verkehrsmittel

Die Verpflichtung zur Beachtung des Vorranges besteht beim Überholen von Linienbussen mit Warnblinklicht für den Mitverkehr (§ 20 Abs. 3), beim Halten an Haltestellen für den Gegen- und Mitverkehr (§ 20 Abs. 1, 2 und 4) sowie für den Mitverkehr beim Abfahren von Haltestellen (§ 20 Abs. 5). Die Regelung gilt nicht für PKW im Linienersatzdienst oder freigestellten Schüler- und Behindertenverkehr. Zu beachten ist dabei allerdings der Gefährdungsausschluss bei besonders schutzwürdigen Personen (§ 3 Abs. 2). Hat ein PKW (unzulässig) Warnblinklicht eingeschaltet, ist besondere Vorsicht geboten.

Der fließende Verkehr darf von abfahrenden Linienbussen nicht gefährdet werden (OLG Düsseldorf VRS 82, 373). Der Vorrang erlischt, wenn der Linienbus nach rechtzeitiger und deutlicher Anzeige angefahren ist und sich in den fließenden Verkehr eingegliedert hat (BayObLG VRS 79, 302). Der Vorrang gilt nicht beim Wenden der Busse (KG VerkMitt 1991 Nr. 2).

2.2 Überholverbot

Linienbusse, die besonders ausgewiesene Haltestellen anfahren, müssen Warnblinklicht einschalten (§ 16 Abs. 2). Dann dürfen die Busse nicht mehr überholt werden. Die Ausweisung solcher Haltestellen erfolgt durch die

Vorbeifahren an Haltestellen öffentlicher Verkehrsmittel

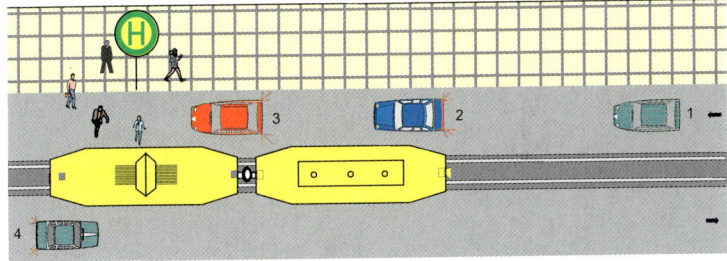

An Straßenbahnen, Linien- und gekennzeichneten Schulbussen (Anl. 4 BOKraft), die an Haltestellen (Z. 224) halten, darf der Mit- und Gegenverkehr nur vorsichtig vorbeifahren (§ 20 Abs. 1). Diese Verpflichtung gilt auch dann, wenn keine Fahrgäste ein- oder aussteigen. Die Geschwindigkeit muss in beiden Richtungen (KFZ 1, 2, 4) spätestens beim Erreichen der öffentlichen Verkehrsmittel so herabgesetzt werden, dass jederzeit ohne Gefahrbremsung angehalten werden kann (höchstens Tempo 30).

Steigen Fahrgäste ein oder aus, darf das zulässige Tempo rechts nur noch Schrittgeschwindigkeit (5–7 km/h) betragen (KFZ 2). Ist trotz Schrittgeschwindigkeit eine Behinderung der Fahrgäste nicht auszuschließen, muss gewartet werden (KFZ 3). Der Gegenverkehr (KFZ 4) muss hingegen sein Tempo lediglich so herabsetzen, dass jederzeit angehalten werden kann (im Allgemeinen Tempo 30).

Straßenverkehrsbehörde. Eine besondere Kennzeichnung der Haltestellenschilder ist nicht vorgesehen. Kraftfahrer müssen den Überholvorgang
abbrechen, wenn Warnblinklicht eingeschaltet wird. Befindet sich ein
Fahrzeug bereits links neben dem Bus, sind im Allgemeinen nur die linken
Blinkleuchten sichtbar. Ist anzunehmen, dass es sich um Warnblinklicht
handelt, sollte der Überholvorgang abgebrochen werden, wenn dies ohne
Gefährdung des Mitverkehrs möglich ist.

2.3 Sorgfaltspflichten an haltenden Linienbussen

Die besonderen Sorgfaltspflichten des § 20 beziehen sich nur auf ein- oder
aussteigende Fahrgäste, nicht auf andere Fußgänger; diese sind durch § 1
Abs. 2 oder § 3 Abs. 2a geschützt (LG München I NZV 2000, 473). An einem
rechts haltenden Omnibus darf ein Kraftfahrer nur vorsichtig mit einem
Seitenabstand von 2 m links vorbeifahren. Sind Kinder ausgestiegen, muss
der Abstand noch größer sein und Schrittgeschwindigkeit eingehalten werden (§ 20 Abs. 2). Es muss damit gerechnet werden, dass plötzlich Fußgänger
erscheinen, die die Fahrbahn überschreiten, um den ankommenden oder
schon haltenden Omnibus zu erreichen (KG VerkMitt 1974 Nr. 15), oder
dass ausgestiegene Fahrgäste über die Fahrbahn laufen, wenn die Haltestelle nicht in unmittelbarer Nähe einer ampelgeregelten Kreuzung liegt
(KG VerkMitt 1987 Nr. 101). Fahrgäste dürfen beim Aus- und Einsteigen
auch nicht „konkret" behindert werden (OLG Düsseldorf VerkMitt 1998
Nr. 26 = VRS 94, 292). Fährt der Kraftfahrer an einem in der Gegenrichtung
haltenden Omnibus ohne Warnblinklicht mit einem Abstand von 1,50 m
vorbei, hat er die Fahrgeschwindigkeit auf weniger als 30 km/h herabzusetzen. An Haltestellen öffentlicher Verkehrsmittel hat auch der Gegenverkehr auf Fußgänger am Straßenrand zu achten (OLG Celle NZV 1991, 228).

Hält der Bus mit **Warnblinklicht** an der Haltestelle, darf im Mit- und Gegenverkehr nur mit Schrittgeschwindigkeit (5–7 km/h) vorbeigefahren werden.
Bei der Annäherung ist das Tempo so weit zu verringern, dass innerhalb
der Sichtstrecke spätestens in Höhe des Busses ohne Gefahrbremsung jederzeit angehalten werden kann. Kann bei der Vorbeifahrt auch mit Schrittgeschwindigkeit eine Gefährdung nicht ausgeschlossen werden, ist vor
dem Bus zu warten.

2.4 Vorrang beim Abfahren von einer Haltestelle

Der Busfahrer muss die Abfahrabsicht von einer gekennzeichneten Haltestelle rechtzeitig ankündigen (OLG Köln VerkMitt 1984 Nr. 74 = VRS 67,
59). Bei Abfahrt hat der Linienbus nur Vorrang, wenn der Fahrer Blinkzeichen gibt; der vorbeifahrende Kraftfahrer muss sich jedoch schon vorher
hierauf einstellen (OLG Düsseldorf VRS 65, 336). Der Busfahrer muss eine
Gefährdung anderer Verkehrsteilnehmer vermeiden. Der Vorrang des Linienbusses ändert nichts an der allgemeinen Sorgfaltspflicht des Fahrers, insbesondere beim Anfahren vom Fahrbahnrand (OLG Düsseldorf DAR 1983,
301; VRS 65, 156; OLG Karlsruhe VersR 1981, 579; OLG Düsseldorf VersR
1984, 269). Das Vorrecht befreit ihn nicht von der Sorgfaltspflicht und der
Rücksichtnahme auf den fließenden Verkehr (OLG Bremen VersR 1976,
545). Er darf nicht einen nahe herangekommenen PKW zu gefährlichem
Bremsen oder Ausweichen zwingen (OLG Hamm VRS 53, 377 = DAR 1978,
82). Zeigt er sein Vorhaben rechtzeitig an, müssen die Fahrzeuge des
fließenden Verkehrs eine mit seinem Anfahren verbundene Behinderung
hinnehmen. Im Zweifel kann er sich darauf verlassen, dass die Teilnehmer

Geschwindigkeit beim Vorbeifahren
an haltendem Schulbus mit Warnblinklicht

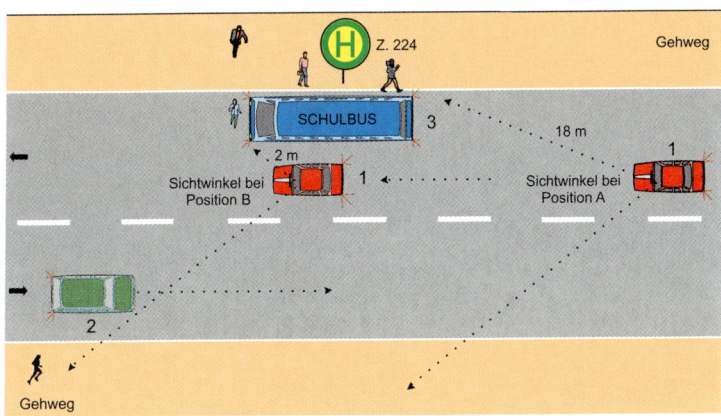

Bei Annäherung an einen an der Haltestelle stehenden Bus mit Warnblinklicht muss KFZ 1 zunächst sein Tempo so herabsetzen, dass Gefährdungen von Kindern vermieden werden (§ 3 Abs. 2a). KFZ 1 hat bei Position A nach rechts 18 m Sicht. Der Anhalteweg darf deshalb bei Position A nicht länger als 18 m sein. Nach der Faustformel beträgt der Reaktionsweg bei 30 km/h = 9 m, der Bremsweg = 9 m und der Anhalteweg (9 + 9 m) = 18 m. KFZ 1 muss daher bei der Annäherung die Geschwindigkeit innerorts etwa ab der doppelten Buslänge deutlich auf 30 km/h (außerorts von 100 auf 30 km/h) verringern. Beim Erreichen des Busses darf KFZ 1 nur noch mit Schrittgeschwindigkeit (5–7 km/h) und In einem solchen Abstand vorbeifahren, dass eine Gefährdung oder Behinderung vermieden wird. I st das nicht möglich, muss KFZ 1 anhalten.

Fahrzeug 2 hat sein Tempo ebenfalls bei Annäherung an den Schulbus der geringsten Sichtstrecke anzupassen. Nach § 20 Abs. 4 darf es nur mit Schrittgeschwindigkeit und in einem gefährdungsausschließenden Abstand so vorbeifahren, dass eine Behinderung der Schulkinder ausgeschlossen ist. Die Regelung gilt unabhängig von sichtbar ein- und aussteigenden Fahrgästen.

---

am fließenden Verkehr ihrer Wartepflicht nachkommen (BGH VerkMitt 1979 Nr. 57 = VRS 56, 202 = MDR 1979; 332 = DAR 1979, 224 = NJW 1979, 1894). Der Bus muss u. U. warten, wenn eine soeben bei Grünlicht frei gewordene Gruppe von Kraftfahrzeugen herankommt (§ 11 Abs. 2). Vom Abbiegen nach rechts muss er absehen, wenn er ein daneben abbiegendes Fahrzeug gefährden würde, das nicht ausweichen kann (KG VerkMitt 1991 Nr. 81 = NZV 1991, 193). Kein Vorrang des Linienbusses beim Anfahren aus einer Wendeschleife; hier gilt § 10 StVO (OLG Düsseldorf VersR 1983, 542). Rücksicht auf stark behinderte Fahrgäste: BGH NZV 1993, 108 = DAR 1993, 103.

2.5 Sorgfaltspflichten bei Schulbussen

Ob ein Bus tatsächlich als Schulbus eingesetzt wird, ist unerheblich; stets ist damit zu rechnen, dass hinter ihm Kinder über die Fahrbahn laufen (OLG Oldenburg NZV 1991, 468). Wird beim Zusatzschild „Schulbus" zu Z. 224 die tageszeitliche Benutzung der Haltestelle angegeben, ist zu diesen Zeiten mit erhöhter Reaktionsbereitschaft an die Haltestelle heranzufahren. Auch der Schulbus muss die Geschwindigkeit an der Haltestelle auf Schrittgeschwindigkeit ermäßigen (OLG Köln VRS 89, 93).

Signalisierung von Fußgängerfurten über Gleisanlagen von Straßenbahnen

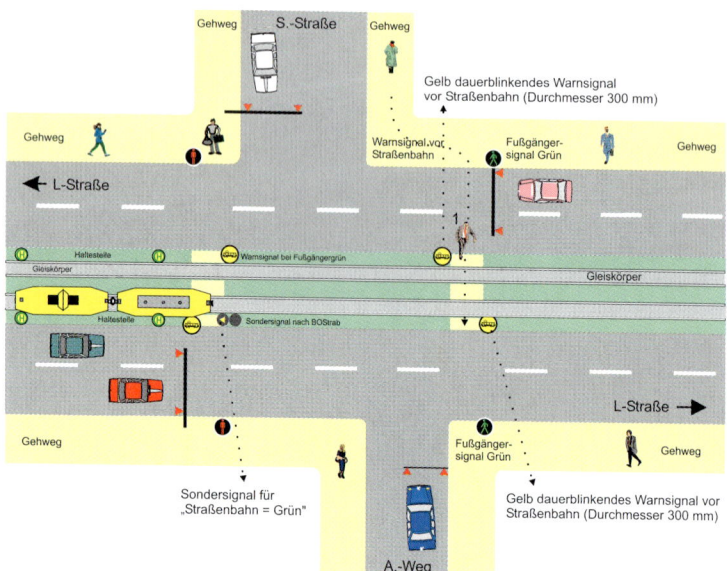

Fußgänger 1 quert bei Fußgängergrün die L.-Straße über die Straßenbahngleise in Richtung A.-Weg. An der Fußgängerfurt befindet sich am Gleiskörper ein bei Fußgängergrün Gelb dauerblinkendes Warnsignal mit Straßenbahnsymbol, das nicht durch eine herannahende Straßenbahn ausgelöst wird. Straßenbahn 2 fährt auf Grund des BOStrab-Sondersignals „Grün" von der Haltestelle ab und erreicht die Fußgängerfurt mit etwa 30 km/h. Dort erfasst sie Fußgänger 1, der schwer verletzt wird.

Fußgängerfurten, die über Gleisbereiche führen, müssen auf dem Gleiskörper zusätzlich signaltechnisch abgesichert werden. Ein bei Fußgängergrün dauerblinkendes Signal reicht dabei zur Warnung vor herannahenden Straßenbahnen nicht aus. Ein zeitliches Übermaß an Signalen stumpft ab und verhindert die gezielte, zeitlich auf die tatsächliche Annäherung der Bahn konzentrierte Warnung der Fußgänger (OLG Köln VerkMitt 2001, Nr. 77). Begnügen sich Straßenverkehrsbehörden und Bahnunternehmer mit solchen Signalen, haften sie für Schäden aus Art. 34 GG, §§ 839, 847 BGB und § 1 HaftPflG.

2.6 Sicherheit der Fahrgäste

Der Omnibusfahrer braucht vor dem Anfahren nicht festzustellen, ob alle Fahrgäste einen sicheren Halt haben (OLG Köln VRS 71, 96).

3 Hinweise

3.1 Verhalten von Abbiegern gegenüber Schienenfahrzeugen, die neben der Fahrbahn in gleicher Richtung fahren: § 9 Abs. 3. Besondere Lichtzeichen für Schienenbahnen sowie für Linienomnibusse, die einen vom übrigen Fahrverkehr freigehaltenen Verkehrsraum benutzen: § 37 Abs. 2 Nr. 4.

3.2 Verwendung von Warnblinklicht bei Linien- und gekennzeichneten Schulbussen: § 16 Abs. 2.

3.3 Kennzeichnung und Beschilderung von Linienomnibussen: § 33 BOKraft, von Schulbussen: Anlage 4 zu § 33 Abs. 4 BOKraft (orangefarbenes Schild „Schulbus", quadratisch 60 x 60 cm); Anforderungen an Straßenbahnhaltestellen: § 31 BOStrab.

4 Varianten von Zeichen für öffentliche Verkehrsmittel und Schulbusse

Gefahrzeichen

Zeichen 145

Kraftomnibusse

Vorschriftzeichen

Zeichen 224-41

Haltestellen Schulbusse
(mit Zusatzschild 1042-36)

5 Zeichen aus der BOKraft

Nichtraucher-Taxen
(Anlage 2)

Schulbus-Schild
(Anlage 4)

Sinnbild für Sitzplätze
behinderter oder anderer
sitzbedürftiger Personen
(Anlage 5)

§ 21 Personenbeförderung

(1) Es ist verboten, Personen mitzunehmen
1. **auf Krafträdern ohne besonderen Sitz,**
2. **auf Zugmaschinen ohne geeignete Sitzgelegenheit oder**
3. **in Wohnwagen mit nur einer Achse oder mit Doppelachse hinter Kraftfahrzeugen.**

(1 a) Kinder bis zum vollendeten 12. Lebensjahr, die kleiner als 150 cm sind, dürfen in Kraftfahrzeugen auf Sitzen, für die Sicherheitsgurte vorgeschrieben sind, nur mitgenommen werden, wenn Rückhalteeinrichtungen für Kinder benutzt werden, die amtlich genehmigt und für das Kind geeignet sind.[1,2] Das gilt nicht in Kraftomnibussen mit einer zulässigen Gesamtmasse von mehr als 3,5 t. Abweichend von Satz 1 dürfen Kinder auf Rücksitzen ohne Sicherung durch Rückhalteeinrichtungen befördert werden, wenn wegen der Sicherung von anderen Personen für die Befestigung von Rückhalteeinrichtungen für Kinder keine Möglichkeit mehr besteht.

---

[1] **3. Ausnahme-Verordnung zur StVO** vom 5.6.1990 (BGBl. I S. 999) i.d.F. vom 22.12.1992 (BGBl. I S. 2480)

§ 1

Abweichend von § 22 Abs. 1 Nr. 27 StVZO brauchen besondere Rückhalteeinrichtungen für behinderte Kinder in Kraftfahrzeugen nicht in einer amtlich genehmigten Bauart ausgeführt zu sein, wenn
1. die Konstruktion dem Stand der Technik entspricht,
2. der Rückhalteeinrichtung eine Einbau- und Gebrauchsanweisung beigegeben ist, in der die Kraftfahrzeuge und Kraftfahrzeugtypen angegeben sind, für die sie verwendbar ist.

§ 2

Abweichend von § 21 Abs. 1a StVO dürfen behinderte Kinder in Kraftfahrzeugen mitgenommen werden, wenn eine besondere Rückhalteeinrichtung im Sinne des § 1 benutzt wird und in einer ärztlichen Bescheinigung, die auf den Namen des behinderten Kindes ausgestellt ist, bestätigt wird, dass an Stelle einer bauartgenehmigten Rückhalteeinrichtung nach § 22 Abs. 1 Nr. 27 StVZO nur eine besondere Rückhalteeinrichtung verwendet werden kann. Die ärztliche Bescheinigung darf nicht älter als 4 Jahre sein. Sie ist mitzuführen und zuständigen Personen auf Verlangen zur Prüfung auszuhändigen.

[2] **7. Ausnahme-Verordnung zur StVO** vom 17.12.1997 (BGBl. I S. 3196 = VkBl. 1998, S. 98)

§ 1

Abweichend von § 21 Abs. 1a Satz 1 StVO wird die Verpflichtung zur Sicherung von Kindern mit amtlich genehmigten und geeigneten Rückhalteeinrichtungen auf Rücksitzen in Taxen, soweit nicht eine regelmäßige Beförderung gegeben ist, auf die Verwendung von Rückhalteeinrichtungen der Gewichtsklassen I, II und III im Sinne der Nr. 2.1.1 der ECE-Regelung Nr. 44 beschränkt. Dabei müssen nur bis zu zwei Kinder in Rückhalteeinrichtungen gesichert werden, wobei wenigstens für ein Kind eine Sicherung mit einer Rückhalteeinrichtung der Gewichtsklasse I möglich sein muss.

§ 2

Diese Verordnung tritt am 1. Januar 1998 in Kraft. Sie tritt mit Ablauf des 31. Dezember 2002 außer Kraft.

(2) Auf der Ladefläche von Lastkraftwagen dürfen nur bis zu 8 Personen mitgenommen werden, wenn sie die Ladung begleiten müssen, auf der Ladefläche zu arbeiten haben oder wenn sie mit dem für ihren Arbeitgeber eingesetzten Fahrzeug zu oder von ihrer Arbeitsstelle befördert werden. Auf der Ladefläche von Anhängern darf niemand mitgenommen werden. Jedoch dürfen auf Anhängern, wenn diese für land- und forstwirtschaftliche Zwecke eingesetzt werden, Personen auf geeigneten Sitzgelegenheiten mitgenommen werden. Das Stehen während der Fahrt ist verboten, soweit es nicht zur Begleitung der Ladung oder zur Arbeit auf der Ladefläche erforderlich ist.

(3) Auf Fahrrädern dürfen nur Kinder unter 7 Jahren von mindestens 16 Jahre alten Personen mitgenommen werden, wenn für die Kinder besondere Sitze vorhanden sind und durch Radverkleidungen oder gleich wirksame Vorrichtungen dafür gesorgt ist, dass die Füße der Kinder nicht in die Speichen geraten können.

VwV zu § 21 Personenbeförderung

Zu den Absätzen 1 und 2

1 „Besonderer Sitz" ist eine Vorrichtung, die nach ihrer Bauart dazu bestimmt ist, als Sitz zu dienen, mag diese Zweckbestimmung auch nicht die ausschließliche sein. Geeignet ist eine Sitzgelegenheit nur dann, wenn man auf ihr sicher sitzen kann; bei Anhängern, die für land- oder forstwirtschaftliche Zwecke verwendet werden, kann das auch die Ladefläche sein.

Zu Absatz 1a

2 Geeignet sind Rückhalteeinrichtungen für Kinder, die entsprechend der ECE-Regelung Nr. 44 (BGBl. 1984 II S. 458, mit weiteren Änderungen) gebaut, geprüft, genehmigt und entweder mit dem nach ECE-Regelung Nr. 44 vorgeschriebenen Genehmigungszeichen oder mit dem nationalen Prüfzeichen nach der Fahrzeugteileverordnung gekennzeichnet sind. Dies gilt entsprechend für Rückhalteeinrichtungen für Kinder der Klasse 0 (geeignet für Kinder bis zu einem Gewicht von 9 kg), wenn für sie eine Betriebserlaubnis nach § 22 StVZO vorliegt.

3 Die Eignung der Rückhalteeinrichtungen für Kinder zur Verwendung auf Vordersitzen ergibt sich aus der Genehmigung sowie der Einbauanweisung, die vom Hersteller der Rückhalteeinrichtung für Kinder beizufügen ist.

Zu Absatz 2

4 Satz 1 stellt nur die Beförderung von Arbeitskräften zwischen verschiedenen Arbeitsstätten zu betrieblichen Zwecken und nicht die regelmäßige Beförderung zwischen Wohnung und Arbeitsstätte frei; jedoch ist die Beförderung von Arbeitskräften, die zur Durchführung bestimmter Arbeitsvorhaben in Gemeinschaftsunterkünften untergebracht sind oder die sich an einem bestimmten Punkt regelmäßig zur Arbeitsaufnahme sammeln, zu und von ihren Arbeitsstellen nicht zu beanstanden.

1 Aus der amtlichen Begründung

1.1 Mit Abs. 1a wird die Richtlinie 91/671/EWG vom 16.12.1991 (ABl. EG Nr. L 373 S. 26) zur Angleichung der Rechtsvorschriften der Mitgliedstaaten über die Gurtanlegepflicht in KFZ bis 3,5 t umgesetzt (Begr. 1992).

1.2 In Abs. 1a Satz 2 wird die bisher unbeschränkt für alle KFZ-Arten geltende Kindersicherungspflicht für KOM über 3,5 t ausgenommen. Kinder sollen in diesen KOM mit den vorhandenen Beckengurten gesichert werden (Begr. 1998).

2 Erläuterungen

2.1 Mitnahme von Personen in Kraftfahrzeugen

Bei einem PKW darf die Zahl der beförderten Personen die Anzahl der im Fahrzeugschein angegebenen Sitzplätze überschreiten, solange dabei das zulässige Gesamtgewicht eingehalten und die Verkehrssicherheit nicht beeinträchtigt, insbesondere der Fahrer nicht in der Bedienung behindert wird. Reicht die Zahl der Sicherheitsgurte nicht für alle aus, dürfen Fahrgäste auch ohne Gurte befördert werden. In diesem Fall muss allerdings besonders vorsichtig gefahren werden. Beim Anfahren muss der Omnibusfahrer auf behinderte Fahrgäste Rücksicht nehmen (BGH NZV 1993, 103; OLG Hamm NZV 1993, 26).

Auf Motorrädern ohne Beiwagen dürfen Personen nur auf einem nach der Bauart dafür bestimmten Sitz in Fahrtrichtung mitgenommen werden. Außerdem müssen beidseitig Fußstützen und ein Handgriff vorhanden sein (§ 35 Abs. 9 StVZO). Eine Altersbeschränkung für ein mitgenommenes Kind ist nicht vorgeschrieben; das Kind muss aber körperlich in der Lage sein, die Beschleunigungs-, Verzögerungs- und Seitenführungskräfte zu bewältigen. Ist das nicht möglich, darf der Motorradfahrer kein Kinder als Sozius befördern (Folge aus der Verpflichtung nach § 23 Abs. 1 Satz 2).

2.2 Kindersicherung

Kindersicherungen sind Rückhalteeinrichtungen, die altersgerecht den größtmöglichen Schutz für Kinder gewährleisten. Die Rückhalteeinrichtungen (Kindersitze) werden in 4 Klassen eingeteilt und richten sich nach dem Körpergewicht der Kinder. In KFZ mit einem betriebsbereiten **Airbag** dürfen wegen der Verletzungsgefahr beim Auslösen des Airbags keine nach hinten gerichteten Kindersitze angebracht werden (§ 35a Abs. 10 StVZO). Diese Beifahrersitze müssen mit einem dauerhaft deutlich sichtbaren Warnhinweis versehen sein.

Hinweis auf Airbag

Warnhinweis bei Verwendung einer nach hinten gerichteten Rückhalteeinrichtung für Kinder auf Beifahrerplätzen mit Airbag nach Anhang 2 zur Anlage XXVIII zu § 35 a Abs. 10 StVZO. Der Durchmesser des Piktogramms beträgt mindestens 60 mm.

Verzichtet der Halter durch Ausbau auf den Airbag für Beifahrer, muss die technische Veränderung durch einen aaSoP oder Prüfingenieur abgenommen und auf einem Formblatt gemäß § 27 Abs. 1 StVZO bestätigt werden (VkBl. 2000 S. 124).

Rückhalteeinrichtungen für Kinder müssen „amtlich" genehmigt sein; die Genehmigung ergibt sich aus dem Prüfzeichen am Kindersitz. Sind die Sitzplätze und damit die Sicherheitsgurte (zur Befestigung der Kindersitze) durch andere Personen bereits belegt, dürfen Kinder ohne Rückhalteeinrichtungen mitgenommen werden.

Nach der 3. Ausnahme-VO können für behinderte Kinder bei Bedarf Kindersitze verwendet werden, wenn sie dem Stand der Technik entsprechen (sie müssen nicht „amtlich" genehmigt sein).

Auch in Taxen sind bei der Beförderung von Kindern Rückhalteeinrichtungen zu verwenden. Nach der 7. Ausnahme-VO genügen jedoch max. zwei

Kindersitze			
Klasse	Körpergewicht	Alter	Sitzart
0	Kinder bis max. 10 kg	0 bis ca. 9 Monate	meistens gesicherte Babyschale
0+	Kinder bis max. 13 kg	0 bis ca. 1½ Jahre	gesicherte Babyschale
I	Kinder von 9 bis 18 kg	9 Monate bis 4 Jahre	Hosenträgergurt
II	Kinder zwischen 15 und 25 kg	3 bis 7 Jahre	Hosenträgergurt
III	Kinder zwischen 22 und 36 kg	6 bis 12 Jahre	Sitzschale mit Dreipunktgurt

Kindersitze, und zwar ein Sitz der Gewichtsklasse I (9 bis 18 kg) sowie ein weiterer Sitz der Klasse III (25 bis 36 kg – Sitzkissen reicht). Kinder der Gewichtsklasse 0 dürfen somit ungesichert befördert werden. Bei regelmäßiger Kinderbeförderung in Taxen gelten jedoch die Sicherungspflichten uneingeschränkt. Eine Verpflichtung zum Mitführen der Kindersitze in Taxen besteht zwar nicht. Wird jedoch die Beförderung wegen fehlender Kindersitze abgelehnt, liegt ein Verstoß gegen die Beförderungspflicht nach § 13 BOKraft vor.

Beispiel ECE-Prüfzeichen für Kindersitze

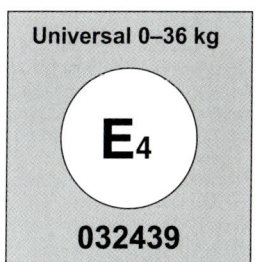

„Universal" = Fabrik- oder Handelsname
„0–36 kg" = Gewichtsklasse des Kindersitzes
„E 4" = Genehmigungsland (4 = Niederlande)
„032439" = Genehmigungsnummer

KOM unter 3,5 t müssen mit Dreipunktgurten ausgerüstet werden. Dort können auch Kinder unter 10 kg mit einem Kinderrückhaltesystem der ECE-Klasse 0, verbunden mit einem Dreipunktgurt gesichert werden. KOM über 3,5 t sind mit Beckenguten auszurüsten. Das Herausschleudern der Kinder bis ca. 10 kg mit Sicherung durch Beckengurte bei Unfällen kann auch ohne Kinderrückhaltesysteme wirkungsvoll verhindert werden, so dass auf spezielle Rückhaltesysteme verzichtet wird. Für Kinder unter 10 kg gibt es jedoch keine Rückhaltesysteme, die mit Beckengurten befestigt werden können. Infolgedessen ist auch eine Verpflichtung zur Kindersicherung mit Rückhalteeinrichtungen nicht vorgeschrieben.

2.3 Mitnahme von Personen auf Ladeflächen und Anhängern

Das Verbot der Personenbeförderung auf Anhängern mit „Ladeflächen" nach Abs. 2 bezieht sich auf alle Fahrzeuge (OLG Bremen VerkMitt 1981 Nr. 102 = VRS 61, 465 = DAR 1881, 265). Darunter fallen auch dem Gepäcktransport dienende Fahrradanhänger, nicht aber solche, die (ohne Ladefläche) entsprechend Abs. 3 ausschließlich zur Kinderbeförderung unter 7 Jahren durch eine mind. 16-jährige Person bestimmt sind. Das ziehende Rad muss in seiner technischen Ausführung eine verkehrssichere Beförderung gewährleisten (Kindersitze, Bremsen, Rahmen, Kupplung, Rückspiegel), der Radfahrer nach § 23 Abs. 1 körperlich zur Bewältigung des Hängerbetriebes befähigt sein. Der Anhänger sollte in amtlich genehmigter Bauart (§ 22a StVZO) ausgeführt, nicht länger als 2 m, nicht breiter als 1 m und nicht höher als 1,40 m sein, das max. Gesamtgewicht darf 40 kg (80 kg gebremst) nicht übersteigen.

Das Verbot zur Personenbeförderung auf Ladeflächen gilt auch bei Kremserfahrten auf LKW am „Vatertag". Beim Transport eines PKW auf der Ladefläche eines Pannenhilfsfahrzeugs darf der Fahrer des PKW nicht im PKW sitzen bleiben (OLG Hamm VRS 53, 384).

3 Hinweise

3.1 Richtlinien für die Beschaffenheit und Anbringung von Kindersitzen und Fußstützen an Fahrrädern und Mofas: VkBl 1980, S.788.

3.2 Beschaffenheit der Sitze, Handgriff und Fußstützen für den Beifahrer auf Krafträdern: § 35a StVZO.

3.3 Nach der **Ausnahme-Verordnung** vom 28. Februar 1989 (BGBl. I 1989, S. 481/1990 S. 1489/1992, S. 989) dürfen beim Einsatz von land- und forstwirtschaftlichen Zugmaschinen auf örtlichen **Brauchtumsveranstaltungen**, bei nicht gewerbsmäßig durchgeführten Altmaterialsammlungen oder Landschaftssäuberungsaktionen, Feuerwehreinsätzen oder -übungen sowie bei den zugehörigen An- und Abfahrten Personen auf Anhängern befördert werden, wenn deren Ladefläche eben, tritt- und rutschfest ist, für jeden Sitz- und Stehplatz eine ausreichende Sicherung gegen Verletzungen und Herunterfallen besteht und die Aufbauten sicher gestaltet und am Anhänger fest angebracht sind.

§ 21 a Sicherheitsgurte, Schutzhelme

(1) Vorgeschriebene Sicherheitsgurte müssen während der Fahrt angelegt sein. Das gilt nicht für

1. Taxifahrer und Mietwagenfahrer bei der Fahrgastbeförderung,
2. Lieferanten bei Haus-zu-Haus-Verkehr im Auslieferungsbezirk,
3. Fahrten mit Schrittgeschwindigkeit, wie Rückwärtsfahren, Fahrten auf Parkplätzen,
4. Fahrten in Kraftfahrzeugen, bei denen die Beförderung stehender Fahrgäste zugelassen ist,
5. das Betriebspersonal in Kraftomnibussen und das Begleitpersonal von besonders betreuungsbedürftigen Personengruppen während der Dienstleistungen, die ein Verlassen des Sitzplatzes erfordern,
6. Fahrgäste in Kraftomnibussen mit einer zulässigen Gesamtmasse von mehr als 3,5 t beim kurzfristigen Verlassen des Sitzplatzes.

(2) Die Führer von Krafträdern und ihre Beifahrer müssen während der Fahrt amtlich genehmigte Schutzhelme tragen.[1,2]

VwV zu § 21 a Sicherheitsgurte, Schutzhelme

Zu Absatz 2

1 Amtlich genehmigt sind Schutzhelme, die entsprechend der ECE-Regelung Nr. 22 (BGBl. 1984 II S. 746, mit weiteren Änderungen) gebaut, geprüft, genehmigt

---

[1] **1. Ausnahme-Verordnung** vom 26.3.1993 (BGBl. I S. 394 – „Leichtmofa")

§ 1

Für Mofas, die den in der Anlage aufgeführten Merkmalen entsprechen (Leichtmofas), gelten folgende allgemeine Ausnahmen von den Vorschriften der StVZO: Sie dürfen abweichend
1. von § 4 Abs. 1 Nr. 1 eine Drehzahl des Motors haben, die mehr als 4 800 min^{-1}, aber nicht mehr als 5 500 min^{-1} beträgt;
2. von § 50 Abs. 6 a und § 53 lichttechnische Einrichtungen haben, wie sie für Fahrräder nach § 67 vorgeschrieben sind. Dies gilt nur, wenn die in der Anl. Nr. 1.7 genannten Auflagen erfüllt sind.

§ 2

Abweichend von § 21 a Abs. 2 StVO brauchen die Führer der Leichtmofas während der Fahrt keinen Schutzhelm tragen.

§ 3

Diese Verordnung tritt mit Wirkung vom 28.2.1993 in Kraft. Die Anlage (nicht abgedruckt) enthält die Merkmale der Leichtmofas; Leergewicht max. 30 kg, Höchstgeschwindigkeit max. 20 km/h, Anforderungen an Tretkurbel, Reifen usw.

[2] **8. Ausnahme-Verordnung** vom 20.5.1998 (BGBl. I S. 1130 – „Schutzhelmtragepflicht")

§ 1

Abweichend von § 21 a Abs. 2 StVO brauchen Führer von Krafträdern während der Fahrt keine Schutzhelme zu tragen, wenn
1. das Kraftrad den Anforderungen der Anlage zu dieser Verordnung entspricht und
2. die vorhandenen Rückhaltesysteme angelegt sind.

§ 2

Diese Verordnung tritt am Tage nach der Verkündung in Kraft (30.5.1998). Die Anlage (nicht abgedruckt) beschreibt die Anforderungen an zwei- und dreirädrige Fahrzeuge für die Befreiung von der Schutzhelmtragepflicht und das Prüfverfahren.

und mit dem nach der ECE-Regelung Nr. 22 vorgeschriebenen Genehmigungszeichen gekennzeichnet sind. Bis auf weiteres dürfen auch Schutzhelme verwendet werden, die nicht amtlich genehmigt sind. Dabei muss es sich aber
jedenfalls um Kraftrad-Schutzhelme mit ausreichender Schutzwirkung handeln.
Es gilt die 2. Ausnahmeverordnung zur StVO vom 19.3.1990 (BGBl. I S. 550)
geändert durch die Verordnung vom 22.12.1992 (BGBl. I S. 2481).

1 Aus der amtlichen Begründung

1.1 Die für Taxi- und Mietwagenfahrer zuständige Berufsgenossenschaft
hat in der Unfallverhütungsvorschrift (UVV) die Taxi- und Mietwagenfahrer
von der **Gurtanlegepflicht** nur „während der Fahrgastbeförderung" ausgenommen (§ 31 Abs. 4 UVV „Fahrzeuge"). Gurten sich die Fahrer entgegen
der UVV auf der Leerfahrt nicht an, könnten sie von der Berufsgenossenschaft mit einem Bußgeld belegt werden (§ 51 UVV „Fahrzeuge" i.V.m. § 170
RVO; zur Ahndungszuständigkeit § 36 Abs. 1 OWiG i.V.m. § 646 Abs. 1
Anlage 1 Nr. 33 RVO). § 21a Abs. 1 Nr. 1 wird deshalb § 31 Abs. 4 UVV
angeglichen. Es ist nicht zu rechtfertigen, Taxi- und Mietwagenfahrer,
wenn sie keine Fahrgäste befördern, bei der Gurtanlegepflicht anders zu
behandeln als andere Kraftfahrer, die sich nicht angurten. Auf der Leerfahrt sind sie den Gefahren, die ihnen von Fahrgästen drohen können,
nicht ausgesetzt (Begr. 1988).

1.2 Die Anforderungen der Regelung ECE Nr. 22 sollen für alle **Schutzhelme**
gelten, also auch für solche, die von Mofafahrern benutzt werden (Begr.
1988).

1.3 Die Einführung weiterer Ausnahmen von der Gurtanlegepflicht trägt
dem Umstand Rechnung, dass nach § 35a StVZO auch bestimmte Busse mit
Sicherheitsgurten ausgerüstet sein müssen (Begr. 1998).

2 Erläuterungen

2.1 Sicherheitsgurte

Die Gurtanlegepflicht ist mit dem Grundgesetz vereinbar (BVerfG VerkMitt
1986 Nr. 97 = DAR 1987, 16). Der Nutzen moderner Sicherheitsgurte überwiegt derart gegenüber denkbaren Nachteilen, dass ein einsichtiger und
verantwortungsbewusster Kraftfahrer sich anschnallt (BGH VerkMitt 1979
Nr. 67 = DAR 1979, 182 = VRS 56, 416). Die Meinung, das Nichtanlegen des
Gurtes durch eine Frau sei anders zu beurteilen als bei einem Mann, ist
unbegründet, ebenso die Befürchtung, das Anlegen des Gurtes könne die
Entstehung von Brustkrebs begünstigen (BGH VersR 1981, 548 = VRS 61,
81). Ein „**Airbag**" ergänzt den Sicherheitsgurt, ersetzt ihn aber nicht (OLG
Celle VerkMitt 1990 Nr. 38 = VRS 79, 15 = NZV 1990, 81).

2.1.1 Gurtanlegepflicht

Die Gurtanlegepflicht besteht während der Fahrt, aber auch beim verkehrsbedingten Warten, z. B. bei Rot vor einer Ampelanlage (BGH DAR 2001,
117). Der Sicherheitsgurt ist nicht angelegt, wenn das Gurtschloss zwar
verriegelt ist, der vorgeschriebene Dreipunkt aber nicht über die Schulter,
sondern unter dem Arm geführt wird (OLG Düsseldorf VerkMitt 1991 Nr. 41 =
NZV 1991, 241). **Gurtanlegepflicht** besteht auch für **Fahrlehrer** bei Übungs-
oder Prüfungsfahrten (OLG Hamm VerkMitt 1986 Nr. 38), für Fahrer von
Krankentransportwagen (KG VRS 70, 294), für Taxi- und Mietwagenfahrer
bei Leerfahrten (OLG Düsseldorf NZV 1999, 259).

2.1.2 Mithaftung bei Missachtung der Anschnallpflicht

Wer die Anschnallpflicht missachtet, haftet nach den Grundsätzen des Mit-
verschuldens (§ 254 BGB) anteilig für diejenigen Verletzungen selbst, die
durch die fehlende Sicherung entstehen (BGH VerkMitt 2001 Nr. 53 = DAR
2001, 117). Zwar ist die Mitnahme mehrerer Personen auch dann zulässig,
wenn die Sicherheitsgurte nicht für alle ausreichen; die nichtangeschnallten
Fahrgäste haften dann aber für ihre eigenen Verletzungen selbst (OLG
Karlsruhe NZV 1999, 433 = DAR 1999, 455). Sind die Verletzungen eines
Fahrzeuginsassen durch Nichtanlegen des Sicherheitsgurtes mitverursacht
worden, ist die Mithaftquote nicht mit einem starren Prozentsatz, sondern
nach den Umständen des Einzelfalles festzulegen. Haftet der Schädiger,
weil er in einer leichten Linkskurve mit seinem Fahrzeug von der Fahrbahn
abgekommen, muss sich der nicht angegurtete Geschädigte für Gesichts-
verletzungen durch den Anprall gegen die Frontscheibe eine Kürzung seiner
Ansprüche um 25 %, bei erheblichen Verletzungen um 50 % gefallen lassen
(KG VerkMitt 1981 Nr. 6 = DAR 1980, 341 = MDR 1980, 933 = VersR 1981, 64).
Zum Anscheinsbeweis für Nichtangurten: BGH NZV 1990, 386. Für alkoholi-
sierte Mitfahrer, Kinder, hilflose oder ältere Personen besteht eine Garanten-
pflicht des Fahrers, dass sich der Beifahrer anschnallt (Unterlassungspflicht
nach § 8 OWiG); bei Verletzung haftet der Fahrer zu 70 % des Schadens
(OLG Hamm VerkMitt 1997 Nr. 49 = NZV 1996, 33 = DAR 1996, 24).

2.1.3 Ausnahmen von der Gurtanlegepflicht

Bei Stopp-and-Go-Verkehr besteht die Gurtanlegepflicht auch während
eines verkehrsbedingten Halts (OLG Celle VerkMitt 1986 Nr. 22 = DAR 1986,
28 = VRS 70, 50; a. A. OLG Düsseldorf VRS 72, 211) und beim Langsamfahren
(KG VRS 70, 299). Die Ausnahme von der Anschnallpflicht beim **Haus-zu-
Haus-Verkehr** setzt kürzeste Entfernungen zwischen der Verrichtung, Lieferung, Abholung u. ä. voraus (OLG Zweibrücken VRS 77, 302); es kommt
nicht darauf an, ob schwere oder leichte Gegenstände transportiert werden
müssen. Die Befreiung gilt nicht für die Fahrt zum Auslieferungsbezirk,
zwischen den Bezirken und für die Rückfahrt (OLG Düsseldorf VerkMitt 1991
Nr. 106; ähnlich OLG Düsseldorf NZV 1993, 40). Bei Bussen mit zugelassenen
Stehplätzen sind auch sitzende Fahrgäste von der Anschnallpflicht befreit.
Auf anderen Bussen mit Ausrüstungspflicht für Sicherheitsgurte sind das
Begleitpersonal bei Dienstleistungen sowie Fahrgäste in Bussen über 3,5 t
bei kurzzeitigem Verlassen der Sitze von der Anschnallpflicht befreit (z. B.
zum Sitzplatzwechsel, Aufsuchen der Bustoilette, Versorgung an der Bord-
bar). Nicht zugelassen sind jedoch längeres Stehen zur Unterhaltung mit
anderen Fahrgästen oder Gelage an der Bordbar. Die Gurtanlegepflicht in
Bussen über 3,5 t ist wegen der Übergangsregelung in § 72 StVZO für die
Ausrüstungspflicht nach § 49 nicht als Ordnungswidrigkeit qualifiziert.

Eine Ausnahme nach § 46 Abs. 1 von der Anschnallpflicht erfordert im Einzelfall eine erhebliche Gesundheitsgefährdung durch den Gurt (BGH NZV
1993, 23).

2.2 Schutzhelme

Schutzhelme müssen der ECE-Richtlinie Nr. 22 (BGBl. II 1984, S. 746) entsprechen. Nach § 1 der **2. Ausnahme-Verordnung zur StVO** vom 19.3.1990
(BGBl. I S. 550) i. d. F. vom 22.12.1992 (BGBl. I S. 2481) dürfen abweichend von
§ 21a Abs. 2 auch Kraftrad-Schutzhelme, die nicht in amtlich genehmigter

Beispiel ECE-Prüfzeichen für Schutzhelme und Helmvisiere

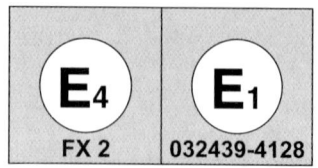

„E 4"   = Genehmigungsland (4 = Niederlande)
„E 1"   = Genehmigungsland (1 = Bundesrepublik)
„FX 2"   = Genehmigungszeichen für Visier
„032439" = Genehmigungsnummer
„4128"   = Produktionsserie

Bauart ausgeführt sind, weiterhin verwendet werden (verkauft werden dürfen neue Schutzhelme nur, die der Nr. 22 ECE entsprechen). Voraussetzung ist jedoch, dass es sich um geeignete Helme handelt. Bau- oder Stahlhelme sind auch mit Kinnriemenbefestigung keine geeigneten Motorradschutzhelme (OLG Düsseldorf VRS 75, 226).

2.2.1 Helmtragepflicht

Der Helmtragepflicht unterliegen alle Fahrer von Krafträdern sowie ihre Beifahrer.[3] Das gilt auch für Leicht- und Kleinkrafträder sowie für Mofas bis 25 km/h. Der Helmtragepflicht unterliegen auch Beifahrer, die im Beiwagen mitgenommen werden.

2.2.2 Ausnahmen von der Helmtragepflicht

In seltenen medizinisch indizierten Fällen kann es für einen Motorradfahrer unzumutbar sein, einen Schutzhelm zu tragen; er muss sich dann unter Vorlage einer ärztlichen Bescheinigung bei der Straßenverkehrsbehörde um eine Ausnahmegenehmigung bemühen (VG Augsburg DAR 2001, 233). Bei der Entscheidung muss die Straßenverkehrsbehörde das öffentliche Interesse zur Vermeidung schwerer Kopfverletzungen gegen das private Interesse an einer Freistellung abwägen. Zu berücksichtigen sind neben persönlichen Gründen (z. B. einziges Verkehrsmittel zur Arbeitsstelle) u. a. Freistellungsdauer, Fahrtstrecke, Motorradart. Bei bestimmter medizinischer Indikation kann sich auch die Frage der Fahreignung stellen. Für Brillenträger ist eine Ausnahme selbst bei einem Kopfumfang von 60 cm nicht gerechtfertigt (BGH VerkMitt 1983 Nr. 70 = VRS 64, 240). Die Freistellung von der Helmtragepflicht nach der **8. Ausnahme-VO** betrifft nur Neukonstruktionen von zwei- oder dreirädrigen Fahrzeugen, die über versteifte Rollbügel und Anschnallgurte mit Warnlampe verfügen.

2.2.3 Mithaftung bei Missachtung der Helmtragepflicht

Wer als Kraftradfahrer keinen **Schutzhelm** trägt, ist für den ihm entstehenden Schaden nach § 254 BGB mitverantwortlich (BGH VkBl 1965, 123 = DAR 1965, 124 = NJW 1965, 1075 = VRS 28, 242; BGH VerkMitt 1990 Nr. 96; VRS 64, 390). Bei Kopfverletzungen spricht der Anschein für den Ursachenzusammenhang mit dem Fehlen des Helms. Für die Verletzung der Schutzhelmpflicht durch den Beifahrer ist der Kraftradfahrer mitverantwortlich,

---

3 siehe aber **8. Ausnahme-Verordnung** vom 20.5.1998 (BGBl. I S. 1130): keine Schutzhelmtragepflicht für Motorräder mit Überrollbügel und Sicherheitsgurt

wenn er diesen Verstoß gefördert hat. Das Fehlen eines Radfahrhelms kann einem durch Verkehrsunfall verletzten **Radfahrer** nicht als Mitverschulden angerechnet werden (OLG Nürnberg VerkMitt 2000 Nr. 22 = DAR 1991, 173; DAR 2001, 35; OLG Hamm NZV 2001, 86).

3 Hinweise

3.1 Sicherheitsgurte sind vorgeschrieben für Fahrzeuge aus der Zeit ab 1.4.1970: §§ 35 a, 72 Abs. 2 StVZO. Sind sie vor dem 30.4.1979 in den Verkehr gekommen, genügt die Ausrüstung der unmittelbar hinter der Windschutzscheibe befindlichen Außensitze. Funktioniert der Gurt nicht, ist § 35 a StVZO, nicht § 21 a StVO verletzt (BayObLG NZV 1990, 360 = VRS 79, 382).

3.2 Bauartgenehmigung für Sicherheitsgurte: § 22 a Abs. 1 Nr. 25 StVZO, Richtlinien 76/115/EWG und 77/541/EWG für Sicherheitsgurte, Anhang der StVZO, ECE-Richtlinie Nr. 16.

3.3 Nach der Ausnahmeverordnung vom 26. März 1993 (BGBl. I S. 394) brauchen Führer von **Leichtmofas** (Hubraum nicht mehr als 30 cm^3, Leistung nicht mehr als 0,5 kW, Höchstgeschwindigkeit bauartbedingt nicht mehr als 20 km/h) während der Fahrt keinen Schutzhelm zu tragen. Damit soll spezifischen sozialen Bedürfnissen Rechnung getragen werden, z. B. bei Ordenskleidung.

Vorderseite   Rückseite

 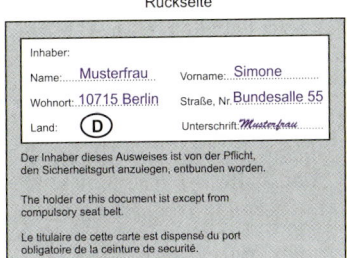

Format DIN A 6, Material: Karton, Grund grau (z.B. RAL 7011),
Symbol- und Schriftfelder weiß, Schrift und grafisches Symbol schwarz

3.4 Ausnahmegenehmigungen folgen aus der VwV-StVO zu § 46 Abs. 2 Nr. 5 b. Die Ausnahme gilt in allen CEMT-Mitgliedstaaten (VkBl. 1986, S. 208, 558 und 1988, S. 183).

§ 22 Ladung

(1) Die Ladung sowie Spannketten, Geräte und sonstige Ladeeinrichtungen sind verkehrssicher zu verstauen und gegen Herabfallen und vermeidbares Lärmen besonders zu sichern.

(2) Fahrzeug und Ladung dürfen zusammen nicht breiter als 2,55 m und nicht höher als 4 m sein. Fahrzeuge, die für land- oder forstwirtschaftliche Zwecke eingesetzt werden, dürfen, wenn sie mit land- oder forstwirtschaftlichen Erzeugnissen oder Arbeitsgeräten beladen sind, samt Ladung nicht breiter als 3 m sein. Sind sie mit land- oder forstwirtschaftlichen Erzeugnissen beladen, dürfen sie samt Ladung höher als 4 m sein. Kühlfahrzeuge dürfen nicht breiter als 2,6 m sein.

(3) Die Ladung darf bis zu einer Höhe von 2,5 m nicht nach vorn über das Fahrzeug, bei Zügen über das ziehende Fahrzeug hinausragen. Im Übrigen darf der Ladungsüberstand nach vorn bis zu 50 cm über das Fahrzeug, bei Zügen bis zu 50 cm über das ziehende Fahrzeug betragen.

(4) Nach hinten darf die Ladung bis zu 1,5 m hinausragen, jedoch bei Beförderung über eine Wegstrecke bis zu einer Entfernung von 100 km bis zu 3 m; die außerhalb des Geltungsbereichs dieser Verordnung zurückgelegten Wegstrecken werden nicht berücksichtigt. Fahrzeug oder Zug samt Ladung darf nicht länger als 20,75 m sein. Ragt das äußerste Ende der Ladung mehr als 1 m über die Rückstrahler des Fahrzeugs nach hinten hinaus, so ist es kenntlich zu machen durch mindestens

1. eine hellrote, nicht unter 30×30 cm große, durch eine Querstange auseinander gehaltene Fahne,
2. ein gleich großes, hellrotes, quer zur Fahrtrichtung pendelnd aufgehängtes Schild oder
3. einen senkrecht angebrachten zylindrischen Körper gleicher Farbe und Höhe mit einem Durchmesser von mindestens 35 cm.

Diese Sicherungsmittel dürfen nicht höher als 1,5 m über der Fahrbahn angebracht werden. Wenn nötig (§ 17 Abs. 1), ist mindestens eine Leuchte mit rotem Licht an gleicher Stelle anzubringen, außerdem ein roter Rückstrahler nicht höher als 90 cm.

(5) Ragt die Ladung seitlich mehr als 40 cm über die Fahrzeugleuchten, bei Kraftfahrzeugen über den äußeren Rand der Lichtaustrittsflächen der Begrenzungs- oder Schlussleuchten hinaus, so ist sie, wenn nötig (§ 17 Abs. 1), kenntlich zu machen, und zwar seitlich höchstens 40 cm von ihrem Rand und höchstens 1,5 m über der Fahrbahn nach vorn durch eine Leuchte mit weißem, nach hinten durch eine mit rotem Licht. Einzelne Stangen oder Pfähle, waagerecht liegende Platten und andere schlecht erkennbare Gegenstände dürfen seitlich nicht herausragen.

VwV zu § 22 Ladung

Zu Absatz 1

1   I. Zu verkehrssicherer Verstauung gehört sowohl eine die Verkehrs- und Betriebssicherheit nicht beeinträchtigende Verteilung der Ladung als auch deren sichere Verwahrung, wenn nötig Befestigung, die ein Verrutschen oder gar Herabfallen unmöglich machen.

2 II. Schüttgüter, wie Kies, Sand, aber auch gebündeltes Papier, die auf Last-kraftwagen befördert werden, sind in der Regel nur dann gegen Herabfallen besonders gesichert, wenn durch überhohe Bordwände, Planen oder ähnliche Mittel sichergestellt ist, dass auch nur unwesentliche Teile der Ladung nicht herabfallen können.

3 III. Es ist vor allem verboten, Kanister oder Blechbehälter ungesichert auf der Ladefläche zu befördern.

4 IV. Vgl. auch § 32 Abs. 1.

1 Aus der amtlichen Begründung

Die zulässigen Abmessungen für land- und forstwirtschaftliche Arbeits- und Anbaugeräte aus § 32 Abs. 1 Nr. 2 StVZO und für die Gesamtlänge von Fahrzeugen, einschließlich Ladung, aus § 32 Abs. 4 S. 1 Nr. 4 und Abs. 7 StVZO werden in die StVO übernommen. Ein Ladungsüberhang von max. 50 cm nach vorn ab einer Höhe von 2,5 m wird zugelassen (Begr. 2000).

2 Erläuterungen

2.1 Verantwortlichkeit des Fahrers und Halters

Die Verantwortung für die Einhaltung der Achslasten und Gesamtgewichte trägt grundsätzlich der **Fahrer**; aber auch der Fahrzeughalter ist dafür verantwortlich (OLG Düsseldorf VRS 74, 69).

2.2 Einhaltung der max. Achslasten, Gewichte und Abmessungen

Fahrzeug und Ladung dürfen zusammen die in § 22 Abs. 2 genannten Maße nicht überschreiten. Die max. Länge einer Fahrzeugkombination beträgt (jetzt) 18,75 m (§ 32 Abs. 4 Nr. 4, Abs. 7 StVZO); zuzüglich eines Ladungs-überhangs (auch nach vorn) darf die Kombination 20,75 m nicht übersteigen. Für Autobahnen und Kraftfahrstraßen gilt § 18 Abs. 1 Satz 2, so dass 3 m breite KFZ im landwirtschaftlichen Einsatz dort nicht verkehren dürfen.

Wegen der Gefahren durch überladene KFZ für die Verkehrssicherheit sind an den Fahrer strenge Anforderungen zu stellen. Er muss bei Anhalts-punkten für eine Überladung alle ihm zur Verfügung stehenden Möglich-keiten zur Prüfung ausnutzen, ob die Ladung das zulässige Gesamtgewicht nicht überschreitet; notfalls ist die nächstgelegene Waage aufzusuchen. Anhaltspunkte können sich aus dem Umfang, der Höhe oder Art der Ladung ergeben, z.B. frisch geschlagenes Holz (OLG Düsseldorf VerkMitt 1999 Nr. 44). Der Fahrer kann sich auf die Gewichtsangaben des **Verladers** ver-lassen, wenn kein Anlass zu Zweifeln besteht (OLG Düsseldorf VRS 64, 462). Anlass besteht aber bei sich durchbiegenden Federn, erschwerter Lenkung, geringer Wendigkeit, Besonderheit von Höhe, Umfang und Art der Ladung. Die Überlastung der Hinterachse des Fahrzeugs kann zur Blendgefahr führen.

2.3 Beladung und deren Sicherung

Die Sicherungspflichten bei der Mitnahme von Ladung dienen der Sicher-heit des Verkehrs, nicht dem Schutz der Ladung. Zur Ladung gehören alle Gegenstände, die in Fahrzeugen befördert werden, so auch Tiere und Gepäckstücke der Insassen. Fahrzeugteile, die der Sicherung, Verwahrung oder dem Heben der Ladung dienen, sind Ausrüstungsgegenstände und gehören nicht zur Ladung, z.B. Spannketten, Krananlagen, Planen, Paletten,

Sicherungskeile; ein gelegentlich mitgeführter Gabelstapler kann aber als Ladung gelten (BayObLG VerkMitt 1999 Nr. 92 = VRS 97, 379).

Jeder Kraftfahrer muss wissen, dass eine ungleichmäßige **Verteilung schwerer Lasten** die Verkehrssicherheit des Fahrzeugs beeinträchtigt; insbesondere die Schleudergefahr erhöht, das gleichmäßige Abbremsen aller Räder erschwert oder zur Blockierung einzelner Räder führen kann. Die Ladung ist nur dann verkehrssicher verstaut, wenn sie auch einer Gefahrbremsung standhält (OLG Düsseldorf MDR 1984, 945). Bereits eine abstrakte Gefahr reicht für einen Verstoß nach § 49 Abs. 1 Nr. 21 aus. Der Umstand, dass eine Vorsichtsmaßnahme unüblich ist, schließt nicht aus, dass sie erforderlich ist. Der Bremskraftregler kann die fehlerhafte Lastverteilung nicht ausgleichen (OLG Hamm VRS 20, 462). Die ordnungsmäßige Beladung des Fahrzeugs ist vom Fahrer vor Antritt der Fahrt zu prüfen und während der Fahrt zu überwachen. Das gilt auch für einen Ablösungsfahrer (BGH VRS 29, 26; BGH VRS 17, 46), wenn Anzeichen für Überladung vorliegen (BayObLG NZV 1988, 192).

Hohe und schwere Lasten müssen wegen der **Kippgefahr** nötigenfalls mit Tiefladern befördert werden. Nasser Kies darf bei Frost nicht auf die Fahrbahn abtropfen (OLG Celle DAR 1957, 245), trockener Sand nicht vom Fahrtwind auf die Straße geweht werden (KG VRS 49, 295). Für Schäden durch herabfallende Ladung während der Fahrt haften Fahrer und Halter (OLG Köln VRS 88, 171). Nach hinten überstehende Baustahlmatten müssen so gesichert sein, dass sich niemand an den scharfen Spitzen verletzt (BayObLG VRS 47, 130).

Die Ladung und Ladeausrüstung müssen auch gegen vermeidbares Lärm besonders gesichert sein. Der dabei anzulegende Maßstab richtet sich nach dem Stand der technischen Möglichkeiten.

2.4 Hinausragende Ladung

Der 1-Meter-Abstand der nach hinten hinausragenden Ladung ist von den Rückstrahlern, nicht von der hinteren Fahrzeugkante zu messen. Der 40-Zentimeter-Abstand bei seitlich hinausragender Ladung bestimmt sich von den Fahrzeugleuchten, nicht vom rechten oder linken Fahrzeugumriss. Anbaugeräte sind wie hinausragende Ladung zu kennzeichnen. Werbeaufschriften (auch in anderer Farbe) sind auf der roten Fahne zulässig, sofern die Warnfunktion für den übrigen Verkehr nicht beeinträchtigt wird. Grundsätzlich darf die Ladung nicht über die vordere Fahrzeugkante, bei Zügen nicht über das ziehende Fahrzeug hinausragen, um Fußgänger, Rad- und Motorradfahrer sowie vorausfahrende Fahrzeuge nicht zu gefährden. Erst ab 2,5 m Höhe (gemessen von der Fahrbahn bis zur Unterkante der Ladungsteile) ist ein geringfügiger Ladungsüberhang nach vorn von höchstens 50 cm zugelassen. Eine besondere Kennzeichnung des vorderen Ladungsüberhangs ist nicht vorgesehen.

3 Hinweise

3.1 Zur Ladungssicherheit: Praxishandbuch „Laden und Sichern" des Bundesverbandes Güterkraftverkehr und Logistik e.V. (BGL), Frankfurt/M.; Verantwortung des Fahrzeugführers für die Ladung: § 23 Abs. 1; Verbot des Liegenlassens herabgefallener Gegenstände auf der Straße: § 32; zulässiges Gesamtgewicht: § 34 StVZO; Sicherung von Anbaugeräten: § 53 b StVZO. Verstößt der Fahrzeughalter gegen Beladungsvorschriften, gilt § 31

Abs. 2 StVZO (OLG Düsseldorf NVZ 1990, 323), d. h. er begeht eine Ordnungswidrigkeit, wenn er die Fahrt in Kenntnis der Überladung zulässt. Der Fahrer verstößt hingegen nach § 23 Abs. 1 Satz 1 StVO.

3.2 Verbot für Fahrzeuge, deren tatsächliches Gewicht: Z. 262; deren tatsächliche Achslast: Z. 263; deren Breite: Z. 264; deren Höhe: Z. 265; deren Länge: Z. 266, auch für Züge einschließlich Ladung, eine bestimmte Grenze überschreitet. Verbot für Fahrzeuge mit wassergefährdender Ladung: Z. 269; Vorsicht bei Beförderung wassergefährdender Stoffe: Z. 354.

3.3 Berücksichtigung von Ladestützen bei Feststellung der Abmessungen: VkBl 1980, 354.

3.4 Gefahrguttransporte

Kennzeichnung der Gefahrguttransporte mit orangefarbenen Warntafeln mit Kennzeichnungs-Nummern vorn, hinten und ggf. seitlich an Tankfahrzeugen und Fahrzeugen mit Aufsetztanks:

Orangefarbene Warntafel
an Fahrzeugen mit Gefahrgut
(Rn 250 000 GGVS/ADR),
Mindestgröße 40 cm x 30 cm

Orangefarbene Warntafel mit
Kennzeichnungsnummern (vorn, hinten,
und ggf. seitlich) an Tankfahrzeugen
oder Fahrzeugen mit Aufsetztank
(Hinweis auf bestimmte gefährliche Güter)

Die orangefarbene, geteilte Warntafel mit Ziffern dient den Hilfsorganisationen (z. B. Feuerwehr) bei Unfällen zum sofortigen Erkennen des mitgeführten Gefahrgutes.

Die oberen Ziffern kennzeichnen die Gefahr, z. B. Entzündbarkeit von Flüssigkeiten oder Gasen (die Verdopplung der Ziffer weist auf die Zunahme der Gefahr hin, z. B. leicht entzündbare Flüssigkeit). Die unteren Ziffern kennzeichnen den Gefahrgutstoff entsprechend der internationalen Stoffliste. Warntafeln für Gefahrgut sind zu entfernen, sobald sie nicht mehr erforderlich sind (BayObLG NZV 1990, 485).

4 Kennzeichnungen an Gütertransporten

4.1 Gefahrgutzeichen

An Fahrzeugen können folgende Gefahrzettel angebracht sein:

Hochexplosiv

Explosiv

Gering
massenexplosiv

Nichtbrennbare
Gase

Entzündbare
flüssige Stoffe

4.1 Gefahrgutzeichen *(Fortsetzung)*

Entzündbare feste Stoffe	Selbstentzündliche Stoffe	Entzündliches Gas bei Berührung mit Wasser	Entzündend wirkende Stoffe oder organische Peroxide	Giftig
Radioaktiv, Gefahr bei Beschädigung der Verpackung	Radioaktiv, Abstand von Personen und Fotomaterial	Radioaktiv, größerer Abstand von Personen und Fotomaterial	Radioaktiv, nicht lagern bei Fotomaterial	Infektiös
Ätzende Stoffe	Verschiedene gefährliche Stoffe (hier Klasse 9)	Vor Nässe schützen	Oben	Zerbrechlich

4.2 Warntafel für Abfalltransporte

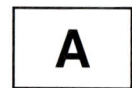

Die Kennzeichnung der Fahrzeuge folgt aus § 13 b Abfallgesetz und soll dem „Abfalltourismus" vorbeugen. Besteht der zu befördernde Abfall ganz oder zum Teil aus Gefahrgut, sind zusätzlich Gefahrgutwarntafeln anzubringen.

4.3 Tafeln für lärm- und abgasarme Fahrzeuge

Grünes (nicht reflektierendes) Schild mit weißem „G" (20 cm Durchmesser). Das Schild muss an der Vorderseite und darf zusätzlich an der Rückseite des lärmarmen KFZ befestigt werden. Andere Zeichen, die mit dem Schild verwechselt werden können, dürfen nicht angebracht werden. Die so

gekennzeichneten Fahrzeuge sind von den Verkehrsbeschränkungen aus
Lärmschutzgründen ausgenommen, z. B. Z. 250 mit Zusatzschild „lärmarme
KFZ frei". Entsprechendes gilt für ausländische KFZ nach § 3 Abs. 3 a IntVO.

Kennzeichnung eines „Super-Grünen-Fahrzeugs". Das KFZ hält die EU-
Geräuschgrenzwerte ein und erfüllt zugleich die Abgasnorm „EURO 2".

4.4 Tafeln für kombinierten Verkehr Straße/Schiene/Hafen

Kennzeichnung eines steuerbefreiten Fahrzeugs, das ausschließlich im
„kombinierten Verkehr" Straße/Schiene/Hafen eingesetzt wird. Die Steuer-
befreiung ergibt sich außerdem durch das grüne amtliche Kennzeichen.

4.5 Tafeln im Gütertransit

Fahrzeuge, die im internationalen Gütertransit eingesetzt werden, können
grenzüberschreitend im Zollverschluss fahren. Sie müssen Zollbegleit-
papiere mitführen und werden vorn und hinten mit je einer blauen „TIR"-
Tafel gekennzeichnet.

An den Grenzen brauchen sie dann keine Warenzölle zu entrichten. Die Abkürzung „TIR" steht für die französische Bezeichnung „TRANSPORT INTER-
NATIONAL DE MARCHANDISES PAR VEHICLE ROUTIER". Rechtsgrundlage sind
Zollabkommen zwischen ausländischen Staaten untereinander und Abkommen mit der Bundesrepublik Deutschland.

§ 23 Sonstige Pflichten des Fahrzeugführers

(1) Der Fahrzeugführer ist dafür verantwortlich, dass seine Sicht und das Gehör nicht durch die Besetzung, Tiere, die Ladung, Geräte oder den Zustand des Fahrzeugs beeinträchtigt werden. Er muss dafür sorgen, dass das Fahrzeug, der Zug, das Gespann sowie die Ladung und die Besetzung vorschriftsmäßig sind und dass die Verkehrssicherheit des Fahrzeugs durch die Ladung oder die Besetzung nicht leidet. Er muss auch dafür sorgen, dass die vorgeschriebenen Kennzeichen stets gut lesbar sind. Vorgeschriebene Beleuchtungseinrichtungen müssen an Kraftfahrzeugen und ihren Anhängern sowie an Fahrrädern auch am Tage vorhanden und betriebsbereit sein, sonst jedoch nur, falls zu erwarten ist, dass sich das Fahrzeug noch im Verkehr befinden wird, wenn Beleuchtung nötig ist (§ 17 Abs. 1).

(1 a) Dem Fahrzeugführer ist während der Fahrt die Benutzung eines Mobil- oder Autotelefons untersagt, wenn er hierfür das Mobiltelefon oder den Hörer des Autotelefons aufnimmt oder hält. Dies gilt nicht, wenn das Fahrzeug steht und bei Kraftfahrzeugen der Motor ausgeschaltet ist.

(1 b) Dem Führer eines Kraftfahrzeugs ist es untersagt, ein technisches Gerät zu betreiben oder betriebsbereit mitzuführen, das dafür bestimmt ist, Verkehrsüberwachungsmaßnahmen anzuzeigen oder zu stören. Das gilt insbesondere für Geräte zur Störung oder Anzeige von Geschwindigkeitsmessungen (Radarwarn- oder Laserstörgeräte).

(2) Der Fahrzeugführer muss das Fahrzeug, den Zug oder das Gespann auf dem kürzesten Weg aus dem Verkehr ziehen, falls unterwegs auftretende Mängel, welche die Verkehrssicherheit wesentlich beeinträchtigen, nicht alsbald beseitigt werden; dagegen dürfen Krafträder und Fahrräder dann geschoben werden.

(3) Radfahrer und Führer von Krafträdern dürfen sich nicht an Fahrzeuge anhängen. Sie dürfen nicht freihändig fahren. Die Füße dürfen sie nur dann von den Pedalen oder den Fußrasten nehmen, wenn der Straßenzustand das erfordert.

VwV zu § 23 Sonstige Pflichten des Fahrzeugführers

Zu Absatz 1

1 I. Bei Kraftwagen, die neben dem Innenspiegel nur einen Außenspiegel haben, ist gegen sichtbehinderndes Bekleben und Verstellen der Rückfenster mit Gegenständen einzuschreiten. Zu beanstanden ist das Fehlen eines zweiten Außenspiegels auch dann, wenn ein mitgeführter Anhänger die Sicht beim Blick in den Außen- oder Innenspiegel wesentlich beeinträchtigt. Auch der sichtbehindernde Zustand der Fenster (z. B. durch Beschlagen oder Vereisung) ist zu beanstanden.

2 II. Fußgänger, die Handfahrzeuge mitführen, sind keine Fahrzeugführer.

1 Aus der amtlichen Begründung

1.1 Durch das Benutzungsverbot von Mobiltelefonen während der Fahrt sollen abstrakte Gefahren durch Ablenkung des Fahrers vermieden werden (Begr. 2000).

1.2 Die Ergänzung des § 23 Abs. 1 b (Verbot von Radarwarngeräten) setzt die Ermächtigung des § 6 Abs. 1 Nr. 3 i StVG um. Da sich das Verbot einer technischen Einrichtung als „Handelshemmnis" darstellt, ist bei der EU-Kommission nach der RL 98/34/EG ein Notifizierungsverfahren erfolgt.

2 Erläuterungen

Für den Fahrbetrieb ist in erster Linie der Fahrer verantwortlich. Das ist derjenige, der die tatsächliche Gewalt über das Fahrzeug hat, es lenkt oder dessen Bewegungsabläufe steuert. Bedienen zwei Personen das KFZ gleichzeitig (selten), sind beide Fahrzeugführer verantwortlich und müssen die Fahrerlaubnis besitzen (Ausnahme: Bei Übungs- und Prüfungsfahrten eines Fahrschülers gilt nur der Fahrlehrer als Fahrzeugführer; § 2 Abs. 15 StVG). Auch bei Fahrzeugen, die ohne Fahrerlaubnis bewegt werden können, ist der Fahrzeugführer verantwortlich; er muss deshalb die notwendigen Fertigkeiten haben, z. B. bei Pferdekutschen (§ 31 StVZO). Die Pflichten des Fahrzeugführers bestehen vor der Inbetriebnahme, während der Fahrt und beim Parken. Für das Be- und Entladen ist er jedoch nur insoweit verantwortlich, als es verkehrsbezogen erfolgt (z. B. Lastverteilung auf dem Fahrzeug). Daneben ist auch der Fahrzeughalter verantwortlich (OLG Düsseldorf VRS 74, 69), wenn er Kenntnis von Mängeln oder der unzureichenden Sicherung seines Fahrzeugs hat (§ 32 Abs. 2 StVZO). In diesem Fall darf er die Inbetriebnahme weder anordnen noch zulassen, solange die Mängel nicht beseitigt worden sind. Wer Halter ist, richtet sich nach der Eintragung im Fahrzeugschein; abweichend davon kann jedoch auch derjenige Halter sein, der die tatsächliche Verfügungsgewalt über das KFZ hat und es für eigene Rechnung gebraucht (BGH NZV 1997, 116).

2.1 Technischer Zustand des Fahrzeugs

Das Führen eines **fehlerhaften Fahrzeugs** verstößt nicht gegen § 23 Abs. 1 Satz 2, sondern nur gegen Ausrüstungsbestimmungen der StVZO, z.B. bei Reifenmängeln: § 36 StVZO (OLG Düsseldorf VerkMitt 1988 Nr. 62; VRS 90, 200). § 23 hat jedoch die Bedeutung eines Auffangtatbestandes, wenn Sonderbestimmungen der StVZO fehlen. Der Führer hat vor Antritt der Fahrt und nach jeder Umstellung des Bremskraftreglers eine **Bremsprobe** durchzuführen, um die volle Funktionsfähigkeit der Bremse festzustellen (OLG Koblenz 1976, VRS 51, 98). Darüber hinaus muss er alle vorgeschriebenen Einrichtungen funktionell ausreichend benutzen können (OLG Oldenburg VRS 16, 297). Zur Vorschriftsmäßigkeit gehört ausreichender Treibstoff insoweit, als das KFZ nicht gefährdend liegen bleiben darf, z. B. auf Autobahnen (OLG Düsseldorf VerkMitt 2000 Nr. 79 = DAR 2000, 223 = VRS 98, 302 = NZV 2000, 338: strittig). Ist ein Lastzug mit zwei Fahrern besetzt, ist während der Fahrt verantwortlich, wer am Steuer sitzt, sonst derjenige, der die erforderlichen Verrichtungen vornimmt (OLG Köln DAR 1957, 53). Nicht nur die vorgeschriebenen, sondern auch die für zulässig erklärten **lichttechnischen Einrichtungen** (z. B. Nebelschlussleuchte) müssen ständig betriebsfähig sein (OLG Celle VerkMitt 1979 Nr. 45 = VRS 56, 137; DAR 1979, 77). Der Fahrer muss über die Wirkungsweise serienmäßiger Sicherheitseinrichtungen (z. B. Zweikreisbremse) unterrichtet sein (OLG Düsseldorf VerkMitt 1975 Nr. 107). Der Fahrer hat zu beachten, dass die **Betriebserlaubnis** durch Änderungen am Fahrzeug wegfallen kann, z. B. nachträglicher Einbau eines anders gearteten Lenkrades (BayObLG VerkMitt 1975 Nr. 4 = VRS 48, 153) oder Aufkleben einer farbigen Folie an die Windschutzscheibe (OLG Koblenz

VRS 47, 225; OLG Hamm DAR 1975, 193). § 23 gilt auch im internationalen Verkehr für außerdeutsche Fahrzeuge im Sinne des § 1 IntVO (KG 1985 VRS 69, 309).

2.2 Fahrsicherheit

Rauchen am Steuer kann bei einer Verkehrslage, die besondere Aufmerksamkeit erfordert, fahrlässig sein (OLG Düsseldorf NJW 1980, 2262; KG VersR 1983, 494). Das **Hörvermögen** des Fahrers darf nicht durch Tonübertragungsgeräte vermindert sein, z.b. Walkman mit Kopfhörer, wenn die Lautstärke das Gehör beeinträchtigt (OLG Köln 1987 VRS 73, 148). Müssen während der Fahrt aus arbeitsschutzrechtlichen Gründen Gehörschutzkapseln getragen werden, z. B. bei selbstfahrenden Arbeitsmaschinen in der Landwirtschaft, darf die Geräuschdämpfung nur so weit herabgesetzt sein, dass noch Verkehrsumfeldgeräusche wahrgenommen werden können.

2.3 Besetzung des Fahrzeugs

Die höchstzulässige Anzahl der in einem PKW zu befördernden Personen ist gesetzlich nicht festgelegt; sie dürfen jedoch das zulässige Gesamtgewicht nicht überschreiten und den Fahrer in der Bedienung des KFZ nicht behindern (OLG Karlsruhe VerkMitt 1981 Nr. 40). Die Verkehrssicherheit eines PKW ist beeinträchtigt, wenn im geöffneten Kofferraum Personen mitfahren und ihre Beine hinaushängen lassen (OLG Köln VerkMitt 1988 Nr. 72 = VRS 75, 131); ebenso beim Hinauslehnen aus einem Autofenster (Mithaftung des Fahrers zu 50 %: OLG Karlsruhe NZV 1999, 292). Der Motorradfahrer darf erst dann rasch beschleunigen, wenn sich der Sozius an ihm fest gehalten hat (KG VerkMitt 1996 Nr. 107 = VRS 91, 444). Das Motorrad muss mit einem nach der Bauart dafür bestimmten Sitz, beidseitig Fußrasten und einem Handgriff ausgerüstet sein. Die Mitnahme eines Kindes ist nach Abs. 1 Satz 2 erst zulässig, wenn es körperlich in der Lage ist, Beschleunigungs-, Verzögerungs- und Seitenführungskräfte des Motorrades auszugleichen.

2.4 Beladung des Fahrzeugs

Der Fahrer hat die ordnungsgemäße **Beladung** des Fahrzeugs bei Fahrtantritt zu prüfen und nötigenfalls während der Fahrt zu überwachen. In gleicher Weise ist verantwortlich, wer ein beladenes Fahrzeug zur weiteren Führung übernimmt (BGH 1965 VRS 29, 26). Ob Personen, die seiner Aufsicht nicht unterstehen, das Fahrzeug beladen haben, ist nicht wesentlich (OLG Düsseldorf VerkMitt 1967, 87). Der Fahrer kann sich jedoch im Allgemeinen auf die Gewichtsangaben des Verladers verlassen (BayObLG VerkMitt 1970 Nr. 6). Jetzt ausdrücklich verantwortlich ist der Fahrer auch für mitgeführte Tiere, die im Zweifelsfall in Transportbehältern oder mit Sicherheits-Netzen im Heck zu befördern sind.

2.5 Mobiltelefon-Verbot

Entscheidend für das Verbot ist die beim Telefonieren vorhandene Ablenkung des Fahrers, die durch das technische Handling mit dem Mobiltelefon oder dem Autotelefonhörer verstärkt wird. Infolgedessen ist auch das Einklemmen des Hörers zwischen Kopf und Schulter untersagt. Dem Verbot unterliegen von Hand betriebene mobile Telefone („Handys") und fest eingebaute Autotelefone, bei denen noch der Hörer abgenommen werden muss. Aus dem nur auf Handys und Mobiltelefone bezogenen Verbot folgt die Zulässigkeit von CB- oder Betriebsfunkanlagen (Taxifunk). Bei Funkanlagen entsteht im Gegensatz zum Telefon außerdem kein subjektiv-psychischer Druck, sofort antworten zu müssen. Auch Polizei-, Feuerwehr- oder Betriebsfunkanlagen fallen, abgesehen von der Inanspruchnahme von Sonderrechten nach § 35, nicht unter die Verbotsnorm. Funkanlagen dürfen allerdings nicht über die üblichen Fernsprechnetze (wie bei Mobiltelefonen) gesteuert werden; sie würden sonst unter das Verbot fallen. Neben Freisprechanlagen sind auch „Head-Sets" zulässig[1], sofern bei Gesprächsannahme nur ein Knopf am Telefon gedrückt werden muss. Kommt es bei der Benutzung dieser Geräte durch Unaufmerksamkeit zu einem Unfall, haftet der Fahrer zivilrechtlich (LG Frankfurt NZV 2001, 480). Wird hingegen beim Anwählen das Telefon in die Hand genommen werden, bleibt das Verbot auch für Head-Sets wirksam. Kopfhörer dürfen dabei nur einseitig verwendet werden, weil andernfalls gegen das Verbot des 23 Abs. 1 (Beeinträchtigung des Gehöres) verstoßen wird. Auch andere technische Lösungen, bei denen kein Hörer in die Hand genommen werden muss, bleiben zulässig, vor allem fest eingebaute Freisprechanlagen.

Das Verbot umfasst nicht nur das Anwählen oder Gespräche, sondern auch die Versendung von SMS-Nachrichten[2], der Abruf von Internetdaten über Handy, Einspeichern von Nummern oder Einstellungen am Telefon während der Fahrt. Zum Begriff „Fahrt" gehört der fließende Verkehr, somit grundsätzlich auch verkehrsbedingtes Warten, z. B. vor Ampelanlagen. Nur bei längerem Warten mit abgeschaltetem Motor, z. B. vor Bahnübergängen oder im Stau, ist aus Gründen der Verhältnismäßigkeit das Telefonieren mit dem Hörer in der Hand zulässig. Fährt der Verkehr wieder an, muss das Gespräch beendet werden. Zulässig ist auch das Telefonieren im Wagen im ruhenden Verkehr (Halten und Parken). Dem Verbot unterliegen alle Fahrzeugführer, somit auch Radfahrer, nicht aber Beifahrer. Der Fahrlehrer gilt als Führer des Schulungsfahrzeugs (§ 2 Abs. 15 Satz 2 StVG) und hat das Telefonierverbot zu beachten, weil er während des praktischen Unterrichts unter Umständen eingreifen muss. Da die für den Fahrzeugverkehr einheitlich bestehenden Verkehrsregeln auch für geschlossene Verbände und Reiter gelten (§ 27 Abs. 1, 28 Abs. 2), unterliegen auch sie dem Telefonierverbot. Zur Ahndung siehe Hinweise 3.1.

2.6 Radarwarngeräte

Die von der Polizei durchgeführten Verkehrskontrollen sollen durch mitgeführte technische Apparate weder konterkariert noch sonst beeinträchtigt werden.[3] Zu den Verkehrsüberwachungen zählen alle Maßnahmen, die

---

1 Bei Headsets sind Mikrofon und Hörer am Kopf oder Ohr befestigt und durch Leitungen oder schnurlos mit dem Telefon verbunden

2 SMS = Short-Message-Service (geschriebene Kurznachrichten)

3 Die Regelung beruht auf der unzureichenden Verbotsnorm für Radarwarngeräte nach §§ 86, 95 Telekommunikationsgesetz (TMG). Danach ist es strafbar, mit einer Funkanlage Nachrichten abzuhören, die für die Funkanlage nicht bestimmt sind. Die Signale des Radarmessgerätes sind „Nachrichten", die vom Radarwarngerät „abgehört" werden (so LG Cottbus DAR 1999, 466). Die Gleichstellung des Begriffs „Abhören" in § 86 TMG mit dem „Empfang" von Signalen durch das Radarwarngerät nebst der optischen oder akustischen Warnung für den Betroffenen, ist jedoch zu weitgehend (LG Berlin DAR 1997, 501; LG München I NJW 1999, 2600), so dass aus § 95 TMG keine Strafbarkeit begründet werden kann.

zur Feststellung von Verkehrsverstößen, insbesondere gegen die StVO und StVZO, ergriffen werden; nicht aber Tempomessungen zu wissenschaftlichen Zwecken. Das Verbot erfasst vor allem Radarwarn- und Laserstörgeräte, aber auch sonstige Apparate, die einen vergleichbaren Effekt erzielen, z. B. Einbindung in Zielführungseinrichtungen zur Warnung anderer Kraftfahrer (Telematiksysteme) oder auch Autoradios mit technischen Komponenten zur Warnung vor Tempokontrollen. Auf die Wirksamkeit der Geräte kommt es ebenso wenig an, wie auf eine nachweisbare konkrete Anzeige der Kontrolle oder Störung der polizeilichen Messung im Einzelfall. Erforderlich ist allerdings die „Betriebsbereitschaft" am oder im Fahrzeug, so dass der bloße Transport ausgeschalteter Geräte nicht unter das Verbot fällt. Medienberichte über Standorte von Tempokontrollen der Polizei werden durch das Verbot selbst dann nicht erfasst, wenn sie allein dazu dienen, höhere Einschaltquoten zu erzielen.

Im Übrigen können betriebsbereite Radarwarngeräte bei Polizeikontrollen gemäß §§ 94 Abs. 1, 98 StPO beschlagnahmt oder nach den landesrechtlichen Sicherheits- und Ordnungsgesetzen sichergestellt werden, weil sie ausschließlich dazu dienen, Tempoverstöße zu begehen (VG München DAR 1998, 366 = NZV 1998, 520; VG Schleswig NZV 2000, 103; VG Berlin DAR 2000, 282).

2.7 Verantwortlichkeit des Halters

Der **Halter** hat den Fahrer zur Einhaltung der Verkehrsregeln anzuhalten und ihm, falls er beharrlich gegen die Verkehrsvorschriften verstößt, das Fahren zu verbieten. Als Beifahrer ist er jedoch nicht verpflichtet, mit der gleichen Sorgfalt wie der Fahrer auf Verkehrszeichen zu achten (OLG Zweibrücken 1974, VRS 48, 152).

2.8 Fahrzeugmängel

Bei Fahrzeugen, die im Schwerverkehr eingesetzt sind (z. B. Transport schwerer Basaltsteine), muss die Bereifung täglich kontrolliert werden (OLG Koblenz 1974, VRS 47, 446). Ein Fahrzeugführer darf nach einer **Reifenpanne** einen verkehrsunsicheren Reifen nur benutzen, um das Fahrzeug auf dem kürzesten Weg aus dem Verkehr zu ziehen (BGH NJW 1977, 114; BayObLG VerkMitt 1988 Nr. 83 = VRS 75, 133; NZV 1988, 154). Bei einer funktionsuntüchtigen **Handbremse** eines PKW (z. B. Einsetzen der Bremswirkung erst beim Anziehen des Betätigungshebels auf etwa 60 Grad und Wegfall der Feststellbarkeit der Bremse) ist die Inbetriebnahme des Fahrzeugs auch zur Überführung in eine Reparaturwerkstatt nicht mehr zulässig (OLG Hamm 1978, VRS 56, 135). Wer sein Fahrzeug trotz verkehrsunsicherer Handbremse weiter benutzt, nimmt eine Gefahrenerhöhung vor, die den Versicherer berechtigt, den für die Schadensregulierung verauslagten Betrag zurückzuverlangen (BGH VRS 1972, 872). Wer fahrlässig trotz Warnung durch den Kraftstoffanzeiger mit ungenügendem **Kraftstoffvorrat** fährt und deshalb auf der Autobahn liegen bleibt, verstößt gegen § 23 Abs. 1 Satz 2 (KG 1974, VRS 47, 313).

2.9 Radfahrsicherheit

Abs. 3 verbietet **Radfahrern** das Anhängen an Fahrzeuge. Eine entsprechende Vorschrift für Inline-Skater fehlt, weil diese als sonstige Fortbewegungsmittel nicht auf Fahrbahnen fahren dürfen. Hängen sich Inline-Skater auf der Fahrbahn an KFZ an („Surfen"), verstoßen sie nicht nur gegen das Fahrbahnbenutzungsverbot des § 2 Abs. 1, sondern bei konkreter Gefahr auch gegen § 1 Abs. 2. Freihändiges Radfahren ist auch dann unzulässig, wenn das Fahrrad mit Rücktrittbremse ausgestattet ist. Hat das Fahrrad nur Handbremsen, darf mit einer Hand am Lenker gefahren werden, wenn dadurch ein ausreichendes Abbremsen möglich ist.

3 Hinweise

3.1 Ahndung eines Verstoßes gegen das Telefonierverbot: 30 € Verwarnungsgeld, bei Radfahrern 15 €. Eine Sicherstellung des Mobiltelefons bei Verstößen wäre nach dem Übermaßverbot unzulässig. Wird bei der Missachtung des Telefonierverbots ein grober Verkehrsverstoß begangen, kann hierfür (bedingter) Vorsatz angenommen werden (OLG Celle VerkMitt 2002, Nr. 10 = NZV 2001, 354 = DAR 2001, 415: bei Rotlichtverstoß). Im Ausland bestehen ebenfalls Telefonierverbote am Steuer, z. B. Dänemark, England, Österreich, Italien, Schweiz, Spanien, Slowenien, Slowakei, Türkei, Tschechien, Ungarn; teilweise werden dort wesentlich höhere Bußgelder verhängt (z. B. Norwegen bis zu 500 €, Polen 1 125 €).

3.2 Verantwortung des Führers von geschlossenen Verbänden: 27 Abs. 5.

3.3 Mitführen des **Fahrzeugscheins**: §§ 24, 28 StVZO; bei zulassungsfreien Fahrzeugen Nachweis über die Betriebserlaubnis: § 18 Abs. 5 und 6 StVZO.

3.4 Ständige Betriebsbereitschaft der **Beleuchtungseinrichtungen** an Kraftfahrzeugen und Kraftfahrzeuganhängern: § 49a StVZO; an Fahrrädern: § 67 Abs. 4 StVZO.

§ 24 Besondere Fortbewegungsmittel

(1) Schiebe- und Greifreifenrollstühle, Rodelschlitten, Kinderwagen, Roller, Kinderfahrräder und ähnliche Fortbewegungsmittel sind nicht Fahrzeuge im Sinne der Verordnung.

(2) Mit Krankenfahrstühlen oder mit anderen als in Absatz 1 genannten Rollstühlen darf dort, wo Fußgängerverkehr zulässig ist, gefahren werden, jedoch nur mit Schrittgeschwindigkeit.

VwV zu § 24 Besondere Fortbewegungsmittel

Zu Absatz 1

1 I. Solche Fortbewegungsmittel unterliegen auch nicht den Vorschriften der StVZO.

2 II. Schieberollstühle sind Rollstühle mit Schiebeantrieb nach Nr. 2.1.1, Greifreifenrollstühle sind Rollstühle mit Greifreifenantrieb nach Nr. 2.1.2 der DIN 13240 Teil 1.

3 III. Kinderfahrräder sind solche, die üblicherweise zum spielerischen Umherfahren im Vorschulalter verwendet werden.

Zu Absatz 2

4 Krankenfahrstühle sind Fahrzeuge.

1 Aus der amtlichen Begründung

1.1 Wer Fortbewegungsmittel führt, die keine Fahrzeuge sind, muss die Gehwege benutzen. (Begr. 1970).

1.2 Rollstuhlfahrer werden rechtlich wie Fußgänger behandelt. Hierbei handelt es sich um die Benutzung nicht zulassungspflichtiger Rollstühle (Krankenfahrstühle) mit Schrittgeschwindigkeit (Begr. 1988).

2 Erläuterungen

2.1 Fortbewegungsmittel

Fortbewegungsmittel sind keine Fahrzeuge (somit gibt es auch keine Fahrzeugführer). Der Begriff ist identisch mit der Regelung in § 16 Abs. 2 StVZO. Hierzu gehören solche Geräte, die wegen ihrer geringen Größe oder ihrer Bauart nicht auf der Fahrbahn betrieben werden dürfen. Da Fortbewegungsmittel nicht in erster Linie der Transportfunktion dienen, dürfen sie auch nicht mit Motorkraft betrieben werden. Zu den Fortbewegungsmitteln gehören Gehhilfen, wie Schiebe- oder Greifreifenrollstühle, Kinderwagen, Roller, Kinderfahrräder oder Dreiräder zum spielerischen Umherfahren von Kindern im Vorschulalter, Schlitten (soweit zum Transport von Kleinkindern oder zur Rodelbahn mitgeführt), Sackkarren, kleine Handkarren, Kofferroller sowie Bewegungsgeräte mit sportlichem Trend, wie Rollschuhe, Skateboards, Inline-Skater[1], Trailskater, Kick-Boards, Powerskip, sofern sie zur üblichen

---

1 Das Gesetz über technische Arbeitsmittel regelt in § 2 Abs. 2 Nr. 4 auch das Inverkehrbringen u. a. von Sport- und Freizeitgeräten. So dürfen nach § 3 Abs. 1 Satz 1 dieses Gesetzes technische Arbeitsmittel und damit auch Inline-Skates „nur in den Verkehr gebracht werden, wenn sie den in den Rechtsverordnungen nach diesem Gesetz enthaltenen sicherheitstechnischen Anforderungen für ihr Inverkehrbringen entsprechen und Leben und Gesundheit oder sonstige nach den Rechtsverordnungen aufgeführte Rechtsgüter der Benutzer oder Dritter bei bestimmungsgemäßer Verwendung nicht gefährdet werden."

Ortsveränderung benutzt werden (OLG Karlsruhe VerkMitt 2000 Nr. 14 = NZV 1999, 44; a. A. OLG Oldenburg NZV 2000, 470 = DAR 2000, 528 = VRS 99, 337), andernfalls gehören sie zu den Sportgeräten. Inline-Skater müssen sich mit der Gehwegbeschaffenheit abfinden (OLG Celle NZV 1999, 509). Selbst mit routinierter Bremstechnik („Hell-Stopp" oder „Schneepflug") erzielt ein erfahrener Inline-Skater nur eine Bremsverzögerung im Mittel von 2,1 m/s², so dass eine Fortbewegung auf der Fahrbahn extrem gefährlich ist (Niklas NZV 1999, 278); bei 30 km/h beträgt der Bremsweg etwa 16 m. Tretroller für Erwachsene, die durch Abstoßen mit dem Fuß bewegt werden, sind auch dann keine Fahrzeuge, wenn sie mit Vorder- und Hinterradbremsen versehen sind (OLG Oldenburg VerkMitt 1997 Nr. 5). Das Mitführen derartiger Fortbewegungsmittel unterliegt den Regelungen für Fußgänger nach § 25. Auf Gehwegen und in Fußgängerzonen dürfen sie benutzt werden, wenn dadurch andere weder gefährdet noch behindert werden.

Von den Fortbewegungsmitteln sind (reine) Sportgeräte zu unterscheiden. Diese dürfen bestimmungsgemäß nach § 31 nur auf den (durch Zusatzschilder) besonders ausgewiesenen Straßen, sonst nur außerhalb öffentlicher Verkehrsflächen betrieben werden (Grams NZV 1997, 65). Die Nutzung solcher Sportgeräte im öffentlichen Verkehrsraum wäre unzulässige Sondernutzung nach den Straßengesetzen der Länder; in Wintersportgebieten kann allerdings der Betrieb von Sportgeräten dem Gemeingebrauch zugerechnet werden. Zu den Sportgeräten zählen Skier, Rodel- oder Bobschlitten, Rhönräder, Rennräder, Schlitt- oder Gleitschuhe u. ä. (auch wenn sie mit Motoren ausgerüstet sind). Da es auf die Nutzung ankommt, können auch Kraftfahrzeuge Sportgeräte sein, wenn deren Verwendung vordringlich dem Motorsport dient (meist nicht zugelassene Rennfahrzeuge).

2.2 Kinderfahrräder

Der Begriff „Kinderfahrrad" richtet sich nach Rn. 3 VwV zu § 24. Benutzen ältere Kinder ihrer Größe angepasste Fahrräder, handelt es sich um Fahrräder, d. h. bis 8 Jahre müssen sie, bis 10 Jahre dürfen sie Gehwege benutzen (§ 2 Abs. 5). Kinder ab 11 Jahren müssen Radwege oder Fahrbahnen benutzen. Haftung eines Kindes bei verkehrswidrigem Fahren auf einem Kinderfahrrad: § 828 BGB (OLG Köln NZV 1992, 320).

2.3 Krankenfahrstühle

Während muskelbetriebene Rollstühle den Fortbewegungsmitteln zugeordnet werden, sind Krankenfahrstühle Fahrzeuge und mit Motorantrieb KFZ (BayObLG VRS 99, 367). Auf Gehwegen darf mit Schrittgeschwindigkeit gefahren werden, auf Fußgänger ist Rücksicht zu nehmen (§ 1 Abs. 1). Voraussetzung ist allerdings, dass Krankenfahrstühle „besonders" für die Benutzung (nur) durch Behinderte ausgestattet sind. Werden technische Veränderungen vorgenommen oder dient die behindertengerechte Ausstattung nur der Umgehung der Fahrerlaubnispflicht (z. B. Kleinst-PKW), müssen diese Fahrzeuge die Fahrbahn benutzen; außerdem ist die Fahrerlaubnis der Klasse B erforderlich.

3 Hinweise

Fußgängerverkehr beim Mitführen sperriger Gegenstände: § 25 Abs. 2; Spielen mit Rollern: § 31; Zusatzschild zum Z. 101 und Z. 250: Gestattung des Wintersports.

§ 25 Fußgänger

(1) Fußgänger müssen die Gehwege benutzen. Auf der Fahrbahn dürfen sie nur gehen, wenn die Straße weder einen Gehweg noch einen Seitenstreifen hat. Benutzen sie die Fahrbahn, so müssen sie innerhalb geschlossener Ortschaften am rechten oder linken Fahrbahnrand gehen; außerhalb geschlossener Ortschaften müssen sie am linken Fahrbahnrand gehen, wenn das zumutbar ist. Bei Dunkelheit, bei schlechter Sicht oder wenn die Verkehrslage es erfordert, müssen sie einzeln hintereinander gehen.

(2) Fußgänger, die Fahrzeuge oder sperrige Gegenstände mitführen, müssen die Fahrbahn benutzen, wenn sie auf dem Gehweg oder auf dem Seitenstreifen die anderen Fußgänger erheblich behindern würden. Benutzen Fußgänger, die Fahrzeuge mitführen, die Fahrbahn, so müssen sie am rechten Fahrbahnrand gehen; vor dem Abbiegen nach links dürfen sie sich nicht links einordnen.

(3) Fußgänger haben Fahrbahnen unter Beachtung des Fahrzeugverkehrs zügig auf dem kürzesten Weg quer zur Fahrtrichtung zu überschreiten, und zwar, wenn die Verkehrslage es erfordert, nur an Kreuzungen oder Einmündungen, an Lichtzeichenanlagen innerhalb von Markierungen oder auf Fußgängerüberwegen (Zeichen 293). Wird die Fahrbahn an Kreuzungen oder Einmündungen überschritten, so sind dort angebrachte Fußgängerüberwege oder Markierungen an Lichtzeichenanlagen stets zu benutzen.

(4) Fußgänger dürfen Absperrungen, wie Stangen- oder Kettengeländer, nicht überschreiten. Absperrschranken (§ 43) verbieten das Betreten der abgesperrten Straßenfläche.

(5) Gleisanlagen, die nicht zugleich dem sonstigen öffentlichen Straßenverkehr dienen, dürfen nur an den dafür vorgesehenen Stellen betreten werden.

VwV zu § 25 Fußgänger

Zu Absatz 3

1 I. Die Sicherung des Fußgängers beim Überqueren der Fahrbahn ist eine der vornehmsten Aufgaben der Straßenverkehrsbehörden und der Polizei. Es bedarf laufender Beobachtungen, ob die hierfür verwendeten Verkehrszeichen und Verkehrseinrichtungen den Gegebenheiten des Verkehrs entsprechen und ob weitere Maßnahmen sich als notwendig erweisen.

2 II. Wo der Fahrzeugverkehr so stark ist, dass Fußgänger die Fahrbahn nicht sicher überschreiten können, und zu, wo Fußgänger den Fahrzeugverkehr unzumutbar behindern, sollten die Fußgänger entweder von der Fahrbahn fern gehalten werden (Stangen- oder Kettengeländer), oder der Fußgängerquerverkehr muss unter Berücksichtigung zumutbarer Umwege an bestimmten Stellen zusammen gefasst werden (z. B. Markierung von Fußgängerüberwegen oder Errichtung von Lichtzeichenanlagen). Erforderlichenfalls ist bei der Straßenbaubehörde der Einbau von Inseln anzuregen.

3 III. 1. Die Markierungen an Lichtzeichenanlagen für Fußgänger, so genannte Fußgängerfurten, bestehen aus zwei in der Regel 4 m voneinander entfernten, unterbrochenen Quermarkierungen. Einzelheiten ergeben sich aus den Richtlinien für die Markierung von Straßen (RMS). Vgl. zu § 41 Abs. 3.

4 2. Wo der Fußgängerquerverkehr dauernd oder zeitweise durch besondere Lichtzeichen geregelt ist, sind Fußgängerfurten zu markieren. Sonst ist diese Markierung, mit Ausnahme an Überwegen, die durch Schülerlotsen, Schulweghelfer oder sonstige Verkehrshelfer gesichert werden, unzulässig.

5 3. Mindestens 1 m vor jeder Fußgängerfurt ist eine Haltlinie (Z. 294) zu markieren; nur wenn die Furt hinter einer Kreuzung oder Einmündung angebracht ist, entfällt selbstverständlich eine Haltlinie auf der der Kreuzung oder Einmündung zugewandten Seite.

6 IV. Über Fußgängerüberwege vgl. zu § 26.

7 V. Wenn nach den dort genannten Grundsätzen die Anlage von Fußgängerüberwegen ausscheidet, der Schutz des Fußgängerquerverkehrs aber erforderlich ist, muss es nicht immer geboten sein, Lichtzeichen vorzusehen. In vielen Fällen wird es vielmehr genügen, die Bedingungen für das Überschreiten der Straße zu verbessern (z. B. durch Einbau von Inseln, Haltverbote, Überholverbote, Geschwindigkeitsbeschränkungen, Beleuchtung).

8 VI. Die Straßenverkehrsbehörde hat bei der Straßenbaubehörde anzuregen, die in § 11 Abs. 4 BOStrab vorgesehene Aufstellfläche an den für das Überschreiten durch Fußgänger vorgesehenen Stellen zu schaffen; das bloße Anbringen einer Fahrstreifenbegrenzung (Z. 295) wird nur ausnahmsweise den Fußgängern ausreichenden Schutz geben.

Zu Absatz 5

9 Das Verbot ist bußgeldbewehrt durch § 63 Abs. 2 Nr. 1 BOStrab; wenn es sich um Eisenbahnanlagen handelt, durch § 64b der Eisenbahn-Bau- und Betriebsordnung (EBO).

1 Aus der amtlichen Begründung

Außerorts darf der Fußgänger die rechte Fahrbahnseite benutzen, wenn er triftige Gründe hat, z. B. bei scharfen Linkskurven auf dem rechten Fahrbahnrand (Begr. 1970).

2 Erläuterungen

2.1 Gehwegbenutzungsgebot

Das Gebot verpflichtet Fußgänger zur Benutzung der Gehwege; es besteht auch dann, wenn nur auf einer Seite der Straße Gehwege vorhanden sind. Gehwege sind Sonderwege und von der Fahrbahn durch bauliche Einrichtungen abgegrenzte Teile der Straße, die durch Pflasterung, Kies oder in sonstiger Weise erkennbar für Fußgänger bestimmt sind (OLG Düsseldorf VerkMitt 1996 Nr. 119 = VRS 91, 309 = DAR 1996, 244 = NZV 1996, 374). Dass Fahrzeuge dort nicht fahren dürfen, folgt aus der Fahrbahnbenutzungspflicht (§ 2 Abs. 1), dass sie dort nicht parken dürfen aus § 12 Abs. 4. Eine besondere Kennzeichnung der Gehwege durch Z. 239 ist dann entbehrlich, wenn aus der baulichen Gestaltung die Zweckbestimmung erkennbar ist (Regelfall). Hört auf der rechten Straßenseite ein Gehweg auf, muss der Fußgänger auf den Gehweg der linken Seite überwechseln (BGH VersR 1964, 1203).

2.2 Fahrbahnbenutzung durch Fußgänger

Sind keine Gehwege oder Seitenstreifen vorhanden oder sind sie durch Schnee blockiert, dürfen Fußgänger innerorts auf der rechten oder linken Fahrbahnseite gehen. Außerorts müssen sie regelmäßig die linke Fahrbahnseite benutzen, um entgegenkommenden Verkehr rechtzeitig wahrnehmen und ihm notfalls ausweichen zu können (BGH NZV 1995, 144). Einen Ver-

trauensschutz der Kraftfahrer gibt es jedoch grundsätzlich nicht, weil die
Benutzung der linken Fahrbahnseite von der Zumutbarkeit abhängt (§ 25
Abs. 1 Satz 3 StVO), d. h. ob die Fahrbahn oder die Verkehrsverhältnisse
links ein sicheres Gehen zulassen. Ebenso wenig gibt es einen Vorrang des
Fahrzeugverkehrs gegenüber Fußgängern. Daraus folgt, dass Kraftfahrer
stets auf Fußgänger Rücksicht nehmen müssen und sie nicht beiseite drängen
dürfen. Bewegen sich Fußgänger am Rand einer Landstraße, sind sie nicht
verpflichtet, die Fahrbahn bei Annäherung eines Fahrzeugs zu verlassen
(BGH VersR 1967, 706); sie müssen aber zur Vermeidung einer Gefährdung
auf den Fahrverkehr Rücksicht nehmen (BGH VRS 13, 90; DAR 1957, 235;
OLG Düsseldorf DAR 1977, 268) und ausweichen, wenn ihnen das ohne
Schwierigkeiten möglich ist (OLG Hamm DAR 2001, 166). Zur Nachtzeit
müssen sie jedoch rechtzeitig auf die äußerste Straßenseite und bei erkennbarer Gefährdung auch auf den angrenzenden Randstreifen ausweichen
(BGH VersR 1972, 258).

Nebeneinander gehen auf der Fahrbahn ist nicht allgemein verboten, sondern nur bei Dunkelheit, schlechter Sicht oder wenn es die Verkehrslage
erfordert, z. B. bei starkem oder schnellem Verkehr, an Straßenengstellen.
Wie viele Personen nebeneinander gehen dürfen, richtet sich nach der Verkehrslage und der Straßenbreite.

Eine Beleuchtung ist bei Dunkelheit nicht vorgeschrieben;[1] dennoch müssen
zumutbare Sicherungsmöglichkeiten in Anspruch genommen werden, z. B.
helle Kleidung oder Reflexmaterial. Die in Kleidungsstücken, z. B. in Schuhen,
angebrachten elektronisch gesteuerten roten Blinkleuchten (Dioden) sind
mehr eine Modeerscheinung und mangels Leuchtwirkung wenig zum Schutz
der Fußgänger geeignet. Bei größerer Leuchtdichte wären sie außerdem
unzulässig (§ 33 Abs. 2), weil nur gelbes Blinklicht und das nur bei geschlossenen Fußgängerverbänden, zugelassen ist (§ 27 Abs. 4). Fußgänger
dürfen zwar darauf vertrauen, dass Kraftfahrer einen genügenden Abstand
zu ihnen einhalten; sie sind aber zu erhöhter Aufmerksamkeit verpflichtet,
wenn schlechte Sichtverhältnisse herrschen oder zu befürchten ist, dass sie
wegen der Blendwirkung entgegenkommender KFZ nicht rechtzeitig wahrgenommen werden.

2.3 Fußgänger mit Handfahrzeugen

Fußgänger mit Handfahrzeugen oder sonstigen Fortbewegungsmitteln
müssen sich nach den Fußgängerregeln richten. Ist eine unvertretbare
Behinderung anderer Fußgänger durch sperrige Gegenstände oder breite
Handkarren unvermeidbar, muss die Fahrbahn (unter Absicherung) benutzt
werden. Für die Änderung der Gehrichtung hat das Einordnungsverbot des
§ 25 Abs. 2 Satz 2 nur deklaratorische Bedeutung; es folgt bereits aus dem
Gebot, stets am Fahrbahnrand zu gehen. Es stellt auch keine Ausnahme
von § 9 Abs. 1 Satz 2 dar, weil diese Vorschrift nur für den Fahrverkehr gilt.
Fußgänger mit sperrigen Gegenständen dürfen sich deshalb nicht „einordnen". Beim „Abbiegen" müssen Fußgänger mit Fahrzeugen Fahrbahnen
oder Kreuzungen unter Beachtung des Vorranges des Fahrzeugverkehrs
rechtwinklig überqueren. Das gilt auch dann, wenn Fußgänger ein liegen
gebliebenes KFZ schieben. Wollen sie nach links abbiegen, dürfen sie sich
nur dann einordnen, wenn der Mitverkehr durch deutliche Zeichen auf

---

1 Als es noch keine Straßenbeleuchtung gab, wurden Fußgänger in vergangenen
  Jahrhunderten von manchen „Landesherrn" verpflichtet, Laternen zu tragen

Vorrang der Fußgänger gegenüber abbiegenden Fahrzeugen

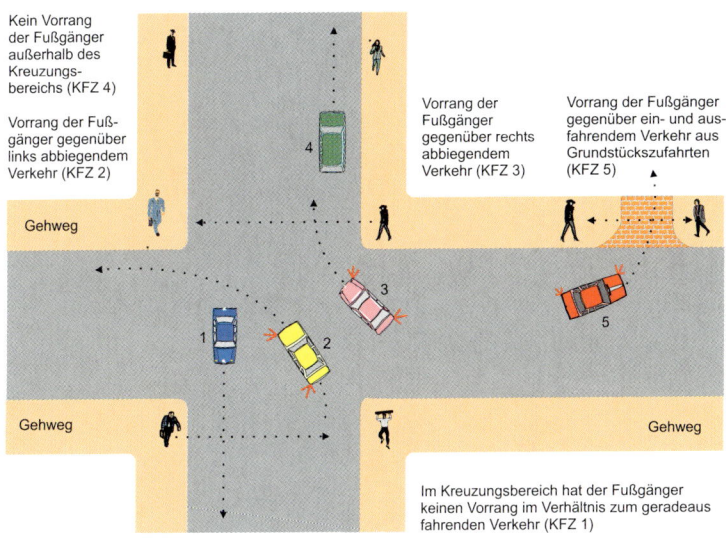

Kein Vorrang der Fußgänger außerhalb des Kreuzungsbereichs (KFZ 4)

Vorrang der Fußgänger gegenüber links abbiegendem Verkehr (KFZ 2)

Vorrang der Fußgänger gegenüber rechts abbiegendem Verkehr (KFZ 3)

Vorrang der Fußgänger gegenüber ein- und ausfahrendem Verkehr aus Grundstückszufahrten (KFZ 5)

Gehweg

Im Kreuzungsbereich hat der Fußgänger keinen Vorrang im Verhältnis zum geradeaus fahrenden Verkehr (KFZ 1)

diesen atypischen Verkehrsvorgang hingewiesen worden ist. Der Verkehr muss darauf Rücksicht nehmen.

Fußgänger, die Fahrzeuge schieben und die Fahrbahn benutzen müssen, haben innerorts und (abweichend von § 25 Abs. 1 Satz 3 zweiter Halbsatz) außerorts stets am rechten Fahrbahnrand zu gehen. Sie müssen bei Dunkelheit mindestens auf der linken Seite eine nach vorn und hinten gut sichtbare Leuchte mit weißem Licht anbringen oder tragen (§ 17 Abs. 5). Die Leuchte darf nicht durch den Körper verdeckt werden. Auch auf der Fahrbahn geschobene Fahrräder oder Kleinkrafträder müssen bei Dunkelheit beleuchtet sein. Für mitgeführte sperrige Gegenstände folgt die Beleuchtungspflicht aus § 1 Abs. 2.

2.4 Überqueren der Straße

Fußgänger haben beim Überqueren der Fahrbahn den Vorrang des Fahrverkehrs zu beachten und sich vorher durch Beobachtung über die Verkehrslage Klarheit zu verschaffen. Das gilt auch gegenüber Radfahrern auf Radwegen (OLG Hamm NZV 1999, 418). Der Vertrauensschutz in das verkehrsgerechte Verhalten der Fußgänger ist bei dem in § 3 Abs. 2a genannten besonders schutzwürdigen Personenkreis, bei Fußgängergruppen oder starkem Fußgängerverkehr eingeschränkt. Der Fahrzeugverkehr muss deshalb stets mit atypischem und unbesonnenem Fußgängerverhalten rechnen. Andererseits wird vom Kraftfahrer nichts Unmögliches verlangt: Auf Vorfahrtstraßen mit normalem Fußgängerverkehr auf Gehwegen darf im Allgemeinen darauf vertraut werden, dass Fußgänger nicht unvermutet über die Fahrbahn laufen. Fußgänger dürfen sich deshalb nicht darauf verlassen,

dass andere KFZ bremsen, wenn sie zwischen zwei im Stau stehenden LKW
den angrenzenden Fahrstreifen betreten (OLG Hamm NZV 2000, 371) oder
nur ein KFZ aus Gefälligkeit zur Querung der Fahrbahn angehalten hat
(OLG Köln VerkMitt 1999 Nr. 76).

Die Fahrbahn ist auf dem kürzesten Weg quer zur Fahrtrichtung grundsätzlich rechtwinklig (und nicht im Bogen oder diagonal) zügig zu überschreiten, nicht aber unbedingt an der schmalsten und übersichtlichsten
Stelle (OLG Celle VRS 11, 473 = NJW 1956, 1044). Zügig bedeutet in angemessener Eile, so schnell, wie es dem Fußgänger subjektiv möglich ist;
einerseits muss er weder hasten noch rennen, andererseits ist die Fahrbahn
kein „Laufsteg", auf dem „getrödelt" werden darf. Ferner ist die Fahrbahn
in einem Zuge zu überschreiten, weil die Fahrbahnmitte (beim Fehlen von
Mittelinseln) keinen Schutzbereich für Fußgänger darstellt. Fußgänger
müssen besonders vorsichtig sein, wenn sie die Fahrbahn außerhalb von Fußgängerüberwegen oder Fußgängerfurten überqueren; in der Regel müssen
sie dem Fahrverkehr Vorrang einräumen (BGH NJW 1984, 50 = VRS 65,
338). Das Verschulden der Fußgänger beim unachtsamen Überschreiten der
Fahrbahn wiegt ebenso schwer, wie das der Kraftfahrer, die auf Fußgänger
keine Rücksicht nehmen (KG VerkMitt 2001 Nr. 12 = DAR 2001, 122).

Kann die Fahrbahn aber wegen schnellen oder starken Fahrverkehrs nicht
in einem Zuge überschritten werden, darf sie grundsätzlich nur an den in
§ 25 Abs. 3 Satz 1 genannten Kreuzungen, Einmündungen, Markierungen,
Furten, Überwegen, LZA oder Mittelinseln überquert werden, wobei ein
Umweg bis zu 200 m bei bedrohlicher Verkehrslage durchaus geboten sein
kann (OLG Dresden NZV 2001, 378: Eigenverschulden eines alkoholisierten
Fußgängers). Auch hier gilt das Gebot des zügigen Überquerens. Durch die
Worte „an" bzw. „auf" (Gegensatz im „Bereich") wird deutlich, dass die
bezeichnete Straßenstelle nur dort überquert werden soll (BGH VRS 99,
328: 39 bis 43 m hinter einer signalgeregelten Fußgängerfurt). Fehlen allerdings sichere Querungsstellen und sind weite Umwege unzumutbar, darf auf
einer mehrspurigen Fahrbahn auch in der Mitte gewartet werden, wenn
infolge des Gegenverkehrs eine Querung in einem Zuge nicht möglich ist
(OLG Nürnberg DAR 2001, 170), Kraftfahrer müssen dann ihre Geschwindigkeit deutlich herabsetzen (OLG Hamm NZV 2001, 41).

Der Fußgänger hat zwar beim Überqueren einer Straße auf den Fahrzeugverkehr zu achten, jedoch braucht er mit einem von links aus einer unübersichtlichen Kurve kommenden, unzulässig schnellen Fahrzeug nicht ohne
weiteres zu rechnen. Das gilt vor allem zu Gunsten von Kindern, die daran
gewöhnt sind, nach Betreten der Fahrbahn auch nach rechts zu sehen. Ver-
sucht der Fußgänger, noch vor einem von links kommenden Kraftfahrzeug
die andere Straßenseite zu erreichen, muss der Kraftfahrer nach rechts
lenken, um hinter dem Fußgänger vorbeizukommen (BGH 1980, VRS 59,
163 = VersR 1980, 868). Die Regel, dass der Kraftfahrer hinter einem die
Straße überquerenden Fußgänger vorbeizufahren hat, gilt zwar in einer
Linie bei einem von rechts kommenden Fußgänger; überschreitet jedoch
der Fußgänger die Straße von links nach rechts und bleibt auf der Gegenfahrbahn genügend Raum für die Vorbeifahrt, hat der Kraftfahrer auch
davon Gebrauch zu machen (OLG Düsseldorf VersR 1979, 649). Wer aus
Höflichkeit eine alte, nicht mehr verkehrssichere Person über die Fahrbahn
führt, ist dabei zu der gebotenen Vorsicht verpflichtet (OLG Hamm VRS 12,
45). Überquert der Fußgänger nachts eine Straße in der Dunkelzone zwischen
zwei Straßenlaternen, muss er besonders vorsichtig sein, weil er schwer zu

erkennen ist (BGH VersR 1961, 856 und 996; BGH VRS 23, 333). Dunkle Kleidung des Fußgängers bei Nacht kann die Unfallgefahr erhöhen, ist aber nicht schuldhaft (OLG Karlsruhe VerkMitt 1989 Nr. 71 = DAR 1989, 146).

Gleiskörper dürfen nach § 25 Abs. 5 StVO nur an den dafür vorgesehenen Stellen überschritten werden. Das Betretungsverbot abgesonderter Gleis-anlagen (baulich getrennte Trassen) folgt aus § 68 BOStrab, § 62 EBO.

2.5 Überqueren von Kreuzungen und Einmündungen

Gegenüber abbiegenden Fahrzeugen hat der Fußgänger Vorrang (§ 9 Abs. 3 Satz 3). Beim Überschreiten der Fahrbahn hinter einer Kreuzung oder Ein-mündung darf der Fußgänger in der Regel darauf vertrauen, dass der Fahrer in der angezeigten Richtung abbiegen wird. Er braucht den Beginn des Ab-biegens nicht abzuwarten, muss jedoch den Fahrzeugverkehr beobachten, um nötigenfalls rechtzeitig zu reagieren (KG VerkMitt 1980 Nr. 10 = VRS 57, 173 = VersR 1979, 1031 = DAR 1980, 22).

2.6 Überqueren an Lichtzeichenanlagen

Das Gebot der Überschreitung innerhalb der Markierungen an Lichtzeichen-anlagen („Fußgängerfurt") gilt nur, wenn die Verkehrslage dies erfordert (OLG München VRS 78, 187), z. B. bei Dunkelheit, Nässe oder starkem Verkehr (OLG Celle VRS 78, 324). Jedenfalls wird der Schutzzweck bei einem abweichenden Überqueren jenseits der Markierung auf der dem nahenden Verkehr abgewandten Seite nicht unterlaufen (BGH NZV 1990, 150 = VersR 1990, 99). Der Fußgänger kann nach Betreten der Fahrbahn das Überqueren fortsetzen, wenn die Fußgängerampel von Grün auf Rot umschaltet; die Ampelregelung enthält eine „Schutzzeit" für Fußgänger und gilt stets bis zum nächsten Gehweg oder bis zur nächsten Fußgänger-ampel (OLG Oldenburg VRS 31, 131 = NJW 1966, 1236 und 2026). Wer als Fußgänger bei Dunkelheit, Regen, lebhaftem Verkehr und in dunkler Klei-dung die Fahrbahn in einer Entfernung von etwa 20 m zur nächsten ampel-gesicherten Fußgängerfurt überschreitet, handelt grob fahrlässig (KG VerkMitt 1979 Nr. 96; OLG München DAR 2001, 407). Ein Fußgänger, der erkennbar die Fußgängerfurt bei Grün begehen will, hat Vorrang vor dem Kraftfahrer, der bei Grün auf diese Fußgängerfurt abbiegen will. Befindet sich der Fußgänger in angeregter Unterhaltung mit anderen Fußgängern, muss der Kraftfahrer besonders vorsichtig sein (OLG Köln VerkMitt 1980 Nr. 87). Wer bei spätem Grün die Fahrbahn betritt und bei beginnendem Rot aus besonderen Gründen seinen Weg über die Fahrbahn nicht fortsetzen kann, muss auf einer Verkehrsinsel die nächste Grünphase abwarten (OLG Saarbrücken VerkMitt 1980 Nr. 35).

3 Hinweise

3.1 Rücksicht gegenüber Kindern, Hilfsbedürftigen und älteren Menschen: § 3 Abs. 2a; Mitführen von Leuchten mit weißem Licht, wenn Fußgänger Fahrzeuge auf der Fahrbahn führen: § 17 Abs. 5; Warten vor Bahnübergängen: § 19 Abs. 5; Fußgänger als Führer von Pferden und Treiber und Führer von Vieh: § 28; Sport und Spiel auf Straßen: § 31 (Zusatzschild zu Z. 101 und 250); Lichtzeichen für Fußgänger: § 37 Abs. 2 Nr. 5; Gefahrzeichen „Kinder": Z. 136; Fußgängerüber- oder -unterführungen: Z. 355.

3.2 Benutzung und Betreten von Bahnanlagen: §§ 58, 63 BOStrab; § 62 EBO.

§ 26 Fußgängerüberwege

(1) An Fußgängerüberwegen haben Fahrzeuge mit Ausnahme von Schienenfahrzeugen den Fußgängern sowie Fahrern von Krankenfahrstühlen oder Rollstühlen, welche den Überweg erkennbar benutzen wollen, das Überqueren der Fahrbahn zu ermöglichen. Dann dürfen sie nur mit mäßiger Geschwindigkeit heranfahren; wenn nötig, müssen sie warten.

(2) Stockt der Verkehr, so dürfen Fahrzeuge nicht auf den Überweg fahren, wenn sie auf ihm warten müssten.

(3) An Überwegen darf nicht überholt werden.

(4) Führt die Markierung über einen Radweg oder einen anderen Straßenteil, so gelten diese Vorschriften entsprechend.

VwV zu § 26 Fußgängerüberwege

I. Örtliche Voraussetzungen

1   1. Fußgängerüberwege dürfen nur innerhalb geschlossener Ortschaften und nicht auf Straßen angelegt werden, auf denen schneller als 50 km/h gefahren werden darf.

2   2. Die Anlage von Fußgängerüberwegen kommt in der Regel nur in Frage, wenn auf beiden Straßenseiten Gehwege vorhanden sind.

3   3. Fußgängerüberwege dürfen nur angelegt werden, wenn nicht mehr als ein Fahrstreifen je Richtung überquert werden muss. Dies gilt nicht an Kreuzungen und Einmündungen in den Straßen mit Wartepflicht.

4   4. Fußgängerüberwege müssen ausreichend weit voneinander entfernt sein; das gilt nicht, wenn ausnahmsweise zwei Überwege hintereinander an einer Kreuzung oder Einmündung liegen.

5   5. Im Zuge von Grünen Wellen, in der Nähe von Lichtzeichenanlagen oder über gekennzeichnete Sonderfahrstreifen nach Z. 245 dürfen Fußgängerüberwege nicht angelegt werden.

6   6. In der Regel sollen Fußgängerüberwege zum Schutz der Fußgänger auch über Radwege hinweg angelegt werden.

II. Verkehrliche Voraussetzungen

7   Fußgängerüberwege sollten in der Regel nur angelegt werden, wenn es erforderlich ist, dem Fußgänger Vorrang zu geben, weil er sonst nicht sicher über die Straße kommt. Dies ist jedoch nur dann der Fall, wenn es die Fahrzeugstärke zulässt und es das Fußgängeraufkommen nötig macht.

III. Lage

8   1. Fußgängerüberwege sollten möglichst so angelegt werden, dass die Fußgänger die Fahrbahn auf den kürzesten Wege überschreiten.

9   2. Fußgängerüberwege sollten in der Gehrichtung der Fußgänger liegen. Wo Umwege für Fußgänger zum Erreichen des Überwegs unvermeidbar sind, empfehlen sich z. B. Geländer.

10   3. Bei Fußgängerüberwegen an Kreuzungen und Einmündungen ist zu prüfen, ob es ausreicht, über die Straße mit Vorfahrt nur einen Fußgängerüberweg anzulegen. Bei Einbahnstraßen sollte dieser vor der Kreuzung oder Einmündung liegen. An Kreuzungen und Einmündungen mit abknickender Vorfahrt darf ein Fußgängerüberweg auf der bevorrechtigten Straße nicht angelegt werden.

11   4. Vor Schulen, Werksausgängen und dergleichen sollten Fußgänger nicht unmittelbar auf den Fußgängerüberweg stoßen, sondern durch Absperrungen geführt werden.

12 5. Im Zuge von Straßen mit Straßenbahnen ohne eigenen Bahnkörper sollen Fußgängerüberwege nicht angelegt werden. Fußgängerüberwege über Straßen mit Schienenbahnen auf eigenem Bahnkörper sollen an den Übergängen über den Gleisraum mit versetzten Absperrungen abgeschrankt werden.

IV. Markierung und Beschilderung

13 1. Die Markierung erfolgt mit Z. 293.

14 Auf Fußgängerüberwege wird mit Z. 350 hingewiesen. In wartepflichtigen Zufahrten ist dies in der Regel entbehrlich.

15 2. Vor Überwegen, die nicht an Kreuzungen oder Einmündungen liegen, ist in der Regel durch das Z. 134, gegebenenfalls mit Entfernungsangabe auf einem Zusatzschild, zu warnen.

V. Beleuchtung

16 Durch Beleuchtung muss dafür gesorgt werden, dass auf dem Fußgängerüberweg befindliche und am Gehwegrand wartende Fußgänger bei Dunkelheit auch bei ungünstigen Verhältnissen (z. B. bei nasser Straße) vom Kraftfahrer rechtzeitig wahrgenommen werden können.

VI. Richtlinien

17 Das Bundesministerium für Verkehr, Bau- und Wohnungswesen gibt im Einvernehmen mit den zuständigen obersten Landesbehörden Richtlinien für die Anlage und Ausstattung von Fußgängerüberwegen (R-FGÜ) im Verkehrsblatt bekannt.[1]

1 Aus der amtlichen Begründung

1.1 Fahrzeugführer haben nicht nur den Zebrastreifen, sondern auch seine Umgebung aufmerksam zu beobachten, um festzustellen, ob die Gefährdung der Fußgänger ausgeschlossen ist (Begr. 1970).

1.2 Einbeziehung der Rollstuhlfahrer in die Fußgängerregelung sowie Einführung eines generellen Überholverbots (Begr. 1988).

2 Erläuterungen

2.1 Fußgängerüberweg

Fußgängerüberwege sind nur die durch Markierung nach Z. 293 gekennzeichnete Überwege („Zebrastreifen"). Sie führen im Regelfall über die Fahrbahn, aber auch auf öffentlichen Parkplätzen markierte Zebrastreifen sind zu beachten (OLG Celle NZV 2001, 79). Die Verhaltenspflichten folgen aus der Markierung, nicht aus dem blauen Richtzeichen 350. Die an Lichtzeichenanlagen (LZA) längs markierten Bereiche sind Fußgängerfurten; an ihnen gilt die Signalregelung. Ist die LZA außer Betrieb, müssen sich Fußgängerwege nach den Regeln des § 25 richten. Fußgängerwege dürfen sich nicht in der Nähe von LZA befinden; auch nicht an Signalanlagen, an denen sich Fußgänger durch Knopfdruck Grün anfordern.

Die Schutzwirkung des Fußgängerüberweges erstreckt sich nur auf Fußgänger, nicht aber auf Radfahrer; anders nur, wenn das Fahrrad geschoben wird; der Radfahrer ist dann Fußgänger (OLG Düsseldorf VerkMitt 1998 Nr. 86 = NZV 1998, 296 = DAR 1998, 188). **Kraftfahrer** haben keinen Vertrauensschutz in das verkehrsgerechte Verhalten der Fußgänger, sie müssen sich darauf einstellen, dass Fußgänger nicht genau auf dem Überweg, sondern einige Meter davor oder dahinter die Fahrbahn über-

---

1 R-FGÜ 2001 vom 31.10.2001 (VkBl. S. 474)

Überholen am Fußgängerüberweg

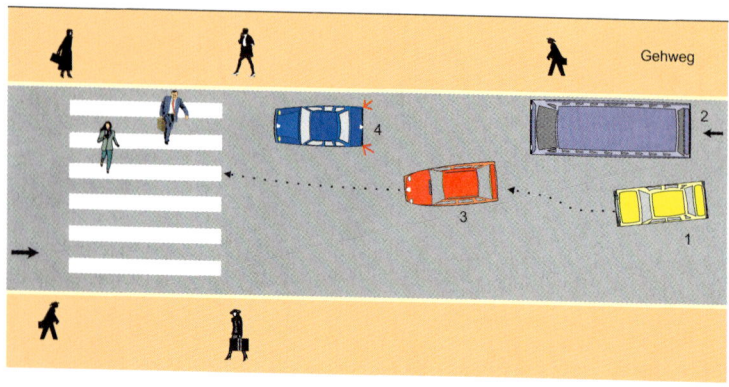

An Fußgängerüberwegen (Z. 293) darf auch dann nicht überholt werden, wenn keine Fußgänger die Straße überqueren wollen. Fahrzeug 4 steht vor dem Überweg = wartet. **Warten** ist verkehrsbedingtes Anhalten (Rn. 1 VwV zu §§ 5 und 6) = **Zuordnung zum fließenden Verkehr.**
Folge: Fahrzeug 3 überholt Fahrzeug 4 verbotswidrig (§§ 5, 26 Abs. 3, 49 Abs. 1 Nr. 24 b).
Fahrzeug 2 steht = hält. **Halten** ist gewollte Fahrtunterbrechung, die nicht durch die Verkehrslage bedingt ist (Rn. 1 VwV zu § 12) = **Zuordnung zum ruhenden Verkehr.**
Folge: Fahrzeug 1 fährt vorbei, § 6 (kein Überholen!).

queren (OLG Karlsruhe VRS 44, 370; VRS 45, 140). Der Schutzbereich reicht mindestens 4 m über die mit „Zebrastreifen" gekennzeichnete Verkehrsfläche hinaus (OLG Hamm VRS 54, 223). Fußgänger, die 6 bis 8 m von einem Fußgängerüberweg entfernt die Straße überschreiten wollen, haben keinen Vorrang vor dem Fahrverkehr mehr (BayObLG VerkMitt 1978 Nr. 76 = NJW 1978, 1491 = DAR 1978, 253 = VRS 55, 183). Bei Markierungsresten ehemaliger Fußgängerüberwege müssen Kraftfahrer besonders achtsam sein (BGH VRS 41, 307; OLG Koblenz VRS 44, 68 = DAR 1972, 50; OLG Düsseldorf DAR 1974, 160). Die Markierung eines Fußgängerüberweges ist auch dann wirksam, wenn sie zwar vorhanden, aber durch eine feste Schneedecke verdeckt ist (OLG Oldenburg VerkMitt 1980 Nr. 8 = VRS 58, 285).

2.2 Vorrang der Fußgänger

Ein Fußgänger, der am Bordstein eines Überweges stehend auf die Fahrbahn blickt, gibt damit zu erkennen, dass er die Fahrbahn überschreiten will (OLG Düsseldorf NZV 2000, 382; VRS 98, 373; OLG Schleswig VerkMitt 1976 Nr. 56). Ein kurzes Verharren des Fußgängers am Fahrbahnrand genügt nicht zur Annahme, der Fußgänger verzichte auf das Überqueren (BGH VRS 38, 278; KG NZV 1993, 40).

Der Fußgänger darf auf sein Vorrecht bei Benutzung des Überwegs nicht blindlings vertrauen (BGH VerkMitt 1983 Nr. 30 = VersR 1982, 876 = VRS 63, 255; OLG Celle NZV 2001, 79); er hat keinen Vertrauensschutz in das verkehrsgerechte Verhalten der Kraftfahrer. Er muss sich deshalb vor dem Betreten der Fahrbahn vergewissern, ob er dies gefahrlos tun kann (BGH VersR 1983, 667 = VRS 65, 94). Der Fußgänger darf nicht belästigend beeinflusst werden (OLG Düsseldorf VerkMitt 1993 Nr. 39).

2.3 Verzicht auf den Vorrang

Der Fußgänger kann auf das Vorrecht aus § 26 verzichten, jedoch nur für sich selbst und für Kinder, deren Verkehrsverhalten er beherrscht (OLG Düsseldorf VRS 63, 472). Er muss einen Verzicht deutlich machen, z. B. durch unmissverständliches Handzeichen.

2.4 Mäßige Geschwindigkeit vor dem Überweg

Mäßige Geschwindigkeit ist erforderlich, wenn erkennbare Anzeichen dafür bestehen, dass Fußgänger den Überweg überqueren wollen. Dann darf nur so an den Überweg herangefahren werden, dass jederzeit ohne Gefahrbremsung angehalten werden kann (OLG Stuttgart VRS 41, 265; OLG Koblenz VRS 44, 99); 30 km/h kann eine mäßige Geschwindigkeit sein (OLG Hamm VRS 54, 223). Der Kraftfahrer darf nur so an den Überweg heranfahren, dass die Beachtung des Vorrangs des Fußgängers erkennbar wird (OLG Karlsruhe VRS 45, 40; OLG Düsseldorf DAR 1974, 160). Kommt ein Kraftfahrzeug nur noch mit scharfem Bremsen und quietschenden Reifen unmittelbar vor Fußgängern am Überweg zum Stehen, verstößt er gegen §§ 26 Abs. 1 und 1 Abs. 2. Wer bewusst am Überweg riskant fährt, handelt grob rücksichtslos (OLG Düsseldorf VerkMitt 1974 Nr. 50).

2.5 Überholverbot

Das Überholverbot vor dem Fußgängerüberweg ist spätestens am Z. 350 wirksam. Spätestens dort muss der Überholvorgang beendet oder abgebrochen werden. Hierbei spielt es keine Rolle, ob Fußgänger den Überweg überqueren wollen oder nicht. Das Überholverbot gilt auch, wenn ein Fahrzeug aus anderen Gründen vor dem Überweg verkehrsbedingt wartet.

Fußgängerüberweg bei Dunkelheit

Das Auge stellt sich auf den hellsten Teil der Fahrbahn ein. Wird der Fußgängerüberweg bei Dunkelheit durch Punktstrahler stark ausgeleuchtet, erscheint dieser Raum wie eine „Lichtschleuse", der Raum hinter dem Zebrastreifen aber extrem dunkel. Fußgänger, die dort die Straße überqueren, sind stark gefährdet. Infolgedessen müssen Kraftfahrer nach dem Passieren des Fußgängerüberweges den Fahrraum aufmerksam beobachten und dürfen erst dann wieder schneller fahren, wenn sie sich überzeugt haben, dass keine Fußgänger mehr auf der Fahrbahn sind.

Wird auf den Überweg durch Gefahrzeichen 134 hingewiesen, empfiehlt es sich, Überholvorgänge bereits ab diesem Zeichen zu beenden oder abzubrechen. Führt ein Fußgängerüberweg über einen Radweg, gilt das Überholverbot nicht zwischen Radfahrern und Kraftfahrzeugen, da es sich nicht um dieselbe Fahrbahn handelt. Radfahrer müssen jedoch untereinander das Überholverbot beachten.

2.6 Behinderungs- und Gefährdungsverbot der Fußgänger

Der Kraftfahrer darf den Fußgänger weder gefährden, noch behindern oder belästigen (OLG Celle NZV 1992, 122). § 26 Abs. 1 ist bereits verletzt, wenn der Fußgänger in seinem Verhalten durch das heranfahrende Fahrzeug beeinflusst worden ist (OLG Düsseldorf VRS 59, 381). Der sich einem Fußgängerüberweg nähernde Kraftfahrer ermöglicht einem am linken Fahrbahnrand wartenden Schulkind bereits dann nicht das Überschreiten des Überwegs, wenn er auf erkennbare Anzeichen für das Vorhaben des Kindes nicht reagiert (OLG Oldenburg VRS 58, 286). Das Vorrecht des Fußgängers auf dem Überweg muss allerdings merkbar beeinträchtigt sein (OLG Stuttgart VRS 61, 67). § 26 verbietet dem Kraftfahrer nicht, auf einer hinreichend breiten Straße vor dem Fußgänger vorsichtig vorbeizufahren, wenn der Fußgänger dadurch weder behindert noch erschreckt wird (OLG Stuttgart VRS 61, 67; OLG Düsseldorf VRS 64, 461).

2.7 Haltverbot am Überweg

Die Markierung Z. 293 begründet ein **Haltverbot** auf und 5 m vor (nicht hinter) dem Überweg (§ 12 Abs. 1 Nr. 4); bei Verstoß kann das Fahrzeug auf Kosten des Halters umgesetzt werden (VGH Kassel NVwZ 1988, 657). Auch eine Straßenbahn darf auf einem (dort noch vorhandenen) Fußgängerüberweg nicht halten (BGH VerkMitt 1975 Nr. 98 = VRS 49, 243 = VersR 1975, 1007).

3 Hinweise

3.1 Vorschriftzeichen „Fußgängerüberweg": Z. 293; Richtzeichen „Fußgängerüberweg": Z. 350.

3.2 Freiheitsstrafe oder Geldstrafe für falsches Fahren an Fußgängerüberwegen, wenn Personen oder erhebliche Sachwerte (konkret) gefährdet werden: § 315c StGB.

4 Varianten von Zeichen für Fußgänger

Zeichen 355-11

Fußgängerüberführung

251 Verbände § 27

§ 27 Verbände

(1) Für geschlossene Verbände gelten die für den gesamten Fahrverkehr einheitlich bestehenden Verkehrsregeln und Anordnungen sinngemäß. Mehr als 15 Radfahrer dürfen einen geschlossenen Verband bilden. Dann dürfen sie zu zweit nebeneinander auf der Fahrbahn fahren. Kinder- und Jugendgruppen zu Fuß müssen, soweit möglich, die Gehwege benutzen.

(2) Geschlossene Verbände, Leichenzüge und Prozessionen müssen, wenn ihre Länge dies erfordert, in angemessenen Abständen Zwischenräume für den übrigen Verkehr frei lassen; an anderen Stellen darf dieser sie nicht unterbrechen.

(3) Geschlossen ist ein Verband, wenn er für andere Verkehrsteilnehmer als solcher deutlich erkennbar ist. Bei Kraftfahrzeugverbänden muss dazu jedes einzelne Fahrzeug als zum Verband gehörig gekennzeichnet sein.

(4) Die seitliche Begrenzung geschlossen reitender oder zu Fuß marschierender Verbände muss, wenn nötig (§ 17 Abs. 1), mindestens nach vorn durch nicht blendende Leuchten mit weißem Licht, nach hinten durch Leuchten mit rotem Licht oder gelbem Blinklicht kenntlich gemacht werden. Gliedert sich ein solcher Verband in mehrere deutlich voneinander getrennte Abteilungen, dann ist jede auf diese Weise zu sichern. Eigene Beleuchtung brauchen die Verbände nicht, wenn sie sonst ausreichend beleuchtet sind.

(5) Der Führer des Verbandes hat dafür zu sorgen, dass die für geschlossene Verbände geltenden Vorschriften befolgt werden.

(6) Auf Brücken darf nicht im Gleichschritt marschiert werden.

VwV zu § 27 Verbände

Zu Absatz 1

1 Abweichend von den (nur sinngemäß geltenden) allgemeinen Verkehrsregeln ist darauf hinzuwirken, dass zu Fuß marschierende Verbände, die nach links abbiegen wollen, sich nicht nach links einordnen, sondern bis zur Kreuzung oder Einmündung am rechten Fahrbahnrand geführt werden.

Zu Absatz 2

2 Leichenzügen und Prozessionen ist, soweit erforderlich, polizeiliche Begleitung zu gewähren. Gemeinsam mit den kirchlichen Stellen ist jeweils zu prüfen, wie sich die Inanspruchnahme stark befahrener Straßen einschränken lässt.

Zu Absatz 3

3 Bei geschlossenen Verbänden ist besonders darauf zu achten, dass sie geschlossen bleiben; bei Verbänden von Kraftfahrzeugen auch darauf, dass alle Fahrzeuge die gleichen Fahnen, Drapierungen, Sonderbeleuchtungen oder ähnlich wirksame Hinweise auf ihre Verbandszugehörigkeit führen.

Zu Absatz 4

4 Bedarf ein zu Fuß marschierender Verband eigener Beleuchtung, so ist darauf zu achten, dass die Flügelmänner des ersten und des letzten Gliedes auch dann Leuchten tragen, wenn ein Fahrzeug zum Schutze des Verbandes vorausfährt oder ihm folgt.

1 Aus der amtlichen Begründung

Geschlossene Verbände setzen einheitliche Führung und geschlossene Bewegung voraus. Die Anwendung der allgemeinen Regeln für den Fahrverkehr bedeutet: Verbände haben die Fahrbahn zu benutzen (Ausnahme: geschlossene Kinder- und Jugendgruppen zu Fuß) und sich dort möglichst weit rechts zu bewegen. Für motorisierte Verbände gelten die Vorschriften über die Fahrgeschwindigkeit und das Überholen, für alle Verbände die Vorrangregelung beim Vorbeikommen an einem Hindernis. Als von rechts Kommende dürfen marschierende Kolonnen auch den Vorrang an Kreuzungen beanspruchen. Das Abbiegen ist rechtzeitig anzukündigen, beim Einfahren oder Einmarschieren auf eine Straße gelten dieselben Sorgfaltspflichten. Auch die Vorschriften über das Halten und Parken lassen sich sinngemäß anwenden. Die Sicherung geschlossen reitender oder marschierender Verbände nach § 27 Abs. 4 ist auch nötig, wenn ein Fahrzeug zum Schutze des Verbandes vorausfährt oder folgt. Zu Fuß marschierende Verbände, die nach links einbiegen wollen, sollten sich nicht nach links einordnen, sondern bis zur Kreuzung oder Einmündung am rechten Fahrbahnrand bleiben. Das Verbot, auf Brücken im Gleichschritt zu marschieren, gilt auch für unorganisierte größere Menschenmengen. (Begr. 1970).

2 Erläuterungen

2.1 Geschlossener Verband

Ein geschlossener Verband ist eine geordnete Personen- oder Fahrzeugkolonne mit einheitlicher Führung und Kennzeichnung, geschlossener Bewegung mit gleichen Abständen (OLG Karlsruhe NZV 1991, 155). Wird in einem so großen Abstand hintereinander gefahren, dass sich andere Verkehrsteilnehmer beim Überholen und Wiedereinordnen gefahrlos in die Lücken der Kolonne einschieben können, geht der Charakter als Verband verloren (OLG Nürnberg VersR 1978, 1045), auch wenn die Fahrzeuge voneinander einen Abstand von 50 m halten (OLG Schleswig NZV 1992, 321 = VersR 1992, 1017). Löst sich ein Verband auf, muss sich jedes Einzelfahrzeug nach den für es geltenden Verkehrsregeln richten.

2.2 Verbandsführer

Der Verbandsführer hat seine etwaigen Hilfspersonen nach Zuverlässigkeit auszuwählen und zu überwachen (OLG Oldenburg VerkMitt 1971 Nr. 6 = VRS 40, 148). Bei Leichenzügen und Prozessionen ist der Pfarrer nicht der Verbandsführer; bei Bedarf sollte eine Absicherung durch die Polizei erfolgen.

2.3 Kennzeichnung und Beleuchtung des Verbandes

Die Kennzeichnung kann durch die Fahrzeugart, die Fahrzeugfarbe, Fahnen, Tafeln und ähnliche Merkmale erfolgen. Abblendlicht allein reicht bei Tage nicht aus, um einen Fahrzeugverband als geschlossen zu kennzeichnen (BayObLG VRS 47, 391). Das Einschalten der **Warnblinkanlage** am Schlussfahrzeug einer Militärkolonne liegt im pflichtmäßigen Ermessen des Kolonnenführers (OLG Hamm NZV 1991, 430). Der Fahrer des letzten Fahrzeugs einer Kolonne, die bei Dunkelheit die Autobahn voraussichtlich mit sehr geringer Geschwindigkeit befährt, verstößt gegen § 1 StVO, wenn er den nachfolgenden schnellen Verkehr auf diese ungewöhnliche Fahrweise nicht

durch Einschalten der Warnblinkanlage aufmerksam macht (OLG Celle
VersR 1977, 454). Geschlossene Verbände unterliegen nach § 27 Abs. 1
Satz 1 den für den Fahrverkehr geltenden Regeln; d. h. die Beleuchtungs-
vorschriften des § 17 kommen bei KFZ-Verbänden uneingeschränkt zur
Anwendung. Für andere Verbände empfiehlt sich eine angemessene Absicherung durch geeignete Beleuchtung. Geschlossen reitende oder zu Fuß
marschierende Verbände müssen seitlich nach vorn mit einer weißen, nach
hinten mit einer roten oder gelb blinkenden Leuchte abgesichert werden
(§ 27 Abs. 4), wenn sie nicht sonst ausreichend beleuchtet sind (z. B. durch
Straßenbeleuchtung).

2.4 Beachtung der Verkehrsregeln

Die Verhaltensregeln gelten nur für Verkehrswege sinngemäß, die von
allen Fahrzeugen gleichermaßen benutzt werden dürfen. Marschierende
Kolonnen dürfen deshalb weder Radwege noch Kraftfahrstraßen benutzen.
Ein Fahrer auf einer Bundesstraße in einer langsam fahrenden Kolonne
braucht nicht den rechten Rand seiner Fahrbahn einzuhalten, um vor-
schriftswidrige Überholmanöver zu ermöglichen (BGH VersR 1980, 849 =
VRS 59, 324). Beim Abbiegen muss der Fahrer des ersten Kolonnenfahr-
zeugs § 9 beachten, die anderen Fahrer dürfen dann folgen (OLG Karlsruhe
NZV 1991, 155); allerdings nicht gleichsam „blind", weil der Vorrang und
somit auch das Verbandsvorrecht nicht erzwungen werden darf. Die Sorg-
faltpflicht aus § 35 Abs. 8 obliegt jedoch allen Fahrern (OLG München VRS
72, 170); mögliche Vorrechte anderer Verkehrsteilnehmer sind zu beachten
(OLG Karlsruhe VersR 1992, 108).

3 Hinweise

3.1 Verhalten gegenüber geschlossenen Verbänden der Bundeswehr: Verlautbarung des BMV vom 4.10.1971 (VkBl S. 538) und vom 12.3.1987 (VkBl.
S. 282) für ausländische Stationierungsstreitkräfte.

3.2 Erlaubnispflicht aller geschlossenen Fahrzeugverbände bei übermäßiger Straßenbenutzung: § 29 Abs. 2; blaues Blinklicht bei Begleitung
von geschlossenen Verbänden: § 38 Abs. 2; keine besondere Erlaubnis für
geschlossene Verbände von nicht mehr als 30 Kraftfahrzeugen der Bundeswehr, des Bundesgrenzschutzes, der Feuerwehr, des Katastrophenschutzes,
der Polizei und des Zolldienstes: § 35 Abs. 2 Nr. 1.

§ 28 Tiere

(1) Haus- und Stalltiere, die den Verkehr gefährden können, sind von der Straße fern zu halten. Sie sind dort nur zugelassen, wenn sie von geeigneten Personen begleitet sind, die ausreichend auf sie einwirken können. Es ist verboten, Tiere von Kraftfahrzeugen aus zu führen. Von Fahrrädern aus dürfen nur Hunde geführt werden.

(2) Für Reiter, Führer von Pferden sowie Treiber und Führer von Vieh gelten die für den gesamten Fahrverkehr einheitlich bestehenden Verkehrsregeln und Anordnungen sinngemäß. Zur Beleuchtung müssen mindestens verwendet werden:

1. beim Treiben von Vieh vorn eine nicht blendende Leuchte mit weißem Licht und am Ende eine Leuchte mit rotem Licht,
2. beim Führen auch nur eines Großtieres oder von Vieh eine nicht blendende Leuchte mit weißem Licht, die auf der linken Seite nach vorn und hinten gut sichtbar mitzuführen ist.

VwV zu § 28 Tiere

Zu Absatz 1

1 I. Die Halter von Federvieh sind erforderlichenfalls dazu anzuhalten, die notwendigen Vorkehrungen zur Fernhaltung ihrer Tiere von der Straße zu treffen.

2 II. Wenn Hunde auf Straßen mit mäßigem Verkehr nicht an der Leine, sondern durch Zuruf und Zeichen geführt werden, so ist das in der Regel nicht zu beanstanden.

3 III. Solange Beleuchtung nicht erforderlich ist, genügt zum Treiben einer Schafherde in der Regel ein Schäfer, wenn ihm je nach Größe der Herde ein Hund oder mehrere zur Verfügung stehen.

1 Aus der amtlichen Begründung

Ein Pferdeführer darf nicht mehr als 2 ungekoppelte oder 4 gekoppelte Pferde führen, ein Reiter nicht mehr als 2 Handpferde. In der Regel ist es nicht zulässig, Tiere entlang einer Straße mit Fahrstreifenbegrenzung zu treiben. Von der Straße fern zu halten sind grundsätzlich alle Haus- und Stalltiere (Begr. 1970).

2 Erläuterungen

2.1 Tiere auf Straßen

Es besteht keine allgemeine Pflicht, im öffentlichen Straßenverkehr **Hunde** an der Leine zu führen, sofern sie auf Zuruf oder Zeichen verkehrsgerecht reagieren (BayObLG VerkMitt 1980 Nr. 13 = NJW 1980, 299; OLG München VerkMitt 2000 Nr. 23). Dabei sind sie zu überwachen und so abzusichern, dass Verletzungen und sonstige Schädigungen Dritter verhindert werden (BayObLG VRS 74, 360). Leinenzwang für Hunde kann landesrechtlich aus anderen als verkehrsrechtlichen Gründen vorgeschrieben werden (BGH NZV 1991, 277; VGH Mannheim NZV 1990, 446), z. B. Leinen- und Maulkorbzwang für Kampfhunde. Unbeaufsichtigt ist der Hund, wenn er die Nähe des Hundeführers verlässt oder dessen Blick entschwindet (BayObLG VRS 72, 336 = OLG Düsseldorf VRS 71, 436).

2.2 Führen von Tieren

Es finden nur die Verkehrsregeln, Verkehrszeichen und Verkehrseinrichtungen sinngemäß Anwendung, die sich auf den gesamten Fahrzeugverkehr beziehen. Infolgedessen darf dort nicht geritten werden, wo Regelungen ausschließlich für den KFZ-Verkehr gelten, z. B. auf Kraftfahrstraßen. Reiter unterliegen keiner Tempobeschränkung, weil sich § 3 Abs. 3 nur auf KFZ bezieht. Verkehrsungewohnte Pferde dürfen im Straßenverkehr nur geführt, nicht geritten werden (OLG Hamm VerkMitt 1971 Nr. 63).

2.3 Treiben von Vieh

Für das **Viehtreiben** quer über die Straße gelten die §§ 1 und 10; dabei ist äußerste Sorgfalt geboten; u.U. müssen die Tiere einzeln über die Straße geführt werden (BayObLG DAR 1973, 110 = VRS 44, 366). Die Zahl der zum Treiben einer Rinderherde auf einer öffentlichen Straße eingesetzten Treiber ist nicht ohne weiteres schon deshalb zu gering, weil sie nicht ausreicht, um die Tiere auf der rechten Fahrbahnhälfte zu halten (BayObLG VerkMitt 1980 Nr. 2 = VRS 57, 211). Für den Schäfer, der seine Herde auf einer Straße treibt, gilt das **Rechtsfahrgebot** sinngemäß. Abweichungen sind nur erlaubt, wenn der Gegenverkehr nicht gefährdet wird (BayObLG VerkMitt 1990 Nr. 15 = NZV 1989, 482).

2.4 Beleuchtungspflichten

Viehtreiber müssen bei Dämmerung und Dunkelheit oder wenn es die Sichtverhältnisse sonst erfordern (§ 17 Abs. 1) die Herde mit einer weißen Leuchte nach vorn und einer roten am Ende absichern, d.h. es sind mindestens zwei Treiber erforderlich. Beim Führen von Großtieren reicht eine weiße Leuchte nach vorn aus. Eine rückwärtige Absicherung kann sich jedoch aus dem Gefährdungsverbot des § 1 Abs. 2 dann ergeben, wenn z.B. durch schnellen Verkehr Gefahren nicht auszuschließen sind. Für Reiter ist keine Beleuchtung vorgesehen; allerdings gilt die Verpflichtung aus § 1 Abs. 2 auch für sie, wobei geeignetes Reflexmaterial an der Kleidung genügen kann. Pferdekutschen müssen nach § 66a Abs. 1 StVZO nach vorn mit einer weißen Leuchte (möglichst weit links und nicht mehr als 40 cm von der Fahrzeugkante) und nach hinten mit rotem Licht in max. 1,5 m Höhe von der Fahrbahn abgesichert sein (OLG Oldenburg NZV 1998, 410).

3 Hinweise

Beim Treiben von Vieh auf Straßen ist auch das Tierschutzgesetz zu beachten.

4 Varianten von Zeichen für Tiere

Zeichen 140-20   Zeichen 258   Zeichen nach
                                             § 41 Abs. 2 Nr. 6a

Viehtrieb, Tiere (links)   Verbot für Reiter   Verbot für Viehtrieb
                                                   oder Tiere

§ 29 Übermäßige Straßenbenutzung

(1) Rennen mit Kraftfahrzeugen sind verboten.

(2) Veranstaltungen, für die Straßen mehr als verkehrsüblich in Anspruch genommen werden, bedürfen der Erlaubnis. Das ist der Fall, wenn die Benutzung der Straße für den Verkehr wegen der Zahl oder des Verhaltens der Teilnehmer oder der Fahrweise der beteiligten Fahrzeuge eingeschränkt wird; Kraftfahrzeuge in geschlossenem Verband nehmen die Straße stets mehr als verkehrsüblich in Anspruch. Der Veranstalter hat dafür zu sorgen, dass die Verkehrsvorschriften sowie etwaige Bedingungen und Auflagen befolgt werden.

(3) Einer Erlaubnis bedarf der Verkehr mit Fahrzeugen und Zügen, deren Abmessungen, Achslasten oder Gesamtgewichte die gesetzlich allgemein zugelassenen Grenzen tatsächlich überschreiten. Das gilt auch für den Verkehr mit Fahrzeugen, deren Bauart dem Führer kein ausreichendes Sichtfeld lässt.

VwV zu § 29 Übermäßige Straßenbenutzung[1]

Zu Absatz 1

1 I. Rennen im Sinne des § 29 Abs. 1 sind Wettbewerbe oder Teile eines Wettbewerbes (z. B. Sonderprüfungen mit Renncharakter) sowie Veranstaltungen (z. B. Rekordversuche) zur Erzielung von Höchstgeschwindigkeiten mit Kraftfahrzeugen. Auf die Art des Starts (gemeinsamer Start, Gruppenstart, Einzelstart) kommt es dabei nicht an.

2 II. Das Verbot gilt auch für nicht organisierte Rennen.

3 III. Eine Ausnahmegenehmigung für eine Rennveranstaltung mit Kraftfahrzeugen darf in der Regel nur dann erteilt werden, wenn Straßen benutzt werden, die nur geringe Verkehrsbedeutung haben. Die von der Veranstaltung in Anspruch genommenen Straßen sind zu sperren. In jedem Fall ist zu prüfen, ob eine zumutbare Umleitung für den Verkehr vorhanden ist und ob das Interesse an der Veranstaltung so stark überwiegt, dass die Beeinträchtigung des allgemeinen Verkehrs hingenommen werden kann.

4 IV. Die genehmigende oberste Landesbehörde kann es der zuständigen Straßenverkehrsbehörde oder höheren Verwaltungsbehörde überlassen, im Erlaubnisverfahren die erforderlichen Maßnahmen zu treffen, Bedingungen zu stellen und Auflagen zu machen.

Zu Absatz 2

I. Erlaubnispflichtige Veranstaltungen

5 1. Motorsportliche Veranstaltungen

Diese sind stets dann erlaubnispflichtig, wenn 30 Fahrzeuge und mehr am gleichen Platz starten oder ankommen. Unabhängig von der Zahl der teilnehmenden Fahrzeuge besteht eine Erlaubnispflicht nach Maßgabe folgender Grundsätze:

Faktor	Merkmal	Erlaubnispflichtig	
		ja	nein
1. Geschwindigkeit	a) vorgeschriebene Durchschnittsgeschwindigkeit	X	
	b) vorgeschriebene Mindestgeschwindigkeit	X	
2. Strecke	a) vorgeschriebene Streckenführung	X	
	b) Ermittlung des Siegers nach meistgefahrenen Kilometern	X	

(Fortsetzung)

Faktor	Merkmal	Erlaubnispflichtig ja	nein
2. Strecke	c) freie Streckenwahl ohne Kontrollstelle d) freie Streckenwahl mit Kontrollstellen (Dauer bis zu einer Woche)	X	X
3. Zeit	a) vorgeschriebene Fahrzeit b) ohne Bewertung der Fahrzeit	X	X
4. Besonder- heiten	a) Sonderprüfungen b) geschlossener Verband	X X	

6   Wenn in der Ausschreibung einer motorsportlichen Veranstaltung ein Faktor enthalten ist, der eine Erlaubnis erforderlich macht, so ist diese Veranstaltung erlaubnispflichtig, auch wenn die anderen Faktoren eine Erlaubnis nicht erfordern.

7   Nicht erlaubt werden dürfen:

a) Ballon-Begleitfahrten,
b) Moto-Ball,
c) Fahrten mit Motorschlitten,
d) Stock-Car-Rennen,
e) Autovernichtungs- oder Karambolagerennen. Dasselbe gilt für vergleichbare Veranstaltungen.

8   2. Veranstaltungen mit Fahrrädern

Erlaubnispflichtig sind

a) Radrennen,
b) Mannschaftsfahrten.

Dasselbe gilt für vergleichbare Veranstaltungen.

3. Sonstige Veranstaltungen

9   Erlaubnispflichtig sind

a) Volksmärsche und Volksläufe, wenn mehr als 500 Personen teilnehmen oder das überörtliche Straßennetz (ab Kreisstraße) beansprucht wird,
b) Radmärsche,
c) Umzüge bei Volksfesten u. ä.

10   Dasselbe gilt für vergleichbare Veranstaltungen. Ortsübliche Prozessionen und andere ortsübliche kirchliche Veranstaltungen sowie kleinere örtliche Brauchtumsveranstaltungen sind verkehrsüblich und somit nicht erlaubnispflichtig. Es soll aber darauf hingewirkt werden, dass diese Veranstaltungen der zuständigen Straßenverkehrsbehörde angezeigt werden, damit diese im Einvernehmen mit der Polizei die notwendigen Maßnahmen im Interesse der Sicherheit und Ordnung treffen kann.

II. Allgemeine Grundsätze

11   Die nachfolgenden Vorschriften verpflichten den Veranstalter nicht unmittelbar; die Erlaubnisbehörde hat die erforderlichen Maßnahmen zu treffen, insbesondere entsprechende Auflagen zu machen oder Bedingungen zu stellen.

12   1. Veranstaltungen sollen in der Regel auf abgesperrtem Gelände durchgeführt werden. Ist das wegen der Eigenart der Veranstaltung nicht möglich, so sollen Straßen nur benutzt werden, wenn dadurch die Sicherheit oder Ordnung des allgemeinen Verkehrs nicht beeinträchtigt wird.

---

1 Alle noch in „DM" angegebenen Beträge sind in der VwV-StVO noch nicht geändert und seit dem 1.1.2002 in Euro-Beträge umzurechnen (1 DM = 0,5112918 €), wobei eine Glättung der Euro-Beträge erfolgen kann

13 2. Die Erlaubnispflicht erstreckt sich auch auf Straßen mit tatsächlich öffentlichem Verkehr; für deren Benutzung ist zusätzlich die Zustimmung des Verfügungsberechtigten erforderlich.

14 3. Auf das Erholungs- und Ruhebedürfnis der Bevölkerung ist besonders Rücksicht zu nehmen. Veranstaltungen, gleich welcher Art, die geeignet sind, die Nachtruhe der Bevölkerung zu stören, dürfen für die Zeit von 22.00 bis 6.00 Uhr nicht erlaubt werden.

15 4. Eine Erlaubnis darf nur für solche Veranstaltungen erteilt werden, die von einem Veranstalter organisiert und verantwortlich durchgeführt werden.

16 5. Eine Erlaubnis darf nur solchen Veranstaltern erteilt werden, die die Gewähr dafür bieten, dass die Veranstaltung entsprechend der Ausschreibung und den Bedingungen und Auflagen der Erlaubnisbehörde abgewickelt wird. Diese Gewähr bietet ein Veranstalter in der Regel nicht, wenn er eine erlaubnispflichtige Veranstaltung ohne Erlaubnis durchgeführt oder die Nichtbeachtung von Bedingungen oder Auflagen einer erlaubten Veranstaltung zu vertreten hat. In diesen Fällen soll für eine angemessene Dauer keine Erlaubnis mehr erteilt werden.

17 6. Der Veranstalter muss sich durch eine gegenüber der Erlaubnisbehörde abzugebende schriftliche Erklärung verpflichten, den Bund, die Länder, die Landkreise, die Gemeinden und sonstige Körperschaften des öffentlichen Rechts von allen Ersatzansprüchen freizustellen, die aus Anlass der Veranstaltung auf Grund gesetzlicher Haftpflichtbestimmungen von Teilnehmern oder Dritten erhoben werden könnten. Er muss sich ferner verpflichten, die Wiedergutmachung aller Schäden zu übernehmen, die – auch ohne eigenes Verschulden von Teilnehmern – durch die Veranstaltung oder aus Anlass ihrer Durchführung an den zu benutzenden Straßen einschließlich der Verkehrszeichen und Verkehrseinrichtungen sowie an Grundstücken (Flurschäden) entstehen. Bei Veranstaltungen mit Fahrrädern und sonstigen Veranstaltungen im Sinne von Nr. I 3 wird auf die Erklärung nach Satz 2 verzichtet, soweit sie sich auf Straßenschäden bezieht. Im Übrigen bleiben die gesetzlichen Vorschriften über die Haftpflicht des Veranstalters unberührt.

18 7. Der Veranstalter muss eine Veranstaltungshaftpflichtversicherung, die auch die sich aus Nr. 6 ergebenden Wagnisse deckt, mit folgenden Mindestversicherungssummen abschließen:

19 a) Bei Veranstaltungen mit Kraftwagen und bei gemischten Veranstaltungen 1.000.000 DM für Personenschäden (für die einzelne Person mindestens 300.000 DM), 200.000 DM für Sachschäden, 40.000 DM für Vermögensschäden;

20 b) bei Veranstaltungen mit Motorrädern und Karts 500.000 DM für Personenschäden (für die einzelne Person mindestens 300.000 DM), 100.000 DM für Sachschäden, 10.000 DM für Vermögensschäden;

21 c) bei Radsportveranstaltungen (als vereinigte Sport-, Unfall- und Haftpflichtversicherung zulässig) 500.000 DM für Personenschäden (für die einzelne Person mindestens 200.000 DM), 100.000 DM für Sachschäden, 10.000 DM für Vermögensschäden;

22 d) bei sonstigen Veranstaltungen 50.000 DM bis 500.000 DM je nach Größe der Veranstaltung (als Rahmendeckungssumme); Abweichungen sind zulässig.

23 8. Unabhängig von Nr. 7 muss bei motorsportlichen Veranstaltungen, die auf nicht abgesperrten Straßen stattfinden, für jedes teilnehmende Fahrzeug der Abschluss eines für die Teilnahme an der Veranstaltung geltenden Haftpflichtversicherungsvertrages mit folgenden Mindestversicherungssummen nachgewiesen werden:
a) Bei Veranstaltungen mit Kraftwagen 2.000.000 DM pauschal;
b) bei Veranstaltungen mit Motorrädern und Karts 1.000.000 DM pauschal.

24 9. Bei Rennen und Sonderprüfungen mit Renncharakter haften Veranstalter, Fahrer und Halter nach Maßgabe der gesetzlichen Bestimmungen über Verschuldens- und Gefährdungshaftung für die Schäden, die durch die Veranstaltung an Personen und Sachen verursacht worden sind. Haftungsausschlussvereinbarungen sind zu untersagen, soweit sie nicht Haftpflichtansprüche der Fahrer, Beifahrer, Fahrzeughalter, Fahrzeugeigentümer sowie der Helfer dieser Personen betreffen. Für ausreichenden Versicherungsschutz zur Deckung von Ansprüchen aus vorbezeichneten Schäden hat der Veranstalter zu sorgen. Mindestversicherungssummen sind:

25 a) Für jede Rennveranstaltung mit Kraftwagen 1.000.000 DM für Personenschäden pro Ereignis, 300.000 DM für die einzelne Person, 200.000 DM für Sachschäden, 40.000 DM für Vermögensschäden.

26 b) Für jede Rennveranstaltung mit Motorrädern und Karts 500.000 DM für Personenschäden pro Ereignis, 300.000 DM für die einzelne Person, 100.000 DM für Sachschäden, 20.000 DM für Vermögensschäden.

27 Außerdem hat der Veranstalter für eine Unfallversicherung für den einzelnen Zuschauer in Höhe folgender Versicherungssummen zu sorgen: 30.000 DM für den Todesfall, 60.000 DM für den Invaliditätsfall (Kapitalzahlung je Person).

28 Hierbei muss sichergestellt sein, dass die Beträge der Unfallversicherung im Schadensfall ohne Berücksichtigung der Haftungsfrage an die Geschädigten gezahlt werden. In den Unfallversicherungsbedingungen ist den Zuschauern ein unmittelbarer Anspruch auf die Versicherungssumme gegen die Versicherungsgesellschaften einzuräumen.

29 Der Veranstalter hat ferner dafür zu sorgen, dass an der Veranstaltung nur Personen als Fahrer, Beifahrer oder deren Helfer teilnehmen, für die einschließlich etwaiger freiwilliger Zuwendungen der Automobilklubs folgender Unfallversicherungsschutz besteht: 15.000 DM für den Todesfall, 30.000 DM für den Invaliditätsfall (Kapitalzahlung je Person). Die Nrn. 7 und 8 bleiben unberührt.

30 10. Die Erlaubnisbehörde hat vom Veranstalter schriftliche Erklärungen zu verlangen, wonach er und die Teilnehmer auf Schadensersatzansprüche gegen den Straßenbaulastträger verzichten, die durch die Beschaffenheit der bei der Veranstaltung zu benützenden Straßen samt Zubehör verursacht sein können. Die Straßenbaulastträger und Erlaubnisbehörden übernehmen keine Gewähr dafür, dass die Straßen uneingeschränkt benutzt werden können.

31 11. Wenn notwendig, sind im Streckenverlauf, insbesondere an Gefahrenstellen (z. B. vor Kreuzungen oder Einmündungen mit Vorfahrtregelung, vor Bahnübergängen) zuverlässige, durch Armbinden kenntlich gemachte Ordner aufzustellen. Polizeiliche Befugnisse stehen den Ordnern nicht zu. Die Ordner haben Weisungen der Polizei zu befolgen.

32 12. Anfang und Ende der Teilnehmerfelder sind durch besonders gekennzeichnete Fahrzeuge (Spitzen- und Schlussfahrzeuge) oder durch Personen anzuzeigen, soweit die Art der Veranstaltung das zulässt.

33 13. Dem Veranstalter kann aufgegeben werden, in der Tagespresse und in sonst geeigneter Weise rechtzeitig auf die Veranstaltung hinzuweisen.

34 14. Die Teilnehmer an einer Veranstaltung genießen kein Vorrecht im Straßenverkehr; sie haben die Straßenverkehrsvorschriften, ausgenommen auf gesperrten Straßen, zu beachten.

III. Erlaubnisverfahren

35 1. Allgemeines
a) Der Antragsteller ist darauf hinzuweisen, dass die Bearbeitung der Anträge in der Regel zwei Monate erfordert.

36 b) Für das Verfahren werden vom Bundesministerium für Verkehr nach Abstimmung mit den zuständigen obersten Landesbehörden Formblätter herausgegeben und im Verkehrsblatt veröffentlicht.

37 c) Wagenrennen, Motorradrennen und Sonderprüfungen mit Renncharakter betreffende Anträge sind nur zu bearbeiten, wenn zugleich Gutachten von Sachverständigen, vor allem über die Geeignetheit der Fahrtstrecken und über die gebotenen Sicherungsmaßnahmen, vorgelegt werden. Das Streckenabnahmeprotokoll des Deutschen Motor Sport Bundes e. V., Hahnstr. 70, 60528 Frankfurt (DMSB) ist in der Regel ein Gutachten in diesem Sinne.

38 d) Neben der Polizei sind stets auch die Straßenverkehrsbehörden, die Straßenbaubehörden, die Straßenbaulastträger, die Forstbehörden und die Naturschutzbehörden, soweit ihr Zuständigkeitsbereich berührt wird, zu hören. Die Beteiligung der Bahnunternehmen im Anhörverfahren ist erforderlich, wenn Bahnstrecken höhengleich (Bahnübergänge) oder nicht höhengleich (Überführungen) gekreuzt oder Bahnanlagen berührt werden. Eine von der Straßenbaubehörde etwa geforderte Sondernutzungsgebühr ist im Erlaubnisbescheid gesondert festzusetzen.

39 e) Forderungen der nach d) gehörten Stellen werden grundsätzlich im Erlaubnisbescheid durch entsprechende Bedingungen und Auflagen berücksichtigt. Kann die Polizei, eine Straßenbaubehörde, ein Straßenbaulastträger oder ein Bahnunternehmen Erstattung von Aufwendungen für besondere Maßnahmen aus Anlass der Veranstaltung verlangen, so hat sich der Antragsteller schriftlich zur Erstattung zu verpflichten.

40 f) Die Erlaubnis soll erst dann erteilt werden, wenn die beteiligten Behörden und Dienststellen gegen die Veranstaltung keine Bedenken geltend gemacht haben.

2. Rennen mit Kraftfahrzeugen

41 a) Rennen nach Nr. I zu Abs. 1 (Rn. 1) dürfen nur auf abgesperrten Straßen durchgeführt werden. Die Absperrung hat durch Absperrschranken längs und quer zur gesperrten Straßenstrecke oder durch ähnlich wirksame Maßnahmen zu geschehen.

42 b) Bevor die Erlaubnis erteilt wird, müssen

aa) die Ausnahmegenehmigung von der Vorschrift des § 29 Abs. 1,

43 bb) das Streckenabnahmeprotokoll des DMSB oder das Gutachten eines von dem betreffenden Land im Einzelfall zugelassenen oder von einer zuständigen Behörde beauftragten Sachverständigen über die Eignung der Strecke für das Rennen und

44 cc) der Nachweis des Abschlusses der in den Nr. II 7, 8 und 9 (Rn. 18 ff.) genannten Versicherungen vorliegen.

45 c) Ein Streckenabnahmeprotokoll des DMSB oder ein sonstiges Gutachten ist nicht erforderlich, wenn das Rennen auf der gleichen Strecke wiederholt wird. Dann genügt eine rechtsverbindliche Erklärung des DMSB oder des Gutachters, dass sich die Strecke seit der letzten Abnahme weder in baulicher noch in rennmäßiger Hinsicht verändert hat.

46 d) Dem Rennen muss stets ein Training, das Teil des Wettbewerbs ist, vorausgehen; das gilt nicht für Sonderprüfungen mit Renncharakter. Fahrer, die am Pflichttraining nicht teilgenommen haben, sind für das Rennen nicht zugelassen.

47 e) Beginn und Ende des Rennens sind auf geeignete Weise bekannt zu geben, damit die erforderlichen Sicherheitsmaßnahmen der zuständigen Stellen eingeleitet und wieder aufgehoben werden können.

48 f) Vor und während des Rennens hat der Veranstalter Verbindung mit der Polizeieinsatzleitung herzustellen und zu halten. Besondere Vorkommnisse während des Rennens sind der Einsatzleitung der Polizei sofort bekannt zu geben. Es ist ausschließlich Sache des Veranstalters, für die Sicherheit der Teilnehmer, Sportwarte und Zuschauer innerhalb des Sperrbereichs zu sorgen. Die Polizei hat lediglich die Aufgabe, verkehrsregelnde Maßnahmen außerhalb des Sperrbereichs – soweit erforderlich – zu treffen, es sei denn, dass ausnahmsweise (z. B. weil die Zuschauer den Anordnungen der Ordner nicht nachkommen) auf ausdrückliche Weisung ihres Leiters ein Einsatz innerhalb des Sperrraums erforderlich ist.

49 g) Dem Veranstalter ist der Einsatz einer ausreichenden Zahl von Ordnern entlang der Absperrung aufzuerlegen. Umfang, Art und Beschaffenheit der Sicherungen ergeben sich aus den örtlichen Verhältnissen. Dabei sind die Auflagen im Streckenabnahmeprotokoll oder im Sachverständigengutachten zu beachten.

h) Der Veranstalter

50 aa) darf nur solche Fahrer am Rennen teilnehmen lassen, die eine gültige Fahrerlizenz des DMSB oder bei Ausländern eine gültige Lizenz der zuständigen ausländischen Organisationen besitzen,

51 bb) hat die bei der Abnahme der Rennstrecke festgesetzten Sperrzonen abzugrenzen, zu beschildern und mit eigenen Kräften zu überwachen,

52 cc) hat einen Sanitätsdienst mit den erforderlichen Ärzten, Unfallstationen und Krankentransportwagen einzurichten,

53 dd) hat für ausreichenden Feuerschutz zu sorgen und die notwendigen hygienischen Anlagen bereitzustellen,

54 ee) hat auf Verlangen der Erlaubnisbehörde eine Lautsprecheranlage um die Rennstrecke aufzubauen und während des Rennens in Betrieb zu halten; diese Anlage und andere vorhandene Verständigungseinrichtungen müssen der Polizei zur Verfügung gestellt werden, falls das im Interesse der öffentlichen Sicherheit oder Ordnung notwendig ist,

55 ff) hat dafür zu sorgen, dass die Rennstrecke während des Wettbewerbs nicht betreten wird. Ausgenommen davon sind Sportwarte mit besonderem Auftrag der Rennleitung und Personen, die von der Rennleitung zur Beseitigung von Ölspuren und sonstigen Hindernissen sowie für den Sanitäts- und Rettungsdienst eingesetzt werden; sie müssen eine auffällige Warnkleidung tragen,

56 gg) hat die Untersuchung sämtlicher Rennfahrzeuge vor dem Rennen durch Sachverständige zu veranlassen. Hierbei sind vornehmlich die Teile genau zu untersuchen, die die Verkehrssicherheit der Fahrzeuge beeinflussen können,

57 hh) hat die Fahrzeuge der Rennleitung besonders deutlich zu kennzeichnen.

58 i) Das Rennen darf erst beginnen, wenn die Rennstrecke durch den Veranstalter freigegeben worden ist.

3. Sonstige motorsportliche Veranstaltungen

59 a) Es dürfen nur solche Fahrer zum Start zugelassen werden, die

aa) eine gültige Fahrerlaubnis besitzen und

bb) nachweisen können, dass ihr Fahrzeug ausreichend versichert ist.

60 b) Fahrzeuge, die nicht den Vorschriften der StVZO entsprechen, sind von der Teilnahme auszuschließen. Teilnehmer, die ihr Fahrzeug, insbesondere die Auspuffanlagen oder die Beleuchtungseinrichtungen, nach dem Start verändern, sind unverzüglich aus der Wertung zu nehmen.

61 c) Jedem Teilnehmer ist eine Startnummer zuzuteilen, die deutlich sichtbar rechts oder links am Fahrzeug anzubringen ist. Von einer entsprechenden Auflage kann abgesehen werden, wenn die Art der Veranstaltung diese Kennzeichnung entbehrlich macht. Die Startnummernschilder dürfen erst bei der Fahrzeugabnahme angebracht und müssen nach Beendigung des Wettbewerbs oder beim vorzeitigen Ausscheiden sofort entfernt werden.

62 d) Alle an der Veranstaltung teilnehmenden Fahrzeuge sind vor dem Start von einem Sachverständigen zu überprüfen. Hierbei sind vornehmlich die Teile genau zu untersuchen, die die Verkehrssicherheit der Fahrzeuge beeinflussen können.

63 e) Der Abstand der Fahrzeuge beim Start darf eine Minute nicht unterschreiten.

64 f) Kontrollstellen dürfen nur abseits von bewohnten Grundstücken an geeigneten Stellen eingerichtet werden. Der allgemeine Verkehr darf durch die Kontrollstellen nicht beeinträchtigt werden.

65 g) Bei Wettbewerben, die ohne Fahrerwechsel über mehr als 450 km geführt werden oder die mehr als 8 Stunden Fahrzeit erfordern, muss eine Zwangspause von mindestens 30 Minuten eingelegt werden.

66 h) Die Fahrzeugbesatzung muss aus mindestens zwei Personen bestehen, wenn die Art der Veranstaltung (z. B. Suchfahrt) dies erfordert.

67 i) Im Rahmen einer Veranstaltung dürfen je 30 km Streckenlänge je eine, insgesamt jedoch nicht mehr als 5 Sonderprüfungen mit Renncharakter auf öffentlichen Straßen durchgeführt werden. Der Veranstalter kann nach Maßgabe landesrechtlicher Vorschriften zusätzlich abseits öffentlicher Straßen weitere Sonderprüfungen mit Renncharakter abhalten. Sonderprüfungsstrecken auf öffentlichen Straßen dürfen in der Regel während einer Veranstaltung nur einmal durchfahren werden.

68 k) Die Polizei wird nicht nur Verstöße der Teilnehmer gegen die Verkehrsvorschriften verfolgen, sondern sie auch dem Veranstalter anzeigen. Dem Veranstalter ist daher aufzugeben, die Teilnehmer zu verpflichten, die Bordbücher oder -karten auf Verlangen Polizeibeamten zur Eintragung festgestellter Verstöße gegen straßenverkehrsrechtliche Bestimmungen auszuhändigen. Der Veranstalter ist verpflichtet, bei Feststellung solcher Eintragungen den betreffenden Teilnehmer aus der Wertung zu nehmen. Er ist ferner verpflichtet, während der Fahrt verkehrs- oder betriebsunsicher gewordene Fahrzeuge aus dem Wettbewerb zu nehmen.

69 l) Die Fahrzeiten sind unter Berücksichtigung der Straßenverhältnisse so zu bemessen, dass jeder Teilnehmer in der Lage ist, die Verkehrsvorschriften zu beachten.

4. Radsportveranstaltungen

70 a) Eine Radsportveranstaltung soll in der Regel nur auf Straßen erlaubt werden, die keine oder nur eine geringe Verkehrsbedeutung haben.

71 b) Die Zahl der zur Sicherung erforderlichen Begleitfahrzeuge ist im Erlaubnisbescheid festzulegen, die Höchstzahl der Begleitfahrzeuge kann beschränkt werden; die Begleitfahrzeuge müssen gekennzeichnet sein. Werbung an diesen Fahrzeugen ist gestattet.

72 c) In der Regel muss die Straße zumindest im ersten und letzten Teilabschnitt gesperrt werden. Der Gegenverkehr kann an Ausweichstellen vorübergehend angehalten werden.

5. Sonstige Veranstaltungen

73 a) Volksmärsche, Volksläufe und Radmärsche sollen nur auf abgelegenen Straßen (Gemeindestraßen, Feld- und Waldwegen) zugelassen werden.

74 b) Für ausreichenden Feuerschutz (Waldbrände), Sanitätsdienst und hygienische Anlagen ist zu sorgen.

75 c) Es empfiehlt sich, die Teilnehmer in Gruppen starten zu lassen.

76 d) Bei Umzügen wird der Verkehr, soweit erforderlich, von den Straßenverkehrsbehörden in Zusammenarbeit mit anderen Stellen, insbesondere mit der Polizei, geregelt.

IV. Öffentliche Versammlungen und Aufzüge

77 Öffentliche Versammlungen unter freiem Himmel und Aufzüge, für die die Bestimmung des § 14 des Versammlungsgesetzes gilt, bedürfen keiner Erlaubnis. Notwendige Maßnahmen verkehrlicher Art hat die Straßenverkehrsbehörde der für Versammlungen zuständigen Behörde vorzuschlagen, damit sie bei den Anordnungen nach den Bestimmungen des Versammlungsgesetzes berücksichtigt werden.

V. Veranstaltungen auf nicht öffentlichen Straßen

78 Für Veranstaltungen auf nicht gewidmeten Straßen ohne tatsächlich öffentlichen Verkehr gilt Landesrecht.

Zu Absatz 3

Großraum- und Schwerverkehr

79 I. Fahrzeuge und Fahrzeugkombinationen, deren Abmessungen, Achslasten oder Gesamtgewichte die nach den §§ 32 und 34 StVZO zulässigen Grenzen überschreiten oder bei denen das Sichtfeld (§ 35b Abs. 2 StVZO) eingeschränkt ist, bedürfen einer Ausnahmegenehmigung nach § 70 StVZO.

80 II. Die Abmessungen eines Fahrzeugs oder einer Fahrzeugkombination sind auch dann überschritten, wenn die Vorschriften über die Kurvenläufigkeit (§ 32d StVZO) nicht eingehalten werden.

III. Eine Erlaubnis ist nicht erforderlich, wenn

81 1. nicht das Fahrzeug oder die Fahrzeugkombination, sondern nur die Ladung zu breit oder zu hoch ist oder die Vorschriften über die Abmessungen nur deshalb nicht eingehalten werden, weil die Ladung nach vorn oder nach hinten zu weit hinausragt; in diesem Fall ist nur eine Ausnahme von den in Betracht kommenden Vorschriften des § 22 und gegebenenfalls des § 18 Abs. 1 Satz 2 erforderlich (vgl. Nr. I bis V zu § 46 Abs. 1 Nr. 5; Rn. 13 ff.),

82 2. eine durch konstruktiv vorgesehene Verlängerung oder Verbreiterung des Fahrzeugs, z. B. durch Ausziehen der Ladefläche oder Ausklappen oder Anstecken von Konsolen usw., nicht oder nur teilweise erfolgt und das Fahrzeug in diesem Zustand den Bestimmungen des § 32 StVZO entspricht,

83 3. bei einem Fahrzeug, dessen Zulassung einer Ausnahmegenehmigung nach § 70 StVZO bedarf, im Einzelfall das tatsächliche Gesamtgewicht und die tatsächlichen Achslasten nicht die in § 34 Abs. 3 StVZO festgelegten Grenzen überschreiten.

IV. Voraussetzungen der Erlaubnis

84 1. Eine Erlaubnis darf nur erteilt werden, wenn

a) der Verkehr nicht – wenigstens zum größten Teil der Strecke – auf der Schiene oder auf dem Wasser möglich ist oder wenn durch einen Verkehr auf dem Schienen- oder Wasserweg unzumutbare Mehrkosten (auch andere als die reinen Transportmehrkosten) entstehen würden und

85 b) für den gesamten Fahrtweg Straßen zur Verfügung stehen, deren baulicher Zustand durch den Verkehr nicht beeinträchtigt wird und für deren Schutz keine besonderen Maßnahmen erforderlich sind, oder wenn wenigstens die spätere Wiederherstellung der Straßen oder die Durchführung jener Maßnahmen vor allem aus verkehrlichen Gründen nicht zu Zeit raubend oder zu umfangreich wäre.

2. Eine Erlaubnis darf außerdem nur erteilt werden:

86 a) Für die Überführung eines Fahrzeugs oder einer Fahrzeugkombination, dessen tatsächliche Abmessungen, Achslasten oder Gesamtgewichte die nach den §§ 32 und 34 StVZO zulässigen Grenzen überschreiten oder

87 b) für die Beförderung folgender Ladungen:

aa) **Einer** unteilbaren Ladung. Unteilbar ist eine Ladung, wenn ihre Zerlegung aus technischen Gründen unmöglich ist oder unzumutbare Kosten verursachen würde. Als unteilbar gilt auch das Zubehör von Kränen.

88 bb) Einer aus **zwei Teilen** bestehenden Ladung, wenn die Teile aus Festigkeitsgründen nicht als Einzelstücke befördert werden können und diese unteilbar sind.

89 cc) **Mehrere** einzelne Teile, die je für sich wegen ihrer Länge, Breite oder Höhe die Benutzung eines Fahrzeugs mit einer Ausnahmegenehmigung nach § 70 StVZO erfordern und unteilbar sind, jedoch unter Einhaltung der nach § 34 StVZO zulässigen Gesamtgewichte und Achslasten.

90 dd) Zubehör zu unteilbaren Ladungen; es darf 10 Prozent des Gesamtgewichts der Ladung nicht überschreiten und muss in dem Begleitpapier mit genauer Bezeichnung aufgeführt sein.

91 3. Hat der Antragsteller vorsätzlich oder grob fahrlässig zuvor einen Verkehr ohne die erforderliche Erlaubnis durchgeführt oder gegen die Bedingungen und Auflagen einer Erlaubnis verstoßen, so soll ihm für einen angemessenen Zeitraum keine Erlaubnis mehr erteilt werden.

V. Das Verfahren

92 1. Der Antragsteller ist darauf hinzuweisen, dass die Bearbeitung der Anträge in der Regel zwei Wochen erfordert und bei statischer Nachrechnung von Brückenbauwerken längere Fristen erforderlich sind. Von diesem Hinweis kann nur dann abgesehen werden, wenn der Antragsteller nachweist, dass die Beförderung eilbedürftig ist, nicht vorhersehbar war und geeigneter Eisenbahn- oder Schiffstransportraum nicht mehr rechtzeitig zur Verfügung gestellt werden kann; dabei ist ein strenger Maßstab anzulegen.

93 Aus dem Antrag müssen mindestens folgende technische Daten des Fahrzeuges oder der Fahrzeugkombination einschließlich der Ladung ersichtlich sein:

94 Länge, Breite, Höhe, zulässiges und tatsächliches Gesamtgewicht, zulässige und tatsächliche Achsenlasten, Anzahl der Achsen, Achsabstände, Anzahl der Räder je Achse, Motorleistung, Art der Federung, Kurvenlaufverhalten, Abmessungen und Gewicht der Ladung, Höchstgeschwindigkeit des Transports, amtliches Kennzeichen von Zugfahrzeugen und Anhängern sowie die Bodenfreiheit.

95 2. Außer in den Fällen der Nr. 4 hat die zuständige Straßenverkehrsbehörde die nach § 8 Abs. 6 des Bundesfernstraßengesetzes oder den entsprechenden landesrechtlichen Bestimmungen zu beteiligenden Straßenbaubehörden sowie die Polizei und, wenn Bahnstrecken höhengleich (Bahnübergänge) oder nicht höhengleich (Überführungen) gekreuzt oder Bahnanlagen berührt werden, auch die Bahnunternehmen zu hören. Geht die Fahrt über den Bezirk einer Straßenverkehrsbehörde hinaus, so sind außerdem die Straßenverkehrsbehörden zu hören, durch deren Bezirk der Fahrtweg führt; diese verfahren für ihren Bezirk nach Satz 1. Die zuständige Erlaubnisbehörde hat im Anhörverfahren ausdrücklich zu bestätigen, dass die Abwicklung des Transports auf dem Schienen- oder Wasserweg unmöglich oder unzumutbar ist.

96 Ist die zeitweise Sperrung einer Autobahn-Richtungsfahrbahn erforderlich, bedarf es der Zustimmung der höheren Verwaltungsbehörde. Den beteiligten Behörden sind die in Nr. V 1 aufgeführten technischen Daten des Fahrzeugs oder der Fahrzeugkombination mitzuteilen.

97 3. Geht die Fahrt über das Gebiet eines Landes hinaus, so ist unter Mitteilung der in Nr. V 1 aufgeführten technischen Daten des Fahrzeugs oder der Fahrzeugkombination die Zustimmung derjenigen höheren Verwaltungsbehörde einzuholen, durch deren Bezirk die Fahrt in den anderen Ländern jeweils zuerst geht. Auch für diese Behörden gilt Nr. 2 Satz 1. Auf die Anhörung der Polizei kann im Rahmen des Zustimmungsverfahrens in der Regel verzichtet werden. Eine Unterrichtung der Polizei über die Erteilung von Erlaubnissen für Großraum- und Schwertransporte ist jedoch unbedingt sicherzustellen. Die Zustimmung der genannten Behörden darf nur mit der Begründung versagt werden, dass die Voraussetzungen nach Nr. IV 1 b (Rn. 85) in ihrem Bezirk nicht vorliegen. Die zuständigen Obersten Landesbehörden können die für das Anhörverfahren bei der Erteilung von Dauererlaubnissen ohne festgelegten Fahrtweg zuständigen höheren Verwaltungsbehörden bestimmen. Führt die Fahrt nur auf kurze Strecken in ein anderes Land, so genügt es, statt mit der dortigen höheren Verwaltungsbehörde unmittelbar mit der örtlichen Straßenverkehrsbehörde und der örtlichen Straßenbaubehörde des Nachbarlandes Verbindung aufzunehmen.

98 4. Von dem in Nr. 2 und 3 angeführten Anhörungsverfahren ist abzusehen, wenn folgende tatsächlichen Abmessungen, Achslasten und Gesamtgewichte im Einzelfall nicht überschritten werden und Zweifel an der Geeignetheit des Fahrweges, insbesondere der Tunnelanlagen und an der Tragfähigkeit der Brücken, nicht bestehen:

a) Höhe über alles	4 m
b) Breite über alles	3 m

99 c) Länge über alles:

– Einzelfahrzeuge (ausgenommen Sattelanhänger)	15 m
– Sattelkraftfahrzeuge	20 m
wenn das Kurvenlaufverhalten in einer Teilkreisfahrt unter Anwendung des § 32 d StVZO eingehalten wird	23 m
– Züge	23 m

100 d) Achslasten

– Einzelachsen	11,5 t
– Doppelachsen	
Achsabstand: 1 m bis weniger als 1,3 m	17,6 t
1,3 m bis 1,8 m	20,0 t

101 e) Gesamtgewicht
aa) Einzelfahrzeuge

– Fahrzeuge mit zwei Achsen (ausgenommen Sattelanhänger)	18,0 t
– Kraftfahrzeuge mit drei Achsen	27,5 t
– Anhänger mit drei Achsen	25,0 t
– Kraftfahrzeuge mit zwei Doppelachsen, deren Mitten mindestens 4,0 m voneinander entfernt sind sowie Sattelzugmaschinen und Zugmaschinen mit 4 Achsen	33,0 t

102 bb) Fahrzeugkombinationen (Züge und Sattelkraftfahrzeuge)

– mit drei Achsen	29,0 t
– mit 4 Achsen	38,0 t
– mit mehr als 4 Achsen	41,8 t

103 Dies gilt auch, wenn das Sichtfeld eines Kraftfahrzeugs (§ 35 b Abs. 2 StVZO) eingeschränkt ist.

104 5. a) An den Nachweis der Voraussetzungen der Erlaubniserteilung nach Nr. IV sind strenge Anforderungen zu stellen. Über das Verlangen von Sachverständigengutachten vgl. § 46 Abs. 3 Satz 2. Die Erteilungsvoraussetzungen dürfen nur dann als amtsbekannt behandelt werden, wenn in den Akten dargelegt wird, worauf sich diese Kenntnis gründet. Haben Absender und Empfänger Gleisanschlüsse, ist eine Erlaubniserteilung nur zulässig, wenn sich aus einer Bescheinigung der für den Versandort zuständigen Güterabfertigung ergibt, dass eine Schienenbeförderung nicht möglich oder unzumutbar ist. Von dem Nachweis darf nur in dringenden Fällen abgesehen werden.

105 b) Die Straßenverkehrsbehörde hat, wenn es sich um einen Verkehr über eine Wegstrecke von mehr als 250 km handelt, nach Nr. V 2 und 3 ein Anhörverfahren vorgeschrieben ist und eine Gesamtbreite von 4,20 m oder eine Gesamthöhe von 4,80 m (jeweils von Fahrzeug und Ladung) nicht überschritten wird, sich vom Antragsteller vorlegen zu lassen:

106 aa) eine Bescheinigung der für den Versandort zuständigen Güterabfertigung darüber, ob und gegebenenfalls innerhalb welcher Fristen und unter welchen Gesamtkosten die Schienenbeförderung bzw. die gebrochene Beförderung Schiene/Straße möglich ist,

107 bb) im gewerblichen Verkehr eine Bescheinigung des Frachtführers oder des Spediteurs über die tarifmäßigen Beförderungsentgelte und die Entgelte für zusätzliche Leistungen,

108 cc) im Werkverkehr den Nachweis über die gesamten Beförderungskosten; wird der Nachweis nicht erbracht, kann das tarifmäßige Beförderungsentgelt zuzüglich der Entgelte für zusätzliche Leistungen als Richtwert herangezogen werden.

109 c) Die Straßenverkehrsbehörde hat, wenn es sich um einen Verkehr über eine Wegstrecke von mehr als 250 km handelt und eine Gesamtbreite von 4,20 m oder eine Gesamthöhe von 4,80 m (jeweils von Fahrzeug und Ladung) oder ein Gesamtgewicht von 72 t überschritten wird, sich vom Antragsteller vorlegen zu lassen:

110 aa) eine Bescheinigung der nächsten Wasser- und Schifffahrtsdirektion darüber, ob und ggf. innerhalb welcher Fristen und unter welchen Gesamtkosten die Beförderung auf dem Wasser bzw. die gebrochene Beförderung Wasser/Straße möglich ist,

111 bb) im gewerblichen Verkehr eine Bescheinigung des Frachtführers oder des Spediteurs über die tarifmäßigen Beförderungsentgelte und die Entgelte für zusätzliche Leistungen,

112 cc) im Werkverkehr den Nachweis über die gesamten Beförderungskosten; wird der Nachweis nicht erbracht, kann das tarifmäßige Beförderungsentgelt zuzüglich der Entgelte für zusätzliche Leistungen als Richtwert herangezogen werden.

113 In geeigneten Fällen kann die Straßenverkehrsbehörde die Bescheinigung auch für Transporte mit weniger als 250 km Wegstrecke verlangen. Die Vorlage der Bescheinigungen nach den Buchstaben aa, bb oder cc ist nicht erforderlich, wenn ein Transport auf dem Wasserweg offensichtlich nicht in Betracht kommt.

VI. Der Inhalt des Erlaubnisbescheides

114 1. Der Fahrweg ist in den Fällen festzulegen, in denen nach Nr. V 2 und 3 (Rn. 97 ff.) ein Anhörungsverfahren vorgeschrieben ist. Dabei müssen sämtliche Möglichkeiten des gesamten Straßennetzes bedacht werden. Eine Beeinträchtigung des Verkehrsflusses in den Hauptverkehrszeiten muss vermieden werden. Auch sollte der Fahrweg so festgelegt werden, dass eine Verkehrsregelung nicht erforderlich ist.

115 2. Erforderlichenfalls ist auch die Fahrzeit festzulegen. Jedenfalls in den Fällen, in denen nach Nr. V 2 und 3 (Rn. 97 ff.) ein Anhörungsverfahren vorgeschrieben ist, soll für Straßenabschnitte, die erfahrungsgemäß zu bestimmten Zeiten einen erheblichen Verkehr aufweisen, die Fahrzeit in der Regel wie folgt beschränkt werden:

116 a) Die Benutzung von Autobahnen ist in der Regel von Freitag 15.00 Uhr bis Montag 9.00 Uhr zu verbieten und, falls diese Straßen starken Berufsverkehr aufweisen, auch an den übrigen Wochentagen von 6.00 Uhr bis 8.30 Uhr und von 15.30 Uhr bis 19.00 Uhr. Vom 1.7. bis 31.8. sowie von Gründonnerstag bis Dienstag nach Ostern und von Freitag vor Pfingsten bis Dienstag danach sollte solchem Verkehr die Benutzung der Autobahnen möglichst nur von 22.00 Uhr bis 6.00 Uhr erlaubt werden. Gegebenenfalls kommt auch ein Verbot der Autobahnbenutzung an anderen Feiertagen (z. B. Weihnachten) sowie an den Tagen davor und danach in Betracht.

117 b) Auf Bundesstraßen samt ihren Ortsdurchfahrten und auf anderen Straßen mit erheblichem Verkehr außerhalb geschlossener Ortschaften darf solcher Verkehr in der Regel nur von Montag 9.00 Uhr bis Freitag 15.00 Uhr erlaubt werden. Die Benutzung von Straßen mit starkem Berufsverkehr ist in der Regel werktags von 6.00 Uhr bis 8.30 Uhr und von 15.30 Uhr bis 19.00 Uhr zu verbieten.

Zu a) und b):

118 Ist die Sperrung einer Autobahn, einer ganzen Fahrbahn oder die teilweise Sperrung einer Straße mit erheblichem Verkehr notwendig, so ist das in der Regel nur in der Zeit von 22.00 Uhr bis 6.00 Uhr zu erlauben.

119 3. Von der Fahrzeitbeschränkung nach Nr. VI 2a Satz 2 kann abgesehen werden, wenn Last- und Leerfahrten mit Fahrzeugen oder Fahrzeugkombinationen durchgeführt werden, deren transportbedingte und nach der Ausnahmegenehmigung gemäß § 70 StVZO bzw. nach der Erlaubnis gemäß § 29 Abs. 3 zulässige Höchstgeschwindigkeit 80 km/h beträgt, sofern sie die in Nr. V 4 a) bis c) (Rn. 100, 101) aufgeführten Abmessungen nicht überschreiten. Von der Fahrzeitbeschränkung nach Nr. VI 2 kann ferner abgesehen werden, wenn der Antragsteller nachweist, dass die Beförderung eilbedürftig ist und bei einer Beschränkung der Fahrzeit die termingerechte Durchführung des Transportauftrags nicht gewährleistet ist. Dies gilt jedoch nicht, wenn die Eilbedürftigkeit durch Verschulden des Antragstellers entstanden ist.

120 Ein Abweichen soll nicht zugelassen werden, wenn es erhebliche Einschränkungen des allgemeinen Verkehrs zu Verkehrsspitzenzeiten oder auf Strecken mit starkem Verkehrsaufkommen zur Folge haben würde. In diesen Fällen muss der Transport auf weniger bedeutende Straßen ausweichen.

121 4. Um einen reibungslosen Ablauf des Großraum- und Schwerverkehrs sicherzustellen, kann die zuständige Polizeidienststelle im Einzelfall von der im Erlaubnisbescheid festgesetzten zeitlichen Beschränkung abweichen, wenn es die Verkehrslage erfordert oder gestattet.

122 5. a) Soweit es die Sicherheit oder Ordnung des Verkehrs erfordert, sind Bedingungen zu stellen und Auflagen zu machen; insbesondere werden die von den Straßenverkehrsbehörden, den Straßenbaubehörden und Bahnunternehmen mitgeteilten Bedingungen, Auflagen und Sondernutzungsgebühren grundsätzlich in die Erlaubnis aufgenommen. Erforderlichenfalls ist für den ganzen Fahrweg oder für bestimmte Fahrstrecken die zulässige Höchstgeschwindigkeit zu beschränken.

123 b) Es ist vorzuschreiben, dass die Fahrt bei erheblicher Sichtbehinderung durch Nebel, Schneefall oder Regen oder bei Glatteis zu unterbrechen und das Fahrzeug möglichst außerhalb der Fahrbahn abzustellen und zu sichern ist.

124 c) Die Auflage, das Fahrzeug oder die Fahrzeugkombination besonders kenntlich zu machen, ist häufig geboten, etwa durch Verwendung von Kennleuchten mit gelbem Blinklicht (§ 38 Abs. 3) oder durch Anbringung weiß-rot-weißer Warnfahnen oder weiß-roter Warntafeln am Fahrzeug oder an der Fahrzeugkombination selbst oder an einem begleitenden Fahrzeug. Auf die „Richtlinien für die Kenntlichmachung überbreiter und überlanger Straßenfahrzeuge sowie bestimmter hinausragender Ladungen" (VkBl 1974 S. 2) wird verwiesen.

125 d) Außerdem ist die Auflage aufzunehmen, dass vor Fahrtantritt zu prüfen ist, ob die im Erlaubnisbescheid festgelegten Abmessungen, insbesondere die vorgeschriebene Höhe, eingehalten werden.

126 6. Der Antragsteller hat bei der Antragstellung folgende Haftungserklärung bzw. folgenden Haftungsverzicht abzugeben: „Soweit durch den Transport Schäden entstehen, verpflichte ich mich, für Schäden an Straßen und deren Einrichtungen sowie an Eisenbahnanlagen, Eisenbahnfahrzeugen, sonstigen Eisenbahngegenständen und Grundstücken aufzukommen und Straßenbaulastträger, Polizei, Verkehrssicherungspflichtige und Eisenbahnunternehmer von Ersatzansprüchen Dritter, die aus diesen Schäden hergeleitet werden, freizustellen. Ich verzichte ferner darauf, Ansprüche daraus herzuleiten, dass die Straßenbeschaffenheit nicht den besonderen Anforderungen des Transportes entspricht."

127 7. Es kann geboten sein, einen Beifahrer, weiteres Begleitpersonal und private Begleitfahrzeuge mit oder ohne Wechselverkehrszeichen-Anlage vorzuschreiben. Begleitfahrzeuge mit Wechselverkehrszeichen-Anlage sind gemäß „Merkblatt über die Ausrüstung eines privaten Begleitfahrzeuges" auszurüsten. Ein Begleitfahrzeug mit Wechselverkehrszeichen-Anlage darf nur vorgeschrieben werden, wenn wegen besonderer Umstände das Zeigen von Verkehrszeichen durch die Straßenverkehrsbehörde anzuordnen ist. Diese Voraussetzung liegt bei einem Großraumtransport insbesondere vor, wenn bei einem Transport

128 a) auf Autobahnen und Straßen, die wie eine Autobahn ausgebaut sind
– bei zwei oder mehr Fahrstreifen plus Seitenstreifen
je Richtung die Breite über alles   4,50 m
– bei zwei Fahrstreifen ohne Seitenstreifen
je Richtung die Breite über alles   4,00 m
(bei anderen Querschnitten ist die Regel sinngemäß anzuwenden)
oder

129 b) auf anderen Straßen in der Regel die Breite über alles von   3,00 m
die Länge über alles von   27,00 m
überschritten wird,

130 c) auf allen Straßen
der Sicherheitsabstand bei Überführungsbauwerken von 10 cm nicht eingehalten werden kann. Die Voraussetzungen liegen ebenfalls vor, wenn im Rich-
tungsverkehr auf Grund des Gewichtes des Transportes nur eine Einzelfahrt
oder die Fahrt mit Pkw-Verkehr über Brücken durchgeführt werden darf.

131 Eine polizeiliche Begleitung ist grundsätzlich nur erforderlich, wenn
a) bei Autobahnen und Straßen, die wie eine Autobahn ausgebaut sind
– bei zwei oder mehr Fahrstreifen plus Seitenstreifen
je Richtung die Breite über alles von   5,50 m,
– bei zwei Fahrstreifen ohne Seitenstreifen
je Richtung die Breite von   4,50 m
oder
b) auf anderen Straßen
– die Breite über alles von   3,50 m
überschritten wird.

132 Polizeiliche Maßnahmen aus Anlass eines Transportes sind nur erforderlich,
wenn
a) der Gegenverkehr gesperrt werden muss,
b) bei einer Durchfahrt durch ein Überführungsbauwerk oder durch sonstige
feste Straßenüberbauten der Transport nur in abgesenktem Zustand erfolgen
kann
oder
c) bei sonstigen schwierigen Straßen- oder Verkehrsverhältnissen
oder
d) eine besondere Anordnung für das Überfahren bestimmter Brückenbau-
werke auf Grund der Länge des betreffenden Bauwerkes erforderlich ist.

133 Sofern eine polizeiliche Begleitung/polizeiliche Maßnahme erforderlich ist, ist
der Transport frühzeitig, in der Regel spätestens 48 Stunden vor Fahrtantritt,
bei der für den Ausgangsort zuständigen Polizeidienststelle anzumelden.

134 8. Entfällt nach Nr. V 4 (Rn. 100 ff.) das Anhörungsverfahren, so ist dem
Erlaubnisnehmer die Auflage zu erteilen, vor der Durchführung des Verkehrs
in eigener Verantwortung zu prüfen, ob der beabsichtigte Fahrtweg für den
Verkehr geeignet ist.

VII. Dauererlaubnis

135 1. Einem Antragsteller kann, wenn die Voraussetzungen nach Nr. IV (Rn. 84 ff.)
vorliegen und er nachweist, dass er häufig entsprechenden Verkehr durchführt, eine auf höchstens drei Jahre befristete Dauererlaubnis für Großraum-
und Schwerverkehr erteilt werden.

136 2. Eine Dauererlaubnis darf nur erteilt werden, wenn
a) polizeiliche Begleitung nicht erforderlich ist und
b) der Antragsteller Großraum- und Schwertransporte schon längere Zeit mit
sachkundigen, zuverlässigen Fahrern und verkehrssicheren Fahrzeugen ohne
Beanstandung durchgeführt hat.

137 3. Die Dauererlaubnis ist auf Fahrten zwischen bestimmten Orten zu beschränken; statt eines bestimmten Fahrtwegs können dem Antragsteller auch mehrere zur Verfügung gestellt werden. Eine Dauererlaubnis kann auch für alle Straßen im Zuständigkeitsbereich der Erlaubnisbehörde und der benachbarten Straßenverkehrsbehörden erteilt werden. Für Straßenverkehrsbehörden mit kleinen räumlichen Zuständigkeitsbereichen können die obersten Landesbehörden Sonderregelungen treffen.

138 4. In die Dauererlaubnis ist die Auflage aufzunehmen, dass der Antragsteller vor der Durchführung des Verkehrs in eigener Verantwortung zu überprüfen hat, ob der beabsichtigte Fahrtweg für den Verkehr geeignet ist. Die Maße und Gewichte, die einzuhalten sind, und die Güter, die befördert werden dürfen, sind genau festzulegen.

139 5. Für die Zustellung und Abholung von Eisenbahnwagen zwischen einem Bahnhof und einer Versand- oder Empfangsstelle kann eine befristete Dauererlaubnis erteilt werden, wenn der Verkehr auf der Straße und deren Zustand dies zulassen.

140 6. Die höhere Verwaltungsbehörde, die nach § 70 Abs. 1 Nr. 1 StVZO eine Ausnahmegenehmigung von den Vorschriften der §§ 32 und 34 StVZO erteilt, kann zugleich eine allgemeine Dauererlaubnis für eine Überschreitung bis zu den in Nr. V 4 aufgeführten Abmessungen, Achslasten und Gesamtgewichten erteilen. Dies gilt auch, wenn das Sichtfeld (§ 35b Abs. 2 StVZO) eingeschränkt ist. Die Dauererlaubnis ist auf die Geltungsdauer höchstens jedoch auf drei Jahre und den Geltungsbereich der Ausnahmegenehmigung nach § 70 Abs. 1 Nr. 1 StVZO zu beschränken.

141 7. Eine Dauererlaubnis darf nur unter dem Vorbehalt des Widerrufs erteilt werden. Sie ist zu widerrufen, wenn der Verkehrsablauf beeinträchtigt wird oder sonstige erhebliche Belästigungen oder Gefährdungen der Verkehrsteilnehmer eingetreten sind. Die Dauererlaubnis kann widerrufen werden, wenn der Erlaubnisinhaber eine Auflage nicht erfüllt.

142 8. Im Übrigen sind die Vorschriften in Nr. I bis VI sinngemäß anzuwenden.

VIII. Sonderbestimmungen für Autokräne

143 1. Die Vorschriften in Nr. IV 1 a (Rn. 84) sowie in Nr. V 5b und V 5c (Rn. 107 ff.) sind nicht anzuwenden.

144 2. Die Vorschriften in Nr. VI 2 (Rn. 117 ff.) sind nicht anzuwenden, wenn folgende Abmessungen, Achslasten und zulässigen Gesamtgewichte nicht überschritten werden:

a) Höhe über alles   4 m
b) Breite über alles   3 m
c) Länge über alles   15 m
d) Einzelachslast   12 t
e) Doppelachslast   24 t
f) Zulässiges Gesamtgewicht   48 t.

145 3. Im Übrigen sind die Vorschriften in Nr. I bis VII sinngemäß anzuwenden.

1 Aus der amtlichen Begründung

(entfällt)

2 Erläuterungen

2.1 Autorennen

Autorennen sind Wettbewerbe zur Erzielung von Höchstgeschwindigkeiten. Hierzu gehören auch Sonderprüfungen mit Renncharakter, z. B. Beschleunigungsfahrten (OLG Braunschweig NZV 1995, 38). Zulässig sind sie im öffentlichen Verkehrsraum nur nach vorheriger Erteilung einer Ausnahme-

genehmigung nach § 46 Abs. 2 und einer straßenrechtlichen Sondernutzungserlaubnis, weil Straßen zu verkehrsfremden Zwecken benutzt werden. Die
Genehmigung steht im pflichtgemäßen Ermessen der Verkehrsbehörden
(BVerwG VerkMitt 1998 Nr. 24). Dabei sind das Interesse der Motorsport-
veranstalter und die Mobilitätsrechte der Verkehrsteilnehmer sorgfältig
gegeneinander abzuwägen. Weiterhin ist der Ausschluss der Allgemeinheit und die Absicherung der Rennstrecke durch ausreichende Auflagen
sicherzustellen. Antragsteller und Verkehrsbehörden sollten sich hierzu
der fachkundigen Hilfe von Automobil-Verbänden bedienen (z. B. ADAC):
Verboten sind Autorennen auch dann, wenn sie unorganisiert stattfinden,
z. B. von Ampel zu Ampel unter Ausnutzung der höchsten Motorleistung.
Beteiligen sich Dritte ohne Absprache an solchen Rennen, unterliegen sie
gleichfalls dem Verbot (OLG Hamm NZV 1997, 367). **Zuverlässigkeitsfahrten**
zur Erprobung von Fahrzeugen sind keine Rennen; sie sind jedoch i. d. R.
erlaubnispflichtig (§ 29 Abs. 2); zur Unzulässigkeit der „Europa-Cannon-
ball-Rallye": OLG Karlsruhe VRS 1966, 84.

2.2 Motorsportliche Veranstaltungen

Andere motorsportliche Veranstaltungen ohne Renncharakter sind nach
§ 29 Abs. 2 erlaubnispflichtig; zur Genehmigungspflicht gelten Rn. 5–7
VwV zu § 29. Jeder Veranstalter eines motorsportlichen Wettbewerbs ist
verkehrssicherungspflichtig; Auflagen der Polizei befreien ihn nicht von
der Prüfung, ob weiter gehende Sicherungsmaßnahmen zu treffen sind
(BGH DAR 1975, 127 = VRS 48, 251). Dabei sind die Interessen des Veranstalters gegenüber denen der Straßenanlieger abzuwägen (VG Koblenz
DAR 1992, 394; OVG Münster 1996, 369).

2.3 Sonstige Veranstaltungen

Nicht jede Veranstaltung im öffentlichen Verkehrsraum ist erlaubnispflichtig,
sondern nur solche, bei denen eine Verkehrsbeeinträchtigung zu besorgen
ist, z. B. Straßenfeste, Umzüge, Sportveranstaltungen, Konzerte, nicht aber
Laternenumzüge von Kindergärten auf Gehwegen. Näheres regeln Rn. 8–10
VwV zu § 29. Wird eine erlaubnispflichtige Veranstaltung ohne Genehmigung
der Straßenverkehrsbehörde durchgeführt, ist neben dem Veranstalter auch
ein Sportleiter über § 14 OWiG bußgeldpflichtig, der sich an der Veranstaltung in herausgehobener Stellung beteiligt, z. B. bei der Endkontrolle
(OLG Düsseldorf VerkMitt 1979 Nr. 94 = DAR 1979, 106 = VRS 56, 365).

Werden Straßen mehr als verkehrsüblich in Anspruch genommen und wird
dadurch der nach den Straßengesetzen bestimmte Widmungsinhalt (Verkehr und Gemeingebrauch) überschritten, liegt eine **Sondernutzung** am
Straßenraum vor. Sondernutzung ist nur zulässig, wenn dafür eine Erlaubnis des Straßeneigentümers[2] erteilt worden ist (Sondernutzungserlaubnis).
Berührungspunkte hat das Straßenverkehrsrecht zum Straßenrecht dort,
wo Verhaltensweisen durch Ausnahmegenehmigungen oder Erlaubnisse
zugelassen werden, die den Gemeingebrauch an öffentlichen Straßen
übersteigen. Das gilt insbesondere im öffentlichen Verkehrsraum bei Autorennen (§ 29 Abs. 1), bei Veranstaltungen (§ 29 Abs. 2), beim Lagern von
Gegenständen (§ 32) und beim Anbieten von Waren und Leistungen (§ 33
Abs. 1). Von den Veranstaltungen sind politische und kirchliche **Versammlungen** zu unterscheiden.

---

2 Nach den Straßengesetzen der Länder, bei Bundesfernstraßen nach dem FStrG

2.3.1 Politische Versammlungen

Bei Veranstaltungen politischer Parteien oder Vereinigungen tritt das Erlaubnis- oder Ausnahmegenehmigungsverfahren hinter das Grundrecht der Versammlungsfreiheit zurück (BVerwG NZV 1989, 325). Es gelten dann nur die Vorschriften des **Versammlungsgesetzes** (VersG). Im Verfahren sind die Parteien nach § 3 Parteiengesetz aktiv und passiv legitimiert. Eine „Versammlung" besteht in der gezielten Zusammenkunft von Personen, die durch Meinungsbildung oder Meinungsäußerung in öffentlichen Angelegenheiten eine kollektive Aussage machen. Entscheidend ist dabei eine beabsichtigte Gruppenbildung mit politischem Bezug und Überindividualität, die durch Diskussion und Demonstration ein „Wir-Gefühl" vermittelt. Zufällige Ansammlungen oder Darbietungen mit politischem Bezug stellen hingegen keine „Versammlung" dar. Deshalb unterliegen sonstige Aktivitäten politischer Gremien im Straßenraum den allgemeinen Gesetzen, somit auch der Genehmigungspflicht nach der StVO (z. B. Genehmigung eines Info-Standes nach § 32). Die jährlich in Berlin veranstaltete „Love-Parade" steht zwar unter einer wechselnden politischen Grundidee (z. B. „Friede, Freude, Eierkuchen"). Musik und Tanz stehen aber weniger für eine kollektive Aussage, als vielmehr für den „Fun" am Happening einer öffentlichen Massenparty (BVerfG Beschluss vom 12.7.2001 – 1 BvQ 28/01). Es handelt sich deshalb nicht um eine politische Versammlung, sondern um eine erlaubnispflichtige Veranstaltung, so dass auch die Veranstaltungskosten auferlegt werden können (z. B. Genehmigungsgebühren, Sicherung des Verkehrsraums, Straßenreinigung, Reparaturen am Straßenzubehör). Gleiches gilt für sportliche und sonstige Aktivitäten auf der Straße, denen zur Umgehung der sonst erforderlichen Kostentragungspflicht ein „politisches Mäntelchen" umgehängt wird, z. B. Veranstaltung von Inlinescatern auf der Fahrbahn („Scaternights"), von einer politischen Partei ausgerichtetes Schülerfest (VG Braunschweig NZV 2000, 143).

Verkehrsbeschränkungen durch einen (rechtmäßigen) Aufzug müssen als sozial-adäquate Nebenfolge des Demonstrationsrechts hingenommen werden (andernfalls Versammlungen auf öffentlichen Straßen nicht möglich wären). Das gilt auch bei Versammlungen von Minderheiten, denen sonst die öffentliche Aufmerksamkeit verschlossen ist. Auf den Inhalt ihrer „Botschaften" kommt es nicht an. Andererseits darf niemand die Aufmerksamkeit für sein Demonstrationsanliegen dadurch erhöhen, dass er absichtlich und gezielt Gefährdungen oder Behinderungen unbeteiligter Dritter herbeiführt. Liegt der Hauptzweck im „Selbstvollzug" des Gewollten, liegt regelmäßig ein Grundrechtsmissbrauch vor, so dass die Versammlung verboten werden kann (§ 15 Abs. 1 VersG). Das BVerfG hat zwar in seinen Blockadebeschlüssen festgestellt, dass die Versammlungsfreiheit auch an verkehrskritischen Orten gilt (BVerfG NJW 1985, 2395; NZfV 1991, 157; NJW 1995, 1141). Unzulässig bleiben jedoch Versammlungen an Orten, an denen sie Gefahren für die Öffentliche Sicherheit begründen können. Zwar ist die Sitzblockade oder das gezielte Laufen auf der Fahrbahn keine Nötigung i. S. d. § 240 StGB (BVerfG NJW 1995, 1141; BGH NJW 1996, 203). Die Grenzen des Versammlungsrechts überschreiten sie allemal. Werden außerdem Hindernisse aufgestellt, um den Verkehr anzuhalten, kann dennoch eine strafbare Nötigung vorliegen (BGH VerkMitt. 1996 Nr. 1 = NZV 1995, 453 = DAR 1995, 453 = VRS 90, 382; OLG Stuttgart VRS 89, 288). Eine Freiheitsberaubung nach § 239 StGB liegt dann nicht vor, wenn bei einer Straßenblockade der Bereich ohne Gefahr zu Fuß verlassen werden kann

(OLG Hamm VRS 92, 208). Versammlungen auf Autobahnen oder Kraftfahrstraßen (z. B. Fahrradkorso) sind grundsätzlich unzulässig und nach § 15 Abs. 1 VersG zu verbieten. Autobahnen dienen nach ihrem eingeschränkten Widmungszweck dem Schnellverkehr und stehen – anders als sonstige Straßen – nicht der Kommunikation zur Verfügung (OVG Lüneburg DAR 1994, 507; NZV 1995, 332).

2.3.2 Arbeitskampfmaßnahmen

Aktivitäten der Tarifpartner aus Anlass von Arbeitskampfmaßnahmen im öffentlichen Verkehrsraum fallen ebenfalls unter das Versammlungsrecht, so dass § 29 Abs. 2 zurücktritt. Der Umstand, dass eine Aktivität im Verkehrsraum ohne vorherige Anmeldung nach § 14 VersG erfolgt, macht die Arbeitskampfmaßnahme allein deswegen nicht unzulässig (insoweit gelten hier die gleichen Grundsätze, wie bei Spontandemonstrationen). Die damit einhergehenden Beeinträchtigungen des Verkehrs müssen von Unbeteiligten wegen des hohen Stellenwertes der Grundrechte aus Art. 5 und 8 GG grundsätzlich hingenommen werden (das gilt auch für Verluste von Handels- oder Gewerbebetrieben). Die Grenze liegt jedoch dort, wo durch Arbeitskampfmaßnahmen zielgerichtet in andere Grundrechte, z. B. Art. 2 (Handlungsfreiheit), Art. 12 GG (Berufsausübung), eingegriffen wird, ohne dass die Meinungsäußerung dies zwingend erfordert. Derartige Aktionen sind dann nicht mehr als „friedliche Versammlung" i. S. d. Art. 8 Abs. 1 GG anzusehen und deshalb rechtswidrig, z. B. Blockierung des Verkehrs durch quer gestellte Fahrzeuge, um am Streik Unbeteiligte die Auswirkungen des Arbeitskampfes spüren zu lassen (die Polizei kann dann die Fahrzeuge entfernen).

2.3.3 Religiöse Versammlungen

Die Grundsätze bei politischen Versammlungen gelten im Prinzip auch für Religionsgemeinschaften, die sich die Pflege des religiösen Lebens ihrer Mitglieder zum Ziel gesetzt haben. Zwar enthält das Grundrecht der Religionsfreiheit nach Art. 4 GG keinen ausdrücklichen Gesetzesvorbehalt, wie er noch in Art. 135 Satz 3 WRV normiert war. Die Grenzen der Religionsfreiheit im Rahmen der allgemeinen Gesetze folgen jedoch aus Art. 140 GG i. V. m. Art. 136 WRV, jedenfalls aus den immanenten Schranken des Grundrechtes selbst. Dementsprechend steht die Notwendigkeit von Erlaubnissen und Ausnahmegenehmigungen nach der StVO für den organisatorischen Ablauf kirchlicher oder sonstiger weltanschaulicher Aktivitäten nicht in Kollision zu Art. 4 GG (z. B. bei karitativen Sammlungen). Für Gottesdienste u. ä. kirchliche Feiern im Verkehrsraum findet das Versammlungsgesetz keine Anwendung, wohl aber das StVG und die StVO. Sofern es sich nicht um ortsübliche religiöse Veranstaltungen handelt, unterliegen solche Feiern deshalb der Genehmigungspflicht nach § 29 Abs. 2 (Rn. 10 VwV zu § 29). Bei der Genehmigung ist dem Grundrecht des Art. 4 GG im Rahmen der öffentlichen Sicherheit und Ordnung Rechnung zu tragen.

2.3.4 Plakatwerbung politischer Parteien

Die Aufstellung von Werbeplakaten durch politische Parteien erfordert eine Ausnahmegenehmigung nach §§ 32, 46 Abs. 1, sofern mindestens **abstrakt** eine Verkehrserschwerung zu besorgen ist. Außerdem bedarf es einer Sondernutzungserlaubnis nach den (landesrechtlichen) Straßengesetzen. Die Erteilung beider Genehmigungen steht im pflichtgemäßen Ermessen der

Verkehrsbehörden (BVerfG NZV 1995, 85; VRS 89, 55) und ist am Grundrecht der freien Meinungsäußerung (Art. 5 GG) zu orientieren. Eine Versagung der Genehmigung ist nur gerechtfertigt, wenn Plakate wichtige öffentliche Belange beeinträchtigen, insbesondere die Verkehrssicherheit oder das (historische) Stadtbild. Vertretbar erscheint es jedoch, das ortsübliche Plakatieren unmittelbar vor Bundestags-, Landtags- oder Kommunalwahlen (6 Wochen vorher) als Gemeingebrauch anzusehen, so dass es weder einer Ausnahme- noch Sondernutzungsgenehmigung bedarf. Voraussetzung ist dabei, dass Art, Umfang und Ausmaß der Plakate keine Störungen im Verkehrsablauf bewirken.

2.4 Großraum- und Schwertransporte

Großraum- und Schwertransporte weichen hinsichtlich der Kraftfahrzeuge und Anhänger sowie der Ladung von den verkehrsrechtlich höchstzulässigen Abmessungen und Gewichten ab, insbesondere mehr als 2,55 m Breite (bei Kühlfahrzeugen: 2,60 m), 4 m Höhe, 20,75 m Länge, 40 t bei Zügen oder 44 t bei Sattelkraftfahrzeugen. Zunächst muss das Transportfahrzeug oder der Zug selbst unter Erteilung einer Ausnahmegenehmigung nach § 70 StVZO, insbesondere von den §§ 32, 34 StVZO, zugelassen werden. Diese Ausnahmegenehmigung erteilt die für das Zulassungsverfahren zuständige höhere Verwaltungsbehörde (meist der Regierungspräsident oder die Bezirksregierung) auf Grund eines Gutachtens einer Technischen Prüfstelle für den Kraftfahrzeugverkehr (z. B. TÜV/DEKRA). Mit der Zulassung (Erteilung der Betriebserlaubnis und Zuteilung des amtlichen Kennzeichens) darf das Großraum- und Schwertransportfahrzeug nur ohne Ladung fahren.

Für die Durchführung eines Großraum- und Schwertransports **mit Ladung** ist eine zusätzliche Erlaubnis der Straßenverkehrsbehörde (am Standort des KFZ oder am Ort der Ladungsaufnahme) nach § 29 Abs. 3 StVO erforderlich. Die Erlaubnis wird für jede einzelne Fahrt oder für gleichartig wiederkehrende Transporte als Dauererlaubnis erteilt. Voraussetzung ist, dass es sich um eine **unteilbare Ladung** (und nicht um Stückgüter) handelt. Außerdem muss der Transporteur durch eine Negativbescheinigung nachweisen, dass der Transport weder mit der Eisenbahn noch auf den Wasserstraßen möglich ist. Ferner muss der Fahrweg geeignet sein, d. h. die Straßen, Brücken und Tunnel müssen die Last aushalten und die Abmessung zulassen. Dies wird durch Anhörung der Straßenbaubehörden entlang der vorgesehenen Transportstrecke durch die Straßenverkehrsbehörde geklärt (meist wird der Fahrweg vorgeschrieben). Zur Vermeidung von Verkehrsstörungen werden schließlich die Fahrtzeiten durch Nebenbestimmungen der Erlaubnis festgelegt (z. B. nur über die BAB außerhalb der Verkehrsspitzenzeiten) und eine evtl. notwendige Begleitung durch Sicherungsfahrzeuge oder Polizei vorgeschrieben. Erst dann kann der Transport durchgeführt werden. Im Übrigen haftet die durchführende Firma für alle Schäden, die auf den Transport zurückzuführen sind, an Straßen und deren Einrichtungen sowie gegenüber anderen Verkehrsteilnehmern.

Die Erlaubnisse für den Großraum- und Schwerverkehr nach § 29 Abs. 3 StVO gehören – trotz Überschreitens der nach der StVZO zulässigen Gewichte und Abmessungen – nicht zur Sondernutzung, weil die Transporte zum Zwecke der Ortsveränderung, also zu Verkehrszwecken, erfolgen und dem Widmungsinhalt der Straßen „zum Verkehr" entsprechen, es sei denn, die Widmung ist auf max. zulässige Gewichte, Abmessungen oder Verkehrsarten beschränkt.

Der Beförderungsunternehmer muss dem Fahrzeugpersonal Sicherheits-
anweisungen geben, wenn ein Transport eine besondere Verkehrsgefahr
bedeutet (BGH VRS 10, 252). § 29 Abs. 3 gilt nicht für eine lediglich ladungs-
bedingte Überschreitung der zulässigen Abmessungen; hier ist eine Ausnahmegenehmigung nach § 46 Abs. 1 Nr. 5 StVO erforderlich (OLG Düsseldorf VerkMitt 1991 Nr. 3).

2.5 Sichtfeldbeeinträchtigung

Der Verkehr mit Fahrzeugen ohne ausreichendes Sichtfeld bedarf der straßenverkehrsbehördlichen Erlaubnis. Im Regelfall werden Sichtbeeinträchtigungen im Zulassungsverfahren durch geeignete technische Einrichtungen
(Spiegelanordnung) kompensiert. Soweit das bei Spezialfahrzeugen nicht
möglich ist, sind im Rahmen des Erlaubnisverfahrens geeignete Auflagen
zu erteilen, z. B. Beschränkung auf bestimmte Strecken und Fahrzeiten. Ein
entmilitarisierter Panzerspähwagen, der auf Grund einer EU-Betriebser-
laubnis in Deutschland zugelassen wird, darf bei weiterhin vorhandener
Sichtbeeinträchtigung nur mit einer Erlaubnis nach § 29 Abs. 3 Satz 2 am
Verkehr teilnehmen. Da die Vorschrift auf die „Bauart" abhebt, fallen
Sichtfeldbeeinträchtigungen durch Ladung nicht unter den Erlaubnisvorbehalt, wohl aber unter § 23 Abs. 1.

3 Hinweise

3.1 Erlaubnispflichtige Veranstaltungen mit Kraftfahrzeugen, wenn die
Nachtruhe gestört werden kann: § 30 (meist sind auch Erlaubnisse nach
landesrechtlichen Straßengesetzen und Lärmverordnungen erforderlich).
Die Genehmigungsgebühren richten sich nach den Tarifstellen der GebOSt.

3.2 Blaues Blinklicht bei Begleitung von geschlossenen Verbänden, gelbes
Blinklicht bei ungewöhnlich breiten oder langen Fahrzeugen: § 38 Abs. 2
und 3.

3.3 Richtlinien für Großraum- und Schwerttransporte (**RGST**) nebst Form-
blättern für Anträge und Bescheide: VkBl. 1992 S. 199 i. d. F. 1996 S. 238
und 1997, Nr. 70; Merkblatt zur Ausrüstung von firmeneigenen Begleitfahrzeugen: VkBl. 1992, S. 218; Berechtigungsausweis zum Führen eines

Rückwärtiges Signalbild
eines Begleitfahrzeugs

Begleitfahrzeuges: VkBl. 1993, S. 478. **Begleitfahrzeuge** haben aufgesetzte Verkehrszeichenträger, die für die Absicherung derartiger Transporte auf Grund einer Anordnung der Straßenverkehrsbehörde eingesetzt werden. Mit dem Aufsatz können unterschiedliche Verkehrszeichen dargestellt werden, z. B. Z. 101 (Gefahrstelle), Z. 276 (Überholverbote), Z. 274 (Höchstgeschwindigkeit). Nach § 39 Abs. 1 a gehen diese Verkehrszeichen ortsfest angebrachten Zeichen vor. Voraussetzung für die Berechtigung zur Inbetriebnahme von Begleitfahrzeugen („BF") ist eine vorherige Schulung des Fahrpersonals in deren sicherer Bedienung und verkehrsgerechtem Einsatz. Diese Schulungen werden durch die Bundesfachgruppe Schwertransporte und Kranarbeiten (BSK im BDl) durchgeführt. Die Schulungsteilnehmer erhalten einen mit Lichtbild versehenen Berechtigungsausweis. Bei groben Verfehlungen kann der Ausweis durch die BSK entzogen werden.

3.4 Zuständigkeit für überregionale Veranstaltungen: § 44 Abs. 3.

3.5 Übernahme der Verpflichtung zur Aufstellung von Verkehrszeichen und -einrichtungen bei Veranstaltungen durch die Gemeinde: § 45 Abs. 5 Satz 3.

§ 30 Umweltschutz und Sonntagsfahrverbot

(1) Bei der Benutzung von Fahrzeugen sind unnötiger Lärm und vermeidbare Abgasbelästigungen verboten. Es ist insbesondere verboten, Fahrzeugmotoren unnötig laufen zu lassen und Fahrzeugtüren übermäßig laut zu schließen. Unnützes Hin- und Herfahren ist innerhalb geschlossener Ortschaften verboten, wenn andere dadurch belästigt werden.

(2) Veranstaltungen mit Kraftfahrzeugen bedürfen der Erlaubnis, wenn sie die Nachtruhe stören können.

(3) An Sonntagen und Feiertagen dürfen in der Zeit von 0 bis 22 Uhr Lastkraftwagen mit einem zulässigen Gesamtgewicht über 7,5 t sowie Anhänger hinter Lastkraftwagen nicht verkehren.

Das Verbot gilt nicht für

1. kombinierten Güterverkehr Schiene-Straße vom Versender bis zum nächstgelegenen geeigneten Verladebahnhof oder vom nächstgelegenen geeigneten Entladebahnhof bis zum Empfänger, jedoch nur bis zu einer Entfernung von 200 km,

1a. kombinierten Güterverkehr Hafen-Straße zwischen Belade- oder Entladestelle und einem innerhalb eines Umkreises von höchstens 150 Kilometer gelegenen Hafen (An- oder Abfuhr),

2. die Beförderung von
   a) frischer Milch und frischen Milcherzeugnissen,
   b) frischem Fleisch und frischen Fleischerzeugnissen,
   c) frischen Fischen, lebenden Fischen und frischen Fischerzeugnissen,
   d) leicht verderblichem Obst und Gemüse,

3. Leerfahrten, die im Zusammenhang mit Fahrten nach Nummer 2 stehen,

4. Fahrten mit Fahrzeugen, die nach dem Bundesleistungsgesetz herangezogen werden. Dabei ist der Leistungsbescheid mitzuführen und auf Verlangen zuständigen Personen zur Prüfung auszuhändigen.

(4) Feiertage im Sinne des Absatzes 3 sind Neujahr, Karfreitag, Ostermontag, Tag der Arbeit (1. Mai), Christi Himmelfahrt, Pfingstmontag, Fronleichnam, jedoch nur in Baden-Württemberg, Bayern, Hessen, Nordrhein-Westfalen, Rheinland-Pfalz und im Saarland, Tag der deutschen Einheit (3. Oktober), Reformationstag (31. Oktober), jedoch nur in Brandenburg, Mecklenburg-Vorpommern, Sachsen, Sachsen-Anhalt und Thüringen, Allerheiligen (1. November), jedoch nur in Baden-Württemberg, Bayern, Nordrhein-Westfalen, Rheinland-Pfalz und im Saarland, 1. und 2. Weihnachtstag.

VwV zu § 30 Umweltschutz und Sonntagsfahrverbot

Zu Absatz 1

1 I. Unnötiger Lärm wird auch verursacht durch
   1. unnötiges Laufenlassen des Motors stehender Fahrzeuge,
2 2. Hochjagen des Motors im Leerlauf und beim Fahren in niedrigen Gängen,
3 3. unnötig schnelles Beschleunigen des Fahrzeugs, namentlich beim Anfahren,

4 4. zu schnelles Fahren in Kurven,

5 5. unnötig lautes Zuschlagen von Wagentüren, Motorhauben und Kofferraumdeckeln.

6 II. Vermeidbare Abgasbelästigungen treten vor allem bei den in Nr. 1 bis 3 aufgeführten Ursachen auf.

Zu Absatz 2

7 I. Als Nachtzeit gilt die Zeit zwischen 22.00 Uhr und 6.00 Uhr.

8 II. Nur Veranstaltungen mit nur wenigen Kraftfahrzeugen und solche, die weitab von menschlichen Behausungen stattfinden, vermögen die Nachtruhe nicht zu stören.

9 III. Die Polizei und die betroffenen Gemeinden sind zu hören.

Zu Absatz 3

10 Vom Sonntagsfahrverbot sind nicht betroffen Zugmaschinen, die ausschließlich dazu dienen, andere Fahrzeuge zu ziehen, ferner Zugmaschinen mit Hilfsladefläche, deren Nutzlast nicht mehr als das 0,4-fache des zulässigen Gesamtgewichts beträgt.

11 Das Sonntagsfahrverbot gilt ebenfalls nicht für Kraftfahrzeuge, bei denen die beförderten Gegenstände zum Inventar der Fahrzeuge gehören (z. B. Ausstellungs-, Filmfahrzeuge).

1 Aus der amtlichen Begründung

1.1 Sattelkraftfahrzeuge zur Güterbeförderung sind LKW i. S. d. Sonntagsfahrverbots. § 30 Abs. 4 bestimmt, an welchen Tagen das Sonntagsfahrverbot gilt (Begr. 1970).

1.2 Der Bußtag ist als gesetzlicher Feiertag zur Finanzierung der Pflegeversicherung in fast allen Bundesländern gestrichen worden und unterliegt nicht mehr dem Fahrverbot (Begr. 1995).

1.3 Der kombinierte Verkehr Hafen-Straße von und zu den See- und Binnenhäfen wird vom Sonntagsfahrverbot freigestellt. Die Entfernungsangabe – 150 km Luftlinie im Umkreis von Binnen- bzw. Seehäfen – trägt dem kombinierten Güterverkehr zwischen den EU-Mitgliedstaaten Rechnung – Richtlinie 92/106/EWG (Begr. 1997).

2 Erläuterungen

2.1 Lärmschutz

Unnötig ist nur der **Fahrzeuglärm**, der bei sachgerechter Nutzung das nötige Maß übersteigt (OLG Köln VRS 56, 471). Das Laufenlassen eines Dieselmotors auf einem Taxenstand oder an der Endhaltestelle öffentlicher Verkehrsmittel bei starkem Frost ist unzulässig, wenn der Einbau einer Standheizung möglich und zumutbar ist. Ebenso darf ein Dieselmotor nachts in Wohngebieten nicht zum Auffüllen des Druckluftbehälters der Bremsanlage in Betrieb gesetzt werden, wenn dies schon tagsüber möglich gewesen wäre (vgl. OLG Düsseldorf VerkMitt 1975 Nr. 50 = VRS 47, 262; VRS 47, 445). Der Versuch, den Motor eines Kraftrades nachts in einer Wohnstraße 10 Minuten lang durch Betätigung des Anlasserpedals zu starten, ist ruhestörender Lärm (OLG Braunschweig VRS 47, 262; auch bei kürzerer Dauer: BayObLG VerkMitt 1984 Nr. 54 = VRS 66, 295). Unnötig ist das Reifenquietschen in einer Kurve (OLG Köln VerkMitt 1982 Nr. 91 = DAR 1983, 87), ebenso ständiges Umfahren eines Platzes oder Anfahren mit voll durchgetretenem Gaspedal (OLG Koblenz VRS 47, 445). Die Feststellung, dass die

Geräuschentwicklung „das nach dem jeweiligen Stand der Technik unvermeidbare Maß" übersteigt, setzt keine exakte Messung voraus; sie kann auf Grund von Zeugenaussagen getroffen werden (BGH VRS 53, 224; BGH VerkMitt 1978 Nr. 1). Die Benutzung eines **Autoradios** bei offenem Wagenfenster ist unzulässig, wenn unbeteiligte Personen gestört werden können (OLG Koblenz VRS 71, 238).

2.2 Abgasschutz

Abgasbelästigungen sind verboten, wenn sie andere (abstrakt) beeinträchtigen können; eine konkrete Beeinträchtigung braucht nicht festgestellt zu werden (OLG Köln VRS 72, 384).

2.3 Unnützes Hin- und Herfahren

Das Verbot des unnützen Hin- und Herfahrens erfordert eine konkrete (tatsächliche) Belästigung (Lärm/Abgas) anderer durch ständige Benutzung derselben Straßenzüge (auch ständiges Fahren im Karree) ohne vernünftigen verkehrsbezogenen Grund (OLG Stuttgart VerkMitt 1972 Nr. 123 = NJW 1972, 1147 = VRS 23, 311; OLG Bremen VerkMitt 1997 Nr. 118 = DAR 1997, 282), z. B. Fahren im Rotlichtviertel zur Kontaktaufnahme (OLG Köln VRS 36, 365), Autocruising, Reklamefahrten, nicht aber zur Parkplatzsuche oder zum Auffinden einer Hausnummer. „Andere" sind nicht nur Verkehrsteilnehmer, sondern alle Personen. Die bloße Vermutung, dass unnützes Herumfahren zu später Stunde die Anwohner belästigen könnte, reicht nicht aus (OLG Hamm VRS 46, 396). Das nur innerorts geltende Verbot schließt eine Ahndung bei belästigendem Hin- und Herfahren außerorts nach § 1 Abs. 2 nicht aus (BayObLG DAR 2001, 84).

Die Vorschrift ist verfassungsrechtlich nicht unumstritten, weil die StVO die Mobilität nicht an Zweckmäßigkeitserwägungen oder von der Gesellschaft für sinnvoll gehaltene verkehrliche Motivationen ausrichten darf (AG Cochem VerkMitt 1986 Nr. 54). Wegen des Belästigungseffektes dürfte das Verbot verfassungsrechtlich wohl noch zu bejahen sein.

2.4 Sonn- und Feiertagsfahrverbot

Das Fahrverbot erfasst LKW über 7,5 t, dazu sämtliche LKW mit Anhängern. LKW sind KFZ, die nach Bauart und Einrichtung zur Güterbeförderung bestimmt sind, wobei es weder auf die Anzahl der Räder (3 oder mehr) noch auf die Eintragung im Fahrzeugschein oder -brief ankommt (OLG Düsseldorf NZV 1991, 483). Sattelkraftfahrzeuge bestehen aus einer Zugmaschine und dem Sattelauflieger; sie gehören zu den LKW (VwV zu § 3). Gleiches gilt für Tankfahrzeuge und LKW-Kipper. Nicht zu den LKW gehören Zugmaschinen, deren wirtschaftlicher Wert in der Zugleistung besteht (OLG Hamm NZV 1997, 323). Zugmaschinen mit Hilfsladefläche unterliegen aber dann den Sonn- und Feiertagsfahrverbot, wenn die zulässige Nutz- oder Aufliegelast mehr als 40 % des zulässigen Gesamtgewichts beträgt (OLG Celle VRS 73, 220; OLG Düsseldorf NZV 1991, 483). PKW unter 7,5 t mit Personenkabine und anschließender Ladefläche sind LKW und unterliegen bei Anhängerbetrieb dem Fahrverbot (BayObLG NZV 1997, 449 = VRS 94, 138); ebenso Wohnanhänger hinter Lastkraftwagen (OLG Stuttgart VerkMitt 1981, 62). Für die Einhaltung des Fahrverbots ist auch der Fahrzeughalter verantwortlich (BayObLG VerkMitt 1998 Nr. 3; VerkMitt 1986 Nr. 56 = DAR 1986, 231).

3 Hinweise

3.1 Verbot des Lärmens durch Schallzeichen: § 16; Sicherung von Ladungen gegen Lärmen: § 22.

3.2 Kennzeichnung lärmarmer KFZ

Grünes (nicht reflektierendes) Schild mit weißem „G" (20 cm Durchmesser). Das Schild muss an der Vorderseite und darf zusätzlich an der Rückseite lärmarmer KFZ befestigt werden. Andere Zeichen, die mit dem Schild verwechselt werden können, dürfen nicht angebracht werden. Die so gekennzeichneten Fahrzeuge sind von den Verkehrsbeschränkugen aus Lärmschutzgründen ausgenommen (z. B. Z. 253 mit Zusatzschild „lärmarme KFZ frei"). Entsprechendes gilt für ausländische KFZ nach § 3 Abs. 3 a IntVO.

3.3 Für Verkehrsbeschränkungen an Wochenenden zurzeit des Ferienreiseverkehrs in den Sommerferien gilt die **Ferienreise-Verordnung**.

3.4 Hinweise des BMVBW für Wohnwagen hinter Lastkraftwagen beim **Sonn- und Feiertagsfahrverbot**: VkBl. 1980, S. 678.

3.5 Richtlinien für straßenverkehrsrechtliche Maßnahmen zum Schutze der Nachtruhe (**Lärmschutz-Richtlinien**): VkBl. 1981, S. 428.

3.6 Verkehrsbeschränkungen aus **Immissionsschutzgründen**: siehe zu § 45.

§ 31 Sport und Spiel

Sport und Spiele auf der Fahrbahn und den Seitenstreifen sind nur auf den dafür zugelassenen Straßen erlaubt (Zusatzschilder hinter Zeichen 101 und 250).

VwV zu § 31 Sport und Spiel

1 I. Gegen Spiele auf Gehwegen soll nicht eingeschritten werden, solange dadurch die Fußgänger nicht gefährdet oder wesentlich behindert oder belästigt werden.

2 II. 1. Die Straßenverkehrsbehörden sollten, selbst in stärker bewohnten Innenbezirken von Großstädten, die Schaffung von Spielplätzen anregen. Auch wenn Spielplätze und sonstige Anlagen, wo Kinder spielen können, zur Verfügung stehen, muss geprüft werden, wie Kinder auf denjenigen Straßen geschützt werden können, auf denen sich Kinderspiele erfahrungsgemäß nicht unterbinden lassen.

3 Eine Möglichkeit hierzu kann die Einrichtung von Spielstraßen sein. Sie kommt aber nur dann in Frage, wenn es möglich ist, die Straße auch für den Anliegerverkehr zu sperren. Dann ist Z. 250 mit dem Zusatzschild „Spielstraße" aufzustellen.

4 2. Wohnstraßen und auch andere Straßen ohne Verkehrsbedeutung, auf denen der Kraftfahrer mit spielenden Kindern rechnen muss, brauchen nach der Erfahrung nicht zu „Spielstraßen" erklärt werden. Auch das Z. 136 ist dort in der Regel entbehrlich. Gegen Kinderspiele sollte dort nicht eingeschritten werden.

5 III. 1. Die Freigabe von Straßen zum Wintersport, besonders zum Rodeln, ist auf das unbedingt notwendige Maß zu beschränken. Vor allem sind nur solche Straßen und Plätze dafür auszuwählen, die keinen oder nur geringen Fahrzeugverkehr aufweisen.

6 2. Wo die Benutzung von Skiern oder Schlitten ortsüblich ist, ist nicht einzuschreiten. Wenn es aus Gründen der Verkehrssicherheit erforderlich ist, sind in solchen Orten verkehrsrechtliche Anordnungen zu treffen (Zusatzschild hinter Z. 101, Zusatzschild hinter Z. 250).

1 Aus der amtlichen Begründung

Das Zusatzschild „Spielstraße" ermöglicht Sport und Spiel auf der Fahrbahn; es kann auch unter dem Z. 237 (Sackgasse) angebracht sein (Begr. 1970).

2 Erläuterungen

2.1 Spielen auf Straßen

Spiel und Sport auf Fahrbahnen ohne Ausweisung durch das Zusatzschild zum Z. 101 und 250[1] oder durch Z. 325 ist verboten; das Verbot bezieht sich nicht auf Gehwege, vorausgesetzt Fußgänger werden weder mehr als vermeidbar behindert noch gefährdet (§ 1 Abs. 2). Spielen Kindergruppen beiderseits der Fahrbahn, muss der Kraftfahrer damit rechnen, dass auch Kinder mittleren Alters über die Fahrbahn von Gruppe zu Gruppe laufen, ohne auf den Verkehr zu achten (OLG Hamm VRS 40, 267). Im Winter besteht

---

1 Gemeint sind „Spielstraßen", bei denen durch Z. 250 mit Zusatzschild (Symbol „Kind mit Ball") Verkehr weitgehend bis auf geringe Anliegerbedürfnisse ausgeschlossen ist. Bei den durch Z. 325 gekennzeichneten Straßen handelt es sich hingegen um „verkehrsberuhigte Bereiche" in der Form multifunktionaler Benutzung auf straßenbaulich besonders gestalteten Mischflächen

besondere Gefahr bei Kindergruppen, die sich in einer Schneeballschlacht befinden (KG VersR 1975, 77), zu anderer Jahreszeit beim Rollschuhfahren (OLG Stuttgart VerkMitt 1977 Nr. 32 = DAR 1977, 297 = VersR 1977, 456). Eltern und Aufsichtspflichtige haben Kinder über die Gefahren beim Rad- und Rollerfahren zu belehren (BGH VersR 1965, 385, 906) und sie entsprechend zu beaufsichtigen (BGH VersR 1968, 301).

2.2 Sport auf Straßen

In Gegenden, in denen sich die Bevölkerung auf Schlitten oder Skiern fortzubewegen pflegt, handelt es sich um Verkehr; dabei müssen Gehwege benutzt werden, sofern nicht die Fahrbahn dafür freigegeben ist. Sportliches Ski- oder Schlittenfahren ist Wintersport und darf nur auf besonders ausgewiesenen oder dafür gesperrten Straßen erfolgen. Gleiches gilt für Fortbewegungsmittel, wenn deren Nutzung überwiegend sportlichen Zwecken dient.

3 Hinweise

3.1 Schiebe- und Greifreifenrollstühle, Rodelschlitten, Kinderwagen, Roller und ähnliche Fortbewegungsmittel sind keine Fahrzeuge: § 24 Abs. 1.

3.2 Spielstraßen haben sich wegen der pädagogischen Anforderungen an Spielplätze nicht durchgesetzt. Stattdessen ist das Kinderspielen in verkehrsberuhigten Gebieten nach Z. 325/326 ermöglicht worden.

3.3 Haftung der Aufsichtspflichtigen für Schäden durch Kinderspiele: § 832 BGB.

§ 32 Verkehrshindernisse

(1) Es ist verboten, die Straße zu beschmutzen oder zu benetzen oder Gegenstände auf Straßen zu bringen oder dort liegen zu lassen, wenn dadurch der Verkehr gefährdet oder erschwert werden kann. Der für solche verkehrswidrigen Zustände Verantwortliche hat sie unverzüglich zu beseitigen und sie bis dahin ausreichend kenntlich zu machen. Verkehrshindernisse sind, wenn nötig (§ 17 Abs. 1), mit eigener Lichtquelle zu beleuchten oder durch andere zugelassene lichttechnische Einrichtungen kenntlich zu machen.

(2) Sensen, Mähmesser oder ähnlich gefährliche Geräte sind wirksam zu verkleiden.

VwV zu § 32 Verkehrshindernisse

Zu Absatz 1

1 I. Insbesondere in ländlichen Gegenden ist darauf zu achten, dass verkehrswidrige Zustände infolge von Beschmutzung der Fahrbahn durch Vieh oder Ackerfahrzeuge möglichst unterbleiben (z. B. durch Reinigung der Bereifung vor Einfahren auf die Fahrbahn), jedenfalls aber unverzüglich beseitigt werden.

2 II. Zuständige Stellen dürfen nach Maßgabe der hierfür erlassenen Vorschriften die verkehrswidrigen Zustände auf Kosten des Verantwortlichen beseitigen.

3 III. Kennzeichnung von Containern und Wechselbehältern

Die Aufstellung von Containern und Wechselbehältern im öffentlichen Verkehrsraum bedarf der Ausnahmegenehmigung durch die zuständige Straßenverkehrsbehörde.

4 Als „Mindestvoraussetzung" für eine Genehmigung ist die sachgerechte Kennzeichnung von Containern und Wechselbehältern erforderlich.

5 Einzelheiten hierzu gibt das Bundesministerium für Verkehr im Einvernehmen mit den zuständigen obersten Landesbehörden im Verkehrsblatt bekannt.

1 Aus der amtlichen Begründung

1.1 § 32 wendet sich auch gegen das Abstellen von Kraftfahrzeugen, die nicht zum Verkehr zugelassen sind (Begr. 1970).

1.2 Sicherungsmittel für Verkehrshindernisse ist insbesondere die weiß-rot-schraffierte, vollreflektierende Warntafel (Begr. 1988).

2 Erläuterungen

2.1 Verschmutzen der Straße

Das Verbot gilt für herabfallende Ladung, Ersatzreifen, Baumaterial (BGH, VRS 20, 337), Ackerschmutz von den Rädern oder durch Treiben von Haustieren, Seifenlauge oder Öl (BGH VRS 30, 135, 225), für abtropfendes Wasser bei Frost (OLG Köln VkBl 1956, 70; OLG Hamm VRS 21, 232; BayObLG VRS 30, 135). In gewissem Umfang müssen Kraftfahrer mit Straßenverschmutzung rechnen, z. B. an Baustellen, jedoch nicht mit einer gefährlichen Ölspur (OLG Bamberg VersR 1987, 465). Wer durch Bauarbeiten eine erhebliche Fahrbahnverschmutzung verursacht hat, genügt seiner Verkehrssicherungspflicht nicht schon durch oberflächliche Reinigung oder durch Aufstellen eines Hinweisschildes „Baustelle" (BGH VersR 1975, 714). Kann die Verschmutzung nicht alsbald beseitigt werden, ist die Gefahrenstelle durch Polizei oder Straßenverkehrsbehörde mit Z. 101 (ggf. mit Zusatzschildern) kenntlich zu machen (OLG Düsseldorf DAR 2001, 401). Bei starker Verschmutzung müssen andere Verkehrsteilnehmer zusätzlich gewarnt werden (OLG Schleswig NZV 1993, 31). Auf Wirtschaftswegen besteht keine Pflicht, Verschmutzungen zu beseitigen, die mit dem landwirtschaftlichen Betrieb üblicherweise verbunden sind. Welche Straße als Wirtschaftsweg anzusehen ist, richtet sich nach den örtlichen Verhältnissen (OLG Düsseldorf VersR 1981, 659).

2.2 Gegenstände auf der Straße

Unter die Verbotsnorm des § 32 Abs. 1 fallen auch Bauwagen, Fahrradständer, Container, Baugeräte (OLG Hamm in VRS 17, 309; OLG Düsseldorf VRS 74, 232), Warenautomaten (BayObLG MDR 1969, 71), in die Fahrbahn ragende Markisen (OLG Hamm VRS 17, 309), Plakatständer (OLG Münster VRS 48, 389), in geringer Höhe über die Straße gespannte Kabel (OLG Hamm VRS 41, 396; BayObLG VRS 36, 464), Seilwinden (OLG Koblenz VRS 72, 128). Wer ein unbefugt auf seinem Grundstück abgestelltes fremdes Kraftfahrzeug auf die Straße schiebt und dort störend belässt, verstößt gegen § 32 Abs. 1 (BayObLG NJW 1979, 1314 = VRS 57, 60 = DAR 1980, 61). § 32 gilt auch auf Gehwegen (OLG Köln VerkMitt 1982 Nr. 88). Feste Straßeneinbauten, wie Poller zur Verhinderung unzulässigen Parkens sind keine Gegenstände, sondern als Anlagen Bestandteile der Straße (OLG Düsseldorf NJW 1995, 2171). Verboten ist das Abstellen betriebsunfähiger oder abgemeldeter Fahrzeuge sowie von betriebsfähigen Fahrzeugen, die zu verkehrsfremden Zwecken (z. B. Reklame oder ausschließlich zum Verkauf) abgestellt werden[1] (OLG Düsseldorf VRS 74, 286; VerkMitt 1988 Nr. 55; KG VRS 45, 73). Unzulässig ist auch wochenlanges Parken eines KFZ mit rotem Kennzeichen (OLG Koblenz DAR 1983, 302). Der Besitzer eines ausgedienten KFZ, der dieses irgendwo im Stich lässt, statt es zu verschrotten, verstößt gegen seine Halterpflichten zur Gefahrabwehr; dieses Risiko wird von der Privathaftpflichtversicherung nicht gedeckt (BGH VersR 1977, 468 = MDR 1977, 737 = VRS 53, 90, = DAR 1977, 243). Zur Gefahr von auslaufenden Flüssigkeiten bei Autowracks: BayObLG VRS 90 238.

2.3 Straßenmöblierung zur Verkehrsberuhigung

Das Aufstellen von **Blumenkübeln** auf der Fahrbahn verstößt gegen § 32 auch dann, wenn es der Verkehrsberuhigung dienen soll (OLG Frankfurt NJW 1992, 318; zur Beleuchtung von Fahrbahnhindernissen: LG Koblenz DAR 1991, 456). Die Möglichkeit, Straßen gefahrlos mit der zulässigen Geschwindigkeit zu befahren, muss erhalten bleiben (OLG Köln VRS 83, 113). Das gilt auch bei Verwendung von Metallhöckern auf der Fahrbahn, sog. „Kölner Teller" (OLG Frankfurt/M. NZV 1993, 38).

2.4 Verkehrserschwerung

Die Verkehrsbehinderung muss nicht konkret vorliegen, vielmehr reicht die **abstrakte** Möglichkeit einer Erschwerung aus, z. B. beim Wegfall von Parkraum (OLG Düsseldorf VerkMitt 1975 Nr. 90). Wer ein abgemeldetes, nicht zugelassenes oder nicht betriebsbereites Fahrzeug auf einem öffentlichen Parkplatz stehen lässt, erschwert den Verkehr (OLG Karlsruhe VRS 59, 153;

---

1 „Rostlauben" werden als Abfall behandelt; Verstöße gemäß §§ 3, 61 KrW-/AbfG geahndet

ähnlich OLG Düsseldorf VerkMitt 1988 Nr. 55). Ist keine abstrakte Verkehrserschwerung gegeben, liegt kein Verstoß gegen § 32 vor, wohl aber nach
anderen Vorschriften (z. B. Sondernutzung nach den Straßengesetzen der
Länder).

2.5 Bereiten von Hindernissen

Wer bei einer politischen Demonstration Fahrzeuge als Hindernisse aufgestellt, um gezielt die Durchfahrt zu versperren, begeht eine strafbare Nötigung
(BGH VerkMitt 1996 Nr. 1 = NZV 1995, 453 = DAR 1995, 453; OLG Stuttgart VRS 89, 288). Nur die schlichte Sitzblockade auf Straßen wird nicht als
Nötigung angesehen (BVerfG NJW 1985, 2395; 1995, 1141; NVwZ 1991,
157), ebenso nicht das bloße Laufen auf der Fahrbahn (BGH NJW 1996, 203
„Münchner Fahrbahngeher" – aber Verstoß gegen das Gehwegbenutzungs-
gebot nach § 25 Abs. 1).

2.6 Ersatzvornahme

Zuständige Stellen dürfen die Hindernisse auf Kosten des Verantwortlichen
beseitigen. Für die Kosten der polizeilichen Sicherstellung eines abgestellten
Fahrzeugwracks haftet der Halter (OVG Münster DAR 1973, 334 = VRS 46,
77).

2.7 Verkleidung gefährlicher Geräte

Die Verpflichtung gilt insbesondere für hervorstehende scharfkantige Teile
von selbstfahrenden Arbeitsmaschinen, aber auch beim Transport von
Arbeitsgeräten. Die vorstehende Haspel an einem Mähdrescher ist keine
wirksame Verkleidung nach § 32 Abs. 2 (OLG Hamm VRS 48, 385).

3 Hinweise

3.1 Sondernutzung

Das Abstellen von Krafträdern zum „Überwintern", von LKW als Verkaufs-
wagen oder von Anhängern zur Werbung ist neben dem Verbot nach § 32
eine verkehrsfremde Sondernutzung, die straßenrechtlich erlaubnispflichtig
ist („Missbrauch" der Straße als Abstellfläche). In diesen Fällen ist neben
der Ausnahmegenehmigung nach §§ 32, 46 Abs. 1 Nr. 8 stets auch eine
straßenrechtliche Sondernutzungserlaubnis erforderlich. Das gilt auch bei
Widmungseinschränkungen, z. B. bei Fußgängerzonen. Ausnahmegenehmigungen und Sondernutzungserlaubnisse dürfen nur in besonders gelagerten
Einzelfällen erteilt werden; sie dürfen jedenfalls nicht dazu führen, dass der
Kerngehalt der Widmung bzw. der eingeschränkten Widmung (auf Dauer)
beseitigt wird.

Die verkehrsrechtliche Ausnahmegenehmigung nach der StVO (Bundesrecht) und die auf Landesrecht beruhende straßenrechtliche Sondernutzung
haben unterschiedliche Zielsetzungen, so dass Art. 31 GG („Bundesrecht
bricht Landesrecht") beim Zusammentreffen beider Genehmigungsformen
nicht berührt ist. Bei verkehrsbehördlichen Ausnahmen für Bundesfernstraßen bedarf es wegen der Regelung in § 8 Abs. 6 FStrG regelmäßig
keiner Sondernutzungserlaubnis (BVerwG VerkMitt 1989 Nr. 27). Allerdings sind die von der Straßenbaubehörde für erforderlich gehaltenen
Bedingungen, Auflagen und Gebühren in die Ausnahmegenehmigung
einzubeziehen.

Abfallbeseitungsplakette   Sicherstellungsplakette

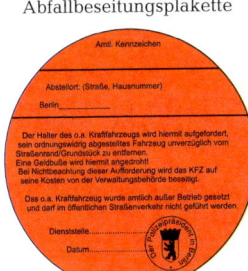

3.2 Die Altauto-Verordnung (AltautoV) vom 4.7.1997 (BGBl. I. S. 1666) regelt die technische Entsorgung der Kraftfahrzeuge (Verschrottung). Wer sich seines Altautos entledigen will, ist verpflichtet, dieses einem vom Fahrzeughersteller „anerkannten" Verwertungsbetrieb oder einer Annahmestelle zu übergeben (nicht einer beliebigen Verschrottungsstelle). Annahmestellen und Verwertungsbetriebe müssen die Altautos umwelt- und gemeinwohlverträglich entsorgen (recyceln). Im Anhang zur AltautoV sind Anforderungen und Verwertung bei der Beseitigung der „Rostlauben" geregelt. Altautos, deren sich der Halter entledigen will, gelten als Abfall i.S.d. § 3 KrW-/AbfG; Verstöße sind gemäß § 61 Abs. 1 Nr. 1 und Abs. 3 mit bis zu 50.000 € Bußgeld bedroht.

Nicht zugelassene oder betriebsunfähige Fahrzeuge („Rostlauben") sind Gegenstände i. S. von § 32 Abs. 1 und dürfen nicht im Verkehrsraum abgestellt werden. Neben einem Verstoß gegen § 32 Abs. 1 liegt unzulässige Sondernutzung nach den Straßengesetzen der Länder vor. Die Ahndung richtet sich nach den mit höherem Bußgeld bedrohten Straßengesetzen (§ 19 Abs. 2 OWiG). „Rostlauben" werden ferner als Abfall nach dem Kreislaufwirtschafts- und Abfallgesetz (KrW-/AbfG) behandelt und nach Aufforderung zur Beseitigung durch einen „roten Punkt" an der Windschutzscheibe auf Kosten des Halters entsorgt (OLG Düsseldorf NZV 1989, 40; BayObLG VRS 90, 238). Ob das amtliche Kennzeichen entstempelt oder entfernt wurde, ist nicht entscheidend; unbeaufsichtiges, monatelanges Aufstellen in unbeleuchteter, einsamer Gegend genügt (KG VRS 83, 296). Verkehrsunsichere KFZ können außerdem nach den Sicherheits- und Ordnungsgesetzen der Länder zu Beweiszwecken oder nach Straftaten (polizeilich) sichergestellt werden; die Kennzeichnung erfolgt durch eine Plakette.

3.3 Kennzeichnung von Containern und Wechselbehältern: VkBl. 1982, S. 186.

3.4 Verbot des Hinausragens schlecht erkennbarer Ladung: § 22 Abs. 5 S. 2; Verbot des nächtlichen Stehenlassens bestimmter unbeleuchteter Fahrzeuge auf der Fahrbahn: § 17 Abs. 4.

§ 33 Verkehrsbeeinträchtigungen

(1) Verboten ist

1. der Betrieb von Lautsprechern,
2. das Anbieten von Waren und Leistungen aller Art auf der Straße,
3. außerhalb geschlossener Ortschaften jede Werbung und Propaganda durch Bild, Schrift, Licht oder Ton, wenn dadurch Verkehrsteilnehmer in einer den Verkehr gefährdenden oder erschwerenden Weise abgelenkt oder belästigt werden können. Auch durch innerörtliche Werbung und Propaganda darf der Verkehr außerhalb geschlossener Ortschaften nicht in solcher Weise gestört werden.

(2) Einrichtungen, die Zeichen oder Verkehrseinrichtungen (§§ 36 bis 43) gleichen, mit ihnen verwechselt werden können oder deren Wirkung beeinträchtigen können, dürfen dort nicht angebracht oder sonst verwendet werden, wo sie sich auf den Verkehr auswirken können. Werbung und Propaganda in Verbindung mit Verkehrszeichen und Verkehrseinrichtungen sind unzulässig.

VwV zu § 33 Verkehrsbeeinträchtigungen

Zu Absatz 1 Nr. 1

1 Lautsprecher aus Fahrzeugen erschweren den Verkehr immer.

Zu Absatz 1 Nr. 2

2 Das Ausrufen von Zeitungen und Zeitschriften wird den Verkehr nur unter außergewöhnlichen Umständen gefährden oder erschweren.

Zu Absatz 2

3 I. Schon bei nur oberflächlicher Betrachtung darf eine Einrichtung nicht den Eindruck erwecken, dass es sich um ein amtliches oder sonstiges zugelassenes Verkehrszeichen oder eine amtliche Verkehrseinrichtung handelt. Verwechselbar ist eine Einrichtung auch dann, wenn (nur) andere Farben gewählt werden.

4 II. Auch Beleuchtung im Umfeld der Straße darf die Wirkung der Verkehrszeichen und Verkehrseinrichtungen nicht beeinträchtigen.

5 III. Wenn auf Grundstücken, auf denen kein öffentlicher Verkehr stattfindet, z. B. auf Fabrik- oder Kasernenhöfen, zur Regelung des dortigen Verkehrs den Verkehrszeichen oder Verkehrseinrichtungen gleiche Einrichtungen aufgestellt sind, darf das auch dann nicht beanstandet werden, wenn diese Einrichtungen von einer Straße aus sichtbar sind. Denn es ist wünschenswert, wenn auf nicht öffentlichem Raum sich der Verkehr ebenso abwickelt wie auf öffentlichen Straßen.

1 Aus der amtlichen Begründung

Die Beleuchtung eines hervorragenden innerörtlichen Bauwerks durch Scheinwerfer kann den außerörtlichen Verkehr unzulässig beeinträchtigen. Abs. 2 bezieht sich nur auf solche Zeichen, die sich auf den Verkehr auswirken (Begr. 1970).

2 Erläuterungen

Für die Verbote des § 33 genügt bereits eine **abstrakte** Gefährdung oder Beeinträchtigung des Straßenverkehrs, wobei sich der Begriff „Straße" auf die Gesamtheit der Verkehrsflächen bezieht. Eine abstrakte Gefahr oder Beeinträchtigung liegt vor, wenn die Benutzung der Verkehrsflächen wegen des Umfangs der Lautsprecher-, Waren- oder Leistungsangebote nicht unbeträchtlich eingeschränkt wird, sich somit Angebote verkehrsstörend auswirken, z. B. durch unzulässige Parkvorgänge oder Behinderung Dritter durch potenzielle Kunden (BVerwG VRS 87, 77; NZV 1994, 126). Selbst ohne Verkehrsbeeinträchtigung können die zu beanstandenden Verhaltensweisen wegen unzulässiger Sondernutzung nach den Straßengesetzen der Länder geahndet werden (OLG Düsseldorf VRS 79, 51 = NZV 1990, 282). Beim Zusammentreffen von Verstößen nach § 33 Abs. 1 Nr. 2 StVO und solchen nach den Straßengesetzen gehen letztere regelmäßig vor, weil sie die höhere Bußgelddrohung enthalten (§ 19 Abs. 2 OWiG).

2.1 Lautsprecher und Musik auf Straßen

Schalltrichter ohne elektrische Verstärker sind keine **Lautsprecher** (OVG Münster VkBl. 1972, 539). Lautsprecher können ohne Ausnahmegenehmigung in Fällen des Notrechts (z. B. des Katastrophenschutzes) eingesetzt werden, nicht aber zur politischen Werbung (OVG Münster VkBl. 1972, 539). Der Einsatz eines Lautsprecherwagens in einem Demonstrationszug kann verboten werden, wenn die Beeinträchtigung des Verkehrs über die Störungen hinausgeht, die der Demonstrationszug ohnehin bedeutet. **Straßenmusik** in Fußgängerzonen ist erlaubnispflichtige Sondernutzung (BVerwG VRS 72, 388).

2.2 Anbieten von Waren und Leistungen

Anbieten ist jede Kundgabe der Bereitschaft, Waren zu liefern oder Leistungen zu erbringen (die bloße Werbung für Produkte, auch durch Handzettel, gehört regelmäßig nicht dazu). Gegen das Anbietungsverbot können auch Parkplatzüberwachungs- oder Hilfsdienste verstoßen (BVerwG NJW 1974, 1781; vgl. jedoch OVG Münster VRS 41, 472). Ob **Straßenkunst**, z. B. Silhouettenschneiden oder Pflastermalen, als Gemeingebrauch einzustufen ist, richtet sich nach Landesrecht, im Zweifel ist sie Sondernutzung (BVerwG NZV 1990, 286). Straßenprostitution fällt nicht unter das Anbieten von Leistungen; nicht weil die Damen nichts „leisten", sondern weil hier § 120 Abs. 1 Nr. 1 OWiG vorgeht.

2.3 Werbung und Propaganda

Das Verbot der Werbung und Propaganda bezieht sich auf Verkehrsflächen **außerorts** (innerorts sind Werbung und Propaganda grundsätzlich zulässig; zu beachten sind jedoch § 32 Abs. 1 und straßenrechtliche Bestimmungen über die Sondernutzung, z. B. auch bei Plakatständern zur politischen Werbung außerhalb von Wahlzeiten: OLG Münster VRS 45, 389). Die Begriffe umfassen die Wirtschaftswerbung und die Propaganda für kulturelle, weltanschauliche oder politische Ziele, z. B. Plakatierungen. Für das Verbot reicht auch hier die (abstrakte) Möglichkeit einer Verkehrsbeeinträchtigung aus, z. B. eine auf den Autobahnverkehr ausgerichtete Werbeanlage (BVerwG NZV 1994, 126; VG Ansbach VerkMitt 1999 Nr. 71; BVerfG NJW 1972, 859; BVerwG NJW 1976, 559) oder eine 40 m^2 große Prismenwendeanlage im Abstand von 140 m zur Autobahn (OVG Münster NZV 2000, 310 = VRS 99, 472). Unzulässig sind ebenso Lauflichtbänder, Filmwände, Licht- und Laserkanonen, akustische Beschallung, Werbepuppen oder -ballons sowie Anzeigetafeln auf Fahrzeugen oder Strohballen mit Qualitätsaussagen, Preisangaben, Telefonnummern oder Internetadressen. Das Verbot umfasst auch Werbung, die von Kraftfahrzeugen ausgeht und ausschließlich diesem

Zweck dient (VkBl. 1962, 112). Plakatträger mit gewerblicher Werbung im Straßenland sind zudem sondernutzungspflichtig, z. B. nach § 8 Abs. 1 FStrG (OLG Hamm NZV 1991, 252).

Das frühere in der StVO vorhandene (strikte) Verbot des Umherfahrens und Parkens nur zur Werbung ist vom BVerfG (BVerfG 40, 371 = VerkMitt 1976 Nr. 65 = NJW 1976, 559 = VRS 50, 241 = MDR 1976, 553) aufgehoben worden. Da Werbevorgänge im Straßenraum jedoch den Gemeingebrauch einschränken, sind solche Parkvorgänge oder Fahrten nach den Straßengesetzen der Länder unzulässig.

2.4 Beeinträchtigung von Verkehrszeichen und Verkehrseinrichtungen

Das Verbot bezieht sich auch auf Verkehrszeichen, die infolge fehlender Anordnung nach § 45 nichtig und damit unbeachtlich sind. Wer amtlich angeordnete und aufgestellte Verkehrszeichen verändert, verstößt gegen § 304 StGB (gemeinschädliche Sachbeschädigung) und § 132 StGB (Amtsanmaßung), begeht aber keine Urkundenfälschung nach § 267 StGB (OLG Köln VerkMitt 1999 Nr. 5 = VRS 96, 23). Da Verkehrszeichen durch die Straßenbaubehörde anzubringen sind (§ 5b StVG i.V.m. § 45 Abs. 3 StVO), liegt ein Verstoß gegen § 132 StGB i.V.m. § 33 Abs. 2 StVO dann vor, wenn die Baubehörde die Ausführung einer Anordnung der Straßenverkehrsbehörde verweigert und daraufhin betroffene Bürger die Verkehrsschilder selbst anbringen. Zeichen, die keine auf das Straßenverkehrsrecht gestützte Anordnung oder Erklärung enthalten, aber mit amtlichen Zeichen des Straßenverkehrsrechts verwechselt werden können, sind unzulässig, wenn sie sich auf den Straßenverkehr (abstrakt) auswirken können (BVerwG VerkMitt 1980 Nr. 95). Durch den Klammerzusatz (§§ 36 bis 43) fallen auch Zeichen und Weisungen der Polizei unter das Verbot, z. B. Aufstellung einer Polizistenattrappe mit erhobenem Arm.

Hinsichtlich der Verwechslungsgefahr mit amtlichen Verkehrszeichen ist auf das gesamte Erscheinungsbild der Schilder und Markierungen nach dem flüchtigen Eindruck abzustellen (Hessischer VGH VerkMitt 1970 Nr. 91); Beispiele: Blaue Fahrbahnmarkierung in der Nähe von Leitlinien, gelbes Blinklicht am Hoteleingang kann den Verkehr auf der Straße stören (OLG Koblenz VRS 66, 221), Vorschriftzeichen auf Wahlplakaten im Fahrbahnverlauf, leuchtende Ampel als Blickfang auf den Verkehr im Schaufenster einer Fahrschule. Der Schutz gegen Werbung ist eng auszulegen; er gilt auch für die Rückseite von Verkehrszeichen und -einrichtungen, z. B. an Parkscheinautomaten.

3 Hinweise

3.1 Übermäßige Straßenbenutzung: § 29 Abs. 2; Schutz der Nachtruhe: § 30 Abs. 1 und 2; Verbot für Sport und Spiel: § 31; Verkehrshindernisse: § 32; zum Verbot von Aufklebern an Taxen mit politischen und religiösen Inhalten nach § 26 Abs. 4 BOKraft: BVerwG VerkMitt 2000 Nr. 46.

3.2 Ausnahmen von § 33: § 46 Abs. 1 Nr. 9 (Lautsprecher) und Nr. 10 (Werbung und Propaganda in Verbindung mit Leuchtsäulen für Haltestellenschilder) i.V.m. § 9 Abs. 8 FStrG.

3.3 Werbeverbot an Brücken über Bundesfernstraßen außerhalb der zur Erschließung anliegender Grundstücke bestimmten Teile der Ortsdurchfahrten sowie längs von Autobahnen bis zu 40 m: § 9 Abs. 1 Nr. 1, Abs. 6 FStrG. Werbeanlagen von mehr als 40 bis 100 m Entfernung von Autobahnen bedürfen der Zustimmung der Straßenbaubehörde: § 9 Abs. 2 FStrG.

§ 34 Unfall

(1) Nach einem Verkehrsunfall hat jeder Beteiligte
1. unverzüglich zu halten,
2. den Verkehr zu sichern und bei geringfügigem Schaden unverzüglich beiseite zu fahren,
3. sich über die Unfallfolgen zu vergewissern,
4. Verletzten zu helfen (§ 323 c des Strafgesetzbuches),[1]
5. anderen am Unfallort anwesenden Beteiligten und Geschädigten
   a) anzugeben, dass er am Unfall beteiligt war und
   b) auf Verlangen seinen Namen und seine Anschrift anzugeben sowie ihnen Führerschein und Fahrzeugschein vorzuweisen und nach bestem Wissen Angaben über seine Haftpflichtversicherung zu machen,
6. a) so lange am Unfallort zu bleiben,[2] bis er zu Gunsten der anderen Beteiligten und der Geschädigten die Feststellung seiner Person, seines Fahrzeuges und der Art seiner Beteiligung durch seine Anwesenheit ermöglicht hat oder

---

1 **§ 323 c StGB Unterlassene Hilfeleistung**
Wer bei Unglücksfällen oder gemeiner Gefahr oder Not nicht Hilfe leistet, obwohl dies erforderlich und ihm den Umständen nach zuzumuten, insbesondere ohne erhebliche eigene Gefahr und ohne Verletzung anderer wichtiger Pflichten möglich ist, wird mit Freiheitsstrafe bis zu einem Jahr oder mit Geldstrafe bestraft.

2 **§ 142 StGB Unerlaubtes Entfernen vom Unfallort**
(1) Ein Unfallbeteiligter, der sich nach einem Unfall im Straßenverkehr vom Unfallort entfernt, bevor er
1. zu Gunsten der anderen Unfallbeteiligten und der Geschädigten die Feststellung seiner Person, seines Fahrzeugs und der Art seiner Beteiligung durch seine Anwesenheit und durch die Angabe, dass er an dem Unfall beteiligt ist, ermöglicht hat oder
2. eine nach den Umständen angemessene Zeit gewartet hat, ohne dass jemand bereit war, die Feststellungen zu treffen,
wird mit Freiheitsstrafe bis zu drei Jahren oder mit Geldstrafe bestraft.
(2) Nach Absatz 1 wird auch ein Unfallbeteiligter bestraft, der sich
1. nach Ablauf der Wartefrist (Absatz 1 Nr. 2) oder
2. berechtigt oder entschuldigt
vom Unfallort entfernt hat und die Feststellungen nicht unverzüglich nachträglich ermöglicht.
(3) Der Verpflichtung, die Feststellungen nachträglich zu ermöglichen, genügt der Unfallbeteiligte, wenn er den Berechtigten (Absatz 1 Nr. 1) oder einer nahe gelegenen Polizeidienststelle mitteilt, dass er an dem Unfall beteiligt gewesen ist, und wenn er seine Anschrift, seinen Aufenthalt sowie das Kennzeichen und den Standort seines Fahrzeugs angibt, und dieses zu unverzüglichen Feststellungen für eine ihm zumutbare Zeit zur Verfügung hält. Dies gilt nicht, wenn er durch sein Verhalten die Feststellungen absichtlich vereitelt.
(4) Das Gericht mildert in den Fällen der Abs. 1 und 2 die Strafe (§ 49 Abs. 1) oder kann von der Strafe nach diesen Vorschriften absehen, wenn der Unfallbeteiligte innerhalb von 24 Stunden nach einem Unfall außerhalb des fließenden Verkehrs, der ausschließlich nicht bedeutenden Sachschaden zur Folge hat, freiwillig die Feststellungen nachträglich ermöglicht (Abs. 3).
(5) Unfallbeteiligter ist jeder, dessen Verhalten nach den Umständen zur Verursachung des Unfalls beigetragen haben kann.

b) eine nach den Umständen angemessene Zeit zu warten und am Unfallort Namen und Anschrift zu hinterlassen, wenn niemand bereit war, die Feststellung zu treffen,

7. unverzüglich die Feststellungen nachträglich zu ermöglichen, wenn er sich berechtigt, entschuldigt oder nach Ablauf der Wartefrist (Nummer 6 b) vom Unfallort entfernt hat. Dazu hat er mindestens den Berechtigten (Nummer 6 a) oder einer nahe gelegenen Polizeidienststelle mitzuteilen, dass er am Unfall beteiligt gewesen ist, und seine Anschrift, seinen Aufenthalt sowie das Kennzeichen und den Standort seines Fahrzeugs anzugeben und dieses zu unverzüglichen Feststellungen für eine ihm zumutbare Zeit zur Verfügung zu halten.

(2) Beteiligt an einem Verkehrsunfall ist jeder, dessen Verhalten nach den Umständen zum Unfall beigetragen haben kann.

(3) Unfallspuren dürfen nicht beseitigt werden, bevor die notwendigen Feststellungen getroffen worden sind.

(VwV zu § 34 nicht vorhanden)

1 Aus der amtlichen Begründung

Die Vorstellungspflicht gilt nur gegenüber anwesenden oder alsbald erreichbaren Personen. Alsbald erreichbar ist, wer bei Umschau oder Umfrage sofort erreicht werden kann. Ist kein anderer am Unfall beteiligt, braucht man nicht zu warten. Das vorzeitige Verlassen der Unfallstelle ist z. B. erlaubt, wenn die Polizei verständigt werden soll. Es kann zur Pflicht werden, wenn die Fürsorge für einen Verletzten es gebietet (Begr. 1970).

2 Erläuterungen

Während das strafbewehrte Verbot der Unfallflucht nach § 142 StGB der Hilfe für verletzte Unfallopfer sowie dem zivilrechtlichen Interesse an der Beweissicherung und Schadensregulierung des Verletzten oder Geschädigten dient (OLG Koblenz NZV 1989, 200), soll § 34 diese Grundvorschrift ergänzen und weiter gehende (aktive) **Pflichten** begründen. Es handelt sich um eine Art „Checkliste" als Hilfe für Unfallbeteiligte in einer Stresssituation, das Richtige in einer sinnvollen Reihenfolge zu tun.

Als **Ordnungswidrigkeit** qualifiziert ist jeweils der Verstoß gegen die Pflichten zum **Anhalten** (§ 34 Abs. 1 Nr. 1), zur **Verkehrssicherung** (§ 34 Abs. 1 Nr. 2), zur Vorstellung als Unfallbeteiligter (§ 34 Abs. 1 Nr. 5), zum Hinterlassen von **Namen und Anschrift** am Unfallort (§ 34 Abs. 1 Nr. 6b) sowie zur Erhaltung der **Unfallspuren** (§ 34 Abs. 3). Soweit die Verletzung dieser Pflichten unter Straftatbestände des § 142 StGB fällt, gehen diese vor (§ 21 OWiG). Liegt keine strafbare Handlung nach § 142 StGB vor, bleibt es bei der Verletzung von Pflichten nach §§ 34, 49 Abs. 1 Nr. 29 als Ordnungswidrigkeiten.

2.1 Verkehrsunfall

Verkehrsunfall ist ein plötzliches Ereignis im Straßenverkehr, das mit dessen typischen Gefahren in ursächlichem Zusammenhang steht und einen Personen- oder einen nicht völlig belanglosen Sachschaden zur Folge hat (BGH VerkMitt 2002 Nr. 15; VRS 59, 158). Der Schaden muss somit auf einen Verkehrsvorgang zurückzuführen sein. Liegt kein Verkehrsvorgang vor, löst der entstandene Schaden keine Pflichten als „Verkehrsunfall" aus, z. B. bei der Beladung fällt ein Gegenstand auf einen Fußgänger, aus einem KFZ wird mutwillig eine Flasche gegen ein geparktes Fahrzeug geschleudert oder beim Radwechsel rollt das KFZ vom Wagenheber und stößt gegen ein anderes Fahrzeug.

2.1.1 Öffentlicher Verkehrsraum

Der Unfall muss sich auf einer **öffentlichen** oder zumindest faktisch öffentlichen Verkehrsfläche ereignet haben. Dabei ist es unerheblich, ob sich der Schaden erst auf Privatgelände auswirkt. Auch auf dem Hof eines Supermarktes kann deshalb Unfallflucht begangen werden, wenn dieser Verkehrsraum einem unbestimmten Personenkreis offen steht. Ein Unfall auf einem **Privatgelände** wird hingegen weder durch § 142 StGB noch durch § 34 erfasst, wenn sich der Schaden auch nur dort auswirkt.

2.1.2 Schaden

Voraussetzung für den Verkehrsunfall ist ein wirtschaftlich nicht nur „belangloser" Schaden, der an fremden Sachen oder Personen entstanden ist. Ob ein Schaden belanglos ist, beurteilt sich danach, ob ein „verständiger" Fahrzeughalter den Schaden ausbessern lassen würde. Dies hängt von der jeweiligen Kostenentwicklung ab (Wertgrenze etwa 20 bis 25 €; LG Gießen NZV 1997, 364: kein Schaden bei 27 €; nach OLG Hamm NZV 2001, 37 ebenso nicht bei einer Betonabplatzung von 10 x 10 m unter 2 cm Tiefe bei einer Brücke). Bei körperlichen Beeinträchtigungen bleiben ganz unerhebliche, nur vorübergehende Beeinträchtigungen außer Betracht (z. B. Schreck), wenn sie keine Körperverletzungen i. S. d. §§ 223, 230 StGB darstellen. Schleudertrauma bei einem Auffahrunfall ist eine Körperverletzung; ebenso ein blauer Fleck, der eine ärztliche Behandlung erforderlich macht.

Geschädigt ist jeder, der durch den Unfall einen Ersatzanspruch erlangt. Beim Schaden muss es sich außerdem um einen **Fremdschaden** handeln (OLG Celle VerkMitt 1985 Nr. 94 = NJW 1986, 861 = VRS 69, 394). Dementsprechend ist nicht wartepflichtig, wer nur sich selbst geschädigt hat. Das gilt auch für das vom Unfallbeteiligten gelenkte, nicht jedoch in seinem Eigentum stehende Fahrzeug (Firmen- oder Mietfahrzeug); ferner für die beförderte Fremdladung (streitig).

2.1.3 Unfallbeteiligte (§ 34 Abs. 2, § 142 Abs. 4 StGB)

Unfallbeteiligt ist jeder, dessen Verhalten nach den Umständen zum Unfall beigetragen haben „kann". Aus Beweissicherungsgründen zu Gunsten des Verletzten ist auf die **mögliche** (vermutliche) Unfallbeteiligung abzuheben, weil vor Ort nicht erst die tatsächliche Beteiligung aus dem Kausalverlauf festgestellt werden soll. Infolgedessen kann auch Unfallbeteiligter derjenige sein, der bei der späteren Beurteilung des Unfalls keinen relevanten Tatbeitrag geleistet hat (OLG Zweibrücken VRS 75, 292; OLG Koblenz NZV 1989, 200). Unfallbeteiligt ist auch der am Unfallort anwesende **Fahrzeughalter**, wenn nicht geklärt ist, wer das Fahrzeug geführt hat (BayObLG VerkMitt 2000 Nr. 19 = DAR 2000, 79 = NZV 2000, 133 = VRS 98, 193; NZV 1993, 35 = DAR 1993, 31); ebenso wenn der Verdacht besteht, er habe den Unfall beeinflusst (OLG Stuttgart VRS 72, 186). Auch eine mögliche Alkoholisierung ist für die Feststellungen relevant.

2.1.4 Unfallort

Unfallort ist die Stelle, an der sich der Schaden ereignet hat. Vom Unfallort hat man sich entfernt, wenn nach den örtlichen Umständen die Beziehung zum Unfall nicht mehr ohne weiteres erkennbar ist (OLG Stuttgart DAR 1980, 248 = MDR 1980, 935); das trifft schon beim Aufsuchen einer nahe gelegenen Gaststätte zu (OLG Koblenz VRS 49, 259). Zum Unfallort gehört

Verhalten und Pflichten nach einem Verkehrsunfall

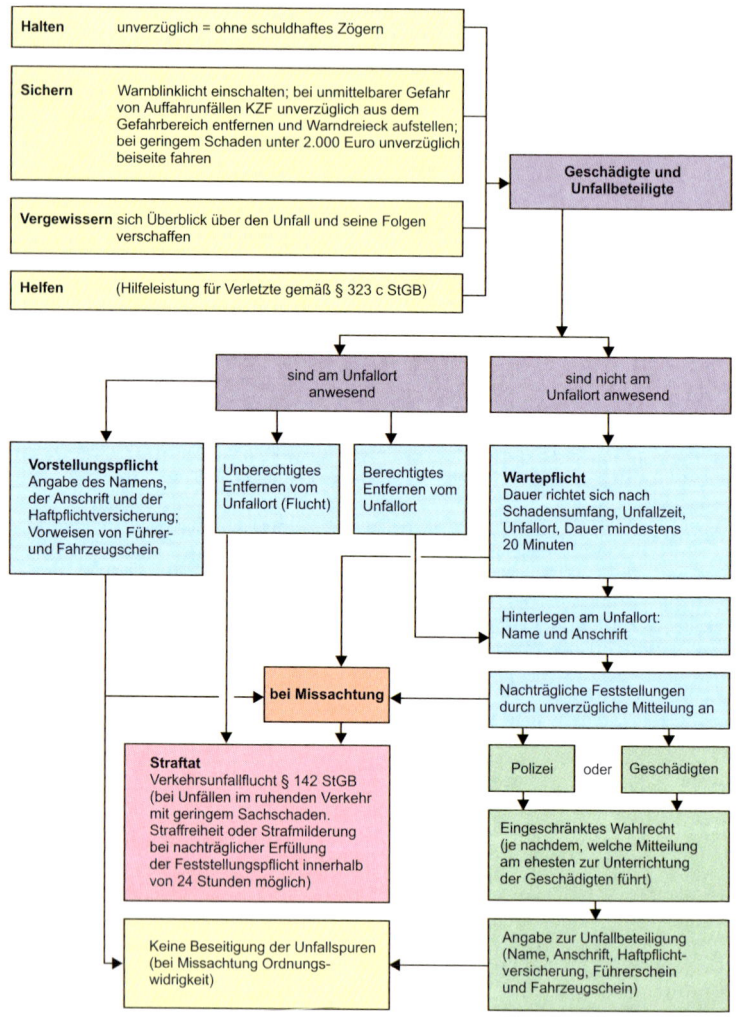

der Bereich, in welchem eine feststellungsbereite Person die Unfallbeteiligten suchen wird (OLG Karlsruhe DAR 1988, 281). Ein Unfallbeteiligter, der sich 500 bis 600 m von der Unfallstelle entfernt hat und hier wenige Minuten nach dem Unfall Kenntnis von diesem erhält, muss zur Unfallstelle zurückkehren. Er muss zu einem vereinbarten Treffpunkt in der Nähe der Unfallstelle zurückkehren, wenn alle Beteiligten die eigentliche Unfallstelle wegen Verkehrsbehinderung einverständlich verlassen (OLG Frankfurt VRS 49, 23).

2.2 Anhalten (§ 34 Abs. 1 Nr. 1)

Nach einem Verkehrsunfall ist „unverzüglich" anzuhalten, und zwar sofort, unter Beachtung der Verkehrssicherheit, so rasch und so nahe am Unfallort wie möglich, an einer Stelle, wo eine weiter gehende Verkehrsgefährdung nicht zu erwarten ist, z. B. auf Seitenstreifen, Standspuren, jedenfalls möglichst weit rechts.

2.3 Absicherung des Verkehrs (§ 32 Abs. 1 Nr. 2)

Die **Absicherung** des Verkehrs ist eine vordringliche Pflicht und dient der Vermeidung weiterer Unfälle. Die Sicherungsmaßnahmen richten sich nach § 15. Soweit diese Sicherung nicht ausreicht, insbesondere bei schnellem Verkehr auf Autobahnen, sind zusätzliche Maßnahmen (z. B. Warnposten mit Flagge, Signallampen) so lange durchzuführen, bis Polizei oder Feuerwehr die weitere Sicherung übernimmt. Stellt das verunfallte KFZ selbst eine unmittelbare Gefahr für Auffahrunfälle dar, muss es unabhängig von der Schadenhöhe unverzüglich aus dem Gefahrenbereich entfernt werden; das Feststellungsinteresse am Unfallhergang ist dabei nachrangig (OLG Zweibrücken NZV 2001, 387). Bei Verletzung der §§ 15 und 34 Abs. 1 Nr. 2 liegt nur eine Ordnungswidrigkeit vor (der Verstoß nach §§ 34 Abs. 1 Nr. 2, 49 Abs. 1 Nr. 29 tritt zurück); Verstöße gegen die Sicherungspflichten mit weiterem kausalen Schadenverlauf können jedoch Straftaten nach §§ 222, 230 StGB begründen.

Die Pflicht zum Beiseitefahren bei **geringfügigem** Schaden dient der Sicherheit und Flüssigkeit des übrigen Verkehrs und geht dem Beweissicherungsinteresse der Unfallbeteiligten vor. Geringfügiger Sachschaden liegt unterhalb von 2.000 €. Die Vorschrift des § 34 Abs. 1 Nr. 2 setzt damit voraus, dass sich die Unfallbeteiligten über die Unfallfolgen vergewissert haben (§ 34 Abs. 1 Nr. 3), weil sonst eine Schadenfeststellung nicht möglich wäre. Soweit erforderlich, ist der Verkehr auch nach dem Beiseitefahren zu sichern (z. B. wegen KFZ-Teilen auf der Fahrbahn, Unfallspuren, in den Fahrraum hinein ragender Fahrzeuge). Die Verletzung der Pflicht ist nach § 49 Abs. 1 Nr. 29 bußgeldbewehrt.

2.4 Vergewisserung über Unfallfolgen (§ 34 Abs. 1 Nr. 3)

Die Vergewisserungspflicht weist auf die Wartepflicht des § 142 StGB am Unfallort hin, um die notwendigen Feststellungen zu ermöglichen. Gegen § 34 verstößt, wer sich als Unfallbeteiligter zwar über die Unfallfolgen informiert, jedoch nicht sorgfältig genug ist, um weiteren Verpflichtungen zu genügen (KG VRS 45, 179 = DAR 1973, 272).

2.5 Hilfe für Verletzte (§ 34 Abs. 1 Nr. 4)

Die Hilfspflicht nach § 323c StGB hat ihre Bedeutung auch bei der Fahrausbildung im Rahmen der Unterweisung in lebensrettenden Sofortmaß-

nahmen, der Ausbildung in erster Hilfe (§ 19 FeV) und der Ausrüstung mit
Erste-Hilfe-Material im KFZ (§ 35 h StVZO). Der Hilfspflicht ist im Rahmen
der subjektiven Möglichkeiten nachzukommen. Da die Verletzung der
Hilfspflicht strafrechtsbewehrt ist, entfällt eine Qualifizierung als Ordnungswidrigkeit. Für Ansprüche des Hilfspflichtigen für eigene Schäden während
einer Hilfeleistung kommt die Haftpflichtversicherung des Verletzten nicht
auf. Ansprüche können jedoch nach § 539 Abs. 1 Nr. 9 a RVO (für Körperschäden) und nach § 765 a RVO (für Sachschäden und sonstige Aufwendungen) geltend gemacht werden. Schmerzensgeldansprüche sind ausgeschlossen. Weiter gehende Ansprüche aus den Vorschriften des BGB
(Geschäftsführung ohne Auftrag) gegen den Verletzten bleiben unberührt,
insbesondere bei Hilfeleistung mit gesteigertem Risiko (BGH VRS 24, 65
NJW 1965, 112; BGH VerkMitt 1981 Nr. 47 = DAR 1981, 53; OLG Köln
VersR 1991, 1367). Ersatzansprüche nach der RVO können gemäß § 116
Sozialgesetzbuch (SGB) auf den Unfallversicherungsträger übergehen. Die
Ansprüche des verletzten Hilfspflichtigen sind gegen den Versicherungs-
träger (d. h. gegen das Land oder den gemeindlichen Trägers der Unfall-
versicherung) zu richten (§§ 655 Abs. 2 Nr. 3, 656 Abs. 4 RVO).

2.6 Vorstellungspflicht (§ 34 Abs. 1 Nr. 5 a)

Die Vorstellungspflicht bedeutet, dass sich die Unfallbeteiligten aktiv als
solche zu erkennen geben. Die Pflicht erfüllt nicht, wer sich zwar zu erkennen gibt, die Unfallbeteiligung aber wahrheitswidrig leugnet (OLG Frank-
furt/M. NJW 1977, 1833). Aussagen zum Hergang des Unfalls oder zur
Schuldfrage werden dabei nicht erwartet (und sollten auch nicht abgegeben werden). Demgegenüber ist bei § 142 StGB streitig, ob sich der am Unfallort anwesende Unfallbeteiligte als solcher zu erkennen geben muss
oder ob er sich solange passiv verhalten darf, bis er angesprochen wird.
Strafbar wäre jedoch das (passive) Verbergen in einer Zuschauermenge, so
dass der Geschädigte den Unfallbeteiligten nicht identifizieren kann.

Neben der Pflicht des § 142 StGB, die Feststellungen zur Person zu ermöglichen, konkretisiert § 34 Abs. 1 Nr. 5 b StVO die (positive) Pflicht zur Angabe
des Namens, der Anschrift, der Haftpflichtversicherung sowie zur Vorlage
von Führer- und Fahrzeugschein. Die Verweigerung dieser Angaben kann
deshalb zu einer Ordnungswidrigkeit nach § 49 Abs. 1 Nr. 29 StVO führen.

2.7 Wartepflicht (§ 34 Abs. 1 Nr. 6 a)

Die Wartepflicht gilt bei jeder Möglichkeit von Rechtsbeziehungen zwischen den Unfallbeteiligten wegen des Unfalls (OLG Koblenz DAR 1977,
76), auch beim bloßen Verdacht der Unfallbeteiligung (BayObLG DAR
1972, 75). Die Pflicht besteht solange, bis die notwendigen Feststellungen
getroffen werden; hierzu gehört auch die Entscheidung der Polizei nach
§ 81 a Abs. 1 Satz 1 StPO, ob bei Alkoholverdacht statt des Atemtests eine
Blutprobe erforderlich ist (OLG Köln VerkMitt 1999 Nr. 62 = VRS 96, 359).
Ein pauschales Schuldanerkenntnis mit Angabe der Personalien ist keine
ausreichende Klärung des Unfallhergangs (OLG Stuttgart NJW 1978, 900)
und rechtfertigt daher das Verlassen des Unfallorts nicht. Ein Verpflichtung, auf Wunsch des Feststellungsberechtigten zur Polizeiwache zu fahren,
besteht nicht. Verlangt ein Unfallbeteiligter aber die Beiziehung der Polizei,
besteht die Wartepflicht bis zu deren Eintreffen, selbst bei geringfügigem
Schaden (KG VRS 63, 40; OLG Köln DAR 1989, 151; OLG Zweibrücken
NZV 1992, 371 = DAR 1992, 389). Nimmt die herbeigerufene Polizei die

Personaldaten des Unfallbeteiligten und das amtliche Kennzeichen nicht auf, kommen Schadenersatzansprüche aus **Amtshaftung** nur dann in Betracht, wenn dadurch die Unfallregulierung vereitelt wird (OLG Celle NZV 1997, 354).

2.7.1 Verlassen des Unfallortes

Berechtigt darf sich der Unfallbeteiligte nur mit Einverständnis der anderen Beteiligten entfernen, ferner zur Versorgung Verletzter oder bei Meldungen an Polizei, Feuerwehr oder Hilfskräfte. Die Einwilligung des Unfallgeschädigten zum Verlassen der Unfallstelle kommt in Betracht, wenn nur Sachschaden entstanden ist oder zum Unfallverursacher nähere persönliche Beziehungen bestehen, z. B. als Verwandter, Freund, Bekannter, Nachbar, Arbeitskollege (BayObLG NZV 1992, 413). Entfernt sich der Geschädigte vom Unfallort und verzichtet auf weitere Feststellungen, entfällt die Wartepflicht (OLG Oldenburg NZV 1995, 159).

2.7.2 Dauer der Wartepflicht

Die Wartepflicht hängt davon ab, ob feststellungsbereite Personen am Unfallort vorhanden sind. Sind keine vorhanden, bestimmt sich die Wartefrist nach der Möglichkeit, dass feststellungsbereite Personen am Unfallort nachträglich alsbald erscheinen können, (OLG Hamm VRS 18, 199). Dies ist abhängig von der Tageszeit, der Lage des Unfallortes, der Höhe des Fremdschadens und der Verkehrsdichte (OLG Düsseldorf VerkMitt 1972 Nr. 77). Die rein subjektive Zumutbarkeit (z. B. bei Regen, Schneefall, Kälte) spielt jedenfalls für die Dauer der Wartefrist keine Rolle. Mindestens muss der Unfallbeteiligte bei geringem Schaden 15 Minuten warten (OLG Köln VerkMitt 2001, Nr. 82 = DAR 2001, 377; OLG Stuttgart VRS 73, 191: 20 Minuten; VRS 60, 300; 45, 276; OLG Hamm VRS 41, 28: im Stadtgebiet je nach Schadenhöhe u. U. mehr als 45 Minuten). Auch bei Verkehrsunfällen mit bloßem Sachschaden unter 500 € besteht die Wartepflicht (BayObLG VRS 30, 187 = DAR 1966, 162). Bei schwerem Sachschaden innerorts und tagsüber kann die Wartefrist 1 Stunde und mehr betragen. Im Übrigen ist die Wartefrist nach oben nicht begrenzt. Die Verletzung der Wartepflicht führt auch dann zur Strafbarkeit wegen Unfallflucht, wenn sich der Verursacher nachträglich zu erkennen gibt (s. a. § 142 Abs. 4 StGB).

2.7.3 Angaben am Unfallort

Ferner muss der Unfallbeteiligte nach Ablauf der Wartefrist Namen und Anschrift am Unfallort **hinterlassen**, wenn er sich entfernen will. An welcher Stelle das erfolgen muss, z. B. hinter der Windschutzscheibe oder sonst am Fahrzeug, lässt § 34 Abs. 6 offen. Die Nachricht muss jedoch so hinterlegt werden, dass der Geschädigte sie auch wahrnehmen kann. Die Verletzung der Pflicht ist eine Ordnungswidrigkeit nach § 49 Abs. 1 Nr. 29 StVO.

2.8 Nachträgliche Feststellungen (§ 34 Abs. 1 Nr. 7)

Hat sich der Unfallbeteiligte nach Ablauf der Wartefrist vom Unfallort entfernt, muss er die notwendigen Feststellungen **nachträglich** ermöglichen. Hierbei hat er ein eingeschränktes **Wahlrech**t: Er kann eine nahe gelegene Polizeidienststelle oder den Geschädigten (Ermittlung der Adresse über das KFZ-Kennzeichen) unterrichten. Wegen des Beweissicherungsinteresses muss jedoch diejenige Feststellungsart gewählt werden, die am schnellsten zur Unterrichtung des Geschädigten führt (BayObLG VerkMitt 1977 Nr. 47 = VRS 53, 348 = MDR 1977, 596 = NJW 1977, 2274; BGH VerkMitt 1980 Nr. 32 = VRS 58, 200 = MDR 1980, 328 = NJW 1980, 896 = JR 1980, 521). Die Unterrichtung muss nach erfolgter „Wahl" ohne schuldhaftes Zögern erfolgen (unverzüglich). Die Mitteilung kann auch telefonisch oder durch einen beauftragten Dritten (Rechtsanwalt) erfolgen. Der Unfallbeteiligte, der sich in Unkenntnis des Unfalls vom Unfallort entfernt, aber noch innerhalb eines zeitlichen und räumlichen Zusammenhangs von dem Unfall Kenntnis erlangt, hat die erforderlichen Feststellungen unverzüglich nachträglich zu ermöglichen (BGH VRS 55, 266; VerkMitt 1978 Nr. 103 = MDR 1978, 1034 = NJW 1979, 434). Je größer der Unfallschaden ist, umso eher wird der „zeitliche und räumliche Zusammenhang" angenommen, und umso kürzer ist die Zeit, die dem Unfallbeteiligten für die Herbeiführung der erforderlichen Feststellungen zur Verfügung steht (BayObLG VerkMitt 1981 Nr. 1).

Mögliche strafrechtliche Konsequenzen, die sich anlässlich der nachträglichen Feststellungen ergeben (z. B. Alkotest), muss der Unfallbeteiligte gegen sich gelten lassen. Das „Recht zur straflosen Selbstbegünstigung" tritt gegenüber der Feststellungspflicht zu Gunsten des Geschädigten zurück.

2.9 „Tätige Reue"

Verstößt der Unfallbeteiligte gegen die Warte- oder nachträgliche Feststellungspflicht, macht er sich wegen Verkehrsunfallflucht strafbar (§ 142 StGB). Bei Unfällen im ruhenden Verkehr mit geringem Sachschaden besteht jedoch die Möglichkeit zur Strafmilderung oder Absehen von der Strafe (§ 142 Abs. 4), wenn die erforderliche Feststellung innerhalb von 24 Stunden freiwillig nachgeholt wird.[3] Hierbei handelt es sich meist um Unfälle beim Ein- oder Ausparken und Schäden von nicht mehr als etwa 1.000 €. Außerdem darf der Unfall zwischenzeitlich nicht durch den Geschädigten oder einen Dritten zur Anzeige gebracht worden sein. Die Strafbarkeit bleibt bestehen, wenn sich der Unfall aus dem fließenden Verkehr heraus ereignet, selbst wenn dabei ein parkendes Fahrzeug beschädigt wird oder nur geringfügiger Sachschaden entsteht, z. B. an einem Leitpfosten (OLG Köln VRS 98, 122).

2.10 Unfallspuren

Bei der Aufnahme des Unfalls durch die Beteiligten oder Polizei sind die zur Feststellung des Unfallherganges erforderlichen Spuren zu sichern, z. B. Feststellung der Witterung, der Beleuchtungsverhältnisse, des Straßenzustandes, der Bremsspuren, Fahrzeugteile auf der Straße, von Beschädigungen am KFZ und Straßeneinrichtungen (z. B. an Geländern, Masten, Straßenbäumen). Aus den Unfallspuren kann auch die Aufprallgeschwindigkeit von KFZ durch einen amtlich anerkannten Sachverständigen für den Kraftfahrzeugverkehr ermittelt werden. Nach § 34 Abs. 3 dürfen **Unfallspuren nicht beseitigt** werden, bevor die notwendigen Feststellungen nach Nrn. 5 bis 7 getroffen worden sind. Das Verbot richtet sich nur an die Unfallbeteiligten (OLG Karlsruhe NJW 1985, 1480 = VRS 68, 233). Unfallspuren sind alle Beweisanzeichen, die zur Feststellung des Schadenherganges für die zivilrechtliche Klärung der Ersatzpflicht von Bedeutung sein können. Die Verletzung der Pflicht ist gemäß § 49 Abs. 1 Nr. 29 als Ordnungswidrigkeit qualifiziert.

---

3 Sechstes Gesetz zur Reform des Strafrechts (6. StrRG) vom 26.1.1998 (BGBl. I S. 164)

2.11 Pflichten der Polizei bei Verkehrsunfällen

Aus den allgemeinen Sicherheits- und Ordnungsgesetzen der Länder ist
die Polizei zur Gefahrenabwehr verpflichtet und hat deshalb die Unfallstelle
(ergänzend) abzusichern, notwendige Hilfeleistung anzufordern und den
Unfallhergang festzustellen. Zur Unfallaufnahme ist die Polizei, abgesehen
von der Wahrnehmung des staatlichen Verfolgungsanspruchs bei unfall-
auslösenden Verkehrsverstößen und der Führung der Unfallstatistik nach
dem StVUnfStatG, nur nach Maßgabe der in den Ländern erlassenen Richtlinien verpflichtet (z. B. Beseitigung unfallbedingter Verkehrsstörungen),
nicht jedoch zur Beweisaufnahme für die Sicherstellung privatrechtlicher
Ansprüche der Unfallbeteiligten (diese obliegt ihnen selbst). Wenn sich
auch die Haftpflichtversicherungen häufig auf eine polizeiliche Unfallaufnahme verlassen, erwächst den Betroffenen durch diese „Serviceleistung"
kein Anspruch gegen die Polizei (OLG Hamm NZV 2000, 414); es sei denn,
die Unfallaufnahme kann nur durch die Polizei erfolgen.

3 Hinweise

3.1 Bildung einer **freien Gasse** zur Durchfahrt von Polizei- und Hilfsfahrzeugen: § 11 Abs. 2; Verwendung von blauem Blinklicht zusammen mit
dem Einsatzhorn durch herbeieilende Polizei und Krankenwagen: § 38
Abs. 1 StVO; Warnung vor der Unfallstelle durch blaues oder gelbes Blinklicht: § 38 Abs. 2 und 3; Sicherung liegengebliebener Fahrzeuge: § 15;
Abschleppen: § 15a.

3.2 Versicherungsrechtliche Folgen der Beseitigung von Unfallspuren:
BGH NJW 1970, 1080. Das Ansprechen von Unfallbeteiligten am Unfallort
zur Werbung für Reparatur oder Autovermietung verstößt gegen das Gesetz
über unlauteren Wettbewerb (BGH VRS 48, 326 und 329, BGH VRS 59, 22).

§ 35 Sonderrechte

(1) Von den Vorschriften dieser Verordnung sind die Bundeswehr, der Bundesgrenzschutz, die Feuerwehr, der Katastrophenschutz, die Polizei und der Zolldienst befreit, soweit das zur Erfüllung hoheitlicher Aufgaben dringend geboten ist.

(1 a) Absatz 1 gilt entsprechend für ausländische Beamte, die auf Grund völkerrechtlicher Vereinbarungen zur Nacheile oder Observation im Inland berechtigt sind.

(2) Dagegen bedürfen diese Organisationen auch unter den Voraussetzungen des Absatzes 1 der Erlaubnis,

1. wenn sie mehr als 30 Kraftfahrzeuge im geschlossenen Verband (§ 27) fahren lassen wollen,
2. bei anderen sonstigen übermäßigen Straßenbenutzung mit Ausnahme der nach § 29 Abs. 3 Satz 2.

(3) Die Bundeswehr ist über Absatz 2 hinaus auch zu übermäßiger Straßenbenutzung befugt, soweit Vereinbarungen getroffen sind.

(4) Die Beschränkungen der Sonderrechte durch die Absätze 2 und 3 gelten nicht bei Einsätzen anlässlich von Unglücksfällen, Katastrophen und Störungen der öffentlichen Sicherheit oder Ordnung sowie in den Fällen der Artikel 91 und 87a Abs. 4 des Grundgesetzes sowie im Verteidigungsfall und im Spannungsfall.

(5) Die Truppen der nichtdeutschen Vertragsstaaten des Nordatlantikpaktes sind im Falle dringender militärischer Erfordernisse von den Vorschriften dieser Verordnung befreit, von den Vorschriften des § 29 allerdings nur, soweit für diese Truppen Sonderregelungen oder Vereinbarungen bestehen.

(5 a) Fahrzeuge des Rettungsdienstes sind von den Vorschriften dieser Verordnung befreit, wenn höchste Eile geboten ist, um Menschenleben zu retten oder schwere gesundheitliche Schäden abzuwenden.

(6) Fahrzeuge, die dem Bau, der Unterhaltung oder Reinigung der Straßen und Anlagen im Straßenraum oder der Müllabfuhr dienen und durch weiß-rot-weiße Warneinrichtungen gekennzeichnet sind, dürfen auf allen Straßen und Straßenteilen und auf jeder Straßenseite in jeder Richtung zu allen Zeiten fahren und halten, soweit ihr Einsatz dies erfordert, zur Reinigung der Gehwege jedoch nur, wenn das zulässige Gesamtgewicht bis zu 2,8 t beträgt. Dasselbe gilt auch für Fahrzeuge zur Reinigung der Gehwege, deren zulässiges Gesamtgewicht 3,5 t nicht übersteigt und deren Reifeninnendruck nicht mehr als 3 bar beträgt. Dabei ist sicherzustellen, dass keine Beschädigung der Gehwege und der darunter liegenden Versorgungsleitungen erfolgen kann. Personen, die hierbei eingesetzt sind oder Straßen oder in deren Raum befindliche Anlagen zu beaufsichtigen haben, müssen bei ihrer Arbeit außerhalb von Gehwegen und Absperrungen auffällige Warnkleidung tragen.

(7) Messfahrzeuge der Regulierungsbehörde für Telekommunikation und Post (§ 66 des Telekommunikationsgesetzes) dürfen auf allen Straßen und Straßenteilen zu allen Zeiten fahren und halten, soweit ihr hoheitlicher Einsatz dies erfordert.

(8) Die Sonderrechte dürfen nur unter gebührender Berücksichtigung der öffentlichen Sicherheit und Ordnung ausgeübt werden.

VwV zu § 35 Sonderrechte

Zu den Absätzen 1 und 5

1   I. Bei Fahrten, bei denen nicht alle Vorschriften eingehalten werden können, sollte, wenn möglich und zulässig, die Inanspruchnahme von Sonderrechten durch blaues Blinklicht zusammen mit dem Einsatzhorn angezeigt werden. Bei Fahrten im geschlossenen Verband sollte mindestens das erste Kraftfahrzeug blaues Blinklicht verwenden.

2   II. Das Verhalten geschlossener Verbände mit Sonderrecht

Selbst hoheitliche Aufgaben oder militärische Erfordernisse rechtfertigen es kaum je, und zudem ist es mit Rücksicht auf die öffentliche Sicherheit (Abs. 8) auch dann wohl nie zu verantworten, dass solche geschlossenen Verbände auf Weisung eines Polizeibeamten (§ 36 Abs. 1) nicht warten oder Kraftfahrzeugen, die mit blauem Blinklicht und Einsatzhorn (§ 38 Abs. 1) fahren, nicht freie Bahn schaffen.

Zu Absatz 2

3   I. Die Erlaubnis (§ 29 Abs. 2 und 3) ist möglichst frühzeitig vor Marschbeginn bei der zuständigen Verwaltungsbehörde zu beantragen, in deren Bezirk der Marsch beginnt.

4   II. Die zuständige Verwaltungsbehörde beteiligt die Straßenbaubehörden und die Polizei. Geht der Marsch über den eigenen Bezirk hinaus, so beteiligt sie die anderen zuständigen Verwaltungsbehörden. Berührt der Marsch Bahnanlagen, so sind zudem die Bahnunternehmen zu hören. Alle beteiligten Behörden sind verpflichtet, das Erlaubnisverfahren beschleunigt durchzuführen.

5   III. Die Erlaubnis kann auch mündlich erteilt werden. Wenn es die Verkehrs- und Straßenverhältnisse dringend erfordern, sind Bedingungen zu stellen oder Auflagen zu machen. Es kann auch geboten sein, die Benutzung bestimmter Straßen vorzuschreiben.

6   IV. Wenn der Verkehr auf der Straße und deren Zustand dies zulassen, kann eine Dauererlaubnis erteilt werden. Sie ist zu widerrufen, wenn der genehmigte Verkehr zu unerträglichen Behinderungen des anderen Verkehrs führen würde.

Zu Absatz 3

7   In die Vereinbarungen sind folgende Bestimmungen aufzunehmen:

1. Ein Verkehr mit mehr als 50 Kraftfahrzeugen in geschlossenem Verband (§ 27) ist möglichst frühzeitig – spätestens 5 Tage vor Marschbeginn – der zuständigen Verwaltungsbehörde anzuzeigen, in deren Bezirk der Marsch beginnt. Bei besonders schwierigen Verkehrslagen ist die zuständige Verwaltungsbehörde berechtigt, eine kurze zeitliche Verlegung des Marsches anzuordnen.

8   2. Ein Verkehr mit Kraftfahrzeugen, welche die in der Vereinbarung bestimmten Abmessungen und Gewichte überschreiten, bedarf der Erlaubnis. Diese ist möglichst frühzeitig zu beantragen. Auflagen können erteilt werden, wenn es die Verkehrs- oder Straßenverhältnisse dringend erfordern. Das Verfahren richtet sich nach Nr. II zu Abs. 2 (Rn. 4).

Zu Absatz 4

9   Es sind sehr wohl Fälle denkbar, in denen schon eine unmittelbar drohende Gefahr für die öffentliche Sicherheit oder Ordnung einen jener Hoheitsträger zwingt, die Beschränkungen der Sonderrechte nicht einzuhalten. Dann darf das nicht beanstandet werden.

Zu Absatz 5

10   I. Das zu Abs. 2 Gesagte gilt entsprechend.

11 II. In Vereinbarungen über Militärstraßen nach Artikel 57 Abs. 4b des Zusatzabkommens zum NATO-Truppenstatut (BGBl. 1961 II S. 1183), zuletzt geändert durch Artikel 2 des Gesetzes vom 28.9.1994 (BGBl. 1994 II S. 2594), in der jeweils geltenden Fassung, sind die zu Abs. 3 erwähnten Bestimmungen (Rn. 7 und 8) aufzunehmen.

12 III. Die Truppen können sich der zuständigen militärischen Verkehrsdienststelle der Bundeswehr bedienen, welche die erforderliche Erlaubnis einholt oder die erforderliche Anzeige übermittelt.

Zu Absatz 6

13 I. Satz 1 gilt auch für Fahrzeuge des Straßenwinterdienstes, die zum Schneeräumen, Streuen usw. eingesetzt sind.

14 II. Die Fahrzeuge sind nach DIN 30 710 zu kennzeichnen.

15 III. Nicht gekennzeichnete Fahrzeuge dürfen die Sonderrechte nicht in Anspruch nehmen.

16 IV. Die Warnkleidung muss der EN 471 entsprechen. Folgende Anforderungsmerkmale der EN 471 müssen hierbei eingehalten werden:

17 1. Warnkleidungsausführung (Abs. 4.1) mindestens die Klasse 2 gemäß Tabelle 1,

18 2. Farbe (Abs. 5.1) ausschließlich fluoreszierendes Orange-Rot gemäß Tabelle 2,

19 3. Mindestrückstrahlwerte (Abs. 6.1) die Klasse 2 gemäß Tabelle 5.

20 Warnkleidung, deren Warnwirkung durch Verschmutzung, Alterung oder Abnahme der Leuchtkraft der verwendeten Materialien nicht mehr ausreicht, darf nicht verwendet werden.

1 Aus der amtlichen Begründung

1.1 Zolldienst sind der Zollgrenzdienst und die Zollfahndung (Begr. 1970).

1.2 Die Vorschriften über den rechtfertigenden Notstand (§ 16 OWiG) werden durch § 35 Abs. 5a nicht eingeschränkt, sondern bestätigt (Begr. 1975).

1.3 In den Fällen des Absatzes 6 darf der Bodendruck des Fahrzeugs nicht größer sein als bei einem vergleichbaren 2,8 t-Fahrzeug (Begr. 1988).

1.4 § 35 Abs. 1a dient der Umsetzung des Artikels 41 Abs. 9 (Nacheile) des Durchführungs-Übereinkommens vom 19. 6. 1990 zum Schengener Übereinkommen vom 14. 6. 1985 (Begr. 1992).

1.5 Bislang bestanden Sonderrechte der Postunternehmen, für Grundversorgungsleistungen nach § 11 PostG, die vom freien Markt nicht abgedeckt wurden. Eine förmliche Beauftragung ist jedoch gegenüber keinem Unternehmen erfolgt, so dass Sonderrechte nur noch für Messfahrzeuge der hoheitlich tätig werdenden Regulierungsbehörde eingeräumt werden (Begr. 2000).

2 Erläuterungen

2.1 Sonderrechte und Wegerechte

Verkehrliche Sonderrechte nach § 35 und „Wegerechte" nach § 38 sind in ihrer Auswirkung **nicht** deckungsgleich. § 35 gewährt den dort genannten **Hoheitsträgern**, unabhängig von der Fahrzeugart, Befreiung von Verhaltensnormen der StVO, **ohne** den übrigen Verkehrsteilnehmern Pflichten aufzuerlegen. Solche Pflichten können sich aber aus dem Weisungsrecht nach § 36 oder der Verpflichtung zur Unfallverhütung nach § 1 ergeben. Der Begriff „Wegerechte" folgt aus der Verpflichtung des § 38 Abs. 1 S. 2, freie Bahn zu schaffen und den Weg freizugeben. Den **Wegerechtsfahrzeugen** (d.h. den gemäß §§ 52 Abs. 3, 55 Abs. 3 oder § 70 StVZO mit blauem Blinklicht und Martinshorn ausgerüsteten KFZ) steht hingegen eine Abweichung

von Normen der StVO **nur** dann zu, wenn sie zum Kreis der in § 35 StVO
genannten Hoheitsträger gehören und Blaulicht und Martinshorn einschalten.
Bis auf die nach §§ 70, 52 Abs. 3, 55 Abs. 3 StVZO (mit einer Ausnahmegenehmigung) ausgerüsteten KFZ von technischen Notdiensten der Gas-,
Elektrizitäts- oder Wasserwerke sind das alle in § 52 Abs. 3 StVZO genannten KFZ. Die Berechtigung zur Benutzung von **Blaulicht und Martinshorn**
besteht nur unter den engen Voraussetzungen des § 38 Abs. 1. Die Führer
von Sonderrechtsfahrzeugen dürfen sich über Verkehrsnormen auch dann
hinwegsetzen, wenn diese Warneinrichtungen nicht betätigt werden (z. B.
gedeckter Einsatz der Kriminalpolizei bei einer Verfolgungsfahrt). Andererseits müssen mit Blaulicht und Martinshorn ausgerüstete KFZ **ohne Sonderrechte** (z. B. Einsatzfahrzeug der Gaswerke) auch im Einsatz grundsätzlich
alle Verkehrsvorschriften beachten; allerdings gelten hier die Regeln des
Notstandsrechts nach § 16 OWiG und die vom BGH entwickelten Rechts-
grundsätze (**BGH VRS 48, 260**; BVerwG VRS 98, 458; OVG Hamburg NZV
2001, 447 = DAR 2001, 470 = VRS 101, 309): Haben andere Kraftfahrer freie
Bahn geschaffen und auf ihren Vorrang verzichtet, darf das Wegerechtsfahrzeug in den Freiraum einfahren, auch bei Rot einer LZA.

§ 35 befreit nur von den Verhaltensnormen der StVO, nicht von den straßenrechtlichen Widmungsbeschränkungen (Eiffler NZV 2000, 319). Infolgedessen darf ein polizeiliches Einsatzfahrzeug eine teilentwidmete Fußgängerzone nicht unter Berufung auf die Rechte nach § 35 befahren, wenn weder
im Landesstraßenrecht noch in der Widmungseinschränkung eine Nutzungs-
erlaubnis statuiert ist. Im Regelfall werden Wegerechtsfahrzeuge aber von
der Teilentwidung ausgenommen. Die Einsatzfahrt ist außerdem unter dem
Gesichtspunkt des polizei- oder feuerwehrrechtlichen Begriffs der Gefahrenabwehr zu rechtfertigen, letztlich auch nach dem gesetzlichen Notstands-
recht (§ 16 OWiG).

2.2 Sonderrechte

Die in § 35 genannten Organisationen haben die **Sonderrechte** auch bei
Rückfahrten vom Einsatz (BGH NJW 1956, 1633); ebenso unter besonderer
Berücksichtigung der Sicherheit des Verkehrs bei Übungsfahrten, nicht
aber bei der Rückfahrt von der Übung. Sie haften bei Missbrauch (OLG
Düsseldorf VersR 1971, 185). Die Befreiung nach § 35 Abs. 1 gilt auch bei
Nichtverwendung des Einsatzhorns (KG VerkMitt 1985 Nr. 105 = VRS 68,
299). Nimmt ein Amtsträger Sonderrechte in Anspruch, haftet sein Arbeitgeber für die dadurch entstehenden Schäden (Artikel 34 GG), bei fahrlässiger Schädigung jedoch nur subsidiär (§ 839 Abs. 1 Satz 2 BGB). Dies ist
u. a. bei Schmerzensgeldansprüchen zu beachten (BGH VRS 81, 4; KG,
VerkMitt 1992 Nr. 64 = VRS 82, 408).

2.3 Dringende Einsatzfahrten

Abweichungen von den Verkehrsregeln sind nur bei zwingender Notwendigkeit (BGH VRS 4, 260) und bei sorgfältiger Beachtung der Verkehrslage
(BGH VRS 36, 40) gerechtfertigt. Dabei steht dem Einsatzfahrer ein Beurteilungsspielraum zu (KG NZV 2000, 510). Erhöhte Gefahr ist durch gesteigerte Sorgfalt auszugleichen (OLG Celle VersR 1975, 1052). Hierbei ist eine
Interessenabwägung zwischen dem Einsatzzweck und den Gefahren für
Dritte vorzunehmen. Je höher das Unfallrisiko ist, umso vorsichtiger muss
gefahren werden; notfalls nur unter Einsatz von Blaulicht und Martinshorn.
Entscheidend ist, dass der Einsatzzweck nicht durch unvertretbare Unfall-

risiken in Frage gestellt wird. Werden diese Grenzen überschritten, entfällt der Vorrang, d.h. es dürfen keine Sonderrechte in Anspruch genommen werden. Bei Fahrten des Rettungsdienstes muss neben der „höchsten Eile" die Motivation „zur Rettung von Menschenleben" oder Abwendung „schwerer Gesundheitsschäden" hinzutreten; auf den Einsatzbefehl einer Rettungsleitstelle kommt es nicht an (BayObLG VRS 59, 385). Auch für den Rettungsdienst gilt die gesteigerte Vorsicht im Hinblick auf den Erfolg der Rettungsfahrt.

2.4 Berücksichtigung der öffentlichen Sicherheit und Ordnung

Die Intensität der Beeinträchtigung des öffentlichen Verkehrs durch die Wahrnehmung von Sonderrechten hängt vom Einsatzzweck ab. Gefährdungen unbeteiligter Dritter sind jedoch stets zu vermeiden. Das gilt vor allem dann, wenn zwar mit Blaulicht, aber ohne Einsatzhorn, in die Kreuzung eingefahren wird (OLG Köln NZV 1996, 237). Fährt ein Einsatzfahrzeug bei Rot in die Kreuzung ein, muss auch auf solche Fahrzeuge Rücksicht genommen werden, die als Folge des Blaulichts dort warten (OLG Nürnberg DAR 2000, 69) oder auf die Sondersignale nicht reagiert haben (LG Hof DAR 2000, 362). Infolgedessen muss sich der Einsatzfahrer vor dem Überquerung einer Kreuzung bei Rot davon überzeugen, dass alle anderen Verkehrsteilnehmer das Sondersignal beachten. Er darf sich nur vorsichtig vortasten, bei einer unübersichtlicher Kreuzung nur mit Schrittgeschwindigkeit, notfalls muss er vorher anhalten. (KG VerkMitt 2001, Nr. 76). Eine Weiterfahrt mit 40 km/h kann u. U. grob verkehrswidrig sein.

2.5 Polizei- und Observationseinsätze

Der Polizeibegriff ist weit auszulegen; dazu gehört nicht nur Polizei im „formellen" (uniformierte Schutzpolizei), sondern auch im „materiellen" Sinn, wie Forstbeamte, Jagdaufseher, Steuerfahnder (OLG Celle VRS 74, 220; Kullik NZV 1994, 59). Soweit auf Grund völkerrechtlicher Verträge die Verfolgung oder die Observation über die Grenzen hinweg vereinbart worden ist, können Sonderrechte unter den Voraussetzungen des § 35 Abs. 1 im Inland auch von ausländischen Polizisten im Bundesgebiet in Anspruch genommen werden (§ 35 Abs. 1a). Das gilt umgekehrt mangels Gegenseitigkeitsvereinbarung für die Inanspruchnahme von Sonderrechten in den ausländischen Mitgliedstaaten nur, wenn dort die nationale Gesetzgebung dies gestattet. Auch in den Fällen der **Nacheile** darf der Überschreitung der Verkehrsregeln Gesundheit und Leben anderer Verkehrsteilnehmer nicht gefährden (OLG Stuttgart NZV 1992, 123 = NJW 1992, 993; VerkMitt 1992 Nr. 34 = DAR 1992, l53). Wer vor einem Polizeifahrzeug verkehrsgefährdend flieht, haftet für einen dadurch verursachten Unfall der verfolgenden Polizeibeamten (BGH VRS 32, 321 = VersR 1967, 580 = MDR 1967, 663; OLG Köln VerkMitt 2001 Nr. 50).

2.6 Feuerwehreinsätze

Der Führer eines Einsatzfahrzeugs der Feuerwehr darf im innerstädtischen Verkehr darauf vertrauen, dass noch mindestens 50 m von der Kreuzung entfernte Fahrzeuge auf ihr Vorfahrtsrecht verzichten, wenn sie das Einsatzfahrzeug bemerken (OLG Köln VerkMitt 1977 Nr. 67). Ein Mitglied der freien Feuerwehr kann die Vorrechte des § 35 StVO in seinem privaten PKW in Anspruch nehmen, wenn er den Einsatz unmittelbar erfüllt, nicht aber für eine Fahrt, die nur der Einholung von Weisungen dient. In diesem

Fall gelten die Sorgfaltverpflichtungen des § 35 Abs. 8 besonders, weil sein Fahrzeug nicht als „Einsatzfahrzeug" erkennbar ist. Er muss deshalb z. B. bei Überschreiten der Höchstgeschwindigkeit die dadurch eingesparte Zeit in Relation zum erhöhten Unfallrisiko und Einsatzziel setzen.

2.7 Rettungsdienst

Sonderrechte nach Abs. 5a haben nur „Fahrzeuge" des Rettungsdienstes, nicht dagegen der Rettungsdienst selbst. Welche Fahrzeuge zum Rettungsdienst gehören, richtet sich nach den Rettungsdienstgesetzen der Länder. Da die Inanspruchnahme von Sonderrechten stets ein Risiko für andere unbeteiligte Verkehrsteilnehmer darstellt, dürfen Sonderrechte nur bei höchster Eile zur Rettung von Menschenleben oder zur Abwendung schwerer Gesundheitsschäden in Anspruch genommen werden. Im Regelfall ist dazu Blaulicht und Martinshorn (§ 38 Abs. 1) einzuschalten. Allerdings kann in besonders gelagerten Notfällen davon abgesehen werden; mangels Warnfunktion ist dann aber besonders vorsichtig zu fahren. Eine Ausdehnung der Sonderrechte auf andere bedeutsame medizinische oder soziale Notlagen ist im Einzelfall nur mit den Einschränkungen des § 16 OWiG möglich, z.B. bei Organtransporten oder wenn auf Grund besonderer Umstände während des Krankentransports ein Notfall eintritt. Obwohl Tiere nicht mehr als „Sachen" angesehen werden und bei Unglücksfällen ebenso leiden, ist eine Gleichstellung von Tier-Rettungsdienstfahrten ausgeschlossen.

2.8 Militärischer Verkehr

Ob dringende **militärische Erfordernisse** gebieten, von Verkehrsvorschriften abzuweichen, entscheidet die militärische Dienststelle allein (BayObLG NJW 1960, 1070 = VRS 18, 316).

2.9 Eingeschränkte Sonderrechte

Eingeschränkte Sonderrechte bedeuten keine allgemeine Freistellung von den Verkehrsvorschriften, sondern nur insoweit, wie der Einsatzzweck dies erfordert, insbesondere von den Straßenbenutzungs-, Halt- und Parkverboten, nicht aber von der Beachtung der Tempolimits oder des Rotlichts. Fährt ein langsames Straßenreinigungsfahrzeug bei Grün in die Kreuzung ein, darf der Reinigungsvorgang dort auch dann fortgesetzt werden, wenn die LZA inzwischen auf Rot schaltet; andere KFZ müssen darauf Rücksicht nehmen (OLG Jena DAR 2000, 65 = NZV 200, 210). Zu den Anlagen im Straßenraum gehören auch die darunter befindlichen Rohrleitungen. Der weiß-rote **Warnanstrich** der Fahrzeuge des Straßendienstes einschließlich des Straßenwinterdienstes kann auch durch Folien aufgetragen sein. Als „auffällige Warnkleidung" kommt auch weiße Kleidung in Betracht (OLG Düsseldorf VerkMitt 1975 Nr. 11). Die in § 35 Abs. 6 vorgeschriebene besondere Kennzeichnung kann nicht durch eine andere Kennzeichnung ersetzt werden, z. B. durch orangefarbene Sicherheitslackierung und gelbe Rundumleuchte (OLG Oldenburg VerkMitt 1980 Nr. 68).

2.10 Postverkehr

Eingeschränkte Sonderrechte haben nur noch die Messfahrzeuge der hoheitlich handelnden Regulierungsbehörde für Telekommunikation. Keine Sonderrechte nach § 35 Abs. 7 hat die „gelbe Post" oder die Telekom, auch nicht für die Wartung und Unterhaltung der Telefonkabel oder Telefonverteilerkästen. Soweit es sich dabei allerdings um Anlagen im Straßenraum handelt, kann die Telekom eingeschränkte Sonderrechte nach § 35 Abs. 6 in Anspruch nehmen, wenn ihre Fahrzeuge durch weiß-rot-weiße Warneinrichtungen gekennzeichnet sind. Hierzu gehören insbesondere die überirdischen Telefonverteiler, aber auch Kabel-, Rohrleitungen und Schächte unter der Straße (streitig). Die Messfahrzeuge dürfen das noch bestehende Vorrecht aus § 35 Abs. 7 nur unter Berücksichtigung der örtlichen Situation (§ 35 Abs. 8) und in Abstimmung mit dem Träger der Straßenbaulast ausüben.

Auch nach Umwandlung der ehemaligen Bundespost in die Post AG (§ 16 Postumwandlungsgesetz) ist noch ein allgemeiner „Grundversorgungsauftrag" erhalten geblieben (Verordnung über Pflichtleistungen – BGBl. I 1994, S. 86). Soweit die Post AG oder ein von ihr beauftragtes Unternehmen Briefkästen entleert oder Postfilialen versorgt und dabei in Fußgängerzonen einfährt, am Z. 283 oder in 2. Spur halten muss, ist sie durch eine bundesweite Ausnahmegenehmigung[1] von diesen Verkehrsverboten freigestellt. Beauftragte Unternehmen müssen dabei eine Bescheinigung der zuständigen Geschäftsstelle der Post AG mitführen.

3 Hinweise

3.1 Vereinbarungen mit den Vertragsstaaten des Zusatzabkommens zum Nato-Truppenstatut über ein Militärstraßennetz: Artikel 57 des Zusatzabkommens. Verlautbarung des BMV zur militärischen Beschilderung für Brücken (MLC) vom 20.12.1982 (VkBl. S. 13).

3.2 Verantwortung der Unternehmer für die Verkehrsregelung bei Arbeiten auf der Fahrbahn: § 45 Abs. 6.

3.3 Blaues Blinklicht und Einsatzhorn bei Wegerechtsfahrzeugen: § 38; Ausrüstung der Fahrzeuge: §§ 52 Abs. 3, 55 Abs. 3 StVZO.

4 Zeichen für den Militärverkehr

Beschilderung für Brücken nach militärischen Lastenklassen (MLC):

Befahrbarkeit der Brücken mit

50 t bei Gegenverkehr,
80 t im Einrichtungsverkehr
für Radfahrzeuge

50 t bei Gegenverkehr,
100 t im Einrichtungsverkehr
für Kettenfahrzeuge

Die Schilder haben keine unmittelbare Bedeutung für den zivilen Fahrzeugverkehr.

---

1 Ausnahmegenehmigung nach § 46 Abs. 2 des Bundesministeriums für Verkehr, Bau- und Wohnungswesen vom 15.5.2000 (VkBl. 2000, S. 380) bis zum Ablauf der Exklusivlizenz nach § 51 PostG

II. Zeichen und Verkehrs-
einrichtungen

§ 36 Zeichen und Weisungen
der Polizeibeamten

(1) Die Zeichen und Weisungen der Polizeibeamten sind zu befolgen. Sie gehen allen anderen Anordnungen und sonstigen Regeln vor, entbinden den Verkehrsteilnehmer jedoch nicht von seiner Sorgfaltspflicht.

(2) An Kreuzungen ordnet an:

1. Seitliches Ausstrecken eines Armes oder beider Arme quer zur Fahrtrichtung: „Halt vor der Kreuzung". Der Querverkehr ist freigegeben. Hat der Beamte dieses Zeichen gegeben, so gilt es fort, solange er in der gleichen Richtung winkt oder nur seine Grundstellung beibehält. Der freigegebene Verkehr kann nach den Regeln des § 9 abbiegen, nach links jedoch nur, wenn er Schienenfahrzeuge dadurch nicht behindert.

2. Hochheben eines Armes: „Vor der Kreuzung auf das nächste Zeichen warten", für Verkehrsteilnehmer in der Kreuzung: „Kreuzung räumen".

(3) Diese Zeichen können durch Weisungen ergänzt oder geändert werden.

(4) An anderen Straßenstellen, wie an Einmündungen und an Fußgängerüberwegen, haben die Zeichen entsprechende Bedeutung.

(5) Polizeibeamte dürfen Verkehrsteilnehmer zur Verkehrskontrolle einschließlich der Kontrolle der Verkehrstüchtigkeit und zu Verkehrserhebungen anhalten. Das Zeichen zum Anhalten kann der Beamte auch durch geeignete technische Einrichtungen am Einsatzfahrzeug, eine Winkerkelle oder eine rote Leuchte geben. Mit diesen Zeichen kann auch ein vorausfahrender Verkehrsteilnehmer angehalten werden. Die Verkehrsteilnehmer haben die Anweisungen der Polizeibeamten zu befolgen.

VwV zu § 36 Zeichen und Weisungen der Polizeibeamten

Zu Absatz 1

1   I. Dem fließenden Verkehr dürfen nur diejenigen Polizeibeamten, die selbst als solche oder deren Fahrzeuge als Polizeifahrzeuge erkennbar sind, Zeichen und Weisungen geben. Das gilt nicht bei der Verfolgung von Zuwiderhandlungen.

2   II. Weisungen müssen klar und eindeutig sein. Es empfiehlt sich, sie durch Armbewegungen zu geben. Zum Anhalten kann der Beamte eine Winkerkelle benutzen oder eine rote Leuchte schwenken.

Zu den Absätzen 2 und 4

3   I. Ist der Verkehr an Kreuzungen und Einmündungen regelungsbedürftig, so sollte er vorzugsweise durch Lichtzeichenanlagen geregelt werden; selbst an

besonders schwierigen und überbelasteten Kreuzungen werden Lichtzeichen-anlagen im Allgemeinen den Anforderungen des Verkehrs gerecht. An solchen Stellen kann es sich empfehlen, Polizeibeamte zur Überwachung des Verkehrs einzusetzen, die dann erforderlichenfalls in den Verkehrsablauf eingreifen.

4 II. Wenn besondere Verhältnisse es erfordern, kann der Polizeibeamte mit dem einen Arm „Halt" anordnen und mit dem anderen abbiegenden Verkehr freigeben.

5 III. Bei allen Zeichen sind die Arme so lange in der vorgeschriebenen Haltung zu belassen, bis sich der Verkehr auf die Zeichen eingestellt hat. Die Grund-stellung muss jedoch bis zur Abgabe eines neuen Zeichens beibehalten werden.

6 IV. Die Zeichen müssen klar und bestimmt, aber auch leicht und flüssig gegeben werden.

Zu Absatz 5

7 I. Verkehrskontrollen sind sowohl solche zur Prüfung der Fahrtüchtigkeit der Führer oder der nach den Verkehrsvorschriften mitzuführenden Papiere als auch solche zur Prüfung des Zustandes, der Ausrüstung und der Beladung der Fahrzeuge.

8 II. Straßenkontrollen des Bundesamtes für Güterverkehr(§ 12 Abs. 1 und 2 GüKG) sollen in Zusammenarbeit mit der örtlich zuständigen Polizei durchge-führt werden.

1 Aus der amtlichen Begründung

Für eine effiziente Überwachung und für die Sicherheit der Polizeibeamten ist es erforderlich, dass Verkehrsteilnehmer auch von nachfolgenden Polizeifahrzeugen angehalten werden können. Hierdurch werden lange Verfolgungsfahrten und riskante Überholmanöver vermieden. Die Polizei ist berechtigt, auch ohne konkreten Anlass eine Verkehrskontrolle zur Feststellung der Fahrtüchtigkeit durchzuführen. Eine Verpflichtung der kontrollierten Verkehrsteilnehmer, etwa an einem Atemalkoholtest aktiv mitzuwirken oder eine Blutentnahme (§ 81 StPO) ohne konkreten Verdacht zu dulden, wird dadurch nicht begründet (Begr. 1992).

2 Erläuterungen

2.1 Zeichen und Weisungen der Polizei

Zeichen und Weisungen der Polizei sind (wie die Verkehrs- und Lichtzeichen) Verwaltungsakte in der Gestalt von Allgemeinverfügungen, die sofort zu beachten und vollstreckbar sind, wenn sich der Verkehrsteilnehmer ihnen gegenübersieht.

2.1.1 Weisungen

Weisungen richten sich an bestimmte Verkehrsteilnehmer und sind unver-züglich[1] zu befolgen; ihre Zweckmäßigkeit ist im Bußgeldverfahren vom Gericht nicht nachzuprüfen (OLG Düsseldorf DAR 1980, 378 = VRS 60, 149). Weisungen können durch Winken mittels Handbewegung oder Polizei-kelle, durch Zuruf, Pfeifen oder Betätigung von Blaulicht und Einsatzhorn erfolgen (OLG Köln VerkMitt 1984 Nr. 91 = VRS 67, 295); bei Verfolgungs-fahrten in der Aufforderung, anzuhalten (BGH VerkMitt 1967 Nr. 41). Wei-sungen können auch telefonisch gegeben werden (OLG Hamm DAR 1972, 223 = VRS 44, 373), auch ohne Dienstkleidung (OLG Celle VRS 28, 130); die Annahme des Betroffenen, es handele sich dabei um den Scherz eines

---

1 Unverzüglich = ohne schuldhaftes Zögern

Unbefugten, kann entschuldbar sein (BayObLG VRS 48, 232 = DAR 1975, 137). Die Weisung eines Polizeibeamten an einen Lastkraftwagenfahrer, wegen Lenkzeitüberschreitung die Fahrt nicht fortzusetzen, kann auf § 36 gestützt werden (OLG Hamm VRS 46, 397). Demgegenüber ist die Aufforderung, die Auflagen einer Ausnahmegenehmigung einzuhalten, keine Weisung im Sinne des § 36 StVO (OLG Köln VerkMitt 1984 Nr. 84).

Weisungen sind nur wirksam, wenn sie klar verständlich sind (OLG Hamm VkBl 1958, 4; OLG Karlsruhe VerkMitt 1996 Nr. 12). Kein Verstoß gegen § 36, sondern allenfalls eine Verletzung des § 1 Abs. 2 liegt vor, wenn auf die Weisung verspätet reagiert, jedoch noch vor dem Polizeibeamten angehalten wird (OLG Köln VRS 59, 462). Die Handbewegung eines Polizeikraftfahrers, um einem Fußgänger die Querung der Straße zu ermöglichen, dient der Rücksichtnahme und ist keine Weisung.

2.1.2 Zeichen zur Verkehrsregelung

Zeichen richten sich an alle Verkehrsteilnehmer, die es angeht. Regelt die Polizei den Verkehr, gehen deren Anordnungen den Verkehrs- und Lichtzeichen vor. Die allgemeinen Verkehrsregeln, insbesondere beim Abbiegen und der Gefährdungsausschluss nach § 1 Abs. 2, sind jedoch weiterhin zu beachten. Der Polizeibeamte braucht nicht in der Mitte der Kreuzung oder Einmündung zu stehen, muss jedoch als Verkehrsleiter klar erkennbar sein (OLG Düsseldorf VerkMitt 1969 Nr. 39 = VersR 1968, 1095). Ein kurz hinter einer Kreuzung erteiltes Haltgebot ist auch von einem Fahrer zu befolgen, der auf der Kreuzung abbiegen will, jedoch Anlass zur Annahme hat, dass er gemeint sei (BayObLG VerkMitt 1978 Nr. 38 = NJW 1978, 1537 = DAR 1978, 280 = VRS 55, 229).

2.1.3 Beachtung des übrigen Verkehrs

Die Weisungen und Zeichen der Polizeibeamten dürfen nicht blindlings befolgt werden; Verkehrsteilnehmer müssen selbst Umschau halten und die notwendige Vorsicht walten lassen. Auf andere Verkehrsteilnehmer ist weiterhin Rücksicht zu nehmen (BGH VersR 1961, 255 = VRS 20, 166). Ein Kraftfahrer, der von einem Polizeibeamten angehalten wird, darf nicht scharf bremsen, wenn dadurch ein Nachfolgender gefährdet wird. Die Weisung, in einen nicht einsehbaren Raum zurückzustoßen, braucht nicht befolgt zu werden, wenn zweifelhaft bleibt, ob dieser Raum hindernisfrei ist (BayObLG VerkMitt 1980 Nr. 106 = VRS 59, 234 = DAR 1980, 347). Beim Anhalten eines Kraftfahrzeugs auf einer Schnellstraße hat der Polizeibeamte zu prüfen, ob das Auffahren nachfolgender Fahrzeuge zu befürchten ist; nötigenfalls hat er auf das Anhalten zu verzichten.

2.2 Weisungen bei Verkehrskontrollen

Im Rahmen des polizeilichen Weisungsrechts haben Verkehrsteilnehmer deren Anordnungen zu befolgen. Eine polizeiliche Weisung erfolgt nur zur Regelung eines akuten Verkehrsbedürfnisses oder zur Beseitigung einer unmittelbaren Störung der Sicherheit oder Ordnung des Verkehrs. Zu unterscheiden ist eine Weisung nach § 36 Abs. 1 Satz 1 von der schlichten Aufforderung zur Beseitigung oder Verhütung eines Verkehrsverstoßes. So liegt keine (bußgeldbewehrte) Weisung in der Aufforderung, das Fahrzeug aus einem Haltverbot zu entfernen, wohl aber, wenn die Aufforderung der Auflösung eines dahinter entstandenen Verkehrsstaus dient.

Zum Anhalten kann die Polizei Winkerkellen, Anhaltesignalgeber oder geschwenkte rote Leuchten verwenden (§ 36 Abs. 5). Das gilt auch vom fahrenden Einsatzfahrzeug aus, und zwar für den vorausfahrenden oder auch nachfolgenden Verkehr. Bei der mobilen Verkehrsüberwachung kann dadurch das Überholen des anzuhaltenden KFZ vermieden werden. Durch Leuchtschrift von einem am Polizeifahrzeug angebrachten Signalgeber nach vorn oder hinten kann die Polizei dem betreffenden Kraftfahrer außerdem bestimmte Weisungen erteilen.

Grundsätzlich darf **nur** die Polizei Kraftfahrer zur Verkehrskontrolle anhalten, allerdings müssen Kraftfahrer auf Hinweise z. B. von Feuerwehrbeamten, Feldjägern der Bundeswehr oder sonstigen Hilfspersonen aus dem Gebot der Unfallverhütung reagieren. Die Warnung anderer Kraftfahrer vor einer Verkehrskontrolle der Polizei ist nach § 1 Abs. 2 dann unzulässig, wenn es dabei zu Gefährdungen oder Behinderungen kommt (OLG Stuttgart VerkMitt 1997 Nr. 50). Bußgeldbewehrt sind alle Weisungen eines Polizeibeamten, die aus einem augenblicklichen Verkehrsbedürfnis heraus zur Regelung und Sicherung des Straßenverkehrs oder (gelegentlich) zur Feststellung einer Verkehrsordnungswidrigkeit erteilt werden (Verkehrskontrollen dürfen jedoch nicht ohne konkreten Verdacht „ausschließlich" der Verfolgung von Ordnungswidrigkeiten oder Straftaten dienen (BGH VerkMitt 1984 Nr. 80 = DAR 1984, 258 = VRS 68, 310; OLG Köln VerkMitt 1981 Nr. 43). Das Anhalterecht der Polizei aus Gründen der allgemeinen Gefahrenabwehr nach den Sicherheits- und Ordnungsgesetzen der Länder bleibt dabei unberührt. Wird ein Kraftfahrer von der Polizei wegen eines Verkehrsverstoßes angehalten, muss er der Weisung schon wegen der Kontrolle der Fahrzeugpapiere folgen; er kann die Mitteilung verlangen, welches Fehlverhalten man ihm vorwirft (OLG Düsseldorf NJW 1980, 251 = VRS 58, 318). Eine Mitwirkung des Kraftfahrers bei Verkehrskontrollen ist außer dem Anhalten und Aussteigen nur beim Aushändigen von Führerschein und Fahrzeugpapieren (§ 4 Abs. 2 FeV, § 31 b StVZO), beim Vorzeigen des Feuerlöschers (§ 35 g Abs. 1 StVZO), des Erste-Hilfe-Materials (§ 35 h Abs. 1, 3, 4 StVZO), der Unterlegkeile (§ 41 Abs. 14 StVZO), Warndreiecke/Warnleuchten (§ 53 a Abs. 2 StVZO) und der Handlampen (§ 54 b StVZO) vorgesehen. Zu weiteren Handlungen ist der Kraftfahrer nicht verpflichtet, auch nicht zur Fahrt zu einer Kontrollstelle (OLG Koblenz VRS 61, 68). Verriegelt er jedoch die Fahrzeugtüren, macht er sich wegen Widerstandes gegen Vollstreckungsbeamte nach § 113 StGB strafbar (OLG Düsseldorf VRS 92, 9).

2.3 Verkehrshelfer und Einweiser

Verkehrshelfer (z. B. Schülerlotsen) erteilen keine Weisungen oder Zeichen nach § 36, sondern machen warnend auf Gefahren aufmerksam (OLG Düsseldorf VerkMitt 1969 Nr. 29). Winken Bauarbeiter an einer Straßenbaustelle den Verkehr ein, werden Verkehrszeichen nicht unwirksam (OLG Hamm VRS 41, 148). Wer solche Warnzeichen missachtet, kann allerdings gegen andere Verkehrsregeln verstoßen, z. B. § 1 Abs. 2.

3 Hinweise

3.1 Sonderrechte der Polizei im Verkehr: § 35; Verwendung von blauem Blinklicht und Einsatzhorn: § 38 StVO; Ausrüstung der Fahrzeuge mit Sondersignalen: §§ 52 Abs. 3, 55 Abs. 3 StVZO.

3.2 Verbot von Radarwarngeräten: § 23 Abs. 1 b.

3.3 Zeichen von **Bahnbediensteten** an Bahnübergängen: § 19 Abs. 6.

3.4 Angabe der **Personalien** der von der Kontrolle betroffenen Verkehrsteilnehmer: § 111 OWiG.

3.5 Vorweisen vorgeschriebener Feuerlöscher, des Erste-Hilfe-Materials, der Unterlegkeile und windsicheren Handlampen bei **Verkehrskontrollen**: § 31 b StVZO.

3.6 Mobile Kontrollgruppen der Zollverwaltung besitzen ein eigenständiges Anhalterecht gegenüber dem Straßenverkehr: § 10 Zollverwaltungsgesetz i.V.m. § 210 Abs. 3 Abgabenordnung.

3.7 Verfahren bei „Protokollfahrten" für polizeiliche Eskorten: VkBl. 1973, S. 292, 501.

Ausweisung einer Kontrollstelle des BAG

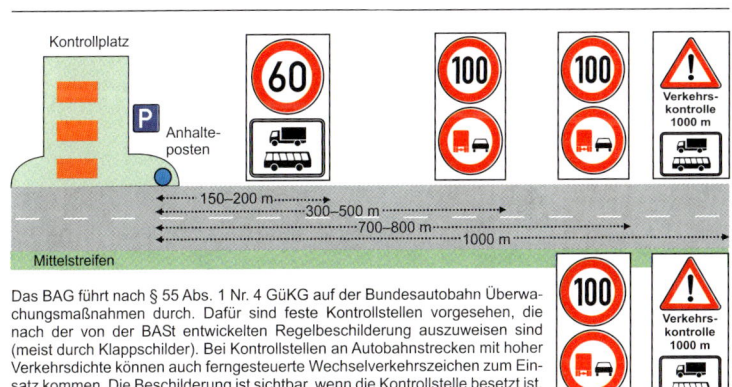

Das BAG führt nach § 55 Abs. 1 Nr. 4 GüKG auf der Bundesautobahn Überwachungsmaßnahmen durch. Dafür sind feste Kontrollstellen vorgesehen, die nach der von der BASt entwickelten Regelbeschilderung auszuweisen sind (meist durch Klappschilder). Bei Kontrollstellen an Autobahnstrecken mit hoher Verkehrsdichte können auch ferngesteuerte Wechselverkehrszeichen zum Einsatz kommen. Die Beschilderung ist sichtbar, wenn die Kontrollstelle besetzt ist. Die Einweisung der Kraftfahrzeuge auf den Kontrollplatz erfolgt durch die Polizei.

§ 37 Wechsellichtzeichen, Dauerlichtzeichen und Grünpfeil

(1) Lichtzeichen gehen Vorrangregeln, vorrangregelnden Verkehrsschildern und Fahrbahnmarkierungen vor.

(2) Wechsellichtzeichen haben die Farbfolge Grün – Gelb – Rot – Rot und Gelb (gleichzeitig) – Grün. Rot ist oben, Gelb in der Mitte und Grün unten.

1. An Kreuzungen bedeuten:
    Grün: „Der Verkehr ist freigegeben". Er kann nach den Regeln des § 9 abbiegen, nach links jedoch nur, wenn er Schienenfahrzeuge dadurch nicht behindert.
    Grüner Pfeil: „Nur in Richtung des Pfeiles ist der Verkehr freigegeben".
    Ein grüner Pfeil links hinter der Kreuzung zeigt an, dass der Gegenverkehr durch Rotlicht angehalten ist und dass Linksabbieger die Kreuzung in Richtung des grünen Pfeils ungehindert befahren und räumen können.
    Gelb ordnet an: „Vor der Kreuzung auf das nächste Zeichen warten." Keines dieser Zeichen entbindet von der Sorgfaltspflicht.
    Rot ordnet an: „Halt vor der Kreuzung".
    Schwarzer Pfeil auf Rot ordnet das Halten, schwarzer Pfeil auf Gelb das Warten nur für die angegebene Richtung an.
    Ein einfeldiger Signalgeber mit Grünpfeil zeigt an, dass bei Rot für die Geradeaus-Richtung nach rechts abgebogen werden darf.
    Nach dem Anhalten ist das Abbiegen nach rechts auch bei Rot erlaubt, wenn rechts neben dem Lichtzeichen Rot ein Schild mit grünem Pfeil auf schwarzem Grund (Grünpfeil) angebracht ist. Der Fahrzeugführer darf nur aus dem rechten Fahrstreifen abbiegen. Er muss sich dabei so verhalten, dass eine Behinderung oder Gefährdung anderer Verkehrsteilnehmer, insbesondere des Fußgänger- und Fahrzeugverkehrs der freigegebenen Verkehrsrichtung, ausgeschlossen ist.
2. An anderen Straßenstellen, wie an Einmündungen und an Markierungen für den Fußgängerverkehr, haben die Lichtzeichen entsprechende Bedeutung.
3. Lichtzeichenanlagen können auf die Farbfolge Gelb – Rot beschränkt sein.
4. Für jeden von mehreren markierten Fahrstreifen (Zeichen 295, 296 oder 340) kann ein eigenes Lichtzeichen gegeben werden. Für Schienenbahnen können besondere Zeichen, auch in abweichenden Phasen, gegeben werden; das gilt auch für Linienomnibusse und Taxen, wenn sie einen vom übrigen Verkehr freigehaltenen Verkehrsraum benutzen.
5. Gelten die Lichtzeichen nur für Fußgänger oder nur für Radfahrer, so wird das durch das Sinnbild eines Fußgängers oder eines Fahrrades angezeigt. Für Fußgänger ist die Farbfolge Grün – Rot – Grün; für Radfahrer kann sie so sein. Wechselt Grün auf Rot, während Fußgänger die Fahrbahn überschreiten, so haben sie ihren Weg zügig fortzusetzen.

6. **Radfahrer haben die Lichtzeichen für Fußgänger zu beachten, wenn eine Radwegefurt an eine Fußgängerfurt grenzt und keine gesonderten Lichtzeichen für Radfahrer vorhanden sind.**

(3) Dauerlichtzeichen über einem Fahrstreifen sperren ihn oder geben ihn zum Befahren frei. Rote gekreuzte Schrägbalken ordnen an: „Der Fahrstreifen darf nicht benutzt werden, davor darf nicht gehalten werden".

Ein grüner, nach unten gerichteter Pfeil bedeutet: „Der Verkehr auf dem Fahrstreifen ist freigegeben".

Ein gelb blinkender, schräg nach unten gerichteter Pfeil ordnet an: „Fahrstreifen in Pfeilrichtung wechseln".

(4) Wo Lichtzeichen den Verkehr regeln, darf nebeneinander gefahren werden, auch wenn die Verkehrsdichte das nicht rechtfertigt.

VwV zu § 37 Wechsellichtzeichen, Dauerlichtzeichen und Grünpfeil

1   Die Gleichungen der Farbgrenzlinien in der Farbtafel nach DIN 6163 Blatt 5 sind einzuhalten.

Zu Absatz 1

2   So bleiben z. B. die Z. 209 ff. „Vorgeschriebene Fahrtrichtung" neben Lichtzeichen gültig, ebenso die die Benutzung von Fahrstreifen regelnden Längsmarkierungen (Z. 295, 296, 297, 340).

Zu Absatz 2

3   I. Die Regelung des Verkehrs durch Lichtzeichen setzt eine genaue Prüfung der örtlichen Gegebenheiten baulicher und verkehrlicher Art voraus und trägt auch nur dann zu einer Verbesserung des Verkehrsablaufs bei, wenn die Regelung unter Berücksichtigung der Einflüsse und Auswirkungen im Gesamtstraßennetz sachgerecht geplant wird. Die danach erforderlichen Untersuchungen müssen von Sachverständigen durchgeführt werden.

4   II. Wechsellichtzeichen dürfen nicht blinken, auch nicht vor Farbwechsel.

5   III. Die Lichtzeichen sind rund, soweit sie nicht Pfeile oder Sinnbilder darstellen. Die Unterkante der Lichtzeichen soll in der Regel 2,10 m und, wenn die Lichtzeichen über der Fahrbahn angebracht sind, 4,50 m vom Boden entfernt sein.

6   IV. Die Haltlinie (Z. 294) sollte so weit vor der Lichtzeichenanlage angebracht werden, dass die Lichtzeichen aus einem vor ihr wartenden Personenkraftwagen noch ohne Schwierigkeit beobachtet werden können (vgl. aber Nr. III 3 zu § 25; Rn. 5). Befindet sich z. B. die Unterkante des grünen Lichtzeichens 2,10 m über einem Gehweg, so sollte der Abstand zur Haltlinie 3,50 m betragen, jedenfalls über 2,50 m. Sind die Lichtzeichen wesentlich höher angebracht oder muss die Haltlinie in geringerem Abstand markiert werden, so empfiehlt es sich, die Lichtzeichen verkleinert weiter unten am gleichen Pfosten zu wiederholen.

Zu den Nummern 1 und 2

7   I. An Kreuzungen und Einmündungen sind Lichtzeichenanlagen für den Fahrverkehr erforderlich,

1. wo es wegen fehlender Übersicht immer wieder zu Unfällen kommt und es nicht möglich ist, die Sichtverhältnisse zu verbessern oder den kreuzenden oder einmündenden Verkehr zu verbieten,

8   2. wo immer wieder die Vorfahrt verletzt wird, ohne dass dies mit schlechter Erkennbarkeit der Kreuzung oder mangelnder Verständlichkeit der Vorfahrtregelung zusammenhängt, was jeweils durch Unfalluntersuchungen zu klären ist,

9   3. wo auf einer der Straßen, sei es auch nur während der Spitzenstunden, der Verkehr so stark ist, dass sich in den wartepflichtigen Kreuzungszufahrten ein großer Rückstau bildet oder einzelne Wartepflichtige unzumutbar lange warten müssen.

10 II. Auf Straßenabschnitten, die mit mehr als 70 km/h befahren werden dürfen, sollen Lichtzeichenanlagen nicht eingerichtet werden; sonst ist die Geschwindigkeit durch Z. 274 in ausreichender Entfernung zu beschränken.

11 III. Bei Lichtzeichen, vor allem auf Straßen, die mit mehr als 50 km/h befahren werden dürfen, soll geprüft werden, ob es erforderlich ist, durch geeignete Maßnahmen (z. B. Blenden hinter den Lichtzeichen, übergroße oder wiederholte Lichtzeichen, entsprechende Gestaltung der Optik) dafür zu sorgen, dass sie auf ausreichende Entfernung erkennbar sind. Ferner ist die Wiederholung von Lichtzeichen links von der Fahrbahn, auf Inseln oder über der Straße zu erwägen, weil nur rechts stehende Lichtzeichen durch voranfahrende größere Fahrzeuge verdeckt werden können.

12 IV. Sind im Zuge einer Straße mehrere Lichtzeichenanlagen eingerichtet, so empfiehlt es sich in der Regel, sie aufeinander abzustimmen (z. B. auf eine Grüne Welle). Jedenfalls sollte dafür gesorgt werden, dass bei dicht benachbarten Kreuzungen der Verkehr, der eine Kreuzung noch bei „Grün" durchfahren konnte, auch an der nächsten Kreuzung „Grün" vorfindet.

13 V. Häufig kann es sich empfehlen, Lichtzeichenanlagen verkehrsabhängig so zu schalten, dass die Stärke des Verkehrs die Länge der jeweiligen Grünphase bestimmt. An Kreuzungen und Einmündungen, an denen der Querverkehr schwach ist, kann sogar erwogen werden, der Hauptrichtung ständig Grün zu geben, das von Fahrzeugen und Fußgängern aus der Querrichtung erforderlichenfalls unterbrochen werden kann.

14 VI. Lichtzeichenanlagen sollten in der Regel auch nachts in Betrieb gehalten werden; ist die Verkehrsbelastung nachts schwächer, so empfiehlt es sich, für diese Zeit ein besonderes Lichtzeichenprogramm zu wählen, das alle Verkehrsteilnehmer möglichst nur kurz warten lässt. Nächtliches Ausschalten ist nur dann zu verantworten, wenn eingehend geprüft ist, dass auch ohne Lichtzeichen ein sicherer Verkehr möglich ist. Solange die Lichtzeichenanlagen, die nicht nur ausnahmsweise in Betrieb sind, nachts abgeschaltet sind, soll in den wartepflichtigen Kreuzungszufahrten gelbes Blinklicht gegeben werden. Darüber hinaus kann es sich empfehlen, negative Vorfahrtzeichen (Z. 205 und 206) von innen zu beleuchten. Solange Lichtzeichen gegeben werden, dürfen diese Vorfahrtzeichen dagegen nicht beleuchtet sein.

15 VII. Bei der Errichtung von Lichtzeichenanlagen an bestehenden Kreuzungen und Einmündungen muss immer geprüft werden, ob neue Markierungen (z. B. Abbiegestreifen) anzubringen sind oder alte Markierungen (z. B. Fußgängerüberwege) verlegt oder aufgehoben werden müssen, ob Verkehrseinrichtungen (z. B. Geländer für Fußgänger) anzubringen oder ob bei der Straßenbaubehörde anzuregende bauliche Maßnahmen (Verbreiterung der Straßen zur Schaffung von Stauraum) erforderlich sind.

16 VIII. Die Schaltung von Lichtzeichenanlagen bedarf stets gründlicher Prüfung. Dabei ist auch besonders auf die sichere Führung der Abbieger zu achten.

17 IX. Besonders sorgfältig sind die Zeiten zu bestimmen, die zwischen dem Ende der Grünphase für die eine Verkehrsrichtung und dem Beginn der Grünphase für die andere (kreuzende) Verkehrsrichtung liegen. Die Zeiten für Gelb und Rot-Gelb sind unabhängig von dieser Zwischenzeit festzulegen. Die Übergangszeit Rot und Gelb (gleichzeitig) soll für Kraftfahrzeugströme eine Sekunde dauern, darf aber nicht länger als zwei Sekunden sein. Die Übergangszeit Gelb richtet sich bei Kraftfahrzeugströmen nach der zulässigen Höchstgeschwindigkeit in der Zufahrt. In der Regel beträgt die Gelbzeit 3 s bei zul. V = 50 km/h, 4 s bei zul. V = 60 km/h und 5 s bei zul. V = 70 km/h. Bei verkehrsabhängigen Lichtzeichenanlagen ist beim Rücksprung in die gleiche Phase eine Alles-Rot-Zeit von mindestens 1 s einzuhalten, ebenso bei Fußgänger-Lichtzeichenanlagen mit der Grundstellung Dunkel für den Fahrzeugverkehr. Bei Fußgänger-Lichtzeichenanlagen soll bei Ausführung eines Rücksprungs in die gleiche Fahrzeugphase die Mindestsperrzeit für den Fahrzeugverkehr 4 s betragen.

X. Pfeile in Lichtzeichen

18 1. Solange ein grüner Pfeil gezeigt wird, darf kein anderer Verkehrsstrom Grün haben, der den durch den Pfeil gelenkten kreuzt; auch darf Fußgängern, die in der Nähe den gelenkten Verkehrsstrom kreuzen, nicht durch Markierung eines Fußgängerüberwegs Vorrang gegeben werden. Schwarze Pfeile auf Grün dürfen nicht verwendet werden.

19 2. Wenn in einem von drei Leuchtfeldern ein Pfeil erscheint, müssen auch in den anderen Feldern Pfeile gezeigt werden, die in die gleiche Richtung weisen. Vgl. Nr. X 6.

20 3. Darf aus einer Kreuzungszufahrt, die durch ein Lichtzeichen geregelt ist, nicht in alle Richtungen weitergefahren werden, so ist die Fahrtrichtung durch die Z. 209 bis 214 vorzuschreiben. Vgl. dazu Nr. VI zu den Z. 209 bis 214 (Rn. 7 und 8). Dort, wo Missverständnisse sich auf andere Weise nicht beheben lassen, kann es sich empfehlen, zusätzlich durch Pfeile in den Lichtzeichen die vorgeschriebene Fahrtrichtung zum Ausdruck zu bringen; dabei sind schwarze Pfeile auf Rot und Gelb zu verwenden.

21 4. Pfeile in Lichtzeichen dürfen nicht in Richtungen weisen, die durch die Z. 209 bis 214 verboten sind.

22 5. Werden nicht alle Fahrstreifen einer Kreuzungszufahrt zur gleichen Zeit durch Lichtzeichen freigegeben, so kann auf Pfeile in den Lichtzeichen dann verzichtet werden, wenn die in die verschiedenen Richtungen weiterführenden Fahrstreifen baulich so getrennt sind, dass zweifelsfrei erkennbar ist, für welche Richtung die verschiedenen Lichtzeichen gelten. Sonst ist die Richtung, für die die Lichtzeichen gelten, durch Pfeile in den Lichtzeichen zum Ausdruck zu bringen.

23 Hierbei sind Pfeile in allen Lichtzeichen nicht immer erforderlich. Hat z. B. eine Kreuzungszufahrt mit Abbiegestreifen ohne bauliche Trennung ein besonderes Lichtzeichen für den Abbiegeverkehr, so genügen in der Regel Pfeile in diesen Lichtzeichen. Für den anderen Verkehr sollten Lichtzeichen ohne Pfeile gezeigt werden. Werden kombinierte Pfeile in solchen Lichtzeichen verwendet, dann darf in keinem Fall gleichzeitig der zur Hauptrichtung parallel gehende Fußgängerverkehr freigegeben werden (vgl. Nr. XI; Rn. 27 ff.).

24 6. Wo für verschiedene Fahrstreifen besondere Lichtzeichen gegeben werden sollen, ist die Anbringung der Lichtzeichen besonders sorgfältig zu prüfen (z. B. Lichtzeichenbrücken, Peitschenmaste, Wiederholung am linken Fahrbahnrand). Wo der links abbiegende Verkehr vom übrigen Verkehr getrennt geregelt ist, sollte das Lichtzeichen für den Linksabbieger nach Möglichkeit zusätzlich über der Fahrbahn angebracht werden; eine Anbringung allein links ist in der Regel nur bei Fahrbahnen für eine Richtung möglich, wenn es für Linksabbieger lediglich einen Fahrstreifen gibt.

25 7. Wo der Gegenverkehr durch Rotlicht aufgehalten wird, um Linksabbiegern, die sich bereits auf der Kreuzung oder Einmündung befinden, die Räumung zu ermöglichen, kann das diesen durch einen nach links gerichteten grünen Pfeil, der links hinter der Kreuzung angebracht ist, angezeigt werden. Gelbes Licht darf zu diesem Zweck nicht verwendet werden.

26 8. Eine getrennte Regelung des abbiegenden Verkehrs setzt in der Regel voraus, dass für ihn auf der Fahrbahn ein besonderer Fahrstreifen mit Richtungspfeilen markiert ist (Z. 297).

XI. Grünpfeil

27 1. Der Einsatz des Schildes mit grünem Pfeil auf schwarzem Grund (Grünpfeil) kommt nur in Betracht, wenn der Rechtsabbieger Fußgänger- und Fahrzeugverkehr der freigegebenen Verkehrsrichtungen ausreichend einsehen kann, um die ihm auferlegten Sorgfaltspflichten zu erfüllen. Es darf nicht verwendet werden, wenn

28 a) dem entgegenkommenden Verkehr ein konfliktfreies Abbiegen nach links signalisiert wird,

29 b) für den entgegenkommenden Linksabbieger der grüne Pfeil gemäß § 37 Abs. 2 Nr. 1 Satz 4 verwendet wird,

30 c) Pfeile in den für den Rechtsabbieger gültigen Lichtzeichen die Fahrtrichtung vorschreiben,

31 d) beim Rechtsabbiegen Gleise von Schienenfahrzeugen gekreuzt oder befahren werden müssen,

32 e) der freigegebene Fahrradverkehr auf dem zu kreuzenden Radweg für beide Richtungen zugelassen ist oder der Fahrradverkehr trotz Verbotes in der Gegenrichtung in erheblichem Umfang stattfindet und durch geeignete Maßnahmen nicht ausreichend eingeschränkt werden kann,

33 f) für das Rechtsabbiegen mehrere markierte Fahrstreifen zur Verfügung stehen oder

34 g) die Lichtzeichenanlage überwiegend der Schulwegsicherung dient,

35 2. An Kreuzungen und Einmündungen, die häufig von seh- oder gehbehinderten Personen überquert werden, soll die Grünpfeil-Regelung nicht angewandt werden. Ist sie ausnahmsweise an Kreuzungen oder Einmündungen erforderlich, die häufig von Blinden oder Sehbehinderten überquert werden, so sind Lichtzeichenanlagen dort mit akustischen oder anderen geeigneten Zusatzeinrichtungen auszustatten.

36 3. Für Knotenpunktzufahrten mit Grünpfeil ist das Unfallgeschehen regelmäßig mindestens anhand von Unfallsteckkarten auszuwerten. Im Fall einer Häufung von Unfällen, bei denen der Grünpfeil ein unfallbegünstigender Faktor war, ist der Grünpfeil zu entfernen, soweit nicht verkehrstechnische Verbesserungen möglich sind. Eine Unfallhäufung liegt in der Regel vor, wenn in einem Zeitraum von drei Jahren zwei oder mehr Unfälle mit Personenschaden, drei Unfälle mit schwer wiegendem oder fünf Unfälle mit geringfügigem Verkehrsverstoß geschehen sind.

37 4. Der auf schwarzem Grund ausgeführte grüne Pfeil darf nicht leuchten, nicht beleuchtet sein und nicht retroreflektieren. Das Schild hat eine Breite von 250 mm und eine Höhe von 250 mm.

Zu Nummer 2

38 Vgl. für verengte Fahrbahn Nr. II zu Z. 208 (Rn. 2); bei Festlegung der Phasen ist sicherzustellen, dass auch langsamer Fahrverkehr das Ende der Engstelle erreicht hat, bevor der Gegenverkehr freigegeben wird.

Zu Nummer 3

39 Die Farbfolge Gelb-Rot darf lediglich dort verwendet werden, wo Lichtzeichenanlagen nur in größeren zeitlichen Abständen in Betrieb gesetzt werden müssen, z. B. an Bahnübergängen, an Ausfahrten aus Feuerwehr- und Straßenbahnhallen und Kasernen. Diese Farbfolge empfiehlt sich häufig auch an Wendeschleifen von Straßenbahnen und Oberleitungsomnibussen. Auch an Haltebuchten von Oberleitungsomnibussen und anderen Linienomnibussen ist ihre Anbringung zu erwägen, wenn auf der Straße starker Verkehr herrscht. Sie oder Lichtzeichenanlagen mit drei Farben sollten in der Regel da nicht fehlen, wo Straßenbahnen in eine andere Straße abbiegen.

Zu Nummer 4

40 I. Vgl. Nr. X 6 bis 8 zu den Nr. 1 und 2; Rn. 24 bis 26.

41 II. Besondere Zeichen sind die in der Anlage 4 BOStrab aufgeführten. Zur Markierung vorbehaltener Fahrstreifen vgl. zu Z. 245.

Zu Nummer 5

42 I. Im Lichtzeichen für Fußgänger muss das rote Sinnbild einen stehenden, das grüne einen schreitenden Fußgänger zeigen.

43 II. Lichtzeichen für Radfahrer sollten in der Regel das Sinnbild eines Fahrrades zeigen. Besondere Lichtzeichen für Radfahrer, die vor der kreuzenden Straße angebracht werden, sollten in der Regel auch Gelb sowie Rot und Gelb (gleichzeitig) zeigen. Sind solche Lichtzeichen für einen abbiegenden Radfahrverkehr bestimmt, kann entweder in den Lichtzeichen zusätzlich zu dem farbigen Sinnbild des Fahrrades ein farbiger Pfeil oder über den Lichtzeichen das leuchtende Sinnbild eines Fahrrades und in den Lichtzeichen ein farbiger Pfeil gezeigt werden.

Zu Nummer 6

In den Fällen, in denen Radfahrer- und Fußgängerfurten nebeneinander liegen, bieten sich folgende Lösungen an:

44 1. Für Radfahrer wird kein besonderes Lichtzeichen gegeben. Durch ein Zusatzschild kann deutlich gemacht werden, dass die Radfahrer die Lichtzeichen für Fußgänger zu beachten haben.

45 2. In den roten und grünen Lichtzeichen der Fußgängerlichtzeichenanlage werden jeweils die Sinnbilder für Fußgänger und Radfahrer gezeigt.

46 3. Über der Lichtzeichenanlage für Fußgänger wird Z. 241 angebracht.

47 4. Neben dem Lichtzeichen für Fußgänger wird ein zweifarbiges Lichtzeichen für Radfahrer angebracht.

Beide Lichtzeichenanlagen müssen jeweils die gleiche Farbe zeigen.

Zu Absatz 3

48 I. Dauerlichtzeichen dürfen nur über markierten Fahrstreifen (Z. 295, 296, 340) gezeigt werden. Ist durch Z. 223.1 das Befahren eines Seitenstreifens angeordnet, können Dauerlichtzeichen diese Anordnung und die Anordnung durch Z. 223.2 und Z. 223.3 unterstützen, aber nicht ersetzen (vgl. Nr. V. zu den Zeichen 223.1 bis 223.3; Rn. 5).

49 II. Die Unterkante der Lichtzeichen soll in der Regel 4,50 m vom Boden entfernt sein.

50 III. Die Lichtzeichen sind an jeder Kreuzung und Einmündung und erforderlichenfalls auch sonst in angemessenen Abständen zu wiederholen.

IV. Umkehrstreifen im Besonderen

51 Wird ein Fahrstreifen wechselweise dem Verkehr der einen oder der anderen Fahrtrichtung zugewiesen, müssen die Dauerlichtzeichen für beide Fahrtrichtungen über allen Fahrstreifen gezeigt werden. Bevor die Fahrstreifenzuweisung umgestellt wird, muss für eine zur Räumung des Fahrstreifens ausreichende Zeit das Zeichen gekreuzte rote Balken für beide Richtungen gezeigt werden.

1 Aus der amtlichen Begründung

1.1 An Lichtzeichenanlagen sind keine Fußgängerüberwege, sondern besondere Markierungen für den Fußgängerverkehr („Fußgängerfurten") anzubringen (Begr. 1970).

1.2 Taxen (nicht Mietwagen) sind zwar auf Busfahrstreifen zugelassen, sie sollen jedoch dort nur fahren, nicht Fahrgäste aufnehmen und absetzen (Begr. 1975).

1.3 Dauerlichtzeichen sollen als Zwischensignal zwischen Grün und Rot einen gelb blinkenden Diagonalpfeil erscheinen lassen (Begr. 1980).

1.4 Bei Radwegen neben Fußgängerfurten bleiben gesonderte Lichtzeichen zulässig (Begr. 1988).

1.5 Eine abstrakte Gefährdung ist zu unterstellen, wenn Wechsellichtzeichen missachtet werden, obwohl die Rotphase bereits länger als eine Sekunde andauert (Begr. 1991).

1.6 In besonderen Fällen kann es ausreichen, dem Rechtsabbiegestrom eine Vorgabezeit nur mit einem einfeldigen **Signalgeber** mit Grünpfeil anzuzeigen (Begr. 1992).

1.7 Dauerlichtzeichen über den Fahrstreifen können die durch Z. 223.1 zugelassene Benutzung des Seitenstreifens einer Autobahn unterstützen (Begr. 2001).

2 Erläuterungen

2.1 Lichtsignale

Lichtzeichen sind Verwaltungsakte in der Gestalt von Allgemeinverfügungen. Die von der Straßenverkehrsbehörde angeordneten Signalzeitenpläne bestimmen die Dauer der von den Verkehrsteilnehmern zu beachtenden Ver- und Gebote. Fehlerhafte Signalschaltungen können Amtshaftungsansprüche nach § 839 BGB i.V.m. Art. 34 GG begründen, z.B. Grün für alle Seiten und Richtungen = „feindliches Grün" (BGH VRS 73, 271; LG Essen VRS 76, 21). Für Fehler infolge unzureichender Wartung der Signalanlagen haftet der Baulastträger für die Verletzung der Verkehrssicherungspflicht nach § 823 BGB.

Ist die Lichtzeichenanlage in Betrieb, werden (nur) den Lichtsignalen entgegenstehende vorrangregelnde Verkehrszeichen (Z. 205, 206, 301, 306, bei Baustellenampeln Z. 208, 308), einschließlich Fahrbahnmarkierungen (z.B. Halt- oder Wartelinie bei Grün), und Vorrangregeln, nicht aber Abbiegeverbote aufgehoben. Sind die Signale infolge Blendung durch tief stehende Sonne oder Einstrahlung auf die Streuscheiben nicht erkennbar, muss besonders vorsichtig gefahren werden; im Zweifel ist anzuhalten (OLG Karlsruhe DAR 1997, 29; OLG Hamm NZV 1999, 302 = DAR 1999, 326 = VRS 97, 197).

2.1.1 Störungen an Lichtzeichenanlagen

Die Lichtzeichenregelung befreit nicht von der allgemeinen Sorgfaltspflicht (§§ 1, 11). Es braucht nicht damit gerechnet zu werden, dass einzelne Lichtzeichen ausfallen, ohne dass ihr Versagen zum Abschalten der ganzen Anlage oder gelbem Blinklicht führt (KG VerkMitt 1977 Nr. 65). Der Wechsel der Lichtzeichen ist so abzustimmen, dass Verkehrsgefahren vermieden werden (BGH VRS 27, 350). Dauerrot an einer Kreuzung wegen Ampeldefekts bedeutet kein Dauerwartegebot, fordert jedoch beim Durchfahren äußerste Vorsicht (OLG Köln VerkMitt 1980 Nr. 123).

2.1.2 Nachtabschaltung von Lichtzeichenanlagen

Nachts in Betrieb gehaltene LZA wirken temporeduzierend. Bei der Abschaltung von LZA muss deshalb im Einzelfall geprüft werden, ob sich dadurch das Unfallrisiko erhöht (Rn. 14 VwV-StVO zu § 37, RiLSA Ziff. 1.4). Offensichtlich haben aber LZA nachts bei geringer Verkehrsdichte eine magische Anziehungskraft auf das Gaspedal mit der Folge, dass Kraftfahrer fast immer bei Rot landen. Dadurch bedingte Anfahrgeräusche (Motorenlärm) bedeuten für Anwohner höhere Lärmimmissionen. Um dies zu vermeiden, hätte jedoch die durch Nachtabschaltung bedingte „Freischaltung von Strecken" den Effekt noch höherer Geschwindigkeiten und damit einen Anstieg der Lärmpegel durch Reifengeräusche. Ein 1983 durchgeführter Großversuch in Duisburg ergab keine Vorteile einer ausgedehnten Nachtabschaltung[1]. Die Ergebnisse des Großversuchs sind auch heute noch aktuell, wenn sich auch einzelne Parameter verändert haben. Häufige im politischen Raum emotional erhobene Forderungen nach einer pauschalen Nachtabschaltung sind jedenfalls im Interesse der Verkehrssicherheit ebenso wenig zu rechtfertigen wie eine Orientierung an der Breite der Blutspur auf den Straßen. Es würde darauf hinauslaufen, dass diejenigen, die mit Ellenbogen und Bleifuß fahren und sich nur durch Signalrot noch aufhalten lassen, in ihrem Tempoverhalten „belohnt" und auf freier Strecke das nächtliche Geschwindigkeitsniveau innerorts auf 80 km/h und mehr hoch jubeln werden. Dies kann aber nicht Gegenstand einer ernsthaften, der Sicherheit und Umwelt verpflichteten Verkehrspolitik sein. Infolgedessen muss einer Nachtabschaltung eine Einzelfallprüfung der jeweils in Betracht kommenden Anlagen durchgeführt werden. Werden LZA nachts oder zu bestimmten Zeiten außer Betrieb gesetzt, muss dies nicht durch gelbes Blinklicht angekündigt werden (LG Braunschweig NZV 2001, 262).

2.1.3 Geschwindigkeit vor Lichtzeichenanlagen

Im Großstadtverkehr darf die Geschwindigkeit bei Annäherung an eine Ampelanlage nur so groß sein, dass der Anhalteweg der Strecke entspricht, die das Fahrzeug in 3 Sekunden (Dauer der Gelbphase) zurücklegt (KG VerkMitt 1981 Nr. 48).

2.2 Grünlicht

Grün bedeutet lediglich, dass der Verkehr vor jedem Seitenverkehr abgeschirmt und in der geregelten Richtung freigegeben ist. Kraftfahrer sind somit nicht von ihrer Sorgfaltspflicht entbunden; sie müssen damit rechnen, dass sich noch Nachzügler in der Kreuzung befinden oder entgegenkommende Verkehrsteilnehmer während der Gelbphase und auch noch zu Beginn der Rotphase in die Kreuzung einfahren (BGH VRS 55, 226); Grün befreit also nicht von der Wartepflicht gegenüber dem Gegenverkehr (OLG Karlsruhe DAR 1974, 223 = VRS 7, 464). Grundloses Anhalten

---

1   HUK Verband Köln, Nr. 4 „Betrieb von Lichtsignalanlagen bei Nacht, Empfehlungen", Mai 1983 (Pfundt, Mewis, Maier). Von 421 Anlagen wurden in Duisburg für ein Jahr 153 mit folgenden Ergebnissen abgeschaltet:

- **Lärm:** Die Belastung an Knotenpunkten mit Dauerbetrieb ist gegenüber nachts abgeschalteten Anlagen nicht signifikant höher; sie liegt meist unterhalb der Hörschwelle von 3 dB/A; bei Langzeitmessungen an einigen Anlagen sogar höher als mit Dauerbetrieb.
- **Kraftstoffverbrauch:** Verbrauchsmessungen ergaben keine signifikante Einsparungen (3.000 km Fahrstrecke und 7.000 Knotenpunktüberfahrten bei Nachtabschaltung).
- **Stromeinsparung:** Bezogen auf 153 Knotenpunkte wurde bei Nachtabschaltung eine Energieeinsparung von 249.400 kWh Strom erzielt (Kostenminimierung zwischen 150 bis 700 DM/Jahr/Anlage)
- **Fahrtzeiteinsparung:** Bei Abschaltung der Hälfte aller Anlagen ergaben sich nur minimale Fahrtzeitverkürzungen (max. 3,5 s/km); d. h. bei 15 km Stadtfahrt = 53 Sekunden. Verkehrsverlagerungen konnten nicht festgestellt werden.
- **Unfallgeschehen:** Gegenüber dem Dauerbetrieb ergab die Nachtabschaltung zunehmend riskanteres Fahren mit höheren Geschwindigkeiten und Anstieg der Unfallzahlen um das 2- bis 4-fache mit deutlich höherer Unfallschwere (nächtliche Unfallrate bei 153 Anlagen im Dauerbetrieb = 11 Unfälle/Jahr, bei 153 abgeschalteten Anlagen = 46 Unfälle/Jahr. Die volkswirtschaftlichen Schäden stiegen infolge höherer Unfallschwere um das 6-fache (Kostenbasis von 1983: 46 x 52.000 DM = 2,39 Mio. DM/Jahr).
- **Akzeptanz:** Eine Bevölkerungsbefragung ergab zunächst 90 % für die Nachtabschaltung; bei der Fragestellung, ob dies auch bei erhöhtem Unfallrisiko gelte, nur noch 25 %.

Rotlichtverstoß beim Überfahren der Haltlinie

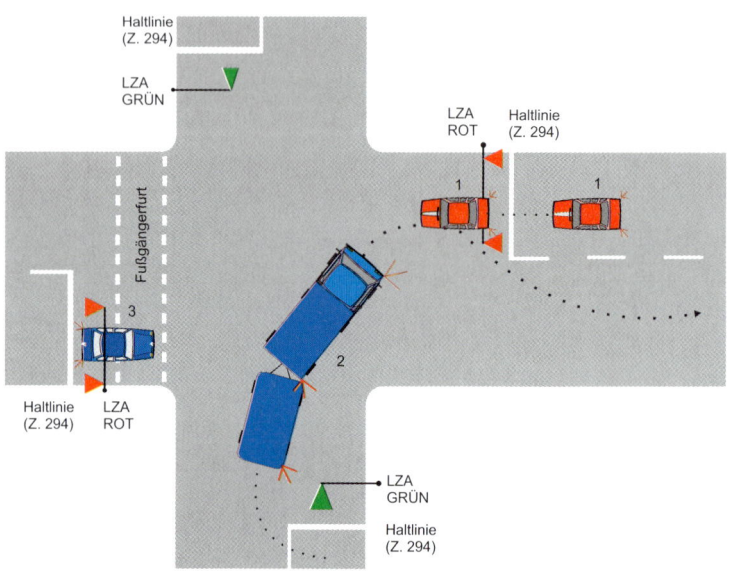

Ein Rotlichtverstoß (Zuwiderhandlung gegen §§ 37 Abs. 2, 49 Abs. 3 Nr. 2) liegt nur dann vor, wenn vor der Kreuzung oder Einmündung bei Rot nicht angehalten wird. I st die Lichtzeichenanlage (LZA) zurückgesetzt, z.B. um einbiegenden LKW oder KOM das unbehinderte Abbiegen zu ermöglichen, ist ein Rotlichtverstoß erst dann gegeben, wenn in den durch die Fluchtlinien begrenzten Bereich der sich kreuzenden oder einmündenden Straßen eingefahren wird. Bei unzureichenden Radien für Schleppkurven sollte auch von der Möglichkeit abgesehen werden, das Rechtsabbiegen durch ein Grünpfeilschild freizugeben.

KFZ 1 überfährt zwar die Haltlinie (Z. 294) und das Rot der LZA, hält aber noch vor der einmündenden Straße an. Ein immerhin mit 125 Geldbuße und einem Monat Fahrverbot bedrohter Verstoß bei 1 Sekunde nach Beginn der Rotphase liegt nicht vor. Mit Überfahren der Haltlinie hat KFZ 1 jedoch einen Verstoß nach Z. 294 begangen (§§ 42 Abs. 3 Nr. 1, 49 Abs. 3 Nr. 4). Da LKW 2 nicht ungehindert abbiegen kann, hat KFZ 1 außerdem gegen das Behinderungsverbot verstoßen (§§ 1 Abs. 2, 49 Abs. 1 Nr. 1). Diese beiden in Tateinheit begangenen Ordnungswidrigkeiten werden jedoch nur mit 20 Verwarnungsgeld geahndet.

KFZ 3 ist bei Rot in die durch die LZA geschützte Fußgängerfurt eingefahren. Hier liegt deshalb bereits ein bußgeldbewehrter Rotlichtverstoß vor, selbst wenn KFZ 3 noch vor der Fahrbahnkante anhält.

oder Nichtweiterfahren bei Grün ist jedoch eine vermeidbare Behinderung des nachfolgenden Verkehrs (KG VRS 47, 317). Der Linksabbieger darf auch dann bei Grün in die Kreuzung einfahren, wenn dort schon ein anderer Linksabbieger wartet und es wegen der Stärke des Gegenverkehrs ungewiss ist, ob das Linksabbiegen noch vor dem Phasenwechsel möglich ist (BayObLG VerkMitt 1979 Nr. 13 = VRS 56,126 = DAR 1978, 322). Wer bei Grün in eine Kreuzung einfährt, muss Nachzüglern das Verlassen ermöglichen (Verpflichtung aus § 11 Abs. 3). Das gilt auch, wenn die Fahrbahnen der sich kreuzenden Straßen durch Mittelstreifen getrennt sind und Linksabbieger dies ausnutzen (BGH VerkMitt 1977 Nr. 16 = VersR 1977, 154 = VRS 52, 104).

2.3 Umschalten der Lichtzeichenanlagen von Grün auf Gelb

Beim „Umspringen" des Lichtzeichens der Verkehrsampel auf **Gelb** ist vor der Kreuzung anzuhalten, wenn keine Gefahrbremsung nötig ist; sonst ist weiterzufahren (OLG Frankfurt DAR 1972, 83; OLG Hamm VRS 57, 146). Wer in der ersten Gelbphase in die Kreuzung einfährt, darf darauf vertrauen, dass er bei normaler Geschwindigkeit die Kreuzung geräumt hat, bevor der Querverkehr freie Fahrt bekommt (KG VerkMitt 1975 Nr. 75). Das Anhaltegebot des Gelblichts gilt für Fahrer, die dem mit einer Bremsverzögerung von $3{,}5-4$ m/s^2 (Grenzwert „normaler" Betriebsbremsung) entsprechen können (BayObLG VerkMitt 1986 Nr. 80). Fahrzeuge mit geringer Bremsverzögerung müssen bei Annäherung an die LZA das Tempo schon bei Grün herabsetzen, um noch innerhalb der Gelbphase anhalten zu können (OLG Düsseldorf VRS 65, 62). Wer mit einer Gefahrbremsung auf das erste Aufleuchten von Gelb reagiert, um einen Auffahrunfall zu provozieren, macht sich nach § 315 b Abs. 1 Nr. 2 und 3 StGB strafbar (BGH DAR 1999, 511). Kann der Fahrer nicht vor der Haltlinie, wohl aber zwischen der Haltlinie und der Kreuzung anhalten, muss er dies tun (OLG Hamm VersR 1975, 717), vor allem bei Einfahrt mit „spätem" Gelb. Wer „in" der Kreuzung aufgehalten wird, darf auch dann vorsichtig weiterfahren, wenn seine Fahrtrichtung inzwischen Rot hat (OLG Köln VRS 36, 72); er muss dann jederzeit reaktionsbereit sein (OLG Köln VRS 54, 101). Wer bei Grün einfährt, jedoch vor der eigentlichen Kreuzung verkehrsbedingt warten muss, ist „Nach-

Doppelte Haltlinie bei Teilsignalisierung

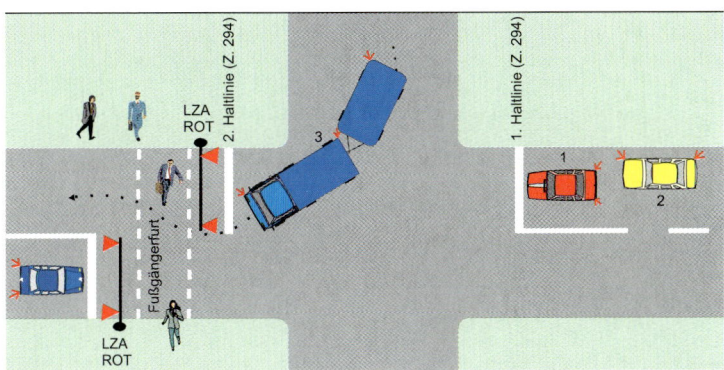

Bei Teilsignalisierung eines Knotenpunktes besteht häufig das Bedürfnis, den Verkehr noch vor der Einmündung durch eine Haltlinie (Z. 294) anzuhalten (KFZ 1 und 2), um von rechts (oder links) kommenden Verkehr das Abbiegen zu ermöglichen (LKW 3). Nach OLG Hamm (OLG Karlsruhe DAR 2001, 417; NZV 1998, 246) gehört der Raum zwischen der 1. Haltlinie und der unmittelbar vor der Einmündung befindlichen Lichtzeichenanlage (LZA) zum Schutzbereich des Rotsignals. Einen Rotlichtverstoß begeht infolgedessen, wer zwar an der 1. Haltlinie anhält, aber noch während der Rotphase zur 2. Haltlinie vorfährt oder noch vor der LZA abbiegt. Voraussetzung ist allerdings, dass die 1. Haltlinie eindeutig dem Rot der LZA zugeordnet werden kann. Das ist dann gewährleistet, wenn sich die Haltlinie in enger räumlicher und verkehrlicher Beziehung zur LZA befindet (max. 20 – 25 m); andernfalls wäre sie unbeachtlich.

Soll auch dem Verkehr vor der 1. Haltlinie bei Rot das Abbiegen ermöglicht werden, ist vor der Einmündung eine Wartelinie (Z. 341) als unterbrochene Breitstrichmarkierung mit Empfehlungscharakter anzuordnen (dies sollte der Regelfall sein).

Missachtung des roten Pfeilsignals einer Lichtzeichenanlage

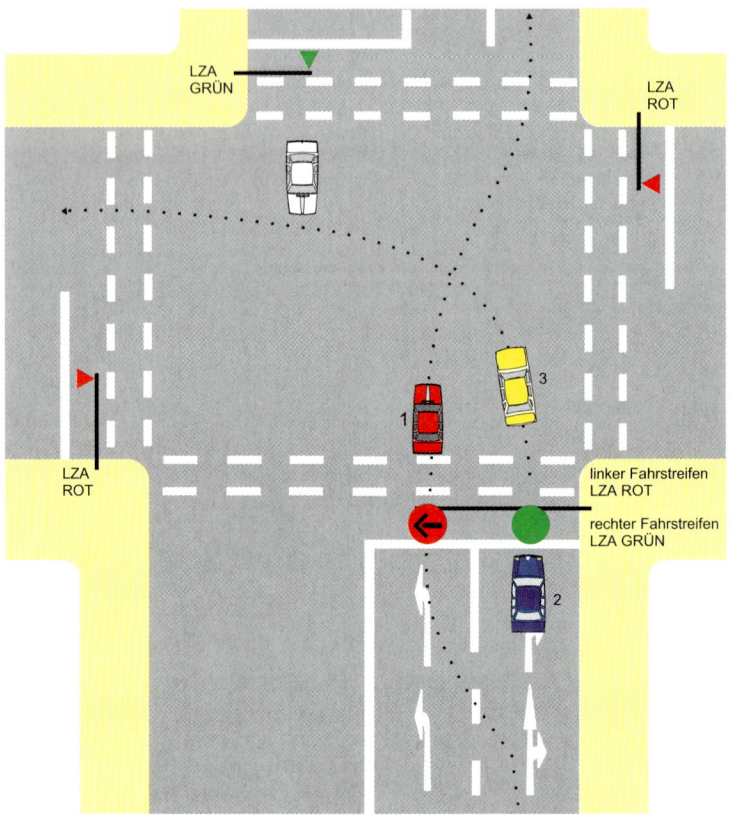

An einer LZA ist die Fahrtrichtung geradeaus und rechts durch Grün freigegeben, der Fahrstreifen für Linksabbieger durch einen roten Pfeilsignalgeber „gesperrt". KFZ 1 überholt die KFZ 2 und 3 auf dem linken Fahrstreifen unter Missachtung des links weisenden roten Lichtsignals, fährt aber geradeaus in die durch Grün freigegebene Fahrtrichtung weiter. KFZ 1 hat damit verbotswidrig bei unklarer Verkehrslage überholt (§ 5 Abs. 3 Nr. 1) und gegen Z. 297 verstoßen. Außerdem liegt ein Rotlichtverstoß vor.

Ein schwarzer Pfeil auf Rot (oder Übergangsweise bis zum 31.12.2005 ein roter Pfeil) ordnet „das Halten nur für die angegebene Richtung" an (§ 37 Abs. 2 Nr. 1 Satz 11). Der Rotpfeil verbietet damit die Fortsetzung der Fahrt in die gesperrte Richtung. Das gilt auch dann, wenn anschließend in die durch Grün freigegebene Fahrtrichtung weitergefahren wird (BGH VerkMitt 1998, Nr. 22 in Anschluss an OLG Hamm VRS 93, 210; BayObLG NZV 2000, 422 mit Anm. Herrmann NZV 2001, 387; KG DAR 2001, 467 verneint aber einen qualifizierten Rotlichtverstoß mit Fahrverbot; a. A. BayObLG DAR 2002, 77). Ein Rotlichtverstoß liegt aber auch dann vor, wenn zwar über den rechten Fahrstreifen bei Grün in die Kreuzung eingefahren, dann aber in die durch roten Pfeil gesperrte Fahrtrichtung nach links abgebogen wird (BGH a.a.O.; OLG Hamm VerkMitt 1998, Nr. 74). Rotlicht für die Linksabbieger verbietet nicht nur die Einfahrt in die Kreuzung, es untersagt auch die Benutzung dieser Spur im gesamten Kreuzungsbereich. KFZ 3 verstößt deshalb ebenfalls gegen das Rotlicht, wenn es nach Einfahrt bei Grün anschließend nach links abbiegt.

zügler", dem die Räumung der Kreuzung ermöglicht werden muss (OLG Koblenz VRS 68, 419). Hat die Anlage inzwischen auf Rot umgeschaltet, muss zwar nach der LZA, aber noch vor der Kreuzung gewartet werden.

2.4 Grüner (diagonaler) **Räumpfeil**

Wird durch einen grünen Räumpfeil links hinter der Kreuzung das Abbiegen gestattet, darf der Fahrer auf die Sperrung des Gegenverkehrs durch Rot vertrauen (BGH NZV 1992, 108 = DAR 1992, 143; VerkMitt 1992 Nr. 27 = VRS 82, 286). Er muss allerdings nach Aufleuchten des grünen Räumpfeils auf Nachzügler des Gegenverkehrs Rücksicht nehmen (KG VRS 59, 367; OLG Köln VRS 72, 212). Kommt es zum Unfall, spricht der Beweis des ersten Anscheins für ein Verschulden des Gegenverkehrs. Kann nicht geklärt werden, ob der Linksabbieger oder der Gegenverkehr noch bei Grün eingefahren ist, haften beide für den Schaden zur Hälfte (KG VerkMitt 1999 Nr. 93/2000 Nr. 2 = NZV 1999, 512 = DAR 1999, 504; BGH NZV 1996, 231).

2.5 Rotlicht

Rot bedeutet striktes Halt „vor" der Kreuzung. Wer vor einer auf Rot geschalteten Ampelanlage zum Anhalten bremst, braucht dabei den Abstand des nächsten folgenden Fahrzeugs nicht zu prüfen. Als Reaktions- und Bremsenansprechzeit dürfen 0,8 s angenommen werden (BayObLG VRS 60, 381). Ein Linksabbieger darf in der Regel darauf vertrauen, dass ein im Gegenverkehr nahender Verkehrsteilnehmer das Rotlicht beachtet (BGH DAR 1982, 226 = VersR 1982, 701). Die Annahme eines Rotlichtverstoßes setzt voraus, dass der Betroffene bereits „in" den geschützten Kreuzungs- oder Einmündungsbereich eingefahren ist. Hierzu gehören auch lichtsignalgeregelte Fußgängerfurten (BayObLG VerkMitt 1984 Nr. 100 = DAR 1984, 327). Das Überfahren der Haltlinie (ohne Fußgängerfurt) und Anhalten noch vor dem geschützten Kreuzungsbereich begründet zwar einen Verstoß gegen Z. 294, nicht aber gegen das Rotlicht (OLG Frankfurt DAR 1980, 221; NJW 1980, 1586; VRS 59, 385). Wer bei Grün die Haltlinie überquert, infolge einer Verkehrsstockung aber nicht in den Knotenpunkt einfahren kann, muss warten, wenn die LZA auf Rot umspringt (BGH VerkMitt 2000 Nr. 18 = NZV 1999, 430 = DAR 1999, 463 = NJW 1999, 2978; OLG Hamburg DAR 2001 217). Ein Rotlichtverstoß liegt vor, wenn zwar auf einen Fahrstreifen bei Grün eingefahren, dann aber in die durch roten Pfeil gesperrte Fahrtrichtung abgebogen wird (BGH VerkMitt 1998 Nr. 22 = VRS 94, 365 = NZV 1998, 119 = DAR 1998, 107; BayObLG VerkMitt 2000 Nr. 85 = VRS 99, 291 = NZV 2000, 533; auch als qualifizierter Rotlichtverstoß BayObLG DAR 2002, 78, a. A. KG DAR 2001, 467). Gleiches gilt, wenn der durch Z. 297 ausgewiesene linke Fahrstreifen durch einen roten Pfeil gesperrt ist und über diesen Fahrstreifen in die Kreuzung eingefahren, dann aber geradeaus in die durch Grün freigegebene Fahrtrichtung weitergefahren wird. Sondersignale nach Anlage 4 BOStrab sind keine Wechsellichtzeichen; ihre Missachtung löst aber die gleichen Bußgeldfolgen wie eine Rotlichtverstoß aus (OLG Köln DAR 2001, 87 = VRS 100, 58).

Ein Rotlichtverstoß wird mit einem Bußgeld von 50 € und 3 Punkten geahndet; bei Kennzeichenanzeigen ist die Auflage eines Fahrtenbuches nach § 31a StVZO möglich, wenn der schuldige Fahrer nicht feststellbar ist (VG NZV 1997, 327). Ein erhöhtes Bußgeld und die Anordnung eines **Fahrverbots** kommt in Betracht, wenn **1 Sekunde** nach Rot in die Kreuzung eingefahren wird, gleich, ob das am Beginn oder während der Dauer des Rots erfolgt

(OLG Hamm VerkMitt 1997 Nr. 100). Gleiches gilt, wenn zunächst die Haltlinie bei Grün überfahren wird, infolge einer Verkehrsstockung durch den „Nachzieheffekt" aber erst bei Rot in die Kreuzung eingefahren wird (BGH VRS 98, 50; OLG Köln VRS 98, 389; einschränkend OLG Hamm VerkMitt 2000 Nr. 78 = VRS 98, 392). Zur Feststellung eines solchen qualifizierten Rotlichtverstoßes (Rot länger als 1 Sekunde) reicht bloßes Mitzählen oder Schätzung des beobachtenden Polizeibeamten nicht aus (BayObLG VerkMitt 1996 Nr. 70; OLG Jena NZV 1999, 304); wohl aber bei weiteren Feststellungen (OLG Hamm VRS 92, 441; VerkMitt 1997 Nr. 101) oder mit geeichter **Stoppuhr**, wobei eine Fehlertoleranz von 0,3 Sekunde abzuziehen ist (BayObLG DAR 1995, 299). Bei der Berechnung eines qualifizierten Rotlichtverstoßes ist von der unmittelbar davor befindlichen Haltlinie, nicht von der Fluchtlinie der Kreuzung auszugehen (OLG Frankfurt/M. NZV 1995, 36; BayObLG VRS 87, 151; OLG Köln NZV 1995, 327; OLG Karlsruhe VRS 89, 140; OLG Dresden VRS 95, 54; OLG Hamm DAR 1999, 226). Befindet sich eine Induktionsschleife zur Auslösung der Rotlichtüberwachungskamera hinter der Haltlinie muss bei Berechnung eines Rotlichtverstoßes innerorts ein Abzug von 0,1 Sekunde pro Meter bis zur Haltlinie vorgenommen werden (OVG Berlin NZV 2000, 387). Dient eine Lichtzeichenanlage der Absicherung sowohl des Bahnüberganges, als auch des Querverkehrs einer davor befindlichen Einmündung, liegt tateinheitlich ein qualifizierter Rotlichtverstoß vor, wenn eine Sekunde nach dem Aufleuchten des roten Signals in die Einmündung abgebogen wird (BayObLG VerkMitt 2001, Nr. 75).

Das Nichtbeachten von Rotlicht kann Notstandshandlung sein (selten), wenn ein drohender Auffahrunfall anders nicht vermieden werden kann (OLG Düsseldorf VerkMitt 1992 Nr. 61 = VRS 82, 204); der Hinweis auf Straßenglätte allein genügt zur Rechtfertigung jedoch nicht (OLG Düsseldorf VerkMitt 1992 Nr. 75 = VRS 82, 369).

2.6 Grünpfeilschild[2]

Der wesentliche Unterschied zwischen dem Grünpfeilschild und dem grün „leuchtenden" Pfeilsignal besteht darin, dass beim Pfeilsignal der Rechtsabbieger vom querenden Verkehr abgeschirmt ist, d.h. Fußgänger und Querverkehr haben Rot. Vor dem Rechtsabbiegen ist dagegen bei dem Grünpfeilschild das **Anhalten zwingend** vorgeschrieben. Das Wartegebot ist (wie auch sonst bei Rot) so zu praktizieren, dass zunächst an der Haltlinie anzuhalten ist. Das gilt auch dann, wenn schon weit vor der LZA infolge anderer rechtsabbiegender Fahrzeuge gewartet werden musste (KG NZV

---

2 Die 1994 eingeführte Kombination zwischen dem Rotsignal und einem Schild mit grünem Pfeil auf schwarzem Untergrund richtet sich nach der Verlautbarung des BMVBW vom 10.3.1994 (VkBl. S. 294): Schwarzes quadratisches Schild mit 25 cm Seitenlänge, mittelgrüner Pfeil mit weißem Rand.

Das grüne Pfeilschild ist im WÜ (Teil II Art. 23 Abs. 1a – „nicht blinkende Lichter") nicht vorgesehen und deshalb rechtlich problematisch. Mit dem WÜ hat sich die Bundesrepublik verpflichtet, nur die dort vorgesehenen Verkehrsregelungen einzuführen. Der Grundsatz der Vertragstreue ist über Art. 25 GG als allgemeine Regel des Völkerrechts Bestandteil des Bundesrechts. Allenfalls lässt sich die Einführung des Pfeilschildes dadurch rechtfertigen, dass Art. 23 Abs. 1a WÜ nur das Anhalten bei Rot vorschreibt, es aber der nationalen Regelungskompetenz überlässt, unter welchen Modalitäten nach dem Halt weitergefahren werden darf. Ob diese Hilfskonstruktion einer gerichtlichen Überprüfung standhält, dürfte zweifelhaft sein, weil das WÜ eine Weiterfahrt bei Rot nur mit einem grün leuchtenden Rechtsabbiegepfeil zulässt.

Lichtzeichenanlage mit Grünpfeilschild – Verhaltenspflichten

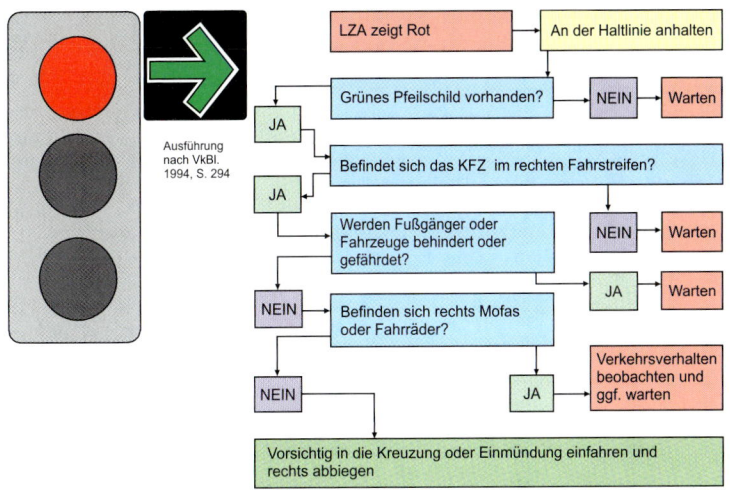

1995, 199 = VRS 89, 378). Nach dem Halt darf nur vom **rechten Fahrstreifen** aus weitergefahren und trotz Rot rechts abgebogen werden, wenn es die Verkehrslage zulässt; notfalls ist nochmals an der **Sichtlinie** anzuhalten. Dabei dürfen andere **weder gefährdet noch behindert** werden, d. h. nicht nur der durch Grün freigegebene Fußgänger- und Fahrzeugverkehr, sondern auch der bis zur Haltlinie rechts überholende Mitverkehr, vor allem Rad- und Mofafahrer (§ 5 Abs. 8). Ist das Rechtsabbiegen aus beiden Fahrstreifen durch Pfeile vorgeschrieben, darf das grüne Pfeilschild nicht angebracht werden. Wer nicht aus dem rechten, sondern vom mittleren oder linken Fahrstreifen abbiegt, begeht einen Rotlichtverstoß (KG VRS 101, 307 = NZV 2002, 49). Ist dagegen der rechte Fahrstreifen durch parkende Fahrzeuge bis zur Kreuzung oder Einmündung besetzt, darf aus dem linken Fahrstreifen nach rechts abgebogen werden, die StVO meint hier den „befahrbaren" rechten Fahrstreifen, weil andernfalls das Pfeilschild an solchen Stellen unsinnig wäre. Das Grünpfeilschild begründet keine Pflicht zum Rechtsabbiegen; wer seine Berechtigung nicht in Anspruch nehmen will und (vorsichtshalber) bei Rot vor der Kreuzung oder Einmündung wartet, behindert andere nicht, die ihrerseits bei Rot abbiegen möchten (das Warten darf allerdings nicht schikanös erfolgen, § 1 Abs. 1).

2.7 Haltlinie vor Lichtzeichenanlagen

Befinden sich vor einer Fußgängerampel zwei aufeinander folgende Haltlinien, hat der Kraftfahrer bei Aufleuchten von Gelb vor der ersten Linie anzuhalten (OLG Hamm NZV 1992, 409). Wer bei Rot nicht mehr an der Haltlinie vor der Kreuzung anhalten kann, muss vor der 2. Haltlinie zum Stehen kommen (OLG Celle VerkMitt 1983 Nr. 14). Soll das Rechtsabbiegen an der ersten Haltlinie zugelassen werden, muss diese als Wartelinie (Z. 341) ausgeführt sein.

2.8 Fußgänger- und Radfahrsignale

Der Kraftfahrer darf darauf vertrauen, dass bei Grün für den Fahrzeug- und Rot für den Fußgängerverkehr die Fußgänger warten werden, wenn keine konkreten Anhaltspunkte für die gegenteilige Annahme vorliegen (OLG Hamm VRS 68, 321). Eine neben der Fahrbahnampel im Kreuzungsbereich angebrachte Fußgänger- und Radfahrerampel ist für alle Fußgänger und Radfahrer im Kreuzungsbereich maßgebend, auch auf den Sonderwegen (OLG Köln VRS 73, 144). Ist an Knotenpunkten ein Radfahrsignal vorhanden, gilt das für Radfahrer auf der Fahrbahn auch dann, wenn eine Benutzung des daneben liegenden Radweges nicht vorgeschrieben ist. Grenzt eine Radfahrerfurt unmittelbar an eine lichtzeichengeregelte Fußgängerfurt und fehlt eine gesonderte Radfahrampel, gelten für die Radfahrer die Fußgängerlichtzeichen.

2.9 Sonderlichtzeichen

Für Straßenbahnen und Busspuren (Z. 245) können Sondersignale auch in abweichenden Phasen von dem LZA-Hauptsignal gegeben werden (§ 37 Abs. 2 Nr. 4). Sondersignale sind die nach Anlage 4 BOStrab aufgeführten Lichtzeichen, aber keine Wechsellichtzeichen. Linienbusse oder Taxen, die das Sondersignal „Halt" (weißer Balken) nicht beachten, verstoßen mit vergleichbaren Rechtsfolgen gegen § 37 Abs. 2, wie bei einem Rotlichtverstoß (OLG Köln DAR 2001, 87 = VRS 10, 58). Benutzt ein KFZ-Führer eine Busspur unzulässig, gelten diese Zeichen für ihn nicht; er muss sich nach dem Hauptsignal der LZA richten (OLG Oldenburg NZV 2001, 389; KG VerkMitt 2000 Nr. 87; BayObLG VRS 67, 84; OLG Hamburg VRS 100, 205; a. A. OLG Düsseldorf VRS 68, 70). Missachtet er das Rot, weil das Sondersignal die Busspur freigibt, begeht er einen Rotlichtverstoß.

2.10 Nebeneinanderfahren an Lichtzeichenanlagen

Nebeneinanderfahren gilt auch, wenn keine Fahrstreifen markiert sind. Die Befreiung vom Rechtsfahrgebot bei Lichtzeichenregelung gilt im Zuge der Grünen Welle von Lichtzeichen zu Lichtzeichen (OLG Düsseldorf VerkMitt 1976 Nr. 136); ebenso wegen der Funktionsgleichheit bei Regelung der Knotenpunkte durch Polizeibeamte.

2.11 Ortsfestes gelbes Blinklicht

Gelbes stationäres Blinklicht setzt die Vorschriftszeichen und Verkehrsregeln an der betreffenden Straßenkreuzung nicht außer Kraft (OLG Düsseldorf DAR 1960, 25; OLG Köln VRS 53, 309). Sie sind besonders sorgfältig zu beachten.

2.12 Dauerlichtzeichen

Mit Dauerlichtzeichen können die Fahrstreifen nach der tageszeitlich unterschiedlichen Verkehrsstärke, bei Unfällen oder für Straßenbauarbeiten oder auch in Straßentunneln wechselseitig freigegeben oder gesperrt werden (Umkehrstreifen zur „Bewirtschaftung" der Fahrbahn). Ferner kann auch ein beidseitig gesperrter Fahrstreifen durch Zusatzschild bestimmten Verkehrsarten, z. B. Linienbussen und Taxen, vorbehalten werden (BayObLG VerkMitt 1978 Nr. 33). Rote gekreuzte Schrägbalken sperren den Fahrstreifen. Gelb blinkende Pfeile verpflichten zum Wechsel auf den durch grüne Pfeile freigegebenen Fahrstreifen. Auf den Fahrstreifen mit roten gekreuzten

Balken der Dauerlichtzeichenanlage besteht Haltverbot nach § 12 Abs. 1 Nr. 6 f, vor den roten gekreuzten Balken Haltverbot nach § 37 Abs. 3 Satz 2.

3 Hinweise

3.1 Lichtzeichenanlagen sind Verkehrseinrichtungen nach § 43 Abs. 1. Der Hinweis auf eine Lichtzeichenanlage erfolgt durch Z. 131; Kraftfahrer müssen ab dem Schild die Fahrgeschwindigkeit vermindern. Haltverbot bis zu 10 m vor Lichtzeichen oder vorfahrtgewährenden Zeichen, wenn diese durch das haltende Fahrzeug verdeckt würden: § 12 Abs. 1.

3.2 Haltlinie bei Lichtzeichenregelung: Zeichen 294 (Ausführung: Rn. 6 VwV zu § 37 und Rn. 5 VwV zu § 25). Zur Verdeutlichung des Haltbereichs kann in Zweifelsfällen ein nicht amtliches Schild „Bei Rot hier halten!" angebracht werden.

3.3 Besondere Zeichen für Schienenbahnen: § 51 BOStrab, Anlage 4; Sondersignale: § 37 Abs. 2 Nr. 4 StVO i.V.m. Anlage 4 BOStrab (z.B. bei Busspuren); Lichtzeichen an Bahnübergängen: § 19 Abs. 2.

3.4 Ahndung qualifizierter Rotlichtverstoß: 125 € und 1 Monat Fahrverbot (lfd. Nr. 132.2 BKatV). Fahrtenbuchauflage, wenn der schuldige Fahrer nach einem Rotlichtverstoß nicht ermittelt werden kann: § 31 a StVZO.

3.5 Eichpflicht bei automatischen Rotlichtkameras (§ 2 Abs. 2 des Eichgesetzes): KG NZV 1992, 251.

3.6 Richtlinien für Lichtsignalanlagen (RiLSA): VkBl. 1992, S. 356[3].

---

3 RiLSA – Berichtigte Fassung September 1998 der Arbeitsgruppe Verkehrsführung und Verkehrssicherheit der Forschungsgesellschaft für Straßen- und Verkehrswesen (FGSV) – Herstellung und Vertrieb durch FGSV Verlag GmbH, Wesselinger Str. 17, D-50999 Köln, Telefon: 0 22 36 / 38 46 30, Telefax: 0 22 36 / 38 46 40

§ 38 Blaues Blinklicht und gelbes Blinklicht

(1) Blaues Blinklicht zusammen mit dem Einsatzhorn darf nur verwendet werden, wenn höchste Eile geboten ist, um Menschenleben zu retten oder schwere gesundheitliche Schäden abzuwenden, eine Gefahr für die öffentliche Sicherheit oder Ordnung abzuwenden, flüchtige Personen zu verfolgen oder bedeutende Sachwerte zu erhalten. Es ordnet an: „Alle übrigen Verkehrsteilnehmer haben sofort freie Bahn zu schaffen."

(2) Blaues Blinklicht allein darf nur von den damit ausgerüsteten Fahrzeugen und nur zur Warnung an Unfall- oder sonstigen Einsatzstellen, bei Einsatzfahrten oder bei der Begleitung von Fahrzeugen oder von geschlossenen Verbänden verwendet werden.

(3) Gelbes Blinklicht warnt vor Gefahren. Es kann ortsfest oder von Fahrzeugen aus verwendet werden. Die Verwendung von Fahrzeugen aus ist nur zulässig, um vor Arbeits- oder Unfallstellen, vor ungewöhnlich langsam fahrenden Fahrzeugen oder vor Fahrzeugen mit ungewöhnlicher Breite oder Länge oder mit ungewöhnlich breiter oder langer Ladung zu warnen.

VwV zu § 38 Blaues Blinklicht und gelbes Blinklicht

Zu den Absätzen 1 bis 3

1 Gegen missbräuchliche Verwendung von gelbem und blauem Blinklicht an damit ausgerüsteten Fahrzeugen ist stets einzuschreiten.

Zu Absatz 3

2 I. Gelbes Blinklicht darf auf der Fahrt zur Arbeits- oder Unfallstelle nicht verwendet werden, während des Abschleppens nur, wenn der Zug ungewöhnlich langsam fahren muss oder das abgeschleppte Fahrzeug oder seine Ladung genehmigungspflichtige Übermaße hat. Fahrzeuge des Straßendienstes der öffentlichen Verwaltung dürfen gelbes Blinklicht verwenden, wenn sie Sonderrechte (§ 35 Abs. 6) beanspruchen oder vorgebaute oder angehängte Räum- oder Streugeräte mitführen.

3 II. Ortsfestes gelbes Blinklicht sollte nur sparsam verwendet werden und nur dann, wenn die erforderliche Warnung auf andere Weise nicht deutlich genug gegeben werden kann. Empfehlenswert ist vor allem, es anzubringen, um den Blick des Kraftfahrers auf Stellen zu lenken, die außerhalb seines Blickfeldes liegen, z. B. auf ein negatives Vorfahrtzeichen (Z. 205 und 206), wenn der Kraftfahrer wegen der baulichen Beschaffenheit der Stelle nicht ausreichend klar erkennt, dass er wartepflichtig ist. Aber auch auf eine Kreuzung selbst kann so hingewiesen werden, wenn diese besonders schlecht erkennbar oder aus irgendwelchen Gründen besonders gefährlich ist. Vgl. auch Nr. VI zu § 37 Abs. 2 Nr. 1 und 2; Rn. 14. Im gelben Blinklicht dürfen nur schwarze Sinnbilder für einen schreitenden Fußgänger, ein Fahrrad, eine Straßenbahn, einen Kraftomnibus, einen Reiter oder ein schwarzer Pfeil gezeigt werden.

4 III. Fahrzeuge und Ladungen sind als ungewöhnlich breit anzusehen, wenn sie die gesetzlich zugelassenen Breiten überschreiten (§ 32 Abs. 1 StVZO und § 22 Abs. 2)

1 Aus der amtlichen Begründung

Die Vorfahrt zwischen zwei Einsatzfahrzeugen wird in § 38 nicht geregelt (Begr. 1970).

2 Erläuterungen
2.1 Blaulicht und Martinshorn

Blaulicht und Martinshorn begründen keine Sonderrechte nach § 35, verpflichten aber andere Verkehrsteilnehmer, den damit ausgerüsteten Fahrzeugen den Weg freizugeben („Wegerechte"). Nur die Betätigung beider Sondersignale zusammen geben den Vorrang für das Einsatzfahrzeug. Das Einschalten von Blaulicht und Martinshorn ist nur zulässig, wenn eine der in § 38 Abs. 1 beschriebenen Notlagen vorliegt und höchste Eile geboten ist. Infolgedessen ist ein ohne Notfallsituation durchgeführter Krankentransport in einem Rettungsfahrzeug unter Inanspruchnahme von Blaulicht und Martinshorn unzulässig; ebenso der Transport eines Zeugen zum Vernehmungstermin im Polizeiwagen mit Sondersignalen (OLG Dresden DAR 2001, 214).

Welche Fahrzeuge mit Blaulicht und Martinshorn versehen werden dürfen, bestimmt sich nach den zulassungsrechtlichen Vorschriften der §§ 52 Abs. 3, 55 Abs. 3 StVZO[1]. Zu den Unfallwagen öffentlicher Verkehrsbetriebe zählen keine „Managementwagen" der Leitungsebene, sondern nur KFZ mit spezifischer technischer Ausrüstung, die bei gängigen Rettungswagen fehlen. Außerdem können andere Fahrzeuge durch eine Ausnahmegenehmigung nach § 70 StVZO mit Blaulicht und Martinshorn ausgerüstet werden, z. B. Einsatzfahrzeuge technischer Notdienste (VHG Mannheim DAR 1999, 41), für Organtransplantationen (OLG Münster NZV 2000, 514). Fahrzeuge des Blutspendedienstes gehören seit Änderung des § 52 Abs. 3 StVZO[2] nicht mehr zu den Wegerechtsfahrzeugen. Zulassungsrechtliche Ausnahmen für Rettungsfahrten von Tieren sind begrifflich ausgeschlossen, weil zur Erhaltung des Lebens von Tieren Blaulicht und Martinshorn nicht eingeschaltet werden darf.

---

[1] **§ 52 Abs. 3 StVZO Zusätzliche Scheinwerfer und Leuchten**
(3) Mit einer oder mehreren Kennleuchten für blaues Blinklicht (Rundumlicht) dürfen ausgerüstet sein
1. Kraftfahrzeuge, die dem Vollzugsdienst der Polizei, der Militärpolizei, des Bundesgrenzschutzes oder des Zolldienstes dienen, insbesondere Kommando-, Streifen-, Mannschaftstransport-, Verkehrsunfall-, Mordkommissionsfahrzeuge,
2. Einsatz- und Kommando-Kraftfahrzeuge der Feuerwehren und der anderen Einheiten und Einrichtungen des Katastrophenschutzes und des Rettungsdienstes,
3. Kraftfahrzeuge, die nach dem Fahrzeugschein als Unfallhilfswagen öffentlicher Verkehrsbetriebe mit spurgeführten Fahrzeugen, einschließlich Oberleitungsomnibussen, anerkannt sind,
4. Kraftfahrzeuge des Rettungsdienstes, die für den Krankentransport oder Notfallrettung besonders eingerichtet und nach dem Fahrzeugschein als Krankenkraftwagen anerkannt sind.

Kennleuchten für blaues Blinklicht mit einer Hauptabstrahlrichtung nach vorne sind an Kraftfahrzeugen nach Satz 1 zulässig, jedoch bei mehrspurigen Fahrzeugen nur in Verbindung mit Kennleuchten für blaues Blinklicht (Rundumlicht).

§ 55 Abs. 3 StVZO Einrichtungen für Schallzeichen
(3) Kraftfahrzeuge, die auf Grund des § 52 Abs. 3 Kennleuchten für blaues Blinklicht führen, müssen mit mindestens einer Warneinrichtung mit einer Folge von Klängen verschiedener Grundfrequenz (Einsatzhorn) ausgerüstet sein. Ist mehr als ein Einsatzhorn angebracht, so muss sichergestellt sein, dass jeweils nur eines betätigt werden kann. Andere als die in Satz 1 genannten Kraftfahrzeuge dürfen mit dem Einsatzhorn nicht ausgerüstet sein.

[2] Vom 23.3.2000 (BGBl. I S. 310)

Sonderrechte – Wegerechte	
Sonderrechte nach § 35 StVO Befreiung bestimmter Institutionen von Verkehrsverboten	**Wegerechte nach § 38 StVO** Ausrüstung von Fahrzeugen mit Blaulicht und Martinshorn nach §§ 52 Abs. 3, 55 Abs. 3 StVZO
Bei Inanspruchnahme sind die genannten Institutionen nebst ihren Bediensteten freigestellt. Die Institutionen nach § 35 Abs. 6 und 7 haben nur eingeschränkte Sonderrechte	Bei Inanspruchnahme von Blaulicht und Martinshorn haben andere Verkehrsteilnehmer nach § 38 Abs. 1 StVO „freie Bahn" zu schaffen und bei Stau eine freie Gasse zu bilden (§ 11 Abs. 2 StVO)
Polizei	Polizei
Feuerwehr	Feuerwehr
Zolldienst	Zolldienst
Katastrophenschutz	Katastrophenschutz
Bundesgrenzschutz	Bundesgrenzschutz
Bundeswehr, NATO-Truppen	Militärpolizei
Befreiung bestimmter Fahrzeuge von Verkehrsverboten: Rettungsfahrzeuge Straßenbau-, Straßenunterhaltungs-, Straßenreinigungsfahrzeuge, Fahrzeuge der Müllabfuhr, Fahrzeuge der Regulierungsbehörde	Unfallhilfswagen öffentlicher Verkehrsbetriebe mit spezifischer technischer Ausrüstung, Krankenkraftwagen, Rettungsfahrzeuge
Ausnahmen für eingeschränkte Sonderrechte für Grundversorgungsleistungen der Post oder Gehwegreinigungsfahrzeuge über 3,5 t mit besonders breiten Niederdruckreifen	Auf Grund einer Ausnahmegenehmigung nach § 70 StVZO mit Blaulicht und Martinshorn ausgerüstete Fahrzeuge: Technische Einsatzfahrzeuge öffentlicher Gaserzeugungs-, Elektrizitäts-, Wassergewinnungs- oder Entwässerungsunternehmen

2.2 Schaffung freier Bahn

Freie Bahn schaffen bedeutet „ungehinderte Weiterfahrt ermöglichen, nötigenfalls anhalten" (OLG Köln VerkMitt 1984 Nr. 91). Dazu ist beiseite, rechts heran oder scharf rechts ganz langsam zu fahren, nötigenfalls anzuhalten, wenn Einsatzfahrzeuge mit Blaulicht und Einsatzhorn herannahen (BayObLG VRS 16, 393). Hierfür muss eine kurz bemessene, aber ausreichende Zeit zur Verfügung stehen (KG VerkMitt 1981 Nr. 119; 2001, Nr. 76). Auf die Vorfahrt muss vorübergehend verzichtet werden, wenn Blaulicht sichtbar ist und das Einsatzhorn ertönt; auch bei grünem Ampellicht (KG VRS 76, 266). Auch Fußgänger müssen freie Bahn schaffen. Die Pflicht, sofort freie Bahn zu schaffen, hängt weder von der Eilbedürftigkeit der Einsatzfahrt ab (KG VerkMitt 1982 Nr. 41) noch von der Zulässigkeit der Inbetriebnahme der Sondersignale (KG VerkMitt 1998 Nr. 19 = NZV 1998, 27 = MDR 1997, 1121). Der Kraftfahrer muss zwar nicht ständig mit einem Wegerechtsfahrzeug rechnen, jedoch dafür sorgen, dass er etwaige Signale wahrnehmen kann (OLG Hamm VerkMitt 1972 Nr. 37). Infolgedessen dürfen Tonübertragungsgeräte in Fahrzeugen nicht so laut betrieben werden, dass die nach § 23 bestehende Verpflichtung zur Wahrnehmung von Umfeldgeräuschen beeinträchtigt wird.

2.3 Einsatzfahrten mit Blaulicht und Martinshorn

Der Einsatzfahrer eines Wegerechtsfahrzeugs darf, wenn er Blaulicht und Einsatzhorn eingeschaltet hat, die ihm von anderen Verkehrsteilnehmern geschaffene freie Bahn auch dann ausnutzen, wenn er keine Sonderrechte hat, z. B. Ausrüstung mit Blaulicht und Martinshorn im Wege einer Ausnahmegenehmigung nach § 70 StVZO (Weiterfahrt bei Rot: **BGH VRS 48, 260**; BVerwG VRS 98, 458; OVG Hamburg NZV 2001, 447 = DAR 2001, 470 = VRS 101, 309). Er darf annehmen, dass im Umkreis von 50 m fahrende Fahrzeuge die Zeichen wahrgenommen haben (BGH VRS 28, 208). Er muss sich jedoch davon überzeugen, dass die anderen Verkehrsteilnehmer sich auf seine Absicht, den Vorrang zu nutzen, eingestellt haben und ihm freie Bahn gewähren (KG VerkMitt 2001, Nr. 76 = VRS 100, 329; KG NZV 1992, 456; BGH VerkMitt 1975 Nr. 33 = DAR 1975, 111 = VRS 48, 260 = MDR 1975, 392). An einer verkehrsreichen Kreuzung darf er nicht ohne weiteres darauf vertrauen, dass andere Verkehrsteilnehmer ihm sofort freie Bahn schaffen. Bei schlechter Übersicht ist er verpflichtet, sich in den Fahrbereich des durch Ampelsignal freigegebenen Gegenverkehrs hineinzutasten oder die Geschwindigkeit stark zu vermindern. Auch wenn der Fahrer zur Rettung von Menschenleben unterwegs ist, darf er andere nicht gefährden (KG VRS 83, 288). Entscheidend muss für den Einsatzfahrer sein, den Einsatz nicht durch unfallbedingte Verzögerungen in Frage zu stellen. Haftung beim Zusammenstoß eines Notarztwagens mit dem Querverkehr einer ampelgeregelten Kreuzung: KG NZV 1989, 192.

2.4 Blaues Blinklicht allein

Blaues Blinklicht allein ohne Einsatzhorn verpflichtet nicht zur Schaffung freier Bahn. Kraftfahrer sind jedoch zu besonderer Vorsicht und Rücksicht verpflichtet (§ 1), insbesondere muss die Geschwindigkeit vermindert (§ 3 Abs. 1) und das Rechtsfahrgebot (§ 2 Abs. 1) eingehalten werden. Das gilt auch für Protokollfahrten von Staatsgästen mit Begleitung durch Blaulichtfahrzeuge, weil der Verband als geschlossene Einheit auch Sonderrechte in Anspruch nimmt, keine Spurwechsel vornimmt und seine Geschwindigkeit nicht vermindert.[3]

2.5 Gelbes Blinklicht

Das Blinklicht im Sinne des § 38 Abs. 3 Satz 2 ist blinkendes Rundumlicht. Seine Warnung bezieht sich auf Gefahren, die vom Fahrzeug oder von ausgeführten Arbeiten ausgehen, z. B. Großraum- und Schwertransporte, Streu-, Schneeräum- oder Abschleppfahrzeuge (OLG Düsseldorf NZV 1992, 188). Eine Verpflichtung zum Einschalten des Blinklichts folgt nicht aus § 38, wohl aber aus dem Gefährdungs- und Behinderungsverbot des § 1 Abs. 2. Die Warnung verpflichtet die anderen Verkehrsteilnehmer zu besonderer Sorgfalt, insbesondere Rechtsfahrgebot und Temporeduzierung.

Stationäres Blinklicht warnt vor örtlichen Gefahrstellen; es setzt weder Verkehrszeichen noch Lichtzeichen außer Kraft, sondern weist auf deren besondere Beachtung hin (OLG Köln VRS 53, 309).

3 Hinweise

3.1 Fahrzeuge, an denen gelbes Blinklicht geführt werden darf: § 52 Abs. 4 StVZO[4]; gelbes Blinklicht zur Sicherung geschlossen reitender oder marschierender Verbände: § 27 Abs. 4 Satz 1.

---

3 Empfehlungen des Bundesinnenministeriums für das Verfahren bei polizeilichen Eskorten von Staatsbesuchen: VkBl. 1973, S. 594 – Abschnitt XII „Ehrung und Schutz von Besuchern" S. 501

3.2 Einsatzhorn: Warnvorrichtung mit einer Folge verschieden hoher Töne: § 55 Abs. 3 und § 22a Abs. 1 Nr. 19 StVZO.

3.3 Rotes Blinklicht an Bahnübergängen: §§ 19, 43.

3.4 Ortsfestes gelbes Blinklicht (§ 43) warnt vor Gefahren und soll die Aufmerksamkeit bei schwieriger Straßenführung auf Verkehrszeichen und Verkehrseinrichtungen lenken: Rn. 3 VwV zu § 38. Die Zulassung darüber hinausgehender Warneinrichtungen ist schon deshalb problematisch, weil diese als unbekannte, nicht zuordenbare Signale für andere Verkehrsteilnehmer zu Fehlreaktionen in Gefahrenlagen führen können[5].

Zeichen 205 mit Blinklicht
zur Beachtung der Vorfahrt

---

4 **§ 52 Abs. 4 StVZO Zusätzliche Scheinwerfer und Leuchten**

(4) Mit einer oder, wenn die horizontale und vertikale Sichtbarkeit (geometrische Sichtbarkeit) es erfordert, mehreren Kennleuchten für gelbes Blinklicht (Rundumlicht) dürfen ausgerüstet sein

1. Fahrzeuge, die dem Bau, der Unterhaltung oder Reinigung von Straßen oder von Anlagen im Straßenraum oder die der Müllabfuhr dienen und durch rot-weiße Warnmarkierungen (Sicherheitskennzeichnung), die dem Normblatt DIN 30710, Ausgabe März 1990, entsprechen müssen, gekennzeichnet sind,

2. Kraftfahrzeuge, die nach ihrer Bauart oder Einrichtung zur Pannenhilfe geeignet und nach dem Fahrzeugschein als Pannenhilfsfahrzeug anerkannt sind. Die Zulassungsstelle kann zur Vorbereitung ihrer Entscheidung die Beibringung des Gutachtens eines amtlich anerkannten Sachverständigen oder Prüfers für den Kraftfahrzeugverkehr darüber anordnen, ob das Kraftfahrzeug nach seiner Bauart oder Einrichtung zur Pannenhilfe geeignet ist. Die Anerkennung ist nur zulässig für Fahrzeuge von Betrieben, die gewerblich oder innerbetrieblich Pannenhilfe leisten, von Automobilclubs und von Verbänden des Verkehrsgewerbes und der Autoversicherer.

3. Fahrzeuge mit ungewöhnlicher Breite oder Länge oder mit ungewöhnlich breiter oder langer Ladung, sofern die genehmigende Behörde die Führung der Kennleuchten vorgeschrieben hat,

4. Fahrzeuge, die auf Grund ihrer Ausrüstung als Schwer- und Großraumtransport-Begleitfahrzeuge ausgerüstet und nach dem Fahrzeugschein anerkannt sind. Andere Begleitfahrzeuge dürfen mit abnehmbaren Kennleuchten ausgerüstet sein, sofern die genehmigende Behörde die Führung der Kennleuchten vorgeschrieben hat.

5 z. B. Gefahrzeichen auf gelben reflektierenden Tafeln, verbunden mit Blink- oder Blitzsignalen

§ 39 Verkehrszeichen

(1) Angesichts der allen Verkehrsteilnehmern obliegenden Verpflichtung, die allgemeinen und besonderen Verhaltensvorschriften
dieser Verordnung eigenverantwortlich zu beachten, werden örtliche
Anordnungen durch Verkehrszeichen nur dort getroffen, wo dies auf
Grund der besonderen Umstände zwingend geboten ist.

(1a) Innerhalb geschlossener Ortschaften ist abseits der Vorfahrtstraßen (Zeichen 306) mit der Anordnung von Tempo 30-Zonen (Zeichen 274.1) zu rechnen.

(2) Verkehrszeichen sind Gefahrzeichen, Vorschriftzeichen und Richtzeichen. Auch Zusatzschilder sind Verkehrszeichen. Die Zusatzschilder
zeigen auf weißem Grund mit schwarzem Rand schwarze Zeichnungen
oder Aufschriften. Sie sind dicht unter den Verkehrszeichen angebracht. Verkehrszeichen und Zusatzschilder können auch gemeinsam
auf einer Trägerfläche aufgebracht werden. Abweichend von den abgebildeten Verkehrszeichen und Zusatzschildern können die weißen
Flächen schwarz und die schwarzen Sinnbilder und der schwarze
Rand weiß sein, wenn diese Zeichen nur durch Lichter erzeugt werden.

(2a) Verkehrszeichen können auf einem Fahrzeug angebracht werden. Sie gelten auch, während das Fahrzeug sich bewegt. Sie gehen
den Anordnungen der ortsfest angebrachten Verkehrszeichen vor.

(3) Regelungen durch Verkehrszeichen gehen den allgemeinen Verkehrsregeln vor.

(4) Werden Sinnbilder auf anderen Verkehrsschildern als den in §§ 40
bis 42 dargestellten gezeigt, so bedeuten die Sinnbilder:

Kraftwagen und sonstige mehrspurige Kraftfahrzeuge	Kraftfahrzeuge mit einem zulässigen Gesamtgewicht über 3,5 t, einschließlich ihrer Anhänger, und Zug-maschinen, ausgenommen Personenkraftwagen und Kraftomnibusse	Radfahrer

Fußgänger	Viehtrieb, Tiere	Reiter

Straßenbahn	Personenkraftwagen	Kraftomnibus

Lastkraftwagen
mit Anhänger

Personenkraftwagen
mit Anhänger

Kraftfahrzeuge und
Züge, die nicht schneller
als 25 km/h fahren
können oder dürfen

Krafträder, auch mit
Beiwagen, Kleinkraft-
räder und Mofas

Mofas

VwV zu den §§ 39 bis 43
Allgemeines über Verkehrszeichen und Verkehrseinrichtungen

1   I. Die behördlichen Maßnahmen zur Regelung und Lenkung des Verkehrs durch Verkehrszeichen und Verkehrseinrichtungen sollen die allgemeinen Verkehrsvorschriften sinnvoll ergänzen. Dabei ist nach dem Grundsatz zu verfahren, so wenig Verkehrszeichen wie möglich anzuordnen.

2   Verkehrszeichen, die lediglich die gesetzliche Regelung wieder geben, sind nicht anzuordnen. Dies gilt auch für die Anordnung von Verkehrszeichen einschließlich Markierungen, deren rechtliche Wirkung bereits durch ein anderes vorhandenes oder gleichzeitig angeordnetes Verkehrszeichen erreicht wird. Abweichungen bedürfen der Zustimmung der obersten Landesbehörde.

3   1. Beim Einsatz moderner Mittel zur Regelung und Lenkung des Verkehrs ist auf die Sicherheit besonders Bedacht zu nehmen. Verkehrszeichen, Markierungen, Verkehrseinrichtungen sollen den Verkehr sinnvoll lenken, einander nicht widersprechen und so den Verkehr sicher führen. Die Wahrnehmbarkeit darf nicht durch Häufung von Verkehrszeichen beeinträchtigt werden.

4   2. Die Flüssigkeit des Verkehrs ist mit den zur Verfügung stehenden Mitteln zu erhalten. Dabei gehört der Förderung der öffentlichen Verkehrsmittel besondere Aufmerksamkeit.

5   II. Soweit die StVO und diese Allgemeine Verwaltungsvorschrift für die Ausgestaltung und Beschaffenheit, für den Ort und die Art der Anbringung von Verkehrszeichen und Verkehrseinrichtungen nur Rahmenvorschriften geben, soll im Einzelnen nach dem jeweiligen Stand der Wissenschaft und Technik verfahren werden, den das Bundesministerium für Verkehr nach Anhörung der zuständigen obersten Landesbehörden im Verkehrsblatt erforderlichenfalls bekannt gibt.

III. Allgemeines über Verkehrszeichen

6   1. Es dürfen nur die in der StVO abgebildeten Verkehrszeichen verwendet werden oder solche, die das Bundesministerium für Verkehr nach Anhörung der zuständigen obersten Landesbehörden durch Verlautbarung im Verkehrsblatt zulässt. Die Formen der Verkehrszeichen müssen den Mustern der StVO entsprechen.

7   2. Allgemeine Regeln zur Ausführung der Gestaltung von Verkehrszeichen einschließlich der verkehrsrechtlichen erforderlichen Anforderungen an ihre Materialien sind als Anlage zu dieser Verwaltungsvorschrift im Katalog der Verkehrszeichen (VzKat) ausgeführt.

3. Größe der Verkehrszeichen

8   a) Die Ausführung der Verkehrszeichen und Verkehrseinrichtungen ist auf das tatsächliche, individuelle Erfordernis zu begrenzen; unnötig groß dimensionierte Zeichen sind zu vermeiden.

9 b) Sofern in dieser Vorschrift nichts anderes bestimmt wird, erfolgt die Wahl der benötigten Verkehrszeichengröße – auf dem Hintergrund einer sorgfältigen Abwägung – anhand der folgenden Tabellen:

Verkehrszeichen	Größe 1 (70 %)	Größe 2 (100 %)	Größe 3 (125 bzw. 140 %)
Ronde (Ø)	420	600	750 (125 %)
Dreieck (Seitenl.)	630	900	1 260 (140 %)
Quadrat (Seitenl.)	420	600	840 (140 %)
Rechteck (H x B)	630 x 420	900 x 600	1 260 x 840 (140 %)

Maße in [mm]

Zusatzzeichen	Größe 1 (70 %)	Größe 2 (100 %)	Größe 3 (125 %)
Höhe 1	231 x 420	330 x 600	412 x 750
Höhe 2	315 x 420	450 x 600	562 x 750
Höhe 3	420 x 420	600 x 600	750 x 750

Maße der Zusatzzeichen H x B in [mm]

10 c) Größenangaben für Sonderformen (z. B. Z. 201 „Andreaskreuz"), die in dieser Vorschrift nicht ausgeführt werden, finden sich im VzKat.

11 d) In der Regel können die Verkehrszeichen folgenden Geschwindigkeitsbereichen zugeordnet werden:

Größen der Verkehrszeichen für Dreiecke, Quadrate und Rechtecke

Geschwindigkeitsbereich (km/h)	Größe
20 bis weniger als 50	1
50 bis 100	2
mehr als 100	3

Größen der Verkehrszeichen für Ronden

Geschwindigkeitsbereich (km/h)	Größe
0 bis 20	1
größer 20 bis 80	2
größer 80	3

12 e) Übergrößen der Verkehrszeichen können verwendet werden, wenn das an wichtigen Straßenstellen zur besseren Sichtbarkeit aus größerer Entfernung zweckmäßig ist.

13 f) Auf Autobahnen und autobahnähnlich ausgebauten Straßen ohne Geschwindigkeitsbeschränkung werden Verbote und vergleichbare Anordnungen zunächst durch Verkehrszeichen der Größe 3 angekündigt, Wiederholungen erfolgen in der Regel in der Größe 2.

14 g) In verkleinerter Ausführung dürfen nur diejenigen Verkehrszeichen angebracht werden, bei denen das in dieser Verwaltungsvorschrift ausdrücklich zugelassen ist. Das Verhältnis der vorgeschriebenen Maße soll auch bei Übergrößen und Verkleinerungen gegeben sein. Im Übrigen sind bei allen Verkehrszeichen kleine Abweichungen von den Maßen zulässig, wenn dieses aus besonderen Gründen notwendig ist und keine auffällige Veränderung des Zeichen bewirkt wird.

15 4. Die Ausführung der Verkehrszeichen darf nicht unter den Anforderungen anerkannter Gütebedingungen liegen.

16 5. Als Schrift ist die Schrift für den Straßenverkehr DIN 1451, Teil 2 zu verwenden.

17 6. Die Farben müssen den Bestimmungen und Abgrenzungen des Normblattes „Aufsichtsfarben für Verkehrszeichen – Farben und Farbgrenzen" (DIN 6171) entsprechen.

18 7. Alle Verkehrszeichen dürfen rückstrahlen oder von außen oder innen beleuchtet sein, soweit dies nicht ohnehin vorgeschrieben ist.

19 a) Vor allem bei Gefahrzeichen (§ 40) und Vorschriftzeichen (§ 41) empfiehlt sich in der Regel solche Ausführung (vgl. aber Nr. I zu Z. 283 und 286; Rn. 1).

20 b) Bei Verkehrszeichen, die rückstrahlen oder beleuchtet sind, ist darauf zu achten, dass die Wirkung der übrigen Verkehrszeichen nicht beeinträchtigt wird und Verkehrsteilnehmer durch die beleuchteten Verkehrszeichen nicht geblendet werden. Wo Verkehrszeichen von innen oder außen beleuchtet sind, müssen die in der Nähe befindliche Verkehrszeichen, durch die eine Wartepflicht angeordnet oder angekündigt wird, mindestens ebenso wirksam beleuchtet sein.

21 c) Im Interesse der Gleichheit des Erscheinungsbildes der Verkehrszeichen bei Tag und Nacht ist in der Regel eine voll retroreflektierende Ausführung einer nur teilweise retroreflektierenden vorzuziehen.

22 d) Vgl. Nr. 16 Satz 2 und 3; Rn. 44.

23 e) Ein Verkehrszeichen ist nicht schon dann von außen beleuchtet, wenn es von einer Straßenleuchte, vielmehr nur dann, wenn es von einer eigenen Lichtquelle angestrahlt ist.

24 f) Verkehrszeichen können auch als Wechselverkehrszeichen in Wechselzeichengebern dargestellt werden. Solche Zeichen können zeitweise gezeigt, geändert oder aufgehoben werden. Für die Wechselzeichengeber haben sich verschiedene Techniken als zweckmäßig erwiesen. Einzelheiten enthalten die „Richtlinien für Wechselverkehrszeichen an Bundesfernstraßen (RWVZ)", die das Bundesministerium für Verkehr im Einvernehmen mit den zuständigen obersten Landesbehörden im Verkehrsblatt bekannt gibt.

25 8. Die Verkehrszeichen müssen fest eingebaut sein, soweit sie nicht nur vorübergehend aufgestellt werden. Pfosten und Rahmen sollen grau oder weiß sein.

26 9. Verkehrszeichen sind gut sichtbar in etwa rechtem Winkel zur Verkehrsrichtung auf der rechten Seite der Straße anzubringen, soweit nicht in dieser Verwaltungsvorschrift anderes gesagt ist.

27 a) Links allein oder über der Straße allein dürfen sie nur angebracht werden, wenn Missverständnisse darüber, dass sie für den gesamten Verkehr in einer Richtung gelten, nicht entstehen können und wenn sie so besonders auffallen und im Blickfeld des Fahrers liegen.

28 b) Wo nötig, vor allem an besonders gefährlichen Straßenstellen, können die Verkehrszeichen auf beiden Straßenseiten, bei getrennten Fahrbahnen auf beiden Fahrbahnseiten aufgestellt werden.

29 10. Es ist darauf zu achten, dass Verkehrszeichen nicht die Sicht behindern, insbesondere auch nicht die Sicht auf andere Verkehrszeichen oder auf Blinklicht- oder Lichtzeichenanlagen verdecken.

30 11. Häufung von Verkehrszeichen

Weil die Bedeutung von Verkehrszeichen bei durchschnittlicher Aufmerksamkeit zweifelsfrei erfassbar sein muss, sind Häufungen von Verkehrszeichen zu vermeiden. Es ist daher stets vorrangig zu prüfen, auf welche vorgesehenen oder bereits vorhandenen Verkehrszeichen verzichtet werden kann.

31 Sind dennoch an einer Stelle oder kurz hintereinander mehrere Verkehrszeichen unvermeidlich, so muss dafür gesorgt werden, dass die für den fließenden Verkehr wichtigen besonders auffallen. Kann dies nicht realisiert werden oder wird ein für den fließenden Verkehr bedeutsames Verkehrszeichen an der betreffenden Stelle nicht erwartet, so ist jene Wirkung auf andere Weise zu erzielen (z. B. durch Übergröße oder gelbes Blinklicht).

32 a) Am gleichen Pfosten oder sonst unmittelbar über- oder nebeneinander dürfen nicht mehr als drei Verkehrszeichen angebracht werden.

33 aa) Gefahrzeichen stehen in der Regel allein. Sie können mit Verkehrsverboten und Streckenverboten kombiniert werden, wenn durch das Gefahrzeichen vor der Gefahr gewarnt wird, deretwegen die Verbote ausgesprochen werden. Solche Kombinationen (z. B. Z. 103, 274 und 276, Z. 110 und 277, Z. 120, 264 und 274) sind zweckmäßig, weil das Gefahrzeichen dem Verkehrsteilnehmer klar macht, warum die Vorschriften gegeben werden. Dann sind die Verkehrszeichen in möglichst geringer Entfernung vor der Gefahrstelle aufzustellen.

34 bb) Mehr als zwei Vorschriftzeichen sollen an einem Pfosten nicht angebracht werden. Sind ausnahmsweise drei solcher Verkehrszeichen an einem Pfosten vereinigt, dann darf sich nur eins davon an den fließenden Verkehr wenden.

35 cc) Vorschriftzeichen für den fließenden Verkehr dürfen in der Regel nur dann kombiniert werden, wenn sie sich an die gleichen Verkehrsarten wenden und wenn sie die gleiche Strecke oder den gleichen Punkt betreffen.

36 dd) Verkehrszeichen, durch die eine Wartepflicht angeordnet oder angekündigt wird, dürfen nur dann an einem Pfosten mit anderen Verkehrszeichen angebracht werden, wenn jene wichtigen Zeichen besonders auffallen.

37 ee) Dasselbe gilt für die Kombination von Vorschriftzeichen für den fließenden Verkehr mit Haltverboten.

38 ff) Die Zeichen 201, 278 bis 282 und 350 dürfen mit anderen Verkehrszeichen nicht kombiniert werden.

39 b) Dicht hintereinander sollen Verkehrszeichen für den fließenden Verkehr nicht folgen. Zwischen Pfosten, an denen solche Verkehrszeichen gezeigt werden, sollte vielmehr ein so großer Abstand bestehen, dass der Verkehrsteilnehmer bei der dort gefahrenen Geschwindigkeit Gelegenheit hat, die Bedeutung der Verkehrszeichen nacheinander zu erfassen.

40 12. An spitzwinkligen Einmündungen ist bei der Aufstellung der Verkehrszeichen dafür zu sorgen, dass Benutzer der anderen Straße sie nicht auf sich beziehen, auch nicht bei der Annäherung; erforderlichenfalls sind Sichtblenden oder ähnliche Vorrichtungen anzubringen.

41 13. a) Die Unterkante der Verkehrszeichen sollte, soweit nicht bei einzelnen Zeichen anderes gesagt ist, in der Regel 2 m vom Boden entfernt sein, über Radwegen 2,20 m, an Schilderbrücken 4,50 m, auf Inseln und an Verkehrsteilern 0,60 m.

42 b) Verkehrszeichen dürfen nicht innerhalb der Fahrbahn aufgestellt werden. In der Regel sollte der Seitenabstand von ihr innerhalb geschlossener Ortschaften 0,50 m, keinesfalls weniger als 0,30 m betragen, außerhalb geschlossener Ortschaften 1,50 m.

43 14. Verkehrszeichen sollen nur dort angebracht werden, wo dies nach den Umständen geboten ist. Über die Anordnung von Verkehrszeichen darf in jedem Einzelfall nur nach gründlicher Prüfung entschieden werden; die Zuziehung ortsfremder Sachverständiger kann sich empfehlen. Hierbei ist auch zu prüfen, ob sich an Stelle der Verkehrszeichen oder zusätzlich eine bauliche Umgestaltung oder das Anbringen von Leiteinrichtungen empfiehlt; das ist bei der Straßenbaubehörde anzuregen.

44 15. Sollen Verkehrszeichen nur zu gewissen Zeiten gelten, dürfen sie sonst nicht sichtbar sein. Nur die Geltung der Z. 229, 245, 250, 251, 253, 255, 260, 261, 270, 274, 276, 277, 283, 286, 290, 314 und 315 darf stattdessen auf einem

Zusatzschild, z. B. „8–16 h", zeitlich beschränkt werden. Verkehren öffentliche Verkehrsmittel zu gewissen Tageszeiten oder an bestimmten Wochentagen nicht, so kann auch das Parkverbot an ihren Haltestellen durch ein Zusatzschild zu dem Z. 224 beschränkt werden, z. B. „Parken Sa und So erlaubt". Vorfahrtregelnde Zeichen vertragen keinerlei zeitliche Beschränkungen, weder auf diese noch auf jene Weise.

45   16. Auf Straßen mit Straßenbeleuchtung ist darauf zu achten, dass die Verkehrszeichen von ihr erhellt werden; es empfiehlt sich daher, Verkehrszeichen entweder hinter den Leuchten aufzustellen oder sie an den Lichtmasten so anzubringen, dass sie vom Licht getroffen werden. Ist das nicht möglich, so müssen die Schilder rückstrahlen oder erforderlichenfalls (§ 17 Abs. 1) von innen oder außen beleuchtet sein. Das gilt nicht für die Z. 224, 229, 237, 239, 240, 241, 242, 243, 244, 244 a, 283, 286, 314, 315, 355, 357 bis 359, 375 bis 377, 385, 388, 394 und 437.

17. Zusatzzeichen im Besonderen

46   a) Sie sollten, wenn irgend möglich, nicht beschriftet sein, sondern nur Sinnbilder zeigen. Wie Zusatzzeichen auszugestalten sind, die in der StVO oder in dieser Vorschrift nicht erwähnt, aber häufig notwendig sind, wird das Bundesministerium für Verkehr nach Anhörung der zuständigen obersten Landesbehörden in einem Verzeichnis im Verkehrsblatt bekannt geben. Abweichungen von den in diesem Verzeichnis aufgeführten Zusatzzeichen sind nicht zulässig; andere Zusatzzeichen bedürfen der Zustimmung der zuständigen obersten Landesbehörde oder der von ihr bestimmten Stelle.

47   b) Mehr als zwei Zusatzzeichen sollten an einem Pfosten, auch zu verschiedenen Verkehrszeichen, nicht angebracht werden. Die Zuordnung der Zusatzzeichen zu den Verkehrszeichen muss eindeutig erkennbar sein.

48   c) Zusatzzeichen oder retroreflektierenden Verkehrszeichen müssen wie diese beleuchtet sein oder retroreflektieren.

49   d) Entfernungs- und Längenangaben sind auf- oder abzurunden. Anzugeben sind z. B. 60 m statt 63 m, 80 m statt 75 m, 250 m statt 268 m, 800 m statt 750 m, 1,2 km statt 1 235 m.

IV. Allgemeines über Markierungen (§ 41 Abs. 3 und 4 und § 42 Abs. 6)

50   1. Die Markierungen sind weiß (vgl. aber Nr. 3 vor Z. 350). Als weiße Markierungen sind auch metallfarbene Markierungsknöpfe anzusehen. Gelbe Markierungsknöpfe und gelbe Markierungen dürfen nur im Falle des § 41 Abs. 4 verwendet werden.

51   2. An Stelle von Markierungen dürfen Markierungsknöpfe nur verwendet werden, wenn dies in der StVO zugelassen ist und das auch nur dann, wenn es zweckmäßig ist, z. B. auf Pflasterdecken.

52   3. Dagegen können Markierungen aller Art durch das zusätzliche Anbringen von Markierungsknöpfen in ihrer Wirkung unterstützt werden; geschieht dies an einer ununterbrochenen Linie, so dürfen die Markierungsknöpfe nicht gruppenweise gesetzt werden. Zur Kennzeichnung gefährlicher Kurven und überhaupt zur Verdeutlichung des Straßenverlaufs an unübersichtlichen Stellen kann das Anbringen von Markierungsköpfen auf Fahrstreifenbegrenzungen, auf Fahrbahnbegrenzungen und auf Leitlinien nützlich sein. Sperrflächen lassen sich auf solche Weise verdeutlichen. Markierungsknöpfe können an Fußgängerüberwegen von Nutzen sein.

53   4. Markierungsknöpfe ohne und mit Rückstrahlern müssen in Grund- und Aufriss eine abgerundete Form haben. Der Durchmesser soll nicht kleiner als 120 mm und nicht größer als 150 mm sein. Die Markierungsknöpfe dürfen nicht mehr als 25 mm aus der Fahrbahn herausragen.

54   V. Allgemeines über Verkehrseinrichtungen

Für Verkehrseinrichtungen gelten die Vorschriften III 1, 2, 4, 5, 6, 7 a bis c, 7 e, 8, 10, 13 und 14 sinngemäß; Rn. 6 ff.

VwV zu § 39 Verkehrszeichen

Zu Absatz 1

1 Auf Nr. I zu den §§ 39 bis 43 wird verwiesen; Rn. 1.

Zu Absatz 2

2 Verkehrszeichen, die als Wechselverkehrszeichen aus einem Lichtraster gebildet werden (so genannte Matrixzeichen), zeigen die sonst schwarzen Symbole, Schriften und Ziffern durch weiße Lichter an, der sonst weiße Untergrund bleibt als Hintergrund für die Lichtpunkte schwarz. Diese Umkehrung für Weiß und Schwarz ist nur solchen Matrixzeichen vorbehalten.

1 Aus der amtlichen Begründung

1.1 Die StVO geht im Grundsatz davon aus, dass Verkehrszeichen ortsfest aufgestellt werden. Einsätze entsprechender beweglicher Verkehrszeichen durch Begleitfahrzeuge von Großraum- und Schwertransporten oder durch die Polizei sind möglich. Die bis zum 1.7.1992 geltenden Sinnbilder „Gespannfuhrwerke", „Fußgänger mit Handfahrzeugen" und „kennzeichnungspflichtige Kraftfahrzeuge mit explosionsgefährlichen oder leicht entzündlichen Stoffen" sind entbehrlich (Begr. 1992).

1.2 In der zurückliegenden Zeit war ein zunehmender Trend zur Regelung aller Verkehrssituationen durch Verkehrszeichen festzustellen. Diese übermäßige Beschilderung im Straßenverkehr führt zu einer allgemeinen Überforderung und Ablenkung der Verkehrsteilnehmer sowie zu Akzeptanzproblemen bei der Beachtung von Verkehrsvorschriften. Zugleich hat dies zu einer unerwünschten Abwertung der grundlegenden gesetzlichen Verhaltensvorschriften im Straßenverkehr im Bewusstsein der Verkehrsteilnehmer und damit zu einer Minderung der Bereitschaft zu einer eigenverantwortlichen Beurteilung der Verkehrssituation und der sich daraus ergebenden Verhaltensweise geführt. Der neue Absatz 1 verdeutlicht den Verkehrsteilnehmern die vorrangige Bedeutung der allgemeinen und besonderen Verhaltensvorschriften und daraus folgend die Subsidiarität der Verkehrszeichenanordnung. Zugleich verweist er auf die Verpflichtung der Kraftfahrer zum eigenverantwortlichen Verhalten im Straßenverkehr (Begr. 1997).

1.3 Tempo 30-Zonen werden innerorts auch zur Unterstützung einer geordneten städtebaulichen Entwicklung angeordnet (Begr. 2000).

2 Erläuterungen

2.1 Verkehrszeichen

Die durch Verkehrszeichen und Verkehrseinrichtungen getroffenen Anordnungen sind **Verwaltungsakte** in Form von Allgemeinverfügungen (BVerfG NJW 1965, 2395; BVerwG VerkMitt 1994 Nr. 67). Sie müssen von der (zuständigen) Straßenverkehrsbehörde angeordnet worden sein (§ 45 Abs. 3); ihre Anordnung kann nach § 38 VwVfG wirksam zugesichert werden (BVerwG VerkMitt 1994 Nr. 67). Verkehrszeichen sind keine Urkunden (OLG Köln VerkMitt 1999 Nr. 5 = VRS 96, 23). Werden Schilder von privater Seite ohne eine solche Anordnung aufgestellt, sind sie unwirksam (nichtig), auch auf Privatgelände mit tatsächlich öffentlichem Verkehr (OLG Brandenburg VRS 93, 28). Verkehrszeichen werden wirksam mit Aufstellung der Schilder. Eine subjektive (tatsächliche) Kenntnisnahme durch den Verkehrsteilnehmer ist nicht erforderlich. Infolgedessen steht z. B. ein Fahrzeug auch

dann im Haltverbot und kann nach den Ordnungsgesetzen der Länder abgeschleppt werden, wenn das Z. 283 erst nach dem zulässigen Parkvorgang aufgestellt worden ist (BVerwG VerkMitt 1997 Nr. 34 = NZV 1997,
246 = DÖV 1997, 507: bereits nach 4 Tagen). Wegen des Sichtbarkeitsgrundsatzes kann jedoch eine Missachtung nur dann vorgeworfen werden,
wenn der Verkehrsteilnehmer dem Verkehrsschild (vorher) gegenüber-
steht.

Wichtig ist eine sachgemäße Schilderkombination. So müssen z. B. ein-
schränkende Zusatzschilder unter (und nicht über) dem Verkehrszeichen
angebracht werden. Wegweisende Schilder dürfen nicht in Richtungen
weisen, die durch Einfahrtverbote (Z. 267), vorgeschriebene Fahrtrichtung
(Z. 209-30) oder Einbahnstraßen (Z. 220) gesperrt sind. Tempobegrenzende
Schilder (Z. 274) müssen über dem Überholverbot (Z. 276) stehen (und
nicht umgekehrt). Die Aufhebung von Streckenverboten (z. B. Z. 280) darf
nicht mit anderen Zeichen (z. B. Z. 274) kombiniert werden. Zulässige
Schilderkombinationen müssen so angebracht werden, dass sie sich weder
verdecken, noch in ihrem Sinngehalt widersprechen (z. B. wäre die Kombination Z. 274 „30 km/h“ mit Z. 325 „Schrittgeschwindigkeit“ im verkehrsberuhigten Wohngebiet verwirrend). Eine feste Verankerung im Boden ist
nicht zwingend (Rn. 25 VwV zu §§ 39–43); Bedarfsschilder können auch
transportabel mit einem Sockel aufgeständert sein (OLG Hamburg NZV
1999, 376).

Die Anbringung von Verkehrsschildern kann u. U. durch Klage erzwungen
(BVerwG VRS 52, 316) oder im Verwaltungsrechtsweg angefochten werden, allerdings erst, wenn sie durch Aufstellung wirksam geworden sind
(BVerwG NZV 1997, 240; VGH Mannheim NZV 1996, 167). Die einjährige
Anfechtungsfrist beginnt mit Aufstellung, nicht erst, wenn das Verkehrszeichen erstmals zur Kenntnis genommen wird (VGH Kassel VerkMitt 2000
Nr. 7 = NZV 1999, 397). Im Interesse der Verkehrssicherheit bleiben Verkehrszeichen auch während des Anfechtungsverfahrens wirksam und sind
zu beachten (BGH VerkMitt 1969 Nr. 128 = NJW 1969, 2023; OLG Düsseldorf VerkMitt 1999 Nr. 42).

2.2 Zusatzschilder

Auch Zusatzschilder sind Verkehrszeichen und enthalten Beschränkungen,
Ausnahmen oder Hinweise auf bestimmte Gefahren (HessVGH VerkMitt
1981 Nr. 28).

2.3 Sichtbarkeitsgrundsatz

Verkehrszeichen und Zusatzschilder müssen klar und deutlich sichtbar sein,
dürfen nicht irreführen und müssen bei durchschnittlicher Aufmerksamkeit
durch raschen, beiläufigen Blick richtig erfasst werden können (BGH DAR
1966, 218 = VRS 31, 84; OLG Stuttgart VerkMitt 1999 Nr. 45). Das gilt auch
bei teilweiser Verdeckung durch Pflanzenwuchs (OLG Stuttgart VRS 95,
441). Bei Zeichen für den ruhenden Verkehr sind die Anforderungen geringer als bei denen für den fließenden Verkehr. Selbst ein mobiles, lediglich umgedreht aufgestelltes Haltverbot, verliert nicht seine Wirksamkeit,
solange es einem bestimmten Straßenabschnitt zugeordnet werden kann
(OVG Nordrh.-Westf. VerkMitt 1998 Nr. 20). Verwitterte, verrottete oder
sonst inhaltlich nicht ohne weiteres erkennbare Gebots- und Verbotsschilder
sind für den verbindlich, der ihre ursprüngliche Bedeutung kennt (OLG

Rangregeln der StVO	
Regelungen durch Verkehrszeichen gehen allgemeinen Verkehrsregeln vor	§ 39 Abs. 3 StVO
Regelungen durch Verkehrseinrichtungen gehen allgemeinen Verkehrsregeln vor	§ 43 Abs. 2 StVO
Gelbe Markierungen, gelbe Markierungsknopfreihen, rot-weiße Leitmarken und Markierungsleuchtknöpfe heben Fahrstreifenbegrenzungen (Z. 295) und Leitlinien (Z. 340) auf	§ 41 Abs. 4 Satz 1 StVO
Lichtzeichen gehen Verkehrsregeln, vorrangregelnden Verkehrszeichen und Fahrbahnmarkierungen vor	§ 37 Abs. 1 StVO
Zeichen und Weisungen von Polizeibeamten gehen allen anderen Anordnungen und sonstigen Regeln vor, entbinden die Verkehrsteilnehmer jedoch nicht von ihrer Sorgfaltspflicht	§ 36 Abs. 1 StVO
Haltgebot durch Bahnbedienstete (z. B. mit roter Flagge)	§ 19 Abs. 2 StVO
Verkehrszeichen auf Fahrzeugen gehen ortsfest angebrachten Verkehrszeichen vor	§ 39 Abs. 1a StVO
Widersprechen sich Weisungen, Lichtzeichen, Verkehrszeichen, Verkehrseinrichtungen oder Verkehrsregeln, hat sich jeder nach den Regeln, Zeichen, Markierungen, Einrichtungen, Lichtzeichen oder Weisungen zu richten, die für ihn und andere Verkehrsteilnehmer die größte Sicherheit gewähren	§ 1 StVO (ungeschriebene Rangregel)

Schleswig VerkMitt 1987 Nr. 3); für andere Verkehrsteilnehmer gelten solche Schilder nicht mehr (BayObLG VerkMitt 1985 Nr. 1 = NJW 1984, 2110). Durch die Einfügung des Abs. 1a muss der Kraftfahrer innerorts abseits von Vorfahrtstraßen stets mit Tempo 30-Zonen rechnen. Das gilt auch dann, wenn er als Fußgänger in eine tempobeschränkte Zone gelangt ist und dort ein Fahrzeug übernimmt (a. A. vor Einfügung des Abs. 1a noch OLG Düsseldorf VRS 93, 269).

2.4 Rangfolge von Verkehrszeichen

Regelungen durch Verkehrszeichen gehen nach § 39 Abs. 3 den allgemeinen Verkehrsregeln nur insoweit vor, als sie sich inhaltlich widersprechen. So hebt z. B. Z. 205 die Vorfahrtregel „Rechts vor Links" auf, nicht aber die Pflichten beim Abbiegen. Gleiches gilt für (angeordnete) Verkehrszeichen auf Begleit- oder Sicherungsfahrzeugen. Diese Zeichen gehen stationären Schildern nur dann vor, wenn der Regelungsinhalt an der konkreten Stelle abweicht, eingeschränkt oder erweitert wird.

2.5 Geltungsbereich von Verkehrszeichen

Links aufgestellte Verkehrszeichen können für die gesamte Fahrbahnbreite gelten (OLG Düsseldorf VerkMitt 1962 Nr. 35). Sind an einem Pfosten untereinander zwei Verkehrszeichen und ist zwischen diesen ein Zusatzschild mit Entfernungsangabe angebracht, bezieht sich dieses nur auf das darüber befindliche Verkehrszeichen (BayObLG NZV 1989, 38). Verkehrszeichen mit dem Kraftradsymbol erfassen auch Fahrräder mit Hilfsmotor und Kleinkrafträder.

2.6 Lieferverkehr

Das Zusatzschild „Lieferverkehr frei" (Schild 1026-35) gestattet in Fußgängerbereichen nicht, Geldbomben mit einem Fahrzeug zum Nachttresor zu fahren (OVG Lüneburg VerkMitt 1981 Nr. 61).

3 Hinweise

3.1 Zur Anbringung von Verkehrszeichen und der Ausführung von Verkehrsanlagen wird auf den verkehrstechnischen Kommentar „Hinweise für das Anbringen von Verkehrszeichen und Verkehreinrichtungen" (**HAV**) nebst Fortschreibung der HAV-Q, Kirschbaum Verlag Bonn, 11. Auflage verwiesen.

3.2 Kostentragung von Verkehrszeichen und -einrichtungen: § 5b StVG, § 45 Abs. 5.

3.3 Kennzeichnung von Schulbussen: § 33 Abs. 4 und Anlage 4 BOKraft.

3.4 Richtlinien für Wechselverkehrszeichen (RWVZ) und Anlagen (RWVA) an Bundesfernstraßen: VkBl. 1997 – Dokument Nr. B 6738 und B 6740; Richtlinien für wegweisende Beschilderung außerhalb von Autobahnen (RWB): VkBl. 1992, 218; Richtlinien für Umleitungsbeschilderungen (RUB): VkBl. 1992, 218; Richtlinien für touristische Hinweise an Straßen (RtH): VkBl. 1988, 488; Richtlinien für die Beschilderung von Brücken beim militärischen Verkehr (MLC): VkBl. 1982, 13; Richtlinien für die Markierung von Straßen (RMS): VkBl. 1993, 667.

3.5 Verlautbarung des BMV über Reflexfolien für Verkehrszeichen und Verkehrseinrichtungen: VkBl. 1992, S. 266.

4 Zusatzzeichen nach dem Verkehrszeichenkatalog
(VzKat) Teil 8

Einteilung

Die Zusatzzeichen werden in vier Hauptgruppen mit Untergruppen eingeteilt und den Nummern 1000 ff. zugeordnet.

4.1 Gruppe der allgemeinen Zusatzzeichen

1000-10
Richtung,
linksweisend

1000-20
Richtung,
rechtsweisend

1000-11
Richtung der
Gefahrstelle,
linksweisend

1000-21
Richtung der
Gefahrstelle,
rechtsweisend

1000-12
Fußgänger
Gehweg gegen-
über benutzen

1000-22
Fußgänger
Gehweg gegen-
über benutzen

1000-30
beide
Richtungen,
zwei gegen-
gerichtete
waagerechte
Pfeile

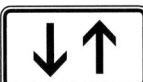

1000-31
beide
Richtungen,
zwei gegen-
gerichtete
senkrechte
Pfeile

1001-30
auf ... m

1001-31
auf ... km

Verlauf der Vorfahrtstraße an Kreuzungen

  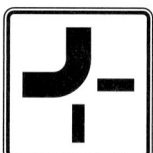 

1002-10
(von unten nach
links)

1002-20
(von unten nach
rechts)

1002-11
(von oben nach
links)

1002-21
(von oben nach
rechts)

Verlauf der Vorfahrtstraße an Einmündungen

  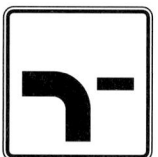 

1002-12
(von unten nach
links, Fall 1)

1002-22
(von unten nach
rechts, Fall 1)

1002-13
(von unten nach
links, Fall 2)

1002-23
(von unten nach
rechts, Fall 2)

1002-14
(von oben nach
links)

1002-24
(von oben nach
rechts)

 **100 m**

1004-30
nach 100 m

 **STOP** 100 m

1004-31
Halt nach 100 m

200 m

1004-32
nach 200 m

400 m

1004-33
nach 400 m

600 m

1004-34
nach 600 m

2 km

1004-35
nach 2 km

Ölspur

1006-30
Ölspur

Rauch

1006-31
Rauch

Rollsplitt

1006-32
Rollsplitt

 **Baustellen-ausfahrt**

1006-33
Baustellenaus-
fahrt

 **Straßen-schäden**

1006-34
Straßenschäden

 **Verschmutzte Fahrbahn**

1006-35
verschmutzte
Fahrbahn

1006-36
Unfallgefahr

1006-37
Amphibien-
wanderung

1006-38
Staugefahr

1006-39
eingeschränktes
Lichtraumprofil
durch Bäume

1007-30
Gefahr
unerwarteter
Glatteisbildung

Vorfahrt geändert

1008-30
Vorfahrt
geändert

Verkehrs-führung geändert

1008-31
Verkehrsführung
geändert

Industriegebiet Schienenfahrzeuge haben Vorrang

1008-32
Industriegebiet
Schienenfahr-
zeuge haben
Vorrang

1008-33
Hafengebiet
Schienenfahr-
zeuge haben
Vorrang

1010-10
erlaubt Kindern
auch auf der
Fahrbahn und
dem Seitenstrei-
fen zu spielen

1010-11
Wintersport
erlaubt

1010-12
Kennzeichnung
von Parkflächen,
auf denen
Anhänger auch
länger als
14 Tage parken
dürfen

1010-13
Kennzeichnung
von Parkflächen,
auf denen
Wohnwagen
auch länger als
14 Tage parken
dürfen

1010-14
Information
Rollende
Landstraße

1012-30
Anfang

1012-31
Ende

1012-32
Radfahrer
absteigen

1012-33
keine Mofas

Grüne Welle
bei 60 km/h

1012-34
Grüne Welle bei
... km/h

bei Rot
hier halten

1012-35
bei Rot hier
halten

4.2 Gruppe der „frei" Zusatzzeichen

1020-11
Schwerbehin-
derte mit
Parkausweis
Nr. ... frei

1020-12
Radfahrer und
Anlieger frei

Anlieger
frei

1020-30
Anlieger frei

Anlieger
oder Parken
frei

1020-31
Anlieger oder
Parken frei

1020-32
Anwohner mit
Parkausweis
Nr. ... frei

1022-10
Radfahrer frei

1022-11
Mofas frei

1022-12
Krafträder, auch
mit Beiwagen,
Kleinkrafträder
und Mofas frei

1024-10
Personenkraft-
wagen frei

1024-11
PKW mit
Anhänger frei

1024-12
KFZ mit einem
zulässigen Gesamt-
gewicht über 3,5 t,
einschließlich
ihrer Anhänger,
und Zug-
maschinen, ausge-
nommen PKW
und KOM, frei

1024-13
Lastkraftwagen
mit Anhänger
frei

1024-14
Kraftomnibus
frei

1024-15
Schienenbahn
frei

1024-16
Straßenbahn
frei
(entfällt künftig)

1024-17
Kraftfahrzeuge
und Züge, die
nicht schneller
als 25 km/h
fahren können
oder dürfen, frei

1026-30
Taxi frei

Mofas
frei

1026-31
Mofas frei

Linien-
verkehr
frei

1026-32
Linienverkehr
frei

Einsatz-
fahrzeuge
frei

1026-33
Einsatzfahr-
zeuge frei

Kranken- fahrzeuge frei	Liefer- verkehr frei	Landwirt- schaftlicher Verkehr frei	Forstwirt- schaftlicher Verkehr frei

1026-34
Krankenfahr-
zeuge frei

1026-35
Lieferverkehr
frei

1026-36
landwirtschaft-
licher Verkehr
frei

1026-37
forstwirtschaft-
licher Verkehr
frei

Land- und forstwirtsch. Verkehr frei	Betriebs- und Versorgungsdienst frei	Baustellen- fahrzeuge frei	bis Baustelle frei

1026-38
land- und forst-
wirtschaftlicher
Verkehr frei

1026-39
Betriebs- und
Versorgungs-
dienst frei

1028-30
Baustellenfahr-
zeuge frei

1028-31
Verkehr bis
Baustelle frei

Anlieger bis Baustelle frei	Zufahrt bis IIIIIIIIIIIIII frei	Fähr- benutzer frei

1028-32
Anlieger bis
Baustelle frei

1028-33
Zufahrt bis ... frei

1028-34
Fährbenutzer
frei

4.3 Gruppe der beschränkenden Zusatzzeichen

10-16h	16–18 h	8–11h 16–18h	 2 Std.

1040-10
Wintersport
erlaubt, zeitlich
beschränkt
(10–16 h)

1040-30
zeitliche
Beschränkung
(einfach)

1040-31
zeitliche
Beschränkung
(mehrfach)

1040-32
mit Parkscheibe
in Stunden

Parken mit  in gekennzeichneten Flächen 2 Std.	werktags	werktags 18-19h	werktags 8³⁰-11³⁰ h 16-18h

1040-33
Parken mit Park-
scheibe in
gekennzeich-
neten Flächen
in Stunden

1042-30
Beschränkung
werktags

1042-31
zeitliche
Beschränkung
werktags
(einfach)

1042-32
zeitliche
Beschränkung
werktags
(mehrfach)

Mo-Fr **16-18h**	**Di,Do,Fr** **16-18h**	**6-22h** **an Sonn- und** **Feiertagen**	**Schulbus** werktags 7-9h 11-13h
1042-33 zeitliche Beschränkung (nach Tagen)	1042-34 zeitliche Beschränkung (an bestimmten Tagen)	1042-35 zeitliche Beschränkung (an Sonn- und Feiertagen)	1042-36 Schulbus (tageszeitliche Beschränkung)

Parken **Sa und So** **erlaubt**			**Anwohner** mit Parkausweis Nr. IIIIIIIII
1042-37 Parken am Samstag und Sonntag erlaubt	1044-10 nur Schwer- behinderte mit außergewöhn- licher Gehbehin- derung und Blinde	1044-11 nur Schwer- behinderte mit Parkausweis Nr. ...	1044-30 nur Anwohner mit Parkausweis Nr. ...

1046-11 nur Mofas	1046-12 nur Krafträder, auch mit Beiwagen, Kleinkrafträder und Mofas	1048-10 nur Personen- kraftwagen	1048-11 nur Personen- kraftwagen mit Anhänger

![lkw]	![lkw-anh]	![sattel]	![sattel-zug]
1048-12 nur KFZ mit einem zulässigen Gesamtgewicht über 3,5 t, ein- schließlich ihrer Anhänger, und Zugmaschinen, ausgenommen PKW und KOM	1048-13 nur Lastkraft- wagen mit Anhänger	1048-14 nur Sattelkraft- fahrzeuge	1048-15 nur Sattelkraft- fahrzeuge und Züge

1048-16
nur Kraftomnibus

1048-17
nur Wohnmobil

1048-18
nur Schienenbahn

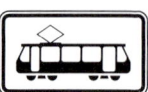

1048-19
nur Straßenbahn

1049-10
nur KFZ und
Züge, die nicht
schneller als
25 km/h fahren
können oder
dürfen

1049-11
KFZ und Züge
bis 25 km/h
dürfen überholt
werden

1049-12
nur militärische
Kettenfahrzeuge

1049-13
nur KFZ mit
einem zulässigem
Gesamtgewicht
über 3,5 t, ein-
schließlich ihrer
Anhänger und
Zugmaschinen,
Kraftomnibusse
und PKW mit
Anhänger

TAXI

1050-30
Taxi

5 Taxen

1050-31
Anzahl der Taxen

1052-30
Streckenverbot
für den Trans-
port gefährlicher
Güter auf der
Straße

1052-31
Streckenverbot
für Fahrzeuge
mit wasser-
gefährdender
Ladung

mit
Parkschein

1052-33
nur mit Parkschein

gebühren-
pflichtig

1052-34
gebührenpflichtig

7,5 t

1052-35
Gewichtsangabe

1052-36
bei Nässe

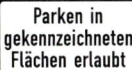

1052-37
Haltverbot auch
auf dem Seiten-
streifen

1052-38
schlechter Fahr-
bahnrand

1052-39
auf dem Seiten-
streifen

1053-30
Parken in
gekennzeichneten
Flächen erlaubt

4.4 Gruppe der besonderen Zusatzzeichen

1060-10
Gefahr für Wohn-
wagengespanne
an Gefällstrecken
mit starkem
Seitenwind auf
Autobahnen

1060-11
auch Fahrräder
und Mofas

1060-30
Streugut
(selbstständiges
Hinweiszeichen)

Zeichen 720
Grünpfeil-
schild (Aus-
führung nach
VkBl. 1994,
S. 294)

4.5 Neue Zusatzzeichen

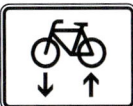

1030-10
freigestellte KFZ
bei Verkehrs-
beschränkungen
oder -verboten
aus Immissions-
schutzgründen

freigestellte KFZ
bei Verkehrs-
beschränkungen
oder -verboten
aus Lärmschutz-
gründen

1000-41
Radfahrer im
Gegenverkehr

1000-40
Radfahrer
kreuzen von
rechts und links

Reißverschluss
erst in 200 m

Zusatzschild zur
Einengungstafel
Z. 531 ff.
(VkBl. 2001, S. 47)

5 Matrix-Zeichen

An Verkehrsbeeinflussungsanlagen können unterschiedliche Wechselverkehrszeichen (WVZ) für bestimmte Verkehrszustände mittels Lichtraster-
technik dargestellt werden, z. B. bei Stau, Wartungsarbeiten, Nebel. Die

„Schwarz-Weiß-Umkehrung" der Zeichen ist rechtlich ebenso verbindlich, wie die übliche Darstellung in schwarzen Symbolen oder Ziffern auf weißem Schilderuntergrund (§ 39 Abs. 1 Satz 5; s. a. Richtlinien für Wechselverkehrszeichen an Bundesfernstraßen – RWVZ – VkBl. 1997, Heft 15 – Dokument Nr. B 6738). Die Steuerung der Matrix-Zeichen vor Ort erfolgt in der Regel (teilweise automatisch nach gemessenen Verkehrsstärken) durch Leitzentralen. Hierbei muss sichergestellt bleiben, dass das Aufblenden von Verkehrszeichen oder die Wirksamkeit einer automatischen Routine durch die Polizei oder Verkehrsbehörden als straßenverkehrsbehördliche „Anordnung" vorgegeben ist.

| Höchst-geschwindigkeit 100 km/h | Stau | Überholverbot für KFZ über 3,5 t, einschl. ihrer Anhänger, und Zugmaschinen, ausgenommen PKW und KOM | Gefahrstelle, hier: Nebel |

| Baustelle | Verbot für Fahrzeuge über 3 m Breite | Ende aller Streckenverbote | Fahrstreifen wechseln |

| Dauerlichtzeichen Rot gekreuzte Schrägbalken | Schnee- oder Eisglätte | Schleudergefahr bei Nässe oder bei Schmutz | Einengungstafel |

6 Nicht amtliche Verkehrszeichen

Die Straßenverkehrsbehörden verwenden teilweise auch nicht zugelassene Schilder und Markierungen, wenn dadurch eine gewollte Regelung verständlicher wird. Diese Schilder haben zwar keine unmittelbare Geltung; sie gewinnen jedoch ihre Bedeutung im Rahmen der allgemeinen Verkehrsregeln.

So kann sich z. B. der Kraftfahrer nicht auf Unkenntnis berufen, wenn ihm das Abstellen des Fahrzeugmotors empfohlen und er so auf seine Verpflichtung nach § 30 hingewiesen wird. Eine Briefkouvertmarkierung kann auf ein bestehendes Parkverbot, ein Schild auf die Beleuchtungspflicht nach § 17 Abs. 1 in Tunneln hinweisen.

Beispiele nicht amtlicher Hinweisschilder und Markierungen

Hinweis auf Abschleppen bei Halt- oder Parkverstößen

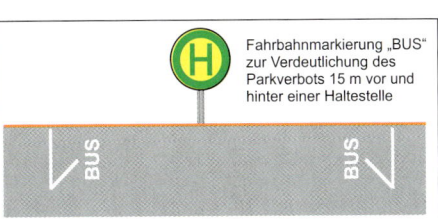

Fahrbahnmarkierung „BUS" zur Verdeutlichung des Parkverbots 15 m vor und hinter einer Haltestelle

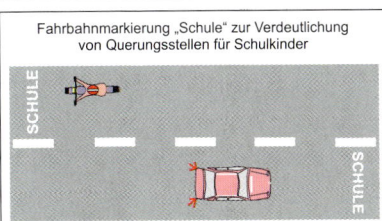

Fahrbahnmarkierung „Schule" zur Verdeutlichung von Querungsstellen für Schulkinder

Hinweise auf religiöse Veranstaltungen

Hl. Messe Sonntag 7.00 10.00

Hinweis auf eine Wendekehre

Beim Halten

Motor abschalten

Hinweis zum Abstellen bei längerem Halt, z. B. an Baustellenampeln, an Bahnübergängen

Empfehlende Markierung „Briefkouvert" zur Freihaltung der bezeichneten Fläche, wo weder Z. 298 (Sperrfläche) noch Z. 299 (Grenzmarkierung) aufgetragen werden kann

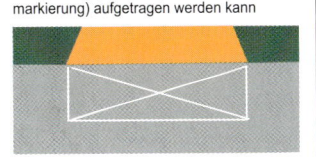

Bitte für Frauen freihalten

18 – 6 h

Hinweis zur Freihaltung von Parkständen

Hinweis zum Einschalten des Lichts

Hinweis an Tunneln der Autobahn

Hinweis für tangentiales Abbiegen

§ 40 Gefahrzeichen

(1) Gefahrzeichen mahnen, sich auf die angekündigte Gefahr einzurichten.[1]

(2) Außerhalb geschlossener Ortschaften stehen sie im Allgemeinen 150 bis 250 m vor den Gefahrstellen.[2] Ist die Entfernung erheblich geringer, so kann sie auf einem Zusatzschild angegeben sein, wie[3]

(3) Innerhalb geschlossener Ortschaften stehen sie im Allgemeinen kurz vor der Gefahrstelle.

(4) Ein Zusatzschild wie

kann die Länge der Gefahrstrecke angeben.

(5) Steht ein Gefahrzeichen vor einer Einmündung, so weist auf einem Zusatzschild ein schwarzer Pfeil in die Richtung der Gefahrstelle, falls diese in der anderen Straße liegt.

(6) Gefahrzeichen im Einzelnen:

Zeichen 101

Gefahrstelle

Ein Zusatzschild kann die Gefahr näher bezeichnen. So warnt das Zusatzschild[4]

vor schlechtem Fahrbahnrand.

---

1 Satz 2 des Abs. 1 ist mit der 24. Änderungs-Verordnung vom 7.8.1997 aus systematischen Gründen gestrichen und in die Regelung zu § 45 Abs. 9 aufgenommen worden
2 Auf Autobahnen: 400 m
3 Zusatzschild 1004-30
4 Warnung vor ungeeigneten Seitenstreifen: Z. 388 (Zusatzzeichen 1052-38)

Das Zusatzschild[5]

erlaubt, auf dieser Straße Wintersport zu treiben, gegebenenfalls zeitlich beschränkt, wie „9–17 h".

Zeichen 102	Zeichen 103[6]	Zeichen 105
Kreuzung oder Ein-mündung mit Vorfahrt von rechts	Kurve (rechts)	Doppelkurve (zunächst rechts)

Zeichen 108	Zeichen 110	Zeichen 112
Gefälle	Steigung	Unebene Fahrbahn

Zeichen 113	Zeichen 114[7]	Zeichen 115
Schnee- oder Eisglätte	Schleudergefahr bei Nässe oder Schmutz	Steinschlag

---

5 Zusatzschild 1010-11 „Wintersport" auch bei Z. 250 und 357
6 Meist auch Richtungstafeln in Kurven (Z. 625)
7 Wird nur verwendet, wo die wegen Nässe, Glatteis oder Verschmutzung mangelnde Griffigkeit nicht ohne weiteres zu erkennen ist

Zeichen 116

Splitt, Schotter

Zeichen 117

Seitenwind

Zeichen 120

Verengte Fahrbahn

Zeichen 121

Einseitig (rechts)
verengte Fahrbahn

Zeichen 123

Baustelle

Zeichen 124

Stau

Zeichen 125

Gegenverkehr

Zeichen 128

Bewegliche Brücke

Zeichen 129

Ufer

Zeichen 131

Lichtzeichenanlage

Zeichen 133

Fußgänger

Zeichen 134

Fußgängerüberweg

**Die Zeichen 128 bis 134 stehen auch innerhalb geschlossener
Ortschaften in angemessener Entfernung vor der Gefahrstelle. Die
Entfernung kann auf einem Zusatzschild angegeben sein (Absatz 2
Satz 2).**

Zeichen 136

Kinder

Zeichen 138

Radfahrer
kreuzen

Zeichen 140

Viehtrieb, Tiere

Zeichen 142

Wildwechsel

Zeichen 144

Flugbetrieb

Vor anderen Gefahrstellen kann durch Gefahrzeichen gleicher Art mit geeigneten Sinnbildern gewarnt werden.

(7) Besondere Gefahrzeichen vor Übergängen von Schienenbahnen mit Vorrang:

Zeichen 150

Bahnübergang mit
Schranken oder
Halbschranken

Zeichen 151

Unbeschrankter
Bahnübergang

oder folgende drei Warnbaken

etwa 240 m vor dem Bahnübergang

Zeichen 153

Zeichen 156

dreistreifige Bake (links)
– vor beschranktem Bahnübergang –

dreistreifige Bake (rechts)
– vor unbeschranktem Bahnübergang –

etwa 160 m vor dem Bahnübergang

Zeichen 159

zweistreifige Bake (links)

etwa 80 m vor dem Bahnübergang

Zeichen 162

einstreifige Bake (rechts)

Sind die Baken in erheblich abweichenden Abständen aufgestellt, so ist der Abstand in Metern oberhalb der Schrägstreifen in schwarzen Ziffern angegeben.

VwV zu § 40 Gefahrzeichen (Auszug)

1 I. Soweit bei den einzelnen Gefahrzeichen nichts anderes bestimmt ist, dürfen sie außerhalb geschlossener Ortschaften nur dann mehr als 250 m oder weniger als 150 m von der Gefahrstelle entfernt aufgestellt werden, wenn dies zur ausreichenden Unterrichtung der Kraftfahrer dienlich ist. Innerhalb geschlossener Ortschaften empfiehlt es sich, auf einem Zusatzschild die Entfernung anzugeben, wenn die Schilder auf Straßen mit erheblichem Fahrverkehr weniger als 30 m oder mehr als 50 m vor der Gefahrstelle stehen.

2 II. Die Entfernung zur Gefahrstelle und die Länge der Gefahrstrecke auf Zusatzschildern mit Umstandswörtern wie „nach . . .", „auf . . ." bekannt zu geben, ist unzulässig. Solche Zusatzschilder müssen vielmehr den in der StVO angegebenen Beispielen entsprechen.

3 III. Wegen der Aufstellung von Gefahrzeichen an Autobahnen vgl. Nr. II zu den Z. 330, 332 bis 334 und 448 bis 453; Rn. 5 ff.

1 Aus der amtlichen Begründung

1.1 Nicht in allen Fällen ist es notwendig, die Entfernung bis zu einer Gefahrstelle auf einem Zusatzschild anzugeben, wenn diese außerhalb geschlossener Ortschaften weniger als 150 bis 250 m beträgt. Dies gilt dann, wenn es nach den örtlichen Gegebenheiten auch für den fremden Kraftfahrer eindeutig ist, aus welchem Grund das Gefahrzeichen angeordnet wurde (Begr. 1988).

1.2 Durch die generelle, auf alle Verkehrszeichen bezogene Regelung in § 39 Abs. 1 und § 45 Abs. 9 (neu) ist der lediglich auf Gefahrzeichen bezogene Satz 2 von § 40 Abs. 1 entbehrlich geworden (Begr. 1997).

2 Erläuterungen

2.1 Pflicht zur Warnung vor Gefahrstellen

Gefahrzeichen sind nur anzubringen, wenn die Gefahr für Verkehrsteilnehmer bei der im Verkehr erforderlichen Sorgfalt nicht ohne weiteres oder nicht rechtzeitig erkennbar ist (BGH VRS 60, 251; OLG Hamm VerkMitt 1975 Nr. 135). Die Pflicht der zuständigen Behörden, vor Gefahren auf der Straße zu warnen, besteht auch gegenüber solchen Personen, die sich verkehrswidrig verhalten (BGH DAR 1966, 218 = VRS 31, 84).

2.2 Wirkung der Gefahrzeichen

Wird durch Gefahrzeichen gewarnt, sind vor allem die Fahrgeschwindigkeit herabzusetzen und Überholmanöver zu vermeiden; beim Eintritt der Gefahr wird dann keine zusätzliche „Schreckzeit" zugebilligt (BGH VRS 15, 276).

2.3 Winterdienst

Im Rahmen der behördlichen Verkehrssicherungspflicht ist auf Außerortsstraßen nur an besonders witterungsempfindlichen Stellen zu warnen. Dazu gehören auch Stellen, bei denen Anlage und Zustand der Straße die Bildung von Glatteis begünstigen oder seine Wirkung in einer Weise erhöhen, dass diese besonderen Verhältnisse von dem Kraftfahrer trotz der beim Fahren auf winterlichen Straßen von ihm zu fordernden erhöhten Sorgfalt nicht oder nicht rechtzeitig zu erkennen sind (BGH VersR 1979, 1055).

Aufprallgeschwindigkeit bei 50 km/h im Verhältnis zu 30 km/h

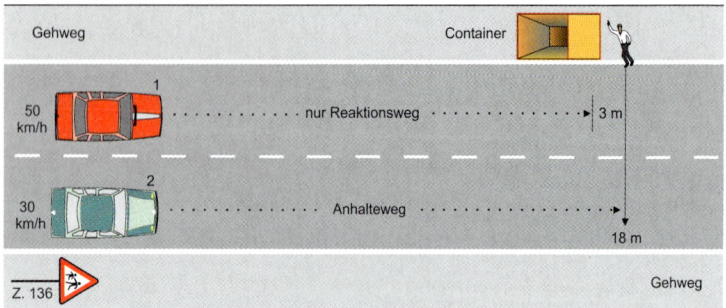

Mit welcher Geschwindigkeit erfasst das mit „nur" 50 km/h fahrende KFZ 1 ein in 18 m plötzlich hinter einem Container über die Fahrbahn laufendes Kind, wenn KFZ 2 mit 30 km/h gerade noch vor dem Kind zum Stehen kommt (beide KFZ reagieren und bremsen gleichzeitig)?

1. Der Reaktionsweg beträgt nach der Faustformel bei 30 km/h = 9 m, der Bremsweg ebenfalls 9 m und der Anhalteweg (9 + 9) = 18 m. KFZ 2 kommt somit in 18 m noch vor dem Kind zum Stehen.
2. Der Reaktionsweg bei 50 km/h beträgt 15 m; KFZ 1 durchfährt diese Strecke fast ungebremst. Die Brems-Wirkung setzt erst 3 m vor dem Kind ein. Innerhalb der 3 m wird das KFZ nur um etwa 6 km/h abgebremst. KFZ 1 erfasst das Kind noch mit rd. 44 km/h! Bei dieser Geschwindigkeit kommt es zum tödlichen Unfall, mindestens aber zu schweren Verletzungen.

Deshalb gebietet § 3 Abs. 1 der durch Z. 136 angezeigten Gefahr durch Verringerung des Tempos Rechnung zu tragen.

2.4 Erläuterungen zu einzelnen Zeichen

Zeichen 114 (Schleudergefahr)

Brückenbauten sind im Allgemeinen schon deshalb keine „besonders gefährlichen Stellen", weil jedem Kraftfahrer bekannt sein muss, dass Fahrbahnen über Brücken schneller vereisen als andere Straßenstellen. Ein sorgfältiger Verkehrsteilnehmer wird deshalb bei entsprechender Witterung mit der Möglichkeit von Glatteisbildung im Bereich von Brücken rechnen. Zurzeit der Rübenernte muss nicht zwingend vor Fahrbahnverschmutzungen gewarnt werden (OLG Frankfurt VersR 1978, 158; jedoch zu anderer Zeit OLG Bamberg VersR 1981, 66).

Zeichen 136 (Kinder)

Die Höchstgeschwindigkeit im Schutzbereich des Gefahrzeichens „Kinder" muss so gewählt werden, dass unter Berücksichtigung der Reaktionszeit ohne Gefahrbremsung angehalten werden kann, wenn plötzlich ein Kind auftaucht (innerorts nicht mehr als 30 km/h). Der Schutzbereich des Zeichens 136 bestimmt sich auch nach der Art und Ausdehnung der betreffenden Gefahrstelle (Schule, Kindergarten, Spielplatz u. ä.) sowie der Zahl der Ein- und Ausgänge, aus denen Kinder auf die Fahrbahn laufen können (OLG Karlsruhe VerkMitt 1986 Nr. 63 = DAR 1986, 328). Auf eine konkrete Gefahrenlage durch Kinder kommt es nicht an (OLG Düsseldorf NZV 2001, 82).

Zeichen 138 (Radfahrer kreuzen)

Das Zeichen „Radfahrer kreuzen" verlangt vom Kraftfahrer erhöhte Aufmerksamkeit und merklich geringere Geschwindigkeiten als sonst (OLG Düsseldorf VRS 60, 265).

Zeichen 142 (Wildwechsel)

Die Kosten der Beseitigung eines durch Unfall verendeten Wildes trägt der Jagdberechtigte (AG Gießen NZV 1998, 509). Das Zeichen ist bei Häufung von Wildunfällen aufzustellen (mehr als ein Unfall pro Jahr innerhalb von drei Jahren: OLG Braunschweig NZV 1995, 501).

3 Hinweise

3.1 Leittafeln oder Leitmale an gefährlichen Stellen (z. B. Richtungstafeln in Kurven): § 43 Abs. 3 Nr. 3 b.

3.2 Sicherung von Arbeitsstellen (RSA): Textausgabe und Kommentarband, Kirschbaum Verlag Bonn.

3.3 Warnung vor ungenügend befestigten Seitenstreifen: Zeichen 388.

§ 41 Vorschriftzeichen

(1) Auch Schilder[1] oder weiße Markierungen auf der Oberfläche enthalten Gebote und Verbote.

(2) Die Schilder stehen regelmäßig rechts. Gelten sie nur für einzelne markierte Fahrstreifen (Zeichen 295, 296 oder 340), so sind sie in der Regel darüber angebracht. Die Schilder stehen im Allgemeinen dort, wo oder von wo an die Anordnungen zu befolgen sind. Sonst ist, soweit nötig, die Entfernung zu diesen Stellen auf einem Zusatzschild (§ 40 Abs. 2) angegeben. Andere Zusatzschilder enthalten nur allgemeine Beschränkungen der Gebote oder Verbote oder allgemeine Ausnahmen von ihnen. Besondere Zusatzschilder können etwas anderes bestimmen (zu Zeichen 237[2], 250, 283[3], 286, 290 und hinter Zeichen 277[4]).

1. Warte- und Haltegebote

a) An Bahnübergängen:

Zeichen 201

(auch liegend) Andreaskreuz
Dem Schienenverkehr Vorrang gewähren!

Es befindet sich vor dem Bahnübergang, und zwar in der Regel unmittelbar davor. Ein Blitzpfeil in der Mitte des Andreaskreuzes zeigt an, dass die Bahnstrecke elektrische Fahrleitung hat. Ein Zusatzschild mit schwarzem Pfeil zeigt an, dass das Andreaskreuz nur für den Straßenverkehr in Richtung dieses Pfeiles gilt.

b) An Kreuzungen und Einmündungen:

Zeichen 205

Vorfahrt gewähren!

---

1 Die Wiedergabe von Schildern als Fahrbahnmarkierungen weist auf die (vertikalen) Verkehrszeichen hin, enthält jedoch keine selbstständige Anordnung
2 Zusatzschilder bei Zulassung von Mofas auf Radwegen
3 Erstreckung der Haltverbote auf Seitenstreifen
4 Zusatzschild, das die Länge der Überholstrecke angibt

Das Schild steht unmittelbar vor der Kreuzung oder Einmündung. Es kann durch dasselbe Schild mit Zusatzschild (wie „100 m") angekündigt sein. Wo linke Radwege auch für die Gegenrichtung freigegeben sind und Radfahrer die Fahrbahn kreuzen, kann über dem Zeichen 205 das Zusatzschild[5]

angebracht sein. Mit diesem Zusatzschild enthält das Zeichen das Gebot: „Vorfahrt gewähren und auf kreuzende Radfahrer von links und rechts achten!"

Wo Schienenfahrzeuge einen kreisförmigen Verkehr kreuzen, an Wendeschleifen oder ähnlich geführten Gleisanlagen von Schienenbahnen, enthält das Zeichen mit dem Sinnbild einer Straßenbahn auf einem darüber angebrachten Zusatzschild das Gebot: „Der Schienenbahn Vorfahrt gewähren!"

Zeichen 206

Halt! Vorfahrt gewähren!

Das unbedingte Haltgebot ist dort zu befolgen, wo die andere Straße zu übersehen ist, in jedem Fall an der Haltelinie (Zeichen 294). Das Schild steht unmittelbar vor der Kreuzung oder Einmündung. Das Haltgebot wird außerhalb geschlossener Ortschaften angekündigt durch das Zeichen 205 mit Zusatzschild[6]

Innerhalb geschlossener Ortschaften kann das Haltgebot so angekündigt sein.

---

5 Eingeführt durch die 24. Änderungs-Verordnung (BGBl. I. 1997, S. 2028)
6 Zusatzzeichen 1004-31

Der Verlauf der Vorfahrtstraße kann durch ein Zusatzschild zu den Zeichen 205 und 206[7]

bekannt gegeben sein.

c) Bei verengter Fahrbahn:

Zeichen 208

Dem Gegenverkehr Vorrang gewähren!

2. Vorgeschriebene Fahrtrichtung Vorschriftzeichen

Zeichen 209	Zeichen 211	Zeichen 214
Rechts	Hier rechts	Geradeaus und rechts

Andere Fahrtrichtungen werden entsprechend vorgegeben.

Zeichen 215[8]

Zeichen 220

Kreisverkehr

7 Zusatzzeichen 1002-10 bis -14 (hier Zusatzzeichen 1002-21)
8 Das in der StVO-alt von 1956 (BGBl. 1956 I S. 199 = VkBl. 1956, S. 389/412) enthaltene Zeichen als „Bild 27 b" gab dem Kreisverkehr Vorfahrt (§ 13 Abs. 1 StVO-alt)
  und wurde wegen der noch heute geltende internationalen Bedeutung im WÜ „nur
  Richtungsbezeichnung des Kreises" abgeschafft

Es steht parallel zur Fahrtrichtung und schreibt allen Verkehrsteilnehmern auf der Fahrbahn die Richtung vor, Fußgängern jedoch nur,
wenn sie Fahrzeuge mitführen. Ist in einer Einbahnstraße mit geringer Verkehrsbelastung die zulässige Höchstgeschwindigkeit durch
Verkehrszeichen auf 30 km/h oder weniger begrenzt, so kann durch
das Zusatzschild

Fahrradverkehr in der Gegenrichtung zugelassen werden. Das Zusatzschild ist dann auch bei Zeichen 353 anzubringen. Aus der entgegengesetzten Richtung ist dann bei Zeichen 267 das Zusatzschild „Radfahrer (Sinnbild) frei" anzubringen.

3. Vorgeschriebene Vorbeifahrt

Zeichen 222

Rechts vorbei

„Links vorbei" wird entsprechend vorgeschrieben.

3 a. Befahren eines Seitenstreifens als Fahrbahn

Zeichen 223.1

Seitenstreifen befahren

Das Zeichen ordnet das Befahren eines Seitenstreifens an; dieser ist
dann wie ein rechter Fahrstreifen zu befahren. Das Zeichen mit dem
Zusatzschild „Ende in ... m" kündigt die Aufhebung der Anordnung an.

Zeichen 223.2

Seitenstreifen nicht mehr befahren

Das Zeichen hebt die Anordnung „Seitenstreifen befahren" auf.

Zeichen 223.3

Seitenstreifen räumen

Das Zeichen ordnet die Räumung des Seitenstreifens an.

Werden die Zeichen 223.1 bis 223.3 für eine Fahrbahn mit mehr als zwei Fahrstreifen angeordnet, zeigen die Zeichen die entsprechende Anzahl der Pfeile.

4. Haltestellen

Zeichen 224

Straßenbahnen oder Linienbusse

Das Zeichen 224 mit dem Zusatzschild „Schulbus (Angabe der tageszeitlichen Benutzung)" kennzeichnet eine Schulbushaltestelle.

Zeichen 229

Taxenstand

Ein Zusatzschild kann die Anzahl der vorgesehenen Taxen angeben.

5. Sonderwege

Zeichen 237[9]   Zeichen 238   Zeichen 239

Radfahrer   Reiter   Fußgänger

Diese Zeichen stehen rechts oder links. Die Sinnbilder der Zeichen 237 und 239 können auch gemeinsam auf einem Schild, durch einen senkrechten weißen Streifen getrennt, gezeigt werden. Ein gemeinsamer Rad- und Gehweg kann durch ein Schild gekennzeichnet sein, das – durch einen waagerechten weißen Streifen getrennt – die entsprechenden Sinnbilder zeigt. Das Zeichen „Fußgänger" steht nur dort, wo eine Klarstellung notwendig ist. Durch ein Zusatzschild kann die Benutzung des Radweges durch Mofas[10] gestattet werden.

Zeichen 240   Zeichen 241

gemeinsamer Fuß- und Radweg   getrennter Fuß- und Radweg

---

9 Die Aufhebung der Radwegebenutzungspflicht seit 1.10.1998 bezieht sich nur auf nicht gekennzeichnete Radwege. Sind Radwege mit Z. 237 ausgewiesen, besteht Benutzungspflicht

10 Mofas sind Fahrräder mit Hilfsmotor, max. 25 km/h. Auf Radwegen dürfen Mofas nur fahren, wenn sie durch Treten fortbewegt werden. Mofas sollten – insbesondere innerorts – auf Radwegen nur in begründeten Ausnahmefällen durch Zusatzzeichen zugelassen werden

Die Zeichen bedeuten:

a) **Radfahrer, Reiter und Fußgänger müssen die für sie bestimmten Sonderwege benutzen. Andere Verkehrsteilnehmer dürfen sie nicht benutzen;**

b) **wer ein Mofa durch Treten fortbewegt, muss den Radweg benutzen;**

c) **auf einem gemeinsamen Rad- und Gehweg haben Radfahrer und die Führer von motorisierten Zweiradfahrzeugen auf Fußgänger Rücksicht zu nehmen;**

d) **auf Reitwegen dürfen Pferde geführt werden;**

e) **wird bei Zeichen 239 durch Zusatzschild Fahrzeugverkehr zugelassen, so darf nur mit Schrittgeschwindigkeit gefahren werden;**

f) **wird bei Zeichen 237 durch Zusatzschild anderer Fahrzeugverkehr zugelassen, so darf nur mit mäßiger Geschwindigkeit gefahren werden.[11]**

Zeichen 242

Zeichen 243

Beginn eines Fußgängerbereichs   Ende eines Fußgängerbereichs

Innerhalb des Fußgängerbereichs gilt:

1. **Der Fußgängerbereich ist Fußgängern vorbehalten. Andere Verkehrsteilnehmer dürfen ihn nicht benutzen.**

2. **Wird durch Zusatzschild Fahrzeugverkehr zugelassen, so darf nur mit Schrittgeschwindigkeit gefahren werden. Die Fahrzeugführer dürfen Fußgänger weder gefährden noch behindern; wenn nötig, müssen sie warten.**

Zeichen 244

Zeichen 244a

Beginn einer Fahrradstraße   Ende einer Fahrradstraße

Auf Fahrradstraßen gelten die Vorschriften über die Benutzung von Fahrbahnen; abweichend davon gilt:

1. **Andere Fahrzeugführer als Radfahrer dürfen Fahrradstraßen nur benutzen, soweit dies durch Zusatzschild zugelassen ist.**

2. **Alle Fahrzeuge dürfen nur mit mäßiger Geschwindigkeit fahren.**

3. **Radfahrer dürfen auch nebeneinander fahren.**

---

11 Gilt für alle Fahrzeuge; auch Fahrräder

Zeichen 245[12]

Linienomnibusse

Der so gekennzeichnete Sonderfahrstreifen ist Omnibussen des Linien-verkehrs vorbehalten. Dasselbe gilt auch für Taxen, wenn dies durch das Zusatzschild „Taxi frei" angezeigt ist, sowie für Radfahrer, wenn dies durch das Zusatzschild

angezeigt ist. Andere Verkehrsteilnehmer dürfen den Sonderfahr-streifen nicht benutzen.

6. Verkehrsverbote

Verkehrsverbote untersagen den Verkehr insgesamt oder teilweise. Soweit von Verkehrsverboten, die aus Gründen der Luftverunreini-gung ergehen, für Kraftfahrzeuge Ausnahmen durch Verkehrszeichen zugelassen werden, ist dies durch Zusatzschild zu den Zeichen 251, 253, 255, 260 oder 270 angezeigt.

Das Zusatzschild

Freistellung vom Verkehrsverbot nach § 40 Abs. 2 Bundes-Immissions-schutzgesetz nimmt Kraftfahrzeuge vom Verkehrsverbot aus,

a) die mit einer G-Kat-Plakette oder mit einer amtlichen Plakette ge-kennzeichnet sind, die nach dem Anhang zu § 40c Abs. 1 des Bundes-Immissionsschutzgesetzes in der Fassung der Bekanntmachung vom 14. Mai 1990 (BGBl. I S. 880), zuletzt geändert durch Art. 2 des Gesetzes vom 18. April 1997 (BGBl. I S. 805) oder in den Fällen des § 40e Abs. 2 des Bundes-Immissionsschutzgesetzes in der Fassung des Art. 1 Nr. 1 des Gesetzes vom 19. Juli 1995 (BGBl. I S. 930) er-teilt worden ist, oder

b) mit denen Fahrten zu besonderen Zwecken im Sinne des § 40d Abs. 1 Nr. 1 bis 6 des Bundes-Immissionsschutzgesetzes in der Fas-sung des Art 1 Nr. 1 des Gesetzes vom 19. Juli 1995 (BGBl. I S. 930) oder zur sozialen Betreuung der Bevölkerung in dem Verbots-gebiet durchgeführt werden.

---

12 Aufstellung am Anfang und Ende der Straße. Anbringung an nicht ausgebauten einmündenden Seitenwegen ist entbehrlich (BayObLG DAR 1986, 63)

Zeichen 250

Verbot für Fahrzeuge aller Art

Es gilt nicht für Handfahrzeuge, abweichend von § 28 Abs. 2[13] auch nicht für Tiere. Krafträder und Fahrräder dürfen geschoben werden. Das Zusatzschild[14]

erlaubt Kindern, auch auf der Fahrbahn und den Seitenstreifen zu spielen. Auch Sport kann dort durch ein Zusatzschild erlaubt sein.[15]

Zeichen 251

Verbot für Kraftwagen und
sonstige mehrspurige
Kraftfahrzeuge

Zeichen 253

Verbot für Kraftfahrzeuge mit einem
zulässigen Gesamtgewicht über 3,5 t,
einschließlich ihrer Anhänger,
und Zugmaschinen, ausgenommen
Personenkraftwagen und Kraftomnibusse

Zeichen 254

Verbot für Radfahrer

Zeichen 255

Verbot für Krafträder, auch mit
Beiwagen, Kleinkrafträder und Mofas

---

13 Die allgemeinen Regeln für den Fahrverkehr gelten auch für Reiter, Führer von
   Pferden, Treiber und Führer von Vieh
14 Zusatzzeichen 1010-10
15 Z. B. Zusatzzeichen 1010-11 „Wintersport"

Zeichen 256

Verbot für Mofas

Zeichen 259

Verbot für Fußgänger

a) **Für andere Verkehrsarten, wie Lastzüge, Reiter, können gleichfalls durch das Zeichen 250 mit Sinnbild entsprechende Verbote erlassen werden.**

b) **Ist auf einem Zusatzschild ein Gewicht, wie „7,5 t", angegeben, so gilt das Verbot nur, soweit das zulässige Gesamtgewicht dieser Verkehrsmittel die angegebene Grenze überschreitet.**

c) **Mehrere dieser Verbote können auf einem Schild vereinigt sein.**

Zeichen 260

Verbot für Krafträder, auch mit
Beiwagen, Kleinkrafträder und Mofas
sowie für Kraftwagen und
sonstige mehrspurige Kraftfahrzeuge

Zeichen 261

Verbot für kennzeichnungspflichtige Kraftfahrzeuge mit
gefährlichen Gütern

Verbote für Fahrzeuge, deren

Zeichen 262

tatsächliches Gewicht

Zeichen 263

tatsächliche Achslast

Zeichen 264

Breite

Zeichen 265

Höhe

Zeichen 266

Länge

je einschließlich Ladung eine bestimmte Grenze überschreitet.

Die Beschränkung durch Zeichen 262 gilt bei Zügen für das einzelne
Fahrzeug, bei Sattelkraftfahrzeugen gesondert für die Sattelzug-
maschine einschließlich Sattellast und für die tatsächlich vorhandenen
Achslasten des Sattelanhängers. Das Zeichen 266 gilt auch für Züge.

Zeichen 267

Verbot der Einfahrt

Das Zeichen steht auf der rechten Seite der Fahrbahn, für die es gilt,
oder auf beiden Seiten dieser Fahrbahn.

Zeichen 268   Zeichen 269[16]

Schneeketten sind   Verbot für Fahrzeuge mit
vorgeschrieben   wassergefährdender Ladung

Zeichen 270

Verkehrsverbot bei Smog oder zur Verminderung
schädlicher Luftverunreinigungen

Es verbietet den Verkehr mit Kraftfahrzeugen nach Maßgabe landesrechtlicher Smog-Verordnungen oder bei Maßnahmen zur Vermeidung
von schädlichen Umwelteinwirkungen durch Luftverunreinigungen
nach § 40 Abs. 2 des Bundes-Immissionsschutzgesetzes.

---

16 Flüssigkeiten, die die physikalische, chemische oder biologische Beschaffenheit
   des Wassers nachhaltig gefährden können, z. B. Erdöl, Dieselkraftstoff, Petroleum,
   Heizöl, Teeröl, aber auch Säuren und Laugen. Wasserschutzgebiet: Zeichen 354

Zeichen 272

Wendeverbot

Zeichen 273

Verbot des Fahrens ohne
einen Mindestabstand

Es verbietet dem Führer eines Kraftfahrzeuges mit einem zulässigen Gesamtgewicht über 3,5 t oder einer Zugmaschine, mit Ausnahme von Personenkraftwagen und Kraftomnibussen, den angegebenen Mindestabstand zu einem vorherfahrenden Kraftfahrzeug gleicher Art zu unterschreiten. Durch Zusatzschilder kann die Bedeutung des Zeichens eingeengt werden.

7. Streckenverbote

Sie beschränken den Verkehr auf bestimmten Strecken.

Zeichen 274

Zulässige Höchstgeschwindigkeit

verbietet, schneller als mit einer bestimmten Geschwindigkeit zu fahren. Sind durch das Zeichen innerhalb geschlossener Ortschaften bestimmte Geschwindigkeiten über 50 km/h zugelassen, so gilt das für Fahrzeuge aller Art. Außerhalb geschlossener Ortschaften bleiben die für bestimmte Fahrzeugarten geltenden Höchstgeschwindigkeiten (§ 3 Abs. 3 Nr. 2a und b und § 18 Abs. 5) unberührt, wenn durch Zeichen eine höhere Geschwindigkeit zugelassen wird.

Das Zusatzschild[17]

verbietet, bei nasser Fahrbahn die angegebene Geschwindigkeit zu überschreiten.

---

17 Zusatzzeichen 1052-36

Zeichen 274.1   Zeichen 274.2

Beginn   Ende
der Tempo 30-Zone

Die Zeichen bestimmen Beginn und Ende der Tempo 30-Zone. Mit den Zeichen kann auch eine niedrigere Zonengeschwindigkeit, z. B. verkehrsberuhigter Geschäftsbereich, angeordnet sein. Es ist verboten, innerhalb der Zone mit einer höheren Geschwindigkeit zu fahren als angegeben.

Zeichen 275

Vorgeschriebene Mindestgeschwindigkeit

verbietet, langsamer als mit einer bestimmten Geschwindigkeit zu fahren. Es verbietet Fahrzeugführern, die wegen mangelnder persönlicher Fähigkeiten oder wegen der Eigenschaften von Fahrzeug oder Ladung nicht so schnell fahren können oder dürfen, diese Straße zu benutzen. Straßen-, Verkehrs-, Sicht- oder Wetterverhältnisse können dazu verpflichten, langsamer zu fahren. Überholverbote verbieten Führern von

Zeichen 276   Zeichen 277

Kraftfahrzeugen aller Art,   Kraftfahrzeugen mit einem
zulässigen Gesamtgewicht über
3,5 t, einschließlich ihrer
Anhänger und von Zugmaschinen,
ausgenommen Personenkraftwagen
und Kraftomnibusse,

mehrspurige Kraftfahrzeuge und Krafträder mit Beiwagen zu überholen.[18] Ist auf einem Zusatzschild ein Gewicht, wie „7,5 t" angegeben,

so gilt das Verbot nur, soweit das zulässige Gesamtgewicht dieser Verkehrsmittel die angegebene Grenze überschreitet.

Die Länge einer Verbotsstrecke kann an deren Beginn auf einem Zusatzschild[19] wie

angegeben sein.

Das Ende einer Verbotsstrecke ist nicht gekennzeichnet, wenn das Streckenverbotszeichen zusammen mit einem Gefahrzeichen angebracht ist und sich aus der Örtlichkeit zweifelsfrei ergibt, von wo an die angezeigte Gefahr nicht mehr besteht. Es ist auch nicht gekennzeichnet, wenn das Verbot nur für eine kurze Strecke gilt und auf einem Zusatzschild die Länge der Verbotsstrecke angegeben ist. Sonst ist es gekennzeichnet durch die

Zeichen 278   Zeichen 279

Zeichen 280   Zeichen 281

Wo sämtliche Streckenverbote enden, steht das

Zeichen 282

Diese Zeichen können auch allein links stehen.

---

18 Solokrafträder, Fahrräder mit Hilfsmotor, Straßenbahnen und nichtmotorisierte Fahrzeuge dürfen überholt werden
19 Zusatzzeichen 1001-30

8. Haltverbote

Zeichen 283

Haltverbot

Es verbietet jedes Halten auf der Fahrbahn.

Das Zusatzschild[20]

verbietet es auch auf dem Seitenstreifen.

Zeichen 286

Eingeschränktes Haltverbot

Es verbietet das Halten auf der Fahrbahn über 3 Minuten, ausgenommen zum Ein- oder Aussteigen oder zum Be- oder Entladen. Ladegeschäfte müssen ohne Verzögerung durchgeführt werden. Das Zusatzschild „auch auf Seitenstreifen" (hinter Zeichen 283) kann auch hier angebracht sein. Das Zusatzschild mit den Worten „auf dem Seitenstreifen" verbietet das Halten nur auf dem Seitenstreifen. Das Zusatzschild „(Rollstuhlfahrersymbol) mit Parkausweis Nr. ... frei" nimmt Schwerbehinderte mit außergewöhnlicher Gehbehinderung und Blinde, jeweils mit besonderem Parkausweis, vom Haltverbot aus. Das Zusatzschild „Bewohner mit besonderem Parkausweis frei" nimmt Bewohner mit besonderem Parkausweis vom Haltverbot aus. Die Ausnahmen gelten nur, wenn die Parkausweise gut lesbar ausgelegt sind.
a) Haltverbote gelten nur auf der Straßenseite, auf der die Schilder angebracht sind.
b) Sie gelten auch nur bis zur nächsten Kreuzung oder bis zur nächsten Einmündung auf der gleichen Straßenseite.

---

20 Zusatzzeichen 1052-37

c) Der Anfang der Verbotsstrecke kann durch einen zur Fahrbahn
   weisenden waagerechten weißen Pfeil im Schild, das Ende durch
   einen solchen von der Fahrbahn wegweisenden Pfeil gekennzeichnet sein. Bei in der Verbotsstrecke wiederholten Schildern weist
   ein waagerechter Pfeil zur Fahrbahn, ein zweiter von ihr weg.

Zeichen 290	Bild 291	Zeichen 292

Eingeschränktes Haltverbot für eine Zone	Parkscheibe	Ende eines eingeschränkten Haltverbotes für eine Zone

Mit diesen Zeichen werden die Grenzen der Haltverbotszone bestimmt. Das Verbot gilt für alle öffentlichen Verkehrsflächen innerhalb des durch die Zeichen 290 und 292 begrenzten Bereichs, sofern
nicht abweichende Regelungen durch Verkehrszeichen angeordnet
oder erlaubt sind. Durch ein Zusatzschild kann die Benutzung einer
Parkscheibe oder das Parken mit Parkschein vorgeschrieben oder das
Parken auf dafür gekennzeichneten Flächen beschränkt werden, soweit
es nicht dem Ein- oder Aussteigen oder dem Be- oder Entladen dient.

(3) Markierungen

1. Fußgängerüberweg

Zeichen 293[21]

2. Haltlinie

Zeichen 294

---

21 Zur Anlage von Fußgängerüberwegen R-FGÜ 2001 vom 31.10.2001 (VkBl. S. 474)

Ergänzend zu Halt- und Wartegeboten, die durch Zeichen 206, durch Polizeibeamte oder Lichtzeichen gegeben werden, ordnet sie an: „Hier halten!" Dasselbe gilt vor Bahnübergängen für den, der warten muss (§ 19 Abs. 2).

3. Fahrstreifenbegrenzung und Fahrbahnbegrenzung

Zeichen 295

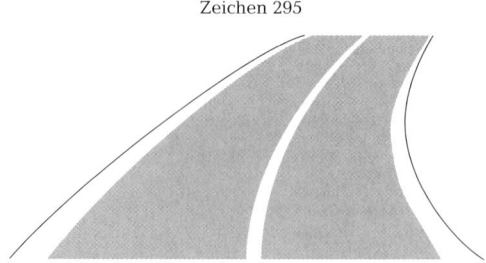

Sie besteht aus einer durchgehenden Linie.

a) Sie wird vor allem verwendet, um den für den Gegenverkehr bestimmten Teil der Fahrbahn oder mehrere Fahrstreifen für den gleichgerichteten Verkehr zu begrenzen. Die Fahrstreifenbegrenzung kann aus einer Doppellinie bestehen. Sie ordnen an: Fahrzeuge dürfen sie nicht überqueren oder über ihnen fahren. Begrenzen sie den Fahrbahnteil für den Gegenverkehr, so ordnen sie weiter an: Es ist rechts von ihnen zu fahren. Parken (§ 12 Abs. 2) auf der Fahrbahn ist nur erlaubt, wenn zwischen dem parkenden Fahrzeug und der Linie ein Fahrstreifen von mindestens 3 m verbleibt.

b) Die durchgehende Linie kann auch Fahrbahnbegrenzung sein. Dann soll sie den Fahrbahnrand deutlich erkennbar machen.[22] Bleibt rechts von ihr ausreichender Straßenraum frei (befestigter Seitenstreifen),[23] so ordnet sie an:

aa) Landwirtschaftliche Zug- und Arbeitsmaschinen, Fuhrwerke und ähnlich langsame Fahrzeuge müssen möglichst rechts von ihr fahren.

Wird durch Zeichen 223.1 das Befahren eines Seitenstreifens angeordnet, darf die Fahrbahnbegrenzung wie eine Leitlinie zur Markierung von Fahrstreifen einer durchgehenden Fahrbahn (Zeichen 340) überfahren werden.

bb) Links von ihr darf nicht gehalten werden.

Begrenzt die durchgehende Linie die Mittelinsel eines Kreises, darf sie nur im Fall des § 9a Abs. 2 Satz 2 überfahren werden.

---

22 Fahrbahnmarkierungen sind auch zur Sperrung des von der Straßenbahn benutzten zweiten Fahrstreifens für den Individualverkehr und zur Verhinderung des Linksabbiegens zulässig (OVG Bremen NZV 1991, 125)
23 Seitenstreifen sind nicht Bestandteile der Fahrbahn (§ 2 Abs. 1 Satz 2)

4. Einseitige Fahrstreifenbegrenzung

Zeichen 296

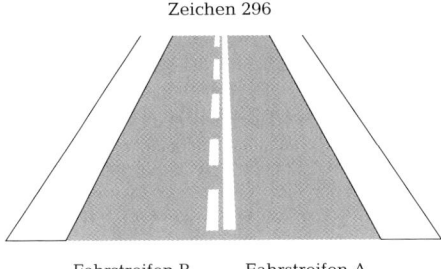

Fahrstreifen B   Fahrstreifen A

Sie besteht aus einer durchgehenden neben einer unterbrochenen Linie. Für Fahrzeuge auf dem Fahrstreifen A ordnet die Markierung an:

a) Der Fahrverkehr darf die durchgehende Linie nicht queren oder über ihr fahren,

b) Parken (§ 12 Abs. 2) auf der Fahrbahn ist nur erlaubt, wenn zwischen dem parkenden Fahrzeug und der durchgehenden Linie ein Fahrstreifen von mindestens 3 m verbleibt.

Fahrzeuge auf dem Fahrstreifen B dürfen die Markierung überfahren, wenn der Verkehr dadurch nicht gefährdet wird.

5. Pfeile

Pfeile, die nebeneinander angebracht sind und in verschiedene Richtungen weisen, empfehlen, sich frühzeitig einzuordnen und in Fahrstreifen nebeneinander zu fahren. Fahrzeuge, die sich eingeordnet haben, dürfen hier auch rechts überholt werden.

Zeichen 297

Sind zwischen den Pfeilen Leitlinien (Zeichen 340) oder Fahrstreifenbegrenzungen (Zeichen 295) markiert, so schreiben die Pfeile die Fahrtrichtung auf der folgenden Kreuzung oder Einmündung vor. Halten auf der so markierten Strecke der Fahrbahn ist verboten.

5 a. Vorankündigungspfeil

Zeichen 297.1

Der Vorankündigungspfeil kann eine Fahrstreifenbegrenzung ankündigen oder das Ende eines Fahrstreifens anzeigen.

6. Sperrflächen

Zeichen 298

Sie dürfen von Fahrzeugen nicht benutzt werden.

7. Parkflächenmarkierungen erlauben das Parken (§ 12 Abs. 2), auf
Gehwegen aber nur Fahrzeugen mit einem zulässigen Gesamtgewicht
bis zu 2,8 t. Sind Parkflächen auf Straßen durch durchgehende Linien
abgegrenzt, so wird damit angeordnet, wie Fahrzeuge aufzustellen
sind. Dazu genügt auf gekennzeichneten Parkplätzen (Zeichen 314,
315 und 316) und an Parkuhren eine einfachere Markierung. Die
durchgehenden Linien dürfen überquert werden.

8. Grenzmarkierung für Halt- und Parkverbote

Zeichen 299

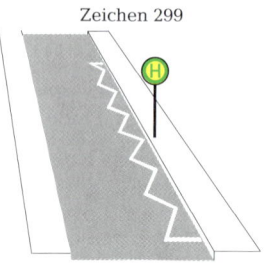

Die Markierung bezeichnet, verlängert oder verkürzt vorgeschriebene Halt- oder Parkverbote.

9. Alle Linien können durch gleichmäßig dichte Markierungsknopfreihen ersetzt werden. In verkehrsberuhigten Geschäftsbereichen (§ 45 Abs. 1 c) können Fahrbahnbegrenzungen auch mit anderen Mitteln, wie z. B. durch Pflasterlinien, ausgeführt werden.

(4) Vorübergehende Fahrstreifenbegrenzung

Auffällige Einrichtungen, wie gelbe Markierungen, gelbe Markierungsknopfreihen, Reihen von Markierungsleuchtknöpfen oder rot-weißen Leitmarken heben die durch Fahrstreifenbegrenzungen (Zeichen 295) und Leitlinien (Zeichen 340) gegebenen Anordnungen auf. Fahrzeuge dürfen sie nicht überqueren und nicht über ihnen fahren. Für Reihen von Markierungsleuchtknöpfen gilt dies nur, wenn sie eingeschaltet sind. Nur wenn die auffälligen Einrichtungen so aufgebracht sind, dass sie wie Leitlinien aussehen, dürfen sie überquert werden, wenn der Verkehr dadurch nicht gefährdet wird.

VwV zu § 41 Vorschriftzeichen (Auszug)

1   I. Es empfiehlt sich vielfach, die durch Vorschriftzeichen erlassenen Anordnungen dem fließenden Verkehr zusätzlich durch bauliche Maßnahmen oder durch Markierungen nahe zu bringen.

2   II. Vgl. Nr. III 7 a und Nr. 9 zu den §§ 39 bis 43; Rn. 19, 26 ff. Vorschriftzeichen dürfen allein über der Straße nur dann angebracht sein, wenn sie von innen oder außen beleuchtet sind oder wenn sie so rückstrahlen, dass sie auf ausreichende Entfernung auch im Abblendlicht deutlich erkennbar sind. Sonst dürfen sie dort nur zur Unterstützung eines gleichen, rechts stehenden Verkehrsschildes angebracht werden.

3   III. Bei Änderungen von Verkehrsregeln, deren Missachtung besonders gefährlich ist, z. B. bei Änderung der Vorfahrt, ist für eine ausreichende Übergangszeit der Fahrverkehr zu warnen, z. B. durch Polizeibeamte, durch Hinweise auf der Fahrbahnoberfläche (Nr. 3 vor Z. 350) oder durch auffallende Tafeln mit erläuternder Beschriftung.

4   IV. Für einzelne markierte Fahrstreifen dürfen Fahrtrichtungen (Z. 209 ff.) oder Höchst- oder Mindestgeschwindigkeiten (Z. 274 und 275) vorgeschrieben oder das Überholen (Z. 276 oder 277) oder der Verkehr (Z. 250 bis 266) verboten werden.

5   Es empfiehlt sich, Verbote oder Beschränkungen rechtzeitig vorher anzukündigen und, wenn einzelne Verkehrsarten ausgeschlossen werden, auf mögliche Umleitungen hinzuweisen.

6   1. Strecken- und Verkehrsverbote für einzelne Fahrstreifen werden auf folgende Weise bekannt gemacht:

   Die Schilder sind in der Regel so über den einzelnen Fahrstreifen anzubringen, dass kein Zweifel darüber entstehen kann, für welche Fahrstreifen die einzelnen Schilder gelten; das wird in der Regel nur durch Fahnenschilder, Schilderbrücken oder Auslegermaste zu erreichen sein. Unter den Schildern Pfeile auf Zusatzschildern anzubringen, die auf die Fahrstreifen weisen, für die die einzelnen Schilder gelten, kann zweckmäßig sein.

7   Kann ein Schild so nicht angebracht werden oder ist das Verbot nur vorübergehend, wie an Baustellen, notwendig, so ist auf der rechten Seite der Straße eine weiße Tafel aufzustellen, auf welcher die Fahrstreifen durch schwarze Pfeile wiedergegeben sind und das Verbotszeichen in der für Schilder vorgeschriebenen Größe in dem betreffenden Pfeilschaft dargestellt ist. Diese Art

der Bekanntgabe ist nur zulässig, wenn Verbote für nicht mehr als zwei Fahrstreifen erlassen werden. Werden die Verbote so erlassen, so sind sie durch die gleichen Schilder mit Entfernungsangabe auf einem Zusatzschild anzukündigen.

8 2. Bei Schildern der Z. 209 bis 214 kann es genügen, wenn die Schilder neben dem Fahrstreifen aufgestellt werden, für den sie gelten.

9 V. Soll die Geltung eines Vorschriftzeichens auf eine oder mehrere Verkehrsarten beschränkt werden, so ist die sinnbildliche Darstellung der Verkehrsart auf einem Zusatzschild unterhalb des Verkehrszeichens darzustellen. Soll eine Verkehrsart oder sollen Verkehrsarten ausgenommen werden, so ist der sinnbildlichen Darstellung das Wort „frei" anzuschließen.

10 VI. Wegen der Angabe von zeitlichen Beschränkungen auf Zusatzschildern vgl. Nr. III 15 zu den §§ 39 bis 43, Rn. 43.

VwV zu Zeichen 215 Kreisverkehr

1 I. An einem baulich angelegten Kreisverkehr soll in der Regel Zeichen 215 angeordnet werden. Diese Anordnung setzt voraus, dass an allen Zufahrten Zeichen 205 angeordnet wird. Ist eine abweichende Vorfahrtregelung durch Verkehrszeichen für den Kreisverkehr erforderlich, ist Zeichen 209 (Rechts) anzuordnen.

2 II. Die Anordnung von Zeichen 215 macht in der Regel eine zusätzliche Anordnung von Zeichen 211 (Hier rechts) auf der Mittelinsel entbehrlich. Außerhalb geschlossener Ortschaften empfiehlt es sich in der Regel, auf baulich angelegten, nicht überfahrbaren Mittelinseln gegenüber der jeweiligen Einfahrt entweder Zeichen 625 (Richtungstafel in Kurven) oder Zeichen 211 (Hier rechts) anzuordnen.

3 III. Wo eine Straßenbahn die Mittelinsel überquert, darf Z. 215 nicht angeordnet werden. Der Straßenbahn ist regelmäßig Vorfahrt zu gewähren; dabei sind Lichtzeichen vorzuziehen.

VwV zu Zeichen 220 Einbahnstraße

I. Beschilderung von Einbahnstraßen

1 1. Das Zeichen 220 ist stets längs der Straße anzubringen. Es darf weder am Beginn der Einbahnstraße noch an einer Kreuzung oder Einmündung in ihrem Verlauf fehlen. Am Beginn der Einbahnstraße und an jeder Kreuzung ist es in der Regel beiderseits aufzustellen, wenn aus beiden Richtungen der kreuzenden Straßen Verkehr kommen kann.

2 2. Bei Einmündungen (auch bei Ausfahrten aus größeren Parkplätzen) empfiehlt sich die Anbringung des Zeichens 220 gegenüber der einmündenden Straße, bei Kreuzungen hinter diesen. In diesem Fall soll das Zeichen in möglichst geringer Entfernung von der kreuzenden Straße angebracht werden, damit es vom kreuzenden Verkehr leicht erkannt werden kann. Um Ortsfremden die Orientierung über die Vorfahrtverhältnisse zu erleichtern, kann es sich empfehlen, ein positives Vorfahrtzeichen vor einer Kreuzung oder Einmündung auch dann aufzustellen, wenn von dort kein Verkehr kommen kann, weil es sich um eine wegführende Einbahnstraße handelt.

3 3. In den kreuzenden und einmündenden Straßen sind die Zeichen „Vorgeschriebene Fahrtrichtung" (z. B. Zeichen 209, 214) in der Regel nicht zu entbehren.

4 4. Das Zeichen 353 ist am Beginn der Einbahnstraße dann aufzustellen, wenn das Zeichen 220 dort nicht so angebracht werden kann, dass es für den Einfahrenden leicht erkennbar ist, im Verlauf der Einbahnstraße nur dort, wo deren Benutzern Zweifel auftauchen können, ob der Straßenzug noch immer Einbahnstraße ist.

5 5. Ist nur ein Teil eines Straßenzuges Einbahnstraße, so ist an deren Ende durch das Zeichen 125 zu warnen, in der Fortsetzung der Straße dem Gegenverkehr z. B. durch das Zeichen 209 die Fahrtrichtung vorzuschreiben; eine Unterstützung durch Fahrbahnmarkierungen (Leitlinien und Pfeile) empfiehlt sich. Wird dagegen die Einbahnstraße bis zum Ende der Straße weitergeführt, so ist der Benutzer der Einbahnstraße nur dann durch das Zeichen 125 zu warnen, wenn sich dies nicht aus der Gestaltung der Örtlichkeit von selbst versteht. Die Einfahrt aus der entgegengesetzten Richtung in die Einbahnstraße ist durch Zeichen 267 zu sperren. Soll auf Einbahnstraßen das Halten auf beiden Seiten untersagt werden, so sind die Zeichen 283 oder 286 beiderseits aufzustellen.

6 II. Straßenbahnverkehr in beiden Richtungen auf der Fahrbahn ist mit dem Sinn und Zweck von Einbahnstraßen nicht zu vereinbaren.

7 III. Die Einführung von Einbahnstraßen ist erwünscht, weil diese die Sicherheit und die Flüssigkeit des Verkehrs, vor allem auch der öffentlichen Verkehrsmittel fördern, übrigens auch Parkraum schaffen. Allerdings bedarf es in jedem Fall der Abwägung der durch die Einrichtung von Einbahnstraßen berührten Interessen. Es muss insbesondere vermieden werden, dass ortsfremden Kraftfahrern dadurch unangemessen erschwert wird, sich zurechtfinden; Wegweiser können helfen. In jedem Fall ist daraufzu achten, dass für den Gegenverkehr eine gleichwertige (Einbahn-) Straßenführung in nicht zu großem Abstand zur Verfügung steht, und es ist endlich zu vermeiden, dass durch diese Maßnahmen die Verkehrsbehinderungen nur auf andere Straßen verlagert werden.

8 IV. 1. Die Öffnung von **Einbahnstraßen** für den **Radverkehr** in **Gegenrichtung** kommt nur in Betracht, wenn

9 a) nach der flächenhaften Radverkehrsplanung die Benutzung bestimmter Straßenstrecken innerorts erforderlich ist,

10 b) die Anordnung der Einbahnstraße unter Berücksichtigung der Belange des Radverkehrs nicht aufgehoben oder nicht durch andere Maßnahmen (z. B. unechte Einbahnstraßen mit Zeichen 267, Einrichtung eines entlang der Einbahnstraße abgetrennten Radweges) ersetzt werden kann,

11 c) für den Fahrverkehr auf der Fahrbahn eine Breite von in der Regel 3,50 m, mindestens jedoch 3,00 m mit ausreichenden Ausweichmöglichkeiten, vorhanden ist; verkehren dort auch Omnibusse des Linienverkehrs oder besteht stärkerer Verkehr mit Lastkraftwagen, so muss die Breite mehr als 3,50 m betragen,

12 d) die Verkehrsführung im Streckenverlauf und an den Knotenpunkten (Einmündungen und Kreuzungen) übersichtlich und die Begegnungsstrecke nur von geringer Länge ist,

13 e) für den ruhenden Verkehr Vorsorge getroffen wurde und

14 f) für den Radverkehr dort, wo es orts- und verkehrsbezogen erforderlich ist, zum Einbiegen in die Einbahnstraße in Gegenrichtung ein abgetrennter Einfahrtbereich angeboten wird.

15 2. Die Verkehrszeichen sind in jedem Fall deutlich sichtbar aufzustellen. An Knotenpunkten (Einmündungen und Kreuzungen) ist insbesondere auch darauf zu achten, dass auf die Öffnung der Einbahnstraße für den Radverkehr in Gegenrichtung mit dem Zusatzschild zu Zeichen 353 deutlich hingewiesen wird.

16 3. Die Straßenverkehrsbehörde muss vor der Öffnung der Einbahnstraße für den Radverkehr in Gegenrichtung das Verkehrs- und Unfallgeschehen (z. B. Verkehrsdichte, Verkehrsstruktur, Art und Umfang der Unfälle) dokumentieren und deren Entwicklung nach der Öffnung beobachten, dokumentieren und auswerten. Bei einer Unfallhäufung im Zusammenhang mit der Regelung (z. B. zwei oder mehr Radfahrunfälle mit schwerem Sachschaden und/oder Personenschaden) ist die Regelung sofort aufzuheben.

VwV zu Zeichen 223.1 bis 223.3
Befahren eines Seitenstreifens als Fahrstreifen

1 I. Die Zeichen dürfen nur für die Tageszeit angeordnet werden, zu denen auf Grund der Verkehrsbelastung eine erhebliche Beeinträchtigung des Verkehrsablaufs zu erwarten ist. Sie sind deshalb als Wechselverkehrszeichen auszubilden. Die Anordnung darf nur erfolgen, wenn der Seitenstreifen von den baulichen Voraussetzungen her wie ein Fahrstreifen (vgl. § 7 Abs. 1 Satz 2 StVO) befahrbar ist. Vor jeder Anordnung ist zu prüfen, ob der Seitenstreifen frei von Hindernissen ist. Während der Dauer der Anordnung ist die Prüfung regelmäßig zu wiederholen.

2 II. Die Zeichen sind beidseitig anzuordnen. Die Abmessung der Zeichen beträgt 2,25 m x 2,25 m.

3 III. Das Zeichen 223.1 soll durch ein Zusatzschild „Seitenstreifen befahren" unterstützt werden. Das Zusatzschild soll dann zu jedem Zeichen angeordnet werden.

4 IV. Das Zeichen darf nur in Kombination mit einer Beschränkung der zulässigen Höchstgeschwindigkeit (Zeichen 274) auf nicht mehr als 100 km/h angeordnet werden. Zusätzlich empfiehlt sich bei starkem LKW-Verkehr die Anordnung von Zeichen 277.

5 V. Das Zeichen 223.1 ist je nach örtlicher Situation in Abständen von etwa 1.000 bis 2.000 m aufzustellen. Die Standorte sind mit einer Verkehrsbeeinflussungsanlage abzustimmen. Im Bereich einer Verkehrsbeeinflussungsanlage können die Abstände zwischen zwei Zeichen vergrößert werden.

6 VI. Das Zeichen 223.2 ist in der Regel im Bereich einer Anschlussstelle anzuordnen. Wenigstens 400 m vorher ist entweder Zeichen 223.3 oder 223.1 mit dem Zusatz „Ende in . . . m" anzuordnen. Die Anordnung von Zeichen 223.1 mit dem Zusatz „Ende in . . . m" empfiehlt sich nur, wenn der befahrbare Seitenstreifen in einer Anschlussstelle in den Ausfädelungsstreifen übergeht und nur noch vom ausfahrenden Verkehr benutzt werden kann. Zeichen 223.3 soll durch ein Zusatzschild „Seitenstreifen räumen" unterstützt werden.

7 VII. Im Bereich von Ausfahrten ist die Nutzung des Seitenstreifens als Fahrstreifen in der Wegweisung zu berücksichtigen. Vorwegweiser und Wegweiser sind dann fahrstreifenbezogen als Wechselwegweiser auszuführen.

8 VIII. Zur Markierung vgl. zu Z. 295 b); Rn. 9.

9 IX. Die Zeichen können durch Dauerlichtzeichen unterstützt werden. Dies empfiehlt sich besonders für Z. 223.2; vgl. Nr. I. zu § 37 Abs. 3; Rn. 48.

VwV zu Zeichen 283 Haltverbot

1 I. Wo das Halten die Verkehrssicherheit beeinträchtigt und es nicht schon nach § 12 Abs. 1 oder § 18 Abs. 8 verboten ist, kommt ein Haltverbot durch Zeichen 283 in Frage. Zeitliche Beschränkungen sind in diesen Fällen in der Regel nicht zulässig.

2 II. Wo es die Flüssigkeit starken Verkehrs oder das Bedürfnis des öffentlichen Personenverkehrs erfordert, kommt ein Haltverbot durch Zeichen 283 mit tageszeitlicher Beschränkung in Frage. Das kann etwa auf die Zeiten des Spitzenverkehrs z. B.

7–9 h

17–18 h

3 beschränkt werden. Bei unterschiedlicher Stärke der beiderseitigen Verkehrsströme am Morgen und am Abend kommen auch Haltverbote morgens für eine, nachmittags für die andere Richtung in Betracht. Auch wochentägliche Beschränkungen wie

Di, Do, Sa

6–8 h

oder

werktags

18–19 h

4 sind zulässig. Sonstige Beschränkungen des Haltverbots, wie „Be- und Entladen 7– 9 h erlaubt" sind unzulässig.

5 III. Haltverbote mit zeitlichen Beschränkungen können auch erforderlich sein für die Unterhaltung und Reinigung der Straße sowie für den Winterdienst.

6 IV. Befindet sich innerhalb einer Haltverbotsstrecke eine Haltestelle von Kraftfahrlinien (Zeichen 226), so ist ein Zusatzschild, das Linienomnibussen das Halten zum Fahrgastwechsel erlaubt, überflüssig.

VwV zu Zeichen 286 Eingeschränktes Haltverbot

1 I. Das Zeichen 286 ist dort aufzustellen, wo das Parken die Sicherheit und Flüssigkeit des Verkehrs zwar nicht beeinträchtigt, ganztägiges Parken aber nicht zugelassen werden kann,vor allem weil der Raum für das Be- und Entladen freigehalten werden muss. Das Verbot kann häufig auf bestimmte Zeiten beschränkt bleiben (z. B. „9–12 h" oder „werktags").

2 II. Durch ein Zusatzschild können gewisse Verkehrsarten vom Haltverbot ausgenommen werden.

3 III. Ausnahmsweise können eingeschränkte Haltverbote auch vor Theatern, Filmtheatern, öffentlichen Gebäuden, großen Hotels usw. notwendig sein. Bei Prüfung dieser Frage ist wegen der Erhaltung des Parkraums jedes Mal festzustellen, ob das aus Gründen der Sicherheit und Ordnung des Verkehrs erforderlich ist.

4 IV. Zum Begriff „Bewohner" vgl. Nr. X zu § 45 Abs. 1 bis 1e; Rn. 35.

VwV zu den Zeichen 283 und 286

1 I. Die Zeichen sollen in der Regel weder beleuchtet sein noch rückstrahlen.

2 II. Ergibt sich die Notwendigkeit, für dieselbe Verbotsstrecke beide Schilder zu verwenden, so ist das Zeichen 283 über dem Zeichen 286 anzubringen.

3 III. 1. Den Anfang einer Haltverbotsstrecke durch einen zur Fahrbahn weisenden Pfeil zu kennzeichnen, ist zumindest dann zweckmäßig, wenn wiederholte Schilder aufgestellt sind oder das Ende der Haltverbotsstrecke gekennzeichnet ist.

4 2. Das Ende der Haltverbotsstrecke ist stets zu kennzeichnen, wenn Haltverbotsschilder wiederholt aufgestellt sind oder wenn die Verbotsstrecke lang ist. Das gilt auch, wenn die Verbotsstrecke vor der nächsten Kreuzung oder Einmündung endet.

5 3. Haltverbotsschilder mit Pfeilen im Schild sind schräg anzubringen.

VwV zu Bild 291 Parkscheibe

Einzelheiten über die Ausgestaltung der Parkscheibe gibt das Bundesministerium für Verkehr, Bau- und Wohnungswesen im Einvernehmen mit den zuständigen obersten Landesbehörden im Verkehrsblatt bekannt.

VwV zu den Zeichen 290 Eingeschränktes Haltverbot für eine Zone und 292 Ende eines eingeschränkten Haltverbots für eine Zone

1 I. Sie sind auf beiden Straßenseiten aufzustellen.

2 II. Wo an gewissen Stellen in der Zone nur kürzeres Parken als das im Allgemeinen mit Parkscheibe zugelassene gestattet werden kann, sind Parkuhren aufzustellen.

3 III. Vgl. Nr. I bis III zu § 13 Abs. 2 (Rn. 11 bis 13) und über die Zustimmungsbedürftigkeit Nr. III 1 a zu § 45 Abs. 1 bis 1 d; Rn. 4.

VwV zu Zeichen 295
Fahrstreifenbegrenzung und Fahrbahnbegrenzung

Allgemeines über Längsmarkierungen

1 I. Außerhalb geschlossener Ortschaften ist auf ausreichend breiten Straßen mit erheblicherem Kraftfahrverkehr der für den Gegenverkehr bestimmte Teil der Fahrbahn, möglichst auch der Fahrbahnrand, zu markieren. Ausreichend breit ist eine Straße dann, wenn die Fahrbahn je Fahrtrichtung mindestens einen Fahrstreifen hat.

2 II. Der für den Gegenverkehr bestimmte Teil der Fahrbahn ist in der Regel durch Leitlinien (Zeichen 340) zu markieren, auf Fahrbahnen mit zwei oder mehr Fahrstreifen für jede Richtung durch Fahrstreifenbegrenzungen (Zeichen 295). Die Fahrstreifenbegrenzung sollte an Grundstückszufahrten nur dann unterbrochen werden, wenn andernfalls für den Anliegerverkehr unzumutbare Umwege oder sonstige Unzuträglichkeiten entstehen; wenn es erforderlich ist, das Linksabbiegen zu einem Grundstück zuzulassen, das Linksabbiegen aus diesem Grundstück aber verboten werden soll, kommt gegebenenfalls die Anbringung einer einseitigen Fahrstreifenbegrenzung (Zeichen 296) in Frage. Fahrstreifenbegrenzungen sind nicht zweckmäßig, wenn zu gewissen Tageszeiten Fahrstreifen für den Verkehr aus der anderen Richtung zur Verfügung gestellt werden müssen. Vgl. § 37 Abs. 3.

3 III. Bei Markierungsknopfreihen müssen mindestens drei Markierungsknöpfe je Meter angebracht werden. Längsmarkierungen dürfen durch Markierungsknopfreihen nur dort ersetzt werden, wo die zulässige Höchstgeschwindigkeit 50 km/h oder weniger beträgt. Vgl. aber zu § 41 Abs. 4 und Nr. IV 3 zu den §§ 39 bis 43; Rn. 51.

Zu a)

I. Die Begrenzung des für den Gegenverkehr bestimmten Teils der Fahrbahn:

4 1. Sie ist in der Regel als Schmalstrich auszuführen

5 2. Sie soll außer auf breiten Straßen (vgl. Nr. II zu Zeichen 295; Rn. 2) nur bei gefährlichen Fahrbahnverengungen, vor und im Bereich gefährlicher Kuppen und Kurven und vor gefährlichen Kreuzungen und Einmündungen angebracht werden. Dann sollte ihrem Beginn eine Leitlinie von ausreichender Länge vorgeschaltet werden, deren Striche wesentlich länger sein müssen als ihre Lücken.

6 II. Die Begrenzung mehrerer Fahrstreifen für den gleichgerichteten Verkehr: Sie ist als Schmalstrich auszuführen; vgl. aber Nr. II 2 zu Zeichen 245; Rn. 19 ff.

7 III. Es ist schon einzuschreiten, wenn die Aufbauten oder die Ladung in die Fahrstreifenbegrenzung hineinragen.

8 IV. Wegen der Zustimmungsbedürftigkeit vgl. Nr. III 1 c zu § 45 Abs. 1 bis 1 d; Rn. 6.

Zu b)

9 Verbleibt rechts neben der Fahrstreifenbegrenzung ein befestigter Seitenstreifen, ist die Markierung als Breitstrich gemäß RMS auszuführen. Dies gilt auch dort, wo zu bestimmten Tageszeiten das Befahren des Seitenstreifens mit Z. 223.1 angeordnet wird (vgl. Nr. I. zu den Z. 223.1 und 223.3; Rn. 1). Nur in diesem Fall darf am rechten Rand des Seitenstreifens eine weitere durchgehende Linie (Schmalstrich) aufgebracht werden.

1 Aus der amtlichen Begründung

1.1 Vorschriftzeichen verkörpern nicht Rechtsverordnungen, sondern Allgemeinverfügungen (BGH VerkMitt 1965 Nr. 15) (Begr. 1970).

1.2 Die Kennzeichnung von Sonderfahrstreifen für Omnibusse des Linienverkehrs (Zeichen 245) wurde mit der CEMT international abgestimmt. Die

Tragfähigkeit von Brücken ist nach den Brückenklassen der jeweils gültigen Fassung der DIN 1072 festzulegen. Nicht nur Lkw über 3,5 t fallen unter das Überholverbot des Zeichens 277, sondern alle Kraftfahrzeuge über 3,5 t (Begr. 1975).

1.3 Auf gemeinsamen Rad- und Gehwegen haben Fußgänger Vorrang vor Radfahrern (Begr. 1980).

1.4 Die Regelung bei Zeichen 220 ermöglicht die Zulassung von gegenläufigem Radfahrverkehr unter engen Voraussetzungen. Abseits von Hauptverkehrsstraßen können bei vorherrschendem Radverkehr im Rahmen einer flächenhaften Radverkehrsplanung auch Fahrradstraßen eingerichtet werden. Dort gelten grundsätzlich alle Vorschriften über die Fahrbahnbenutzung. Ist der Sonderfahrstreifen breit genug und der Linienomnibusverkehr nicht besonders dicht, bestehen keine Bedenken, auch Radverkehr auf den Sonderfahrstreifen zuzulassen. Die Benutzung des Sonderfahrstreifens ist dann in das Ermessen des Radfahrers gestellt (Begr. 1997).

1.5 Wegen der zunehmenden Bedeutung von Kreisverkehren wird das Z. 215 mit bestimmten Verhaltenspflichten eingeführt. Zeichen 274.1 erhält die Bedeutung „Tempo 30-Zone". Markierungsleuchtknöpfe erleichtern die Spurführung bei temporären dynamischen Verkehrsbeeinflussungsanlagen (Begr. 2000).

1.6 Quasi als Notmaßnahme bis zum bedarfsgerechten Autobahnausbau können auf Staustrecken durch Z. 223.1 gekennzeichnete Seitenstreifen (Standspuren) zeitlich begrenzt zum Befahren freigegeben werden (Begr. 2001).

2 Erläuterungen

2.1 Vorschriftzeichen und Zusatzschilder

Grundsätzlich kann die Bedeutung der Zeichen nicht durch Zusatzschilder erweitert werden. Vorschriftzeichen werden durch unzulässige Zusatzschilder jedoch nicht unwirksam (BayObLG VRS 60, 152). Hingegen sind nicht der StVO entsprechende Vorschriftzeichen ungültig (OLG Düsseldorf VerkMitt 1973 Nr. 110; OLG Hamm NJW 1953, 1886: Aufschrift „Schrittgeschwindigkeit"; ebenso Zeichen, die unbefugt von Privaten aufgestellt worden sind (OLG Hamm VkBl 1965, 15: Aufstellung eines Verbotszeichens durch Gastwirt). Auch Verkehrszeichen, die wegen der Art ihrer Aufstellung ihre Bedeutung nicht klar erkennen lassen, sind unwirksam (Zeichen 314 vor einer Stelle, an der Poller das Parken verhindern: OLG Düsseldorf VerkMitt 1988 Nr. 100). In anderen Fällen ist jedes Vorschriftszeichen verbindlich, das zweckmäßig, gut sichtbar und nicht irreführend aufgestellt ist (BGH DAR 1966, 218 = VRS 31, 84). Die Aufhebung einer Verkehrszeichenanordnung wird erst mit dem Entfernen des Schildes oder der Markierung wirksam.

2.2 Erläuterungen zu einzelnen Zeichen

Zeichen 201 (Andreaskreuz)

Bei Umleitung des Verkehrs von einer Hauptverkehrsstraße über eine Nebenstraße mit unbeschranktem Bahnübergang ist die Aufstellung von Z. 201 beidseitig sowie Gefahrzeichen 250 erforderlich (OLG München NZV 2000, 206).

Vorfahrt an Kreuzungen mit vorgelagerter Fußgängerampel

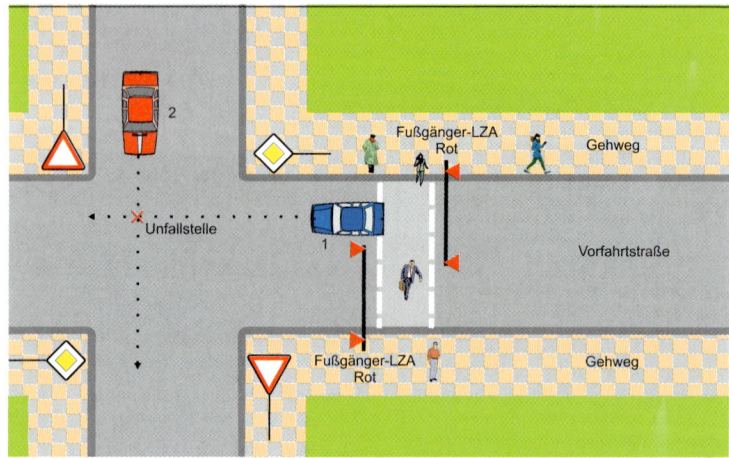

KFZ 1 fährt bei Rot über die Fußgängerampel und stößt mit KFZ 2 zusammen. Die Lichtzeichen einer von der Kreuzung/Einmündung abgesetzten Fußgängerampel dienen dem Fußgängerschutz, nicht aber dem Schutz des die Vorfahrtstraße (Z. 306) kreuzenden (untergeordneten) Querverkehrs (Z. 205). Infolgedessen begeht KFZ 1 zwar einen Rotlichtverstoß, nicht aber eine Vorfahrtverletzung nach § 8 Abs. 1 Nr. 1 (anders nur, wenn sich die LZA unmittelbar vor der Kreuzung/Einmündung befindet). Ungeachtet dessen ist aber die Vorfahrt kein Recht, sondern nur die Berechtigung als Erster fahren zu dürfen, wenn die Verkehrslage eine gefahrlose Weiterfahrt zulässt. Wer verkehrswidrig das Rotlicht der Fußgängerampel missachtet, muss auf seine Vorfahrt verzichten (§ 11 Abs. 3), wenn er vorausschauend in der weiteren Entwicklung der Verkehrslage damit rechnen muss, dass der Querverkehr (KFZ 2) im Vertrauen auf das Rotlicht davon ausgeht, der Vorfahrtberechtigte (KFZ 1) werde bei Rot der Fußgängerampel warten (OLG Karlsruhe VerkMitt 2002, Nr. 12 = VRS 100, 460). KFZ 1 ist somit an dem Unfall (allein) schuldig (§ 37 Abs. 2 Nr. 1 i.V.m. §§ 11 Abs. 3, 1 Abs. 2).

Zeichen 205 (Vorfahrt gewähren)

Bei Änderung der Vorfahrt muss die Verkehrsbehörde dies mindestens durch Gefahrzeichen 101 und weißes Zusatzschild „Vorfahrt geändert" deutlich machen. Wird dies versäumt, kann sie wegen Amtspflichtverletzung nach § 839 BGB, Art. 34 GG für entstehende Unfallschäden mit haftbar gemacht werden (LG Marburg DAR 1997, 279: hier zu ¾).

Zeichen 206 (Halt! Vorfahrt gewähren!)

Z. 206 hat eine doppelte Bedeutung, und zwar Anhalten, um sich über die Vorfahrtverhältnisse zu orientieren, und „Vorfahrt gewähren". Das strikte Haltgebot ist auch dann zu befolgen, wenn weit und breit kein Fahrzeug sichtbar ist. Die Rechtswirksamkeit des Z. 206 wird durch das einige Meter vor ihm aufgestellte Z. 205 („Vorfahrt gewähren!") nicht beeinträchtigt (OLG Saarbrücken VRS 47, 387).

Ist das Z. 206 mit einer Haltlinie (Z. 294) verbunden, ist zunächst an der Haltlinie anzuhalten, selbst wenn von dort keine volle Sicht auf den Querverkehr besteht. Anschließend darf sich der Kraftfahrer in die Kreuzung hineintasten. Ein nochmaliges Anhalten ist zwar empfohlen, jedoch nicht

vorgeschrieben. Beim Fehlen einer Haltlinie muss an der Sichtlinie angehalten werden, sofern Z. 206 nicht mit der Sichtlinie identisch ist (BayObLG
VerkMitt 1986 Nr. 31). Sichtlinie ist der Bereich „vor" den Schnittkanten
der kreuzenden oder einmündenden Straße (nicht in der Kreuzung oder
Einmündung). Kann von dort aus der Querverkehr faktisch nicht beobachtet
werden, gebietet Z. 206 dennoch, dort das strikte Haltgebot zu beachten.

Haltepunkt beim Z. 206 ohne Haltlinie

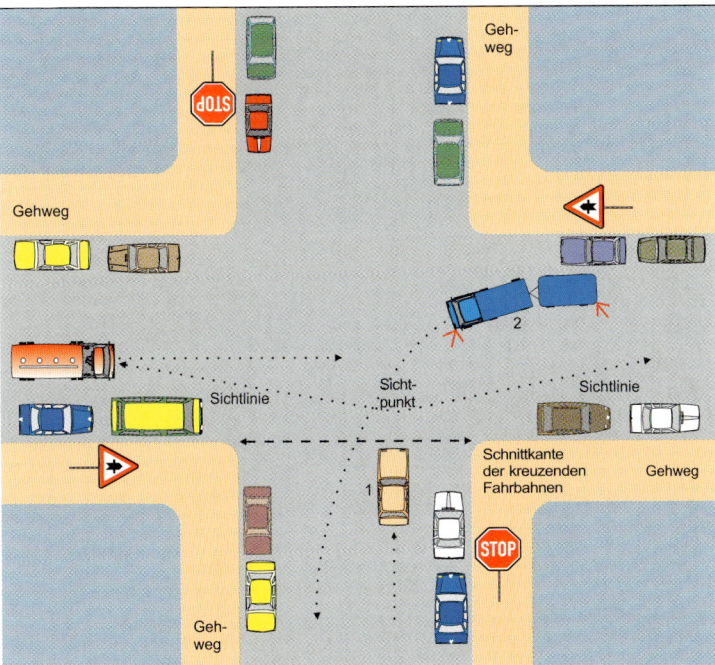

Überall dort, wo die StVO eine Wartepflicht zu Gunsten des bevorrechtigten Verkehrs vorsieht, ist das Anhalten „vor" der Schnittkante der bevorrechtigten Straße zu befolgen (§§ 36 Abs. 1 Satz 1, 37 Abs. 1 Satz 6 sowie bei Z. 294 mit 201). Nichts anderes gilt beim Z. 206 ohne Haltlinie. Das unbedingte Haltgebot ist dort zu
befolgen, „wo die andere Straße zu übersehen ist" (§ 41 Abs. 2 Nr. 1 b Satz 3), und zwar nicht „in" der Kreuzung, sondern „von" der nicht bevorrechtigten Straße aus. Das Z. 206 hat eine doppelte Bedeutung, und
zwar „Anhalten" und „Vorfahrt gewähren". Durch das Anhalten soll sich der Kraftfahrer über die Verkehrslage
und die Vorfahrtverhältnisse vergewissern, anschließend hat er die Vorfahrt zu beachten.

Infolge parkender Fahrzeuge ist meist keine volle Sicht von der Schnittkante der Kreuzung aus vorhanden.
Da mit abbiegendem Verkehr (KFZ 2) zu rechnen ist, besteht beim Einfahren in die Kreuzung (ohne vorheri-
ges Anhalten) die Gefahr einer Vorfahrtverletzung (§ 8 Abs. 2 Satz 2). Auf der sicheren Seite ist der Kraftfahrer, wenn er das strikte Haltgebot spätestens an der Schnittkante der kreuzenden Fahrbahnen befolgt (bei
Radwegen davor), selbst wenn von dieser Stelle faktisch noch keine volle Sicht in die Kreuzung besteht. Hat
er angehalten, darf er sich anschließend bis zum tatsächlichen Sichtpunkt zentimeterweise mit mehrfachen
Stopps vortasten (KG NZV 2000, 377). Ein nochmaliges Anhalten an der Sichtlinie ist zwar empfehlenswert,
kann jedoch nicht zwingend gefordert werden. Ist beim Vortasten erkennbar, dass bevorrechtigter Verkehr
nicht vorhanden ist, darf ohne nochmaliges striktes Anhalten die Kreuzung überquert werden.

Anschließend darf sich der Kraftfahrer in den Knotenpunkt hineintasten, bis er volle Sicht auf den Querverkehr hat; ein striktes nochmaliges Anhalten ist jedoch nicht vorgeschrieben.

Zeichen 209 (Vorgeschriebene Fahrtrichtung: rechts)

hindert nicht das Einfahren in ein Grundstück (OLG Frankfurt VRS 46, 64). Auch an Kreuzungen oder Einmündungen, an denen das Zeichen 209 gebietet, rechts abzubiegen, ist die Abbiegeabsicht rechtzeitig und deutlich anzuzeigen (OLG Celle VRS 52, 219). In einer Einbahnstraße ohne markierte Fahrstreifen gilt das durch Zeichen 209 angeordnete Rechtsabbiegen für die gesamte Straße, auch wenn das Zeichen nur am rechten Fahrbahnrand angebracht ist (OLG Düsseldorf VerkMitt 1991 Nr. 64 = NZV 1991, 204).

Zeichen 211 (Hier rechts)

untersagt nicht, nach dem Abbiegen zu wenden und in entgegengesetzter Richtung zu fahren (KG VerkMitt 1960 Nr. 29). Soll das Wenden verboten sein, ist Z. 272 aufzustellen.

Zeichen 220 (Einbahnstraße)

verbietet nicht Rückwärtseinparken bei sofortiger Anhaltebereitschaft (OLG Frankfurt VersR 1973, 868). Radwege an Einbahnstraßen dürfen nur in der vorgeschriebenen Richtung der Einbahnstraße befahren werden (BGH DAR 1982, 14 = NJW 1982, 334). Ist in Einbahnstraßen Radverkehr aus der Gegenrichtung durch Zusatzschilder zugelassen worden, gewinnt die Straße den Charakter einer Fahrbahn mit gegenläufigem Verkehr. Infolgedessen gilt das Rechtsfahrgebot. Da beim Linksabbiegen entgegenkommende Radfahrer Vorrang haben, darf das Einordnen nur bis zur Mitte der Einbahnstraße erfolgen.

Zeichen 223.1 (Seitenstreifen befahren)

Auf überdurchschnittlich hoch belasteten Autobahnen, Kraftfahrstraßen und anderen Strecken mit regelmäßigem Stau zu bestimmten Zeiten kann durch Z. 223.1 das vorübergehende Befahren von Seitenstreifen („Standspuren") zugelassen werden. Voraussetzung ist, dass der Seitenstreifen nach Bauart, Tragfähigkeit und Breite das Befahren wie auf der Fahrbahn zulässt. Außerdem müssen die positiven Auswirkungen eines Stauabbaus mit der dadurch bedingten Unfallminimierung gegenüber den Sicherheitsvorteilen eines Seitenstreifens überwiegen. Vor und während der Freigabe des Seitenstreifens muss die Strecke überprüft werden, ob sie frei von Hindernissen ist. Es gilt dann Rechtsfahrgebot, mit der Verpflichtung, auf den Seitenstreifen zu wechseln. Die Fahrbahnbegrenzungslinie erhält die Bedeutung einer Leitlinie (Z. 340), wobei der VO-Geber wegen des vorübergehenden Charakters darauf verzichtet hat, die Fahrbahnbegrenzungslinie durch eine andere Markierung zu ersetzen. Die Linie darf somit überfahren werden, wobei beim Fahrstreifenwechsel das Gefährdungsverbot des § 7 Abs. 5 zu beachten ist. Das Z. 223.1 ist mit einer Geschwindigkeitsbegrenzung (meist Tempo 100) versehen, um die Leistungsfähigkeit der Strecke zu erhöhen. Das Ende wird durch Z. 223.2 und der Hinweis zum Überwechseln durch Z. 223.3 angezeigt. Hinter dem Z. 223.2 darf der Seitenstreifen nicht mehr befahren werden; die durchgehende Linie begrenzt wieder die Fahrbahn.

Radverkehr in Gegenrichtung der Einbahnstraße

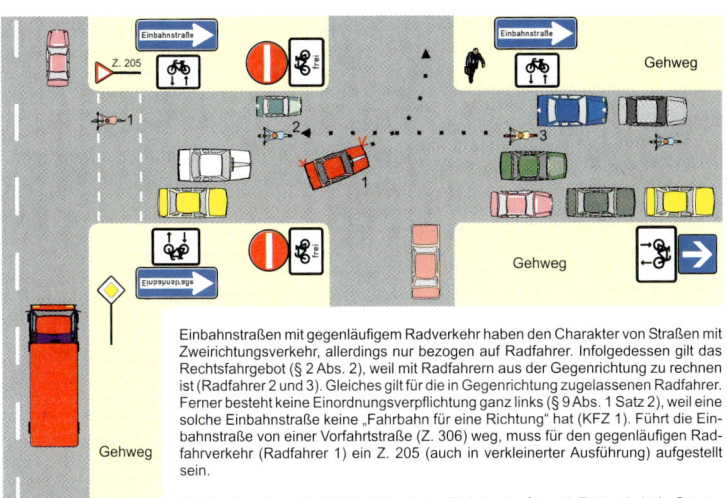

Einbahnstraßen mit gegenläufigem Radverkehr haben den Charakter von Straßen mit Zweirichtungsverkehr, allerdings nur bezogen auf Radfahrer. Infolgedessen gilt das Rechtsfahrgebot (§ 2 Abs. 2), weil mit Radfahrern aus der Gegenrichtung zu rechnen ist (Radfahrer 2 und 3). Gleiches gilt für die in Gegenrichtung zugelassenen Radfahrer. Ferner besteht keine Einordnungsverpflichtung ganz links (§ 9 Abs. 1 Satz 2), weil eine solche Einbahnstraße keine „Fahrbahn für eine Richtung" hat (KFZ 1). Führt die Einbahnstraße von einer Vorfahrtstraße (Z. 306) weg, muss für den gegenläufigen Radfahrverkehr (Radfahrer 1) ein Z. 205 (auch in verkleinerter Ausführung) aufgestellt sein.

Die Voraussetzungen für Einrichtung von Einbahnstraßen mit Radverkehr in Gegenrichtung folgen aus den Rn. 8 bis 16 VwV-StVO zu Z. 220.

Zeichen 237 (Radfahrer)

Die Aufhebung der Radwegebenutzungspflicht ab 1.10.1998 bezieht sich nicht auf Radwege, die mit Z. 237 gekennzeichnet sind. Sind linke Radwege nur in Fahrtrichtung durch Z. 237 ausgewiesen, dürfen sie nicht in Gegenrichtung benutzt werden, wenn für diese Richtung kein Z. 237 vorhanden ist (OLG Düsseldorf NZV 1992, 290). Wer in eine Vorfahrtstraße mit Radweg einbiegt, muss mit Radfahrern rechnen, die den Radweg in falscher Richtung benutzen, auch auf Ortsstraßen mit begrüntem Mittelstreifen (OLG Hamm NZV 1992, 364).

Zeichen 241 (Radfahrerweg, Fußgängerweg)

Fußgänger, die einen Fußgängern und Radfahrern vorbehaltenen Sonderweg benutzen, können den von ihnen bevorzugten Wegteil frei wählen. Sie brauchen, da dort Radfahrer keinen Vorrang haben, nicht fortwährend nach von hinten herankommenden Radfahrern Umschau zu halten. Sie dürfen darauf vertrauen, dass Radfahrer rechtzeitig durch Glockenzeichen auf sich aufmerksam machen, und brauchen erst dann eine Passage freizugeben (KG VersR 1977, 770).

Zeichen 242 (Fußgängerbereich)

begründet ein Benutzungsverbot für Fahrzeuge, infolgedessen ist dort auch das Parken von Motorrädern unzulässig (OLG Köln VRS 92, 362). Zwangsweises Abschleppen eines dort abgestellten Fahrzeugs ist zulässig (OVG Koblenz NVwZ 1988, 658). Ist im Fußgängerbereich der Anliegerverkehr für bestimmte Zeiten freigegeben, bedeutet dies für die Anlieger keine Parkerlaubnis in den Zwischenzeiten (OLG Oldenburg VerkMitt 1990 Nr. 79 = VRS 79, 219 = NZV 1990, 361 = DAR 1990, 271). Ist Lieferverkehr freigegeben, gilt dies nicht für private (nicht gewerbliche) Transporte (KG VRS 62, 65); sind Taxen zugelassen, gilt das nicht für Mietwagen (VG Braunschweig NZV 2001, 140).

Zeichen 244 (Fahrradstraße)

Fahrradstraßen sind keine Trainingsstrecken für den Radsport. Auch Radrennfahrer unterliegen dem Gebot der gegenseitigen Rücksichtnahme (§ 1 Abs. 1) und dürfen dort nur mit mäßiger Geschwindigkeit fahren. Ist auf Fahrradstraßen der KFZ-Verkehr ausgeschlossen, dürfen KFZ die Fahrradstraßen an Kreuzungen überqueren.

Zeichen 245 (Linienomnibusse)

Ist auf einem durch Leitlinien getrennten Fahrstreifen die Markierung „BUS" aufgetragen, fehlt aber das Zeichen 245, besteht kein Verbot für andere Fahrzeuge zur Benutzung des Fahrstreifens (BayObLG VRS 59, 236). Die Sondersignale oder Vorrangregeln auf Busspuren gelten nur für die dort zugelassenen Verkehrsarten, nicht aber für diejenigen, die eine Busspur unzulässig befahren (OLG Oldenburg NZV 2001, 389; KG VerkMitt 2000 Nr. 87; BayObLG VRS 67, 84; OLG Hamburg VRS 100, 205; a. A. OLG Düsseldorf VRS 68, 70). Infolgedessen liegt ein Rotlichtverstoß vor, wenn zwar der Verkehr auf der Busspur durch Sondersignale, nicht aber der für die übrige Fahrbahn freigegeben ist. Ebenso haben unberechtigt die Busspur benutzende Fahrzeuge keinen Vorrang vor Linksabbiegern (OLG Hamm DAR 2001, 429, 505). Linienbusse oder Taxen, die das Sondersignal „Halt" (weißer Balken) nicht beachten, verstoßen mit ähnlichen Rechtsfolgen gegen § 37 Abs. 2, wie bei einem Rotlichtverstoß (OLG Köln DAR 2001, 87 = VRS 100, 58). Dürfen Taxen Busspuren benutzen, gilt das nicht für Taxen, die als Kurier-, Lotsen oder Mietfahrzeuge eingesetzt werden.

Zeichen 250 (Verbot für Fahrzeuge aller Art)

Das Verkehrsverbot beseitigt die Öffentlichkeit der Straße nicht; die Vorfahrtregeln bleiben anwendbar (vgl. BGH VRS 24, 175 = DAR 1963, 113). Ein Mopedfahrer darf auch nicht mit abgestelltem Motor durchfahren (BayObLG VRS 17, 303; OLG Bremen DAR 1959, 139). Ist eine Straße für den Durchgangsverkehr mit Ausnahme der **Anlieger** gesperrt, dürfen Dritte zu den Anliegern durchfahren (OLG Hamm DAR 1961, 120; OLG Celle VRS 25, 36; OLG Bremen DAR 1960, 268), auch um einen Anlieger oder dessen Besucher abzuholen (OLG Hamm VRS 43, 313), ebenso einen Fahrgast am Bahnhof (BayObLG DAR 1975, 250). Der Anliegerbegriff ist räumlich auf die gesperrte Straße bezogen. Sind weitere „Anliegerstraßen" nur über die gesperrte Straße zu erreichen, erstreckt sich die Anliegerberechtigung dieser Straßen nicht auf die gesperrte Zufahrtsstraße (BVerwG NZV 2000, 435). Dieser Konfliktfall kann von der Straßenverkehrsbehörde nur durch eine den Anliegerbegriff tragende Verkehrsgestaltung gelöst werden; d. h. die (einzige) Zufahrtstraße kann nicht gesperrt werden.

Das Zeichen 250 enthält mit dem Zusatzschild „20.00 bis 5.00 Uhr" kein Verbot des Haltens oder Parkens (BGH DAR 1987, 23). Ist auch in dieser Zeit ein Parkscheinautomat wirksam und fährt der Betroffene vor 20 Uhr

ein, muss er die Parkgebühr selbst dann entrichten, wenn er nach 20 Uhr
infolge des wirksam gewordenen Verkehrsverbots nicht mehr wegfahren
darf (OLG Dresden NZV 1996, 80).

Zeichen 251 (Verbot für bestimmte Verkehrsarten)

Das Zeichen verbietet den Verkehr innerhalb des gesperrten Verkehrsraums, somit auch ohne Kennzeichnung für Nebenstraßen, die nur über die
gesperrte Straße erreicht werden können. Das Zeichen für Krafträder gilt
auch für Fahrräder mit Hilfsmotor (OLG Bremen DAR 1959, 133; BayObLG
VRS 17, 303).

Zeichen 267 (Verbot der Einfahrt)

Das Zeichen untersagt das Einfahren in der gesperrten Richtung, auch zum
Parken hinter dem Zeichen (OLG Hamburg VRS 30, 382). Durch Zusatzschilder können Anlieger, Radfahrer oder öffentliche Verkehrsmittel von
dem Verbot ausgenommen werden.

Zeichen 268 (Schneeketten sind vorgeschrieben)

Vorgeschrieben sind Schneeketten nicht auf allen vier Reifen, sondern nur
für die Antriebsräder. Bei Allradantrieb genügen Schneeketten an einer
Achse.

Zeichen 270 (Verkehrsverbot bei Smog oder zur Verminderung schädlicher
Luftverunreinigungen)

Das Zeichen hat eine flächendeckende Wirkung dergestalt, dass ein Fahrverbot für alle nicht freigestellten Fahrzeuge innerhalb des gesamten
Gebietes begründet wird (KG NZV 1988, 232). Fahrzeuge des ruhenden
Verkehrs werden nicht erfasst. Das Zeichen kann auch zur Ausweisung
eines Verkehrsverbots in Gebieten mit hoher Schadstoffbelastung i.S.d.
§ 40 Abs. 2 BImSchG verwendet werden. Die Größe des Gebietes muss
dabei so gewählt werden, dass es für Kraftfahrer überschaubar bleibt; insoweit gelten die Grundsätze der Rechtsprechung über die Ausdehnung
flächendeckender Verkehrsverbote entsprechend (BVerwG DAR 1995, 170 =
NZV 1995, 165 = NJW 1995, 1371). Wäre danach ein Fahrverbot auf Dauer
gerichtet, müssen auch die innerhalb des Gebietes parkenden nicht schadstoffarmen Fahrzeuge innerhalb einer angemessenen Frist entfernt werden
(da solche Fahrzeuge dort nicht mehr betrieben werden dürfen, werden sie
zu „Gegenständen" nach § 32).

Zeichen 274 (Zulässige Höchstgeschwindigkeit)

Die Höchstgeschwindigkeit wird ab den aufgestellten Schildern wirksam,
auch für Schnellfahrer auf Autobahnen; mit Tempobegrenzungen durch
Z. 274 ist stets zu rechnen (OLG Düsseldorf NZV 1996, 209). Das gilt auch
bei Verkehrsleitsystemen mit Matrixzeichen und wechselnder Geschwin-
digkeitsanzeige; infolgedessen muss das Tempo nach Fahrtunterbrechung
auf einer Tankstelle dem Verkehrsfluss angepasst werden (BayObLG NZV
1998, 386 = DAR 1998, 358). Geschwindigkeitsbegrenzungen enden nicht
ohne weiteres an der nächsten Einmündung, sondern erst mit ihrer Aufhebung durch Z. 278, (OLG Hamm DAR 1996, 416); fehlt an der Einmündung
eine Wiederholung des Z. 274 kann sich nur der Zufahrende auf den Sichtbarkeitsgrundsatz berufen, nicht aber derjenige, der die tempobegrenzte

Strecke bereits vor der Einmündung befahren hat (OLG Hamm VerkMitt 2002, Nr. 13 = NZV 2001, 489 = DAR 2001, 517 = VRS 191, 226). Auch über längere Strecken ist ein Tempolimit möglich, ohne dass eine besondere, über den Durchschnitt hinausgehende Gefährlichkeit der Strecke vorhanden sein muss (OVG Koblenz DAR 1995, 173). Eine Geschwindigkeitsbeschränkung durch Z. 274 mit dem Zusatz „Luftreinhaltung" gilt auch für Elektrofahrzeuge (OLG Stuttgart NZV 1998, 422). Die Tempobegrenzung „bei Nässe" gilt nur, wenn die gesamte Fahrbahn mit einem dünnen Wasserfilm überzogen ist, nicht aber bei nur feuchter Fahrbahn (OLG Koblenz 1999, 419; OLG Hamm NZV 2001, 90 = DAR 2001, 85).

Werden innerorts nach § 45 Abs. 8 Satz 1 Geschwindigkeiten von mehr als 50 km/h zugelassen, gilt das für alle Fahrzeuge (Z. 274 Satz 2). Damit soll vor allem auf Durchgangs- oder Ausfallstraßen ein homogener Verkehrsfluss auch für solche KFZ gewährleistet werden, die sonst den Tempobeschränkungen des § 3 Abs. 3 außerorts unterliegen. Wer schneller als auf Z. 274 ausgewiesen fährt, verstößt gegen das angezeigte Tempo, nicht aber gegen die Innerortsgeschwindigkeit (Ahndung nach § 49 Abs. 3 Nr. 4, nicht nach Abs. 1 Nr. 3; somit auch kein Fahrverbot bei Tempo 81 mit Z. 274 mit Tempo 70). Um andererseits Unfallrisiken für diese KFZ in Grenzen zu halten, dürfen die Straßenverkehrsbehörden innerorts keine höheren Geschwindigkeiten als 70 km/h anordnen (Rn. 31 VwV-StVO zu Z. 274). Diese Regelung bezieht sich nicht auf innerörtliche Autobahnen, weil hier die Tempogrenze des § 3 Abs. 3 Nr. 1 ohnehin nicht gilt (§ 18 Abs. 5 Satz 1). Ist auf einer solchen Autobahn die Geschwindigkeit z. B. auf 120 km/h beschränkt, müssen sich KFZ über 7,5 t an die Tempolimits des § 18 Abs. 5 Nr. 1 bis 3 halten.

Zeichen 274.1 (Tempo 30-Zone)

Die Voraussetzung der Überschaubarkeit einer Tempo 30-Zone im Sinne eines „Zonenbewusstseins" (BVerwG DAR 1995, 170 = NZV 1995, 165 = NJW 1995, 1371) ist seit der Änderung der §§ 39 Abs. 1a, 45 Abs. 1c nicht mehr erforderlich. Kraftfahrer müssen deshalb auch mit weit ausgedehnten Tempo 30-Zonen rechnen. Innerhalb der Zone braucht das Z. 274.1 nicht wiederholt werden; der Sichtbarkeitsgrundsatz ist bei dem Zeichen eingeschränkt (KG VRS 89, 302). Die Tempobegrenzung gilt bis zur Aufhebung durch das Zeichen 274.2. Ist der Kraftfahrer jedoch in die Zone mit öffentlichen Verkehrsmitteln eingefahren, um dort z. B. ein KFZ zu übernehmen, und hatte er auch sonst keine Kenntnis von dem Z. 274.1, trifft ihn kein Verschulden für einen Tempoverstoß; insoweit bleibt der Sichtbarkeitsgrundsatz auch hier wirksam (OLG Düsseldorf VerkMitt 1997 Nr. 87 = DAR 1997, 283 = VRS 93, 469). Bei großen Zonen kann die Fortgeltung durch eine Fahrbahnmarkierung „30" verdeutlicht werden. Weiterhin können solche Zonen auch mit geringeren Geschwindigkeiten (z. B. 10 km/h) ausgewiesen sein, insbesondere beim Charakter des Gebietes als verkehrsberuhigter Geschäftsbereich. Obwohl in solchen Zonen im Allgemeinen die Vorfahrtregel „Rechts vor Links" gilt, muss der Kraftfahrer auch mit negativen Vorfahrtzeichen 205, 206 und auch mit Fußgängerüberwegen (Zebrastreifen) rechnen. Lichtzeichenanlagen „sollten" jedoch nicht vorhanden sein (§ 45 Abs. 1c). Der Verkehrsteilnehmer darf in einer Tempo-Zone nicht darauf vertrauen, diese Höchstgeschwindigkeit gefahrlos nutzen zu können, vor allem dann nicht, wenn das Zeichen 112 (unebene Fahrbahn) auf Teilaufpflasterung hinweist (VGH Mannheim NZV 1992, 465).

Straßeneinbauten bei Tempo 30-Zonen

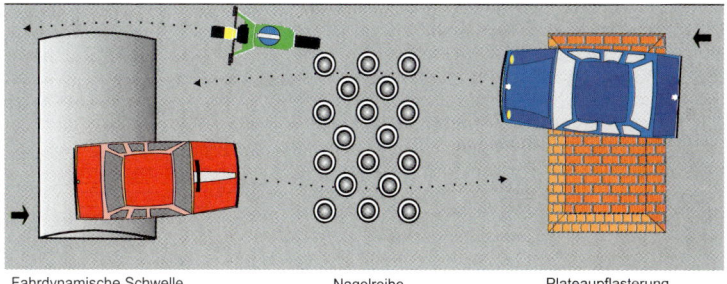

| Fahrdynamische Schwelle
„Delfter Hügel" | Nagelreihe
„Kölner Teller" | Plateaupflasterung
„Moabiter Kissen" |

Kraftfahrer müssen in Tempo 30-Zonen stets mit straßenbaulichen Einrichtungen zur Temporeduzierung rechnen, ohne dass Gefahrzeichen 101 oder 112 auf eine „unebene Fahrbahn" hinweisen. Solche Einrichtungen müssen jedoch in der Höhe, Breite und Länge so ausgeführt sein, dass die Straße bei Einhaltung der vorgegebenen Geschwindigkeit von allen Fahrzeugen (Fahrräder, Krafträder, PKW, LKW, Krankenwagen) gefahrlos durchfahren werden können. Außerdem dürfen Straßenaufpflasterungen nicht zu einer Erhöhung des Lärmpegels führen (OVG Koblenz DAR 1999, 422 = NVwZ 2000, 215). Infolgedessen dürfen Schwellen, Nagelreihen oder Aufpflasterungen nicht höher als 10 cm und mindestens 3,60 m lang sein, müssen flache Rampen und seitlichen Raum zur Durchfahrt von 80 bis 100 cm für Krafträder und Radfahrer haben (OLG Saarbrücken NZV 1998, 284). Bei Dunkelheit müssen die Einrichtungen erkennbar beleuchtet sein. Nur dann muss die Straße so hingenommen werden, wie sie sich erkennbar darbietet (OLG Düsseldorf NZV 1993, 231). Ist das nicht mehr der Fall, können sich bei Fahrzeugschäden Ersatzansprüche wegen Verletzung der Verkehrssicherungspflicht nach § 823 BGB ergeben. Tief gelegte KFZ müssen beim Überfahren der Schwellen besonders vorsichtig fahren. Ein Anspruch auf uneingeschränkte Nutzung aufgepflasterter Straßenteile kann aus der Zulassung mit abweichendem technischen Standard nicht hergeleitet werden.

Zeichen 276 (Überholverbot für Kraftfahrzeuge aller Art)

Im Verkehr auf mehreren Fahrstreifen für (nur) eine Richtung ist das Z. 276 beachtet, wenn der Überholende bis zum Zeichen das überholte Fahrzeug mindestens so weit hinter sich gelassen hat, dass er sich ohne Gefährdung vor diesem einordnen kann (BGH VRS 47, 218 = DAR 1974, 250). Z. 276 gilt auch auf mehreren Fahrstreifen mit „freier Fahrstreifenwahl". Das Verbot endet nicht an der nächsten Kreuzung oder Einmündung, sondern dort, wo das Aufhebungszeichen 280 oder 282 steht (OLG Düsseldorf NZV 1988, 77). Nach OLG Koblenz (NZV 1992, 198) verbietet das Zeichen jedoch nicht das Rechtsüberholen von Linksabbiegern bei ausreichender Straßenbreite. Z. 276 mit Zusatzschild 1049-43 „nur LKW, KOM, PKW mit Anhänger" gilt auch für Wohnmobile (BayObLG VerkMitt 1998 Nr. 4 = VRS 92, 437).

Zeichen 277 (Überholverbot für Lkw mit mehr als 3,5 t zul. Gesamtgewicht und für Züge)

Die Angabe „3,5 t" bezieht sich auf die zulässige Gesamtmasse von Zugfahrzeug und Anhänger. So unterliegt z. B. ein Wohnmobil von 3,5 t mit einem 2 t-Anhänger dem Überholverbot, während ein PKW mit Anhänger selbst dann überholen darf, wenn die zulässige Gesamtmasse der Zugkombination 3,8 t beträgt. Streckenverbote gelten nicht nur bis zur nächsten Kreuzung oder Einmündung, sondern darüber hinaus, wenn nichts anderes angeordnet ist (OLG Düsseldorf VerkMitt 1962 Nr. 114).

Zeichen 283 (absolutes Haltverbot)

Ohne Zusatzschild gilt das Haltverbot nur für die Fahrbahn der Straßenseite, auf der die Schilder stehen. Das Zusatzschild „Auch auf dem Seitenstreifen" zum Z. 283 erfasst nur die sich unmittelbar an die Fahrbahn anschließende Freifläche, nicht aber den hinter einer Baumreihe befindlichen Streifen (OLG Jena VerkMitt 1998 Nr. 46 = NZV 1998, 166). Die in Rn. 4 VwV zu Z. 283 enthaltene Anweisung an die Verkehrsbehörden, „sonstige Beschränkungen, wie Be- und Entladen erlaubt," nicht mit Z. 283 zu verbinden, schließt die Zulassung solcher Zusatzschilder durch eine Abweichung nach Rn. 142 VwV zu § 46 durch die obersten Landesbehörden nicht aus (Rn. 4 VwV zu Z. 283 berücksichtigt nicht die spätere Rechtsänderung zur 3-Minuten-Regelung bei Z. 286). Solche Schilderkombinationen sind dann sinnvoll, wenn (statt Z. 286) auch das Halten bis zu 3 Minuten nicht erlaubt werden soll (Beschluss OVG Berlin vom 12.5.2000 – OVG 1 N 34.07). Im absoluten Haltverbot parkende Fahrzeuge können abgeschleppt werden, wenn sie für die Verkehrssicherheit eine Gefahr darstellen (s. zu § 12).

Zeichen 286 (eingeschränktes Haltverbot)

Das Zeichen muss sich am Anfang der Verbotsstrecke befinden; es genügt nicht, dass es mit weißem Endpfeil am Ende der Verbotsstrecke angebracht wird (KG VRS 47, 313). Das Haltverbot gilt nur auf der Straßenseite, auf der das Zeichen steht (OLG Hamm MDR 1992, 278). Das Zusatzschild 1042-30 „**werktags**" zum Z. 283 oder 286 schließt auch den Samstag ein (OLG Hamm VerkMitt 2001, Nr. 91 = NZV 2001, 355 = DAR 2001, 376 = VRS 100, 468; OLG Hamburg VerkMitt 1984 Nr. 73 = DAR 1984, 157 = VRS 66, 379; kritisch Ortbauer DAR 1995, 463).

Zeichen 290 (Zonenhaltverbot)

setzt zum Parken die Erlaubnis mit Parkscheibe voraus (OVG Bremen VerkMitt 1988 Nr. 19). Die Parkscheibe ist von außen gut lesbar auszulegen; auf der Hutablage im KFZ genügt, wenn dort gut sichtbar (OLG Köln NZV 1992, 376). Die Parkscheibe ist nicht mehr „gut lesbar", wenn unter mehreren ausgelegten Parkscheiben mit unterschiedlich eingestellten Zeiten eine der Parkscheiben die korrekte Zeit enthält. Im Zonenhaltverbot ist das Parken vor einer Grundstückszufahrt mit Genehmigung des Eigentümers zulässig, wenn die Ein- und Ausfahrt beiderseits von Parkstreifen (Senkrechtparken) begrenzt wird (BayObLG DAR 1992, 270 = NZV 1992, 417).

Zeichen 293 (Fußgängerüberweg)

Die Schutzwirkung erstreckt sich nicht auf Radfahrer, die den Zebrastreifen überfahren; anders nur, wenn das Fahrrad geschoben wird (OLG Düsseldorf NZV 1998, 296 = DAR 1998, 280).

Zeichen 294 (Haltlinie)

Eine Haltlinie ist nach Rn. 2 VwV-StVO zum Z. 206 dort anzubringen, wo der andere Verkehr übersehen werden kann (Sichtlinie), d. h. innerorts vor den Schnittkarten der einmündenden Straßen. Da aber zum Vorfahrtbereich auch der zur Weiterfahrt bestimmte Fahrbahnteil gehört, den der bevorrechtigte Verkehr zum Einbiegen benötigt (KG VerkMitt 1984, Nr. 48), ist die Haltlinie häufig zurückgesetzt, um abbiegendem Verkehr infolge

Vorgezogene Haltlinie mit Stoppschild ohne Sicht in die Einmündung

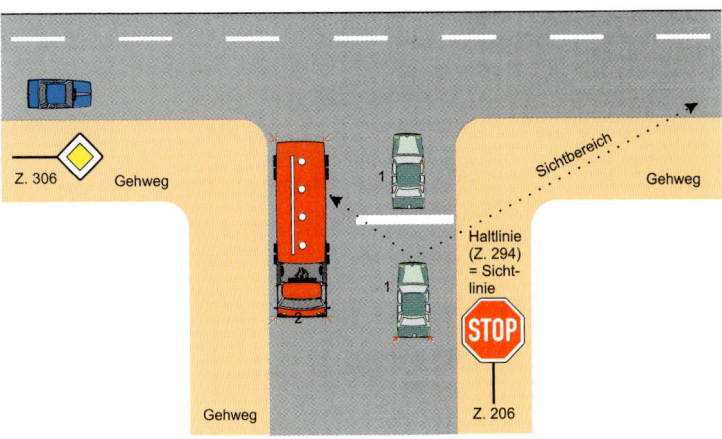

Die Haltlinie befindet sich in der Regel dort, wo die Sicht in den bevorrechtigten Verkehr möglich ist. Dann ist an der Haltlinie (Z. 294) anzuhalten (somit nicht am „Stoppschild" selbst). Ist an der Haltlinie die bevorrechtigte Straße faktisch nicht einsehbar, z.B. wegen des stehenden LKW 2, darf sich PKW 1 nach dem Halt am Z. 294 vorsichtig in den Kreuzungsbereich hineintasten. Ein nochmaliges (striktes) Anhalten wird nicht gefordert. Gleiches gilt, wenn zweifelhaft bleibt, ob die Haltlinie eine ausreichende Sicht gewährt. Auch in diesem Fall ist ein nochmaliges (striktes) Anhalten an der Sichtlinie nicht vorgeschrieben.

unzureichender Radien von Schleppkurven das Einfahren zu ermöglichen. Weiterhin dienen zurückgesetzte Haltlinien der Absicherung von Radverkehrsanlagen oder Schienentrassen, ferner um Fußgängern das Überqueren der Straße zu erleichtern, wenn durch das Warten unmittelbar vor der Kreuzung infolge starken Verkehrs die Straße versperrt würde oder um Fahrzeugen aus einer unmittelbar vor der Kreuzung befindlichen Grundstücksausfahrt das Einfahren zu gestatten.

Befindet sich die Haltlinie in Kombination mit einer LZA, einem Stoppschild (Z. 206) oder einer Fußgängerfurt ist auch dann am Z. 294 anzuhalten, wenn die LZA außer Betrieb ist (a. A. Bouska NZV 200, 498). Eine rechtliche Differenzierung als „Haltlinie einer LZA" (Rn. 6 VwV-StVO zu § 37), als „Haltlinie zum Z. 206" (Rn. 2 VwV-StVO zu Z.206) oder als „Haltlinie einer Fußgängerfurt" (Rn. 5 VwV-StVO zu § 25) erfolgt weder nach der straßenverkehrsbehördlichen Anordnung noch nach der Erläuterung zum Z. 294. Entscheidend ist, dass sich Z. 294 in enger räumlicher Beziehung zur LZA und dem Z. 206 befindet und jeweils ein Wartegebot entfaltet. Z. 206 hat eine doppelte Bedeutung, und zwar sich über die Vorfahrtverhältnisse zu vergewissern und die Vorfahrt zu gewähren. Bei einer davor befindlichen Haltlinie ist das Wartegebot (Vergewisserung über die Vorfahrtverhältnisse) dort zu beachten. Nach dem Halt darf weitergefahren werden, wobei nunmehr die Vorfahrt zu beachten ist, und zwar nicht bereits an der Sichtlinie, sondern wegen einbiegender Fahrzeuge bereits vorher (KG VerkMitt 1984 Nr. 48). Ein Zusammenhang mit der Vorfahrtregelung fehlt nur dann, wenn sich die Haltlinie in einer so großen Entfernung zur Einmündung befindet (etwa 30 m), dass sie räumlich nicht mehr

Zurückgesetzte Haltlinie in Verbindung mit einer signalisierten Fußgängerfurt

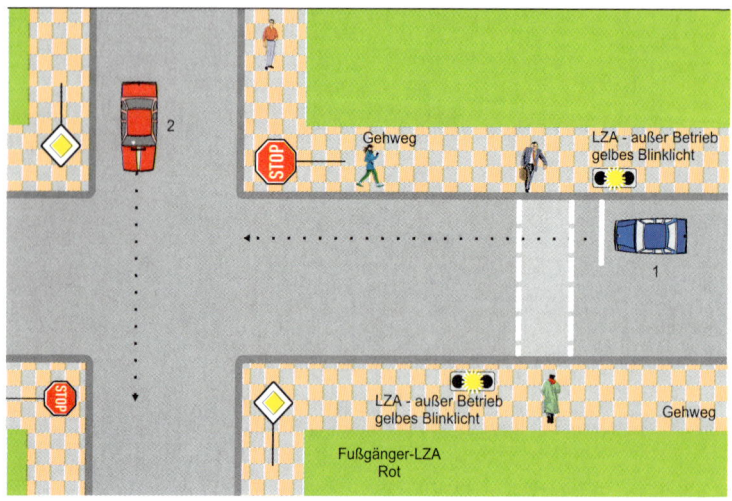

Etwa 30 m vor der Kreuzung mit einem Stoppschild (Z. 206) befindet sich eine durch Lichtzeichen signalisierte Fußgängerfurt. Die Lichtzeichenanlage ist außer Betrieb und strahlt nur gelbes Blinklicht ab. Die Haltlinie in Verbindung mit der Fußgängerfurt hat infolge ihrer räumlichen Entfernung keinen Bezug mehr zum bevorrechtigten Knotenpunkt (Z. 206), so dass KFZ 1 erst an der Sichtlinie der Kreuzung nicht aber bereits an der Haltlinie anhalten muss, um KFZ 2 die Vorfahrt einzuräumen.

Würde sich hingegen die signalisierte Fußgängerfurt unmittelbar vor der Kreuzung befinden, müsste KFZ 1 auch dann an der Haltlinie anhalten, wenn die Anlage außer Betrieb ist.

---

dem Zeichen 206 zuzuordnen ist. In solchen Fällen ist die Haltlinie nicht mehr „ergänzend" zu einem Halt- oder Wartegebot zuzuordnen und aus der Markierung der Fußgängerfurt allein folgt kein Haltgebot.

Nicht verbindlich ist ein Schild „Bei Rotlicht hier halten" (OLG Hamm VRS 49, 220). Ebenso nicht eine isolierte Haltlinie **ohne** Halt- und Wartegebote durch Lichtzeichen. Bei der Berechnung eines qualifizierten Rotlichtverstoßes (länger als 1 Sekunde Rot) kann von der unmittelbar davor befindlichen Haltlinie ausgegangen werden (OLG Frankfurt/M. NZV 1995, 36; BayObLG VRS 87, 151; OLG Köln NZV 1995, 327; OLG Karlsruhe VRS 89, 140).

Zeichen 295 (Fahrstreifenbegrenzung und Fahrbahnbegrenzung)

Wird die Fahrspur durch ein verbotswidrig parkendes Fahrzeug blockiert, darf die links befindliche Markierung mit Vorsicht überfahren werden, um sich unmittelbar hinter dem Fahrzeug wieder nach rechts einzugliedern (BayObLG VRS 70, 55). Als Fahrbahnbegrenzung darf die durchgehende Linie nach rechts überfahren werden. Befindet sich rechts von ihr ein befestigter Seitenstreifen (§ 2 Abs. 1 Satz 2), müssen langsame Fahrzeuge dort fahren. Langsam sind Fahrzeuge, deren bauartbedingte Höchstgeschwindigkeit auf etwa 32 km/h begrenzt ist, insbesondere land- oder forstwirtschaftliche Zug- und Arbeitsmaschinen, Radfahrer, Mofas, Kutschen, Fuhrwerke. Der Begriff „langsame Fahrzeuge" in § 5 Abs. 6 Satz 2 ist nicht identisch mit den Fahrzeugen in § 41 Abs. 3 Nr. 3 b) aa), denn diese müssen grundsätzlich die Fahrbahn benutzen. Allerdings dürfen diese Fahrzeuge (kurzfristig) auf den Seitenstreifen überwechseln, um die hinter ihnen befindlichen Schnellfahrer vorbei zu lassen. Ist der Seitenstreifen als Parkstreifen angelegt (meist nur innerorts) darf rechts von der Linie geparkt werden.

Zeichen 297 (Pfeile auf der Fahrbahn)

Wer sich bei nur empfohlenem Pfeil falsch einordnet, muss die richtig Eingeordneten vorbeifahren lassen (OLG Schleswig VerkMitt 1966 Nr. 50). Markierte Pfeile auf der Fahrbahn schreiben die Fahrtrichtung auf der nächsten Kreuzung oder Einmündung nur dann vor, wenn sie zwischen Leitlinien oder Fahrstreifenbegrenzungen liegen (OLG Karlsruhe VerkMitt 1981 Nr. 40). Vor der Kreuzung darf der mit Pfeilen versehene Fahrstreifen noch gewechselt werden, wenn sich dazwischen eine Leitlinie befindet. Ist hingegen eine Fahrstreifenbegrenzung vorhanden, muss der Kraftfahrer in

Richtungspfeile zwischen markierten Fahrstreifen

Vorgeschriebene Fahrtrichtung oder lediglich Empfehlung?

Nach Z. 297 (vorgeschriebene Fahrtrichtung) muss es sich mindestens um zwei Pfeile handeln, die zwischen Leitlinien oder Fahrstreifenbegrenzungen liegen. Sie müssen nebeneinander markiert sein und in verschiedene Richtungen weisen. Nur dann muss der Fahrtrichtung auf dem folgenden Knotenpunkt gefolgt werden.

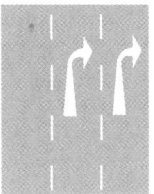

Empfehlung, obwohl die Pfeile nebeneinander zwischen Fahrstreifen markiert sind. Die Pfeile geben auch auf mindestens zwei Fahrstreifen die Richtung vor, weisen jedoch nicht in verschiedene Richtungen. Vom linken Fahrstreifen aus darf in alle Richtungen gefahren werden.

Empfehlung, weil neben dem Pfeil keine Leitlinie (Z. 340) oder Fahrstreifenbegrenzung (Z. 295) markiert ist. Der Pfeil dient nur zur Verkehrslenkung.

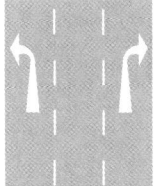

Verpflichtung, weil sich die Pfeile zwischen Fahrstreifen befinden und in verschiedene Richtungen weisen. Dass Pfeile räumlich nebeneinander markiert sind, ist nicht zwingende Voraussetzung. Vom mittleren Fahrstreifen aus darf in alle Richtungen gefahren werden.

Empfehlung, obwohl sich die Pfeile zwischen Fahrstreifen befinden. Sie sind jedoch hintereinander und nicht nebeneinander markiert. Außerdem weisen sie nicht in verschiedene Richtungen.

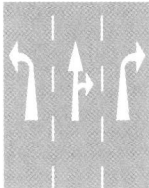

Verpflichtung, weil die Pfeile nebeneinander zwischen Fahrstreifen markiert sind und in verschiedene Richtungen weisen.

seiner Fahrspur bleiben (OLG Düsseldorf VRS 89, 138). Ist von mehreren durch Leitlinien (Zeichen 340) getrennten Fahrstreifen für dieselbe Richtung nur einer mit Richtungspfeilen versehen, bedeutet diese Markierung lediglich eine Empfehlung (BayObLG VerkMitt 1975 Nr. 42 = DAR 1974, 305 = VRS 47, 394). Wer bei einer Pfeilmarkierung den Fahrstreifen für Rechtsabbieger benutzt, jedoch verbotswidrig geradeaus fährt, darf die richtig Eingeordneten nicht rechts überholen (OLG Hamm VRS 53, 380). Andererseits verstößt der auf dem linken Pfeil eingeordnete Kraftfahrer nicht gegen das Überholverbot nach § 5 Abs. 3 Nr. 1 (sondern nur gegen Z. 297), wenn er verbotswidrig links an anderen Geradeausfahrern vorbeifährt (OLG Düsseldorf NZV 1996, 208). Das nach links weisende Zeichen 297 bedeutet für die folgende Kreuzung oder Einmündung kein Wendeverbot (OLG Düsseldorf VRS 54, 465; OLG Koblenz VRS 48, 71). Wird ein Richtungspfeil durch bloßes Überstreichen mit grauer Farbe entfernt, haftet der Baulastträger für die Rutschfestigkeit des Farbanstriches (OLG Hamm DAR 1999, 70).

Zeichen 298 (Sperrfläche)

Abgefahrene Markierung bleiben wirksam, solange sie das Bild einer Sperrfläche bieten. Der Vertrauensgrundsatz gilt für alle Verkehrsteilnehmer, die mit der Beachtung der Markierung rechnen dürfen (OLG Köln VerkMitt 1990 Nr. 60). Sperrflächen schaffen Sicherheitszonen zwischen den Fahrspuren oder zwischen diesen und Flächen außerhalb des fließenden Verkehrs (OLG Köln NZV 1991, 483).

Zeichen 299 (Grenzmarkierung für Halt- und Parkverbote)

Die Markierung bezeichnet, verlängert oder verkürzt „bestehende" Halt- oder Parkverbotstrecken; ohne Halt- oder Parkverbot ist die „Zickzacklinie" ohne Bedeutung (BayObLG VerkMitt 1982 Nr. 45 = VRS 62, 145; OLG Düsseldorf VRS 74, 68).

§ 41 Abs. 3 Nr. 7 (Parkflächenmarkierungen)

Das Parken außerhalb markierter Parkflächen ist nicht durch § 41 Abs. 3 Nr. 7 StVO verboten, kann aber nach anderen Bestimmungen untersagt sein (BGH VerkMitt 1980 Nr. 33 = VRS 58, 225 = MDR 1980, 333 = NJW 1980, 845; ähnlich OLG Stuttgart VRS 74, 223; OLG Düsseldorf DAR 1995, 457 = VRS 90, 66). Der Begriff „Straße" bezieht sich auf alle öffentlichen Verkehrsflächen (nicht nur auf Fahrbahnen und Sonderwege), somit auch auf Parkplätze. Markierungen in X-Form (sog. „Briefkuverts") sind (amtlich) nicht vorgesehen und begründen daher kein Parkverbot (KG VRS 65, 297); sie können aber auf ein anderes Parkverbot hinweisen, z.B. Grundstückszufahrt, abgesenkter Bordstein. Grüne oder blaue Parkflächenmarkierungen sind rechtswidrig (BVerwG DAR 1993, 191).

3 Hinweise

3.1 Verbot des Zweitüberholens bei Markierung von insgesamt drei oder vier Fahrstreifen für beide Fahrtrichtungen, ferner Benutzungsverbot bestimmter Fahrstreifen durch Lastkraftwagen mit einem zulässigen Gesamtgewicht über 3,5 t oder Züge mit einer Länge über 7 m: § 42 Abs. 6 Nr. 1.

3.2 Richtlinien für die Markierung von Straßen (RMS): VkBl. 1993, S. 667.

3.3 Ausschilderung für die Benutzung von Standspuren:

Z. 223.1   Z. 223.2   Z.223.3

3.4 Ausnahme vom Streckenverbot für gekennzeichnete Gefahrgutfahrzeuge durch

Zusatzschild 724

§ 42 Richtzeichen

(1) Richtzeichen geben besondere Hinweise zur Erleichterung des Verkehrs. Sie können auch Anordnungen enthalten.

(2) Vorrang

Zeichen 301

Vorfahrt

Das Zeichen gibt die Vorfahrt nur an der nächsten Kreuzung oder Einmündung. Außerhalb geschlossener Ortschaften steht es 150 bis 250 m davor, sonst wird auf einem Zusatzschild die Entfernung, wie „80 m", angegeben. Innerhalb geschlossener Ortschaften steht es unmittelbar vor der Kreuzung oder Einmündung.

Zeichen 306

Vorfahrtstraße

Es steht am Anfang der Vorfahrtstraße und wird an jeder Kreuzung und an jeder Einmündung von rechts wiederholt. Es steht vor, auf oder hinter der Kreuzung oder Einmündung. Es gibt die Vorfahrt bis zum nächsten Zeichen 205 „Vorfahrt gewähren!", 206 „Halt! Vorfahrt gewähren!" oder 307 „Ende der Vorfahrtstraße". Außerhalb geschlossener Ortschaften verbietet es bis dorthin das Parken (§ 12 Abs. 2) auf der Fahrbahn.[1]

Ein Zusatzschild[2]

zum Zeichen 306 kann den Verlauf der Vorfahrtstraße bekannt geben.

---

1 Nicht auf den Seitenstreifen
2 Zusatzzeichen 1002-10

Wer ihm folgen will, muss dies rechtzeitig und deutlich ankündigen; dabei sind die Fahrtrichtungsanzeiger zu benutzen. Auf Fußgänger ist besondere Rücksicht zu nehmen; wenn nötig, ist zu warten.

Zeichen 307

Ende der Vorfahrtstraße

Zeichen 308

Vorrang vor dem Gegenverkehr

Das Zeichen steht vor einer verengten Fahrbahn.

(3) Die Ortstafel bestimmt:

Zeichen 310   Zeichen 311

Vorderseite   Rückseite

Hier beginnt   Hier endet
eine geschlossene Ortschaft.

Von hier an gelten die für den Verkehr innerhalb (außerhalb) geschlossener Ortschaften bestehenden Vorschriften. Der obere Teil des Zeichens 311 ist weiß, wenn die Ortschaft, auf die hingewiesen wird, zu derselben Gemeinde wie die soeben durchfahrene Ortschaft gehört.

(4) Parken

Zeichen 314

Parkplatz

1. Das Zeichen erlaubt das Parken (§ 12 Abs. 2).
2. Durch ein Zusatzschild kann die Parkerlaubnis beschränkt sein, insbesondere nach der Dauer, nach Fahrzeugarten, zu Gunsten der mit besonderem Parkausweis versehenen Bewohner, Schwerbehinderten mit außergewöhnlicher Gehbehinderung und Blinden. Die Ausnahmen gelten nur, wenn die Parkausweise gut lesbar ausgelegt sind. Das Zusatzschild „nur mit Parkschein" kennzeichnet den Geltungsbereich von Parkscheinautomaten, das Zusatzschild „gebührenpflichtig" kennzeichnet einen Parkplatz für Großveranstaltungen als gebührenpflichtig (§ 45 Abs. 1 b Nr. 1).
3. Der Anfang des erlaubten Parkens kann durch einen waagerechten weißen Pfeil im Schild, das Ende durch einen solchen in entgegengesetzte Richtung weisenden Pfeil gekennzeichnet werden. Der Hinweis auf einen Parkplatz kann, soweit dies nicht durch Zeichen 432 geschieht, durch ein Zusatzschild mit schwarzem Pfeil erfolgen.

Zeichen 315

Parken auf Gehwegen

1. Das Zeichen erlaubt Fahrzeugen mit einem zulässigen Gesamtgewicht bis zu 2,8 t das Parken (§ 12 Abs. 2) auf Gehwegen.
2. Im Zeichen wird bildlich angeordnet, wie die Fahrzeuge aufzustellen sind.
3. Durch ein Zusatzschild kann die Parkerlaubnis beschränkt sein, insbesondere nach der Dauer, zu Gunsten der mit besonderem Parkausweis versehenen Bewohner, Schwerbehinderten mit außerge-

wöhnlicher Gehbehinderung und Blinden. Die Ausnahmen gelten
nur, wenn die Parkausweise gut lesbar ausgelegt sind. Das Zusatzschild „nur mit Parkschein" kennzeichnet den Geltungsbereich
von Parkscheinautomaten.
4. Der Anfang des erlaubten Parkens kann durch einen waagerechten
weißen Pfeil im Schild, das Ende durch einen solchen in entgegengesetzte Richtung weisenden Pfeil gekennzeichnet werden.

Zeichen 316

Parken und Reisen

Zeichen 317

Wandererparkplatz

(4a) Verkehrsberuhigte Bereiche

Zeichen 325

Beginn

Zeichen 326

Ende

eines verkehrsberuhigten Bereichs

Innerhalb dieses Bereichs gilt:

1. Fußgänger dürfen die Straße in ihrer ganzen Breite benutzen; Kinderspiele sind überall erlaubt.
2. Der Fahrzeugverkehr muss Schrittgeschwindigkeit[3] einhalten.
3. Die Fahrzeugführer dürfen die Fußgänger weder gefährden noch
   behindern; wenn nötig müssen sie warten.
4. Die Fußgänger dürfen den Fahrverkehr nicht unnötig behindern.
5. Das Parken ist außerhalb der dafür gekennzeichneten Flächen unzulässig, ausgenommen zum Ein- oder Aussteigen, zum Be- oder
   Entladen.

---

3 Etwa 4–7 km/h (OLG Köln VerkMitt 1985, Nr. 63)

(5) Autobahnen und Kraftfahrstraßen

Zeichen 330

Autobahn

Das Zeichen steht an den Zufahrten der Anschlussstellen.

Zeichen 331

Kraftfahrstraße

Das Zeichen steht am Anfang, an jeder Kreuzung und Einmündung und wird, wenn nötig, auch sonst wiederholt.

Zeichen 332   Zeichen 333

Ausfahrt von der Autobahn

Zeichen 334   Zeichen 336

Ende der Autobahn   Ende der Kraftfahrstraße

Das Ende kann auch durch dasselbe Zeichen mit einer Entfernungsangabe unter dem Sinnbild, wie „800 m", angekündigt sein.

(6) Markierungen sind weiß, ausgenommen in den Fällen des § 41
Abs. 4.

1. Leitlinie

Zeichen 340

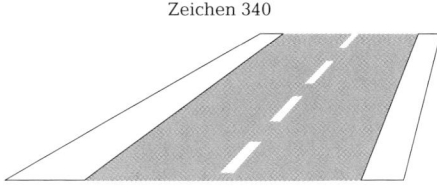

Sie besteht in der Regel aus gleich langen Strichen mit gleichmäßigen
Abständen. Eine Leitlinie kann auch als Warnlinie ausgeführt werden;
bei der Warnlinie sind die Striche länger als die Lücken.

Die Markierung[4] bedeutet:

a) Leitlinien dürfen überfahren werden, wenn dadurch der Verkehr
nicht gefährdet wird;

b) sind auf einer Fahrbahn für beide Richtungen insgesamt drei Fahrstreifen so markiert, dann darf der linke Fahrstreifen nicht zum
Überholen benutzt werden. Wer nach links abbiegen will, darf sich
auf den mittleren Fahrstreifen einordnen;

c) auf Fahrbahnen für beide Richtungen mit vier so markierten Fahrstreifen sind die beiden linken ausschließlich dem Gegenverkehr
vorbehalten; sie dürfen daher auch nicht zum Überholen benutzt
werden. Dasselbe gilt auf 6-streifigen Fahrbahnen für die drei linken
Fahrstreifen;

d) sind außerhalb geschlossener Ortschaften für eine Richtung drei
Fahrstreifen so markiert, dann darf der mittlere Fahrstreifen dort
durchgängig befahren werden, wo – auch nur hin und wieder –
rechts davon ein Fahrzeug hält oder fährt. Dasselbe gilt auf Fahrbahnen mit mehr als drei so markierten Fahrstreifen für eine Richtung für den zweiten Fahrstreifen von rechts. Den linken Fahrstreifen dürfen außerhalb geschlossener Ortschaften Lastkraftwagen mit
einem zulässigen Gesamtgewicht von mehr als 3,5 t sowie Züge,
die länger als 7 m sind, nur benutzen, wenn sie sich dort zum
Zwecke des Linksabbiegens einordnen;

e) sind Beschleunigungsstreifen so markiert, dann darf dort auch
schneller gefahren werden als auf den anderen Fahrstreifen;

f) gehen Fahrstreifen, insbesondere auf Autobahnen und Kraftfahrstraßen, von der durchgehenden Fahrbahn ab, so dürfen Abbieger
vom Beginn einer breiten Leitlinie rechts von dieser schneller als
auf der durchgehenden Fahrbahn fahren. Das gilt nicht für Verzögerungsstreifen;

---

4 Aufhebung und Ersetzung der Fahrstreifenbegrenzung durch auffällige Einrichtungen,
wie gelbe Nagelreihen oder Reihen von rot-weißen Leitmarken (§ 41 Abs. 4)

g) wird am rechten Fahrbahnrand ein Schutzstreifen für Radfahrer so markiert, dann dürfen andere Fahrzeuge die Markierung bei Bedarf überfahren; eine Gefährdung von Radfahrern ist dabei auszuschließen. Der Schutzstreifen kann mit Fahrbahnmarkierungen (Sinnbild „Radfahrer", § 39 Abs. 3) gekennzeichnet sein.

2. **Wartelinie**

Zeichen 341

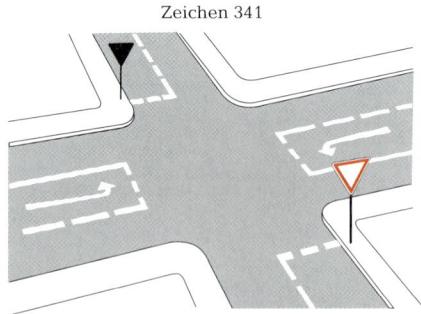

Sie kann angebracht sein, wo das Zeichen 205 anordnet „Vorfahrt gewähren!". Sie kann ferner dort angebracht sein, wo abbiegende Fahrzeuge Gegenverkehr durchfahren lassen müssen. Sie empfiehlt dem, der warten muss, hier zu warten.

3. **Schriftzeichen und die Wiedergabe von Verkehrsschildern auf der Fahrbahn dienen dem Hinweis auf ein entsprechendes Verkehrszeichen.**

(7) Hinweise

Zeichen 350

Fußgängerüberweg

Das Zeichen ist unmittelbar an der Markierung (Zeichen 293) angebracht.

---

5 Flüssigkeiten, die die physikalische, chemische oder biologische Beschaffenheit des Wassers nachhaltig gefährden können, vor allem Erdöl, Benzin, Dieselkraftstoff, Petroleum, Heizöl, Teeröl, aber auch Säuren und Laugen

Zeichen 353

Einbahnstraße

Es kann ergänzend anzeigen, dass die Straße eine Einbahnstraße (Zeichen 220) ist.

Zeichen 354

Wasserschutzgebiet

Es mahnt Fahrzeugführer, die wassergefährdende Stoffe[5] geladen haben, sich besonders vorsichtig zu verhalten.

Zeichen 355   Zeichen 356

Fußgängerunter- oder -überführung   Verkehrshelfer

Zeichen 357

Sackgasse

Wintersport kann durch Zusatzschild (hinter Zeichen 101) erlaubt sein.[6]

Zeichen 358   Zeichen 359   Zeichen 363

Erste Hilfe   Pannenhilfe   Polizei

Durch solche Zeichen mit entsprechenden Sinnbildern können auch andere Hinweise gegeben werden, wie auf Fernsprecher, Tankstellen, Zeltplätze und Plätze für Wohnwagen.

Zeichen 368 (Verkehrsfunksender) entfällt[7]

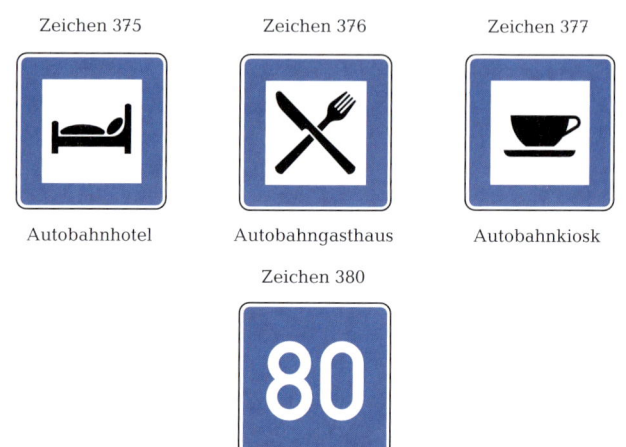

Zeichen 375   Zeichen 376   Zeichen 377

Autobahnhotel   Autobahngasthaus   Autobahnkiosk

Zeichen 380

Richtgeschwindigkeit[8]

Es empfiehlt, die angegebene Geschwindigkeit auch bei günstigen Straßen-, Verkehrs-, Sicht- und Wetterverhältnissen nicht zu überschreiten.

---

6 Zusatzzeichen 1010-11 „Wintersport" auch bei den Z. 101 (Gefahrstelle) und 250 (Verbot für Fahrzeuge aller Art)

7 Das Zeichen 368 ist durch die 24. Änderungs-Verordnung vom 7.8.1997 gestrichen worden. Dort, wo das Zeichen noch vorhanden ist, gilt es bis zum 31.12.2002. Siehe im Übrigen auch die Richtlinie für den Anschluss an den Verkehrswarndienst der Polizei: VkBl. 1995, S. 656

8 Richtgeschwindigkeiten werden für alle Fahrstreifen einer Fahrtrichtung, nicht für einzelne dieser Fahrstreifen empfohlen. Sie werden auch außerhalb des Autobahnnetzes verwendet und sollen die Gleichmäßigkeit des Verkehrsflusses fördern

Zeichen 381

Ende der Richtgeschwindigkeit

Zeichen 385

Ortshinweistafel

Es dient der Unterrichtung über den Namen von Ortschaften, soweit keine Ortstafeln (Zeichen 310) aufgestellt sind.

Zeichen 386[9]

Touristischer Hinweis

Es dient außerhalb der Autobahnen dem Hinweis auf touristisch bedeutsame Ziele und der Kennzeichnung von Touristikstraßen sowie an Autobahnen der Unterrichtung über Landschaften und Sehenswürdigkeiten.

Zeichen 388[10]

Es warnt, mit mehrspurigen Kraftfahrzeugen den für diese nicht genügend befestigten Seitenstreifen zu benutzen. Wird statt des Sinnbildes eines Personenkraftwagens das eines Lastkraftwagens gezeigt, so gilt die Warnung nur Führern von Fahrzeugen mit einem zulässigen Gesamtgewicht über 3,5 t und Zugmaschinen.

---

9 Kostentragung für Z. 386: § 51
10 Keine Verwendung bei offensichtlich unzulänglichen Seitenstreifen. Zu unterscheiden von der Warnung vor schlechtem Fahrbahnrand (Zusatzzeichen mit Symbol zu Z. 101)

Zeichen 392[11]

Es weist auf eine Zollstelle hin.

Zeichen 393

Informationstafel an Grenzübergangsstellen

Zeichen 394

Es kennzeichnet innerhalb geschlossener Ortschaften Laternen, die nicht die ganze Nacht brennen. Laternenpfähle tragen Ringe gleicher Farbe. In dem roten Feld kann in weißer Schrift angegeben sein, wann die Laterne erlischt.

(8) Wegweisung

1. Wegweiser

Nummernschilder für

Zeichen 401	Zeichen 405	Zeichen 406	Zeichen 410

Bundesstraßen	Autobahnen	Knotenpunkte der Autobahnen (Autobahn-ausfahrten, Autobahnkreuze und Autobahndreiecke)	Europastraßen

Zeichen 415

auf Bundesstraßen

Diese Schilder geben keine Vorfahrt.

Zeichen 418   Zeichen 419

auf sonstigen Straßen

mit größerer   mit geringerer

Verkehrsbedeutung

Das Zusatzschild „Nebenstrecke" weist auf einen wegen seines schwächeren Verkehrs empfehlenswerten Umweg hin.

Zeichen 421   Zeichen 430

Zeichen 432

für bestimmte Verkehrsarten   zur Autobahn

zu innerörtlichen Zielen und zu Einrichtungen
mit erheblicher Verkehrsbedeutung

Wird aus verkehrlichen Gründen auf private Ziele hingewiesen, so kann die Ausführung des Zeichens mit braunem Grund und weißen Zeichen erfolgen.

---

11 Zeichen 392 enthält kein Haltgebot

Zeichen 434

Wegweisertafel

Sie fasst alle Wegweiser einer Kreuzungszufahrt zusammen. Die Tafel kann auch als Vorwegweiser dienen. Innerorts können Wegweiser auch folgende Formen haben:

Zeichen 435   Zeichen 436

Zeichen 437

Straßennamensschilder

An Kreuzungen und Einmündungen mit erheblichem Fahrverkehr sind sie auf die oben bezeichnete Weise aufgestellt.

2. Vorwegweiser

Zeichen 438

Zeichen 439

Es empfiehlt, sich frühzeitig einzuordnen.

Zeichen 440

zur Autobahn

Zeichen 442

für bestimmte
Verkehrsarten

3. Wegweisung auf Autobahnen

Die „Ausfahrt" (Zeichen 332 und 333), ein Autobahnkreuz und ein Autobahndreieck werden angekündigt durch
– die Ankündigungstafel

Zeichen 448

in der die Sinnbilder hinweisen:

auf ein Autobahnkreuz
oder Autobahndreieck;
es weist auch auf Kreuze
und Dreiecke von Auto-
bahnen mit autobahn-
ähnlich ausgebauten Straßen des nach-

auf eine Autobahnausfahrt   geordneten Netzes hin.

Die Nummer ist die laufende Nummer der Ausfahrten, Autobahnkreuze und Autobahndreiecke der jeweils benutzten Autobahnen.
Ein Autohof in unmittelbarer Nähe einer Autobahnanschlussstelle
wird angekündigt durch die Hinweisbeschilderung

Zeichen 448.1

Der Autohof wird einmal am rechten Fahrbahnrand 500 bis 1000 m
vor der Ankündigungstafel (Zeichen 448) angekündigt. Auf einem
Zusatzschild wird durch grafische Symbole der Leistungsumfang des
Autohofs dargestellt.

– den Vorwegweiser

Zeichen 449

– sowie auf 300 m, 200 m und 100 m durch Baken wie

Zeichen 450

Auf der 300-m-Bake einer Ausfahrt wird die Nummer der Ausfahrt
wiederholt.

Autobahnkreuze und Autobahndreiecke werden 2000 m vorher, Ausfahrten werden 1000 m vorher durch Zeichen 448 angekündigt. Der Vorwegweiser Zeichen 449 steht bei Autobahnkreuzen und Autobahndreiecken 1000 m und 500 m, bei Ausfahrten 500 m vorher.

Zeichen 453

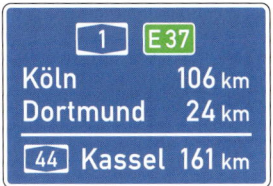

Entfernungstafel

Sie gibt hinter jeder Ausfahrt, Abzweigung und Kreuzung die Entfernung zur jeweiligen Ortsmitte an. Ziele, die über eine andere als die gerade befahrene Autobahn zu erreichen sind, werden in der Regel unterhalb des waagerechten Striches angegeben.

4. Umleitungen des Verkehrs bei Straßensperrungen

Zeichen 454

Es ist am Beginn der Umleitung und, soweit erforderlich, an den Kreuzungen und Einmündungen im Verlauf der Umleitungsstrecke angebracht.

Zeichen 455[12]

Nummerierte Umleitung

---

12 Außerhalb der Bundesautobahnen

Die Umleitung kann angekündigt sein durch das

Zeichen 457

mit Zusatzschild, wie „400 m" oder „Richtung Stuttgart" sowie durch die Planskizze.

Zeichen 458

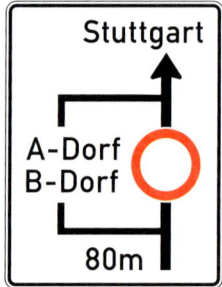

Müssen nur bestimmte Verkehrsarten umgeleitet werden, so sind diese auf einem Zusatzschild über dem Wegweiser (Zeichen 454) und über dem Ankündigungszeichen (Zeichen 457) angegeben, wie „Fahrzeuge über 7,5 t zulässiges Gesamtgewicht". Der Vorwegweiser und die Planskizze zeigen dann Verbotszeichen für die betroffenen Verkehrsarten, wie das Zeichen 262.

Das Ende der Umleitung wird mit dem

Zeichen 459

Ende der Umleitung

angezeigt.

5. Nummerierte Bedarfsumleitungen für den Autobahnverkehr

Zeichen 460

Bedarfsumleitung

Wer seine Fahrt vorübergehend auf anderen Strecken fortsetzen muss oder will, wird durch dieses Zeichen auf die Autobahn zurückgeleitet.

Zeichen 466

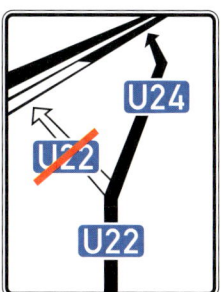

Bedarfsumleitungstafel

Kann der umgeleitete Verkehr an der nach Zeichen 460 vorgesehenen Anschlussstelle noch nicht auf die Autobahn zurückgeleitet werden, so wird er durch dieses Zeichen über die nächste Bedarfsumleitungsstrecke weitergeführt.

Zeichen 467

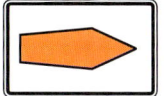

Umlenkungspfeil

Streckenempfehlungen auf Autobahnen können durch den Umlenkungspfeil gekennzeichnet werden.

6. Sonstige Verkehrslenkungstafeln

Zeichen 468

Schwierige Verkehrsführung

**Es kündigt eine mit dem Zeichen „Vorgeschriebene Fahrtrichtung"
(Zeichen 209 bis 214) verbundene Verkehrsführung an.**

Zeichen 500

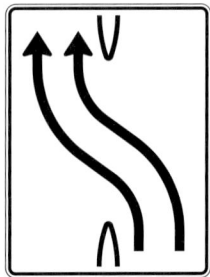

Überleitungstafel

**Überleitungen des Verkehrs auf die Fahrbahn oder Fahrstreifen für
den Gegenverkehr werden durch solche Tafeln angekündigt. Auch
die Rückleitung des Verkehrs wird so angekündigt.**

VwV zu § 42 Richtzeichen (Auszug)

Zu Zeichen 314 Parkplatz

1 I. Das Zeichen ist in der Regel an der Einfahrt des Parkplatzes aufzustellen. Am
Beginn von Parkplätzen im Verlauf einer durchgehenden Fahrbahn ist es nur
anzubringen, wenn das zur Klarstellung notwendig ist und Parkraum größeren
Umfangs vorhanden ist. Sonst genügt es, die Parkflächen zu markieren.

2 II. Beschränkungen der Parkerlaubnis dürfen nur auf einem Zusatzschild angeordnet werden.

3 Es dürfen nur die im Verkehrsblatt bekannt gemachten Zusatzschilder verwendet
werden. Zum Begriff Bewohner vgl. Nr. X zu § 45 Abs. 1 bis 1e; Rn. 35.

4 III. Zu größeren Parkplätzen und Parkhäusern, auch wenn sie von Privatpersonen
betrieben werden, sollte gewiesen werden.

5 IV. Vgl. Nr. I zu Nr. 7 Parkflächenmarkierungen vor Zeichen 299; Rn. 1.

VwV zu Zeichen 315 Parken auf Gehwegen

1 I. Vgl. Nr. 7 vor Zeichen 299.

2 II. Nr. II Satz 1 und 2 zu Nr. 7 vor Zeichen 299 (Rn. 2) gilt auch hier.

3 III. Anfang und Ende der Strecke, auf denen das Parken erlaubt ist, kann durch entsprechende weiße Pfeile im Schild kenntlich gemacht werden.

1 Aus der amtlichen Begründung

1.1 Das Zeichen „Ende der Vorfahrtstraße" wird nicht aufgestellt, wenn die Vorfahrtregelung im Zuge einer Vorfahrtstraße nur für eine Kreuzung unterbrochen wird (Begr. 1970).

1.2 Der **Taxiverkehr** gehört zum System der öffentlichen Verkehrsbedienung und wird daher – anders als Mietwagen – auf den Sonderfahrstreifen für Linienomnibusse zugelassen, allerdings nur zum Fahren, nicht zum Aufnehmen oder Absetzen von Fahrgästen (Begr. 1975).

1.3 Die Zeichen 325/326 beruhen auf Empfehlungen der Europäischen Konferenz der Verkehrsminister (CEMT). Sie regeln nicht nur das Parkverhalten, sondern kennzeichnen einen besonderen Straßentyp. Für die Kennzeichnung von Parkplätzen genügen Bodenmarkierungen (§ 41 Abs. 3 Nr. 7) oder eine auffällig abweichende Pflasterung (Begr. 1980).

1.4 Verkehrskadetten (Zeichen 356) werden von der Deutschen Verkehrswacht in vielen Städten des Landes NRW und mit zunehmender Tendenz auch in anderen Bundesländern eingesetzt (Begr. 1992).

1.5 Häufig reicht die vorhandene Verkehrsfläche nicht aus, um Radwege baulich einzurichten oder durch Abmarkierung entsprechender Flächen von der Fahrbahn auszuweisen. Deshalb wird zugelassen, im jeweils rechten Randbereich der Fahrbahn in geeigneten Fällen für den Radverkehr **Schutzstreifen** zu markieren. Davon soll zunächst nur innerorts Gebrauch gemacht werden, weil für Außerortsstraßen noch umfangreiche Forschungsarbeiten abgewartet werden sollen. Der Radverkehr muss entsprechend dem Rechtsfahrgebot (§ 2 Abs. 2) den Schutzstreifen benutzen. Nur für Ausweichvorgänge im Begegnungsverkehr kann der Schutzstreifen durch den Kraftfahrzeugverkehr mitbenutzt werden, wenn auch unter besonderer Vorsicht. Die Markierung der Schutzstreifen setzt aus Verkehrssicherheitsgründen voraus, dass Ausweichvorgänge auf seltene Fälle beschränkt bleiben und der ruhende Verkehr auf den Schutzstreifen ausgeschlossen werden kann (Begr. 1997).

1.6 Das Zeichen 452 (Autohof) kann durch Hinweise auf Serviceleistungen ergänzt werden (Begr. 2000).

2 Erläuterungen

2.1 Richtzeichen

Richtzeichen enthalten Erlaubnisse, Hinweise zur Beachtung von Verkehrsvorschriften und Orientierungshilfen. In einigen Fällen sind sie mit Verboten verbunden (vgl. zu den Zeichen 325, 340). Ist ein Richtzeichen vorgeschrieben, haftet die Behörde für pflichtwidriges Nichtanbringen. Deshalb dürfen z. B. nachts Laternen, an denen das Zeichen 394 fehlt, nicht gelöscht werden (BayObLG VRS 12, 456). Wegweisungsinhalte müssen richtig und unmissverständlich sein; es dürfen nur so viele Ziele benannt werden, wie sie ein Kraftfahrer je nach der zugelassenen Geschwindigkeit beim Vorbeifahren auch erfassen kann. Wegweisungsschilder aus rein plakativen Gründen aufzustellen, ist vor allem dann unzulässig, wenn das Ziel vom Fahrverkehr überhaupt nicht erreicht werden kann.

Abknickende Vorfahrt

(Fahrfolge
1–3–2–5–4–7–6)

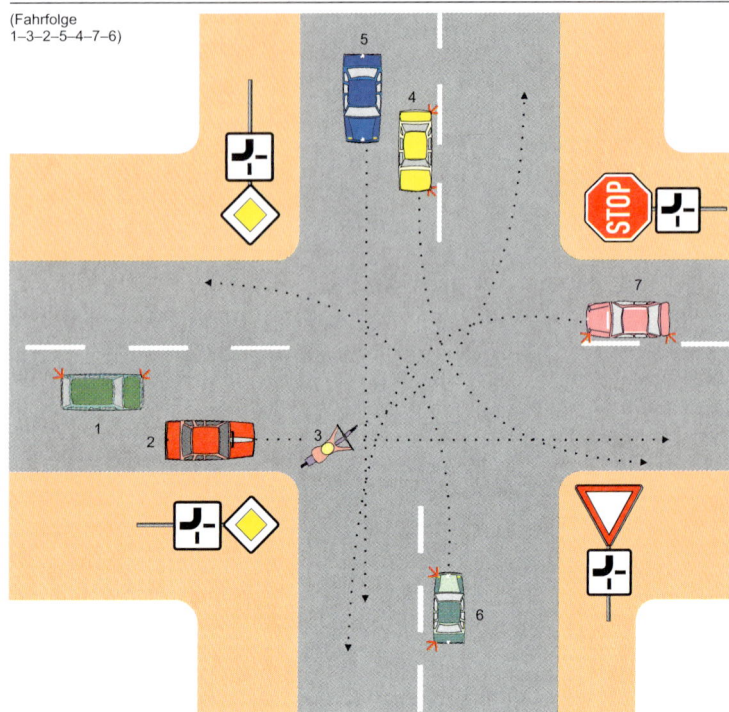

KFZ 1 und Radfahrer 3 folgen dem Verlauf der abknickenden Vorfahrtstraße und haben Vorfahrt vor KFZ 6 und 7. Die den Knick geradlinig verlassenden KFZ 5 und das links abbiegende KFZ 4 sind für KFZ 1, Radfahrer 3 (und KFZ 2) „Gegenverkehr". KFZ 1 und Radfahrer 3 müssen die Fahrtrichtung nach links anzeigen.

.

KFZ 2 hat Vorfahrt gegenüber KFZ 6 und 7. Als „Abbieger" muss KFZ 2 Radfahrer 3 durchfahren lassen (§ 9 Abs. 3 Satz 1). KFZ 2 ist zu KFZ 5 „Gegenverkehr", so dass hier die Abbiegeregel zwischen Rechts- (KFZ 2) und Linksabbiegern (KFZ 5) gilt (und nicht „Rechts vor Links"). KFZ 2 darf nach § 9 Abs. 4 vor KFZ 5 fahren. Da ihre natürlichen Fahrbewegungen aber nur schwer einem „Rechts- und Linksabbieger" zugeordnet werden können, darf KFZ 2 nicht auf seinen Vorrang vertrauen. KFZ 2 darf wegen der Verwechslungsgefahr nicht den rechten Blinker betätigen.

KFZ 4 hat Vorfahrt vor KFZ 6 und 7. Zu KFZ 1, 2 und Radfahrer 3 ist KFZ 4 als Linksabbieger Gegenverkehr. KFZ 1 und Radfahrer 3 haben als „Geradeausverkehr", KFZ 2 als „Rechtsabbieger" Vorrang. KFZ 4 muss die Fahrtrichtung nach links anzeigen.

KFZ 5 hat Vorfahrt vor KFZ 6 und 7. Zu KFZ 1, 2 und Radfahrer 3 ist KFZ 5 „Gegenverkehr". KFZ 2 ist als „Rechtsabbieger", KFZ 5 als „Linksabbieger" anzusehen. Mangels eindeutiger Zuordnung ihrer Fahrbewegungen als „Rechts- und Linksabbieger" ist die Vorrangregel des § 9 Abs. 4 nur vorsichtig anwendbar (sie müssen sich verständigen). KFZ 5 darf nicht den linken Blinker betätigen.

KFZ 6 hat die Vorfahrt der KFZ 1, 2, 4, 5, 6 und von Radfahrer 3 zu beachten. Obwohl KFZ 7 das Z. 206 beachten muss, gilt zu KFZ 7 die Regel „Rechts vor Links". KFZ 6 muss die Fahrtrichtung links anzeigen.

KFZ 7 hat die Vorfahrt von KFZ 1, 2, 4, 5, 6 und von Radfahrer 3 zu beachten (trotz des Haltgebots gilt zu KFZ 6 die Regel „Rechts vor Links"). KFZ 7 muss die Fahrtrichtung anzeigen.

2.2 Erläuterungen zu den einzelnen Zeichen

Zeichen 306 (Vorfahrtstraße nebst Zusatzschild)

Das Zeichen gewährt die Vorfahrt ohne Rücksicht darauf, ob es an jeder Kreuzung oder Einmündung wiederholt wird. Ist eine Straße durch Zeichen 306 als vorfahrtberechtigt gekennzeichnet, begründet dies für die auf kreuzenden oder einmündenden Straßen herannahenden Verkehrsteilnehmer auch dann eine Wartepflicht, wenn auf ihrer Straße keine negativen Vorfahrtzeichen aufgestellt sind, doch wird ihnen aus der Verletzung ihrer Wartepflicht häufig kein Vorwurf gemacht werden können (BGH VerkMitt 1977 Nr. 91 = DAR 1977, 72 = VRS 52, 168 = NJW 1977, 632 = MDR 1977, 484 = VersR 1977, 1052). Wer einer **abknickenden Vorfahrt** folgt (Zusatzzeichen zu Zeichen 306), biegt nicht ab und hat sich daher nicht links einzuordnen (BayObLG DAR 1972, 250 = VRS 43, 301). Trotzdem ist die Fahrtrichtung anzuzeigen. Zeichen 310 (Ortstafel)

Ist das Ortseingangsschild nur rechts auf einem BAB-Verzögerungsstreifen aufgestellt, gilt Tempo 50 auch für den Linksabbieger (OLG Köln VRS 89, 304).

Zeichen 314 (Parkplatz)

Die auf Parkplätzen zwischen Parkständen vorhandenen Fahrgassen sind keine „Straßen", so dass bei kreuzenden Gassen die Vorfahrtregel „Rechts vor Links" des § 8 Abs. 1 nicht gilt (OLG Koblenz DAR 1999, 406). Als eingeschliffene Verhaltensweise hat jedoch derjenige besondere Vorsicht walten zu lassen, der von Links kommt. Im Zweifel müssen sich beide verständigen (OLG Köln NZV 1994, 438). Das Zusatzschild „nur innerhalb der markierten Parkstände" schließt das Parken außerhalb dieser Parkstände (BayObLG NZV 1991, 83), das Schild „nur für Pkw" Wohnmobile (OLG Schleswig NZV 1991, 163), das Schild „nur für Anwohner" Nichtberechtigte aus (BayObLG NZV 1992, 83). Ein verbotswidrig auf einem Anwohnerparkplatz abgestelltes Fahrzeug darf auf Kosten des Verantwortlichen auch dann abgeschleppt werden, wenn kein Berechtigter konkret behindert wird (VGH Mannheim NZV 1995, 488). Das Zusatzschild „**Rollstuhlfahrersymbol**" bezeichnet alle außergewöhnlich gehbehinderten Personen, nicht nur die Rollstuhlfahrer (BayObLG VerkMitt 1985 Nr. 40 = BayObLG ZfS 1985, 287). Ein durch Z. 314 mit Zusatzschild ausgewiesener personenbezogener Parkstand für Schwerstgehbehinderte darf von dem Berechtigten nicht anderen Kraftfahrern überlassen werden (VG Berlin NZV 1996, 48). Das Zusatzschild „**Anwohner frei**" bedeutet für „Anlieger" frei (BayObLG, DAR 1981, 18) und gilt auch für Besucher (OLG Hamm VerkMitt 1972 Nr. 94; VRS 43, 213). **Parkausweise** können auch auf der Abdeckplatte des Gepäckraums (OLG Köln NZV 1992, 376) oder der Hutablage (BayObLG VRS 90, 64) abgelegt werden.

Zeichen 315 (Parken auf Gehwegen)

Das Zeichen begründet kein Parkverbot für die Fahrbahn, sofern dadurch die Benutzung der Gehwegparkfläche nicht verhindert wird oder das Halten wegen der Enge der Straße nicht verboten ist. Der Anlieger hat kein Recht darauf, dass das Gehwegparken vor seinem Grundstück zugelassen wird (BVerwG VerkMitt 1980 Nr. 97 = VRS 59, 312 = MDR 1980, 963 = DAR 1980, 350).

Parken auf Gehwegen

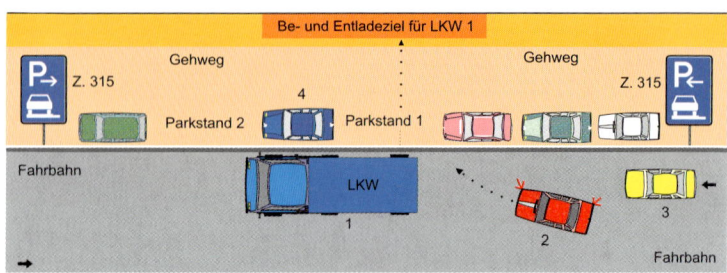

Z. 315 „erlaubt" das Parken auf Gehwegen. Aus der Erlaubnis ergibt sich weder eine Parkverpflichtung (schon wegen unterschiedlicher Bordsteinhöhe), noch ein Parkverbot für die Fahrbahn. Das Parkverbot des § 12 Abs. 3 Nr. 8c bezieht sich nur auf die Parkmodalitäten des Z. 315: auf Gewichtsgrenzen (z.B. „2,8"), zeitliche Beschränkungen (z.B. „7–19 h"), den Ausschluss von KFZ-Arten (z.B. „nur PKW"), die Aufstellungsart nach der durch Z. 315 vorgegebenen Symbolik (z.B. nur „mit den Vorderrädern") oder auf Parkreservate (nur „für Anwohner"). Ein Halt- bzw. Parkverbot für die Fahrbahn kann sich nur dann ergeben, wenn Z. 283 oder 286 für die Fahrbahn angeordnet ist, wenn wegen der Straßenenge Haltverbot besteht (§ 12 Abs. 1 Nr. 1) oder wenn die „Benutzung gekennzeichneter Parkflächen verhindert wird" (§ 12 Abs. 3 Nr. 2).

Neben Z. 314, Markierungen nach § 41 Abs. 3 Nr. 7 oder Parkreservaten für Schwerstgehbehinderte oder Anwohner sind auch die durch Z. 315 ausgewiesenen Bereiche längs am Fahrbahnrand „gekennzeichnete Parkflächen". Ein Parkverbot für LKW 1 am Fahrbahnrand kann sich nicht aus § 12 Abs. 4 ergeben, weil der Gehweg Sonderweg bleibt und auch bei Ausweisung mit Z. 315 nicht zum Seitenstreifen wird.

LKW 1 parkt zum Be- oder Entladen auf der Fahrbahn, weil er wegen der Gewichtsgrenze von 2,8 t nicht auf den Gehweg fahren darf. Er verhindert damit die Benutzung des freien Parkstandes 1 für PKW 2. Da PKW 2 aber keinen Anspruch auf einen bestimmten Parkstand hat, das Parkverbot des § 12 Abs. 3 Nr. 2 sich auf die gesamte Fläche bezieht und nicht auf den einzelnen Parkstand, steht LKW 1 noch nicht im Parkverbot. PKW 2 kann darauf verwiesen werden, den Parkstand 2 zu benutzen. Erst wenn alles zugeparkt ist und Parklücke 1 die letzte Möglichkeit darstellt, würde LKW 1 gegen § 12 Abs. 3 Nr. 2 verstoßen, z.B. wenn nach Besetzung von Parkstand 1 durch PKW 2 sich nunmehr PKW 3 auf den (blockierten) Parkstand 2 stellen möchte. Gleiches gilt, wenn die Ausfahrt, z.B. von PKW 4, verhindert würde. Da das Behinderungsverbot des § 1 Abs. 2 bereits mit erfasst wird, verstößt LKW 1 in diesem Fall nur gegen § 12 Abs. 3 Nr. 2.

Zeichen 325, 326 (Verkehrsberuhigter Bereich)

Schrittgeschwindigkeit bedeutet 4–7 km/h (OLG Köln VerkMitt 1985 Nr. 63 = VRS 68, 354); auch Radfahrer sind daran gebunden (OLG Hamm DAR 2001, 458). Die Anordnung ist auch dann rechtswirksam, wenn wegen starkem Gefälle nicht alle Kraftfahrzeuge Schrittgeschwindigkeit einhalten können (OLG Stuttgart NZV 1988, 30); es muss dann besonders vorsichtig gefahren werden. Mit dem plötzlichen Auftauchen von spielenden Kindern oder Fußgängern aus nicht einsehbaren Bereichen ist jederzeit zu rechnen (OLG Frankfurt DAR 1999, 543). Die Verpflichtung zur Vorrangbeachtung des Querverkehrs aus § 10 besteht auch dann, wenn der verkehrsberuhigte Bereich durch Z. 326 vor der Einmündung aufgehoben wird (LG Gießen DAR 1996, 25: 17 m vorher; nach AG Sömmerda DAR 1999, 78 gilt Rechts vor Links, wenn das Z. 326 in 24 m vor der Einmündung steht). Die Fahrgassen verkehrsberuhigter Bereiche haben infolge ihrer Mischfunktion keine „Fahrbahnen" und keinen „rechten Fahrbahnrand" i.S.d. § 12 Abs. 4, so dass in den ausgewiesenen Parkbereichen auch entgegen der Fahrtrichtung geparkt werden darf (OLG Köln VRS 94, 136). Falschparker dürfen abgeschleppt werden, wenn dadurch die Funktion eines verkehrsberuhigten Bereichs beeinträchtigt wird.

Zeichen 331 (Kraftfahrstraße)

Eine Straße ist eine **Kraftfahrstraße**, wenn das Zeichen 331 an ihrem Anfang steht; ein Zeichen 331 mit dem Zusatz „50 m" allein genügt nicht (OLG Karlsruhe VRS 60, 227). Z. 331 allein bedeutet den Ausschluss bestimmter Fahrzeugarten (nicht motorisierte Fahrzeuge und KFZ bauartbedingt unter 60 km/h), aber keine Geschwindigkeitsbeschränkung.

Zeichen 334 (Ende der Autobahn)

bedeutet, dass die besonderen Autobahnregelungen nicht mehr gelten, ordnet jedoch keine Geschwindigkeitsbeschränkung an (OLG Düsseldorf VRS 64, 460).

Zeichen 340 (Leitlinie)

Leitlinien heben das Rechtsfahrgebot des § 2 StVO auch dann nicht auf, wenn sie auf einer Richtungsfahrbahn angebracht sind (OLG Düsseldorf VerkMitt 1990 Nr. 56). Für eine Abweichung vom Rechtsfahrgebot nach § 42 Abs. 6 Nr. 1d reichen langsame Fahrzeuge, die im Abstand von etwa 300 bis 500 m fahren, aus (OLG Düsseldorf VerkMitt 1998 Nr. 56). Auf Autobahnanschlussstellen überholt trotz § 42 Abs. 6 Nr. 1f im Vorsortierraum unzulässig rechts, wer nicht dem Verlauf der fahrstreifengegliederten Vorwegweiser folgt, sondern zum schnelleren Vorankommen wieder nach links einschert (OLG Düsseldorf VRS 88, 467). Die von einer Leitlinie (Zeichen 340)

Benutzung des linken Fahrstreifens
einer dreispurigen Autobahn durch LKW

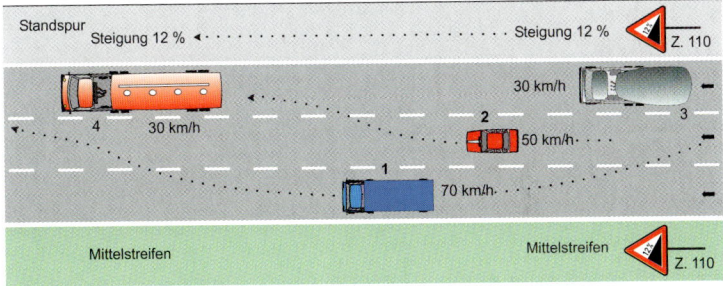

Auf der Steigungsstrecke einer dreistreifigen Autobahn fahren auf dem rechten Fahrstreifen aufgelockert in größeren Abständen von 300 bis 400 m („hin und wieder") langsame KFZ (KFZ 3 und 4). Der mittlere Fahrstreifen wird von KFZ 2 „durchgängig" befahren, ohne dass KFZ 2 nach dem Überholvorgang jeweils wieder nach rechts einschert. Der ohne Ladung fahrende LKW 1 (über 3,5 t) ist stark motorisiert und überholt KFZ 2 und 3 auf dem linken Fahrstreifen. Bei dreistreifigen Autobahnen wird durch § 42 Abs. 6 Nr. 1 d (Z. 340 – Leitlinie) kein Überholverbot („Benutzungsverbot") auf dem dritten, linken Fahrstreifen für LKW über 3,5 t und Züge über 7 m Länge begründet, weil sich die Regelung nicht auf Autobahnen bezieht. KFZ 1 darf deshalb KFZ 2 auf dem linken Fahrstreifen überholen. Soll das Überholen ausgeschlossen werden, müsste Z. 277 (Überholverbot für KFZ über 3,5 t) angeordnet sein.

KFZ 2 darf die dreistreifige Autobahn nicht auf dem mittleren Fahrstreifen durchgängig befahren, wenn auf dem rechten Fahrstreifen nur „hin und wieder ein KFZ fährt" (KFZ 3, 4). Eine die Verkehrsdichte rechtfertigende Abweichung vom Rechtsfahrgebot des § 2 Abs. 1 liegt dann nicht vor. KFZ 2 muss deshalb nach dem Überholen wieder auf den rechten Fahrstreifen überwechseln.

begleiteten Pfeilmarkierungen schreiben die Fahrtrichtung nur für die folgende Kreuzung oder Einmündung vor. Für die davor liegende Strecke wird der Fahrstreifenwechsel nicht verboten, soweit durchgezogene Linien fehlen (OLG Düsseldorf VRS 42, 435). Ist von mehreren dem gleichgerichteten Verkehr dienenden, durch Leitlinien (Zeichen 340) getrennten Fahrstreifen nur einer mit Richtungspfeilen versehen, bedeutet diese Markierung lediglich eine Empfehlung (BayObLG DAR 1974, 305).

Schutzstreifen für **Radfahrer** werden meist dort eingerichtet, wo die Fahrbahn so schmal ist, dass weder Radwege noch Radfahrstreifen angelegt werden können. Schutzstreifen dürfen zwar „bei Bedarf" überfahren werden, nicht jedoch dauernd in der Längsrichtung bei Verkehrsdichte.

Zeichen 341 (Wartelinie)

Wartelinien empfehlen demjenigen, der z. B. vor einer Rot zeigenden LZA warten muss, hier anzuhalten. Das Überfahren der vorgezogenen Wartelinie begründet selbst dann keinen Rotlichtverstoß, wenn sich an der Linie das Zusatzschild 1012-35 „Bei Rot hier halten" befindet (die Wartelinie wird dadurch nicht zu einer "Haltlinie" nach Z. 294). Wer die Wartelinie überfährt, muss allerdings mit querendem Verkehr aus einer dazwischen liegenden Einmündung oder Grundstückszufahrt rechnen und sich darauf einstellen. Kommt es zum Unfall, haftet der die Wartelinie Überfahrende für seinen Schuldanteil (LG Berlin NZV 2000, 472).

Zeichen 356 (Verkehrshelfer)

Verkehrshelfer (Schülerlotsen, Verkehrskadetten) sind meist junge Menschen im Alter von 14 bis 20 Jahren, die die Polizei bei der Verkehrsregelung unterstützen, insbesondere bei der Absicherung des Schulweges. Der Verkehrshelfer hat keine hoheitlichen Befugnisse und darf weder den Verkehr auf öffentlichen Straßen lenken noch den Verkehr auf öffentlichen Straßen und Kreuzungen an Stelle der Polizei regeln. Kraftfahrer müssen jedoch aus dem Prinzip der Rücksichtnahme und dem Gefährdungsverbot (§§ 1 und 3 Abs. 2 a) auf die Zeichen der Verkehrshelfer achten, sollten an diesen Stellen besonders vorsichtig fahren und notfalls anhalten.

Zeichen 357 (Sackgasse)

Mündet ein Radweg am Wendekopf über einen abgesenkten Bordstein in die Sackgasse ein, handelt es sich um die Zufahrt aus einem anderen Straßenteil, nicht um eine Einmündung. Infolgedessen muss der Radfahrer den Vorrang des Verkehrs in der Sackgasse beachten. Er kann sich nicht auf die besonderen Sorgfaltspflichten beim Wenden berufen, weil bei der Umrundung des Wendekopfes einer Sackgasse weder Mit- noch Gegenverkehr durchquert wird (kein Wenden: OLG Köln VRS 96, 345 = DAR 1999, 314 = NZV 1999, 373).

3 Hinweise

3.1 Hinweisbeschilderung auf

– Tankstellen mit bleifreiem Benzin: VkBl. 1984, S. 438 (wird kaum noch verwendet)
– Einrichtungen mit besonderem Verkehrsbedürfnis außerhalb des Erschließungsbereichs der Ortsdurchfahrten von Bundesstraßen: VkBl. 1985, S. 145.

3.2 Richtlinien für

- **die wegweisende Beschilderung auf Autobahnen** (RWBA): VkBl. 2001, S. 125
- **touristische Hinweise an Straßen** (RtH): VkBl. 1988, S. 488; Kostentragung für touristische Beschilderung: § 51
- **die Sicherung von Arbeitsstellen an Straßen** (RSA): VkBl. 1995, Sonderheft B 5707. Textausgabe und Kommentarband, Kirschbaum Verlag Bonn
- **die wegweisende Beschilderung außerhalb von Autobahnen** (RWB): VkBl. 1992, S. 218; 1999, S. 781
- **Umleitungsbeschilderung** (RUB): VkBl. 1992, S. 218.

3.3 Verlautbarung des Bundesministeriums für Verkehr, Bau- und Wohnungswesen über

- **Zwischenquerschnitte** für Bundesfernstraßen: VkBl. 1993, S. 756
- Wegweisung zu **Verkehrsflughäfen**: VkBl. 1992, S. 771
- Kennzeichnung von **Sonderparkplätzen** sowie besondere Ausweise für Schwerbehinderte mit außergewöhnlicher Gehbehinderung und Blinde: VkBl. 1980, S. 527; für den europäisch-einheitlichen Parkausweis: 2000, S. 625.

§ 43 Verkehrseinrichtungen

(1) Verkehrseinrichtungen sind Schranken, Sperrpfosten, Parkuhren, Parkscheinautomaten, Geländer, Absperrgeräte, Leiteinrichtungen sowie Blinklicht- und Lichtzeichenanlagen. § 39 Abs. 1 gilt entsprechend.

(2) Regelungen durch Verkehrseinrichtungen gehen den allgemeinen Verkehrsregeln vor.

(3) Verkehrseinrichtungen im Einzelnen:

1. An Bahnübergängen sind die Schranken rot-weiß gestreift.
2. Absperrgeräte für Arbeits-, Schaden-, Unfall- und andere Stellen sind

Zeichen 600	Zeichen 605	Zeichen 610
Absperrschranke	Leitbake (Warnbake)	Leitkegel
Zeichen 615	Zeichen 616	
fahrbare Absperrtafel	fahrbare Absperrtafel mit Blinkpfeil	

Die Absperrtafel weist auf eine Arbeitsstelle hin. Behelfsmäßig oder zusätzlich können weiß-rot-weiße Warnfahnen, aufgereihte rot-weiße Fahnen oder andere rot-weiße Warneinrichtungen verwendet werden. Warnleuchten an Absperrgeräten zeigen rotes Licht, wenn die ganze Fahrbahn gesperrt ist, sonst gelbes Licht oder gelbes Blinklicht. Die Absperrgeräte verbieten das Befahren der abgesperrten Straßenfläche.

3. Leiteinrichtungen

a) Um den Verlauf der Straße kenntlich zu machen, können an den Straßenseiten

Zeichen 620

Leitpfosten (links)   Leitpfosten (rechts)

in der Regel in Abständen von 50 m stehen.

b) An gefährlichen Stellen können schraffierte Leittafeln oder Leitmale angebracht sein, wie

Zeichen 625

Richtungstafel in Kurven

(4) Zur Kennzeichnung nach § 17 Abs. 4 Satz 2 und 3 von Fahrzeugen und Anhängern, die innerhalb geschlossener Ortschaften auf der Fahrbahn halten, können amtlich geprüfte Park-Warntafeln verwendet werden.

Zeichen 630

Park-Warntafel[1]

_____

1 § 51c Abs. 2 Nr. 4 und Abs. 5 StVZO

VwV zu § 43 Verkehrseinrichtungen

Zu Absatz 1

1 Auf Nr. I zu den §§ 39 bis 43 (Rn. 1) wird verwiesen.

Zu Absatz 3 Nr. 2

2 I. Die Sicherung von Arbeitsstellen und der Einsatz von Absperrgeräten erfolgt nach den Richtlinien für die Sicherung von Arbeitsstellen an Straßen (RSA), die das Bundesministerium für Verkehr im Einvernehmen mit den zuständigen obersten Landesbehörden im Verkehrsblatt bekannt gibt.[2]

3 II. Über die Ausgestaltung und Beschaffenheit der Absperrgeräte gelten die Vorschriften in Nr. II, III 1 bis 7 zu den §§ 39 bis 43 (Rn. 5 ff.) entsprechend.

4 III. Absperrgeräte sind mindestens voll retroreflektierend auszuführen.

Zu Absatz 3 Nr. 3

5 Senkrechte Leiteinrichtungen unterstützen vor allem außerhalb geschlossener Ortschaften die Längsmarkierungen, geben Gefahrstellen, die durch Einschränkungen des Verkehrsraums oder durch Änderungen des Straßenverlaufs hervorgerufen werden, nach Lage, Ausdehnung und Umriss an und helfen, das Abkommen von Fahrzeugen von der Fahrbahn zu verhüten.

6 Als Leiteinrichtungen dienen vor allem Leitpfosten, Leittafeln und Leitmale.

7 1. Außerhalb geschlossener Ortschaften sollten auf Straßen mit stärkerem und schnellerem Verkehr zur Kenntlichmachung des Verlaufs der Straße Leitpfosten aufgestellt werden, jedenfalls auf solchen Teilstrecken, wo häufig Änderungen des Straßenquerschnitts und des Straßenverlaufs auftreten.

8 2. Leittafeln und Leitmale sind schraffiert. Sie sind rot-weiß und müssen rückstrahlen. Schräge Leitschraffen werden angebracht bei Hindernissen auf oder neben der Fahrbahn. Die Streifen fallen nach der Seite, auf der an dem Hindernis vorbeizufahren ist. Senkrechte Leitschraffen werden angebracht bei Hindernissen über der Fahrbahn, liegende Leitschraffen bei Hindernissen am Boden.

9 a) Leittafeln werden aufgestellt, wenn an Hindernissen nicht unmittelbar Leitmale angebracht werden können oder zur Verdeutlichung von Einengungen oder Richtungsänderungen der Fahrbahn. Als Leittafeln können verwendet werden Absperrbaken vorzugsweise vor Bauwerkskanten, Brückenpfeilern, Masten und zur Verdeutlichung von Engstellen und Kurven, Leitplatten vorzugsweise vor oder an Leuchtsäulen, Verkehrsschilderpfosten, Inselspitzen, Leitschranken vor allem vor Zäunen und Mauern sowie zur Kenntlichmachung des Endes von Fahrstreifen, Seitenstreifen und sehr engen Kurven, Richtungstafeln zur Verdeutlichung des Verlaufs einer Kurve (vgl. Nr. III und IV zu den Z. 103 und 105; Rn. 3 ff.).

10 b) Leitmale müssen angebracht werden an Hindernissen, die in das Lichtraumprofil hineinragen, wie Widerlager und Pfeiler bei Überführungen, Brüstungsmauern, Geländer an engen Brücken, im Bereich von Kurven, vorspringenden Ecken von Bordsteinen, Gebäuden, Felsen und Durchfahrten. Bäume können mit nur weißen Leitmalen erkennbar gemacht werden.

Zu Absatz 4

11 Die Park-Warntafeln müssen nach § 22a StVZO bauartgenehmigt und mit dem nationalen Prüfzeichen nach der Fahrzeugteileverordnung gekennzeichnet sein.

1 Aus der amtlichen Begründung

Parkscheinautomaten sind zweckmäßig, wenn ein kulturhistorisch wertvolles Stadtbild geschont werden oder ein Platz zeitweise als Marktplatz genutzt

---

2 RSA Textausgabe und Kommentarband zu beziehen beim Kirschbaum Verlag, Bonn

werden soll. Der Vorteil liegt darin, dass statt vieler Parkuhren ein einziges Gerät genügt (Begr. 1980).

2 Erläuterungen

Auch Verkehrseinrichtungen müssen als Verwaltungsakte von der Straßenverkehrsbehörde angeordnet sein (§ 45). Inhalt der Anordnung bei Lichtzeichenanlagen ist nicht die Anlage als solche, sondern die Schaltung und Dauer des abgestrahlten Lichtsignals, weil nur diese Zeichen Anordnungen an die Verkehrsteilnehmer enthalten.

2.1 Sichtbarkeit von Verkehrseinrichtungen

Die Einrichtungen zur Regelung des fließenden Verkehrs müssen für einen Verkehrsteilnehmer mit durchschnittlicher Aufmerksamkeit durch einen beiläufigen Blick deutlich erkennbar und unmissverständlich sein (BGH VRS 21, 91 = DAR 1961, 280). Die Anforderungen sind desto höher, je schneller sich der Verkehr bewegt. Verkehrseinrichtungen **auf** der Fahrbahn müssen auch bei ungünstiger Sicht rechtzeitig zu sehen sein (OLG Düsseldorf DAR 1968, 133 = VersR 1968, 752). Bei Verkehrseinrichtungen für den ruhenden Verkehr genügen geringere Anforderungen.

2.2 Verkehrssicherungsanlagen

Von den Verkehrseinrichtungen sind die **Verkehrssicherungsanlagen** und sonstige Anlagen im Straßenraum zu unterscheiden (z. B. Leitplanken, Wild- und Blendschutzzäune, Lärmschutzwände, Brückengeländer, Punktstrahler an Fußgängerüberwegen, Litfaßsäulen, Kilometerschilder, Nottelefone). Sie sind technische Mittel ohne regelnde Bedeutung. Deshalb kann z. B. die Sperrung eines Straßenanschlusses durch Leitplanken nicht straßenverkehrsbehördlich angeordnet werden (Hess. VGH VerkMitt 1978 Nr. 89). Metallpfeiler zur Verhinderung der Durchfahrt für Fahrzeuge sind weder Anlagen noch Hindernisse im Sinne des § 32, sondern anordnungspflichtige Sperrpfosten (LG Stralsund VRS 101, 17; OLG Rostock DAR 2001, 408).

2.3 Absperrgeräte

Sind Absperrgeräte aufgestellt, dürfen die bezeichneten Flächen weder befahren (§ 43 Abs. 3 Nr. 1) noch darf auf ihnen gelaufen werden (§ 25 Abs. 4). Soll dennoch Anliegerverkehr stattfinden, muss die Wirkung der Absperrgeräte durch Verkehrszeichen und Zusatzschilder eingeschränkt werden. Werden Absperrgeräte verwendet, muss nicht nur der Beginn, sondern auch das Ende der abgesperrten Fläche zweifelsfrei erkennbar sein (vgl. OLG Karlsruhe VRS 50, 318). Absperrgitter sind keine Verkehrseinrichtungen; werden daran jedoch Absperrschranken befestigt, erhält die Kombination den Charakter einer Verkehrseinrichtung (Z. 600).

Leitkegel, wie sie von Fahrschulen für Grundfahrübungen im Verkehrsraum verwendet werden, sind zwar Gegenstände nach § 32, nicht aber „Verkehrseinrichtungen" nach § 43 Abs. 3. Sie entfalten keine Wirkung für andere Verkehrsteilnehmer und sind infolgedessen nicht „anordnungsfähig". Da Fahrschulen ihre Grundfahrübungen in verkehrsarmen Räumen durchführen müssen, ist eine Ausnahmegenehmigung für das Aufstellen von Gegenständen nach § 46 Abs. 1 entbehrlich, weil das Verbot nach § 32 nur bei einer (abstrakten) Verkehrsbeeinträchtigung zum Tragen kommt.

2.4 Parkuhren und Parkscheinautomaten

Parkuhren gibt es in den USA seit 1935, in Deutschland seit 1954. Die Bauart der Parkautomaten ist zwar nicht vorgeschrieben, ihr Verwendungszweck muss sich aber eindeutig für die Verkehrsteilnehmer ergeben. Parkscheinautomaten und Parkuhren unterliegen nicht der Eichpflicht (siehe zu § 13).

2.5 Verkehrsspiegel

Verkehrsspiegel gehören zu den Leiteinrichtungen und sollen dem Wartepflichtigen das Hineintasten in eine Kreuzung oder einen Einmündungsbereich erleichtern, befreien ihn jedoch nicht davon, sich unmittelbar vor der Einfahrt in die Vorfahrtstraße über die Verkehrslage zu orientieren (OLG Karlsruhe VersR 1980, 1172). Maßnahmen gegen Beschlagen oder Vereisung der Spiegel sind nicht vorgeschrieben (OLG Frankfurt NZV 1989, 191). Entsprechendes gilt für den vor Kreuzungen angebrachten „Trixi-Spiegel"[3] zur Sichtverbesserung im toten Winkel auf geradeaus fahrende Radfahrer für rechts abbiegende LKW und KOM.

2.6 Poller

Zur Fahrbahnverengung aufgestellte Poller müssen deutlich gekennzeichnet werden (OLG Nürnberg NZV 1990, 433).

3 Hinweise

3.1 Verkehrseinrichtungen an Bahnübergängen: § 19; Absperrungen für Fußgänger: § 25 Abs. 4; Lichtzeichenanlagen: § 37; Sondersignale für Busspuren: § 37 Abs. 2 Nr. 4; Regelung des Baustellenverkehrs: § 45 Abs. 6.

3.2 Verlautbarung des Bundesministeriums für Verkehr, Bau- und Wohnungswesen über **Pfeilzeichen** auf Leitpfosten: VkBl. 1980, S. 795.

3.3 Gelbe Markierungen, Markierungsknopfreihen und weiß-rote Leitmarken heben weiße Fahrstreifenbegrenzungen und Leitlinien auf: § 41 Abs. 4.

3.4 Richtlinien für passive Schutzeinrichtungen an Straßen („**Leitplanken**"): VkBl. 1989, S. 489 (Leitplanken sind keine Verkehrseinrichtungen und unterliegen deshalb auch nicht der straßenverkehrsbehördlichen Anordnungskompetenz).

4. Varianten von Verkehrseinrichtungen (nach RSA)

Warnfahne für Warnposten   Warnwinkebake   Leitschwelle mit Leitbord

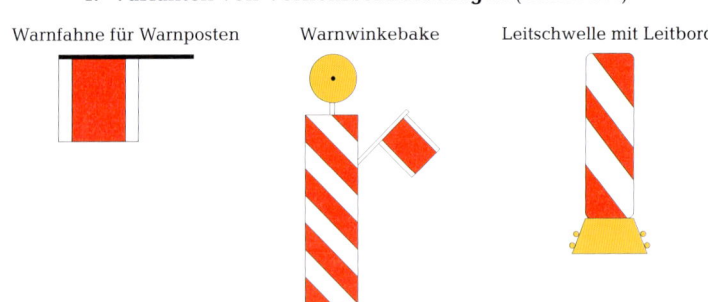

3 Benannt im Andenken an Trixi Willburger aus S., die von einem rechtsabbiegenden LKW überrollt wurde

II. Durchführungs-, Bußgeld- und Schlussvorschriften

§ 44 Sachliche Zuständigkeit

(1) Sachlich zuständig zur Ausführung dieser Verkehrsordnung sind, soweit nichts anderes bestimmt ist, die Straßenverkehrsbehörden; dies sind die nach Landesrecht zuständigen unteren Verwaltungsbehörden oder die Behörden, denen durch Landesrecht die Aufgaben der Straßenverkehrsbehörde zugewiesen sind. Die zuständigen obersten Landesbehörden und die höheren Verwaltungsbehörden können diesen Behörden Weisungen auch für den Einzelfall erteilen oder die erforderlichen Maßnahmen selbst treffen. Nach Maßgabe des Landesrechts kann die Zuständigkeit der obersten Landesbehörden und der höheren Verwaltungsbehörden im Einzelfall oder allgemein auf eine andere Stelle übertragen werden.

(2) Die Polizei ist befugt, den Verkehr durch Zeichen und Weisungen (§ 36) und durch Bedienung von Lichtzeichenanlagen zu regeln. Bei Gefahr im Verzuge kann zur Aufrechterhaltung der Sicherheit oder Ordnung des Straßenverkehrs die Polizei an Stelle der an sich zuständigen Behörden tätig werden und vorläufige Maßnahmen treffen; sie bestimmt dann die Mittel zur Sicherung und Lenkung des Verkehrs.

(3) Die Erlaubnis nach § 29 Abs. 2[1] und nach § 30 Abs. 2[2] erteilt die Straßenverkehrsbehörde, dagegen die höhere Verwaltungsbehörde, wenn die Veranstaltung über den Bezirk einer Straßenverkehrsbehörde hinausgeht, und die oberste Landesbehörde, wenn die Veranstaltung sich über den Verwaltungsbezirk einer höheren Verwaltungsbehörde hinaus erstreckt. Berührt die Veranstaltung mehrere Länder, so ist diejenige oberste Landesbehörde zuständig, in deren Land die Veranstaltung beginnt. Nach Maßgabe des Landesrechts kann die Zuständigkeit der obersten Landesbehörden und der höheren Verwaltungsbehörden im Einzelfall oder allgemein auf eine andere Stelle übertragen werden.

(3 a) Die Erlaubnis nach § 29 Abs. 3[3] erteilt die Straßenverkehrsbehörde, dagegen die höhere Verwaltungsbehörde, welche Abweichungen von den Abmessungen, den Achslasten, dem zulässigen Gesamtgewicht und dem Sichtfeld des Fahrzeugs über eine Ausnahme zulässt, sofern kein Anhörungsverfahren stattfindet; sie ist dann auch zuständig für Ausnahmen nach § 46 Abs. 1 Nr. 2 und 5 im Rahmen einer solchen Erlaubnis. Dasselbe gilt, wenn eine andere Behörde diese Aufgaben der höheren Verwaltungsbehörde wahrnimmt.

---

1 Übermäßige Straßenbenutzung durch Kolonnenverkehr und sonstige Veranstaltungen
2 Erlaubnisse für Veranstaltungen, die die Nachtruhe stören können
3 Erlaubnisse für Großraum- und Schwerverkehr

(4) Vereinbarungen über die Benutzung von Straßen durch den Militärverkehr werden von der Bundeswehr oder den Truppen der nichtdeutschen Vertragsstaaten des Nordatlantikpaktes mit der obersten Landesbehörde oder der von ihr bestimmten Stelle abgeschlossen.

(5) Soweit keine Vereinbarungen oder keine Sonderregelungen für ausländische Streitkräfte bestehen, erteilen die höheren Verwaltungsbehörden oder die nach Landesrecht bestimmten Stellen die Erlaubnis für übermäßige Benutzung der Straße durch die Bundeswehr oder durch die Truppen der nichtdeutschen Vertragsstaaten des Nordatlantikpaktes; sie erteilen auch die Erlaubnis für die übermäßige Benutzung der Straße durch den Bundesgrenzschutz, die Polizei und den Katastrophenschutz.

VwV zu § 44 Sachliche Zuständigkeit

Die Bekämpfung der Verkehrsunfälle

1   I. Die Bekämpfung der Verkehrsunfälle setzt eine möglichst genaue Kenntnis aller mitwirkenden Ursachen voraus. Für allgemeine Maßnahmen sind die Unfallstatistiken unentbehrlich. Diese bedürfen aber der Ergänzung durch die örtliche Untersuchung der Straßenverkehrsunfälle, weil nur so die Verwaltungsbehörden Unterlagen für die Behebung örtlicher Gefahrenquellen erhalten. Diese Erhebungen dienen vor allem dem Ziel, zu ermitteln, wo sich die Unfälle häufen, worauf diese gerade dort zurückzuführen sind, und welche Maßnahmen als angezeigt erscheinen, um erkannte Unfallquellen zu beseitigen.

2   II. Das Ergebnis der örtlichen Untersuchungen dient der Polizei als Unterlage für zweckmäßigen Einsatz, den Verkehrsbehörden für verkehrsregelnde und den Straßenbaubehörden für straßenbauliche Maßnahmen.

3   III. Dazu bedarf es der Anlegung von Unfallsteckkarten, wobei es sich empfiehlt, bestimmte Arten von Unfällen in besonderer Weise, etwa durch die Verwendung verschiedenfarbiger Nadeln, zu kennzeichnen. Außerdem sind Unfallblattsammlungen zu führen oder Unfallstraßenkarteien anzulegen. Für Straßenstellen mit besonders vielen Unfällen oder mit Häufungen gleichartiger Unfälle sind Kollisionsdiagramme zu fertigen. Diese Unterlagen sind sorgfältig auszuwerten; vor allem Vorfahrtunfälle, Abbiegeunfälle, Unfälle mit kreuzenden Fußgängern und Unfälle infolge Verlustes der Fahrzeugkontrolle weisen häufig darauf hin, dass die bauliche Beschaffenheit der Straße mangelhaft oder die Verkehrsregelung unzulänglich ist.

4   IV. Welche Behörde diese Unterlagen zu führen und auszuwerten hat, richtet sich nach Landesrecht. Jedenfalls bedarf es engster Mitwirkung auch der übrigen beteiligten Behörden.

5   V. Wenn örtliche Unfalluntersuchungen ergeben haben, dass sich an einer bestimmten Stelle regelmäßig Unfälle ereignen, so ist zu prüfen, ob es sich dabei um Unfälle ähnlicher Art handelt. Ist das der Fall, so kann durch verkehrsregelnde oder bauliche Maßnahmen häufig für eine Entschärfung der Gefahrenstelle gesorgt werden. Derartige Maßnahmen sind in jedem Fall ins Auge zu fassen, auch wenn in absehbarer Zeit eine völlige Umgestaltung geplant ist.

Zu Absatz 1

6   Müssen Verkehrszeichen und Verkehrseinrichtungen, insbesondere Fahrbahnmarkierungen, aus technischen oder wirtschaftlichen Gründen über die Grenzen der Verwaltungsbezirke hinweg einheitlich angebracht werden, so sorgen die zuständigen obersten Landesbehörden für die notwendigen Anweisungen.

Zu Absatz 2

Aufgaben der Polizei

7   I. Bei Gefahr im Verzug, vor allem an Schadenstellen, bei Unfällen und sonstigen

unvorhergesehenen Verkehrsbehinderungen ist es Aufgabe der Polizei, auch mit Hilfe von Absperrgeräten und Verkehrszeichen den Verkehr vorläufig zu sichern und zu regeln. Welche Verkehrszeichen und Absperrgeräte im Einzelfall ange-bracht werden, richtet sich nach den Straßen-, Verkehrs- und Sichtverhältnissen sowie nach der Ausrüstung der eingesetzten Polizeikräfte.

8   An Unfallstellen ist dabei, wenn möglich, das Z. 101 mit dem Zusatzschild „Unfall" zu verwenden. Auch am Tage ist zur rechtzeitigen Warnung des übrigen Verkehrs am Polizeifahrzeug das blaue Blinklicht einzuschalten. Auf Autobahnen und Kraftfahrstraßen sind darüber hinaus zur rückwärtigen Sicherung besondere Sicherungsleuchten zu verwenden. Nicht retroreflektierende Vorschriftzeichen sind erforderlichenfalls (§ 17 Abs. 1) durch Handweitleuchten oder ähnliche Licht-quellen anzustrahlen.

9   II. Vorheriger Anhörung der Straßenverkehrsbehörde oder der Straßenbau-behörde bedarf es in den Fällen der Nr. I nicht. Dagegen hat die Polizei, wenn wegen der Art der Schadenstelle, des Unfalls oder der Verkehrsbehinderung eine länger dauernde Verkehrssicherung oder -regelung notwendig ist, die zu-ständige Behörde zu unterrichten, damit diese die weiteren Maßnahmen treffen kann. Welche Maßnahmen notwendig sind, haben die zuständigen Behörden im Einzelfall zu entscheiden.

1 Aus der amtlichen Begründung

Auch soweit die Polizei die Mittel zur Sicherung und Lenkung des Verkehrs bestimmt, kommen in erster Linie amtliche Verkehrszeichen und -einrich-tungen in Betracht (Begr. 1970).

2 Erläuterungen

2.1 Zuständigkeit für die Verkehrsregelung

Der Vollzug des Verkehrsrechts obliegt den Ländern, die die verkehrs-rechtlichen Gesetze und Verordnungen als eigene Angelegenheiten aus-führen (Art. 83 Abs. 1 GG). Dabei regeln die Länder die Einrichtung der Behörden und das Verwaltungsverfahren (Art. 84 Abs. 1 GG). Die Bundes-regierung übt die Aufsicht darüber aus, dass die Länder das geltende Ver-kehrsrecht zutreffend ausführen (Art. 83 Abs. 3). Wer Straßenverkehrs-behörde ist, bestimmt sich nach den Zuständigkeitsgesetzen der Länder (i. d. R. Kreisverwaltungen, Landratsämter, Bürgermeister/Stadtdirektoren kreisfreier Städte). Höhere Verwaltungsbehörden sind Regierungspräsidien/ Bezirksregierungen, Landesämter. In den Stadtstaaten Berlin, Bremen, Hamburg fehlt diese Ebene. Deren Aufgaben werden entweder durch die obersten oder bei Zuweisung von den unteren Verwaltungsbehörden wahrgenommen. Oberste Landesbehörden sind die Verkehrs- bzw. Innen-ministerien der Länder. Die Delegation hoheitlicher Aufgaben der Straßen-verkehrsbehörde auf private Institutionen ist unzulässig (BayVGH VerkMitt 1992 Nr. 67 = VRS 83, 226 = DAR 1992, 272). Verkehrszeichen an einem Forstweg sind unwirksam, wenn nicht die Straßenverkehrsbehörde, sondern das Forstamt die Aufstellung angeordnet hat (BayObLG VRS 66, 383). Die Aufstellung und Unterhaltung der angeordneten Verkehrszeichen und Ein-richtungen obliegt dem Straßenbaulastträger (§ 5 b StVG, § 45 Abs. 5 StVO).

2.2 Weisungsrecht der Verkehrsbehörden

Die den Verkehrsministerien der Länder obliegende Verantwortung für das Verkehrsgeschehen sieht unmittelbare Weisungs- und Zugriffsrechte bis zu den unteren Verkehrsbehörden vor. Dem tragen auch die regelmäßig

zusammen tretenden Bund/Länder-Fachausschüsse, Verkehrsabteilungs-
leiter- und Verkehrsministerkonferenzen Rechnung, deren vordringliche
Aufgabe die Gewährleistung eines einheitlichen bundesweiten Vollzugs
des Verkehrswesen ist. Die Verlagerung von verkehrlichen Aufgaben auf
Verwaltungseinheiten, die auf Grund von Kommunalrechten nicht der
Fachaufsicht der obersten oder höheren Verkehrsbehörden unterstehen, ist
unzulässig. Je nach Verwaltungsstruktur können oberste und höhere Verkehrsbehörden Weisungen an die Straßenverkehrsbehörde erteilen oder
von ihrem Selbsteintrittsrecht Gebrauch machen. Eine straßenverkehrsbehördliche Weisung zur Anordnung von Verkehrszeichen kann von der
Gemeinde nur dann angefochten werden, wenn die Maßnahme „im Einvernehmen" mit der Kommune getroffen werden muss und dadurch Außen-
wirkung entfaltet (BVerwG VRS 89, 305) oder in Angelegenheiten der
kommunalen Selbstverwaltung eingreift (BVerwG VerkMitt 1995 Nr. 59 =
NZV 1995, 232; Steiner NZV 1995, 209).

2.3 Selbsteintrittsrecht

Da die Länder Bundesrecht auf Grund verfassungsrechtlicher Zuweisung
nach Art. 83 GG als eigene Angelegenheiten ausführen, sind sie für die
rechtmäßige Anwendung verkehrsrechtlicher Normen unmittelbar verantwortlich. Sie können deshalb auch die den Unteren Verwaltungsbehörden
zugewiesenen Aufgaben ganz oder zum Teil an sich ziehen und die notwendigen Anordnungen selbst treffen („Selbsteintrittsrecht").

2.4 Aufgaben der Verkehrspolizei

Zur Abwendung unmittelbarer Gefahren stehen der Polizei nicht nur die
Rechte aus den allgemeinen Sicherheits- und Ordnungsgesetzen der Länder
zur Verfügung. Durch § 44 Abs. 2 ist die Polizei bei Gefahr im Verzug
unmittelbar ermächtigt, sich des Verkehrszeichen-Instrumentariums zu bedienen, um im Interesse der Sicherheit oder Ordnung ihren Schutzaufgaben
zu genügen. Daneben kann die Polizei im Rahmen ihrer Aufgaben zur
Regelung des Verkehrs **Zeichen und Weisungen** nach § 36 StVO erteilen
und die LZA steuern. Bei nicht nur vorübergehenden Maßnahmen besteht
auch für die Polizei die Pflicht zur Unterrichtung der Straßenverkehrsbehörde (oder Straßenbaubehörde), die dann endgültige Regelungen zu
veranlassen hat.

Die sachliche **Zuständigkeit** des Polizeibeamten hängt nicht davon ab, ob er
Dienstkleidung trägt und sich vor dem Einschreiten „im Dienst" befindet
(OLG Celle VRS 28, 130).

2.4.1 Gefahr im Verzug

„Gefahr im Verzug" bedeutet die dringende Notwendigkeit und Unauf-
schiebbarkeit von Maßnahmen (OVG Münster MDR 1974, 170). Die Mittel
beim polizeilichen Einschreiten müssen dem **Grundsatz der Verhältnismäßigkeit** entsprechen. Maßnahmen, die die Polizei bei Gefahr im Verzug
getroffen hat, sind von den Verkehrsteilnehmern auch dann zu beachten,
wenn für sie keine erkennbare Gefahr mehr besteht (OLG Stuttgart VRS 60,
464). Ob betrunkene Kraftfahrer nötigenfalls gewaltsam am Weiterfahren
gehindert (BGH VRS 39, 184) oder falsch geparkte Fahrzeuge auf Kosten
des Halters abgeschleppt werden dürfen (OLG Münster DAR 1973, 334),
richtet sich nach den Sicherheits- und Ordnungsgesetzen der Länder.

2.4.2 Verkehrssicherheit

Aus dem Auftrag aus § 53 OWiG und 163 StPO folgt die Verpflichtung der Polizei zur Gewährleistung der Sicherheit und Ordnung des Verkehrs. Zur regelmäßigen Kontrolle der Verkehrssicherheit der Straße ist die Polizei nur im Rahmen ihrer Kräftelage verpflichtet. Das besondere Augenmerk ist vordringlich auf unfallträchtige Verstöße zu legen. Bei besonderem Anlass muss sie eingreifen („pflichtgemäßes Ermessen").

3 Hinweise

3.1 Sachliche Zuständigkeit für die Anordnung von Verkehrszeichen und Verkehrseinrichtungen: § 45; für Erlaubnisse: §§ 29 Abs. 2 und 3, 30 Abs. 3; für Ausnahmegenehmigungen: § 46; örtliche Zuständigkeit für Erlaubnisse und Ausnahmegenehmigungen: § 47.

3.2 Durchführung von **Verkehrsschauen**: Rn. 57 VwV zu § 45.

3.3 Verhalten der Polizei gegenüber Personen mit diplomatischen oder konsularischen Vorrechten: Gemeinsames Ministerialblatt 1975 S. 347. In eiligen Zweifelsfällen Anfrage beim Auswärtigen Amt – Protokoll; zu „Protokollfahrten" mit polizeilicher Eskorte: VkBl. 1973, S. 494 (504).

3.4 Richtlinie für den Anschluss von Rundfunksendern an den Verkehrswarndienst der Polizei: VkBl. 1995, S. 656.

§ 45 Verkehrszeichen und Verkehrseinrichtungen

(1) Die Straßenverkehrsbehörden können die Benutzung bestimmter Straßen oder Straßenstrecken aus Gründen der Sicherheit oder Ordnung des Verkehrs beschränken oder verbieten und den Verkehr umleiten. Das gleiche Recht haben sie

1. zur Durchführung von Arbeiten im Straßenraum,
2. zur Verhütung außerordentlicher Schäden an der Straße,
3. zum Schutz der Wohnbevölkerung vor Lärm und Abgasen,
4. zum Schutz der Gewässer und Heilquellen,
5. hinsichtlich der zur Erhaltung der öffentlichen Sicherheit erforderlichen Maßnahmen sowie
6. zur Erforschung des Unfallgeschehens, des Verkehrsverhaltens, der Verkehrsabläufe sowie zur Erprobung geplanter verkehrssichernder oder verkehrsregelnder Maßnahmen.

(1 a) Das gleiche Recht haben sie ferner

1. in Bade- und heilklimatischen Kurorten,
2. in Luftkurorten,
3. in Erholungsorten von besonderer Bedeutung,
4. in Landschaftsgebieten und Ortsteilen, die überwiegend der Erholung dienen,
4 a. hinsichtlich örtlich begrenzter Maßnahmen aus Gründen des Arten- oder Biotopschutzes,
4 b. hinsichtlich örtlich und zeitlich begrenzter Maßnahmen zum Schutz kultureller Veranstaltungen, die außerhalb des Straßenraumes stattfinden und durch den Straßenverkehr, insbesondere durch den von diesem ausgehenden Lärm, erheblich beeinträchtigt werden,
5. in der Nähe von Krankenhäusern und Pflegeanstalten sowie
6. in unmittelbarer Nähe von Erholungsstätten außerhalb geschlossener Ortschaften, wenn dadurch anders nicht vermeidbare Belästigungen durch den Fahrzeugverkehr verhütet werden können.

(1 b) Die Straßenverkehrsbehörden treffen auch die notwendigen Anordnungen

1. im Zusammenhang mit der Einrichtung von gebührenpflichtigen Parkplätzen für Großveranstaltungen,
2. im Zusammenhang mit der Kennzeichnung von Parkmöglichkeiten für Schwerbehinderte mit außergewöhnlicher Gehbehinderung und Blinde,
2 a. im Zusammenhang mit der Kennzeichnung von Parkmöglichkeiten für Bewohner städtischer Quartiere mit erheblichem Parkraummangel durch vollständige oder zeitlich beschränkte Reservierung des Parkraums für die Berechtigten oder durch Anordnung der Freistellung von angeordneten Parkraumbewirtschaftungsmaßnahmen,
3. zur Kennzeichnung von Fußgängerbereichen und verkehrsberuhigten Bereichen,
4. zur Erhaltung der Sicherheit oder Ordnung in diesen Bereichen sowie

5.   zum Schutz der Bevölkerung vor Lärm und Abgasen oder zur Unterstützung einer geordneten städtebaulichen Entwicklung.
Die Straßenverkehrsbehörden ordnen die Parkmöglichkeiten für Anwohner, die Kennzeichnung von Fußgängerbereichen, verkehrsberuhigten Bereichen und Maßnahmen zum Schutze der Bevölkerung vor Lärm und Abgasen oder zur Unterstützung einer geordneten städtebaulichen Entwicklung im Einvernehmen mit der Gemeinde an.

(1c) Die Straßenverkehrsbehörden ordnen ferner innerhalb geschlossener Ortschaften, insbesondere in Wohngebieten und Gebieten mit hoher Fußgänger- und Fahrradverkehrsdichte sowie hohem Querungsbedarf, Tempo 30-Zonen im Einvernehmen mit der Gemeinde an. Die Zonen-Anordnung darf sich weder auf Straßen des überörtlichen Verkehrs (Bundes-, Landes- und Kreisstraßen) noch auf weitere Vorfahrtstraßen (Zeichen 306) erstrecken. Sie darf nur Straßen ohne Lichtzeichen geregelte Kreuzungen oder Einmündungen, Fahrstreifenbegrenzungen (Zeichen 295), Leitlinien (Zeichen 340), benutzungspflichtige Radwege (Zeichen 237, 240, 241 oder Zeichen 295 in Verbindung mit Zeichen 237) umfassen. An Kreuzungen und Einmündungen innerhalb der Zone muss grundsätzlich die Regel nach § 8 Abs. 1 Satz 1 („Rechts vor Links") gelten. Abweichend von Satz 3 bleiben vor dem 1. November 2000 angeordnete Tempo 30-Zonen mit Lichtzeichenanlagen zum Schutz der Fußgänger zulässig.

(1d) In zentralen städtischen Bereichen mit hohem Fußgängeraufkommen und überwiegender Aufenthaltsfunktion (verkehrsberuhigte Geschäftsbereiche) können auch Zonen-Geschwindigkeitsbeschränkungen von weniger als 30 km/h angeordnet werden.

(1e)[1]Nach Maßgabe der auf Grund des § 40 des Bundes-Immissionsschutzgesetzes von den Landesregierungen erlassenen Rechtsverordnungen (Smog-Verordnungen) bestimmen die Straßenverkehrsbehörden schließlich, wo und welche Verkehrszeichen und Verkehrseinrichtungen bei Smog aufzustellen sind.

(2) Zur Durchführung von Straßenbauarbeiten und zur Verhütung von außerordentlichen Schäden an der Straße, die durch deren baulichen Zustand bedingt sind, können die Straßenbaubehörden – vorbehaltlich anderer Maßnahmen der Straßenverkehrsbehörden – Verkehrsverbote und -beschränkungen anordnen, den Verkehr umleiten und ihn durch Markierungen und Leiteinrichtungen lenken. Straßenbaubehörde im Sinne dieser Verordnung ist die Behörde, welche die Aufgaben des beteiligten Trägers der Straßenbaulast nach den gesetzlichen Vorschriften wahrnimmt. Für Bahnübergänge von Eisenbahnen des öffentlichen Verkehrs können nur die Bahnunternehmen

---

1 In § 45 soll ein neuer Absatz 1e-neu durch Art. 3 des Gesetzes zur Änderung des Fernstraßenbauprivatfinanzierungsgesetzes und straßenverkehrsrechtlicher Vorschriften (FStrPrivFinÄndG) – Bundesrats-Drucksache 1091/1/01 (Stand 24.1.2002) mit folgendem Wortlaut eingefügt werden: „Die Straßenverkehrsbehörden ordnen die für den Betrieb von mautgebührenpflichtigen Strecken erforderlichen Verkehrszeichen und Verkehrseinrichtungen auf der Grundlage des von dem Konzessionsnehmer vorgelegten Verkehrszeichenplans an"
Der Absatz 1e-alt des § 45 wird dann zum Absatz 1f-neu. Das Gesetz war bei Drucklegung noch nicht verabschiedet

durch Blinklicht- oder Lichtzeichenanlagen, durch rot-weiß gestreifte Schranken oder durch Aufstellung des Andreaskreuzes ein bestimmtes Verhalten der Verkehrsteilnehmer vorschreiben. Alle Gebote und Verbote sind durch Zeichen und Verkehrseinrichtungen nach dieser Verordnung anzuordnen.

(3) Im Übrigen bestimmen die Straßenverkehrsbehörden, wo und welche Verkehrszeichen und Verkehrseinrichtungen anzubringen und zu entfernen sind, bei Straßennamensschildern nur darüber, wo diese so anzubringen sind, wie Zeichen 437 zeigt. Die Straßenbaubehörden bestimmen – vorbehaltlich anderer Anordnungen der Straßenverkehrsbehörden – die Art der Anbringung und der Ausgestaltung, wie Übergröße, Beleuchtung; ob Leitpfosten anzubringen sind, bestimmen sie allein. Sie können auch – vorbehaltlich anderer Maßnahmen der Straßenverkehrsbehörden – Gefahrzeichen anbringen, wenn die Sicherheit des Verkehrs durch den Zustand der Straße gefährdet wird.

(3 a) Die Straßenverkehrsbehörde erlässt die Anordnung zur Aufstellung der Zeichen 386 nur im Einvernehmen mit der obersten Straßenverkehrsbehörde des Landes oder der von ihr dafür beauftragten Stelle. Die Zeichen werden durch die zuständige Straßenbaubehörde aufgestellt.

(4) Die genannten Behörden dürfen den Verkehr nur durch Verkehrszeichen und Verkehrseinrichtungen regeln und lenken; in den Fällen des Absatzes 1 Satz 2 Nr. 5 und des Absatzes 1 d auch durch Anordnungen, die durch Rundfunk, Fernsehen, Tageszeitungen oder auf andere Weise bekannt gegeben werden, sofern die Aufstellung von Verkehrszeichen und -einrichtungen nach den gegebenen Umständen nicht möglich ist.

(5) Zur Beschaffung, Anbringung, Unterhaltung und Entfernung der Verkehrszeichen und Verkehrseinrichtungen und zu deren Betrieb einschließlich ihrer Beleuchtung ist der Baulastträger verpflichtet, sonst der Eigentümer der Straße. Das gilt auch für die von der Straßenverkehrsbehörde angeordnete Beleuchtung von Fußgängerüberwegen. Werden Verkehrszeichen oder Verkehrseinrichtungen für eine Veranstaltung nach § 29 Abs. 2 erforderlich, so kann die Straßenverkehrsbehörde der Gemeinde, in der die Veranstaltung stattfindet, mit deren Einvernehmen die Verpflichtung nach Satz 1 übertragen.

(6) Vor dem Beginn von Arbeiten, die sich auf den Straßenverkehr auswirken, müssen die Unternehmer – die Bauunternehmer unter Vorlage eines Verkehrszeichenplans – von der zuständigen Behörde Anordnungen nach Absatz 1 bis 3 darüber einholen, wie ihre Arbeitsstellen abzusperren und zu kennzeichnen sind, ob und wie der Verkehr, auch bei teilweiser Straßensperrung, zu beschränken, zu leiten und zu regeln ist, ferner ob und wie sie gesperrte Straßen und Umleitungen zu kennzeichnen haben. Sie haben diese Anordnungen zu befolgen und Lichtzeichenanlagen zu bedienen.

(7) Sind Straßen als Vorfahrtsstraßen oder als Verkehrsumleitungen gekennzeichnet, bedürfen Baumaßnahmen, durch welche die Fahrbahn eingeengt wird, der Zustimmung der Straßenverkehrsbehörde; ausgenommen sind die laufende Straßenunterhaltung sowie Notmaß-

nahmen. Die Zustimmung gilt als erteilt, wenn sich die Behörde nicht innerhalb einer Woche nach Eingang des Antrags zu der Maßnahme geäußert hat.

(8) Die Straßenverkehrsbehörden können innerhalb geschlossener Ortschaften die zulässige Höchstgeschwindigkeit auf bestimmten Straßen durch Zeichen 274 erhöhen. Außerhalb geschlossener Ortschaften können sie mit Zustimmung der zuständigen obersten Landesbehörden die nach § 3 Abs. 3 Nr. 2 Buchstabe c zulässige Höchstgeschwindigkeit durch Zeichen 274 auf 120 km/h anheben.

(9) Verkehrszeichen und Verkehrseinrichtungen sind nur dort anzuordnen, wo dies auf Grund der besonderen Umstände zwingend geboten ist. Abgesehen von der Anordnung von Tempo 30-Zonen nach Abs. 1 c oder Zonen-Geschwindigkeitsbeschränkungen nach Abs. 1 d oder von Maßnahmen bei Überschreiten der Konzentrationswerte der 23. Verordnung zur Durchführung des Bundes-Immissionsschutzgesetzes dürfen Beschränkungen und Verbote des fließenden Verkehrs nur angeordnet werden, wenn auf Grund der besonderen örtlichen Verhältnisse eine Gefahrenlage besteht, die das allgemeine Risiko einer Beeinträchtigung der in den vorstehenden Absätzen genannten Rechtsgüter erheblich übersteigt. Gefahrzeichen dürfen nur dort angebracht werden, wo es für die Sicherheit des Verkehrs unbedingt erforderlich ist, weil auch ein aufmerksamer Verkehrsteilnehmer die Gefahr nicht oder nicht rechtzeitig erkennen kann und auch nicht mit ihr rechnen muss.

VwV zu § 45 Verkehrszeichen und Verkehrseinrichtungen

Zu Absatz 1 bis 1 e

1 I. Vor jeder Entscheidung sind die Straßenbaubehörde und die Polizei zu hören. Wenn auch andere Behörden zu hören sind, ist dies bei den einzelnen Zeichen gesagt.

2 II. Vor jeder Entscheidung sind erforderlichenfalls zumutbare Umleitungen im Rahmen des Möglichen festzulegen.

3 III. 1. Die Straßenverkehrsbehörde bedarf der Zustimmung der obersten Landesbehörde oder der von ihr bestimmten Stelle zur Anbringung und Entfernung folgender Verkehrszeichen:

4 a) auf allen Straßen der Z. 201, 261, 269, 275, 279, 290, 292, 330, 331, 334, 336, 363, 380, 460 sowie des Zusatzschildes ,,abknickende Vorfahrt" (hinter Z. 306),

5 b) auf Autobahnen, Kraftfahrstraßen und Bundesstraßen: des Z. 250, auch mit auf bestimmte Verkehrsarten beschränkenden Sinnbildern, wie der Z. 251 oder 253, sowie der Z. 262 und 263,

6 c) auf Autobahnen, Kraftfahrstraßen sowie auf Bundesstraßen außerhalb geschlossener Ortschaften: der Z. 276, 277, 280, 281, 295 als Fahrstreifenbegrenzung und 296,

7 d) auf Autobahnen und Kraftfahrstraßen: der Z. 209 bis 214, 274 und 278,

8 e) auf Bundesstraßen: des Z. 274 samt dem Z. 278 dann, wenn die zulässige Höchstgeschwindigkeit auf weniger als 60 km/h ermäßigt wird.

9 2. Die obersten Landesbehörden sollten jedenfalls für Straßen von erheblicher Verkehrsbedeutung, die in Nr. 1 b bis e nicht aufgeführt sind, entsprechende Anweisungen geben.

10 3. Der Zustimmung bedarf es nicht, wenn jene Maßnahmen zur Durchführung von Arbeiten im Straßenraum oder zur Verhütung außerordentlicher Schäden

an den Straßen getroffen werden oder durch unvorhergesehene Ereignisse wie Unfälle, Schadenstellen oder Verkehrsstauungen veranlasst sind.

11 4. Die Straßenverkehrsbehörde bedarf der Zustimmung der obersten Landesbehörde oder der von ihr beauftragten Stelle außerdem für die Anordnung des Schildes nach § 37 Abs. 2 Nr. 1 Satz 8 („Grünpfeil").

12 IV. Die Straßenverkehrsbehörde bedarf der Zustimmung der höheren Verwaltungsbehörde oder der von ihr bestimmten Stelle zur Aufstellung und Entfernung folgender Verkehrszeichen auf allen Straßen: der Z. 293, 306, 307 und 354 sowie des Zusatzschilds ,,Nebenstrecke".

13 V. Die Straßenverkehrsbehörde bedarf der Zustimmung der obersten Landesbehörde oder der von ihr bestimmten Stelle zur Anordnung von Maßnahmen zum Schutz der Bevölkerung vor Lärm und Abgasen. Das Bundesministerium für Verkehr, Bau- und Wohnungswesen gibt im Einvernehmen mit den zuständigen obersten Landesbehörden „Richtlinien für straßenverkehrsrechtliche Maßnahmen zum Schutz der Bevölkerung vor Lärm (Lärmschutz-Richtlinien-StV)" im Verkehrsblatt bekannt.

14 VI. Der Zustimmung bedarf es in den Fällen der Nr. III bis V nicht, wenn und soweit die oberste Landesbehörde die Straßenverkehrsbehörde vom Erfordernis der Zustimmung befreit hat.

15 VII. Unter Landschaftsgebieten, die überwiegend der Erholung der Bevölkerung dienen, sind z. B. Naturparks zu verstehen.

16 VIII. Maßnahmen zum Schutz kultureller Veranstaltungen (z. B. bedeutende Musik- oder Theaterdarbietungen, insbesondere auf Freilichtbühnen) kommen nur in Betracht, wenn diese erheblich durch vom Straßenverkehr ausgehende Lärmemission beeinträchtigt werden. Insbesondere kann sich für die Dauer der Veranstaltung eine Umleitung des Schwerverkehrs empfehlen.

17 IX. Parkmöglichkeiten für Schwerbehinderte mit außergewöhnlicher Gehbehinderung und Blinde
Der begünstigte Personenkreis ist derselbe wie in Nr. 2 zu § 46 Abs. 1 Nr. 11 aufgeführt.

18 Wegen der Ausgestaltung der Parkplätze wird auf die DIN 18024-1 „Barrierefreies Bauen, Teil 1: Straßen, Plätze, Wege, öffentliche Verkehrs- und Grünanlagen sowie Spielplätze; Planungsgrundlagen" verwiesen.

19 1. a) Parkplätze, die Allgemein dem erwähnten Personenkreis zur Verfügung stehen, kommen, gegebenenfalls mit zeitlicher Beschränkung, insbesondere dort in Betracht, wo der erwähnte Personenkreis besonders häufig auf einen derartigen Parkplatz angewiesen ist, z. B. in der Nähe von Behörden, Krankenhäusern, Orthopädischen Kliniken.

20 b) Für die Benutzung dieser Parkplätze genügt die nach § 46 Abs. 1 Nr. 11 erteilte Ausnahmegenehmigung.

21 c) Die Kennzeichnung dieser Parkplätze erfolgt in der Regel durch die Z. 314 oder 315 mit dem Zusatzschild ,,Rollstuhlfahrersymbol".

22 Ausnahmsweise (§ 41 Abs. 3 Nr. 7) kann eine Bodenmarkierung „Rollstuhlfahrersymbol" genügen.

23 2. a) Parkplätze für bestimmte Schwerbehinderte mit außergewöhnlicher Gehbehinderung und Blinde, z. B. vor der Wohnung oder in der Nähe der Arbeitsstätte, setzen eine Prüfung voraus, ob

24 – ein Parksonderrecht erforderlich ist. Das ist z. B. nicht der Fall, wenn Parkraummangel nicht besteht oder der Schwerbehinderte in zumutbarer Entfernung eine Garage oder einen Abstellplatz außerhalb des öffentlichen Verkehrsraumes hat,

25 – ein Parksonderrecht vertretbar ist. Das ist z. B. nicht der Fall, wenn ein Haltverbot (Z. 283) angeordnet wurde,

26 – ein zeitlich beschränktes Parksonderrecht genügt.

27 b) In diesen Fällen erteilt die zuständige Straßenverkehrsbehörde einen besonderen bundeseinheitlichen Parkausweis, den das Bundesministerium für Verkehr, Bau- und Wohnungswesen im Verkehrsblatt bekannt gibt.

28 c) Die Kennzeichnung dieser Parkplätze erfolgt durch die Z. 314, 315 mit dem Zusatzschild „(Rollstuhlfahrersymbol) mit Parkausweis Nr. ".

X. Sonderparkberechtigungen für Bewohner städtischer Quartiere mit erheblichem Parkraummangel (Bewohnerparkvorrechte)

29 1. Die Anordnung von Bewohnerparkvorrechten ist nur dort zulässig, wo mangels privater Stellflächen und auf Grund eines erheblichen allgemeinen Parkdrucks die Bewohner des städtischen Quartiers regelmäßig keine ausreichende Möglichkeit haben, in ortsüblich fußläufig zumutbarer Entfernung von ihrer Wohnung einen Stellplatz für ihr Kraftfahrzeug zu finden.

30 2. Bewohnerparkvorrechte sind vorrangig mit Z. 286 oder Z. 290 mit Zusatzschild „Bewohner mit Parkausweis ... frei", in den Fällen des erlaubten Gehwegparkens mit Z. 315 mit Zusatzschild „nur Bewohner mit Parkausweis ..." anzuordnen. Eine bereits angeordnete Beschilderung mit Z. 314 (Anwohnerparkvorrecht nach altem Recht) bleibt weiter zulässig. Werden solche Bewohnerparkvorrechte als Freistellung von angeordneten Parkraumbewirtschaftungsmaßnahmen angeordnet (vgl. Nr. 6), kommen nur Z. 314, 315 in Betracht. Die Bezeichnung des Parkausweises (Buchstabe oder Nummer) auf dem Zusatzschild kennzeichnet zugleich die räumliche Geltung des Bewohnerparkvorrechts.

31 3. Die Bereiche mit Bewohnerparkvorrechten sind unter Berücksichtigung des Gemeingebrauchs (vgl. dazu Nr. 4), des vorhandenen Parkdrucks (vgl. dazu Nr. 1) und der örtlichen Gegebenheiten festzulegen. Dabei muss es sich um Nahbereiche handeln, die von den Bewohnern dieser städtischen Quartiere üblicherweise zum Parken aufgesucht werden. Die maximale Ausdehnung eines Bereichs darf auch in Städten mit mehr als 1 Mio. Einwohner 1 000 m nicht übersteigen. Soweit die Voraussetzungen nach Nr. 1 in einem städtischen Gebiet vorliegen, dessen Größe die ortsangemessene Ausdehnung eines Bereichs mit Bewohnerparkvorrechten übersteigt, ist die Aufteilung des Gebietes in mehrere Bereiche mit Bewohnerparkvorrechten (mit verschiedenen Buchstaben oder Nummern) zulässig.

32 4. Innerhalb eines Bereiches mit Bewohnerparkvorrechten dürfen werktags von 9.00 bis 18.00 Uhr nicht mehr als 50 %, in der übrigen Zeit nicht mehr als 75 % der zur Verfügung stehenden Parkfläche für die Bewohner reserviert werden. In kleinräumigen Bereichen mit Wohnbebauung, in denen die ortsangemessene Ausdehnung (vgl. Nr. 3) wesentlich unterschritten wird, können diese Prozentvorgaben überschritten werden, wenn eine Gesamtbetrachtung der ortsangemessenen Höchstausdehnung wiederum die Einhaltung der Prozentvorgaben ergibt.

33 5. Für Parkflächen zur allgemeinen Nutzung empfiehlt sich die Parkraumbewirtschaftung (Parkscheibe, Parkuhr, Parkscheinautomat). Nicht reservierte Parkflächen sollen möglichst gleichmäßig und unter besonderer Berücksichtigung ansässiger Wirtschafts- und Dienstleistungsunternehmen mit Liefer- und Publikumsverkehr sowie des Publikumsverkehrs von freiberuflich Tätigen in dem Bereich verteilt sein.

34 6. Bewohnerparkvorrechte können in Bereichen mit angeordneter Parkraumbewirtschaftung (vgl. zu § 13) auch als Befreiung von der Pflicht, die Parkscheibe auszulegen oder die Parkuhr/den Parkscheinautomat zu bedienen, angeordnet werden. Zur Anordnung der Zusatzschilder vgl. Nr. 2).

35 7. Bewohnerparkausweise werden auf Antrag ausgegeben. Einen Anspruch auf Erteilung hat, wer in dem Bereich meldebehördlich registriert ist und dort tatsächlich wohnt. Je nach örtlichen Verhältnissen kann die angemeldete Nebenwohnung ausreichen. Die Entscheidung darüber trifft die Straßenverkehrs-

behörde ebenfalls im Einvernehmen mit der Stadt. Jeder Bewohner erhält nur einen Parkausweis für ein auf ihn als Halter zugelassenes oder nachweislich von ihm dauerhaft genutztes Kraftfahrzeug. Nur in begründeten Einzelfällen können mehrere Kennzeichen in dem Parkausweis eingetragen oder der Eintrag „wechselndes Fahrzeug" vorgenommen werden. Ist der Bewohner Mitglied einer Car-Sharing-Organisation, wird deren Name im Kennzeichenfeld des Parkausweises eingetragen. Das Bewohnerparkvorrecht gilt dann nur für das Parken eines von außen deutlich erkennbaren Fahrzeugs dieser Organisation (Aufschrift, Aufkleber am Fahrzeug); darauf ist der Antragsteller schriftlich hinzuweisen.

36 8. Der Bewohnerparkausweis wird von der zuständigen Straßenverkehrsbehörde erteilt. Dabei ist das Muster zu verwenden, das das Bundesministerium für Verkehr, Bau- und Wohnungswesen im Verkehrsblatt bekannt gibt.

XI. Tempo 30-Zonen

37 1. Die Anordnung von Tempo 30-Zonen soll auf der Grundlage einer flächenhaften Verkehrsplanung der Gemeinde vorgenommen werden, in deren Rahmen zugleich das innerörtliche Vorfahrtstraßennetz (Zeichen 306) festgelegt werden soll. Dabei ist ein leistungsfähiges, auch den Bedürfnissen des öffentlichen Personennahverkehrs und des Wirtschaftsverkehrs entsprechendes Vorfahrtstraßennetz (Zeichen 306) sicher zu stellen. Der öffentlichen Sicherheit und Ordnung (wie Rettungswesen, Katastrophenschutz, Feuerwehr) sowie der Verkehrssicherheit ist vorrangig Rechnung zu tragen.

38 2. Zonen-Geschwindigkeitsbeschränkungen kommen nur dort in Betracht, wo der Durchgangsverkehr von geringer Bedeutung ist. Sie dienen vorrangig dem Schutz der Wohnbevölkerung sowie der Fußgänger und Fahrradfahrer. In Gewerbe- oder Industriegebieten kommen sie daher in der Regel nicht in Betracht.

39 3. Durch die folgenden Anordnungen und Merkmale soll ein weitgehend einheitliches Erscheinungsbild der Straßen innerhalb der Zone sicher gestellt werden:

40 a) Die dem fließenden Verkehr zu Verfügung stehende Fahrbahnbreite soll erforderlichenfalls durch Markierung von Senkrecht- oder Schrägparkständen, wo nötig auch durch Sperrflächen (Zeichen 298) am Fahrbahnrand, eingeengt werden. Werden bauliche Maßnahmen zur Geschwindigkeitsdämpfung vorgenommen, darf von ihnen keine Beeinträchtigung der öffentlichen Sicherheit oder Ordnung, keine Lärmbelastung für die Anwohner und keine Erschwerung für den Buslinienverkehr ausgehen.

41 b) wo die Verkehrssicherheit es wegen der Gestaltung der Kreuzung oder Einmündung oder die Belange des Buslinienverkehrs erfordert, kann abweichend von der Grundregel „Rechts vor Links" die Vorfahrt durch Zeichen 301 angeordnet werden; vgl. zu Zeichen 301 Vorfahrt Rn. 4 und 5.

42 c) Die Fortdauer der Zonen-Anordnung kann in großen Zonen durch Aufbringung von „30" auf der Fahrbahn verdeutlicht werden. Dies empfiehlt sich auch dort, wo durch Zeichen 301 Vorfahrt an einer Kreuzung oder Einmündung angeordnet ist.

43 4. Zur Kennzeichnung der Zone vgl. zu Zeichen 274.1 und 274.2.

44 5. Die Anordnung von Tempo 30-Zonen ist auf Antrag der Gemeinde vorzunehmen, wenn die Voraussetzungen und Merkmale der Verordnung und dieser Vorschrift vorliegen oder mit der Anordnung geschaffen werden können, indem vorhandene aber nicht mehr erforderliche Zeichen und Einrichtungen entfernt werden.

45 6. Lichtzeichenanlagen zum Schutz des Fußgängerverkehrs, die in bis zum Stichtag angeordneten Tempo 30-Zonen zulässig bleiben, sind neben den Fußgänger-Lichtzeichenanlagen auch Lichtzeichenanlagen an Kreuzungen und

Einmündungen, die vorrangig dem Schutz des Fußgängerquerungsverkehrs dienen. Dies ist durch Einzelfallprüfung festzustellen.

Zu Absatz 2

Zu Satz 1

46   I. Die Straßenverkehrsbehörde ist mindestens zwei Wochen vor der Durchführung der in Satz 1 genannten Maßnahmen davon zu verständigen; sie hat die Polizei rechtzeitig davon zu unterrichten; sie darf die Maßnahmen nur nach Anhörung der Straßenbaubehörde und der Polizei aufheben oder ändern. Ist von vornherein mit Beschränkungen oder Verboten von mehr als drei Monaten Dauer zu rechnen, so haben die Straßenbaubehörden die Entscheidung der Straßenverkehrsbehörde über die in einem Verkehrszeichenplan vorgesehenen Maßnahmen einzuholen.

II. Schutz gefährdeter Straßen

47   1. Straßenbau- und Straßenverkehrsbehörden und die Polizei haben ihr Augenmerk darauf zu richten, dass frostgefährdete, hitzegefährdete und abgenutzte Straßen nicht in ihrem Bestand bedroht werden.

48   2. Für Verkehrsbeschränkungen und Verkehrsverbote, welche die Straßenbaubehörde zum Schutz der Straße außer wegen Frost- oder Hitzegefährdung erlassen hat, gilt Nr. I entsprechend. Die Straßenverkehrsbehörde darf Verkehrsbeschränkungen und Verkehrsverbote, welche die Straßenbaubehörde zum Schutz der Straße erlassen hat, nur mit Zustimmung der höheren Verwaltungsbehörde aufheben oder einschränken. Ausnahmegenehmigungen bedürfen der Anhörung der Straßenbaubehörde.

49   3. Als vorbeugende Maßnahmen kommen in der Regel Geschwindigkeitsbeschränkungen (Z. 274) und beschränkte Verkehrsverbote (z. B. Z. 262) in Betracht. Das Z. 274 ist in angemessenen Abständen zu wiederholen. Die Umleitung der betroffenen Fahrzeuge ist auf Straßen mit schnellerem oder stärkerem Verkehr in der Regel 400 m vor dieser durch einen Vorwegweiser, je mit einem Zusatzschild, das die Entfernung, und einem Zweiten, das die betroffenen Fahrzeugarten angibt, anzukündigen. Auf Straßen, auf denen nicht schneller als 50 km/h gefahren wird, genügt der Vorwegweiser; auf Straßen von geringerer Verkehrsbedeutung entfällt auch er.

50   4. Für frostgefährdete Straßen stellt die Straßenbaubehörde alljährlich frühzeitig im Zusammenwirken mit der Straßenverkehrsbehörde und der Polizei einen Verkehrszeichenplan auf. Dabei sind auch Vertreter der betroffenen Straßenbenutzer zu hören. Auch die technischen Maßnahmen zur Durchführung sind rechtzeitig vorzubereiten. Die Straßenbaubehörde bestimmt bei eintretender Frostgefahr möglichst drei Tage zuvor den Tag des Beginns und der Beendigung dieser Maßnahmen, sorgt für rechtzeitige Beschilderung, teilt die Daten der Straßenverkehrsbehörde und der Polizei mit und unterrichtet die Öffentlichkeit (vgl. dazu Nr. IV zu den Z. 421 und 442, 454 bis 466; Rn. 4).

Zu Satz 3

51   I. Dazu müssen die Bahnunternehmen die Straßenverkehrsbehörde, die Straßenbaubehörde und die Polizei hören. Das gilt nicht, wenn ein Planfeststellungsverfahren vorausgegangen ist.

52   II. Für Übergänge anderer Schienenbahnen vgl. Nr. VII zu Z. 201; Rn. 17 ff.

Zu Absatz 3

53   I. Zu den Verkehrszeichen gehören nicht bloß die in der StVO genannten, sondern auch die nach Nr. III zu den §§ 39 bis 43 (Rn. 6) vom Bundesministerium für Verkehr, Bau- und Wohnungswesen zugelassenen Verkehrszeichen.

54   II. Vor der Entscheidung über die Anbringung oder Entfernung jedes Verkehrszeichens und jeder Verkehrseinrichtung sind die Straßenbaubehörden und die Polizei zu hören, in Zweifelsfällen auch andere Sachverständige. Ist nach § 5b StVG ein Dritter Kostenträger, so soll auch er gehört werden.

55 III. Bei welchen Verkehrszeichen die Zustimmung nicht übergeordneter anderer Behörden und sonstiger Beteiligter einzuholen ist, wird bei den einzelnen Verkehrszeichen gesagt.

IV. Überprüfung der Verkehrszeichen und Verkehrseinrichtungen

56 1. Die Straßenverkehrsbehörden haben bei jeder Gelegenheit die Voraussetzungen für einen reibungslosen Ablauf des Verkehrs zu prüfen. Dabei haben sie besonders darauf zu achten, dass die Verkehrszeichen und die Verkehrseinrichtungen, auch bei Dunkelheit, gut sichtbar sind und sich in gutem Zustand befinden, dass die Sicht an Kreuzungen, Bahnübergängen und Kurven ausreicht und ob sie sich noch verbessern lässt. Gefährliche Stellen sind darauf zu prüfen, ob sie sich ergänzend zu den Verkehrszeichen oder an deren Stelle durch Verkehrseinrichtungen wie Leitpfosten, Leittafeln oder durch Schutzplanken oder durch bauliche Maßnahmen ausreichend sichern lassen. Erforderlichenfalls sind solche Maßnahmen bei der Straßenbaubehörde anzuregen. Straßenabschnitte, auf denen sich häufig Unfälle bei Dunkelheit ereignet haben, müssen bei Nacht besichtigt werden.

57 2. a) Alle zwei Jahre haben die Straßenverkehrsbehörden zu diesem Zweck eine umfassende Verkehrsschau vorzunehmen, auf Straßen von erheblicher Verkehrsbedeutung und überall dort, wo nicht selten Unfälle vorkommen, alljährlich, erforderlichenfalls auch bei Nacht. An den Verkehrsschauen haben sich die Polizei und die Straßenbaubehörden zu beteiligen; auch die Träger der Straßenbaulast, die öffentlichen Verkehrsunternehmen und ortsfremde Sachkundige aus Kreisen der Verkehrsteilnehmer sind dazu einzuladen. Bei der Prüfung der Sicherung von Bahnübergängen sind die Bahnunternehmen, für andere Schienenbahnen gegebenenfalls die für die technische Bahnaufsicht zuständigen Behörden hinzuzuziehen. Über die Durchführung der Verkehrsschau ist eine Niederschrift zu fertigen.

58 b) Eine Verkehrsschau darf nur mit Zustimmung der höheren Verwaltungsbehörde unterbleiben.

59 c) Die zuständigen obersten Landesbehörden sorgen dafür, dass bei der Verkehrsschau überall die gleichen Maßstäbe angelegt werden. Sie führen von Zeit zu Zeit eigene Landesverkehrsschauen durch, die auch den Bedürfnissen überörtlicher Verkehrslenkung dienen.

60 V. Den obersten Landesbehörden wird empfohlen, in Übereinstimmung mit den Fern- und Nahzielverzeichnissen für die wegweisende Beschilderung an Bundesfernstraßen entsprechende Verzeichnisse für ihre Straßen aufzustellen.

61 VI. Von der Anbringung von Gefahrzeichen aus Verkehrssicherheitsgründen wegen des Straßenzustandes sind die Straßenverkehrsbehörde und die Polizei unverzüglich zu unterrichten.

Zu Absatz 5

62 Wer zur Unterhaltung der Verkehrszeichen und Verkehrseinrichtungen verpflichtet ist, hat auch dafür zu sorgen, dass diese jederzeit deutlich sichtbar sind (z. B. durch Reinigung, durch Beschneiden oder Beseitigung von Hecken und Bäumen).

Zu Absatz 6

63 I. Soweit die Straßenbaubehörde zuständig ist, ordnet sie die erforderlichen Maßnahmen an, im Übrigen die Straßenverkehrsbehörde. Vor jeder Anordnung solcher Maßnahmen ist die Polizei zu hören.

64 II. Straßenverkehrs- und Straßenbaubehörde sowie die Polizei sind gehalten, die planmäßige Kennzeichnung der Verkehrsregelung zu überwachen und die angeordneten Maßnahmen auf ihre Zweckmäßigkeit zu prüfen. Zu diesem Zweck erhält die Polizei eine Abschrift des Verkehrszeichenplans von der zuständigen Behörde.

65 III. Die Straßenbaubehörden prüfen die für Straßenbauarbeiten von Bauunternehmern vorgelegten Verkehrszeichenpläne. Die Prüfung solcher Pläne für andere Arbeiten im Straßenraum obliegt der Straßenverkehrsbehörde, die dabei die Straßenbaubehörde, gegebenenfalls die Polizei zu beteiligen hat.

66 IV. Der Vorlage eines Verkehrszeichenplans durch den Unternehmer bedarf es nicht

1. bei Arbeiten von kurzer Dauer und geringem Umfang der Arbeitsstelle, wenn die Arbeiten sich nur unwesentlich auf den Straßenverkehr auswirken,

67 2. wenn ein geeigneter Regelplan besteht oder

68 3. wenn die zuständige Behörde selbst einen Plan aufstellt.

Zu Absatz 7

69 I. Zur laufenden Straßenunterhaltung gehört z. B. die Beseitigung von Schlaglöchern, die Unterhaltung von Betonplatten, die Pflege der Randstreifen und Verkehrssicherungsanlagen, in der Regel dagegen nicht die Erneuerung der Fahrbahndecke.

70 II. Notmaßnahmen sind z. B. die Beseitigung von Wasserrohrbrüchen und von Kabelschäden.

Zu Absatz 8

71 Die Zustimmung der höheren Verwaltungsbehörde oder der von ihr bestimmten Stelle ist erforderlich. Nr. VI zu Abs. 1 bis 1 e (Rn. 14) gilt auch hier.

Zu Absatz 9

72 Auf Nr. I zu den §§ 39 bis 43 (Rn. 1) wird verwiesen.

1 Aus der amtlichen Begründung

1.1 § 45 Abs. 1 Nr. 5 erlaubt u. a. Haltverbote zur Verhinderung von Terroranschlägen. In solchen Fällen können Anordnungen statt durch Verkehrszeichen auch durch die Medien bekannt gegeben und wirksam werden (Begr. 1980).

1.2 Bei Bedrohung des Artenvorkommens oder eines schützenswerten Naturbestandteils (Biotop) können die Verkehrsbehörden örtlich beschränkt und gezielt kurzfristige Verkehrsverbote oder Verkehrsbeschränkungen (auch für den ruhenden Verkehr) erlassen (Begr. 1988).

1.3 Während die Ergänzung des § 39 Abs. 1 an die Verkehrsteilnehmer adressiert ist, verpflichtet Absatz 9 die zuständigen Behörden bei der Anordnung von Verkehrszeichen und Verkehrseinrichtungen, restriktiv zu verfahren und stets nach pflichtgemäßem Ermessen zu prüfen, ob die vorgesehenen Verkehrszeichen und/oder Verkehrseinrichtungen zwingend erforderlich sind, um den angestrebten Zweck zu erreichen (Begr. 1997).

1.4 Die Anordnungskompetenz der Verkehrsbehörden wird auf Lärmschutzmaßnahmen für kulturelle Veranstaltungen und für Tempo 30-Zonen erweitert (Begr. 2000).

1.5 Mit Einführung von Parkvorrechten für Bewohner städtischer Quartiere mit erheblichem Parkraummangel wird die Ermächtigung des § 6 Abs. 1 Nr. 14 StVG ausgeführt (Begr. 2001).

2 Erläuterungen

2.1 Eingriffsbefugnisse der Verkehrsbehörde

Wegen der gefahrenabwehrrechtlichen Zielrichtung dient § 45 der Sicherheit und Ordnung des Verkehrs sowie dem Schutz vor verkehrsbezogenen Emissionen. Die Rechtsnorm kann indes die meist auf fehlenden Finanzmitteln beruhenden verkehrs- oder raumplanerischen Defizite nicht lösen. Eine Verkehrsregelung, die losgelöst vom Normenzusammenhang und von der gesellschaftlichen Akzeptanz ein bestimmtes Verhalten der Bürger erzwingen soll, das ohne faktische Wirkung lediglich massenhaft Verkehrsverstöße provoziert, wäre nicht nur rechtswidrig, sondern würde auch das Vertrauen der Bürger in die Gewährleistung von Sicherheit und Ordnung untergraben. Die Verkehrsbehörden dürfen den Verkehr nur aus den in § 45 enumerativ genannten Gründen beschränken oder verbieten. Andere als die dort aufgeführten Gründe oder außerhalb der straßenverkehrsrechtlichen Gefahrenabwehr liegende Ziele rechtfertigen eine Anordnung grundsätzlich nicht, z. B. keine Gründe des Gemeinwohls, keine weltanschaulichen oder religiösen Gedenktage, keine Förderung einer Verkehrsart als „Belohnung" für den Verzicht auf Kraftfahrzeuge oder des Schutzes von Privatinteressen (OVG Bremen NZV 2000, 140). Die Zulassung oder Beschränkung des Verkehrs darf nicht zu einer auf Dauer gerichteten Beeinträchtigung des **Widmungsgehalts** öffentlicher Verkehrsflächen führen, z. B. Anordnung einer Fußgängerzone entgegen der Widmung der Straße für den allgemeinen Verkehr; hier muss zuvor eine straßenrechtliche Teilentwidmung („Fußgängerzone") erfolgen. Vorübergehende Beeinträchtigungen der Widmung sind jedoch zulässig.

Die Eingriffsbefugnisse aus § 45 können nicht weiter reichen, als die Rechtsetzungsermächtigung des § 6 StVG es vorsieht. Hat der Bund im Rahmen seiner konkurrierenden Gesetzgebungszuständigkeit (Art. 74 Abs. 1 Nr. 22 GG) davon abgesehen, eine Materie zu regeln, besteht eine Sperre nicht nur für den Landesgesetzgeber (Art. 31 GG), sondern auch für die Verkehrsbehörden. Eine fehlende Ermächtigung darf dann auch nicht (unzulässig) aus einer der Eingriffsbefugnisse des § 45 abgeleitet werden, z. B. „Abgasschutz" für autofreie Sonntage; eine solchermaßen getroffene Anordnung wäre rechtswidrig. Gleiches gilt für tatsächlich öffentliche Verkehrsflächen, nimmt jedoch dem Eigentümer nicht die Befugnis zu Nutzungsbeschränkungen (Hess. VGH VerkMitt 1989 Nr. 63 = NZV 1989, 406). Verkehrszeichen, die durch Privatpersonen ohne verkehrsbehördliche Anordnung im faktisch öffentlichen Verkehrsraum aufgestellt werden, sind nichtig (OLG Brandenburg VerkMitt 1997 Nr. 81).

Die Eingriffsbefugnisse reichen im Wesentlichen aus, um den praktischen Bedarf der Kommunen zur Lenkung des Verkehrs mit straßenverkehrsbehördlichen Mitteln abzudecken. Allerdings muss dabei jede Straße und jeder sonstige Verkehrsbereich gesondert daraufhin geprüft werden, ob die Voraussetzungen der Eingriffsbefugnisse aus § 45 vorliegen. Gebietsbezogene Anordnungen sind danach nur beschränkt möglich, z. B. durch Z. 270, 274.1, 290, 325. Insbesondere für den Schutz vor Lärm, Abgasen sowie zur Verminderung von CO_2-Emissionen fehlen gebietsbezogene Regelungen, die flächendeckende Fahr- und Parkverbote ermöglichen. Ferner ist das Verhältnis zu Verkehrsabgaben („road-pricing") sowie den damit zusammenhängenden Rechtsgarantien der straßenrechtlichen Widmung noch weitgehend ungeklärt. Die seit 1995 eingeführte Autobahngebühr für LKW und Züge über 12 t erfolgt nicht aus Verkehrsgründen, sondern dient der Harmonisierung der Mautgebühren in EU-Mitgliedstaaten und unterliegt einer besonderen gesetzlichen Regelung (Autobahnbenutzungsgebührengesetz vom 4.8.1994 – BGBl. II S. 1765).

2.1.1 Rechtmäßigkeit verkehrsbehördlicher Maßnahmen

Für die Rechtmäßigkeit der Verkehrsbeschilderung ist die Straßenverkehrsbehörde verantwortlich (BVerwG NZV 1999, 309; VRS 98, 455). Bei allen

Entscheidungen hat sie einen Beurteilungsspielraum, „ob" (Entscheidungsermessen) und „wie" (Auswahlermessen) eine Maßnahme zu treffen ist. Innerhalb des Beurteilungsspielraums muss die Entscheidung „pflichtgemäß" erfolgen. Die Entscheidung darf weder von persönlichen Auffassungen noch von sachfremden Erwägungen getragen werden. Außerdem sind die Entscheidungen unter Beachtung der Grundsätze des Vertrauensschutzes, der Gleichbehandlung und der Verhältnismäßigkeit zu treffen (Folge aus Art. 20 Abs. 3 GG, wonach die Verkehrsbehörde an Gesetz und Recht gebunden ist). Der Vorbehalt des Gesetzes (Gesetzmäßigkeit) bedeutet, dass die Verkehrsbehörde nur dann in Rechte der Bürger eingreifen darf, wenn sie dazu durch ein Gesetz befugt ist (z. B. StVG nebst seinen Rechtsverordnungen). Die Gesetzmäßigkeit verpflichtet die Verkehrsbehörde, die Gesetze und Rechtsverordnungen auch anzuwenden. Dabei muss sich die Verkehrsbehörde nicht nur rechtstreu verhalten, sie muss zudem **glaubwürdig** handeln.

Der **Grundsatz der Verhältnismäßigkeit** („Übermaßverbot") erfordert, dass Maßnahmen (auf Grund einer Interessen- und Rechtsgüterabwägung) nicht zu Nachteilen führen dürfen, die zum erstrebten Erfolg erkennbar außer Verhältnis stehen. Der Grundsatz ist dann gewahrt, wenn die Maßnahme möglich und geeignet ist, den gelindesten Eingriff darstellt und nicht länger als notwendig aufrecht erhalten wird. Möglich ist jede Maßnahme, die an sich rechtlich zulässig und tatsächlich durchführbar ist. Geeignet ist sie dann, wenn sie der Sicherheit oder Ordnung des Verkehrs dient. Dabei kommt es nicht darauf an, dass Gefahren- oder Ordnungsdefizite vollständig beseitigt werden; entscheidend ist vielmehr, dass die Maßnahme objektiv geeignet ist. Die gelindeste Maßnahme wird getroffen, wenn von mehreren Möglichkeiten und geeigneten Maßnahmen diejenige gewählt wird, die sowohl den Einzelnen als auch die Allgemeinheit am wenigsten beeinträchtigt.

Das Verbot des zeitlichen Übermaßes bedeutet, dass eine Maßnahme nur solange zulässig ist, bis der Zweck erreicht ist oder sich zeigt, dass er nicht erreicht werden kann. So ist z. B. eine Lieferzone nach Z. 286 zu entfernen, wenn der Bedarf durch Wegzug von Firmen entfallen ist; eine Lichtzeichenregelung aufzuheben, wenn ein verkehrsberuhigter Bereich eingerichtet wurde. Außerdem dürfen Verkehrszeichen nach **§ 45 Abs. 9** nur dann angeordnet werden, wenn dies zwingend geboten ist (BVerwG VerkMitt 2002, Nr. 8 = DAR 2001, 424 = NZV 2001, 528 = VRS 101, 473 = NJW 2001, 3139: Tempobegrenzung auf Autobahnen). Andererseits bleiben Verkehrsbeschränkungen durch vermeintliche „Geßlerhüte" (bei Schillers „Wilhelm Tell" die Verbeugung vor dem auf der Stange aufgestecktem Hut als reinem Machtsymbol des Landvogts Geßler) auch dann verhältnismäßig, wenn sie außerhalb des eigentlichen Zweckes fortwirken sollen, z. B. zur Gewährleistung eingeschliffener Verhaltensweisen oder zur Vermeidung ordnungswidriger Verkehrsgewohnheiten. So dient ein Stoppschild auch nachts bei geringem Verkehr der Verkehrssicherheit, eine Ampelregelung wirkt geschwindigkeitsmindernd. Zulässig wäre auch die Geltungsdauer eines Haltverbots oder einer Busspur außerhalb der Betriebszeiten von Linienbussen bestehen zu lassen, wenn andernfalls zu Betriebsbeginn die Verkehrsfläche durch ständiges Abschleppen verbotswidrig parkender Fahrzeuge freigehalten werden müsste.

Sichert die Straßenverkehrsbehörde die Anordnung von Verkehrszeichen schriftlich zu, z. B. Tempobegrenzung zum Lärmschutz, ist sie nach § 38

VwVfG an die Zusage gebunden. Nur bei wesentlicher Änderung der Sach- und Rechtslage entfällt die Verbindlichkeit der Zusage (BVerwG VRS 89, 391).

Werden die Grenzen des Ermessens nicht eingehalten (z. B. Ermessensüberschreitung, Ermessensmissbrauch, Ermessensmangel), liegt ein **Ermessensfehlgebrauch** vor (§ 114 VwGO). Die Entscheidung ist dann rechtswidrig und kann – sofern sie von der Verkehrsbehörde nicht selbst geändert wird – durch Widerspruch und Klage beim Verwaltungsgericht (Anfechtungs-, Verpflichtungs- oder Feststellungsklage) angefochten werden. Außerdem können rechtswidrige Anordnungen Ersatzansprüche der Betroffenen gegen die Verwaltung auslösen.

2.1.2 Schilderhäufung

Zur Vermeidung einer „Inflation" der Verkehrsschilder und damit einhergehend einer nachlassenden Beachtung allgemeiner Verkehrsregeln betont § 45 Abs. 9 StVO den Grundsatz der sparsamen Verwendung und der Vermeidung von Schilderhäufungen. Nach verkehrspsychologischen Erkenntnissen können i. d. R. nur etwa 3 Schilder gleichzeitig erfasst werden. Eine Häufung der Schilder mag zwar „beeindrucken" und möglicherweise zu einer etwas vorsichtigeren Fahrweise führen; die Erkenntnis über den Inhalt eines „Schilderwäldchens" im Einzelnen kann jedoch nicht mehr erwartet werden.

Die Durchforstung von Schilderhäufungen und ständige Überprüfung auf ihre Notwendigkeit ist eine vordringliche Aufgabe der Straßenverkehrsbehörden. Das gilt auch deshalb, um möglichst wenige Verkehrsschilder lediglich als „Geßlerhüte" im Verkehrsraum zu beachten sind, z. B. Schilder, die nur zu ganz bestimmten Zeiten ihre Berechtigung haben (Tempobegrenzung zum Schulanfang). Hier muss die Straßenverkehrsbehörde durch Wechselverkehrszeichen, Zusatzschilder oder Abschaltung der LZA die Regelungen auf die tatsächlich notwendigen Betriebszeiten beschränken. Ungeachtet dessen sind aber solche „Geßlerhüte" wegen der Notwendigkeit eingeschliffener Verhaltensweisen zu beachten.

2.1.3 Planfeststellungsverfahren

Anordnungsbedürfnisse für VZ/VE können sich auch in einem Planfeststellungsverfahren ergeben, z. B. Anordnung einer LZA zur Planfeststellung für den Bau einer Straßenbahnlinie. Das Planfeststellungsverfahren entfaltet dabei eine **Konzentrationswirkung** in der Weise, dass alle für das Vorhaben notwendigen öffentlich-rechtlichen Entscheidungen in der Planfeststellung zusammen gefasst werden (BVerwG NVwZ 1985, 414). So kann auch die Straßenverkehrsbehörde ihre Zuständigkeit für die Anordnung von Verkehrszeichen und -einrichtungen an die Planfeststellungsbehörde „verlieren". Sie wirkt zwar im Planfeststellungsverfahren mit, ihre Maßnahmen werden jedoch durch die Planfeststellungsbehörde festgeschrieben. Die Planfeststellungsbehörde muss sich dabei an die aus § 45, der VwV-StVO oder aus Richtlinien ergebenden materiellen Voraussetzungen halten. Sie kann jedoch den Ermessensspielraum im Sinne des Planvorhabens ausgestalten, selbst wenn die Straßenverkehrsbehörde dem widersprechen sollte. Eine Abweichung von den materiellen Voraussetzungen des § 45 kann indes zur Rechtswidrigkeit des Planfeststellungsbeschlusses führen.

2.1.4 Verkehrsschauen

Um ein möglichst einheitliches Erscheinungsbild und eine einheitliche Anordnungspraxis zu gewährleisten, sind alle zwei Jahre Verkehrsschauen durch die Straßenverkehrsbehörden durchzuführen (IV. 2. VwV-StVO zu § 45 Abs. 3). An den Verkehrsschauen sollen sich Polizei, Straßenbaubehörden, öffentliche Verkehrsunternehmen, Sachverständige, Fußgänger, Automobilverbände u. a. beteiligen. Außerdem sollen von Zeit zu Zeit (z. B. im 5-Jahreszeitraum) Landesverkehrsschauen durchgeführt werden, um einen Gesamtüberblick zu erhalten und den Bedürfnissen der überörtlichen Verkehrsregelung Rechnung zu tragen. Verkehrsschauen in der Form eines Qualitätsmanagements sind allerdings recht aufwendig. Dort, wo sich Verkehrsbehörden und Verkehrspolizei mit ingenieurtechnischem und verkehrsrechtlichem Sachverstand dauernd (und nicht nur gelegentlich) um die Verkehrsregelung in ihrem Bereich kümmern, kann mit Zustimmung der höheren oder obersten Landesbehörde auf solche Veranstaltungen verzichtet werden (z. B. im Bereich großstädtischer Straßenverkehrsbehörden).

2.1.5 Ausführung der Anordnung

Anordnungen ergehen nach Durchführung des Anhörverfahrens (Rn. 1 VwV-StVO zu § 45 Abs. 1 bis 1 e) schriftlich unter Hinweis auf die Rechtsgrundlage nebst den (meist) dazu erforderlichen Verkehrszeichenplänen. Wegen der Ausführung wird auf den verkehrstechnischen Kommentar „Hinweise für das Anbringen von Verkehrszeichen und Verkehrseinrichtungen" (HAV) nebst Fortschreibung der HAV-Q, Kirschbaum Verlag Bonn, 11. Auflage verwiesen.

2.1.6 Kostentragung für Verkehrszeichen

Die Kostentragungspflicht der VZ/VE wird durch § 5 b StVG i.V. m. § 45 Abs. 5 bestimmt. Grundsätzlich ist hierzu der jeweilige Baulastträger verpflichtet; das ist für gewidmetes Straßenland die öffentliche Hand, für Privatstraßen der Eigentümer, für Bahnübergänge der Unternehmer der Schienenbahn, für Haltestellen der Betreiber des Linienverkehrs, für Baustellen der Bauunternehmer, für Tankstellen und Rastanlagen der Inhaber. Zu den Straßenunterhaltungskosten gehören auch Verkehrszählungen, Lärmmessungen und -berechnungen sowie Abgasmessungen. Können VZ/VE auf öffentlichem Straßenland aus technischen Gründen oder wegen der Sicherheit oder Ordnung des Verkehrs nicht angebracht werden, müssen die Privateigentümer von Anliegergrundstücken das Anbringen dort dulden (eine angemessene Entschädigung sieht § 5 b Abs. 6 StVG vor).

2.2 Pflichten der Verkehrsbehörden

2.2.1 Sicherheit oder Ordnung

Maßnahmen sind zunächst aus Gründen der **Sicherheit oder Ordnung** des Verkehrs (§ 45 Abs. 1 Satz 1) zulässig. Die Begriffe gelten alternativ, d. h. jeder Begriff rechtfertigt für sich Eingriffe in den Verkehr. Dabei geht die Sicherheit des Verkehrs grundsätzlich der Ordnung des Verkehrs vor. Infolgedessen sind Maßnahmen zur Gewährleistung der Flüssigkeit des Verkehrs (z. B. Rn. 4 VwV zu § 39 bis 43) nur dann zulässig, wenn dadurch kein unvertretbares Sicherheitsdefizit geschaffen wird.

Die Begriffe „Sicherheit oder Ordnung" sind kein Auffangtatbestand für solche Eingriffe, die nicht im Eingriffskatalog des § 45 aufgeführt sind.

Zwar hat das BVerwG die Begriffe weit ausgedehnt, so dass auch Belastungen durch Lärm und Abgase in die Abwägung der geeigneten Maßnahmen einzubeziehen sind (BVerwG NJW 1987, 1096). Schon wegen der Grundrechtsschranken (z. B. Art. 12, 14 Abs. 1 GG) können aber nicht alle sonstigen – nicht enumerativ aufgezählten – Einzelermächtigungen zur Gefahrenabwehr aus dem Begriff Sicherheit „herausgepresst" werden. Andere, nicht genannte Schutzgüter werden deshalb nicht von § 45 erfasst (z. B. Verkehrsbeschränkungen zur Verhinderung einer sozialen Erosion von Stadtregionen). Fehlt es an einer verfassungsrechtlich zulässigen Schutznorm im StVG, sind Exekutive und Rechtsprechung regelmäßig gehindert, durch unmittelbaren Rückgriff auf die Eingriffsbefugnis „Sicherheit oder Ordnung" vermeintliche Lücken des gesetzlichen Regelwerks zu schließen. Das gilt insbesondere für den Immissionsschutz im Verkehr. Einen Anspruch auf einen immissionsfreien Lebensraum gibt es nicht. Vielmehr müssen gewisse Verkehrsbeeinträchtigungen als untrennbare sozial-adäquate Lasten ge-

Eingriffsbefugnisse nach der StVO				
Gründe	Polizei	Straßenverkehrs-behörde	Straßenbau-behörde	Bahnunter-nehmer
Sicherheit oder Ordnung des Verkehrs	§ 44 Abs. 2	§ 45 Abs. 1 S. 1		§ 45 Abs. 2 (nur für Bahnübergänge)[1]
Straßenbauarbeiten, Verhütung von Straßenschäden		§ 45 Abs. 1 Nr. 1 und Abs. 6	§ 45 Abs. 2[1]	
Schutz der Anwohner und der Bevölkerung vor Lärm und Abgasen		§ 45 Abs. 1 Nr. 3, Abs. 1b Nr. 5[2]		
Schutz der Gewässer und Heilquellen		§ 45 Abs. 1 Nr. 4		
Erhaltung der öffentlichen Sicherheit		§ 45 Abs. 1 Nr. 5[3]		
Versuchszwecke		§ 45 Abs. 1 Nr. 6		
Arten- und Biotopschutz		§ 45 Abs. 1a Nr. 4a		
Vermeidung von Belästigungen durch den Fahrzeugverkehr in – Kurorten – Erholungsgebieten – der Nähe von Krankenhäusern oder Pflegeeinrichtungen		§ 45 Abs. 1a Nr. 1, 2 Nr. 3, 4, 6 Nr. 5		
Zum Schutz kultureller Veranstaltungen vor Straßenverkehrslärm		§ 45 Abs. 1a Nr. 4b		
Zur Unterstützung einer geordneten städtebaulichen Entwicklung		§ 45 Abs. 1b Nr. 5[2]		
Verkehrsverbot bei Smogalarm		§ 45 Abs. 1d[3]		
Abgasschutz		§ 40 Abs. 2 BImSchG		

1 Vorbehaltlich anderer Maßnahmen der Straßenverkehrsbehörde
2 Nur im Einvernehmen mit der Gemeinde
3 Anordnung auch über Medien (Zeitung, Rundfunk, Fernsehen)

tragen werden. Infolgedessen ist § 45 auch grundsätzlich auf den Schutz der Allgemeininteressen und nicht auf die Wahrung der Interessen Einzelner ausgerichtet. Gehen jedoch Beeinträchtigungen durch den Verkehr über das ortsübliche Maß hinaus, besteht ein subjektiv-öffentliches Recht auf fehlerfreie Ermessensausübung für verkehrsbeschränkende Eingriffe.

a. Sicherheit

Maßnahmen aus Gründen der Verkehrssicherheit setzen eine Gefahrenlage voraus, die bei durchschnittlichen Verkehrsverhältnissen die Unfallsituation negativ beeinflussen kann. Nicht erforderlich ist eine „unmittelbare" (konkrete) Gefahr, vielmehr reicht bereits die (abstrakte) Gefährlichkeit von Verkehrssituationen zu bestimmten Zeiten aus, um Eingriffe der Verkehrsbehörde in den Verkehr nach § 45 Abs. 1 auszulösen, z. B. durch den Ausbauzustand der Straßen, spezielle örtliche Gegebenheiten (Kurven, Steigungen, Gefälle, häufig auftretender Nebel), dichte Folge von Autobahnzu- und -abfahrten oder große Verkehrsdichte (BVerwG DAR 2001, 424; NZV 1996, 86). Die Straßenverkehrsbehörde hat deshalb vor einer Anordnung vor allem die Unfallentwicklung, die Verkehrsstärke, das Verkehrsverhalten und das Umfeld zu prüfen. Bei der Frage der geeigneten Maßnahmen ist dasjenige Mittel zu wählen, das unter Akzeptanzgesichtspunkten am besten geeignet ist, die Verkehrssicherheit zu gewährleisten (BVerwG VerkMitt 1999 Nr. 66). Fiskalische oder finanzielle Überlegungen müssen dabei grundsätzlich außer Betracht bleiben (z. B. darf die Anordnung einer LZA oder einer Beschilderung nicht deshalb unterbleiben, weil dem Baulastträger gegenwärtig dafür keine Mittel oder der Polizei keine Überwachungskräfte zur Verfügung stehen). Bei Umleitung des Verkehrs von einer Hauptverkehrsstraße über eine Nebenstraße mit unbeschranktem Bahnübergang, muss die Verkehrsbehörde Z. 201 beidseitig sowie Gefahrzeichen 250 aufstellen (OLG München NZV 2000, 206).

b. Ordnung

Zur Ordnung gehören der ruhende Verkehr sowie die Flüssigkeit und Leichtigkeit des **fließenden Verkehrs**. Mittels Parkraumbewirtschaftung, Lieferzonen oder P+R-Plätzen kann in belasteten Gebieten eine bestimmte Ordnung vorgegeben werden, die auch Einfluss auf den Ziel- und Quellverkehr haben kann. Entscheidend ist dabei weniger die Gewährleistung der Schnelligkeit, als die Bewältigung des Massenverkehrs. Hierzu gehört vor allem eine Verkehrsregelung in der Weise, dass möglichst viele KFZ den knappen Straßenraum benutzen können, z. B. auch Tempolimit zur Erhöhung der Leistungsfähigkeit einer Straße. Als Reflex ordnender Maßnahmen wird meist gleichzeitig eine Verbesserung der Verkehrssicherheit erreicht.

2.2.2 Berücksichtigung der Anliegerinteressen

Der Schutz der Interessen der Straßenanlieger an der Nutzung des öffentlichen Verkehrsraumes ist rechtlich stärker ausgeprägt als der anderer Verkehrsteilnehmer. Dieser Schutz folgt unmittelbar aus den Eigentumsgarantien des Art. 14 Abs. 1 GG und sind eine wichtige Grenze für überzogene verkehrsplanerische Eingriffe durch die Kommunen. Der Status quo der Anliegernutzung durch den ruhenden und fließenden Verkehr ist indes keineswegs so abgesichert, dass der zeitlich unbeschränkte Zugang zum Grundstück und die Parkmöglichkeiten stets gewährleistet bleiben. Der Anliegergebrauch ist aber insoweit gewährleistet, wie die angemessene Nutzung des Grundeigentums eine Inanspruchnahme der öffentlichen

Straße erfordert. Anlieger müssen deshalb Verkehrsbeschränkungen hinnehmen, solange die Verbindung des Grundstücks mit dem öffentlichen Wegenetz ausreichend erhalten bleibt (BVerwG VRS 60, 399). Gesichert ist eine den Umständen nach angemessene, aber keine optimale Erreichbarkeit des Grundstücks (BVerwG NZV 1999, 438). Zum Recht auf Anliegergebrauch gehört bei einem Gewerbegrundstück die Erreichbarkeit mit Lastkraftwagen (OVG Bremen NZV 1991, 125). Verkehrsbeschränkende Anordnungen müssen die Interessen der Betroffenen, z. B. der Inhaber anliegender Geschäfte, berücksichtigen; sie sind nur unter den Voraussetzungen des § 45 Abs. 1 zulässig (Hess. VGH VerkMitt 1973 Nr. 123). Die Entscheidung der Verkehrsbehörde, ein im Interesse eines einzelnen Anliegers angebrachtes, später ohne ihr Wissen entferntes Haltverbotszeichen nicht wieder anzubringen, ist kein Widerruf eines begünstigenden Verwaltungsaktes. Sie kann daher nicht mit einer Anfechtungsklage angegriffen werden. Der Anlieger ist vielmehr gehalten, Verpflichtungsklage auf Wiederanbringung des Zeichens zu erheben (BVerwG VRS 52, 316; OVG Münster VRS 52, 235).

2.2.3 Tempo 30-Zone

Die verkehrsbehördliche Anordnung von Tempo 30-Zonen steht vor dem Hintergrund einer Forderung des Deutschen Städtetages, die Innerortsgeschwindigkeit generell auf 30 km/h mit der Maßgabe herabzusetzen, dass Hauptverkehrsstraßen durch Z. 274 auf Tempo 50 angehoben werden können. Diese Forderung hat sich nicht durchgesetzt. Gleichzeitig hatte die Rechtsprechung betont, dass nur solche Gebiete in eine zonenwirksame Tempobegrenzung einbezogen werden können, die nach Größe und Ausmaß noch ein Bewusstsein der Verkehrsteilnehmer vermittelt, sich in einem geschütztem Bereich zu befinden (BVerwG DAR 1995, 170 = NZV 1995, 165 = NJW 1995, 1371). Durch die Änderung des § 39 Abs. 1a und § 45 Abs. 1c ist die Rechtsprechung des BVerwG überholt. Die Einrichtung und Ausdehnung von Tempo 30-Zonen ist im Rahmen einer flächenhaften kommunalen Verkehrsplanung wesentlich erleichtert worden. Voraussetzung ist nicht (mehr) ein Zonenbewusstsein, sondern die verkehrliche Charakteristik eines Gebietes mit Fußgänger- und Radverkehrsdichte sowie hohem Querungsbedarf. Innerhalb des Gebietes sind Lichtzeichenanlagen, benutzungspflichtige Radwege, Radfahrstreifen, Fahrstreifenbegrenzungen und Leitlinien unzulässig. „Rechts vor Links" ist die vorherrschende Vorfahrtregelung. Da sich in bestehenden Tempo 30-Zonen teilweise noch Lichtzeichenanlagen befinden, dürfen diese beibehalten werden, sofern sie dem Fußgängerschutz dienen und vor dem 1.11.2000 angeordnet wurden. Andernfalls müssen die Anlagen abgebaut oder auf die Tempo 30-Zone verzichtet werden. Die Ausweisung der Zonen erfolgt im Einvernehmen mit der Kommune durch die Z. 274.1 und Z. 274.2. Bei großen Zonen kann die Fortgeltung durch eine Fahrbahnmarkierung „30" verdeutlicht werden; straßenbauliche Veränderungen zur Temporeduzierung (Schwellen, Moabiter Kissen, Kölner Teller) sollen nicht mehr verwendet werden. Da sich die Tempo 30-Zonen nicht auf Straßen des überörtlichen Verkehrs (Bundes-, Landes- und Kreisstraßen) und auf Vorfahrtstraßen (Z. 306) erstrecken dürfen, müssen die Kommunen ein leistungsfähiges übergeordnetes Verkehrsnetz vorhalten, auf dem der Verkehr gebündelt werden kann (Rn. 35 bis 43 VwV-StVO). Angesichts dieser (jetzt) normativ bestimmten Einschränkungen dürfte es vielen Kommunen schwer fallen, ihre bisher tempobeschränkten Zonen diesen Erfordernissen anzupassen. Es ist deshalb noch geraume Zeit mit Tempo 30-Zonen zu rechnen, die diesen Erfordernissen nicht entsprechen.

Das Verbot, Hauptverkehrsstraßen in Tempo 30-Zonen einzubeziehen, bedeutet nicht, dass dort keine Geschwindigkeitsbegrenzungen bestehen dürfen. Einzelbeschränkungen sind weiterhin aus Gründen der Verkehrssicherheit (z. B. vor Schulen, Kindergärten, Spielplätzen) oder des Lärmschutzes möglich.

2.2.4 Förderung von Verkehrsarten

Das Regelwerk der StVO ist grundsätzlich privilegienfeindlich und behandelt alle Verkehrsarten gleich. Zu Gunsten bestimmter Verkehrsarten sind jedoch Maßnahmen zulässig, um das Gleichgewicht der unterschiedlichen Verkehrsträger zu wahren und Nachteile durch den individuellen KFZ-Verkehr zu verhindern. Hierzu gehört vor allem die Förderung des Fußgänger- und Radverkehrs sowie der öffentlichen Verkehrsmittel. Eine des öffentlichen Personennahverkehrs vergleichbare Förderung des Wirtschaftsverkehrs sieht die StVO bisher nicht vor; infolgedessen dürfen keine „Wirtschaftsspuren" durch Z. 245 mit einem „LKW-Symbol" oder Fahrradparkplätze auf der Fahrbahn zur Verdrängung des motorisierten Individualverkehrs ausgewiesen werden (OVG Bremen VRS 98, 53). Die Entscheidung der Straßenverkehrsbehörde, von Verkehrsbeschränkungen Linienbusse und Taxen, nicht aber den Mietwagen (§ 49 PBefG) auszunehmen, verletzt nicht den Gleichheitssatz; sie ist im Einzelfall auf ihre Vereinbarkeit mit der Berufsfreiheit, der Eigentumsgarantie und dem Grundsatz der Verhältnismäßigkeit zu überprüfen (BVerwG VRS 59, 306; VerkMitt 1980 Nr. 108 = DAR 1980, 381 = MDR 1981, 76 = NJW 1981, 184).

2.2.5 Städtebauliche Entwicklung

Verkehrsbehördliche Maßnahmen sind an den Bedürfnissen auszurichten, die der städtebaulichen Funktion entsprechen. Schranken ergeben sich allerdings aus den Individualrechten der Bürger. Maßnahmen können von der Gemeinde dann verwaltungsgerichtlich angefochten werden, wenn sie gegen das Interesse der Kommune an einer geordneten städtebaulichen Entwicklung gerichtet sind (BVerwG VRS 89, 305).

2.2.6 Straßenbaumaßnahmen

Unter Arbeiten im Sinne des § 45 Abs. 6 sind Bauarbeiten am Straßenkörper zu verstehen (OLG Köln VerkMitt 1982 Nr. 88). Die Pflicht des **Bauunternehmers** zu Maßnahmen der Gefahrenabwehr entfällt nicht schon deshalb, weil auch die Straßenverkehrsbehörde oder sonst jemand zum Eingreifen verpflichtet ist (KG VerkMitt 1978 Nr. 78 = VersR 1978, 766; OLG Köln VRS 88, 95). Die Verkehrssicherungspflicht des Straßenbauunternehmers im Baustellenbereich erfordert die laufende Kontrolle der Sicherungseinrichtungen (OLG Düsseldorf NZV 1997, 437).

2.2.7 Verhütung von Straßenschäden

Verkehrsbeschränkungen kommen insbesondere dann in Betracht, wenn die Gefahr besteht, dass die Tragfähigkeit von Straßen oder Brücken für den Verkehr anders nicht mehr gewährleistet werden kann (z.B. durch Gewichts- oder Geschwindigkeitsbeschränkungen). Das Reiten kann zur Verhinderung von Schäden an Waldwegen auch dann verboten werden, wenn diese Wege für einen Reiterhof erforderlich sind (VGH Mannheim NZV 1995, 167).

2.2.8 Lärmschutz

Zur Verringerung der Verkehrslärmbelastung kommen primär straßenbauliche und -planerische Maßnahmen in Betracht (lärmarme Fahrbahnoberflächen, Bau von Umgehungsstraßen, Lärmschutzwände); diese haben Vorrang vor verkehrsbehördlichen Eingriffen. § 45 Abs. 1 Nr. 3 ermächtigt die Verkehrsbehörden nur zu Maßnahmen zur Minderung von Lärm durch den Kraftfahrzeugverkehr, nicht aber durch sonstigen Fahrzeugverkehr.

Nehmen Straßenbahnen straßenbündig am Verkehr teil, gelten die Vorschriften der §§ 16, 55 BOStrab (BVerwG VerkMitt 2000 Nr. 75 = NZV 2000, 309; OVG Nordrhein-Westfalen VRS 97, 149: Vorrang der BOStrab vor § 45 Abs. 1 Nr. 3). Eine Verkehrssperrung für einen Bahnübergang, um die Bahn von der Verpflichtung zur Abgabe von Pfeifsignalen zu entbinden, wäre deshalb rechtswidrig (VGH München DAR 1996, 112). Lärmimmissionen können Verkehrsbeschränkungen rechtfertigen, wenn sie zwar nicht die Gesundheit gefährden, gleichwohl aber nach allgemeiner Anschauung nicht zumutbar sind (OVG Münster VkBl 1981, 220). Andererseits müssen Maßnahmen zum Lärmschutz tatsächlich geeignet sein, den damit erstrebten Zweck zu erreichen (§ 45 Abs. 9). Dies ist nicht bereits dann gegeben, wenn zwar rein rechnerisch eine geringe Reduzierung des Schallpegels erreicht werden kann, diese aber für das menschliche Ohr nicht wahrnehmbar ist; z. B. bei Regeldifferenzen unter 3 dB/A (VGH Kassel VerkMitt 2000 Nr. 7 = NZV 1999, 397 = VD 1999, 265). Auf Lärmschutzmaßnahmen besteht kein Rechtsanspruch; verlangt werden kann aber eine (fehlerfreie) Ermessensentscheidung (Hess. VGH VerkMitt 1989 Nr. 93 = NZV 1990, 46). Die Straßenverkehrsbehörde darf nicht erst tätig werden, wenn ein bestimmter Schallpegel überschritten wird, sondern bereits dann, wenn der Lärm Beeinträchtigungen mit sich bringt, die jenseits dessen liegen, was im konkreten Fall als ortsüblich hinzunehmen ist. In der Ermessensentscheidung sind nicht nur die gebietbezogene Schutzwürdigkeit und -bedürftigkeit der Anwohner, der Gesamtverkehr oder Lärmvorbelastungen zu berücksichtigen, sondern auch Besonderheiten des Einzelfalls, wie Belastung einer Ortserschließungsstraße entgegen ihrer Funktion mit überörtlichem Verkehr (Schleichverkehr) oder die Interessen von Anwohnern, in deren Straße aus Lärmschutzgründen verdrängter Verkehr verlagert wird (BVerwG VerkMitt 2000 Nr. 98 = NZV 2000, 386, 435 = DAR 2000, 423 = NJW 2000, 2121; OVG Bremen NZV 1990, 367; BVerwG VerkMitt 1986 Nr. 108 = VRS 71, 468 = NJW 1986, 2655).

Die Bestimmung des Verkehrslärms erfolgt nach den Lärmschutz-Richtlinien-StV (VkBl. 1981, 428) auf der Grundlage von Lärmberechnungen (VGH Bad.-Württ. VRS 94, 151). Die notwendigen Lärmberechnungen sind vom Baulasträger durchzuführen. Beim Erreichen der in den Richtlinien festgesetzten Werte verdichtet sich das Ermessen der Straßenverkehrsbehörde zu einer Pflicht zum Einschreiten (z. B. Nachtfahrverbote für bestimmte Verkehrsarten, Verkehrsverlagerungen, Geschwindigkeitsbeschränkungen). Daneben können die für die Betroffenen günstigeren Lärmwerte des § 2 der 16. BImSchV (an sich nur Verkehrslärmschutz beim Neubau von Straßen) als Orientierung für die Zumutbarkeitsgrenze herangezogen werden. Werden diese Werte überschritten, liegt ein Indiz dafür vor, dass die Schwelle zur Ermessensausübung erreicht ist, d.h. die Straßenverkehrsbehörde muss tätig werden (VGH München NZV 1999, 269). Verkehrsbeschränkungen müssen allerdings nicht nur zweckmäßig, sondern wegen § 49 Abs. 9 auch

Werte nach den Lärmschutz-Richtlinien – StV (VkBl. 1981, S. 428)		
Gebiete	Tageszeit	Lärmwerte
Reine und allgemeine Wohngebiete, Kleinsiedlungsgebiete, Krankenhäuser, Schulen, Kurheime und Altenheime	Tagsüber[1]	70 dB(A)
	Nachts[2]	60 dB(A)
Dorf, Kern-, Mischgebiete, Gewerbegebiete	Tagsüber[1]	75 dB(A)
	Nachts[2]	65 dB(A)

1 Tagsüber von 6.00 bis 22.00 Uhr
2 Nachts von 22.00 bis 6.00 Uhr

zwingend geboten sein, um eine wirksame Lärmminderung zu erreichen (VG Berlin NVwZ 1996, 257; VGH Kassel a.a.O.).

Zum Schutz kultureller Veranstaltungen außerhalb des Verkehrsraums, z. B. Freiluftkonzerte in Kurorten, können Verkehrsbeschränkungen aus Lärmschutzgründen angeordnet werden. Allerdings führt nur eine Lärmbeeinträchtigung zu Verkehrsbeschränkungen, welche die Veranstaltung insgesamt in Frage stellen würde. Eine Abschirmung wie im Konzertsaal kann nicht verlangt werden. Die Anordnungskompetenz aus § 45 Abs. 1 a Nr. 4 a gilt nicht für Veranstaltungen, die auf Grund von verkehrsbehördlichen Erlaubnissen nach § 29 Abs. 2 im öffentlichen Verkehrsraum stattfinden; hier folgt eine verkehrliche Abschirmung unmittelbar aus dem Erlaubnisverfahren.

2.2.9 Abgasschutz und Luftreinhaltung

Die Verminderung übermäßiger Abgasbeeinträchtigung durch den Straßenverkehr ist eine vordringliche Aufgabe der Verkehrsbehörden. Verkehrsbeschränkungen beziehen sich dabei in erster Linie auf lokale Erfordernisse. Abgesehen von den Möglichkeiten nach § 45 Abs. 1 Nr. 3 StVO und § 40 BImSchG, dürfen verkehrsbehördliche Maßnahmen allerdings nicht aus allgemeinen (abstrakten) Erwägungen des Umwelt- oder Klimaschutzes angeordnet werden, z. B. Fahrverbote aus Anlass von „Umwelttagen" oder zum Schutz der „Erdatmosphäre". Bei Ausfüllen der Eingriffsbefugnisse müssen die Straßenverkehrsbehörden bei konkreten Immissionsbelastungen die Interessen des Gesundheitsschutzes gegenüber den Mobilitätsbedürfnissen der Kraftfahrer und dem öffentlichen Interesse am Fortgang des wirtschaftlichen Lebens abwägen und auf der Grundlage des geltenden Verkehrszeicheninstrumentariums eine sachliche, pflichtgemäße Entscheidung treffen (VGH München NZV 1994, 87).

Der Forderung zur Verminderung der Kohlendioxid-Belastung (CO_2) kann mangels abstrakter Eingriffsbefugnisse nicht durch isolierte Maßnahmen der Verkehrsbehörden Rechnung getragen werden.[2] Hier sind gesamtpolitische Maßnahmen auf allen Energiesektoren erforderlich, wie bessere Treibstoffausnutzung in Fahrzeugmotoren, Verminderung des Verkehrsaufkommens, Förderung des ÖPNV.

---

2 CO_2-Emissionen werden für den Treibhauseffekt verantwortlich gemacht, wobei der KFZ-Verkehr einer der Verursacher ist

a. Luftreinhaltepläne und Aktionspläne

Die Luftreinhaltung war bisher gekennzeichnet durch Maßnahmen gegen den „Wintersmog" bei austauscharmen Wetterlagen (Anordnung von Z. 270) und durch Verkehrsbeschränkungen gegen den „Gebietssmog" beim Anstieg der Luftschadstoffkonzentration in bestimmten Straßenzügen und Gebieten (Anordnung von Z. 250, 251, 253, 255, 260, 270). Das „Ozon-Gesetz"[3] ist am 31.12.1999 außer Kraft getreten. Es stellte eine vom Verkehrsrecht unabhängige Regelung dar, um bei Ozonkonzentrationen von 240 µg/m^3 Verkehrsverbote erlassen zu können. Von dem Verbot ausgenommen waren schadstoffarme Kraftfahrzeuge, bestimmte Verkehrsarten und unabweisbare Fahrten. Nach Außerkrafttreten des Ozongesetzes kann der Schutz vor gebietbezogenen Ozonemissionen auch nicht ersatzweise aus der Ermächtigung des § 45 zum Abgasschutz hergeleitet werden (BVerwG NZV 2000, 342).

Infolge zunehmender Abgasentgiftung der Großfeuerungsanlagen und der Ausrüstung der KFZ mit Abgasreinigungsanlagen hat „Wintersmog" seine Bedeutung verloren. Andererseits sind Schadstoffkonzentrationen durch Stickoxide und Mikrostäube weiterhin aktuell. Mikrostäube entstehen überwiegend durch den Abrieb an Bremsen, Reifen, Fahrbahnoberflächen und den Abgasausstoß vor allem beim Dieselbetrieb, in geringem Umfang auch durch Hausbrand und Industrie. Mikrostäube sind gesundheitsgefährdend und werden für die Entstehung von Krebs mit verantwortlich gemacht.

---

3 Früher §§ 40a bis 40e BImSchG i.d.F. vom 19.7.1995 (BGBl. I S. 930); es war verfassungsgemäß: BVerfG VerkMitt 1996 Nr. 44 = NZV 1996, 155

4 Bei Drucklegung lag die Änderung des BImSchG i.d.F. der Bundesrats-Drucksache 1073/01 vom 1.2.2002 vor:

§ 40 BImSchG

(1) Die zuständige Straßenverkehrsbehörde beschränkt oder verbietet den Kraftfahrzeugverkehr nach Maßgabe straßenverkehrsrechtlicher Vorschriften, soweit ein Luftreinhalt- oder Aktionsplan nach § 47 Abs. 1 bis 3 dies vorsieht. Die Straßenverkehrsbehörde kann im Einvernehmen mit der für den Immissionsschutz zuständigen Behörde Ausnahmen von Verboten oder Beschränkungen des Kraftfahrzeugverkehrs zulassen, wenn unaufschiebbare und überwiegende Gründe des Wohls der Allgemeinheit dies erfordern.

(2) Die zuständige Straßenverkehrsbehörde kann den Kraftfahrzeugverkehr auf bestimmten Straßen oder in bestimmten Gebieten unter Berücksichtigung der Verkehrsbedürfnisse und der städtebaulichen Belange nach Maßgabe der straßenverkehrsrechtlichen Vorschriften beschränken oder verbieten, wenn der Kraftfahrzeugverkehr nach Einschätzung der für den Immissionsschutz zuständigen Behörde zur Überschreitung von in Rechtsverordnungen auf Grund dieses Gesetzes festgelegten Immissionswerten beiträgt und soweit die für den Immissionsschutz zuständigen Behörden dies im Hinblick auf die örtlichen Verhältnisse für geboten hält, um die Immissionswerte einzuhalten.

(3) Die Bundesregierung kann nach Anhörung der beteiligten Kreise (§ 51) durch Rechtsverordnung mit Zustimmung des Bundesrates regeln, dass Kraftfahrzeuge mit geringem Beitrag zur Schadstoffbelastung von Verkehrsverboten ganz oder teilweise ausgenommen sind oder ausgenommen werden können, sowie die hierfür maßgebenden Kriterien und die amtliche Kennzeichnung der Kraftfahrzeuge festlegen. Die Verordnung kann auch regeln, dass bestimmte Fahrten oder Personen ausgenommen sind oder ausgenommen werden können, wenn das Wohl der Allgemeinheit oder unaufschiebbare und überwiegende Interessen des Einzelnen dies erfordern.

5 Die Verordnung ist bei Drucklegung noch nicht erlassen worden (Bundestags-Drucksache 14/7831 vom 12.12.2001)

Gasförmige Verkehrsimmissionen		
Bez.	**Gasart**	**Wirkung**
CO_2	Kohlendioxid[1]	Als ungiftiges Gas Bestandteil jeder Verbrennung. Natürlicher Bestandteil der Luft, bei übermäßiger Anreicherung mit verantwortlich für globale Erderwärmung. Abgasanteil von Verbrennungsmotoren: 18,1 %.
N_2	Stickstoff	Natürlicher Bestandteil der Luft, dort zu 78 % enthalten. Abgasanteil von Verbrennungsmotoren: 70,9 %.
O_2	Sauerstoff	Natürlicher Bestandteil der Luft, dort zu 21 % enthalten. Geringer Anteil im Abgas von Verbrennungsmotoren.
H_2O	Wasserdampf	Natürlicher Bestandteil der Luft, Abgasanteil von Verbrennungsmotoren: 9,2 %.
NO_x	Stickoxide[2]	Stechend riechendes, giftiges Gas. In Verbindung mit Wasser (Regen, Nebel) entstehen leicht salpetrige Säuren, bei Sonneneinstrahlung durch fotochemische Oxidation Ozon. Abgasanteil von Verbrennungsmotoren: 0,12 %.
CO	Kohlenmonoxid[2]	Farbloses, brennbares und giftiges Gas. Beim Einatmen durch Verbindung mit dem Hämoglobin des Blutes Gefährdung der Sauerstoffversorgung. Abgasbestandteil von Verbrennungsmotoren: 0,9 %.
SO_2	Schwefeldioxid[2]	Stechend riechendes, giftiges Gas. In Verbindung mit Wasser (Regen, Nebel) entstehen leicht schweflige Säuren. Entsteht fast nur beim Dieselbetrieb durch schwefelhaltige Treibstoffe. Der Hauptteil der Schwefeldioxid-Immission wird durch Großfeuerungsanlagen und Hausbrand erzeugt.
CH	Kohlen-wasserstoffe[2]	Geringfügig giftiges und aromatisches („stinkendes") Gas, reizt Schleimhäute und kann karzinogene Wirkung entfalten (Benzole gelten als Krebs erregend) Abgasbestandteil von Verbrennungsmotoren: 0,08 %.
Ruße	Ruße[2]	Ruße sind Bestandteil der Schwebstaubimmission und entstehen vor allem beim Dieselbetrieb. Durch Bindung der Kohlenwasserstoffe haben Ruße karzinogene Wirkung. Feste Abgasbestandteile: 0,00008 %.
PbO_2	Bleioxide	Giftiger Stoff, der im Organismus die Lebensdauer der roten Blutkörperchen verringert. Durch Verwendung bleifreier Treibstoffe spielen Bleioxide kaum noch eine Rolle.
PM_{10}	Microstäube[3]	Entstehung vor allem durch Bremsstäube, Reifen- und Fahrbahnoberflächenabrieb (rd. 60 %). Microstäube haben karzinogene Wirkung.

1 Abnehmend nur durch treibstoffarme Motoren
2 Abnehmend durch Abgasreinigungsanlagen bzw. moderne Motoren und besseren Treibstoff
3 Zunehmende Bedeutung für die Luftreinhaltung: 22. BImSchV

Die bisherigen Regelungen zur Luftreinhaltung werden durch Umsetzung der EU-Luftqualitätsrahmenrichtlinie 96/62/EG vom 27.9.1996 (ABl. EG Nr. L 196, S. 255) i.V.m. der Tochterrichtlinie vom 19.7.1999 (ABl. EG Nr. L 163 S. 41) im Rahmen einer umfassenden Änderung des BImSchG novelliert.[4]

Danach wird eine dauerhafte Verbesserung der Immissionssituation in den betroffenen Gebieten durch „Luftreinhaltepläne" nach § 47 BImSchG angestrebt, die vor allem auf bauliche und planerische Änderungen der Verkehrswege abheben. Ist dies nicht möglich oder treten unvorhergesehene Belastungen ein, sind „Aktionspläne" zur Luftreinhaltung aufzustellen. Die (sehr engen) Grenzwerte ergeben sich aus der 22. Verordnung über die Immissionswerte für Schadstoffe in der Luft – 22. BImSchV.[5] Werden die Grenzwerte der Aktionspläne überschritten, muss die Straßenverkehrsbehörde Maßnahmen ergreifen; sie hat somit kein Entschließungs-, sondern nur noch ein Auswahlermessen, welche der Verkehrsbeschränkungen sie anordnet (Tempolimitierung, Verkehrsverbote, Verkehrsumleitung).

b. Gebietsbezogene Luftreinhaltung

Bei hoher Schadstoffkonzentration können Gebiete oder Straßenzüge gemäß § 40 Abs. 2 BImSchG mit Verkehrsbeschränkungen oder -verboten versehen werden. Voraussetzung ist zunächst, dass von der Immissionsschutzbehörde (Umweltbehörde) auf der Grundlage der 23. BImSchV vom 16.12.1996 (BGBl. I S. 1962) Überschreitungen der Konzentrationsgrenzwerte in der Luft festgestellt werden, und zwar Stickstoffoxid 160 µg/m^3, Ruß 8 µg/m^3 oder Benzol 10 µg/m^3. Die Angaben beziehen sich auf Mikrogramm je Kubikmeter (µg/m^3) als arithmetischer Jahresmittelwert und werden in einem Mess- und Beurteilungsverfahren nach Anhang I und II der 23. BImSchV ermittelt. Werden diese Werte erreicht, muss die Straßenverkehrsbehörde geeignete Maßnahmen zur Verhütung oder Minderung der Schadstoffkonzentration prüfen. Die Werte führen somit nicht automatisch zu Verkehrsbeschränkungen, sondern lösen zunächst eine umfassende Prüfungspflicht der Verkehrsbehörden aus. Das Verfahren richtet sich nach der Allgemeinen Verwaltungsvorschrift über straßenverkehrsrechtliche Maßnahmen bei Überschreiten von Konzentrationswerten nach der 23. BImSchV (VwV-StV-ImSch) vom 16.12.1996 (BAnz. 1996, S. 13392/VkBl. S. 31) i. d. F. vom 26.1.2001 (BAnz. 2001, S. 1419/VkBl. 2001, S. 276).[6]

Die Kennzeichnung der Gebiete und Straßenzüge erfolgt durch Verkehrszeichen 251, 253, 255, 260, 270 mit Zusatzschild für die von dem Verbot freigestellten schadstoffarmen KFZ und für Fahrten zu besonderen Zwecken.

Das Zusatzschild bezieht sich allerdings auf die am 31.12.1999 außer Kraft getretene Ozonregelung der §§ 40a ff. BImSchG, so dass eine Lücke für freigestellte Fahrzeuge beim Gebietssmog nach § 40 Abs. 2 BImSchG entstanden ist. Durch die statische Verweisung auf die ehemalige Ozonregelung in § 41 Abs. 2 Nr. 6 Satz 3a) und b) StVO richten sich die Ausnahmen und die Kennzeichnung der freigestellten KFZ nach der außer Kraft getretene Ozonregelung (Anhang zu § 40c Abs. 2 BImSchG). Auf Grund des § 41 Abs. 2 Nr. 6a) und b) StVO bleiben somit freigestellt schadstoffarme KFZ nach Maßgabe des Anhangs zu § 40c Abs. 1 BImSchG, die mit einer orangenen Plakette zu kennzeichnen sind. Die Plakette hat eine Kantenlänge von 40 mm und eine Höhe von 80 mm. Sie wird durch die KFZ-Zulassungsstellen oder Technischen Prüfstellen ausgegeben. Hierbei ist der Fahrzeugschein vorzuweisen, aus dem sich die Schlüsselziffer für die Schadstoffklasse ergibt.

2.2.10 Gewässerschutz

Der Schutz der Gewässer und Heilquellen (§ 45 Abs. 1 Nr. 4) umfasst auch die Zuleitungen zu Gewässern sowie den Schutz des Grundwassers selbst. Infolgedessen können Verkehrsbeschränkungen in Wassereinzugs- und Wassergewinnungsgebieten auch für gewidmete Straßen erfolgen, wenn

---

6 Nicht abgedruckt

Plaketten für Ausnahmen vom Verkehrsverbot bei Gebietssmog

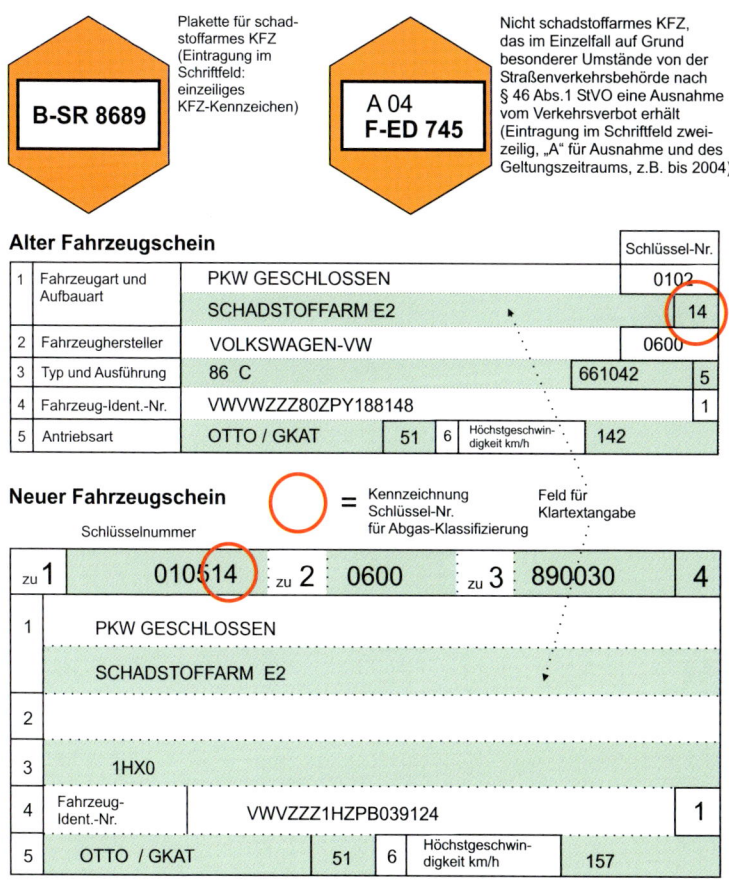

durch den Verkehr die Gefahr von Wasserverunreinigungen besteht, insbesondere bei Mineralöltransporten (Z. 261, 269, 354). Kann die Straße wegen der notwendigen Erschließungsfunktion nicht gesperrt werden, sind Tempobeschränkungen, Durchfahrt- und Überholverbote möglich. Ferner kann beim Baulastträger der wasserschutzzonengerechte Ausbau der Straße angeregt werden.

2.2.11 Öffentliche Sicherheit

Im Gegensatz zur „Sicherheit des Verkehrs" können Maßnahmen auch zur Erhaltung der allgemeinen „öffentlichen Sicherheit" getroffen werden, z. B. für sicherheitssensible Bauwerke (Gefängnisse, Banken, Regierungs-

und Parlamentsgebäude). Bei Katastrophen- und Notstandslagen können Verkehrsbeschränkungen und -verbote auch über die Medien (ohne Aufstellung von Verkehrsschildern) unmittelbar angeordnet werden.

2.2.12 Parkzone für Bewohner städtischer Quartiere

Durch die Rechtsänderung in § 45 Abs. 1b Nr. 2a (sowie Rn. 29 bis 34 VwV zu Abs. 1 bis 1e) ist eine Ausdehnung von Gebieten mit Bewohnerparkvorrechten auf städtische Quartiere mit erheblichem Parkraummangel möglich (der formale Stadt-Status einer Kommune ist nicht entscheidend). Die auf die bisherige „Anwohnerparkzone" bezogene Rechtsprechung (BVerwG NJW 1998, 2840 = NZV 1998, 427 = DAR 1998, 362; OVG Münster NZV 2000, 183) mit Begrenzung auf wenige Straßenzüge ist damit überholt. Zu bezweifeln ist allerdings, ob durch die Ermächtigung des § 6 Abs. 1 Nr. 14 StVG das Grundproblem einer sinnvollen Abgrenzung zwischen dem verfassungsrechtlich verankerten Gemeingebrauch am öffentlichen Straßenraum und der gewollten Zielsetzung des Gesetzgebers, dem durch Parkraummangel befürchteten Wegzug der Wohnbevölkerung entgegen zu wirken, gelöst wird. Gerade diese erscheint fraglich, weil im Regelfall solche Feststellungen fehlen. Wird der Zielsetzung aber nicht Rechnung getragen, stellt sich eine quartierbezogene Bevorrechtigung als schlichter Missbrauch des straßenrechtlichen Gemeingebrauch dar.

Voraussetzung für Bewohnerparkzonen ist die Belastung des Gebietes durch Fremdverkehr (Berufspendler). Reicht der Parkraum ohne Fremdverkehr nur für die Bewohner nicht aus, wäre die Einrichtung von Bewohnerparkzonen sinnlos und rechtswidrig, weil Bewohner keinen Anspruch auf einen bestimmten Parkstand haben. Konkretisiert wird die räumliche Ausdehnung der Parkzone durch den von der Straßenverkehrsbehörde festzustellenden Parkraummangel sowie eine Größe von max. 1 000 m (Rn. 31 VwV zu Abs. 1 bis 1e; amtl. Begründung zu § 6 StVG – BT-Drs. 14/4304, S. 19). Außerdem muss innerhalb der Zone noch ausreichender Parkraum für Besucher der Anwohner und die Allgemeinheit verbleiben, z. B. je nach Stadtgröße bis zu 50 % zur Hauptgeschäftszeit, 75 % für Abend- und Nachtstunden (Rn. 32 VwV zu Abs. 1 bis 1e). Bei großflächigen Bereichen mit Bewohnervorrechten ist eine überschaubare Aufteilung in Zonen erforderlich, die mit Ziffern dem jeweilige Bewohnerquartier bevorrechtigtes Parken gewährt. Nr. 2a des Abs. 1b lässt zwei Alternativen der Bewohnerparkbevorrechtigung zu, und zwar eingeschränkte Haltverbote (Z. 286) mit Ausnahme der Bewohner oder Bewirtschaftung durch Parkscheinautomaten, Parkuhren, Parkscheiben mit Freistellung der Bewohner von deren Bedienung. Das letztere Modell hat den Vorteil, dass innerhalb der gesamten Zone die Allgemeinheit die Chance auf einen Parkplatz erhält; somit der Gemeingebrauch stets gewahrt bleibt.

Berechtigt sind nur Bewohner mit erstem (angemeldeten) Wohnsitz innerhalb des Quartiers, die über ein KFZ verfügen. Dadurch sollen Manipulationen bei Wohnsitzen oder der „Verkauf" des Bewohnervorrechts verhindert werden. Nur einen Parkausweis erhalten auch Bewohner mit mehreren KFZ, wobei in begründeten Einzelfällen „Sammelparkausweise" mit Parkberechtigung jeweils für ein KFZ erteilt werden können. Berechtigt sind auch Car-Sharing-Organisationen (vgl. im Übrigen Rn. 35 VwV zu Abs. 1 bis 1e).

2.2.13 Parkraum für Schwergehbehinderte

Schwerbehinderte mit außergewöhnlicher Gehbehinderung sind Personen mit Eintrag des Merkzeichens „aG" im Behindertenausweis (siehe auch 2.5 zu § 12). Die Ausweisung solcher Parkstände mit zeitlicher Beschränkung durch Parkscheibe ist zulässig (VGH Stuttgart NZV 2002, 54).

2.2.14 Fußgängerzonen

Die straßenrechtliche Einrichtung eines Fußgängerbereichs enthält eine Teilentwidmung der Straße, die von der Straßenverkehrsbehörde nicht ohne weiteres durch Ausnahmegenehmigungen ausgehebelt werden kann (BVerwG VRS 62, 233). Soll im Einzelfall befristeter Verkehr zugelassen werden, ist eine Sondernutzungserlaubnis nach den Straßengesetzen der Länder und eine Ausnahmegenehmigung der Straßenverkehrsbehörde vom Z. 239 erforderlich.

2.2.15 Wegweisung

Die Wegweisung ist nicht nur wichtige Orientierungshilfe für Ortsunkundige, sondern zugleich Instrument zur Verkehrslenkung. Ziele sind so auszuwählen, dass sie möglichst viele Verkehrsteilnehmer ansprechen. Gleichzeitig ist die Zahl der Ziele zur Gewährleistung der Übersichtlichkeit gering zu halten. Die Wegweisung ist mittels Zielspinnen im Einklang mit den übrigen Verkehrsschildern und Markierungen als Einheit darzustellen, wobei auf Eindeutigkeit, Kontinuität, Verständlichkeit und leichte Erfassbarkeit zu achten ist; s. a. Richtlinien für die wegweisende Beschilderung außerhalb von Autobahnen (RWB – VkBl. 1999, S. 781). Ein Gewerbetreibender hat keinen Anspruch auf innerörtliche Wegweiser zu seinem Betrieb (BVerwG VerkMitt 1990 Nr. 35 = NZV 1989, 486).

2.2.16 Versuchsermächtigung

Bei Anwendung der „Experimentierklausel" nach § 45 Abs. 1 Nr. 6 muss zunächst eine Beeinträchtigung der in § 45 genannten Rechtsgüter vorliegen (OVG Münster NZV 1996, 214). Ohne eine solche Beeinträchtigung wären Versuchsregelungen rechtswidrig, z. B. Verkehrsbeschränkungen zur Erprobung von Denkmalschutzmaßnahmen. Die engen Voraussetzungen des § 45 Abs. 9 gelten auch hier, so dass Maßnahmen nicht nur wünschenswert, sondern auch (zwingend) geboten sein müssen. Allerdings können Zweifel an der Geeignetheit der zur Beseitigung einer Beeinträchtigung möglichen Maßnahmen bestehen. Zur Beseitigung dieser Zweifel dürfen zeitlich befristete Anordnungen zur Erforschung des Unfallgeschehens, Verkehrsverhaltens, von Verkehrsabläufen oder zur Erprobung geplanter verkehrssichernder oder verkehrsregelnder Maßnahmen getroffen werden. Hierbei müssen sich die Straßenverkehrsbehörden des Instrumentariums der StVO bedienen; auch abweichende Zusatzschilder nach Rn. 6 VwV-StVO zu §§ 39 bis 43 i.V.m. Rn. 142 VwV-StVO zu § 46 Abs. 2 sind zulässig. Dass diese Maßnahmen auf eine endgültige Regelung abzielen, ist nicht erforderlich. Nicht zulässig ist die Aufstellung von Fantasiezeichen und Markierungen oder die Freistellung von Verhaltenspflichten (z. B. Zulassung von Fußgängerverkehr auf der Fahrbahn); andernfalls haften die Verkehrsbehörden in solchen Fällen für dadurch verursachte Schäden.

2.3 Pflichten der Straßenbaubehörde

Grundsätzlich ist nur die Straßenverkehrsbehörde für die Anordnung von Verkehrszeichen und -einrichtungen verantwortlich (BGH NZV 2000, 412:

fehlendes Z. 205 bei Vorfahrtstraße). Die Anordnungsbefugnis der Straßenbaubehörde nach § 45 Abs. 2 steht deshalb auch unter dem Vorbehalt
anderer Maßnahmen der Straßenverkehrsbehörde. Eine Mithaftung der
Straßenbaubehörde ergibt sich aus der Verkehrssicherungpflicht nur dann,
wenn dieser eine fehlerhafte Beschilderung oder Markierung offenbar ist.

2.3.1 Verkehrssicherungspflicht

Zu unterscheiden sind die Verkehrssicherungspflicht (Sicherung vor den
Gefahren aus dem Zustand der Straße) und die Verkehrsregelungspflicht
(Sorge für die Sicherheit und Leichtigkeit des Verkehrs). Beide setzen voraus,
dass der Verkehrsteilnehmer bei zumutbarer Sorgfalt Gefahren nicht mit
Sicherheit vermeiden kann (BGH VerkMitt 1981 Nr. 39 = DAR 1981, 86).
Der Verkehrssicherungspflichtige muss deshalb den Straßenraum regelmäßig auf drohende Gefahren überprüfen. Dabei muss allerdings nicht jede
nur denkbare Gefahrenquelle abgesichert und Verkehrsteilnehmer dadurch
von jeder Sorgfaltspflicht enthoben werden (OLG Koblenz DAR 2001, 167:
keine Beseitigung naturbedingter Bodenunebenheiten für Inline-Skater).
Bei Verletzung der Verkehrssicherungspflicht haftet die Straßenbaubehörde
nach § 839 BGB i.V.m. Art. 34 GG, z. B. bei Schäden durch Schlaglöcher
infolge mangelnder Straßenüberwachung (LG München I DAR 2000, 221),
bei drohendem Steinschlag (OLG Jena DAR 2001, 166), nicht abgesicherter
schmieriger Fahrbahn (OLG Nürnberg VerkMitt 2001 Nr. 32), unzureichender
Sicherung des Straßenbegleitgrüns (LG Marburg DAR 2000, 274). Sicherungsmaßnahmen müssen durch ausreichende verkehrsbezogene Gründe
gerechtfertigt sein, sie dürfen daneben auch der Stadtplanung dienen
(BVerwG VerkMitt 1980 Nr. 108 = DAR 1980, 381 = NJW 1981, 184).

Bauliche Einrichtungen zur Temporeduzierung („Kölner Teller", „Delfter
Hügel", „Moabiter Kissen") dürfen nur in Tempo 30-Straßen und nur so
hoch angebracht sein, dass auch tief liegende Fahrzeuge die Straßen gefahrlos mit der vorgegebenen Geschwindigkeit befahren können. Für
Zweiradfahrer müssen ausreichend breite Lücken bestehen (OLG Saarbrücken NZV 1998, 284). Andernfalls liegt eine Verletzung der Verkehrssicherungspflicht gemäß § 823 BGB vor, die Amtshaftungsansprüche auslösen kann (§§ 839, 847 BGB i.V.m. Art. 34 GG). Auf deutlich erkennbare
Schlaglöcher eines unbefestigten und mit Tempo 30 ausgewiesenen Fahrweges braucht nicht hingewiesen zu werden (OLG Rostock DAR 2000, 311
= NZV 2000, 333). Bei Straßenbäumen muss der Baulastträger mindestens
zwei Mal im Jahr (mit und ohne Blätterlaub) die Standsicherheit und Fest-
igkeit der Äste auch im Kronenbereich sorgfältig überprüfen (OLG Brandenburg DAR 2000, 304); Baustellen auf einer stark befahrenen Autobahn
sind auch zur Nachtzeit zu überprüfen (OLG Brandenburg VerkMitt 2001,
Nr. 70). Auf Parkplätzen können Begrenzungen durch Blumenkübel erfolgen; Kraftfahrer müssen dem durch vorsichtige Fahrweise Rechnung
tragen und können sich bei einer Kollision nicht auf eine Verletzung
der Verkehrssicherungspflicht berufen (OLG Koblenz DAR 2000, 357 =
NZV 2000, 378).

2.3.2 Unterhaltung der Verkehrszeichen und -einrichtungen

Wer zur Unterhaltung der Verkehrszeichen und Verkehrseinrichtungen
verpflichtet ist (§ 5b StVG), hat auch dafür zu sorgen, dass diese jederzeit
deutlich sichtbar sind (z. B. durch Reinigung, Beschneiden oder Beseitigung
von Hecken und Bäumen).

2.3.3 Streupflicht

Eine Streupflicht gilt für Fahrbahnen nur begrenzt (vgl. BGH VRS 10, 254 = VkBl 1956, 249). Für Radwege gelten keine höheren Anforderungen als für Fahrbahnen (OLG Celle NZV 2001, 217). Erheblich eingeschränkt ist Räum- und Streupflicht in der Nacht (BGH DAR 1964, 108 = VRS 28, 18) und außerhalb geschlossener Ortschaften (BGH VkBl 1963, 50 = VRS 24, 7 = DAR 1963, 129). Bejaht wird sie zu Gunsten von Fußgängern (BGH DAR 1981, 91), auf Kreuzungen bei Glatteis (KG DAR 2001, 497), bei schwer beherrschbarer oder kaum erkennbarer Glätte (OLG Celle VersR 1989, 17), z. B. auf unübersichtlichen Knotenpunkten oder einmündenden Straßen mit Gefälle (OLG Karlsruhe VersR 1989, 158); bei Bundesfernstraßen folgt aus der Sollvorschrift des § 3 Abs. 3 FStrG die „Freiwilligkeit" der Bestreuung.

2.4 Pflichten der Straßenanlieger

Die Warnung vor **Dachlawinen** ist Sache des Hauseigentümers (OLG Stuttgart VersR 1973, 356; OLG Stuttgart VersR 1972, 324). Eine Warnpflicht besteht in schneearmen Gegenden nicht (OLG Saarbrücken VersR 1985, 299 = ZfS 1985, 131), auch keine Verpflichtung zur Anbringung von Schneefanggittern (AG Limburg DAR 2001, 171).

2.5 Pflichten der Bahnunternehmer

Nach § 45 Abs. 2 und 3 ist die Straßenverkehrsbehörde für die Gefahrenabwehr im **Vorfeld** von Bahnkreuzungen, **nicht** im eigentlichen Kreuzungsbereich, zuständig (BVerwG VerkMitt 1991 Nr. 112). Letzteres obliegt dem Bahnunternehmer.

2.6 Rechtswidrige Anordnungen

Auch Anordnungen, deren Rechtswidrigkeit sich später herausstellt, sind in der Regel zunächst gültig und daher bußgeldbewehrt (KG NZV 1990, 441; BayVGH VRS 82, 388). Anordnungen, die durch rechtmäßiges Verhalten nicht befolgt werden können, sind rechtswidrig, z. B. zugelassenes Gehwegparken mit zwei Rädern auf schmalen Straßen, wobei parkende Fahrzeuge den Verkehr zum Ausweichen in den Gegenverkehr zwingen (OVG Bremen VRS 66, 232).

Rechtswidrig angeordnete Verkehrszeichen oder -einrichtungen können verwaltungsgerichtlich angefochten (§§ 68, 42 VwGO), dadurch erlittene Schäden im Wege der Ersatzpflicht gegen die Straßenverkehrsbehörden geltend gemacht werden (Amtshaftung und/oder Gefährdungshaftung nach den Sicherheits- und Ordnungsgesetzen der Länder).

3 Hinweise

3.1 Die StVO ist **kein Mittel** der kommunalen Selbstverwaltung, das alles ermöglicht, was im Sinne einer Stadtgestaltung wünschenswert wäre. Die verkehrliche **Stadtgestaltung** muss im Einklang mit den Eingriffsbefugnissen aus § 45 erfolgen.

3.2 Pflicht der Straßenbaubehörde zur **Warnung vor gefährlichem Straßenzustand** bei Bundesfernstraßen: § 3 FStrG; Entscheidung der Planfeststellungsbehörde auch über Verkehrszeichen und Verkehrseinrichtungen: §§ 4 und 17 FStrG, § 36 Bundesbahngesetz; Beachtung der Widmung bei der Kennzeichnung einer Straße als Autobahn: § 7 Abs. 1 FStrG; Maßnahmen der Straßenbaubehörde zum Schutz gegen außergewöhnliche Schäden an Bundesfernstraßen: § 7 Abs. 2, § 17 FStrG oder zur Sicherstellung und finanziellen Regelung von Umleitungen: § 14 FStrG.

3.3 Kostenpflicht für Verkehrszeichen und Verkehrseinrichtungen: § 5 b StVG, § 45 Abs. 5; für Z. 386 (touristische Hinweise): § 51.

3.4 Gebühren für Parkuhren, Parkscheinautomaten und Parkplätze bei Groß-veranstaltungen: § 6 a Abs. 6 und 7 StVG. Gebühr für eine straßenverkehrs-behörliche Anordnung bei Baustellen: Gebühren-Nr. 261 GebOSt.

3.5 Vorläufige Richtlinien für **straßenverkehrsrechtliche** Maßnahmen zum Schutz der Bevölkerung vor **Lärm**: VkBl 1981, S. 428

3.6 Richtlinien für den **Verkehrslärmschutz** an **Bundesfernstraßen** in der Baulast des Bundes: VkBl. 1983 S. 306 und VkBl. 1986 S. 101.

3.7 Richtlinien für **Wildschutzzäune** an Bundesfernstraßen (WSchuZR): VkBl. 1985, S. 453.

3.8 Richtlinien für die **Beleuchtung** von Verkehrsanlagen an den Bundes-autobahnen: VkBl. 1986 S. 242.

3.9 Verlautbarung des BMVBW zu Hinweisschildern für **Gottesdienste**: VkBl. 1960 S. 333 und VkBl. 1961 S. 373.

Hinweise auf religiöse Veranstaltungen

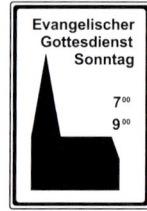

3.10 Verlautbarung des BMVBW zu **Informationsschildern** auf Rastplätzen der Bundesautobahnen: VkBl. 1968 S. 87.

Informationsschild (Sammelhinweisschild)

Die Tafeln stehen vor allem auf Rastplätzen der Autobahnen mit Neben-
betrieben (Tankstellen, Kioske mit WC, Raststätten) sowie vor Städten. Die
Ankündigung solcher Rastplätze erfolgt durch ein Zusatzschild „Information".

3.11 Richtlinien für die Kennzeichnung von Brückenbauwerken mit be-
schränkter Durchfahrtshöhe über Straßen (RdSchr. Nr. 14/2000 BMVBW
Straßenbau vom 20.6.2000). Die lichte Höhe ist die mit Z. 265 ausgewiesene
zulässige Höhe des Fahrzeugs, einschließlich Ladung, zuzüglich eines
Sicherheitsabstandes (0,25 m).

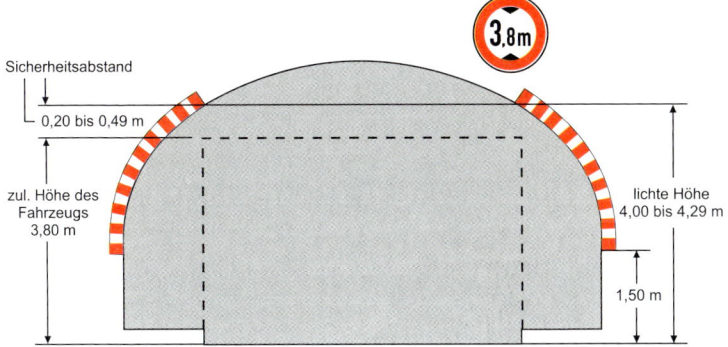

§ 46 Ausnahmegenehmigung und Erlaubnis

(1) Die Straßenverkehrsbehörden können in bestimmten Einzelfällen oder allgemein für bestimmte Antragsteller Ausnahmen genehmigen

1. von den Vorschriften über die Straßenbenutzung (§ 2);
2. vom Verbot, eine Autobahn oder eine Kraftfahrstraße zu betreten oder mit dort nicht zugelassenen Fahrzeugen zu benutzen (§ 18 Abs. 1, 10);
3. von den Halt- und Parkverboten (§ 12 Abs. 4);
4. vom Verbot des Parkens vor oder gegenüber von Grundstücksein- und -ausfahrten (§ 12 Abs. 3 Nr. 3);
4 a. von der Vorschrift, an Parkuhren nur während des Laufes der Uhr, an Parkscheinautomaten nur mit einem Parkschein zu halten (§ 13 Abs. 1);
4 b. von der Vorschrift, im Bereich eines Zonenhaltverbots (Zeichen 290 und 292) nur während der dort vorgeschriebenen Zeit zu parken (§ 13 Abs. 2);
4 c. von den Vorschriften über das Abschleppen von Fahrzeugen (§ 15 a);
5. von den Vorschriften über Höhe, Länge und Breite von Fahrzeug und Ladung (§ 18 Abs. 1 Satz 2, § 22 Abs. 2 bis 4);
5 a. von dem Verbot der unzulässigen Mitnahme von Personen (§ 21);
5 b. von den Vorschriften über das Anlegen von Sicherheitsgurten und das Tragen von Schutzhelmen (§ 21 a);
6. vom Verbot, Tiere von Kraftfahrzeugen und andere Tiere als Hunde von Fahrrädern aus zu führen (§ 28 Abs. 1 Satz 3 und 4);
7. vom Sonntagsfahrverbot (§ 30 Abs. 3);
8. vom Verbot, Hindernisse auf die Straße zu bringen (§ 32 Abs. 1);
9. von den Verboten, Lautsprecher zu betreiben, Waren oder Leistungen auf der Straße anzubieten (§ 33 Abs. 1 Nr. 1 und 2);
10. vom Verbot der Werbung und Propaganda in Verbindung mit Verkehrszeichen (§ 33 Abs. 2 Satz 2) nur für die Flächen von Leuchtsäulen, an denen Haltestellenschilder öffentlicher Verkehrsmittel angebracht sind;
11. von den Verboten oder Beschränkungen, die durch Vorschriftzeichen (§ 41), Richtzeichen (§ 42), Verkehrseinrichtungen (§ 43 Abs. 1 und 3) oder Anordnungen (§ 45 Abs. 4) erlassen sind;
12. von dem Nacht- und Sonntagsparkverbot (§ 12 Abs. 3 a).

Vom Verbot, Personen auf der Ladefläche mitzunehmen (§ 21 Abs. 2), können für die Dienstbereiche der Bundeswehr, der auf Grund des Nordatlantik-Vertrages errichteten internationalen Hauptquartiere, des Bundesgrenzschutzes, der Deutschen Bundesbahn, der Deutschen Bundespost und der Polizei deren Dienststellen, für den Katastrophenschutz die zuständigen Landesbehörden, Ausnahmen genehmigen. Dasselbe gilt für die Vorschrift, dass vorgeschriebene Sicherheitsgurte angelegt sein oder Schutzhelme getragen werden müssen (§ 21 a).

(2) Die zuständigen obersten Landesbehörden oder die nach Landesrecht bestimmten Stellen können von allen Vorschriften dieser Ver-

ordnung Ausnahmen für bestimmte Einzelfälle oder allgemein für bestimmte Antragsteller genehmigen. Vom Sonntagsfahrverbot (§ 30 Abs. 3) können sie darüber hinaus für bestimmte Straßen oder Straßenstrecken Ausnahmen zulassen, soweit diese im Rahmen unterschiedlicher Feiertagsregelung in den Ländern (§ 30 Abs. 4) notwendig werden. Erstrecken sich die Auswirkungen der Ausnahme über ein Land hinaus und ist eine einheitliche Entscheidung notwendig, so ist der Bundesminister für Verkehr zuständig; das gilt nicht für Ausnahmen vom Verbot der Rennveranstaltungen (§ 29 Abs. 1).

(3) Ausnahmegenehmigung und Erlaubnis können unter dem Vorbehalt des Widerrufs erteilt werden und mit Nebenbestimmungen (Bedingungen, Befristungen, Auflagen) versehen werden. Erforderlichenfalls kann die zuständige Behörde die Beibringung eines Sachverständigengutachtens auf Kosten des Antragstellers verlangen. Die Bescheide sind mitzuführen und auf Verlangen zuständigen Personen auszuhändigen. Bei Erlaubnissen nach § 29 Abs. 3 genügt das Mitführen fernkopierter Bescheide.

(4) Ausnahmegenehmigungen und Erlaubnisse der zuständigen Behörde sind für den Geltungsbereich dieser Verordnung wirksam, sofern sie nicht einen anderen Geltungsbereich nennen.

VwV zu § 46 Ausnahmegenehmigung und Erlaubnis

Allgemeines über Ausnahmegenehmigungen

1   I. Die Straßen sind nur für den normalen Verkehr gebaut. Eine Ausnahmegenehmigung zu erteilen, ist daher nur in besonders dringenden Fällen gerechtfertigt. An den Nachweis solcher Dringlichkeit sind strenge Anforderungen zu stellen. Erteilungsvoraussetzungen dürfen nur dann als amtsbekannt behandelt werden, wenn in den Akten dargetan wird, worauf sich diese Kenntnis gründet.

2   II. Die Sicherheit des Verkehrs darf durch eine Ausnahmegenehmigung nicht beeinträchtigt werden; sie ist erforderlichenfalls durch Auflagen und Bedingungen zu gewährleisten. Auch Einbußen der Flüssigkeit des Verkehrs sind auf solche Weise möglichst zu mindern.

3   III. Die straßenrechtlichen Vorschriften über Sondernutzungen sind zu beachten.

4   IV. Hat der Inhaber einer Ausnahmegenehmigung die Nichtbeachtung von Bedingungen und Auflagen zu vertreten, so soll ihm grundsätzlich keine neue Ausnahmegenehmigung erteilt werden.

5   V. Vor der Erteilung einer Ausnahmegenehmigung sollen die beteiligten Behörden gehört werden, wenn dies bei dem Zweck oder dem Geltungsbereich der Ausnahmegenehmigung geboten ist.

6   VI. Dauerausnahmegenehmigungen sind auf höchstens drei Jahre zu befristen. Sie dürfen nur widerruflich erteilt werden.

Zu Absatz 1

Zu Nummer 1

7   Aus Sicherheitsgründen werden in der Regel Bedingungen oder Auflagen geboten sein.

Zu Nummer 2

8   Sofern die Ausnahmegenehmigung sich auf dort nicht zugelassene Fahrzeuge bezieht, gilt Nr. VI 2a zu § 29 Abs. 3; Rn. 117 und 118.

Zu Nummer 4

9   Die betroffenen Anlieger sind zu hören.

Zu Nummer 4a und 4b

10 I. Ohnhänder (Ohnarmer) erhalten eine Ausnahmegenehmigung, um an Park-uhren und Parkscheinautomaten gebührenfrei und im Zonenhaltverbot bzw. auf Parkplätzen mit zeitlicher Begrenzung ohne Benutzung der Parkscheibe zu parken.

11 II. Kleinwüchsige Menschen mit einer Körpergröße von 1,39 m und darunter erhalten eine Ausnahmegenehmigung, um an Parkuhren und Parkscheinauto-maten gebührenfrei zu parken.

12 III. Nr. III zu § 46 Abs. 1 Nr. 11 gilt entsprechend.

Zu Nummer 5

13 I. Fahrzeuge und Fahrzeugkombinationen, die auf Grund ihrer Ladung die Abmessungen der § 18 Abs. 1 oder § 22 Abs. 2 bis 4 überschreiten, bedürfen einer Ausnahmegenehmigung. Bei Überschreiten der Maße und Gewichte nach den §§ 32 bis 34 StVZO bedürfen diese Fahrzeuge zusätzlich einer Aus-nahmegenehmigung nach § 70 StVZO und einer Erlaubnis nach § 29 Abs. 3 (vgl. zu § 29 Abs. 3; Rn. 79 ff.).

II. Voraussetzungen der Ausnahmegenehmigung

14 1. Eine Ausnahmegenehmigung darf nur erteilt werden, wenn

15 a) der Verkehr nicht – wenigstens zum größten Teil der Strecke – auf der Schiene oder auf dem Wasser möglich ist oder wenn durch einen Verkehr auf dem Schienen- oder Wasserweg unzumutbare Mehrkosten (auch andere als die reinen Transportkosten) entstehen würden;

16 b) für den gesamten Fahrtweg Straßen zur Verfügung stehen, deren baulicher Zustand durch den Verkehr nicht beeinträchtigt wird und für deren Schutz keine besonderen Maßnahmen erforderlich sind, oder wenn wenigstens die spätere Wiederherstellung der Straßen oder die Durchführung jener Maßnahmen vor allem aus verkehrlichen Gründen nicht zu Zeit raubend oder zu umfangreich wäre;

17 c) die Beschaffung eines Spezialfahrzeugs für die Beförderung unmöglich oder unzumutbar ist;

18 d) die Ladung nach vorn nicht über 1 m hinausragt.

19 2. Eine Ausnahmegenehmigung darf außerdem nur für die Beförderung folgen-der Ladungen erteilt werden:

20 a) **Einer** unteilbaren Ladung

21 Unteilbar ist eine Ladung, wenn ihre Zerlegung aus technischen Gründen un-möglich ist oder unzumutbare Kosten verursachen würde.

22 b) Einer aus **zwei Teilen** bestehenden Ladung, wenn die Teile aus Festigkeits-gründen nicht als Einzelstücke befördert werden können und diese unteilbar sind.

23 c) **Mehrerer** einzelner Teile, die je für sich mit ihrer Länge, Breite oder Höhe über den im Fahrzeugschein (Muster 2a oder 2b zu § 24 StVZO) festgelegten Abmessungen des Fahrzeugs oder der Fahrzeugkombination hinausragen und unteilbar sind.

24 d) Beiladung ist gestattet, soweit Gesamtgewicht und Achslasten die nach § 34 StVZO zulässigen Werte nicht überschreiten.

25 3. Hat der Antragsteller vorsätzlich oder grob fahrlässig zuvor einen genehmi-gungspflichtigen Verkehr ohne die erforderliche Ausnahmegenehmigung durch-geführt oder gegen die Bedingungen und Auflagen einer Ausnahmegenehmi-gung verstoßen, so soll ihm für einen angemessenen Zeitraum keine Geneh-migung mehr erteilt werden.

III. Das Verfahren

26 1. Der Antragsteller ist darauf hinzuweisen, dass die Bearbeitung der Anträge in der Regel zwei Wochen erfordert. Von diesem Hinweis kann nur dann abgesehen werden, wenn der Antragsteller nachweist, dass die Beförderung eilbedürftig ist, nicht vorhersehbar war und geeigneter Eisenbahn- oder Schiffstransportraum nicht mehr rechtzeitig zur Verfügung gestellt werden kann; dabei ist ein strenger Maßstab anzulegen.

27 Aus dem Antrag müssen mindestens folgende technischen Daten des Fahrzeuges oder der Fahrzeugkombination einschließlich der Ladung ersichtlich sein:

28 Länge, Breite und Höhe des Fahrzeuges oder der Fahrzeugkombination, Abmessungen der Ladung, Höchstgeschwindigkeit des Transports, amtliches Kennzeichen von Zugfahrzeugen und Anhängern.

29 2. Außer in den Fällen der Nr. 4 hat die zuständige Straßenverkehrsbehörde die nach § 8 Abs. 6 des Bundesfernstraßengesetzes oder den entsprechenden landesrechtlichen Bestimmungen zu beteiligenden Straßenbaubehörden sowie die Polizei und, wenn Bahnstrecken höhengleich (Bahnübergänge) oder nicht höhengleich (Überführungen) gekreuzt oder Bahnanlagen berührt werden, auch die Bahnunternehmen zu hören. Geht die Fahrt über den Bezirk einer Straßenverkehrsbehörde hinaus, so sind außerdem die Straßenverkehrsbehörden zu hören, durch deren Bezirk der Fahrtweg führt; diese verfahren für ihren Bezirk nach Satz 1. Die zuständige Genehmigungsbehörde hat im Anhörverfahren ausdrücklich zu bestätigen, dass die Abwicklung des Transports auf dem Schienen- oder Wasserweg unmöglich oder unzumutbar ist. Ist die zeitweise Sperrung einer Autobahn-Richtungsfahrbahn erforderlich, bedarf es der Zustimmung der höheren Verwaltungsbehörde. Den beteiligten Behörden sind die in Nr. III 1 aufgeführten technischen Daten des Fahrzeugs oder der Fahrzeugkombination und der Ladung mitzuteilen.

30 3. Geht die Fahrt über das Gebiet eines Landes hinaus, so ist unter Mitteilung der in Nr. III 1 aufgeführten technischen Daten des Fahrzeugs oder der Fahrzeugkombination und der Ladung die Zustimmung derjenigen höheren Verwaltungsbehörde einzuholen, durch deren Bezirk die Fahrt in den anderen Ländern jeweils zuerst geht. Auch für diese Behörden gilt Nr. 2 Satz 1. Auf die Anhörung der Polizei kann im Rahmen des Zustimmungsverfahrens in der Regel verzichtet werden. Eine Unterrichtung der Polizei über die Erteilung von Ausnahmegenehmigungen für Großraum- und Schwertransporte ist jedoch unbedingt sicherzustellen. Die Zustimmung der genannten Behörden darf nur mit der Begründung versagt werden, dass die Voraussetzungen nach Nr. II 1 b (Rn. 16) in ihrem Bezirk nicht vorliegen. Die zuständigen obersten Landesbehörden können die für das Anhörverfahren bei der Erteilung von Dauerausnahmegenehmigungen ohne festgelegten Fahrtweg zuständigen höheren Verwaltungsbehörden bestimmen.

31 Führt die Fahrt nur auf kurzen Strecken in ein anderes Land, so genügt es, statt mit der dortigen höheren Verwaltungsbehörde unmittelbar mit der örtlichen Straßenverkehrsbehörde und der örtlichen Straßenbaubehörde des Nachbarlandes Verbindung aufzunehmen.

32 4. Von dem in Nr. 2 und 3 angeführten Anhörverfahren ist abzusehen, wenn folgende Abmessungen im Einzelfall nicht überschritten werden:

33 a) Höhe (Fahrzeug/Fahrzeugkombination und Ladung) 4 m

34 b) Breite (Fahrzeug/Fahrzeugkombination und Ladung) 3 m

35 c) Länge (Fahrzeug/Fahrzeugkombination und Ladung) 22 m

36 d) Hinausragen der Ladung nach hinten 4 m

37 e) Hinausragen der Ladung über die letzte Achse 5 m

38 f) Hinausragen der Ladung nach vorn 1 m

39 5. a) An den Nachweis der Voraussetzungen der Erteilung einer Ausnahmegenehmigung nach Nr. II sind strenge Anforderungen zu stellen. Über das Verlangen von Sachverständigengutachten vgl. § 46 Abs. 3 Satz 2. Die Erteilungsvoraussetzungen dürfen nur dann als amtsbekannt behandelt werden, wenn in den Akten dargelegt wird, worauf sich diese Kenntnis gründet.

40 b) Die Straßenverkehrsbehörde hat, wenn es sich um einen Verkehr über eine Wegstrecke von mehr als 250 km handelt, nach Nr. III 2 und 3 ein Anhörverfahren vorgeschrieben ist und eine Gesamtbreite von 4,20 m oder eine Gesamthöhe von 4,80 m (jeweils von Fahrzeug und Ladung) nicht überschritten wird, sich vom Antragsteller vorlegen zu lassen:

41 aa) eine Bescheinigung der für den Versandort zuständigen Güterabfertigung darüber, ob und gegebenenfalls innerhalb welcher Fristen und unter welchen Gesamtkosten die Schienenbeförderung bzw. die gebrochene Beförderung Schiene/Straße möglich ist,

42 bb) im gewerblichen Verkehr eine Bescheinigung des Frachtführers oder des Spediteurs über die tarifmäßigen Beförderungsentgelte und die Entgelte für zusätzliche Leistungen,

43 cc) im Werkverkehr den Nachweis über die gesamten Beförderungskosten; wird der Nachweis nicht erbracht, kann das tarifmäßige Beförderungsentgelt zuzüglich der Entgelte für zusätzliche Leistungen als Richtwert herangezogen werden.

44 c) Die Straßenverkehrsbehörde hat, wenn es sich um einen Verkehr über eine Wegstrecke von mehr als 250 km handelt und eine Gesamtbreite von 4,20 m oder eine Gesamthöhe von 4,80 m (jeweils von Fahrzeug und Ladung) überschritten wird, sich vom Antragsteller vorlegen zu lassen:

45 aa) eine Bescheinigung der nächsten Wasser- und Schifffahrtsdirektion darüber, ob und ggf. innerhalb welcher Fristen und unter welchen Gesamtkosten die Beförderung auf dem Wasser bzw. die gebrochene Beförderung Wasser/Straße möglich ist,

46 bb) im gewerblichen Verkehr eine Bescheinigung des Frachtführers oder des Spediteurs über die tarifmäßigen Beförderungsentgelte und die Entgelte für zusätzliche Leistungen,

47 cc) im Werkverkehr den Nachweis über die gesamten Beförderungskosten; wird der Nachweis nicht erbracht, kann das tarifmäßige Beförderungsentgelt zuzüglich der Entgelte für zusätzliche Leistungen als Richtwert herangezogen werden.

48 In geeigneten Fällen kann die Straßenverkehrsbehörde die Bescheinigung auch für Transporte mit weniger als 250 km Wegstrecke verlangen.

49 Die Vorlage der Bescheinigungen nach aa, bb oder cc ist nicht erforderlich, wenn ein Transport auf dem Wasserweg offensichtlich nicht in Betracht kommt.

IV. Der Inhalt des Genehmigungsbescheides

50 1. Der Fahrweg ist in den Fällen festzulegen, in denen nach Nr. III 2 und 3 ein Anhörverfahren vorgeschrieben ist. Dabei müssen sämtliche Möglichkeiten des gesamten Straßennetzes bedacht werden. Eine Beeinträchtigung des Verkehrsflusses in den Hauptverkehrszeiten muss vermieden werden. Auch sollte der Fahrtweg so festgelegt werden, dass eine Verkehrsregelung nicht erforderlich ist.

51 2. Erforderlichenfalls ist auch die Fahrzeit festzulegen. Jedenfalls in den Fällen, in denen nach Nr. III 2 und 3 ein Anhörverfahren vorgeschrieben ist, soll für Straßenabschnitte, die erfahrungsgemäß zu bestimmten Zeiten einen erheblichen Verkehr aufweisen, die Fahrzeit in der Regel wie folgt beschränkt werden:

52 a) Die Benutzung von Autobahnen ist in der Regel von Freitag 15.00 bis Montag 9.00 Uhr zu verbieten und, falls diese Straßen starken Berufsverkehr aufweisen, auch an den übrigen Wochentagen von 6.00 Uhr bis 8.30 Uhr und von 15.30 Uhr bis 19.00 Uhr. Vom 15.6. bis 15.9. sowie von Gründonnerstag bis Dienstag nach Ostern und von Freitag vor Pfingsten bis Dienstag danach sollte solchem Verkehr die Benutzung der Autobahnen möglichst nur von 22.00 Uhr bis 6.00 Uhr erlaubt werden. Gegebenenfalls kommt auch ein Verbot der Autobahnbenutzung an anderen Feiertagen (z. B. Weihnachten) sowie an den Tagen davor und danach in Betracht.

471 Ausnahmegenehmigung und Erlaubnis **§ 46**

53 b) Auf Bundesstraßen samt ihren Ortsdurchfahrten und auf anderen Straßen mit erheblichem Verkehr außerhalb geschlossener Ortschaften darf solcher Verkehr in der Regel nur von Montag 9.00 Uhr bis Freitag 15.00 Uhr erlaubt werden.

54 Die Benutzung von Straßen mit starkem Berufsverkehr ist in der Regel werktags von 6.00 Uhr bis 8.30 Uhr und von 15.30 Uhr bis 19.00 Uhr zu verbieten.

55 Zu a und b: Ist die Sperrung einer Autobahn, einer ganzen Fahrbahn oder die teilweise Sperrung einer Straße mit erheblichem Verkehr notwendig, so ist das in der Regel nur in der Zeit von 22.00 Uhr bis 6.00 Uhr zu erlauben.

56 3. Von der Fahrzeitbeschränkung nach Nr. IV 2 kann abgesehen werden, wenn der Antragsteller nachweist, dass die Beförderung eilbedürftig ist und bei einer Beschränkung der Fahrzeit die termingerechte Durchführung des Transportauftrags nicht gewährleistet ist. Dies gilt jedoch nicht, wenn die Eilbedürftigkeit durch Verschulden des Antragstellers entstanden ist. Ein Abweichen soll nicht zugelassen werden, wenn es erhebliche Einschränkungen des allgemeinen Verkehrs zu Verkehrsspitzenzeiten oder auf Strecken mit starkem Verkehrsaufkommen zur Folge haben wird. In diesen Fällen muss der Transport auf weniger bedeutende Straßen ausweichen.

57 Von der Fahrzeitbeschränkung nach Nr. IV 2 a Satz 2 kann abgesehen werden, wenn Lastfahrten mit Fahrzeugen oder Fahrzeugkombinationen durchgeführt werden, deren zulässige Höchstgeschwindigkeit 80 km/h beträgt und die diese Geschwindigkeit transportbedingt einhalten können, sofern sie die in Nr. III 4 (Rn. 32 ff.) aufgeführten Abmessungen nicht überschreiten.

58 4. Um einen reibungslosen Ablauf des genehmigungspflichtigen Verkehrs sicherzustellen, kann die zuständige Polizeidienststelle im Einzelfall von der im Genehmigungsbescheid festgesetzten zeitlichen Beschränkung abweichen, wenn es die Verkehrslage erfordert oder gestattet.

59 5. a) Soweit es die Sicherheit oder Ordnung des Verkehrs erfordert, sind Bedingungen zu stellen und Auflagen zu machen; insbesondere werden die von den Straßenverkehrsbehörden, den Straßenbaubehörden und Bahnunternehmen mitgeteilten Bedingungen, Auflagen und Sondernutzungsgebühren grundsätzlich in die Ausnahmegenehmigung aufgenommen. Erforderlichenfalls ist für den ganzen Fahrtweg oder für bestimmte Fahrstrecken die zulässige Höchstgeschwindigkeit zu beschränken.

60 b) Es ist vorzuschreiben, dass die Fahrt bei erheblicher Sichtbehinderung durch Nebel, Schneefall, Regen oder bei Glatteis zu unterbrechen und das Fahrzeug möglichst außerhalb der Fahrbahn abzustellen und zu sichern ist.

61 c) Die Auflage, das Fahrzeug, die Fahrzeugkombination oder die Ladung besonders kenntlich zu machen, ist häufig geboten, etwa durch Verwendung von Kennleuchten mit gelbem Blinklicht oder durch Anbringung weiß-rot-weißer Warnfahnen oder weiß-roter-Warntafeln am Fahrzeug oder Zug selbst oder an einem begleitenden Fahrzeug oder an der Ladung. Auf die „Richtlinien für die Kenntlichmachung überbreiter und überlanger Straßenfahrzeuge sowie bestimmter hinausragender Ladungen" wird verwiesen.

62 d) Außerdem ist die Auflage aufzunehmen, dass vor Fahrtantritt zu prüfen ist, ob die im Genehmigungsbescheid festgelegten Abmessungen, insbesondere die vorgeschriebene Höhe, eingehalten werden.

63 6. Erforderlichenfalls ist vorzuschreiben, dass sich solche Fahrzeuge wie Züge nach § 4 Abs. 2 und § 19 Abs. 3 zu verhalten haben.

64 7. a) Ragt die Ladung mehr als 50 cm nach vorn hinaus, so ist die Auflage zu erteilen, die Ladung durch eine rot-weiß-gestreifte Schutzvorrichtung zu sichern, die bei Dunkelheit blendfrei zu beleuchten ist. Soweit möglich, ist dazu eine mindestens 50 cm lange Schutzkappe über das vordere Ende der Ladung zu stülpen und so zu befestigen, dass die Ladung nicht nach vorn verrutschen kann.

65 b) Ragt die Ladung nach hinten hinaus, sind folgende Auflagen zu erteilen:

66 aa) Die Ladung, insbesondere deren hintere Enden, sind durch Spannmittel oder sonstige Vorrichtungen ausreichend zu sichern.

67 bb) Es darf nur abgebogen werden, wenn das wegen des Ausschwenkens der Ladung ohne Gefährdung, insbesondere des nachfolgenden oder des Gegenverkehrs, möglich ist.

68 cc) Besteht die Gefahr, dass die Ladung auf der Fahrbahn schleift, so ist ein Nachläufer vorzuschreiben. Auf die „Richtlinien für Langmaterialzüge mit selbstlenkendem Nachläufer" wird verwiesen.

69 8. Der Antragsteller hat bei der Antragstellung folgende Haftungserklärung bzw. folgenden Haftungsverzicht abzugeben: „Soweit durch den Transport Schäden entstehen, verpflichte ich mich, für Schäden an Straßen und deren Einrichtungen sowie an Eisenbahnanlagen, Eisenbahnfahrzeugen, sonstigen Eisenbahngegenständen und Grundstücken aufzukommen und Straßenbaulastträger, Polizei, Verkehrssicherungspflichtige und Eisenbahnunternehmer von Ersatzansprüchen Dritter, die aus diesen Schäden hergeleitet werden, freizustellen. Ich verzichte ferner darauf, Ansprüche daraus herzuleiten, dass die Straßenbeschaffenheit nicht den besonderen Anforderungen des Transportes entspricht."

70 9. Es kann geboten sein, einen Beifahrer, weiteres Begleitpersonal und private Begleitfahrzeuge mit oder ohne Wechselverkehrszeichen-Anlage vorzuschreiben. Begleitfahrzeuge mit Wechselverkehrszeichen-Anlage sind gemäß „Merkblatt über die Ausrüstung eines privaten Begleitfahrzeuges" auszurüsten. Ein Begleitfahrzeug mit Wechselverkehrszeichen-Anlage darf nur vorgeschrieben werden, wenn wegen besonderer Umstände das Zeigen von Verkehrszeichen durch die Straßenverkehrsbehörde anzuordnen ist. Diese Voraussetzung liegt bei einem Großraumtransport insbesondere vor, wenn bei einem Transport

71 a) auf Autobahnen und Straßen, die wie eine Autobahn ausgebaut sind,

– bei zwei oder mehr Fahrstreifen plus Seitenstreifen je Richtung die Breite über alles 4,50 m

72 – bei zwei Fahrstreifen ohne Seitenstreifen je Richtung die Breite über alles 4,00 m

(bei anderen Querschnitten ist die Regel sinngemäß anzuwenden) oder

73 b) auf anderen Straßen in der Regel die Breite über alles von 3,00 m

– die Länge über alles von 27,00 m überschritten wird.

74 c) auf allen Straßen der Sicherheitsabstand bei Überführungsbauwerken von 10 cm nicht eingehalten werden kann.

75 Eine Ausnahmegenehmigung ist grundsätzlich nur erforderlich, wenn

76 a) bei Autobahnen und Straßen, die wie eine Autobahn ausgebaut sind,

– bei zwei oder mehr Fahrstreifen plus Seitenstreifen je Richtung die Breite über alles von 5,50 m

77 – bei zwei Fahrstreifen ohne Seitenstreifen je Richtung die Breite von 4,50 m oder

78 b) auf anderen Straßen

– die Breite über alles von 3,50 m überschritten wird.

79 Polizeiliche Maßnahmen aus Anlass eines Transports sind nur erforderlich, wenn

80 a) der Gegenverkehr gesperrt werden muss,

81 b) bei einer Durchfahrt durch ein Überführungsbauwerk oder durch sonstige feste Straßenüberbauten der Transport nur in abgesenktem Zustand erfolgen kann

oder

82 c) bei sonstigen schwierigen Straßen- oder Verkehrsverhältnissen.

83 Sofern eine polizeiliche Begleitung/polizeiliche Maßnahme erforderlich ist, ist der Transport frühzeitig, in der Regel spätestens 48 Stunden vorher, bei der für den Ausgangsort zuständigen Polizeidienststelle anzumelden.

84 10. Entfällt nach Nr. III 4 (Rn. 32 ff.) das Anhörverfahren, so ist dem Genehmigungsinhaber die Auflage zu erteilen, vor der Durchführung des Verkehrs in eigener Verantwortung zu prüfen, ob der beabsichtigte Fahrtweg für den Verkehr geeignet ist.

V. Dauerausnahmegenehmigung

85 1. Einem Antragsteller kann, wenn die Voraussetzungen nach Nr. II (Rn. 14 ff.) vorliegen und er nachweist, dass er häufig entsprechenden Verkehr durchführt, eine auf höchstens drei Jahre befristete Dauerausnahmegenehmigung erteilt werden.

86 2. Eine Dauerausnahmegenehmigung darf nur erteilt werden, wenn

a) polizeiliche Begleitung nicht erforderlich ist und

87 b) der Antragsteller Großraum- und Schwertransporte schon längere Zeit mit sachkundigen, zuverlässigen Fahrern und verkehrssicheren Fahrzeugen ohne Beanstandung durchgeführt hat.

88 3. Die Dauerausnahmegenehmigung ist auf Fahrten zwischen bestimmten Orten zu beschränken; statt eines bestimmten Fahrtwegs können dem Antragsteller auch mehrere zur Verfügung gestellt werden. Eine Dauerausnahmegenehmigung kann auch für alle Straßen im Zuständigkeitsbereich der Genehmigungsbehörde und der benachbarten Straßenverkehrsbehörden erteilt werden. Für Straßenverkehrsbehörden mit kleinen räumlichen Zuständigkeitsbereichen können die obersten Landesbehörden Sonderregelungen treffen.

89 4. Eine allgemeine Dauerausnahmegenehmigung (vgl. Allgemeines über Ausnahmegenehmigungen Nr. VI.) kann bis zu den in Nr. III. 4 aufgeführten Abmessungen erteilt werden. Die höhere Verwaltungsbehörde, die nach § 70 Abs. 1 Nr. 1 StVZO eine Ausnahmegenehmigung von den Vorschriften der §§ 32 und 34 StVZO erteilt, kann zugleich eine allgemeine Dauerausnahmegenehmigung für eine Überschreitung bis zu den in Nr. III 4 (Rn. 32 ff.) aufgeführten Abmessungen erteilen. Die Dauerausnahmegenehmigung ist auf die Geltungsdauer, höchstens jedoch auf drei Jahre, und den Geltungsbereich der Ausnahmegenehmigung nach § 70 Abs. 1 Nr. 1 StVZO zu beschränken.

90 5. In die Dauerausnahmegenehmigung ist die Auflage aufzunehmen, dass der Antragsteller vor der Durchführung des Verkehrs in eigener Verantwortung zu überprüfen hat, ob der beabsichtigte Fahrtweg für den Verkehr geeignet ist. Die Abmessungen, die einzuhalten sind, und die Güter, die befördert werden dürfen, sind genau festzulegen.

91 6. Eine Dauerausnahmegenehmigung darf nur unter dem Vorbehalt des Widerrufs erteilt werden. Sie ist zu widerrufen, wenn der Verkehrsablauf unzumutbar beeinträchtigt wird oder sonstige erhebliche Belästigungen oder Gefährdungen der Verkehrsteilnehmer eingetreten sind. Die Dauerausnahmegenehmigung kann widerrufen werden, wenn der Genehmigungsinhaber eine Auflage nicht erfüllt.

92 7. Im Übrigen sind die Vorschriften in Nr. I bis IV sinngemäß anzuwenden.

Zu Nummer 5b

I. Ausnahmen von der Anlegepflicht

93 Von der Anlegepflicht für Sicherheitsgurte können Personen im Ausnahmewege befreit werden, wenn

94 – das Anlegen der Gurte aus gesundheitlichen Gründen nicht möglich ist oder

95 – die Körpergröße weniger als 150 cm beträgt.

II. Ausnahmen von der Schutzhelmtragepflicht

96 Von der Schutzhelmtragepflicht können Personen im Ausnahmewege befreit werden, wenn das Tragen eines Schutzhelmes aus gesundheitlichen Gründen nicht möglich ist.

III. Voraussetzungen

97 Die in Nr. I und II genannten Voraussetzungen gesundheitlicher Art sind durch eine ärztliche Bescheinigung nachzuweisen. In der ärztlichen Bescheinigung ist ausdrücklich zu bestätigen, dass der Antragsteller auf Grund des ärztlichen Befundes von der Gurtanlege- bzw. Helmtragepflicht befreit werden muss. Die Diagnose braucht aus der Bescheinigung nicht hervorzugehen.

IV. Geltungsdauer und Auflagen

98 Die Ausnahmegenehmigungen sind widerruflich und befristet zu erteilen.

99 Soweit aus der ärztlichen Bescheinigung keine geringere Dauer hervorgeht, ist die Ausnahmegenehmigung in der Regel auf ein Jahr zu befristen. Dort, wo es sich um einen attestierten nicht besserungsfähigen Dauerzustand handelt, ist eine unbefristete Ausnahmegenehmigung zu erteilen.

Zu Nummer 6

100 Gegen das Führen von Rindvieh in Viehtriebrahmen hinter Schleppern bestehen keine grundsätzlichen Bedenken. In der Ausnahmegenehmigung ist die zulässige Geschwindigkeit auf weniger als 5 km/h festzusetzen. Die Zahl der zu führenden Tiere ist festzulegen.

Zu Nummer 7

I. Voraussetzung der Genehmigung

101 1. Eine Einzelgenehmigung darf nur unter folgenden Voraussetzungen erteilt werden:

102 a) In dringenden Fällen, z. B. zur Versorgung der Bevölkerung mit leicht verderblichen Lebensmitteln, zur termingerechten Be- oder Entladung von Seeschiffen, zur Aufrechterhaltung des Betriebes öffentlicher Versorgungseinrichtungen; wirtschaftliche oder wettbewerbliche Gründe allein rechtfertigen eine Genehmigung keinesfalls,

103 b) für Güter, zu deren Beförderung keine Fahrzeuge bis zu 7,5 t zulässiges Gesamtgewicht verfügbar sind,

104 c) für Güter, deren fristgerechte Beförderung nicht wenigstens zum größten Teil der Strecke auf der Schiene möglich ist, sofern es sich um eine Beförderung über eine Straßenstrecke von mehr als 100 km handelt und

105 d) für grenzüberschreitenden Verkehr, wenn die deutschen und ausländischen Grenzzollstellen zur Zeit der voraussichtlichen Ankunft an der Grenze Lastkraftwagenladungen abfertigen können.

106 2. Eine Dauerausnahmegenehmigung darf nur erteilt werden, wenn außerdem die Notwendigkeit regelmäßiger Beförderung feststeht.

II. Das Verfahren

107 1. Vom Antragsteller sind folgende Unterlagen zu verlangen:

a) Fracht- und Begleitpapiere,

108 b) falls es sich um eine Beförderung über eine Straßenstrecke von mehr als 100 km handelt, eine Bescheinigung der für den Versandtort zuständigen Güterabfertigung über die Unmöglichkeit der fristgerechten Schienenbeförderung,

109 c) für grenzüberschreitenden Verkehr ein Nachweis über die Abfertigungszeiten der Grenzzollstelle für Ladungen auf Lastkraftwagen,

110   d) Kraftfahrzeug- und Anhängerschein. Für ausländische Kraftfahrzeuge, in deren Zulassungspapieren zulässiges Gesamtgewicht und Motorleistung nicht eingetragen sind, ist eine entsprechende amtliche Bescheinigung erforderlich.

111   2. Eine Dauerausnahmegenehmigung darf nur erteilt werden, wenn der Antragsteller die Dringlichkeit der Beförderung durch eine Bescheinigung der Industrie- und Handelskammer nachweist oder sonst glaubhaft macht.

III. Inhalt der Genehmigung

112   Für den Genehmigungsbescheid ist ein Formblatt zu verwenden, das das Bundesministerium für Verkehr nach Anhörung der obersten Landesbehörden im Verkehrsblatt bekannt gibt.

113   1. Der Beförderungsweg braucht nur festgelegt zu werden, wenn das aus verkehrlichen Gründen geboten ist.

114   2. Für grenzüberschreitenden Verkehr ist die Beförderungszeit so festzulegen, dass das Kraftfahrzeug an der Grenze voraussichtlich zu einem Zeitpunkt eintrifft, an dem sowohl die deutsche als auch die ausländische Grenzzollstelle zur Abfertigung von Ladungen besetzt ist.

115   3. Die für die Beförderung zugelassenen Güter sind einzeln und genau aufzuführen.

Zu Nummer 9

116   Von dem Verbot verkehrsstörenden Lautsprecherlärms dürfen Ausnahmen nur genehmigt werden, wenn ein überwiegendes Interesse der Allgemeinheit vorliegt.

Zu Nummer 10

117   Gegen die Erteilung einer Ausnahmegenehmigung für Werbung auf Flächen von Leuchtsäulen bestehen in der Regel keine Bedenken; Gründe der Sicherheit oder Leichtigkeit des Straßenverkehrs werden kaum je entgegenstehen.

Zu Nummer 11

Ausnahmegenehmigungen für Schwerbehinderte mit außergewöhnlicher Gehbehinderung sowie für Blinde

I. Parkerleichterungen

118   1. Schwerbehinderten mit außergewöhnlicher Gehbehinderung kann gestattet werden,

119   a) an Stellen, an denen das eingeschränkte Haltverbot angeordnet ist (Z. 286, 290), bis zu drei Stunden zu parken. Antragstellern kann für bestimmte Haltverbotsstrecken eine längere Parkzeit genehmigt werden. Die Ankunftszeit muss sich aus der Einstellung auf einer Parkscheibe (§ 13 Abs. 2 Nr. 2, Bild 291) ergeben,

120   b) im Bereich eines Zonenhaltverbots (Z. 290) die zugelassene Parkdauer zu überschreiten,

121   c) an Stellen, die durch Z. 314 und 315 gekennzeichnet sind und für die durch ein Zusatzschild eine Begrenzung der Parkzeit angeordnet ist, über die zugelassene Zeit hinaus zu parken,

122   d) in Fußgängerzonen, in denen das Be- oder Entladen für bestimmte Zeiten freigegeben ist, während der Ladezeiten zu parken,

123   e) an Parkuhren und bei Parkscheinautomaten zu parken, ohne Gebühr und zeitliche Begrenzung,

124   f) auf Parkplätzen für Anwohner bis zu drei Stunden zu parken,

125   g) in verkehrsberuhigten Bereichen (Z. 325) außerhalb der gekennzeichneten Flächen ohne den durchgehenden Verkehr zu behindern, zu parken,

126   sofern in zumutbarer Entfernung keine andere Parkmöglichkeit besteht. Die vorgenannten Parkerleichterungen dürfen mit allen Kraftfahrzeugen in Anspruch genommen werden.

127 Die höchstzulässige Parkzeit beträgt 24 Stunden.

128 2. Die Berechtigung ist durch einen Ausweis, der gut sichtbar hinter der Windschutzscheibe anzubringen ist, nachzuweisen.

II. Voraussetzungen der Ausnahmegenehmigung

129 1. Als Schwerbehinderte mit außergewöhnlicher Gehbehinderung sind solche Personen anzusehen, die sich wegen der Schwere ihres Leidens dauernd nur mit fremder Hilfe oder nur mit großer Anstrengung außerhalb ihres Kraftfahrzeuges bewegen können.

130 Hierzu zählen: Querschnittsgelähmte, Doppeloberschenkelamputierte, Doppelunterschenkelamputierte, Hüftexartikulierte und einseitig Oberschenkelamputierte, die dauernd außer Stande sind, ein Kunstbein zu tragen, oder nur eine Beckenkorbprothese tragen können oder zugleich unterschenkel- oder armamputiert sind sowie andere Schwerbehinderte, die nach versorgungsärztlicher Feststellung, auch auf Grund von Erkrankungen, dem vorstehend angeführten Personenkreis gleichzustellen sind.

131 2. Schwerbehinderten mit außergewöhnlicher Gehbehinderung, die keine Fahrerlaubnis besitzen, und Blinden, die auf die Benutzung eines Kraftfahrzeuges angewiesen sind und die sich nur mit fremder Hilfe bewegen können, kann ebenfalls eine Ausnahmegenehmigung (Nr. I 1; Rn. 118 ff.) erteilt werden.

132 In diesen Fällen ist den Behinderten eine Ausnahmegenehmigung des Inhalts auszustellen, dass der sie jeweils befördernde Kraftfahrzeugführer von den entsprechenden Vorschriften der StVO befreit ist.

III. Das Verfahren

133 1. Der Antrag auf Ausnahmegenehmigung ist bei der örtlich zuständigen Straßenverkehrsbehörde zu stellen.

134 2. Die Dauerausnahmegenehmigung soll in der Regel auf zwei Jahre in stets widerruflicher Weise erteilt werden.

135 Antragstellern mit nicht besserungsfähigen Körperschäden kann die Ausnahme unbefristet unter Widerrufsvorbehalt genehmigt werden.

136 3. Die Ausnahmegenehmigung soll in der Regel gebührenfrei erteilt werden.

IV. Inhalt der Genehmigung

137 Für den Genehmigungsbescheid und den Ausweis ist ein bundeseinheitliches Formblatt zu verwenden.

V. Geltungsbereich

138 Die Ausnahmegenehmigungen gelten für das ganze Bundesgebiet.

Parkerleichterungen für Ärzte

139 I. Ärzte handeln bei einem „rechtfertigenden Notstand" (§ 16 des Gesetzes über Ordnungswidrigkeiten) nicht rechtswidrig, wenn sie die Vorschriften der StVO nicht beachten.

140 II. Ärzte, die häufig von dieser gesetzlichen Ausnahmeregelung Gebrauch machen müssen, erhalten von der zuständigen Landesärztekammer ein Schild mit der Aufschrift „Arzt – Notfall – Name des Arztes . . . Landesärztekammer", das im Falle von I. gut sichtbar hinter der Windschutzscheibe anzubringen ist.

Zu Nummer 12

141 Eine Ausnahmegenehmigung soll grundsätzlich erteilt werden, wenn die Betroffenen über keine eigenen Betriebshöfe oder Abstellflächen verfügen und sich solche Möglichkeiten auch nicht in zumutbarer Weise beschaffen können und wenn sich zugleich keine Parkplätze mit Abstellerlaubnis in der näheren Umgebung befinden und auch nicht geschaffen werden können.

Zu Absatz 2

142 Die zuständigen obersten Landesbehörden oder die von ihnen bestimmten

Stellen können von allen Bestimmungen dieser Allgemeinen Verwaltungsvorschrift Abweichungen zulassen.

Zu Absatz 3

Zu Satz 3

143   Es genügt nicht, wenn eine beglaubigte Abschrift oder eine Ablichtung des Bescheides mitgeführt wird.

1 Aus der amtlichen Begründung

Nach Art. 21 Abs. 5 des Abkommens mit den Alliierten Mächten in Europa über die besonderen Bedingungen für die Errichtung und den Betrieb internationaler militärischer Hauptquartiere in der Bundesrepublik vom 13.3.1967 (BGBl. 1969 II S. 2009) sind den Hauptquartieren Abweichungen von den Verhaltensvorschriften im Straßenverkehr unter den gleichen Voraussetzungen gestattet wie der Bundeswehr, wenn die Fahrzeuge ein deutlich erkennbares Zeichen führen, aus dem sich ihre Zugehörigkeit zu einem Hauptquartier ergibt (Begr. 1975).

2 Erläuterungen

Die StVO enthält zahlreiche generalklauselartige Bestimmungen, die häufig Einzelinteressen unberücksichtigt lassen. Um unbillige Härten von Verkehrsteilnehmern abzuwenden, besteht bei berechtigten Individualbedürfnissen die Möglichkeit, Freistellungen von Verkehrsverboten zu erteilen.

2.1 Ausnahmegenehmigung und Erlaubnis

Durch **Ausnahmen** wird von einer Verbotsnorm Freistellung gewährt. Allerdings hat der Antragsteller selbst bei Dringlichkeit keinen Rechtsanspruch auf die erstrebte Ausnahme, sondern nur ein subjektiv öffentliches Recht auf fehlerfreie **Ermessensausübung**. Demgegenüber hat der Antragsteller bei Inanspruchnahme von Rechten mit **Erlaubnisvorbehalt** (§ 29 Abs. 2 oder Abs. 3) einen Rechtsanspruch auf Erteilung der Erlaubnis, wenn er die Voraussetzungen erfüllt und eine Kollision mit zeitlich oder örtlich gegenläufigen Verkehrsinteressen ausgeschlossen ist. Dies ist durch Nebenbestimmungen (Auflagen und Bedingungen) zu gewährleisten oder auf ein vertretbares Maß zu beschränken. Beide Rechtsformen sind **begünstigende** Verwaltungsakte (VA) bei Erteilung bzw. **belastende** VA bei Versagung. Sie unterliegen der vollen verwaltungsgerichtlichen Überprüfung. Ein Klagerecht steht auch demjenigen Betroffenen zu, der durch eine erteilte Ausnahme oder Erlaubnis an einen Begünstigten übermäßig in seinen eigenen Rechten belastet wird (BayObLG VkBl 1960, S. 250).

2.2. Ausnahmegenehmigungen und Sondernutzungserlaubnisse

Werden Straßen mehr als verkehrsüblich in Anspruch genommen und wird dadurch der nach den Straßengesetzen bestimmte Widmungsinhalt (Verkehr und Gemeingebrauch) überschritten, liegt **Sondernutzung** am Straßenraum vor. Sondernutzung ist nur zulässig, wenn dafür eine Erlaubnis des Straßeneigentümers erteilt worden ist (Sondernutzungserlaubnis). Berührungspunkte hat das Straßenrecht zum Straßenverkehrsrecht dort, wo Verhaltensweisen durch Ausnahmegenehmigungen oder Erlaubnisse zugelassen werden, die den Gemeingebrauch an öffentlichen Straßen übersteigen.

Erfolgt die Freistellung durch eine Ausnahme allein zu „Verkehrszwecken" (z. B. Parken eines Motorrades auf Gehwegen), bedarf es keiner (zusätzlichen) Sondernutzungserlaubnis. Handelt es sich hingegen um das Abstellen eines Motorrades zum „Überwintern", liegt eine verkehrsfremde Nutzung (Sondernutzung) vor, die straßenrechtlich erlaubnispflichtig ist, denn die Straße wird hier als Abstellfläche missbraucht. In diesen Fällen ist neben der Sondernutzungserlaubnis stets auch eine Ausnahmegenehmigung erforderlich, wenn durch die zuzulassenden Tätigkeiten der Verkehr (abstrakt) erschwert oder gefährdet werden **kann**. Das gilt auch bei Widmungseinschränkungen, z. B. Teilentwidmung bei Fußgängerzonen, wenn während der ausschließlichen Nutzung durch Fußgänger anderer Verkehr gestattet werden soll, z. B. Belieferung mit KFZ außerhalb der Ladezeiten. Sondernutzungserlaubnisse und Ausnahmegenehmigungen dürfen nur in Einzelfällen erteilt werden; sie dürfen jedenfalls nicht dazu führen, dass der Kerngehalt der Widmung bzw. Widmungseinschränkung auf Dauer beseitigt wird (BVerwG VerkMitt 1982 Nr. 1).

Die auf Landesrecht beruhende straßenrechtliche Sondernutzung (Gewährleistung der Straßennutzung) und die bundesrechtliche Ausnahmegenehmigung der StVO (Gewährleistung der Sicherheit und Ordnung) haben unterschiedliche Zielsetzungen, so dass Art. 31 GG („Bundesrecht bricht Landesrecht") beim Zusammentreffen beider Genehmigungsformen nicht berührt ist. Bei verkehrsbehördlichen Ausnahmen für Bundesfernstraßen bedarf es wegen der Regelung in § 8 Abs. 6 FStrG regelmäßig keiner Sondernutzungserlaubnis (BVerwG VerkMitt 1989 Nr. 27). Allerdings sind die von der Straßenbaubehörde für erforderlich gehaltenen Bedingungen, Auflagen und Gebühren in die Ausnahmegenehmigung einzubeziehen.

2.3 Grenzen des Ausnahmegenehmigungsverfahrens

Ausnahmegenehmigungen dürfen nur für „bestimmte Antragsteller" erteilt werden, d. h. diese müssen **bestimmt** und nicht nur bestimmbar sein (BVerwG VerkMitt 1994 Nr. 80). Unzulässig wäre z. B. eine Ausnahmegenehmigung vom Verkehrsverbot für „Kunden" eines bestimmten Geschäfts. Freistellungen von Verkehrsverboten für Personengruppen können auch **nicht** durch **Zusatzschilder** erteilt werden. Hier besteht allenfalls die Möglichkeit, bestimmte Verkehrsarten, die diesen Personenkreis umfassen, allgemein auszunehmen, z. B. „LKW frei", nicht aber „Kunden- oder Behördenfahrzeuge frei", weil es sich hierbei um keine „Fahrzeugart" handelt (BVerwG VerkMitt 1968 Nr. 1 = VRS 33, 149).

Keinesfalls dürfen massenhaft erteilte Ausnahmen dazu führen, dass für ein bestimmtes Gebiet Verkehrsregeln suspendiert werden und dadurch quasi verbotenes Landesrecht geschaffen wird (hier kann das verfassungsrechtliche Verbot des Art. 31 GG „Bundesrecht bricht Landesrecht" berührt sein). Nur das BMVBW darf nach **§ 6 Abs. 3 StVG** ohne Zustimmung des Bundesrates, aber nach Anhörung der zuständigen obersten Landesbehörden (Verkehrsministerien der Länder), allgemeine Ausnahmen im Wege einer Rechtsverordnung (**Ausnahme-Verordnung**) erlassen (z. B. Leichtmofa-AusnahmeVO vom 24.3.1994 BGBl. I S. 624).

2.4 Erteilungsvoraussetzungen

a. Das Straßenverkehrsrecht ist im Interesse der Gleichbehandlung aller Verkehrsteilnehmer und des Gemeingebrauchs am öffentlichen Verkehrsraum **privilegienfeindlich** ausgestaltet. Eine Ausnahme von einem verkehrsrechtlichen Verbot ist deshalb nur in besonders dringenden Einzelfällen zulässig (OVG Bremen VRS 59, 317), wenn Interessen der Allgemeinheit nicht entgegenstehen (OLG Düsseldorf VerkMitt 1990 Nr. 94). An den Nachweis solcher Dringlichkeit sind strenge Anforderungen zu stellen (Rn. 1 VwV zu § 46). Sinn der Freistellung von Verkehrsverboten ist somit nicht, die gesetzliche Regelung durch Genehmigungen beliebig zu unterlaufen, selbst wenn der Verkehr nicht beeinträchtigt würde. Von einer Verkehrsregel darf nur abgewichen werden, wenn die strikte Anwendung eines repressiven Verbots in einem besonders gelagerten Einzelfall zu einer **unbilligen**, vom Verordnungsgeber **nicht gewollten Härte** für den Betroffenen führt (BVerfG VerkMitt 1976 Nr. 65). Durch eine Ausnahme darf die **Sicherheit** des Verkehrs nicht beeinträchtigt werden (Rn. 2 VwV zu § 46), eine Beeinträchtigung der Ordnung des Verkehrs ist durch Auflagen gering zu halten. Dabei muss allerdings der Grundsatz der Verhältnismäßigkeit gewahrt bleiben (VG Berlin NZV 2002, 55: Auflage, keinen Bauchladenverkauf im Umkreis von 100 m zu einer Bahnstation zu betreiben, ist unverhältnismäßig).

b. Das sichere und reibungslose Funktionieren des Massenverkehrs kann nur dann gewährleistet werden, wenn die allgemeinen Verkehrsregeln strikt befolgt werden, und zwar auch von solchen Personen, für die die Respektierung der vorgegebenen Ordnung in ihrer konkreten Situation eine Härte bedeutet, z. B. Einschränkung der Berufs- und Erwerbstätigkeit. Soweit ortsgegebene Belastungen vorhanden sind, müssen diese hingenommen werden. Die für alle Verkehrsteilnehmer zu gewährleistende Sicherheit und Ordnung des Straßenverkehrs hat grundsätzlich Vorrang auch vor solchen gewichtigen Belangen, wie der Berufsausübung oder der wirtschaftlichen Existenzsicherung. Infolgedessen dürfen generelle Ausnahmen von den Park- und Haltverboten (insbesondere der Ladezonen nach Z. 286) zu Gunsten bestimmter Personengruppen zur **Erleichterung der Berufsausübung** in Ballungsräumen mit geringem Parkraum grundsätzlich nicht erteilt werden (VGH Mannheim VRS 87, 476). Andernfalls würde der knappe Straßenraum nur bestimmten Berufsgruppen zur Verfügung stehen, oder es müssten mehr Ausnahmen erteilt werden, als überhaupt Parkraum verfügbar ist. Der straßenrechtliche Gemeingebrauch garantiert aber einen Anspruch aller Verkehrsteilnehmer auf Nutzung des Straßenraums, die nicht mittels einer gezielten Freistellungspraxis für bestimmte Berufs- oder Personengruppen unterlaufen werden darf. Das gilt auch für wichtige Dienstleistungssparten, wie Ärzte, Sozialstationen, Hauskrankenpfleger, fahrbarer Mittagstisch, Gerichtsvollzieher, Rechtsanwälte, Notare, technische Notdienste, Journalisten, Brief- und Paketdienste.

c. Die Erteilung einer Ausnahmegenehmigung setzt einen Ausnahmefall voraus; andernfalls verstößt sie gegen den Gleichbehandlungsgrundsatz, der verlangt, „wesentlich Gleiches gleich und wesentlich Ungleiches seiner Eigenart entsprechend ungleich zu behandeln" (VGH Mannheim NZV 1991, 485; VGH München NZV 1998, 390).

Die Erteilungsvoraussetzungen sind von der Verkehrsbehörde sorgfältig zu prüfen. Zunächst darf das Begehren des Antragstellers bei unklarer Ausdrucksweise nicht wörtlich genommen werden und nur deshalb zur Ablehnung führen. Vielmehr ist der Sinn des Begehrens auszulegen oder durch Rückfrage so auszugestalten, dass der Antrag Aussicht auf Erfolg hat. Eine Ablehnung des Antrages mit einer der (beliebten) amtstypischen Begründungen, „das haben wir noch nie gemacht", „da kann ja jeder kommen" oder „wo kommen wir denn da hin", wäre ermessensfehlerhaft und damit rechtswidrig. Ebenso dürfen Anträge ohne Einzelfallprüfung nicht deshalb abgelehnt werden, weil für solche Fälle schlechthin keine Genehmigung erteilt wird (Nichtausübung des Ermessens!).

Weiterhin muss stets das Interesse der Allgemeinheit und des Einzelnen gegeneinander abgewogen werden. Überwiegt das Interesse der Allgemeinheit, muss das Begehren des Einzelnen zurückstehen. Durch **Anhörung** der von einer Ausnahme Betroffenen (Baulastträger, Polizei, Bahnunternehmer, Umweltschutzbehörden oder auch Anwohner) sowie durch Ortsbesichtigungen hat sich die Straßenverkehrsbehörde ein umfassendes Bild über die zu erwartenden Verkehrserschwernisse oder sonstigen Beeinträchtigungen zu verschaffen (BGH DAR 1982, 130 zu den Anforderungen an den Veranstalter eines Autorennens). Erteilungsvoraussetzungen dürfen nur dann als amtsbekannt behandelt werden, wenn in den Akten dargetan wird, worauf sich diese Kenntnis gründet (Rn. 1 VwV zu § 46). Bei Auswirkungen der Erlaubnis oder Ausnahme **außerhalb des Bezirks** sind stets auch die anderen Straßenverkehrsbehörden anzuhören. Sind neben der Ausnahme nach der StVO weitere Genehmigungen erforderlich (z. B. Sondernutzungserlaubnis, Ausnahmen von Lärm- oder Abfallnormen), so sollte über die verkehrsbehördliche Genehmigung erst entschieden werden, wenn feststeht, dass die anderen Genehmigungen ebenfalls erteilt werden. Durch das Anhörverfahren wird dabei sichergestellt, dass Alleingänge im Genehmigungsverfahren vermieden werden. Empfehlenswert ist stets ein kombiniertes Verfahren in der Weise, dass sich eine Behörde für federführend erklärt und alle notwendigen Genehmigungen in einem Bescheid zusammenfasst. Andernfalls erhält der Bürger einen positiven Genehmigungsbescheid, mit dem er isoliert nichts anfangen kann, wenn ihm andere notwendige Ausnahmen versagt werden (Beachtung des Prinzips des Vertrauensschutzes beim Antragsteller).

2.5 Verkehrssicherung

Durch eine Ausnahme oder Erlaubnis darf die Sicherheit des Verkehrs nicht beeinträchtigt werden (II. VwV-StVO zu § 46). Lässt sich die Sicherheit auch durch Auflagen oder Bedingungen nicht gewährleisten (z. B. durch Straßensperrungen oder Polizeibegleitung), muss die Genehmigung versagt werden (LG Ansbach VerkMitt 1999 Nr. 70). Eine Beeinträchtigung der Ordnung des Verkehrs ist zwangsläufig fast nie auszuschließen. Auch hier ist jedoch durch Auflagen und Bedingungen darauf hinzuwirken, dass mögliche Verkehrsstörungen gering gehalten werden.

Die Absicherung des Verkehrsraumes (z. B. bei Straßenfesten, Sportveranstaltungen, Umzügen) obliegt grundsätzlich dem verantwortlichen Antragsteller (§ 5b Abs. 2e StVG). Hierzu gehört nicht nur die Bereitstellung von Ordnerpersonal, sondern auch die Beschaffung, Aufstellung, Unterhaltung und Kostentragung der von der Straßenverkehrsbehörde angeordneten Verkehrszeichen und -einrichtungen. Ist das dem Veranstalter nicht möglich, kann diese Verpflichtung auch der Gemeinde mit deren Zustimmung übertragen werden (§ 45 Abs. 5 Satz 3 StVO). Die Gemeinde wird die dafür entstehenden Kosten nach allgemeinen Haushaltsgrundsätzen allerdings dem Veranstalter auferlegen, es sei denn, sie hat ein vitales Interesse an der Freistellung.

2.6 Auflagen und Bedingungen

Der Antragsteller muss zuverlässig sein und über die notwendigen Fähigkeiten und Fertigkeiten verfügen, um die mit einer Erlaubnis oder Ausnahme verbundenen atypischen Verkehrsvorgänge bewältigen zu können. Er muss insbesondere auch die Gewähr dafür bieten, dass die erteilten **Bedingungen und Auflagen** eingehalten werden. Hat er die Missachtung von Nebenbestimmungen zu vertreten, so soll ihm grundsätzlich keine neue Ausnahmegenehmigung mehr erteilt werden (Rn. 4 VwV zu § 46). Die Nichtbeachtung einer mit einer Ausnahmegenehmigung verbundenen Auflage macht die Ausnahmegenehmigung selbst nicht unwirksam (BGH VersR 1961, 1044), sie kann jedoch als Ordnungswidrigkeit verfolgt werden (§ 49 Abs. 4 Nr. 4) und zum Widerruf der Genehmigung führen.

2.7 Widerrufsvorbehalt und Befristung

Mit Rücksicht auf die allgemeinen Verkehrsbedürfnisse und die sich ändernden Gegebenheiten dürfen Erlaubnisse oder Genehmigungen nur **widerruflich** erteilt werden. Dies ist auch wegen des Charakters als begünstigender Verwaltungsakt und der Anfechtungsmöglichkeit belasteter Dritter geboten, weil die Genehmigung wegen des Vertrauensschutzes nur unter ganz engen Grenzen rücknehmbar ist.

Straßenverkehrsbehördliche Ausnahmegenehmigungen oder Erlaubnisse können für den Einzelfall oder auf Dauer erteilt werden, dann allerdings **befristet** auf max. **3 Jahre** (Rn. 6 VwV zu § 46). Die Befristung dient der periodischen Überprüfung, ob die Umstände weiterhin vorliegen, die die Freistellung rechtfertigen. Eine zeitliche Begrenzung für wiederholte Genehmigungen gibt es dabei nicht, solange der Freistellungsgrund andauert und die Verkehrsverhältnisse eine andere Entscheidung nicht erfordern (BVerwG VRS 87, 235).

2.8 Haftung des Begünstigten

Die **Haftung** der Behörde für mögliche Schäden durch die Inanspruchnahme der Erlaubnis oder Ausnahmegenehmigung ist stets durch eine vom Begünstigten zu unterzeichnende **Freistellungserklärung** auszuschließen (z. B. Rn. 69 VwV zu § 46). Gegebenenfalls ist auch der Nachweis einer ausreichenden **Versicherung** für mögliche Schäden zu verlangen. Der Grund liegt darin, dass das Haftungsrisiko bei dem Genehmigungsinhaber verbleiben muss, weil andernfalls die Behörde den Begünstigten auch noch durch Übernahme des Haftungsrisikos alimentieren würde.

2.9 Gebühren

Erlaubnisse und Ausnahmegenehmigungen unterliegen der Gebührenpflicht nach der GebOSt (Nr. 264). Rahmengebühren werden von den Straßenverkehrsbehörden i. d. R. durch entsprechende interne Gebührenverzeichnisse ausgefüllt, wobei sich die Höhe der Gebühr nach dem Verwaltungsaufwand und dem Nutzen für den Begünstigten richtet. Die jeweils festzusetzende Gebühr ist in den Genehmigungsbescheid aufzunehmen.

2.10 Versagung von Ausnahmen

Die Versagung einer Ausnahmegenehmigung für die Benutzung einer öffentlichen Straße mit schweren Lastkraftwagen kann für denjenigen, der auf eine solche Straßenbenutzung angewiesen ist, ein enteignungsgleicher Eingriff sein und Entschädigungsansprüche begründen (BGH NJW 1975, 1880).

2.11 Zuständigkeiten

Zuständig für die Erteilung von Ausnahmen und Erlaubnisse sind die **Straßenverkehrsbehörden**. Sonderregelungen für die Zuständigkeit in bestimmten Fällen enthält § 47. Bei Auswirkungen der Ausnahme über den Bezirk einer Verkehrsbehörde hinaus sind i.d.R. die höheren Verwaltungsbehörden (Regierungspräsidien, Landesämter oder Bezirksregierungen der Länder) zuständig. Ist außerdem eine einheitliche Entscheidung erforderlich, hat das Bundesverkehrsministerium die Entscheidungskompetenz (§ 46 Abs. 2 Satz 3). Auch ohne Anhörung sind Ausnahmegenehmigungen bundesweit wirksam (§ 46 Abs. 4). Im Übrigen folgt aus dem Katalog des § 46 Abs. 1 die Zuständigkeit der Straßenverkehrsbehörde für die dort aufgezeigten Freistellungsmöglichkeiten. Alle dort nicht genannten Ausnahmen erteilen nach § 46 Abs. 2 die **obersten Landesbehörden** (Verkehrsministerien) oder die von ihnen nach Landesrecht beauftragten Stellen. Für Ausnahmen von der Temporegelung auf Autobahnen für ausländische KOM (§ 18 Abs. 5 Nr. 3 – Tempo 100) ist die Straßenverkehrsbehörde zuständig, in deren Bereich der jeweilige Grenzübergang liegt.

2.12 Einzelfälle

2.12.1 Freistellung von Verkehrsverboten

Grundsätze für die von einem Gewerbetreibenden beantragte Ausnahme vom Saisonverkehrsverbot in einem Kurort: BVerwG VRS 73, 308. Bei einer Ausnahme für Geldtransporteure zum Befahren einer Fußgängerzone außerhalb der Lieferzeiten sind nicht nur verkehrliche Gesichtspunkte zu berücksichtigen, sondern auch das Risiko bewaffneter Überfälle (OVG Münster NZV 2001, 277).

2.12.2 Freistellung von der Anschnall- und Helmtragepflicht

Der Antrag eines Fahrlehrers auf Freistellung von der Anschnallpflicht bei der Ausbildung in den Klassen C oder CE erfordert eine sorgfältige Einzelprüfung (VG Düsseldorf VerkMitt 1981 Nr. 27). Eine Ausnahme aus gesundheitlichen Gründen darf nicht nur in das allgemeine ärztliche Ermessen gestellt werden (VG Düsseldorf NJW 1989, 1234). Voraussetzung ist vielmehr eine Gesundheitsgefahr, die auf andere Weise nicht verhütet werden kann (BGH DAR 1993, 62). Ausnahmebegehren, die mit subjektiven Gesundheitszuständen begründet werden, kann die Kraftfahreignung berühren, z. B. bei ärztlichem Attest, dass der Betroffene wegen Erkrankungen (i. S. d. Anlage 4 FeV) keinen Schutzhelm tragen dürfe. Die Unterrichtung der FE-Behörde durch die Straßenverkehrsbehörde ist dabei datenschutzrechtlich aus den Ordnungs- und Sicherheitsgesetzen der Länder herzuleiten. Die FE-Behörde muss die übermittelten Unterlagen unverzüglich vernichten, wenn sie für die Eignungsfrage ohne Belang sind (siehe auch § 21a Erl. 2.2.2).

2.12.3 Ausnahmen für Autorennen

Die Verkehrsbehörden müssen ihr Ermessen zur Erteilung von Ausnahmen für motorsportliche Veranstaltungen sachgerecht ausüben. Eine Entscheidung, schlechthin keine Rennen zu genehmigen, z. B. infolge eines Parlamentsbeschlusses, wäre ermessensfehlerhaft und rechtswidrig (OVG Münster DAR 1996, 369). Im Übrigen siehe VwV zu § 29 Abs. 1 und 2.

Blauer Ausweis im Format: DIN A 6, Material: mindestens Karton;
Auslaufmodell – gültig noch bis 31.12.2010; muss bis spätestens zu diesem Termin
in den EU-einheitlichen Parkausweis umgetauscht werden (VkBl. 2000, S. 624)

2.12.4 Schwerstgehbehinderte und Blinde

Schwerbehinderten mit außergewöhnlicher Gehbehinderung und Blinden
können Parkerleichterungen im Wege einer Ausnahmegenehmigung erteilt
werden; s. a. Erl. 2.5 zu § 12. Hierbei handelt es sich um Personen, die auf
Grund versorgungsärztlicher Feststellung dauernd außer Stande sind, sich
außerhalb eines KFZ fortzubewegen (SG Dresden DAR 2001, 476: 8–10 Min.
für Wegstrecke von 50 m unter Schmerzen und Mühen mit Sturzgefahr). Im
Schwerbehindertenausweis ist das Merkzeichen „aG" eingetragen. Nicht
zu diesem Personenkreis gehören Gehbehinderte, deren Behindertenausweis nur das Merkzeichen „G" ausweist. Sie dürfen somit auch nicht die
mit dem Rollstuhlfahrersymbol gekennzeichneten Parkstände benutzen.
Abweichend davon erteilen jedoch einige Bundesländer auch Ausnahmegenehmigungen in bestimmten Grenzfällen. Die Ausnahmegenehmigung
in der Form einer Parkberechtigungskarte mit Rollstuhlfahrersymbol ist
von außen gut sichtbar im Fahrzeug auszulegen (Parkausweis der EU siehe
Erl. 2.5 zu § 12).

2.12.5 Anwohnerparkprivilegien

Parkerleichterungen für Anwohner und Bewohner dürfen nur erteilt werden, wenn der Parkraum überwiegend durch Fremdparker besetzt wird,
deren Parkbedürfnisse verlagerbar sind. Notwendige Ladebedürfnisse des
Wirtschafts- und Versorgungsverkehrs sowie Parkmöglichkeiten für Besucher
und Geschäftsanlieger müssen gewährleistet werden. Die freigestellten
Fahrzeuge sind mit einem Parkausweis zu kennzeichnen. Anspruch auf eine
Ausnahme haben nur diejenigen Anwohner, die in dem Gebiet tatsächlich
wohnen (VGH München NZV 1992, 503); siehe im Übrigen zu § 45.

2.12.6 Car-Sharing und Elektrotankstellen

Verkehrsteilnehmer verzichten auf die private Nutzung eines KFZ und teilen
sich mit mehreren ein Fahrzeug (Car-Sharing). Da diese Nutzungsart als
umweltfreundlich gilt, fordern Car-Sharing-Unternehmen oft privilegierte
Aufstellfläche für ihre KFZ im gewidmeten Verkehrsraum. Anders als für
Anwohner oder Schwerstgehbehinderte, deren Privilegierung an persönliche
Merkmale gebunden ist, stellt sich eine Freistellung von den Parkverboten
für Car-Sharing-Unternehmen als institutionelle Förderung einer bestimmten
KFZ-Nutzung dar. Die Erteilung von Ausnahmen würde deshalb dem Prinzip der Gleichbehandlung widersprechen, zumal eine ähnliche Interessen-
lage aus umwelt-, sozial- oder gesundheitspolitischen Erwägungen bei

einer Vielzahl anderer Verkehrsteilnehmern gleichermaßen besteht, z. B. bei
Ärzten, Hebammen, Sozialdiensten, Fahrbarer Mittagstisch, Hauskranken-
pflege. Gleiches gilt bei „Benutzervorteilen" für Elektrofahrzeuge, bei denen
für das Aufladen der Batterien während des Parkens an Elektrotankstellen
(z. B. mit Solarbetrieb) privilegiert Verkehrsraum in Anspruch genommen
werden soll. „Benutzervorteile" erfordern regelmäßig Verkehrsverbote und
damit den Ausschluss anderer Verkehrsteilnehmer. Auch hier würde bei
der Erteilung von Ausnahmen unter dem Gesichtspunkt der institutionellen
Förderung dieser Verkehrsart das Prinzip der Gleichbehandlung verletzt.

2.12.7 Ärzte

Für den Notfalleinsatz erhalten Ärzte grundsätzlich keine Ausnahmegenehmigungen. Sollte zur Rettung von Menschenleben oder zur Abwehr einer
akuten Gefahr für die Gesundheit im Einzelfall eine Abweichung von den
Verkehrsregeln erforderlich werden (z. B. Tempoüberschreitung, Befahren
von Sperrflächen, Parkverstöße), handeln Ärzte im rechtfertigenden Notstand nach § 16 OWiG, wobei die Grenzen der Verhältnismäßigkeit zu beachten sind. Dies gilt nicht bei den üblichen Hausbesuchen (Visiten), weil
Freistellungen von den Verkehrsregeln zur Erleichterung der Berufstätig-
keit auch für sozial wichtige Dienstleistungen grundsätzlich nicht erteilt
werden dürfen. Zur Verdeutlichung für die Überwachungskräfte der Polizei
erhalten Ärzte von den Landesärztekammern einen Ausweis mit der Aufschrift „Arzt – Notfall/Name des Arztes/Ärztekammer" (Parkausweis siehe
zu § 12). Befindet sich ein solcher Ausweis im verkehrswidrig abgestellten
Fahrzeug, müssen die Überwachungskräfte vor Anzeigenerstattung zunächst
prüfen, ob ein Noteinsatz vorliegt.

Für Notfallärzte können Fahrzeuge außerdem mit einem gelben beleuchteten
Dachschild „Arzt Notfalleinsatz" ausgerüstet und betrieben werden (§ 52
Abs. 6 StVZO). Sonderrechte werden dadurch aber nicht begründet. Das
Dachschild hat nur die Bedeutung, dass im Notfalleinsatz nach § 16 OWiG
Verkehrsvorschriften verletzt werden können und andere Verkehrsteil-
nehmer sich nach dem Grundsatz der doppelten Sicherung (§ 1) darauf ein-
stellen müssen.

3 Hinweise

3.1 Sachliche **Zuständigkeit**: § 44; örtliche Zuständigkeit: § 47.

3.2 Gebühren für Ausnahmegenehmigungen: Gebühren-Nr. 264 GebOSt.

3.3 Ausnahmen bei Fahrverboten zur **Luftreinhaltung**: siehe im Übrigen
Erläuterungen 2.2.9 zu § 45.

§ 47 Örtliche Zuständigkeit

(1) Die Erlaubnis nach § 29 Abs. 2 und nach § 30 Abs. 2 erteilt für eine Veranstaltung, die im Ausland beginnt, die nach § 44 Abs. 3 sachlich zuständige Behörde, in deren Gebiet die Grenzübergangsstelle liegt. Diese Behörde ist auch zuständig, wenn sonst erlaubnis- oder genehmigungspflichtiger Verkehr im Ausland beginnt. Die Erlaubnis nach § 29 Abs. 3 erteilt die Straßenverkehrsbehörde, in deren Bezirk der erlaubnispflichtige Verkehr beginnt, oder die Straßenverkehrsbehörde, in deren Bezirk der Antragsteller seinen Wohnort, seinen Sitz oder eine Zweigniederlassung hat.

(2) Zuständig sind für die Erteilung von Ausnahmegenehmigungen:
1. nach § 46 Abs. 1 Nr. 2 für eine Ausnahme von § 18 Abs. 1 die Straßenverkehrsbehörde, in deren Bezirk auf die Autobahn oder Kraftfahrstraße eingefahren werden soll. Wird jedoch eine Erlaubnis nach § 29 Abs. 3 oder eine Ausnahmegenehmigung nach § 46 Abs. 1 Nr. 5 erteilt, so ist die Verwaltungsbehörde zuständig, die diese Verfügung erlässt;
2. nach § 46 Abs. 1 Nr. 4 a für kleinwüchsige Menschen sowie nach § 46 Abs. 1 Nr. 4 a und 4 b für Ohnhänder die Straßenverkehrsbehörde, in deren Bezirk der Antragsteller seinen Wohnort hat, auch für die Bereiche, die außerhalb ihres Bezirks liegen;
3. nach § 46 Abs. 1 Nr. 4 c die Straßenverkehrsbehörde, in deren Bezirk der Antragsteller seinen Wohnort, seinen Sitz oder eine Zweigniederlassung hat;
4. nach § 46 Abs. 1 Nr. 5 die Straßenverkehrsbehörde, in deren Bezirk der zu genehmigende Verkehr beginnt oder die Straßenverkehrsbehörde, in deren Bezirk der Antragsteller seinen Wohnort, seinen Sitz oder eine Zweigniederlassung hat;
5. nach § 46 Abs. 1 Nr. 5 b die Straßenverkehrsbehörde, in deren Bezirk der Antragsteller seinen Wohnort hat, auch für die Bereiche, die außerhalb ihres Bezirks liegen;
6. nach § 46 Abs. 1 Nr. 7 die Straßenverkehrsbehörde, in deren Bezirk die Ladung aufgenommen wird oder die Straßenverkehrsbehörde, in deren Bezirk der Antragsteller seinen Wohnort, seinen Sitz oder eine Zweigniederlassung hat. Diese sind auch für die Genehmigung der Leerfahrt zum Beladungsort zuständig, ferner dann, wenn in ihrem Land von der Ausnahmegenehmigung kein Gebrauch gemacht wird oder wenn dort kein Fahrverbot besteht;
7. nach § 46 Abs. 1 Nr. 11 die Straßenverkehrsbehörde, in deren Bezirk die Verbote, Beschränkungen und Anordnungen erlassen sind, für Schwerbehinderte mit außergewöhnlicher Gehbehinderung und Blinde jedoch jede Straßenverkehrsbehörde auch für solche Maßnahmen, die außerhalb ihres Bezirks angeordnet sind;
8. in allen übrigen Fällen die Straßenverkehrsbehörde, in deren Bezirk von der Ausnahmegenehmigung Gebrauch gemacht werden soll.

(3) Die Erlaubnis für die übermäßige Benutzung der Straße durch die Bundeswehr, die in § 35 Abs. 5 genannten Truppen, den Bundesgrenzschutz, die Polizei und den Katastrophenschutz erteilt die höhere Ver-

waltungsbehörde oder die nach Landesrecht bestimmte Stelle, in deren Bezirk der erlaubnispflichtige Verkehr beginnt.

VwV zu § 47 Örtliche Zuständigkeit

Zu Absatz 1 und Absatz 2 Nr. 1

1 Über Anträge auf Erteilung einer Dauererlaubnis und Dauerausnahmegenehmigung sollte in der Regel diejenige Straßenverkehrsbehörde entscheiden, in deren Bezirk der Antragsteller seinen Wohnsitz, seinen Sitz oder eine Zweigniederlassung hat. Will diese Behörde das Verfahren abgeben, so hat sie das eingehend zu begründen und über den Antragsteller ausführlich zu berichten.

1 Aus der amtlichen Begründung

(entfällt)

2 Erläuterungen

2.1 Zuständigkeit für verkehrsbehördliche Genehmigungen

Antragsteller ist jeder, der die Erlaubnis nach § 29 Abs. 2 oder § 30 Abs. 2 StVO im eigenen Namen begehrt (OVG NW VRS 83, 298).

2.2 Örtliche Zuständigkeit für Antragsteller

Da in den Fällen des § 47 die örtlichen Behörden Bundesrecht ausführen, gelten die Verwaltungsakte im gesamten Bundesgebiet, wenn keine besondere örtliche Begrenzung vorgesehen ist; örtliche Unzuständigkeit der Behörde reicht zur Aufhebung des Verwaltungsakts nicht aus: (BVerwG VerkMitt 1981 Nr. 56).

3 Hinweise

3.1 Sachliche Zuständigkeit: §§ 44, 45.

3.2 Zum Verwaltungsverfahren der örtlichen Behörden gehört die Erhebung von **Gebühren** nach der Gebührenordnung für Maßnahmen im Straßenverkehr (GebOSt).

§ 48 Verkehrsunterricht

Wer Verkehrsvorschriften nicht beachtet, ist auf Vorladung der Straßenverkehrsbehörde oder der von ihr beauftragten Beamten verpflichtet, an einem Unterricht über das Verhalten im Straßenverkehr teilzunehmen.

VwV zu § 48 Verkehrsunterricht

1   I. Zum Verkehrsunterricht sind auch Jugendliche von 14 Jahren an, Halter sowie Aufsichtspflichtige in Betrieben und Unternehmen heranzuziehen, wenn sie ihre Pflichten nicht erfüllt haben.

2   II. Zweck der Vorschrift ist es, die Sicherheit und Ordnung auf den Straßen durch Belehrung solcher, die im Verkehr Fehler begangen haben, zu heben. Eine Vorladung ist daher nur dann sinnvoll und überhaupt zulässig, wenn anzunehmen ist, dass der Betroffene aus diesem Grunde einer Belehrung bedarf. Das trifft in der Regel nicht bloß bei Personen zu, welche die Verkehrsvorschriften nicht oder nur unzureichend kennen oder beherrschen, sondern auch bei solchen, welche die Bedeutung und Tragweite der Vorschriften nicht erfasst haben. Gerade Mehrfachtäter bedürfen in der Regel solcher Einwirkung. Aber auch schon eine einmalige Verfehlung kann sehr wohl Anlass zu einer Vorladung sein, dies vor allem dann, wenn ein grober Verstoß gegen eine grundlegende Vorschrift vorliegt, oder wenn der bei dem Verstoß Betroffene sich trotz Belehrung uneinsichtig gezeigt hat.

3   III. Die Straßenverkehrsbehörde soll in der Regel nur Personen zum Verkehrsunterricht heranziehen, die in ihrem Bezirk wohnen. Müssen Auswärtige unterrichtet werden, so ist die für den Wohnort zuständige Straßenverkehrsbehörde zu bitten, Heranziehung und Unterrichtung zu übernehmen.

4   IV. Der Verkehrsunterricht kann auch durch Einzelaussprache erteilt werden, wenn die Betroffenen aus wichtigen Gründen am allgemeinen Verkehrsunterricht nicht teilnehmen können oder ein solcher nicht stattfindet.

5   V. Die Vorladung muss die beruflichen Verpflichtungen der Betroffenen berücksichtigen. Darum kann es unter Umständen zweckmäßig sein, den Unterricht auf einen Sonntag festzusetzen; dann sind die Unterrichtszeiten mit den kirchlichen Behörden abzustimmen; Betroffene, die sich weigern oder nicht erscheinen, dürfen dafür nicht zur Verantwortung gezogen werden und sind auf einen Werktag oder einen Samstag umzuladen.

1 Aus der amtlichen Begründung

Die Anordnung der Teilnahme am Verkehrsunterricht muss in angemessenem Verhältnis zum festgestellten Verkehrsverstoß stehen. Sie darf keinesfalls schikanös oder willkürlich sein (Begr. 1970).

2 Erläuterungen

2.1 Zielsetzung der Vorladung

Der Verkehrsunterricht gehört neben der Maßregelung durch Buß- oder Verwarnungsgelder zu den Rehabilitationsmaßnahmen für auffällig gewordene Verkehrsteilnehmer. Im Gegensatz zu den Aufbauseminaren für Fahranfänger oder Mehrfachtäter gibt es aber kein evaluiertes Kursmodell „Verkehrserziehung". Die Vorladung ist keine Strafe, sondern eine Maßnahme der vorbeugenden Gefahrenabwehr, die auf mangelnde Verkehrsgesittung einwirken soll. Im Verkehrsunterricht werden nicht nur fehlende oder ungenügende Kenntnisse vermittelt. Es geht auch darum, das Verant-

Verkehrsunterricht innerhalb der Rehabilitationsmaßnahmen im Straßenverkehr

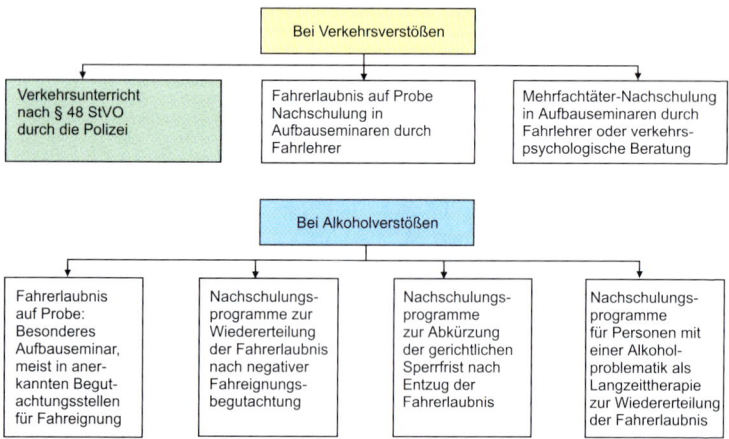

wortungsbewusstsein durch Darstellung der Folgen verkehrswidrigen Verhaltens wachzurufen (BVerwG VRS 39, 470 = DAR 1971, 26). Als Erziehungsmaßnahme setzt die Vorladung voraus, dass die erzieherische Wirkung eines Bußgeldes allein nicht genügt (VGH München VerkMitt 1991 Nr. 45 = NZV 1991, 207 = NJW 1992, 454).

2.2 Adressat der Vorladung

Vorgeladen werden können Fußgänger und Fahrzeugführer, auch Fahrzeughalter oder deren Beauftragte (z. B. der verantwortliche Fuhrparkleiter), sofern ihnen Verkehrsverstöße vorgeworfen werden (Hess. VGH VerkMitt 1975 Nr. 102).

2.3 Zuständigkeit für die Vorladung

Nur die Verkehrsbehörde kann den Verkehrsunterricht anordnen (OLG Koblenz DAR 1972, 50).

2.4 Voraussetzung für die Vorladung

Voraussetzung der Vorladung ist ein zweifelsfreier Verkehrsverstoß (Hess. VGH VerkMitt 1975 Nr. 103; a. M. OLG Karlsruhe NJW 1972, 2096 = VRS 44, 235). Wegen der Beachtung des Grundsatzes der Verhältnismäßigkeit reicht ein geringfügiger Formalverstoß allein noch nicht aus. Der Verkehrsverstoß, der zu einer Vorladung zum Verkehrsunterricht führen soll, darf deshalb nicht kleinlich gewertet werden (OVG Münster DAR 1965, 28 = VRS 29, 319); doch genügt es, wenn der Betroffene den Belehrungen an Ort und Stelle unzugänglich war und deutlich macht, auch künftig keine andere Verkehrsgesittung an den Tag legen zu wollen. Andererseits darf die Vorladung nicht als bloße Schikane wirken oder sich aus einem emotional geführten Streit zwischen Verkehrsteilnehmer und Polizei herleiten, z. B.

aus der Nichtakzeptierung einer mündlichen Verwarnung durch den Betroffenen. Es muss ein Erziehungsbedürfnis bestehen, dem mit dem Verkehrsunterricht auch entsprochen werden kann. Eine Auszeichnung wegen unfallfreien Fahrens schützt nicht vor der Vorladung (OLG Bremen DAR 1961, 95).

2.5 Widerspruch gegen die Vorladung

Wird gegen die Vorladung Widerspruch erhoben, ergeht eine neue Ermessensentscheidung (OVG Bremen DAR 1975, 54), nicht nur eine Entscheidung über die Rechtmäßigkeit der Vorladung. Wer die Vorladung der Straßenverkehrsbehörde zum Verkehrsunterricht nicht befolgt, handelt nicht ordnungswidrig, wenn er mit aufschiebender Wirkung Widerspruch eingelegt hat.

2.6 Folgen der Nichtteilnahme am Verkehrsunterricht

Die Ahndung der Nichtteilnahme am Verkehrsunterricht ist verfassungskonform (BVerfG VRS 33, 1 = VkBl 1967, 459 = DAR 1967, 215). Sie setzt eine gültige Vorladung, nicht aber den Nachweis der Verletzung von Verkehrsregeln voraus (OLG Karlsruhe VRS 44, 235 = NJW 1972, 2096; OLG Düsseldorf VkBl 1966, S. 207).

2.7 Vollstreckung der Vorladung

Die Teilnahme am Verkehrsunterricht kann mit Verwaltungszwang (Anordnung von Ersatzzwangshaft) durchgesetzt werden (OLG Bremen VRS 43, 157); allerdings nicht während des Anfechtungsverfahrens.

3 Hinweise

3.1 Fahrtenbuchauflage bei fehlender Täterfeststellung von Verkehrsverstößen: § 31a StVZO.

3.2 Gebühr für die Anordnung zum Verkehrsunterricht: Gebühren-Nr. 262 GebOSt.

3.3 Nichtteilnahme am Verkehrsunterricht: Ordnungswidrigkeit nach § 49 Abs. 4 Nr. 6.

§ 49 Ordnungswidrigkeiten

(1) Ordnungswidrig im Sinne des § 24 des Straßenverkehrsgesetzes[1] handelt, wer vorsätzlich oder fahrlässig gegen eine Vorschrift über

1. das allgemeine Verhalten im Straßenverkehr nach § 1 Abs. 2,
2. die Straßenbenutzung durch Fahrzeuge nach § 2,
3. die Geschwindigkeit nach § 3,
4. den Abstand nach § 4,
5. das Überholen nach § 5 Abs. 1 bis 4 a, Abs. 5 Satz 2, Abs. 6 oder 7,
6. das Vorbeifahren nach § 6,
7. den Fahrstreifenwechsel nach § 7 Abs. 5,
8. die Vorfahrt nach § 8,
9. das Abbiegen, Wenden oder Rückwärtsfahren nach § 9 Abs. 1, 2 Satz 1, 4 oder 5, Abs. 3 bis 5,
9 a. das Verhalten bei der Einfahrt in einen Kreisverkehr oder im Kreisverkehr nach § 9 a,
10. das Einfahren oder Anfahren nach § 10,
11. das Verhalten bei besonderen Verkehrslagen nach § 11 Abs. 1 oder 2,
12. das Halten oder Parken nach § 12 Abs. 1, 1 a, 3, 3 a Satz 1, Abs. 3 b Satz 1, Abs. 4 Satz 1, 2 zweiter Halbsatz, Satz 3 oder 5 oder Abs. 4 a bis 6,
13. Parkuhren, Parkscheine oder Parkscheiben nach § 13 Abs. 1 oder 2,
14. die Sorgfaltspflichten beim Ein- oder Aussteigen nach § 14,
15. das Liegenbleiben von Fahrzeugen nach § 15,
15 a. das Abschleppen nach § 15 a,
16. die Abgabe von Warnzeichen nach § 16,
17. die Beleuchtung und das Stehenlassen unbeleuchteter Fahrzeuge nach § 17,
18. die Benutzung von Autobahnen und Kraftfahrstraßen nach § 18 Abs. 1 bis 3, Abs. 5 Satz 2 oder Abs. 6 bis 10,
19. das Verhalten
    a) an Bahnübergängen nach § 19 oder
    b) an und vor Haltestellen von öffentlichen Verkehrsmitteln und Schulbussen nach § 20,
20. die Personenbeförderung nach § 21 Abs. 1, 1 a, Abs. 2 oder 3,
20 a. das Anlegen von Sicherheitsgurten nach § 21 a Abs. 1 Satz 1, außer in Kraftomnibussen mit einer zulässigen Gesamtmasse von mehr als 3,5 t oder das Tragen von Schutzhelmen nach § 21a Abs. 2,
21. die Ladung nach § 22,
22. sonstige Pflichten des Fahrzeugführers nach § 23,

---

1 § 24 StVG

(1) Ordnungswidrig handelt, wer vorsätzlich oder fahrlässig einer Vorschrift einer auf Grund des § 6 Abs. 1 erlassenen Rechtsverordnung oder einer auf Grund einer solchen Rechtsverordnung ergangenen Anordnung zuwiderhandelt, soweit die Rechtsverordnung für einen bestimmten Tatbestand auf diese Bußgeldvorschrift verweist. Die Verweisung ist nicht erforderlich, soweit die Vorschrift der Rechtsverordnung vor dem 1. Januar 1969 erlassen worden ist.

(2) Die Ordnungswidrigkeit kann mit einer Geldbuße geahndet werden.

23. das Fahren mit Krankenfahrstühlen oder anderen als in § 24 Abs. 1 genannten Rollstühlen nach § 24 Abs. 2,
24. das Verhalten
    a) als Fußgänger nach § 25 Abs. 1 bis 4,
    b) an Fußgängerüberwegen nach § 26 oder
    c) auf Brücken nach § 27 Abs. 6,
25. den Umweltschutz nach § 30 Abs. 1 oder 2 oder das Sonntagsfahrverbot nach § 30 Abs. 3 Satz 1 oder 2 Nr. 4 Satz 2,
26. das Sporttreiben oder Spielen nach § 31,
27. das Bereiten, Beseitigen oder Kenntlichmachen von verkehrswidrigen Zuständen oder die wirksame Verkleidung gefährlicher Geräte nach § 32,
28. Verkehrsbeeinträchtigungen nach § 33 oder
29. das Verhalten nach einem Verkehrsunfall nach § 34 Abs. 1 Nr. 1, Nr. 2, Nr. 5 a, b oder Nr. 6 b – sofern er in diesem letzten Fall zwar eine nach den Umständen angemessene Frist wartet, aber nicht Name und Anschrift am Unfallort hinterlässt – oder nach § 34 Abs. 3, verstößt.

(2) Ordnungswidrig im Sinne des § 24 des Straßenverkehrsgesetzes handelt auch, wer vorsätzlich oder fahrlässig

1. als Führer eines geschlossenen Verbandes entgegen § 27 Abs. 5 nicht dafür sorgt, dass die für geschlossene Verbände geltenden Vorschriften befolgt werden,
1 a. entgegen § 27 Abs. 2 einen geschlossenen Verband unterbricht,
2. als Führer einer Kinder- oder Jugendgruppe entgegen § 27 Abs. 1 Satz 4 diese nicht den Gehweg benutzen lässt,
3. als Tierhalter oder sonst für die Tiere Verantwortlicher einer Vorschrift nach § 28 Abs. 1 oder Abs. 2 Satz 2 zuwiderhandelt,
4. als Reiter, Führer von Pferden, Treiber oder Führer von Vieh entgegen § 28 Abs. 2 einer für den gesamten Fahrverkehr einheitlich bestehenden Verkehrsregel oder Anordnung zuwiderhandelt,
5. als Kraftfahrzeugführer entgegen § 29 Abs. 1 an einem Rennen teilnimmt,
6. entgegen § 29 Abs. 2 Satz 1 eine Veranstaltung durchführt oder als Veranstalter entgegen § 29 Abs. 2 Satz 3 nicht dafür sorgt, dass die in Betracht kommenden Verkehrsvorschriften oder Auflagen befolgt werden oder
7. entgegen § 29 Abs. 3 ein dort genanntes Fahrzeug oder einen Zug führt.

(3) Ordnungswidrig im Sinne des § 24 des Straßenverkehrsgesetzes handelt ferner, wer vorsätzlich oder fahrlässig

1. entgegen § 36 Abs. 1 bis 4 ein Zeichen oder eine Weisung oder entgegen Abs. 5 Satz 4 ein Haltgebot oder eine Anweisung eines Polizeibeamten nicht befolgt,
2. einer Vorschrift des § 37 über das Verhalten an Wechsellichtzeichen, Dauerlichtzeichen oder beim Rechtsabbiegen mit Grünpfeil zuwiderhandelt,
3. entgegen § 38 Abs. 1, Abs. 2 oder 3 Satz 3 blaues Blinklicht zusammen mit dem Einsatzhorn oder allein oder gelbes Blinklicht verwendet oder entgegen § 38 Abs. 1 Satz 2 nicht sofort freie Bahn schafft,

4.   entgegen § 41 eine durch ein Vorschriftzeichen gegebene Anord-
     nung nicht befolgt,
5.   entgegen § 42 eine durch die Zusatzschilder zu den Zeichen 306,
     314, 315 oder durch die Zeichen 315, 325 oder 340 gegebene An-
     ordnung nicht befolgt,
6.   entgegen § 43 Abs. 2 und 3 Nr. 2 durch Absperrgeräte abge-
     sperrte Straßenflächen befährt oder
7.   einer den Verkehr verbietenden oder beschränkenden Anord-
     nung, die nach § 45 Abs. 4 zweiter Halbsatz bekannt gegeben
     worden ist, zuwiderhandelt.

(4) Ordnungswidrig im Sinne des § 24 des Straßenverkehrsgesetzes
handelt schließlich, wer vorsätzlich oder fahrlässig

1.   dem Verbot des § 35 Abs. 6 Satz 1, 2 oder 3 über die Reinigung
     von Gehwegen zuwiderhandelt,
1 a. entgegen § 35 Abs. 6 Satz 4 keine auffällige Warnkleidung trägt,
2.   entgegen § 35 Abs. 8 Sonderrechte ausübt, ohne die öffentliche
     Sicherheit und Ordnung gebührend zu berücksichtigen,
3.   entgegen § 45 Abs. 6 mit Arbeiten beginnt, ohne zuvor Anord-
     nungen eingeholt zu haben, diese Anordnungen nicht befolgt
     oder Lichtzeichenanlagen nicht bedient,
4.   entgegen § 46 Abs. 3 Satz 1 eine vollziehbare Auflage der Aus-
     nahmegenehmigung oder Erlaubnis nicht befolgt,
5.   entgegen § 46 Abs. 3 Satz 3 die Bescheide nicht mitführt oder auf
     Verlangen nicht aushändigt,
6.   entgegen § 48 einer Vorladung zum Verkehrsunterricht nicht folgt
     oder
7.   entgegen § 50 auf der Insel Helgoland ein Kraftfahrzeug fährt
     oder mit einem Fahrrad fährt.

(VwV-StVO zu § 49 nicht vorhanden)

1 Aus der amtlichen Begründung

(entfällt)

2 Erläuterungen

2.1 Geltungsbereich

Ahndungsgrundlage für Verkehrsverstöße nach § 49 StVO ist § 24 StVG
i.V.m. der Bußgeldkatalog-Verordnung (BKatV)[2]. Für die Verfolgung und
Ahndung gelten die Verfahrensnormen des Ordnungswidrigkeitengesetzes
(OWiG), die den Aufbau eines automatisierten Bußgeldverfahrens zur
Bewältigung von Massendelikten ermöglichen. Daneben finden die strafprozessualen Vorschriften der StPO Anwendung, sofern das OWiG keine
gesonderten Vorschriften enthält (§ 46 Abs. 1 OWiG).

Verkehrsverstöße können nur geahndet werden, wenn sie im Bundesgebiet
(einschließlich Schiffen und Flugzeugen mit Bundesflagge) begangen worden sind (§ 5 OWiG). Infolgedessen können Verstöße eines LKW-Fahrers

---

2 Verordnung über die Erteilung einer Verwarnung, Regelsätze für Geldbußen und
   die Anordnung eines Fahrverbots wegen Ordnungswidrigkeiten im Straßenverkehr
   (Bußgeldkatalog-Verordnung – BKatV) vom 13.11.2001 (BGBl. I S. 3033)

gegen die Lenk- und Ruhezeiten (VO EWG 3820/85), die nur in anderen
EU-Mitgliedstaaten begangen werden, hier nicht geahndet werden; wohl
aber der Verstoß des Unternehmers im Bundesgebiet, der solche Ordnungswidrigkeiten zulässt (BayObLG VerkMitt Nr. 44 = VRS 100, 391).

Für **Diplomaten** und nebst deren Gefolge (Fahrer, Boten, Wachpersonal,
Familienangehörige) gilt § 18 GVG i.V.m. dem WÜD und der Diplomaten-
schutzkonvention (BGBl. 1976 II S. 1745). Diese Personen sind zwar zur
Beachtung der deutschen Rechtsnormen verpflichtet, somit auch der verkehrsrechtlichen Bestimmungen. Bei Verstößen können sie jedoch nur dann
in einem Bußgeld- oder Strafverfahren zur Verantwortung gezogen werden,
wenn der ausländische Entsendestaat auf die Vorrechte nach dem WÜD
verzichtet hat (sehr selten). Entsprechendes gilt bei Besuchen ausländischer
Staatsoberhäupter nebst deren Gefolge sowie von Besatzungen ausländischer Kriegsschiffe im Bundesgebiet (§ 20 GVG).

Für **Generalkonsuln** und deren Gefolge und Wahlkonsuln gilt § 19 GVG
i.V.m. dem WÜK. Voraussetzung für eine Ahndung ist, dass die Fahrt und
damit die Verkehrsordnungswidrigkeit nicht in Wahrnehmung konsulari-
scher Aufgaben erfolgt ist, z.B. auf einer Privatfahrt (OLG Düsseldorf 1997,
92). Auch Verkehrsverstöße von Konsuln, die nur gelegentlich eines Dienst-
geschäftes begangen werden, bleiben der Eingriffsbefugnis der Bußgeldbehörden unterworfen (LG Stuttgart NZV 1995, 411).

Für Mitglieder der **NATO-Stationierungsstreitkräfte** gilt Art. VII des Nato-
Truppenstatuts vom 19.6.1951 (BGBl. II 1961 S. 1183, 1190) nebst dem Zu-
satzabkommen vom 3.8.1959 (BGBl. II S. 1183,1218), dem Unterzeichnungs-
protokoll vom 3.8.1959 (BGBl. II 1961, S. 1183, 1313) und dem Gesetz vom
18.8.1959 (BGBl. II 1961, 1183, 1313). Nach Teil I des Unterzeichnungspro-
tokolls gelten die Bestimmungen des Art. VII sowohl für Straftaten als auch
für Ordnungswidrigkeiten. Die Ahndung hängt von folgenden Bedingungen
ab: Die Gerichtsbarkeit des ausländischen Entsendestaates ist gegeben,
wenn die Tat nur nach dem Recht des Entsendestaates (z.B. Militärrecht
der USA oder von Frankreich) strafbewehrt ist; demgegenüber ist die deutsche Gerichtsbarkeit und Eingriffsbefugnis der Bußgeldbehörde gegeben,
wenn die Tat nur nach deutschem Recht verfolgbar ist. Ist die Tat nach dem
Recht des Entsendestaates und nach deutschem Recht verfolgbar (Regelfall), hat die Gerichtsbarkeit des Entsendestaates Vorrang, wenn durch die
Tat ausschließlich Interessen des Entsendestaates und seiner Truppenan-
gehörigen beeinträchtigt wurden oder wenn die Tat durch eine Handlung
in Ausübung des Dienstes begangen wurde. Die Frage der Ahndung ist in
jedem Einzelfall gesondert zu bestimmen, insbesondere ob es sich um eine
Privat- oder Dienstfahrt gehandelt hat, ferner ob z.B. das Verwarnungsgeldverfahren als Ausübung der deutschen Ahndungskompetenz betrachtet
wird (so z.B. nicht von der US-Militäradministration, wohl aber von Frankreich). Infolgedessen muss der Ahndung eine Verständigung zwischen den
deutschen und alliierten Dienststellen vorangehen. Näheres regeln Erlasse
der Innenministerien der Länder.

Abgeordnete des Bundestages und der Länderparlamente genießen Immunität (Art. 46 Abs. 2 GG), d.h. Schutz vor Strafverfolgung. Ordnungswidrigkeiten sind keine „mit Strafe bedrohte Handlungen", so dass auch Abgeordnete generell wegen Zuwiderhandlungen gegen verkehrsrechtliche
Bestimmungen zur Verantwortung gezogen werden können, ohne dass
die Immunität zuvor aufgehoben werden muss. Für die Abgeordneten des
Europäischen Parlaments gilt das entsprechend.

2.2 Verkehrsüberwachung

Die **Verfolgung** von Verkehrsordnungswidrigkeiten obliegt in erster Linie der Polizei (§ 52 OWiG), daneben auch der Bußgeldbehörde (OLG Stuttgart NZV 1990, 439). Da die Verfolgung und Ahndung von Verstößen zum Kerngehalt staatlichen Handelns gehört, ist die Beauftragung privater Firmen oder Personen zur Feststellung des Tatbestandes von Verkehrsverstößen rechtswidrig und unterliegt dem Beweiserhebungsverbot (AG Alsfeld DAR 1995, 210; OLG Frankfurt/M. DAR 1995, 335 = NZV 1995, 368 = NJW 1995, 2570; AG Berlin-Tiergarten DAR 1996, 272; KG VerkMitt 1997 Nr. 76 = DAR 1996, 504 = NZV 1997, 48 = VRS 92, 403 = VD 1997, 1; BayObLG VerkMitt 1997 Nr. 96 = NZV 1997, 276 = DAR 1997, 206 = VRS 94, 102; BayObLG VRS 97, 62; AG Greising DAR 1997, 31; s. a. Janker DAR 1989, 172; Radtke NZV 1995, 428; Steiner DAR 1996, 272; Friehoff NZV 1997, 257; Scholz NJW 1997, 14; Ronellenfitsch DAR 1997, 147; Wächter NZV 1997, 329). Zulässig ist jedoch die Verfolgung von Verstößen durch Dienstkräfte, die von der Polizei auf Grund einer landesgesetzlichen Ermächtigung im Wege der Arbeitnehmerüberlassung eingesetzt werden (BayObLG VerkMitt 1999 Nr. 84 = NJW 1999, 2200; a. A. Hornmann DAR 1999, 158). Nach dem Arbeitnehmerüberlassungsgesetz beträgt der maximale Einsatz 12 Monate. Auch gelegentliche Anzeigen von Privatpersonen dürfen verfolgt werden. Der Bundesgrenzschutz ist im Rahmen seines Tätigkeitsbereichs zur Verfolgung von Verkehrszuwiderhandlungen berechtigt, z. B. nimmt er auf Bahnhofsplätzen die Aufgaben der „Bahnpolizei" wahr.

Die **Warnung** mit technischen Geräten vor Verkehrskontrollen der Polizei ist nach § 23 Abs. 1b unzulässig; die Warnung durch andere Kraftfahrer nach § 1 Abs. 2 auch dann, wenn es dabei zu Gefährdungen oder Behinderungen des Verkehrs kommt (OLG Stuttgart VerkMitt 1997 Nr. 50 = NZV 1997, 242 = VRS 93, 294). Außerdem kann die Warnung zur Gewährleistung der präventiv-polizeilichen Kontrollaufgabe untersagt werden (OVG Münster NZV 1997, 326).[3]

Unzulässig ist die Benutzung von Klebefolien, welche die Erkennbarkeit des Kennzeichens erschweren (Urkundenfälschung nach § 267 StGB; Kennzeichenmissbrauch nach § 22 StVG: BayObLG VD 1999, 161) oder „Gegenblitzanlagen", die eine Identifizierung des Fahrers verhindern sollen (§ 268 Abs. 3 StGB – Fälschung technischer Aufzeichnungen).

2.3 Bußgeldbehörde

Die Verfolgung und **Ahndung** von Ordnungswidrigkeiten erfolgt durch die Bußgeldbehörde (§§ 35, 36 OWiG). Auf Grund der Ermächtigung des § 26

---

3 Das ehemalige strafbewehrte Verbot von Radarwarngeräten (§ 15 Fernmeldeanlagengesetz) ist 1996 mit dem Telekommunikationsgesetz (TMG) entfallen. Allerdings pönalisieren §§ 86, 95 TMG das Abhören von Nachrichten mit einer Funkanlage, für die die Funkanlage nicht bestimmt ist. Nach LG Cottbus in DAR 1999, 466 sind die Signale des Radarmessgerätes „Nachrichten", die vom Radarwarngerät „abgehört" werden. Infolgedessen können betriebsbereite Radarwarngeräte bei Polizeikontrollen gemäß §§ 94 Abs. 1, 98 StPO beschlagnahmt werden (nach VG München DAR 1998, 366 = NZV 1998, 520, weil sie ausschließlich dazu dienen, Tempoverstöße zu begehen). Die Gleichstellung des Begriffs „Abhören" in § 86 TMG mit dem „Empfang" von Signalen durch ein Radarwarngerät nebst der optischen oder akustischen Warnung für den Betroffenen, ist zu weitgehend (LG Berlin DAR 1997, 501; LG München I NJW 1999, 2600). Infolge dieser Rechtsunsicherheit ist das Verbot von Radarwarngeräten mit § 23 Abs. 1b geschaffen worden.

Abs. 1 StVG muss sie eine Behörde oder Dienststelle der Polizei im materiellen Sinn sein (KG VRS 72, 456).

Verfolgung und Ahndung stehen im pflichtgemäßen Ermessen der Verfolgungsbehörde (§ 47 OWiG); nicht jede Ordnungswidrigkeit „muss" deshalb (wie nach dem Legalitätsprinzip im Strafrecht) verfolgt werden (**Opportunitätsprinzip**). Eine zu weit gehende Ausdehnung der Verfolgung auf exotische Geschehensabläufe begründet die Besorgnis, dass solche Maßnahmen schikanös wirken, den Betroffenen nicht mehr einsichtig sind und sich vorhandene rechtstreue Einstellungen ändern (hieraus folgt, dass die Polizei auch einmal „ein Auge zudrücken" kann).

Die Entscheidung der Ahndungsbehörde über eine Ordnungswidrigkeit ist keine Strafe, sondern eine Buße als Folge einer tatbestandsmäßigen, rechtswidrigen und vorwerfbaren Handlung. Der Geldbuße fehlt – anders als der Geldstrafe – das sozialethische Unwerturteil, das eine „Sühne" verlangt. Die Geldbuße dient vordringlich dazu, die staatlich notwendige Ordnung des Gemeinwesens durchzusetzen und geschützte Rechtsgüter (vor allem Leben, Gesundheit, Vermögen) vor Verletzungen zu bewahren.

2.4 Tatbestand, Rechtswidrigkeit, Schuld

Zuwiderhandlungen gegen die Verhaltenspflichten der StVO sind nach § 49 grundsätzlich als Ordnungswidrigkeiten qualifiziert („bußgeldbewehrt"). Die StVO enthält aber auch Pflichten, deren Verletzung nicht bußgeldbewehrt ist und deshalb nicht unmittelbar zur Ahndung führt (z. B. § 1 Abs. 1, § 7 Abs. 4, § 11 Abs. 3, § 21 Abs. 1a Satz 2, § 27 Abs. 3). Ein Verstoß gegen diese Pflichten kann jedoch über andere Normen zur Ahndung führen, wenn Dritte durch eine pflichtwidrige Handlungsweise geschädigt, gefährdet, behindert oder belästigt werden. Die Ahndung folgt dann unmittelbar aus § 1 Abs. 2. Ferner kann ein Verstoß gegen nicht bußgeldbewehrte Verhaltenspflichten zivilrechtlich Ersatzansprüche auslösen.

2.4.1 Tatbestand

Die Tatbestandsmäßigkeit folgt aus der verletzten Rechtsnorm, d. h. der Betroffene muss gegen eine Verkehrsvorschrift (aktiv) verstoßen oder eine Verhaltenspflicht missachtet (unterlassen) haben. Der Ermittlungsaufwand in Massenverfahren bereitet bei Zuwiderhandlungen gegen feste Regeln (z. B. Tempogrenzen nach § 3 Abs. 3) erheblich weniger Schwierigkeiten, als wenn es darum geht, ob der Betroffene gegen Generalklauseln verstoßen, z. B. eine den Verkehrsverhältnissen „angepasste" Geschwindigkeit hat. Deshalb beschränkt sich auch die Verkehrsüberwachung im Wesentlichen auf die Fälle fester Vorgaben. Ein Verstoß gegen Generalklauseln wird häufig nur dann geahndet, wenn es z. B. auf Grund unangemessener Geschwindigkeit zu einem Unfall kommt. Die Tat muss ferner **vollendet** sein; der versuchte Verkehrsverstoß ist somit nicht bußgeldbewehrt (§ 13 OWiG).

Bei Normen mit Erlaubnisvorbehalt (§ 29 Abs. 2 oder 3) wird der Tatbestand erst verwirklicht, wenn der Betroffene ohne Erlaubnis tätig wird. Die Erlaubnis ist somit kein Rechtfertigungsgrund, sondern die Voraussetzung, die den Verbotstatbestand beseitigt. Beim Verstoß gegen Auflagen des Erlaubnisbescheides wird hingegen der Tatbestand in der Nichtbeachtung von Nebenbestimmungen verwirklicht (z. B. § 29 Abs. 2 i.V.m. § 49 Abs. 2 Nr. 6). Bei einer Ausnahmegenehmigung wird eine Freistellung von einer Verbotsnorm gewährt, so dass bei fehlender Ausnahme gegen die Verbotsnorm selbst verstoßen wird (z. B. Ordnungswidrigkeit nach § 49 Abs. 3 Nr. 4, wenn ohne Ausnahme im absoluten Haltverbot geparkt wird). Gleiches gilt, wenn man die Ausnahme unter einer Bedingung steht, deren Missachtung die Wirksamkeit der Ausnahme insgesamt ausschließt (z. B. Durchführung eines Autorennens ohne Streckensperrung, wenn die Sperrung Voraussetzung für die Gültigkeit der Genehmigung ist). Steht die Ausnahme hingegen unter einer Auflage, die nicht erfüllt wird, richtet sich die Ahndung nach § 46 Abs. 4 Nr. 4.

2.4.2 Rechtswidrigkeit

Ein Verkehrsverstoß ist rechtswidrig, wenn er durch die verkehrsrechtlichen Normen missbilligt wird und keine Gründe vorliegen, die das Handeln rechtfertigen. Derartige Gründe können sich aus Sonderrechten (§ 35), einer erteilten Ausnahme (§ 46) oder den Notwehr- oder Notstandsrechten (§§ 15, 16 OWiG) ergeben.

Notwehr (d. h. Abwehr eines Angriffs durch Verteidigung) ist im Straßenverkehr selten, weil stets die Möglichkeit besteht, durch Ausweichen oder Bremsen einem – wenn auch fahrlässig verursachten – Angriff (Verkehrsverstoß) auf die Bewegungsfreiheit zu begegnen (LG Lüneburg NZV 1999, 384 bejaht dies bei exzessiv bedrohender Verfolgungsfahrt und dabei begangener Vorfahrtverletzung). Häufiger sind hingegen **Notstandsituationen**, die einen Verkehrsverstoß rechtfertigen können, wobei jedoch ein enger Maßstab anzulegen ist (§ 16 OWiG). So kann ein Tempoverstoß gerechtfertigt sein, wenn anders die Unfallgefahr eines das Rotlicht missachtenden Kraftfahrers nicht beseitigt werden kann, oder um eine schwangere Frau ins Krankenhaus zu bringen (OLG Düsseldorf NZV 1996, 122); nicht aber wegen einer drohenden Gallenkolik (OLG Düsseldorf VerkMitt 1998 Nr. 17), auch nicht um den entlaufenen Schimpansen eines Privatzoos einzufangen (OLG Naumburg DAR 2000, 131 = VRS 98, 205) oder um wartende Patienten mit akuten Leiden zu betreuen (BayObLG VerkMitt 2000 Nr. 28 = DAR 2000, 170 = NZV 2000, 214 = VRS 98, 294). Die Beseitigung einer gegenwärtigen Gefahr darf jedoch wegen der notwendigen Güterabwägung nie zu einer Gefährdung Unbeteiligter führen, z. B. Ausweichen auf den Gehweg wegen eines Einsatzfahrzeugs, wenn Fußgänger verletzt werden könnten.

2.4.3 Schuld

Auch fahrlässige Verkehrsverstöße sind Ordnungswidrigkeiten (§ 10 OWiG, § 24 StVG). In der Praxis wird im Regelfall von fahrlässigem Handeln ausgegangen, weil der Vorsatz besondere Ermittlungen und Feststellungen erfordert, die in Massenverfahren kaum möglich sind. Auch der Bußgeldkatalog legt bei der Ahndung Fahrlässigkeit zu Grunde. Ein die Schuld ausschließender Verbotsirrtum (§ 11 OWiG) ist bei Verkehrsverstößen sehr selten. Die Unkenntnis von Verkehrsregeln ist nie ein Entschuldigungsgrund. Wegen der besonderen an Kraftfahrer zu stellenden Anforderungen liegt in solchen Fällen meist ein „vermeidbarer" Verbotsirrtum vor, der den Vorsatz unberührt lässt.

Aus dem Schuldprinzip folgt ferner, dass die Bußgeldbehörde nur den „Täter" verfolgen darf. Zur Täterermittlung gehört die Feststellung der Identität. Weigert der sich Betroffene, Namen und Anschrift anzugeben, darf die Polizei ihn auch zwangsweise zur Identitätsüberprüfung bringen. Andernfalls wäre eine Verfolgung des Verstoßes nicht mehr möglich. Unverhältnismäßig

kann die Anwendung des unmittelbaren Zwanges sein, wenn die Folgen
der Zwangsanwendung außer Verhältnis zur Bedeutung der Ordnungswidrigkeit stehen. Die Nichtangabe der Personalien ist außerdem ein (selbst-
ständiger) Verstoß nach § 111 OWiG.

Auch im Bußgeldverfahren ist es nicht Aufgabe des Betroffenen, seine
Unschuld nachzuweisen, sondern Bußgeldbehörden und Gerichte müssen
die Täterschaft beweissicher feststellen (OLG Hamm NZV 2001, 390). Die
Verpflichtung der Bußgeldbehörde und der Polizei, den „schuldigen" Täter
zu ermitteln, bereitet Schwierigkeiten, wenn nur das **KFZ-Kennzeichen**
und damit der Halter bekannt ist. Einen rechtlich gesicherten Erfahrungs-
satz, dass der Halter i.d.R. auch der Fahrzeugführer ist, gibt es nicht (BGH
VerkMitt 1994 Nr. 94; VRS 48, 107). Allein aus der Haltereigenschaft darf
deshalb beim Fehlen von Beweisanzeichen nicht gefolgert werden, der
Halter habe das Fahrzeug tatsächlich gefahren (andernfalls läge ein Verstoß
gegen das Willkürverbot nach Art. 3 Abs. 1 GG vor). Da außerdem der Grundsatz „keine Strafe ohne Schuld" („nulla poena sine culpa") Verfassungsrang hat, muss die Polizei oder die Bußgeldbehörde die Schuld des Täters
feststellen (BVerfG VerkMitt 1994 Nr. 94 = VRS 86, 81 = NJW 1994, 847). In
der Bundesrepublik gibt es somit keine schuldunabhängige Haftung des
Halters für Verkehrsverstöße, anders z.B. in den USA (Prinzip „vicarious
liability"), in Frankreich, Spanien, Italien oder den Niederlanden. Die
Gefährdungshaftung des Halters nach § 7 StVG bezieht sich nur auf zivilrechtliche Ersatzansprüche.

Soweit es der Polizei möglich ist, wird sie deshalb das Fahrzeug unmittelbar nach dem Verstoß anhalten oder den Fahrer durch technische Maßnahmen (z.B. Frontfotografie, Videoaufzeichnungen) deutlich machen. Stehen
Lichtbilder aus Verkehrsüberwachungsanlagen (Radar-, Rotlichtkameras)
zur Verfügung, ist ein Abgleich mit den Passbildern der Meldestellen zur
Täterfeststellung grundsätzlich zulässig. Dabei kann allerdings nur festgestellt werden, ob der Halter mit dem (schuldigen) Fahrer identisch ist. Hier
muss eine Vorladung zur Bußgeldbehörde oder Polizei vorgeschaltet werden, weil die Datenübermittlung (wozu auch der Lichtbildabgleich aus den
Meldeunterlagen gehört) nur zulässig ist, wenn Daten nicht anderweitig
oder nur mit unverhältnismäßig hohem Aufwand ermittelt werden können.
Vor allem die bei der Radar- oder Rotlichtüberwachung gefertigten Foto-
grafien müssen deshalb eine solche Bildqualität haben, dass eine eindeutige
Identifizierung des Täters möglich ist (OLG Oldenburg DAR 1996, 508). Ist
die Bildschärfe unzureichend, kann die Identifizierung auch durch Sachverständige auf Grund persönlicher Merkmale erfolgen, z.B. Stirnbereich,
Nasenwurzel, Augenbrauen, Lippen usw. (OLG Dresden DAR 2000, 279).
Ist auf dem Tatfoto einer Radarkontrolle ein männlicher Fahrer klar erkennbar, ergibt die Kennzeichenanfrage aber eine (weibliche) Halterin, darf
gegen sie kein Verfahren eingeleitet werden. Sie hat dann nur die Stellung
einer Zeugin. Wird trotzdem bewusst das Verfahren gegen die Halterin
weitergeführt, steht der Bußgeldsachbearbeiter unter der Strafdrohung des
§ 344 StGB (Verfolgung Unschuldiger). Außerdem könnten Anwaltskosten
der Betroffenen über die Amtshaftung eingefordert werden (BGH VRS 16,
167; LG Frankfurt NZV 1997, 443).

Im Massenverkehr kann die Polizei ihrer Aufgabe zur Verfolgung von Verkehrsverstößen meist nur dadurch nachkommen, dass sie das amtliche
Kennzeichen feststellt, um über den Halter den Fahrer zu ermitteln. Wirkt
der Halter im anschließenden Bußgeldverfahren nicht mit, beruft er sich auf

sein Schweige- oder Zeugnisverweigerungsrecht oder gibt er eine nicht
existierende Person an, müsste die Polizei (z. B. durch Hausermittlungen)
Beweisanzeichen für eine Täterschaft des Halters erheben. Die Möglichkeiten für zusätzliche Erhebungen stehen im Bagatellverfahren schon wegen
des Ermittlungsaufwandes außer Verhältnis zum Erfolg und scheiden in
der täglichen Praxis aus. Erschwert wird die Täterermittlung außerdem
durch die kurze Verjährungsfrist. Gibt der Betroffene als „Täter" eine Person
an, von der er weiß, dass diese die Tat nicht begangen hat, muss er mit
einem Strafverfahren nach § 164 Abs. 2 StGB wegen falscher Verdächtigung
rechnen. Allerdings sind solche Strafverfahren schon deshalb selten, weil
die Beweismanipulation gezielt darauf gerichtet sein muss, gegen eine un-
schuldige Person ein Verfahren einzuleiten. Bei Kennzeichenanzeigen geht
es hingegen dem Halter meist nur darum, die eigene Täterschaft zu ver-
schleiern (OLG Düsseldorf NZV 1996, 244). Voraussetzung ist ferner, dass
eine tatsächlich vorhandene Person benannt wird. Gibt der Halter eine
nicht existierende Person als Täter an, scheitert ein Strafverfahren auch
nach § 145 d StGB, weil sich die Vortäuschung einer Straftat nicht auf Ordnungswidrigkeiten bezieht.

2.5 Beteiligung

Beteiligen sich mehrere Personen an einem Verkehrsverstoß, handelt jede
von ihnen ordnungswidrig (§ 14 OWiG). Gegen den Anstifter oder Gehilfen
wird deshalb ein Bußgeldbescheid erlassen, weil sein Tatbeitrag den Verkehrsverstoß bewusst und gewollt (vorsätzlich) gefördert hat. Durch §§ 9,
29 OWiG wird die Haftung auf die vertretungsberechtigten Organe bzw.
Beauftragte erweitert (Geschäftsführer einer GmbH, Firmeninhaber). Diese
haften dann für Ordnungswidrigkeiten nicht als Beteiligte, sondern unmittelbar als Täter (z. B. für sowohl dem Firmeninhaber als Halter wie auch dem
Fahrer bekannte Fahrzeugmängel). Die vertretungsberechtigten Organe
können jedoch ihre Verantwortlichkeit auf sachkundige und zuverlässige
Hilfspersonen übertragen, z. B. Betriebs- oder Fuhrparkleiter (OLG Hamm
DAR 1999, 415). Wer öffentlich zur Begehung von Verkehrsverstößen auf-
fordert, handelt selbst ordnungswidrig nach § 116 OWiG. Hierbei kommt
es nicht auf die Ernsthaftigkeit der Aufforderung an, sondern es genügt,
dass billigend in Kauf genommen wird, die Aufforderung werde von Dritten
ernst genommen.

2.6 Zusammentreffen mehrerer Ordnungswidrigkeiten

2.6.1 Tatmehrheit (Realkonkurrenz)

Werden durch mehrere voneinander unabhängige Taten Verkehrsvorschriften mehrfach verletzt, wird für jede einzelne Tat eine Geldbuße gesondert
festgesetzt (§ 20 OWiG). Begeht ein Kraftfahrer an drei Tagen jeweils einen
Tempoverstoß, erhält er drei Bußgeldbescheide. Die drei Taten werden somit
nicht in einem Bußgeldbescheid mit einer einheitlichen (erhöhten) Geldbuße zusammengefasst. Eine neue Tat liegt im Allgemeinen dann vor, wenn
ein neuer Verkehrsvorgang beginnt oder nach längerem regelkonformen
Verhalten während einer Fahrt neue Verkehrssituationen entstehen, die
neue Verstöße verursachen (BayObLG VRS 101, 446 = DAR 2002, 78). Werden z. B. bei der Kontrolle der „LKW-Tachoscheiben" mehrere Tempoverstöße festgestellt, die jeweils nach einer Fahrtunterbrechung begangen
worden sind, könnte eine einzige Kontrolle eine Vielzahl von Bußgeldbescheiden mit erheblicher Punktbewertung zur Folge haben. Die Bußgeld-

behörden machen deshalb oft von ihrem Ermessen in der Weise Gebrauch, dass bei Tachokontrollen pro Tattag nur ein Bußgeldbescheid erlassen wird, wobei die Geldbuße je nach Fallgestaltung angemessen erhöht werden kann. Wird dauernd in einem zeitlich befristeten Haltverbot falsch geparkt, ist die Tat nach Ablauf der Frist unterbrochen, d.h. der Betroffene erhält erneut ein Verwarnungs- bzw. Bußgeld.

2.6.2 Tateinheit (Idealkonkurrenz)

Werden durch ein und dieselbe Handlung mehrere Verkehrsvorschriften verletzt, wird nur **eine** Geldbuße festgesetzt (§ 19 OWiG); z. B. Tempoüberschreitung während eines Rotlichtverstoßes. Auch mehrere Tempoverstöße mit engem räumlichen und zeitlichen Zusammenhang im Verlauf einer Fahrt werden als eine Tat gewertet, wenn die Fahrt nicht durch Parken unterbrochen wurde (BGH NZV 1995, 196; BayObLG NZV 1997, 282 = VRS 93, 141). Die Bußgeldhöhe richtet sich nach dem schwersten Verstoß, wobei das Bußgeld angemessen erhöht wird, z. B. Tempoüberschreitung und Rotlichtverstoß (Regelsatz jeweils 50 €): Bußgeldbescheid = 80 €. § 19 Abs. 2 OWiG findet hier keine Anwendung, weil sich diese Vorschrift auf die angedrohte Höchstgrenze mehrerer (unterschiedlicher) Gesetze bezieht. Werden mehrere Gesetze durch ein und dieselbe Handlung verletzt, bestimmt sich die Geldbuße nach dem Gesetz, das die höchste Geldbuße androht, z. B. beim Abstellen einer „Rostlaube" auf der Straße nach § 32 und Überschreiten des Gemeingebrauchs bestimmt sich das Bußgeld nach der mit höherer Geldbuße bedrohten straßenrechtlich unzulässigen Sondernutzung (nach den Straßengesetzen der Länder i.d.R. 10.000 €, bei StVO-Verstößen dagegen nur 1.000 €); bei Tempo- und Gefahrgutverstößen bestimmt sich die Geldbuße nach § 10 Abs. 4 des Gesetzes zur Beförderung gefährlicher Güter, weil die Höchstgrenze dort 50.000 € beträgt.

Eine **Dauerordnungswidrigkeit** liegt dann vor, wenn derselbe Tatbestand durch mehrere Handlungen in gleicher Art, in engem räumlichen und zeitlichen Zusammenhang verwirklicht wird, z. B. dauerndes Fahren ohne Betriebserlaubnis oder mit überladenem LKW (OLG Düsseldorf VerkMitt 1997 Nr. 69; OLG Oldenburg NZV 1996, 83; OLG Hamm VRS 90, 435; BayObLG DAR 1995, 411). Auch bei Dauerordnungswidrigkeiten wird nur ein Bußgeldbescheid erteilt. Hingegen sind Handlungen mit Fortsetzungszusammenhang bei Verkehrsordnungswidrigkeiten selten, weil dabei nicht Fahrlässigkeit (bei Verkehrsverstößen der Regelfall), sondern Vorsatz vorausgesetzt wird. Zudem ist die Anwendbarkeit des Fortsetzungszusammenhangs stark eingeschränkt (BGH NZV 1995, 196).

Beschränkt die Bußgeldbehörde die Verwarnung auf einen bestimmten tatsächlichen oder rechtlichen Gesichtspunkt, kann die Tat wegen der nicht erfassten Handlungsteile oder sonstiger Gesetzesverletzungen weiter verfolgt werden; es sei denn, der Betroffene durfte annehmen, dass das einheitliche Tatgeschehen (z. B. Überladung des gesamten Zuges, nicht nur des Anhängers) gerügt werden sollte und er im Vertrauen hierauf sein Einverständnis mit der Verwarnung erteilt hat (OLG Köln VRS 53, 450).

2.6.3. Gesetzeskonkurrenz

Werden durch ein und dieselbe Handlung zwar mehrere Verkehrsvorschriften verletzt, von denen jedoch nur eine zur Anwendung kommen kann, treten die anderen Verstöße bei der Bemessung der Geldbuße zurück. Gefährdet ein Kraftfahrer während eines Fahrstreifenwechsels einen anderen, tritt die

gleichzeitig verletzte Vorschrift des § 1 Abs. 2 zurück, weil das Gefährdungsverbot bereits in § 7 Abs. 5 enthalten ist. Die jeweils zurücktretenden
Vorschriften können im Verhältnis der Subsidiarität, der Spezialität oder
der Konsumtion stehen.

2.6.4 Zusammentreffen von Straftaten und Ordnungswidrigkeiten

Ist ein und dieselbe Handlung gleichzeitig Straftat und Ordnungswidrigkeit, findet nur das Strafrecht Anwendung (§ 21 OWiG), z. B. kommt bei
einer unter Alkoholeinfluss begangenen Geschwindigkeitsüberschreitung
nur § 316 StGB zum Zuge, der Tempoverstoß tritt zurück. Wird das Strafverfahren eingestellt, kann die Ordnungswidrigkeit nach § 21 Abs. 2 OWiG
wieder verfolgt werden (selten). Meist handelt es sich dabei um folgenlose
Alkoholverstöße, bei denen zunächst nach § 316 StGB ermittelt wird. Stellt
sich durch das Alkoholgutachten heraus, dass z. B. die Promillegrenze der
absoluten Fahruntüchtigkeit von 1,1‰ nicht erreicht worden ist, kann die
Tat weiterhin nach der 0,5‰-Regelung verfolgt werden (§ 24a StVG).

2.7 Ahndung von Verkehrsverstößen

2.7.1 Verwarnung ohne Verwarnungsgeld

Eine Verwarnung ohne Verwarnungsgeld wird nur bei **bedeutungslosen**
Zuwiderhandlungen ausgesprochen (§ 56 Abs. 1 Satz 2 OWiG). Bedeutungs-
los ist ein Verkehrsverstoß ohne qualifizierende Merkmale (Gefährdung,
Schädigung), dessen Unrechtsgehalt, orientiert am geringsten Regelsatz,
unerheblich ist. Maßgebend ist auch die Bereitschaft des Betroffenen zu
normgemäßem Verhalten. Die Verwarnung ohne Verwarnungsgeld stellt
kein Verfahrenshindernis im Sinne eines Verbots der „Doppelbestrafung"
dar, weil sich § 56 Abs. 2 bis 4 OWiG nur auf Verwarnungen mit Verwarnungsgeld beziehen. Die Tat kann also trotz mündlicher Verwarnung weiter
als Ordnungswidrigkeit verfolgt werden, wenn sich erst im Nachhinein
herausstellt, dass der Verkehrsverstoß mit qualifizierenden Merkmalen
verbunden war (z. B. der leichte Anstoß beim Ausparken hat doch zu einer
äußerlich nicht erkennbaren Beschädigung geführt).

2.7.2 Verwarnung mit Verwarnungsgeld

Bei **geringfügigen** Ordnungswidrigkeiten wird der Betroffene verwarnt
und ein Verwarnungsgeld von 5 bis 35 € erhoben (§ 56 Abs. 1 Satz 1 OWiG);
die Höhe richtet sich nach dem Bußgeldkatalog (der Verwarnungsgeld-
katalog ist im Bußgeldkatalog aufgegangen).[4] Für die Wirksamkeit einer
Verwarnung ist erforderlich, dass der Betroffene mit der Verwarnung nach
Belehrung über sein Weigerungsrecht einverstanden ist und das Verwarnungsgeld sofort oder innerhalb einer Wochenfrist bezahlt.

---

4 Mit der EURO-Umstellung seit 1.1.2002 sind die (bisher gesonderten) Buß- und
Verwarnungsgeldkataloge (BKatV und Allgemeine Verwaltungsvorschrift über die
Erteilung einer Verwarnung – VerwarnVwV) auf der Rechtsgrundlage des § 26a
Abs. 1 StVG zu einem einheitlichen Bußgeldkatalog (BKatV vom 13.11.2001 BGBl. I
S. 3033) zusammen gefasst worden. Die Verwarnungsgeldsätze haben damit den
Charakter einer Rechtsverordnung erhalten (Aufhebung der VerwarnVwV vom
26.11.2001 – BAnz. S. 24505). Die Verwarnungs- und Bußgeldbeträge sind auf der
Basis des amtlichen Umrechnungskurses (1,95583 DM = 1 €), einschließlich einer
Glättung der daraus sich ergebenden Beträge umgestellt und die Verwarnungs-
geldgrenze auf 35 € abgesenkt worden (Art. 24 des Euro-Einführungsgesetz u. a. im
Straf- und Ordnungswidrigkeitenrecht vom 13.12.2001 – BGBl. I S. 3574).

Das Verwarnungsgeld kann vor Ort durch die nach § 57 OWiG ermächtigten Beamten des Polizeidienstes durch Barzahlung gegen Quittung erhoben werden. Vor allem bei Kennzeichenanzeigen kommt jedoch ausschließlich die im automatisierten Verfahren gefertigte **schriftliche** Verwarnung in Betracht. Der anzeigende Beamte hinterlässt an dem betreffenden KFZ eine Mitteilung über die Einleitung eines Ordnungswidrigkeitenverfahren und sendet die (meist elektronisch lesbare) Anzeige an die Bußgeldbehörde, die dem Halter des KFZ ein schriftliches Verwarnungsgeldangebot unterbreitet. Möglich ist auch, die Mitteilung am KFZ bereits mit einer Zahlkarte zu versehen („Knöllchen"). Wird die Verwarnung akzeptiert und das Verwarnungsgeld bezahlt, kann die Tat nicht mehr im Bußgeldverfahren verfolgt werden (Grundsatz „ne bis in idem" – Verbot der Doppelbestrafung). Bei strafrechtlichen Gesichtspunkten im Zusammenhang mit Verkehrsverstößen kommt der in § 46 Abs. 4 OWiG verankerte Grundsatz allerdings nicht zur Anwendung (z. B. nach einem VU wird ein Verwarnungsgeld von 35 € vor Ort bezahlt, später stellt sich heraus, dass der VU auf einen alkoholbedingten Fahrfehler zurückzuführen war. Die Straftat nach § 315 c StGB kann dann unbeschadet der Verwarnung weiterhin verfolgt werden).

Erfolgt die Zahlung **rechtzeitig**, ist die Fortsetzung des Verfahrens unzulässig, auch wenn die Behörde das Geld zurückschickt (OLG Köln VRS 55, 135; OLG Frankfurt VRS 55, 377). Das gilt nicht für etwaige in Tateinheit stehende, jedoch bei der Verwarnung nicht genannte Verfehlungen (OLG Düsseldorf NZV 1990, 487). Erfolgt die Zahlung des Verwarnungsgeldes **verspätet**, bleibt die Verwarnung unwirksam. Allerdings besteht die Möglichkeit einer Fristverlängerung, die auch stillschweigend erfolgen kann, wenn das Verwarnungsgeld in Kenntnis der abgelaufenen Zahlungsfrist angenommen wird (OLG Koblenz VRS 56, 158: nicht bei verspäteter Zahlung durch Postüberweisung). Wird das Verwarnungsgeld **nicht bezahlt**, liegt keine wirksame Verwarnung vor (OLG Düsseldorf NZV 1991, 441; OLG Hamm VRS 54, 134), und die Ahndung der Tat erfolgt durch Bußgeldbescheid (§ 65 OWiG). Dabei kann die Bußgeldbehörde auch einen höheren Ahndungsbetrag festsetzen und dem Betroffenen die Verfahrenskosten auferlegen. Das Verschlechterungsverbot („reformatio in peius") gilt hier nicht, wenn die Bußgeldbehörde (oder nach Einspruch das Amtsgericht) die Tat oder den Schuldvorwurf anders als die Polizei vor Ort beurteilt (KG VRS 88, 459). In der Praxis wird davon jedoch selten Gebrauch gemacht, weil bei nicht bezahlten Verwarnungsgeldern vor Erlass des Bußgeldbescheides i. d. R. keine Anfrage an das VZR erfolgt.

Verwarnungen werden im VZR nicht erfasst (§ 28 StVG); den Landesbehörden ist es mangels gesetzlicher Regelung verboten, eigene (örtliche) Verkehrssünderregister anzulegen (Verbot von „schwarzen Listen"). Andererseits ist es den Bußgeldbehörden nicht verwehrt, gelegentlich des Verfahrens anfallende Erkenntnisse zu verwerten, z. B. des anzeigenden Beamten über häufige geringfügige Parkverstöße eines bestimmten Kraftfahrers oder der Bußgeldbehörde über mehrere gegenwärtig laufende Verfahren (BVerfG Beschluss vom 9.5.1977 – 2 BvR 464.76; BVerwG DÖV 1979, 721; OLG Düsseldorf VRS 73, 392; BayObLG NJW 1973, 1091).

2.7.3 Bußgeldverfahren

Handelt es sich um einen Verstoß, der mit **Ahndungsbeträgen ab 40 €** bedroht ist (oder verweigert der Betroffene die Zahlung des Verwarnungsgeldes), ergeht nach vorheriger Anhörung („Anhörbogen", Übersendung

meist mit einfachem Brief) ein Bußgeldbescheid (§ 65 OWiG). Die Höhe der
Geldbuße richtet sich nach der Bußgeldkatalog-Verordnung (BKatV) und
beträgt zwischen 40 und max. 1.000 € bei Vorsatz, bei Fahrlässigkeit max.
500 € (§ 17 Abs. 1 OWiG, § 24 StVG). Die dort enthaltenen Ahndungsbeträge
sind Regelsätze, die von fahrlässiger Begehung und gewöhnlichen Tatumständen ausgehen; etwaige Eintragungen im VZR sind nicht berücksichtigt.
Ob ein Betroffener Berufskraftfahrer ist oder sich bisher verkehrsgerecht
verhalten hat, bleibt bei der Höhe der Ahndungsbeträge außer Betracht
(OLG Hamm VRS 97, 207). Bei groben Verstößen, qualifizierenden Tat-
merkmalen, Voreintragungen im VZR oder Vorsatz können indes höhere
Beträge festgesetzt werden, es sei denn, Qualifizierungen sind bereits im
Ahndungskatalog berücksichtigt. Bei der Bemessung der Geldbuße darf
dem Betroffenen nicht angelastet werden, dass er eine gebührenpflichtige
Verwarnung abgelehnt hat oder in der Hauptverhandlung unbelehrbar
gewesen ist (OLG Koblenz VRS 62, 202). Darüber hinaus besteht die Mög-
lichkeit, diese Beträge je nach den **wirtschaftlichen Verhältnissen** des
Betroffenen zu erhöhen oder zu vermindern (§ 17 Abs. 3 Satz 2 OWiG). Bei
Bußgeldern bis zu 250 € bleiben die wirtschaftlichen Verhältnisse entspre-
chend dem Rechtsbeschwerdebetrag (§ 79 Abs. 1 Nr. 1 OWiG) jedoch außer
Betracht (OLG Düsseldorf VerkMitt 2000 Nr. 93 = VRS 99, 131 = DAR 2000,
534; OLG Oldenburg VerkMitt 1990 Nr. 91 = VRS 79, 375; OLG Düsseldorf
VRS 97, 256: 100 €). Wird ein Bußgeld wegen der schlechten wirtschaftlichen
Verhältnisse des Betroffenen auf einen Betrag unter 40 € festgesetzt, berührt
das weder die Eintragung im VZR, noch die Punktbewertung; d. h. für die
Eintragung bleibt der Regelsatz des Bußgeldkataloges maßgebend (§ 28 a
StVG). Weiterhin kann bei der Geldbuße der **wirtschaftliche Vorteil** „ab-
geschöpft" werden, den der Betroffene aus dem Verstoß gezogen hat (§ 17
Abs. 4 OWiG). Im Allgemeinen kommt das nur in Betracht, wenn der Verkehrsverstoß zu Gunsten wirtschaftlicher Vorteile bewusst in Kauf genommen wird (z. B. Lademaßüberschreitungen bei „Just-in-time"-Transporten).

a. Bußgeldbescheid

Vor Erlass eines Bußgeldbescheides ist der Betroffene anzuhören und eine
VZR-Auskunft über etwaige Voreintragungen beim KBA anzufordern. Der
Bußgeldbescheid muss die in § 66 OWiG aufgeführten **Angaben** enthalten,
insbesondere Personendaten des Betroffenen, Bezeichnung der Tat, Ort und
Zeit der Begehung, die verletzten Verkehrsvorschriften und angewendeten
Bußgeldbestimmungen, Beweismittel, die Geldbuße und Nebenfolgen (z. B.
Fahrverbot oder dessen Androhung bei wiederholtem Verstoß – BayObLG
VRS 97, 432), die Verfahrens- und Zustellkosten, einschl. Zahlungshinweise,
eine Rechtsbehelfsbelehrung über den Einspruch, zur Erzwingungshaft
und zu Nebenfolgen. Ein Bußgeldbescheid mit fehlerhaften Angaben ist
unwirksam und anfechtbar, wenn die unzutreffenden Angaben nicht durch
andere Umstände so eindeutig charakterisiert sind, dass Zweifel an der
Identität des Verkehrsverstoßes ausgeschlossen sind (OLG Hamm VRS 97,
182: falsche Tatzeit; OLG Düsseldorf VerkMitt 2000 Nr. 30 = VRS 98, 47 =
NZV 2000. 89: falscher Tatort). Im **automatisierten Bußgeldverfahren** gilt
§ 51 Abs. 1 Satz 2 OWiG. Danach braucht auf dem Bußgeldbescheid weder
die Unterschrift noch das Dienstsiegel enthalten zu sein, d. h. der automati-
siert gefertigte Bescheid reicht für die Wirksamkeit aus (OLG Dresden
VerkMitt 1996 Nr. 23). Voraussetzung ist allerdings, dass der Erlass von einem
Bußgeldsachbearbeiter aktenkundig „verfügt" worden ist (OLG Brandenburg DAR 1996, 105).

b. Verfolgungsverjährung

Verkehrsordnungswidrigkeiten nach § 49 StVO, § 69 a StVZO oder § 75 FeV verjähren innerhalb von 3 Monaten; nach Erlass eines Bußgeldbescheides aber erst nach 6 Monaten (§ 26 Abs. 3 StVG, § 31 OWiG). Verstöße gegen die 0,5 ‰-Regelung nach § 24 a StVG verjähren hingegen nach 6 Monaten (BayObLG VRS 97, 367). Die Verjährungsfrist beginnt mit dem Tattag. Hat der Betroffene z. B. am 24. Februar einen Rotlichtverstoß begangen, ist die Tat am 23. Mai (24.00 Uhr) verjährt. Hierbei spielt es keine Rolle, ob das Fristende auf einen Sonn- oder Feiertag fällt. Die Verjährung tritt nicht ein, wenn sie zuvor durch eine Maßnahme der Bußgeldbehörde oder des Gerichts unterbrochen wird (§ 33 OWiG); die Frist beginnt dann von vorn. Häufigster Grund für eine Verjährungsunterbrechung ist die Übersendung des Anhörbogens, wobei sich der Anhörbogen allerdings an einen bestimmten Betroffenen richten muss. Enthält der Anhörbogen nur eine „Befragung" des Halters, ob er oder ein anderer Fahrer die Tat begangen hat, tritt keine Unterbrechung ein (OLG Hamm VerkMitt 2000 Nr. 69 = DAR 2000, 324 = VRS 98, 441 und 443). Wird dem Betroffene z. B. am 10. März der Anhörbogen übersandt, verjährt die Tat erst am 9. Juni. Ergeht der Bußgeldbescheid am 3. Juni, wird die Verjährung erneut unterbrochen, wobei sich die Frist auf 6 Monate verlängert. Die Tat ist dann erst am 2. Dezember verjährt. Bei einem Bußgeldbescheid tritt die Verjährungsunterbrechung allerdings bereits am Tage seines Erlasses ein, wenn der Bescheid innerhalb von 2 Wochen zugestellt wird. Erreicht der Bußgeldbescheid den Betroffenen erst später, ist für die Verjährungsunterbrechung das Zustellungsdatum entscheidend (§ 33 Abs. 1 Nr. 9 OWiG). Erfolgt die Zustellung des am 3. Juni erlassenen Bußgeldbescheides erst am 28. Juni, so ist dieses Datum maßgebend; die Tat verjährt nach dem Beispiel erst am 27. Dezember, sofern der Bußgeldbescheid bis dahin nicht rechtskräftig geworden oder die Frist nicht durch die Anberaumung einer Hauptverhandlung erneut unterbrochen worden ist. Wird eine Hauptverhandlung beim Amtsgericht anberaumt, beginnt die Frist erneut. Ist der Bußgeldbescheid jedoch rechtskräftig geworden, folgt nunmehr die Vollstreckungsverjährung (§ 34 OWiG). Deren Dauer richtet sich nach der festgesetzten Bußgeldhöhe und beträgt 3 Jahre bei Geldbußen bis 500 € und 5 Jahre bei mehr als 500 €. Die Vollstreckungsverjährung ruht u. a. bei Bewilligung von Zahlungserleichterungen oder wenn die Vollstreckung ausgesetzt ist, d. h. um diesen Zeitraum verlängert sich die Frist.

c. Zustellung

Der Bußgeldbescheid ist dem Betroffenen oder dem Rechtsanwalt bei anwaltlicher Vertretung zuzustellen (§ 51 OWiG), i. d. R. durch Postzustellurkunde. Dabei ist auch eine Ersatzzustellung (§§ 181 bis 184 ZPO) zulässig, wenn der Betroffene nicht in seiner Wohnung anwesend ist. Voraussetzung ist eine Mitteilung an den Betroffenen in den Hausbriefkasten, dass ein Schriftstück beim Postamt hinterlegt worden ist. Hierbei handelt es sich um den unscheinbaren „gelben Zettel", in dem mitgeteilt wird, dass irgendetwas unglaublich Wichtiges beim zuständigen Postamt abzuholen ist („...heute jedoch nicht vor 16 Uhr..."). Da der Betroffene ahnt, dass es sich dabei nur um eine „Gemeinheit" handeln kann, holt er den Brief häufig nicht ab. Damit beginnen jedoch erst die Schwierigkeiten, denn mit dem Einwurf des „gelben Zettels" gilt die Zustellung als bewirkt und setzt die 14-tägige Einspruchsfrist gegen den Bußgeldbescheid in Lauf.

d. Einspruchsverfahren

Die Anfechtung des Bußgeldbescheides erfolgt durch den Einspruch (§ 67 OWiG). Der Einspruch muss innerhalb einer Frist von 14 Tagen nach Zustellung schriftlich in deutscher Sprache (§ 184 GVG) bei der Bußgeldbehörde eingelegt werden. Für die Schriftform genügt auch ein Fax. Bei der Berechnung der Frist zählt den Tag der Zustellung selbst nicht mit. Erfolgt die Zustellung an einem Donnerstag, beginnt die Frist am Freitag und endet nach 14 Tagen am Donnerstag (24.00 Uhr). Fällt die Frist auf einen Sonnabend, Sonn- oder Feiertag, endet die Frist am darauf folgenden Werktag, d. h. am Montag 24.00 Uhr (§ 46 Abs. 1 OWiG, § 43 Abs. 2 StPO). Bis dahin muss der Einspruch bei der Bußgeldbehörde zugegangen sein. Dort sind häufig Nachtbriefkästen vorhanden, bei denen eingehende Post bis 24.00 Uhr registriert wird. Ist der Einspruch **verspätet** eingelegt, verwirft ihn die Bußgeldbehörde als unzulässig (§ 69 Abs. 1 OWiG). Gegen den Verwerfungsbeschluss kann der Betroffene innerhalb von zwei Wochen nach Zustellung Antrag auf gerichtliche Entscheidung stellen.

Ist der Einspruch zulässig und rechtzeitig erhoben, prüft die Bußgeldbehörde, ob sie den Bußgeldbescheid (z. B. nach weiteren Ermittlungen oder neuen Erkenntnissen) zurücknimmt oder aufrechterhält (§ 69 Abs. 2 OWiG). Hält die Verwaltungsbehörde den Bußgeldbescheid aufrecht, vermerkt sie die Gründe in den Akten und übersendet diese an die Staats- bzw. Amtsanwaltschaft (§ 69 Abs. 3 OWiG). Mit dem Eingang der Akten gehen jetzt die Aufgaben der Bußgeldbehörde auf die Staatsanwaltschaft über (§ 69 Abs. 4 OWiG). Die Staatsanwaltschaft prüft den Vorgang und sendet ihn an die Bußgeldbehörde zurück, wenn der Sachverhalt offensichtlich ungenügend aufgeklärt ist. Durch dieses **Zwischenverfahren** sollen die Gerichte von Verfahren entlastet werden, bei denen die Tatumstände noch nicht hinreichend ermittelt worden sind (das Gericht somit Beweisbeschlüsse erlassen müsste). Mit dem Eingang der Akten wird die Bußgeldbehörde wieder zuständig. Ist der Sachverhalt jedoch hinreichend geklärt, übersendet die Staatsanwaltschaft die Akten an das Amtsgericht, das nunmehr über den Bußgeldbescheid zu entscheiden hat.

e. Wiedereinsetzungsverfahren

Ist die Einspruchsfrist ohne Verschulden versäumt worden (z. B. der Bußgeldbescheid wird während des Urlaubs zugestellt), kann **Wiedereinsetzung** in den **vorigen Stand** bei der Bußgeldbehörde beantragt werden (§ 52 OWiG). Voraussetzung ist, dass der Antrag innerhalb **einer Woche** (nicht wie beim Einspruch 14 Tage) nach Wegfall des Hinderungsgrundes (z. B. Rückkehr aus dem Urlaub) gestellt wird. In der Begründung sind die Umstände, die zur unverschuldeten Fristversäumung geführt haben, glaubhaft zu machen (z. B. durch Visum, Fahrkarte, Tankquittung, Hotelrechnung); ein Versäumnis eines Beauftragten oder Anwalts fällt dem Antragsteller zur Last (LG Würzburg DAR 2001, 231). Gleichzeitig ist mit dem Antrag auf Wiedereinsetzung der versäumte Einspruch nachzuholen. Das Wiedereinsetzungsgesuch muss somit aus zwei Teilen bestehen, und zwar Glaubhaftmachung des Hinderungsgrundes **und** Erhebung des Einspruchs. Gewahrt ist die Wiedereinsetzungsfrist, wenn der Antrag innerhalb Wochenfrist der Bußgeldbehörde zugegangen ist. Die Berechnung der Frist erfolgt wie bei der Einspruchsfrist, sie endet stets an einem Werktag. Ist der Antrag auf Wiedereinsetzung fristgerecht und begründet, gewährt die Bußgeldbehörde Wiedereinsetzung, d. h. das Verfahren wird in den Stand zurückgesetzt, den es vor der Fristversäumung hatte. Ist das Gesuch hingegen unbegründet oder nicht fristgerecht eingelegt, wird der Antrag verworfen. Gegen den Verwerfungsbeschluss ist innerhalb von zwei Wochen nach Zustellung Antrag auf gerichtliche Entscheidung zulässig (§ 62 OWiG).

f.   Rücknahme des Bußgeldbescheides

Bis zum Eintritt der Rechtskraft kann die Bußgeldbehörde den Bescheid jederzeit zurücknehmen und das Verfahren einstellen, wenn er sich als fehlerhaft erweist, z. B. infolge erheblicher Einspruchsbegründung oder nachträglicher Erkenntnisse. Nach Eintritt der Rechtskraft kann der Bußgeldbescheid nur zurückgenommen werden, wenn er analog zu den in § 44 VwVfG entwickelten Grundsätzen als **nichtig** anzusehen ist. Das ist dann der Fall, wenn der Bußgeldbescheid unter besonders gravierenden und offensichtlichen Mängeln leidet, die nach Aktenlage von vornherein hätten erkannt werden können. Das ist im Allgemeinen nur in folgenden Fällen anzunehmen:

– Der Bußgeldbescheid richtet sich gegen einen Betroffenen, obwohl nach Aktenlage von vornherein feststand, dass dieser nicht Täter des Verstoßes gewesen sein konnte, z. B. bei Kennzeichenverwechslung oder eine Halterin hätte nach der Frontfotografie eindeutig als männliche Person identifiziert werden können.
– Der Bußgeldbescheid richtet sich zwar gegen den richtigen Betroffenen, die Tat ist jedoch unter keinem rechtlichen Gesichtspunkt bußgeldbewehrt (z. B. Verstoß gegen § 1 Abs. 1, § 7 Abs. 4).
– Der Bußgeldbescheid richtet sich gegen den richtigen Betroffenen, die Tat ist jedoch bereits in einem anderen Verfahren geahndet worden: Verstoß gegen das Verbot der Doppelbestrafung (OLG Oldenburg NZV 1992, 332; OLG Zweibrücken NZV 1993, 451).
– Das Bußgeldverfahren ist eingestellt oder die Tat verjährt; der Betroffene erhält infolge eines Versehens dennoch einen Bußgeldbescheid: Verstoß gegen das Verbot widersprüchlichen Verwaltungshandelns.

Im Übrigen besteht für die Bußgeldbehörde bei offensichtlicher Fehlerhaftigkeit des bestandskräftigen Bußgeldbescheides die Möglichkeit, von der Vollstreckung abzusehen, wenn der Bescheid so nicht hätte erlassen werden dürfen (**Niederschlagung**), z. B. der Betroffene hat das KFZ nachweisbar vor der Tat verkauft, der neue Besitzer, der den Verstoß begangen hat, ist noch nicht im Fahrzeugregister eingetragen, so dass der Bußgeldbescheid an den ehemaligen Halter geht. Ist die Bußgeldbehörde dem Verkaufshinweis des Betroffenen im Anhörverfahren nicht nachgegangen, kann das Verfahren niedergeschlagen werden. Entsprechendes gilt bei falschen Angaben zum Tatort oder Tattag. In allen übrigen Fällen verbleibt nur der Weg über ein **Wiederaufnahmeverfahren**, das jedoch nur in Betracht kommt, wenn es auf neue Tatsachen und Beweismittel gestützt wird und das Bußgeld mehr als 250 € beträgt (§ 85 OWiG). Bei der Masse der Verkehrsverstöße ist ein Wiederaufnahmeverfahren regelmäßig ausgeschlossen. Letztlich besteht noch die Möglichkeit eines **Gnadengesuchs** nach den Gnadenordnungen der Länder. Dabei müssen grundsätzlich zuvor alle Rechtsmittel ausgeschöpft sein.

2. 8   Nebenfolgen des Bußgeldverfahren

2.8.1   Fahrverbot[5]

Für grobe oder beharrliche Verkehrsverstöße kann neben dem Bußgeld als Nebenfolge ein Fahrverbot von 1 bis 3 Monaten verhängt werden (§ 25

StVG).[6] Grobe Pflichtverletzungen sind eklatante Regelwidrigkeiten, die entweder objektiv gefährlich sind und deshalb häufig zu Unfällen führen oder subjektiv auf grobem Leichtsinn, grober Nachlässigkeit oder Gleichgültigkeit beruhen. Beharrliche Pflichtverletzungen offenbaren sich auch

---

5 Fahrverbote sind verfassungsgemäß (BVerfG VerkMitt 1996 Nr. 79 = DAR 1996, 196 = VRS 91, 134)

6 **§ 25 StVG Fahrverbot**

(1) Wird gegen den Betroffenen wegen einer Ordnungswidrigkeit nach § 24, die er unter grober oder beharrlicher Verletzung der Pflichten eines Kraftfahrzeugführers begangen hat, eine Geldbuße festgesetzt, so kann ihm die Verwaltungsbehörde oder das Gericht in der Bußgeldentscheidung für die Dauer von einem Monat bis zu drei Monaten verbieten, im Straßenverkehr Kraftfahrzeuge jeder oder einer bestimmten Art zu führen. Wird gegen den Betroffenen wegen einer Ordnungswidrigkeit nach § 24a Abs. 1 Nr. 1 oder Abs. 2, jeweils auch in Verbindung mit Abs. 3, eine Geldbuße festgesetzt, so ist in der Regel auch ein Fahrverbot anzuordnen.

(2) Das Fahrverbot wird mit der Rechtskraft der Bußgeldentscheidung wirksam. Für seine Dauer werden von einer deutschen Behörde ausgestellte nationale und internationale Führerscheine amtlich verwahrt. Dies gilt auch, wenn der Führerschein von einer Behörde eines EU/EWR-Mitgliedstaates ausgestellt worden ist, sofern der Inhaber seinen ordentlichen Wohnsitz im Inland hat.

(2a) Ist in den zwei Jahren vor der Ordnungswidrigkeit ein Fahrverbot gegen den Betroffenen nicht verhängt worden und wird auch bis zur Bußgeldentscheidung ein Fahrverbot nicht verhängt, so bestimmt die Verwaltungsbehörde oder das Gericht abweichend von Abs. 2 Satz 1, dass das Fahrverbot erst wirksam wird, wenn der Führerschein nach Rechtskraft der Bußgeldentscheidung in amtliche Verwahrung gelangt, spätestens jedoch mit Ablauf von vier Monaten seit Eintritt der Rechtskraft. Werden gegen den Betroffenen weitere Fahrverbote rechtskräftig verhängt, so sind die Fahrverbotsfristen nacheinander in der Reihenfolge der Rechtskraft der Bußgeldentscheidungen zu berechnen.

(3) In anderen als in Abs. 2 Satz 3 genannten ausländischen Führerscheinen wird das Fahrverbot vermerkt. Zu diesem Zweck kann der Fahrausweis beschlagnahmt werden.

(4) Wird der Führerschein in den Fällen des Abs. 2 Satz 4 oder des Abs. 3 Satz 2 bei dem Betroffenen nicht vorgefunden, so hat er auf Antrag der Vollstreckungsbehörde (§ 92 OWiG) bei dem Amtsgericht eine eidesstattliche Versicherung über den Verbleib des Führerscheins abzugeben. § 883 Abs. 2 bis 4, die §§ 899, 900 Abs. 1 und 4, die §§ 901, 902, 904 bis 910 und 913 ZPO gelten entsprechend.

(5) Ist ein Führerschein amtlich zu verwahren oder das Fahrverbot in einem ausländischen Führerschein zu vermerken, so wird die Verbotsfrist erst von dem Tage an gerechnet, an dem dies geschieht. In die Verbotsfrist wird die Zeit nicht eingerechnet, in welcher der Täter auf behördliche Anordnung in einer Anstalt verwahrt wird.

(6) Die Dauer einer vorläufigen Entziehung der Fahrerlaubnis (§ 111a StPO) wird auf das Fahrverbot angerechnet. Es kann jedoch angeordnet werden, dass die Anrechnung ganz oder zum Teil unterbleibt, wenn sie im Hinblick auf das Verhalten des Betroffenen nach Begehung der Ordnungswidrigkeit nicht gerechtfertigt ist. Der vorläufigen Entziehung der Fahrerlaubnis steht die Verwahrung, Sicherstellung oder Beschlagnahme des Führerscheins (§ 94 StPO) gleich.

(7) Wird das Fahrverbot nach Abs. 1 im Strafverfahren angeordnet (§ 82 OWiG), so kann die Rückgabe eines in Verwahrung genommenen, sichergestellten oder beschlagnahmten Führerscheins aufgeschoben werden, wenn der Betroffene nicht widerspricht. In diesem Falle ist die Zeit nach dem Urteil unverkürzt auf das Fahrverbot anzurechnen.

(8) Über den Zeitpunkt der Wirksamkeit des Fahrverbots nach Abs. 2 oder 2a Satz 1 und über den Beginn der Verbotsfrist nach Abs. 5 Satz 1 ist der Betroffene bei der Zustellung der Bußgeldentscheidung oder im Anschluss an deren Verkündung zu belehren.

durch wiederholte (nicht nur grobe) Verstöße, bei denen die für die Teilnahme am Verkehr notwendige rechtstreue Gesinnung oder Einsicht in begangenes Unrecht fehlt (BGH DAR 1992, 265; BayObLG DAR 2000, 278). Bereits ein einmaliger Verstoß kann ein Fahrverbot rechtfertigen, ohne dass ausdrücklich festgestellt werden muss, ob nicht eine erhöhte Geldbuße ausreicht (BGH VerkMitt 1992, Nr. 1; VerkMitt 1992, Nr. 11). Für bestimmte Verstöße sieht die BKatV Regelfahrverbote vor, z. B. bei erheblichen Tempo- oder Rotlichtverstößen. Hierbei handelt es sich um grobe Regelwidrigkeiten, die gesetzlich als derart schwer wiegend vorbewertet sind, dass sie neben dem Bußgeld ein Fahrverbot erfordern.

Die Frage, ob im Einzelfall dennoch eine grobe Pflichtverletzung fehlt, stellt sich nur bei besonders atypischem Verlauf; in solchen Fällen ist dann die Verhängung des Fahrverbots nicht mehr mit dem verfassungsrechtlichen Übermaßverbot in Einklang zu bringen (BayObLG DAR 2000, 171 = NZV 2000, 216 = VRS 98, 288). Aber auch bei längerer Verfahrensdauer zwischen Tattag und Verhängung des Fahrverbots (z. B. über 2 Jahre) kann die Wirkung als Denkzettelcharakter verloren gehen (OLG Köln NZV 2000, 430; OLG Düsseldorf NZV 2001, 435). Ein Fahrverbot kann auch gegen einen Mofa-Fahrer verhängt werden, wenn er Inhaber einer Fahrerlaubnis ist und mit dem Mofa einen groben Verkehrsverstoß begeht, z. B. gegen die 0,5 %-Regelung (OLG Düsseldorf VerkMitt 1997 Nr. 77).

Bei der Auflage eines Fahrverbots ist der Betroffene zwar noch Inhaber der Fahrerlaubnis, er darf jedoch vom Zeitpunkt der **Rechtskraft** der Entscheidungen kein KFZ mehr fahren, auch wenn er noch im Besitz des Führerscheins ist. Hierzu gehören auch internationale oder Dienstführerscheine, z. B. der Bundeswehr. Entscheidend für die Monatsfrist ist der Zeitpunkt, in dem der Führerschein in amtliche Verwahrung gegeben wird (§ 25 Abs. 3 StVG), d. h. bei der zuständigen Bußgeldbehörde. Gelangt der Führerschein zunächst in den Gewahrsam einer anderen Stelle (Polizei oder FE-Behörde), wird die Verwahrzeit dort auf die Verbotsfrist angerechnet (§§ 59a Abs. 5, 87 Abs. 2 Nr. 1 StVollstrO).[7] Wird z. B. das 1-monatige Fahrverbot am 11. Mai bestandskräftig, der Führerschein aber erst am 20. Juni abgegeben, darf der Betroffene vom 11. Mai bis 19. Juli kein KFZ fahren (auch keine fahrerlaubnisfreien KFZ, z. B. Mofas). **Abweichend** davon tritt zur Vermeidung unverhältnismäßiger Belastungen des Betroffenen die Bestandskraft (nur) eines bußgeldbehördlichen Fahrverbots spätestens **nach 4 Monaten** seit Rechtskraft der Entscheidung ein (§ 25 Abs. 2a Satz 1 StVG), sofern gegen den Betroffenen 2 Jahre vor der Tat kein Fahrverbot „verhängt" worden ist (andernfalls bleibt es bei dem „sofortigen" Fahrverbot ab Rechtskraft). Hierbei kommt es auf das Datum der Rechtskraft der vorbelastenden Entscheidung an, mit der das frühere Fahrverbot verhängt worden ist (BGH VerkMitt 2000 Nr. 94 = NZV 2000, 420; BayObLG NZV 1999, 50; a. A. OLG Karlsruhe VerkMitt 1999 Nr. 47 = NZV 1999, 177 = DAR 1999, 372). Durch die Frist von 4 Monaten soll der Betroffene über den Antritt des Fahrverbots disponieren können, z. B. durch Verlegung in die Urlaubszeit.

Gibt der Betroffene den Führerschein nicht ab, kann dieser durch die Polizei beschlagnahmt werden (die Nichtabgabe des Führerscheins ist für die Wirksamkeit des Fahrverbots unerheblich). Bei erfolgloser Beschlagnahme hat der Betroffene eine eidesstattliche Versicherung über den Verbleib des Führer-

---

7 StrVollStrO = Strafvollstreckungsordnung

scheins abzugeben (§ 25 Abs. 4 StVG i.V.m. §§ 59a Abs. 4 StrVollstrO und 463b Abs. 3 StPO). Erst mit Beschlagnahme des Führerscheins oder mit Abgabe der eidesstattlichen Versicherung beginnt die Fahrverbotsfrist zu laufen (OLG Düsseldorf DAR 1999, 514 = NZV 1999, 521 = VRS 97, 438).

Ergehen **zeitgleich** mehrere Bußgeldbescheide mit Fahrverboten, können die Fahrverbote nur dann parallel vollstreckt werden, wenn sie nicht der späteren Wirksamkeit von 4 Monaten unterliegen. Andernfalls sind sie nacheinander in der Reihenfolge der Rechtskraft zu berechnen (§ 25 Abs. 2a Satz 2 StVG). Infolgedessen können mit Abgabe des Führerscheins nicht mehrere Fahrverbote gleichzeitig „abgebüßt" werden; sie werden nacheinander vollstreckt. Mit der 4-Monatsfrist wollte der Gesetzgeber einerseits übermäßige Belastungen des Betroffenen vermeiden, andererseits aber taktische Manöver durch Einflussnahme auf den 4-Monatszeitraum verhindern. Das gilt auch dann, wenn mehrere anhängige Fahrverbote durch Rücknahme der Einsprüche beim Amtsgericht am gleichen Tage wirksam werden.

Das Fahren trotz Fahrverbots ist eine **Straftat** (§ 21 Abs. 1 Nr. 1 StVG). Entsprechendes gilt für den Halter, wenn er das Führen eines KFZ zulässt. Bedeutsam ist das vor allem bei Firmenfahrzeugen in der Zeit zwischen dem Wirksamwerden des Fahrverbots und der Abgabe des Führerscheins durch den angestellten Fahrer. Hat der Halter Kenntnis von dem Fahrverbot, macht er sich selbst strafbar, wenn er den angestellten Fahrer weiter mit dem Firmenfahrzeug fahren lässt (§ 21 Abs. 1 Nr. 2 StGB). Wegen derselben Tat kann neben einem Fahrverbot auch ein Entzug der Fahrerlaubnis durch die FE-Behörde in Betracht kommen, denn die „erzieherische" Nebenfolge des Fahrverbots enthält keine Aussage zur Fahreignung (BVerwG NJW 1994, 1672). Das ist dann der Fall, wenn sich aus den Tatumständen die Nichteignung ergibt. Wird z.B. im Bußgeldverfahren deutlich, dass die Ursache eines Rotlichtverstoßes auf einen erheblichen altersbedingten Leistungsabbau zurückzuführen ist, kann neben dem Fahrverbot als weitere Konsequenz die Fahrerlaubnis durch die FE-Behörde entzogen werden. Dagegen rechtfertigt auch ein einmaliger eklatanter Tempoverstoß im Regelfall keinen FE-Entzug (OVG Lüneburg VerkMitt 2000 Nr. 64).

Als „Denkzettel" soll das Fahrverbot nicht zu unangemessenen Folgen oder zur Vernichtung der wirtschaftlichen Existenz des Betroffenen führen. Die Bußgeldbehörde hat deshalb die Möglichkeit, von einem **Fahrverbot abzusehen** und stattdessen den Bußgeldbetrag angemessen zu erhöhen (§ 4 Abs. 4 BKatV). Allerdings genügen erhebliche berufliche oder wirtschaftliche Nachteile allein nicht, um ein Absehen vom Fahrverbot zu rechtfertigen (OLG Köln NZV 2001, 392). Infolgedessen gibt es auch keinen „Vielfahrer- oder Berufskraftfahrer-Bonus", so dass auch dieser Personenkreis trotz höherer Fahrleistung und größerem Risiko der Fahrverbotsregelung gleichermaßen unterliegt (OLG Düsseldorf VRS 87, 450; VRS 93, 202; NZV 2000, 134 = DAR 2000, 127; BayObLG VRS 92, 33; OLG Hamm VRS 98, 381; NZV 2000, 92 = VRS 97, 449; AG Kiel DAR 1999, 327). Andererseits muss aber das mit Verfassungsrang ausgestattete Prinzip der Verhältnismäßigkeit auch bei der Auflage eines Fahrverbots berücksichtigt werden. Entscheidend ist deshalb, ob Gesichtspunkte für den Betroffenen sprechen, die das Fahrverbot als eine außergewöhnliche Härte erscheinen lässt oder das äußere und innere Tatbild beherrschende besondere Umstände vorliegen (OLG Hamm NZV 2001, 486; OLG Hamm DAR 2001, 519; BGH NZV 1992, 117; AG Nauen NZV 2001, 488), z.B. das Fahrverbot führt glaubhaft zur Arbeitslosigkeit

Vollstreckung von mehreren gleichzeitig wirksam werdenden Fahrverboten	
Fahrverbote	Folge
Mehrere Fahrverbote ohne 4-Monatsfrist	Parallele Vollstreckung
Mehrere Fahrverbote mit 4-Monatsfrist	Vollstreckung nacheinander
Fahrverbote mit und ohne 4-Monatsfrist	Vollstreckung nacheinander
Ein Fahrverbot mit und zwei ohne 4-Monatsfrist	Vollstreckung nacheinander

oder Existenzvernichtung, es liegen keine einschlägigen Voreintragungen
im VZR vor und der Verkehrsverstoß weist keine atypische Begehungsweise
oder Folgen auf (kein Unfall mit erheblichen Schaden). Möglich ist auch
die Beschränkung des Fahrverbots auf bestimmte Fahrzeugarten, z. B. auf
PKW unter Ausnahme landwirtschaftlicher Zugmaschinen (OLG Düsseldorf VRS 87, 447). Allerdings ist ein isolierter, nur auf das Fahrverbot bezo-
gener Einspruch gegen den Bußgeldbescheid unzulässig. Zwar kann der
Einspruch auf bestimmte Beschwerdepunkte beschränkt werden (§ 67 Abs. 2
OWiG). Geldbuße und Fahrverbot bilden jedoch eine untrennbare Einheit,
die nur zusammen anfechtbar sind (BayObLG VRS 98, 42). In solchen Fällen
wäre der Führerschein in amtliche Verwahrung zu nehmen und ein neuer
Führerschein mit Beschränkung auf die vom Fahrverbot ausgenommene
Verkehrsart auszustellen. Wegen der relativen Kürze des Fahrverbots und
der Verfahrensdauer für die Ausstellung eines neuen Führerschein ist dies
jedoch wenig praktikabel. Stattdessen könnte dem Betroffenen eine auf die
ausgenommenen Verkehrsart bezogenen Ausnahme nach §§ 4 Abs. 2, 74
FeV von der Verpflichtung zum Mitführen des Führerscheins erteilt werden.

2.8.2 Mehrfachtäter-Punktsystem

Bußgeldbescheide über 40 € werden im VZR eingetragen und je nach
Schwere mit 1 bis 7 Punkten bewertet (§ 4 StVG, Anlage 13 zu § 39 FeV).
Das Mehrfachtäter-Punktsystem dient nicht der Vorbereitung, sondern vor
allem der Vermeidung eines FE-Entzugs, indem es für Mehrfachtäter durch
ein Bonussystem Angebote vorsieht, um sie zu normgemäßem Verkehrsverhalten zu veranlassen und einen weiteren Anstieg der Punkte zu vermeiden. Gleichzeitig soll die Allgemeinheit vor Gefahren geschützt werden,
die von den Mehrfachtätern ausgehen. Das Punktsystem unterscheidet bei
der Bewertung vor allem nach der Gefährlichkeit und den Folgen eines
Verstoßes. So werden mit 5 bis 7 Punkten Verkehrsstraftaten bewertet, z. B.
Trunkenheitsdelikte, Fahrerflucht, Fahren ohne Fahrerlaubnis. Mit 3 bis 4
Punkten werden grobe und unfallträchtige Ordnungswidrigkeiten erfasst,
mit 2 Punkten weniger schwere Zuwiderhandlungen und mit 1 Punkt alle
sonstigen Bußgeldverstöße.

Dem Mehrfachtäter-Punktsystem unterliegen alle FE-Inhaber (auch der
FE-Klassen L, M, T), gleich ob sie selbst beim Betrieb der Fahrzeuge Verstöße begehen oder ob ihnen als Halter oder für das Fahrzeug Verantwortliche (z. B. Fuhrparkleiter) verkehrsrechtliche Zuwiderhandlungen zur Last
zu legen sind. Außerdem kommt es nur auf die rechtskräftige bußgeld-
behördliche oder gerichtliche Entscheidung an. Einwendungen gegen diese
Entscheidungen sind im Punktsystem nicht mehr möglich, z. B. der Nachweis, dass der Betroffene faktisch nicht Täter des mit Punkten bewerteten
Verstoßes war (§ 4 Abs. 3 StVG). Aus dem VZR meldet das KBA diejenigen

Kraftfahrer an die FE-Behörde, die eine bestimmte Punktzahl erreicht haben. Die Mitteilungen des KBA über erreichte Punktzahlen erfolgen jeweils „automatisch" nach 8, 14 und 18 Punkten.

Bei **1 bis 7 Punkten** erfolgt noch keine („automatische") Mitteilung des KBA über die Punktzahl. Der Betroffene, der meist seine VZR-Einträge kennt, zudem jederzeit auch selbst beim KBA schriftlich anfragen kann, hat aber die Möglichkeit, schon jetzt freiwillig an einem Aufbauseminar in einer Fahrschule mit Seminarerlaubnis teilzunehmen; bei Punkten wegen Alkoholverstößen allerdings nur an einem besonderen Aufbauseminar, meist in

Formular für eine Auskunft aus dem Verkehrszentralregister
(Formular kann auch aus dem Internet unter „http://www.kba.de/vzr_formular.htm" abgerufen werden)

(Name)
▶ _____

Kraftfahrt-Bundesamt
Verkehrszentralregister

24932 Flensburg

(Postleitzahl/Ort)
▶ _____

(Straße/Haus-Nr.) ▶ _____

Antrag
auf Auskunft aus dem Verkehrszentralregister

Hiermit beantrage ich, mir unentgeltlich Auskunft über die zu meiner Person im Verkehrszentralregister erfassten Entscheidungen zu erteilen.

Geburtsname (in jedem Fall angeben)
▶ _____

Familienname (nur die Abweichung vom Geburtsnamen erforderlich)
▶ _____

Sämtliche Vornamen
▶ _____

Geburtsdatum
▶ _____

Geburtsort
▶ _____

– vor dem Beglaubigenden zu leisten –

(Datum)
▶ _____

(Unterschrift)
▶ _____

Die vorstehende Unterschrift ist von o.a. Antragsteller(in), persönlich bekannt/ausgewiesen durch Personalausweis/Reisepass, vor mir vollzogen/anerkannt worden. Dies wird hiermit amtlich beglaubigt. Die Beglaubigung wird nur zur Vorlage beim Kraftfahrt-Bundesamt erteilt.

▶ _____

(Ort, Datum)

(Dienstsiegel)

▶ _____

(Behörde)

Im Auftrag

▶ _____

(Unterschrift)

Anlage* (bitte ankreuzen)

☐ amtl. beglaubigte Kopie des Personalausweises (oder)

☐ amtl. beglaubigte Kopie des Reisepasses (oder)

☐ amtl. beglaubigte Kopie des behördlichen Dienstausweises

* nicht erforderlich, wenn die Unterschrift amtlich beglaubigt worden ist

einer Begutachtungsstelle für Fahreignung (§ 45 Abs. 2 FeV). Die bei der
FE-Behörde innerhalb von 3 Monaten nach Beendigung des Kurses einzu-
reichende Teilnahmebescheinigung ist dann Grundlage für einen Abzug
von 4 Punkten im VZR (§ 4 Abs. 4 StVG). Eine Punktegutschrift mit anschließenden „Pluspunkten" ist jedoch ausgeschlossen. Sind z. B. 3 Punkte
im VZR eingetragen und hat der FE-Inhaber die Nachschulung absolviert,
werden ihm (nur) 3 Punkte abgezogen; sein „Punktkonto" steht damit auf
„0" (1 Punkt wird „verschenkt"). Werden nach einem Verkehrsverstoß erneut
Punkte eingetragen, kommt eine Anrechnung aus der vorher absolvierten
Nachschulung nicht in Betracht. Maßgebend ist dabei der Tatzeitpunkt,
weil für den Punktestand jeweils das Ausstellungsdatum der Teilnahmebescheinigung bestimmend ist. Wird ein erneuter Verstoß vor der Ausstellung
der Bescheinigung begangen und erfolgt die Eintragung im VZR erst
danach, werden diese Punkte beim Abzug berücksichtigt. Hat der Betroffene
im vorherigen Beispiel vor Einreichung der Bescheinigung erneut eine Tat
mit 3 Punkten begangen (insgesamt also 6 Punkte), wird der Punkteabzug
voll angerechnet. Das „Punktkonto" beträgt dann 2 Punkte (6 – 4 = 2).

Ab **8 Punkten** erfolgt eine Mitteilung des KBA an die FE-Behörde, die den
Betroffenen durch eine schriftliche (kostenpflichtige) **„Verwarnung"** auf den
Punktstand unter Angabe der zu Grunde liegenden Verkehrsverstöße hinweist und ihm empfiehlt, freiwillig an einem Aufbauseminar teilzunehmen
(§ 4 Abs. 3 Nr. 1 StVG; § 41 Abs. 1 FeV). Das Aufbauseminar erfordert nur
die aktive Teilnahme, eine Erfolgskontrolle ist nicht vorgesehen. Nimmt der
Betroffene an einem solchen Kurs teil und reicht er die Teilnahmebescheinigung innerhalb von 3 Monaten nach Abschluss des Kurses bei der
FE-Behörde ein, erfolgt ein Abzug von 4 Punkten im VZR, sofern die Ge-
samtpunktzahl **nicht mehr als 8 Punkte** beträgt. Dadurch soll eine rasche
Reaktion des Betroffenen auf vorhandene Defizite mit dem Ziel, einen weiteren Punktanstieg zu vermeiden, „honoriert" werden. Bei **9 bis 13 Punkten**
wird nur noch ein Rabatt von 2 Punkten gewährt. Hierbei kommt es darauf
an, welche Punktzahl zum Zeitpunkt der Ausstellung der Seminarbeschei-
nigung vorhanden ist. Betrug das Punktkonto bei der Aufforderung der FE-
Behörde zum Aufbauseminar 8 Punkte, bei der (späteren) Teilnahme an
der Nachschulung aber 12 Punkte, erfolgt nur ein Abzug von 2 Punkten.
Hat der Betroffene vor der Verwarnung der FE-Behörde, aber innerhalb
von 5 Jahren, schon einmal an einem freiwilligen Aufbauseminar (mit
Punktabzug) teilgenommen, ist ihm zwar die erneute Teilnahme an einem
Kurs nicht verwehrt, ein Punkteabzug ist jedoch nicht mehr möglich (§ 4
Abs. 4 StVG).

Ab **14 bis 17 Punkten** ordnet die FE-Behörde schriftlich unter Fristsetzung
die Pflichtteilnahme an einem **Aufbauseminar** an (§ 4 Abs. 3 Nr. 2 StVG;
§ 40 Abs. 2 FeV). Ein Punktrabatt ist nicht vorgesehen. Verweigert der
Betroffene innerhalb der vorgegebenen Frist die Teilnahme, muss die Fahrerlaubnis entzogen werden (§ 4 Abs. 7 StVG). Auf die Gründe der Nichtteilnahme kommt es dabei nicht an. Der FE-Entzug ist deshalb auch dann
anzuordnen, wenn der Betroffene die finanziellen Mittel für das Aufbauseminar nicht aufbringen kann. Anders nur, wenn dem Betroffenen eine
Teilnahme an dem Seminar wegen (nachweisbarer) Krankheit nicht möglich ist; dann wird die FE-Behörde einen neuen Termin setzen. Nimmt der
Betroffene nach dem Entzug an dem Aufbauseminar teil, kann ihm die
Fahrerlaubnis ohne vorherige Fahreignungsbegutachtung und ohne Sperr-
frist von 6 Monaten wieder erteilt werden (§ 4 Abs. 11 StVG).

Zwischen 14 und 17 Punkten kann sich der (seltene) Fall ergeben, dass der Betroffene noch nicht verwarnt und zu einem Aufbauseminar aufgefordert worden ist (wie bei 8 bis 13 Punkten vorgesehen). Solche Fälle ergeben sich meist dann, wenn der Betroffene in kurzer Zeit mehrere eintragungspflichtige Verstöße begeht, die das Punktkonto von unter 8 auf 14 und mehr Punkte anwachsen lassen, z. B. 5 Tempoverstöße zu je 3 Punkten innerhalb von 3 Tagen (= 15 Punkte). Da in solchen Fällen meist vorangegangene Maßnahmen der FE-Behörde fehlen, wird der Betroffene so behandelt, als ob er erst 9 Punkte hätte (§ 4 Abs. 5 StVG). Er kann somit durch eine freiwillige Teilnahme an einem Aufbauseminar 2 Punkte abbauen. Entsprechendes gilt bei schnellem Punktanstieg auf 18 und mehr, ohne dass eine Anordnung zur Pflichtteilnahme an einem Aufbauseminar ergangen ist. In diesem Fall wird der Betroffene so gestellt, als ob er erst 14 Punkte erreicht hätte. Er muss deshalb an einem Pflichtseminar ohne Punktrabatt teilnehmen. Die Option zum Punktabbau durch eine verkehrspsychologische Beratung bleibt jedoch bestehen.

Ein Aufbauseminar ist im Punktsystem **nur einmal** innerhalb von 5 Jahren vorgesehen (§ 4 Abs. 4 StVG), denn die auf eine Verhaltensänderung abzielende (gruppendynamische) Wirkung der Seminare lässt sich bei häufiger Teilnahme nicht steigern. Außerdem dürfen Aufbauseminare nicht zum „Ablasshandel" verkommen. Hat der Betroffene bereits vorher an einem Aufbauseminar auf freiwilliger Basis teilgenommen, entfällt die Pflichtnachschulung. In diesem Fall wird er nur schriftlich verwarnt und auf die Folgen künftiger Verstöße hingewiesen (§ 4 Abs. 3 Nr. 2 StVG). Unberührt bleiben allerdings die Aufbauseminare für **Fahranfänger** (FaP), weil diese speziell auf Fahranfänger zugeschnitten sind. Das FaP-Aufbauseminar ist deshalb auch dann anzuordnen, wenn der Betroffene innerhalb von 5 Jahren bereits an einem Aufbauseminar für Punktetäter teilgenommen hat. Umgekehrt entfällt aber ein Punkte-Seminar, wenn innerhalb von 5 Jahren ein FaP-Seminar absolviert worden ist. Unberührt bleiben ferner die besonderen Aufbauseminare bei Alkoholverstößen (§ 4 Abs. 1 und 8 StVG). Hat der Betroffene bereits an einem Punkte-Seminar teilgenommen und wird er danach mit einem Alkoholverstoß auffällig, kann er nunmehr zur Teilnahme an einem „besonderen Aufbauseminar" verpflichtet werden (diese Kurse sind speziell auf den Täterkreis von Alkohol- oder Drogendelikten zugeschnitten).

Bei 14 bis 17 Punkten wird der Betroffene außerdem auf den drohenden FE-Entzug bei 18 Punkten und auf die Möglichkeit der Teilnahme an einer freiwilligen **verkehrspsychologischen Beratung** hingewiesen (§ 4 Abs. 3 Nr. 2 StVG). Die Aufforderung zur verkehrspsychologischen Beratung hat den Charakter einer „letzten Verwarnung"; deren Nichtbefolgung führt zu keinen Konsequenzen. In der verkehrspsychologischen Beratung sollen die Defizite, die zu dem mehrfachen Fehlverhalten geführt haben, untersucht, Verkrustungen in der sozialen Einstellung aufgeweicht und Möglichkeiten zu einer Verhaltensänderung aufgezeigt werden. Dazu ist ein Einzelgespräch von mindestens 4 Stunden erforderlich. Die Erkenntnisse aus der Untersuchung sollen den Betroffenen befähigen, Fehleinstellungen zum Straßenverkehr zu erkennen, und die Bereitschaft entwickeln, Mängel abzubauen. Das Ergebnis der Beratung wird nur dem Betroffenen vermittelt. Über die Teilnahme erhält der Betroffene eine Bescheinigung zur Vorlage bei der FE-Behörde für den **Zwei-Punkte-Bonus**. Die verkehrspsychologische Beratung führt nur einmal innerhalb von 5 Jahren zu einem Punkteabzug.

Maßnahmen nach dem Mehrfachtäter-Punktsystem				
Punkte	**Maßnahmen der FE-Behörde**	**Abzug von Punkten bei Teilnahme**	**Folgen der Nichtbeachtung der Anordnung**	**Bereits Teilnahme an Aufbauseminar oder verkehrspsychologischer Beratung innerhalb von 5 Jahren**
1 bis 7	Keine; aber freiwillige Teilnahme am Aufbauseminar	4	–	–
8 bis 13	Verwarnung mit Hinweis auf freiwillige Teilnahme am Aufbauseminar	Bis 8 = 4 Bei 9–13 = 2	Kein Punktabzug	Kein Punktabzug
14 bis 17	Pflichtteilnahme am Aufbauseminar innerhalb von 3 Monaten und	Kein Punktabzug	Entzug der FE	Nur schriftliche Verwarnung, jedoch bei Alkoholverstößen besonderes Aufbauseminar
	Aufforderung zur freiwilligen Teilnahme an verkehrspsychologischer Beratung	2	Keine	Kein Punktabzug
ab 18	FE-Entzug für mindestens 6 Monate[1]	–	Beschlagnahme des Führerscheins	

1 Erreicht der Betroffene innerhalb kurzer Zeit 14 bzw. 18 und mehr Punkte, ohne vorher eine Verwarnung mit Hinweis zur Teilnahme an einem Aufbauseminar erhalten zu haben, kann er so gestellt werden, als ob er erst 9 Punkte erreicht hat (§ 4 Abs. 5 StVG). Fehlt auch eine vorherige Pflichtteilnahme an einem Aufbauseminar oder der Hinweis auf eine verkehrspsychologische Beratung, wird er zur Nachschulung verpflichtet (Fiktion 14 Punkte)

Hat der Betroffene **18 Punkte** erreicht, ist die Fahrerlaubnis für die Dauer von 6 Monaten zu entziehen (§ 4 Abs. 3 Nr. 3 StVG). Der FE-Entzug ist eine zwingende Folge beim Erreichen von 18 Punkten. Die FE-Behörde hat hier keinen Ermessensspielraum, weil die Vermutung der Nichteignung unabwendbar ist. Eine neue Fahrerlaubnis darf frühestens 6 Monate nach Wirksamwerden des Entziehungsbescheides erteilt werden (§ 4 Abs. 10 StVG). Außerdem muss der Betroffene jetzt ein positives Fahreignungsgutachten beibringen (der berüchtigte „Macketest"). Verweigert der Betroffene die Begutachtung oder fällt sie negativ aus, wird die Neuerteilung der Fahrerlaubnis versagt.

2.8.3 Tilgung von Eintragungen im VZR

Eintragungen und Punkte im VZR werden nach Ablauf eines bestimmten Zeitraums gelöscht (§ 29 StVG). Die Tilgungsfristen betragen:
– 2 Jahre für alle Ordnungswidrigkeiten, sofern innerhalb dieser Zeit **keine** weiteren eintragungspflichtigen Verstöße begangen werden. Andernfalls verlängert sich die Tilgungsfrist auf 5 Jahre
– 5 Jahre bei Straftaten mit Ausnahme von Verkehrsstraftaten mit FE-Entzug (§§ 315 c Abs. 1 Nr. 1 a, 316, 323 a StGB)
– 10 Jahre für Verkehrsstraftaten, vor allem bei Alkoholdelikten mit FE-Entzug.

Voraussetzung für die **Tilgung** ist, dass nach der letzten Eintragung innerhalb der vorgegebenen Fristen („Bewährungsphasen") keine neue Eintragung in das VZR hinzukommt. Erfolgt innerhalb dieser Zeit erneut eine Eintragung, beginnt die Frist erneut zu laufen. Ordnungswidrigkeiten mit Ausnahme von 0,5 %-Entscheidungen nach § 24 a StVG werden allerdings nach Ablauf von 5 Jahren getilgt, und zwar unabhängig von weiteren Eintragungen (§ 29 Abs. 6 StVG).

Ist die Tilgungsreife eingetreten, dürfen Eintragungen nicht mehr zum Nachteil des Betroffenen verwertet werden. Allerdings werden die Eintragungen noch für den Zeitraum von 3 Monaten im „**Überliegeregister**" geführt (§ 29 Abs. 7 StVG), weil es für die Frage der Eintragung nicht auf den Zeitpunkt der Tat, sondern auf die Rechtskraft des Bußgeldbescheides bzw. Urteils ankommt (§ 29 Abs. 4 Nr. 3 StVG). Wird z. B. kurz vor Ablauf der Tilgungsfrist ein bestandskräftiger Bußgeldbescheid erlassen, der erst nach Ablauf der Tilgungsfrist dem KBA übermittelt wird, leben die im Überliegeregister vorhandenen Voreintragungen wieder auf. Dadurch kann Folgendes eintreten: Ergeht eine Anfrage an das KBA während der Überliegefrist, aber noch vor Mitteilung der bestandskräftigen Entscheidung, teilt das KBA „keine Eintragungen" mit (obwohl im Überliegeregister z. B. noch 15 Punkte verzeichnet sind). Wird nunmehr eine vor Ablauf der Tilgungsfrist rechtskräftige Entscheidung mit z. B. 3 Punkten eingetragen, leben die (mit 15 Punkten bewerteten) Voreintragungen mit der Folge wieder auf, so dass der Betroffene nunmehr 18 Punkte erreicht hat und ihm die Fahrerlaubnis zu entziehen ist.

2.8.4 Einziehung von Gegenständen

§ 22 Abs. 1 OWiG lässt die Einziehung von Gegenständen als Nebenfolge einer Ordnungswidrigkeit nur zu, soweit ein Gesetz das ausdrücklich vorsieht. Da im StVG eine solche Ermächtigung fehlt, kommt eine Einziehung des KFZ im Zusammenhang mit Verkehrsordnungswidrigkeiten nicht in Betracht (nur bei Verkehrsstraftaten). Das nach den Sicherheits- und Ordnungsgesetzen der Länder zulässige Abschleppen verkehrswidrig abgestellter Fahrzeuge dient als rein polizeiliche Maßnahme der Beseitigung einer Verkehrsstörung. Mit der Einziehung nach § 22 OWiG hat diese Maßnahme nichts zu tun.

2.8.5 Beschlagnahme des Führerscheins

Eine Beschlagnahme des Führerscheins durch die Polizei (§ 94 StPO) und vorläufiger Entzug der Fahrerlaubnis durch das Gericht (§ 111 a StPO) kommt **nur** bei **Verkehrsstraftaten**, **nicht** bei Ordnungswidrigkeiten in Betracht. Die Bußgeldbehörde darf eine solche Maßregelung nicht anordnen. Stellt sich heraus, dass keine Verkehrsstraftat, sondern nur eine Ordnungswidrigkeit begangen wurde, ist die Beschlagnahme aufzuheben und der Führerschein zurückzugeben. Unberührt bleibt die Beschlagnahmemöglichkeit, wenn der Betroffene bei einem Fahrverbot seinen Führerschein nicht abliefert.

2.9 Fahrtenbuchauflage

Ist die Ermittlung des schuldigen Kraftfahrers nach einem Verkehrsverstoß nicht möglich (z. B. nach einer Kennzeichenanzeige), kann der Halter die Führung eines Fahrtenbuches auferlegt werden (§ 31a StVZO); auch für alle in seinem Besitz befindlichen KFZ (BVerwG VerkMitt 1996 Nr. 48;

OVG Münster NZV 1998, 176). Die Fahrtenbuchauflage soll den Halter zur Erfüllung seiner Aufsichtspflichten anhalten und ihn veranlassen, an der zumutbaren Täterfeststellung mitzuwirken. Infolgedessen kann ein Fahrtenbuch auch dann angeordnet werden, wenn der Halter von seinem Zeugnisverweigerungsrecht Gebrauch macht (BVerwG VerkMitt 2000 Nr. 55 = NZV 2000, 385) oder zwar den Täter benennt, die Mitteilung aber erst nach Eintritt der Verjährung unter Ausschluss der Ahndung erfolgt.

Die Auflage wird weder im VZR, noch im Fahrzeugschein eingetragen. Die Auflage als belastende Maßnahme des Halters steht unter dem Grundsatz der Verhältnismäßigkeit. Nicht jeder ungeahndete Verstoß führt deshalb zu einem Fahrtenbuch, sondern nur solche Zuwiderhandlungen, die wegen ihrer Schwere die künftige Täterfeststellung ermöglichen sollen, z. B. Rotlicht- oder punktbewertete Bußgeldverstöße (BVerwG NZV 2000, 386; OVG Münster NZV 1999, 439 = VRS 97, 307), nicht aber im Verwarnungsgeldverfahren.

2.10 Kostenverfahren im ruhenden Verkehr

Mit § 25 a StVG ist (nur) für Verstöße im **ruhenden Verkehr** die Möglichkeit eröffnet worden, den Halter für die Verfahrenskosten nebst den Zustellungskosten haften zu lassen, wenn der Täter nicht vor Ablauf der Verfolgungsverjährung oder nur mit unangemessen hohem Aufwand ermittelt werden kann. In diesen Fällen wird das Verfahren eingestellt, dem Halter werden die Kosten auferlegt. (Verfahrenskosten 13 € gemäß § 107 Abs. 2 OWiG[8]). Er hat dann auch seine eigenen Kosten (z. B. Anwaltskosten) zu tragen. Gegen den Kostenbeschluss kann der Betroffene innerhalb von zwei Wochen nach Zustellung gerichtliche Entscheidung beantragen (§ 25 a Abs. 3 StVG). In diesem Verfahren wird jedoch nicht mehr über die zu Grunde liegende Tat, sondern nur noch über das Vorliegen der Voraussetzungen nach § 25 a Abs. 1 StVG entschieden.

Viele Bußgeldbehörden ziehen aus der Nichtzahlung des Verwarnungsgeldes bereits den Schluss, dass der Halter des KFZ nicht gewillt ist, den Täter des Verkehrsverstoßes zu benennen. Da meist weiter gehende Ermittlungen nicht zum Ziel führen, stellen die Bußgeldbehörden häufig das Verfahren ein und erlassen einen Kostenbescheid. Die für den **Kostenbescheid** notwendige Anhörung (§ 25 a Abs. 2 Hlbs. 2 StVG) ist im Regelfall bereits mit dem Verwarnungsgeldangebot verbunden. Damit werden allerdings die Vorschriften der §§ 56, 65 OWiG faktisch ausgehebelt. An sich dürfte aus der Zahlungsunwilligkeit des Betroffenen nur der Schluss gezogen werden, dass der Betroffene die Verwarnung nicht annehmen will. Die rechtliche Folge wäre dann der Erlass eines Bußgeldbescheides. Erst wenn in diesem Verfahren der Täter nicht zu ermitteln ist, wären die Voraussetzungen des § 25 a StVG gegeben. Dadurch, dass die Bußgeldbehörden den Verfahrensschritt „Bußgeldbescheid" ausklammern, geht dem Betroffenen eine Ver-

---

8 Die Gebühr für die „Halterhaftung" im ruhenden Verkehr nach § 25 a StVG i. V. m. § 107 Abs. 2 OWiG beträgt somit 13 € (Art. 24 des Euro-Einführungsgesetzes u. a. im Straf- und Ordnungswidrigkeitengesetz vom 13.12.2001 – BGBl. I S. 3574/3579). Dagegen beträgt die Mindestverfahrensgebühr eines Bußgeldbescheides nach § 107 Abs. 1 OWiG 12,50 €. Der Unterschied beruht auf einem „Versehen" im zeitlich vorgeschalteten KostEuroUG vom 27.4.2001 (BGBl. I S. 751/753), nach dem auch die Verfahrenskosten nach § 25 a StVG im Zwischenverfahren der Staatsanwaltschaft auf 13 € (im gerichtlichen Verfahren auf 25 €) festgesetzt worden sind: VII. 7700 und 7710 Kostenverzeichnis nach § 11 Abs. 1 GKG.

teidigungsmöglichkeit verloren, weil im Kostenverfahren über die rechtliche Zulässigkeit des Verkehrsverstoßes nicht mehr befunden wird. Bisher haben die Amtsgerichte das von den Bußgeldbehörden praktizierte Verfahren aus pragmatischen Gründen nicht beanstandet (AG Winsen VerkMitt 1994 Nr. 65).

2.11 Auslagen des Betroffenen

Damit der Betroffene bei eingestellten Kennzeichenanzeigen im **fließenden Verkehr** nicht auch noch mit einer Kostenübernahme „belohnt" wird, werden seine Aufwendungen (z. B. die des beauftragten Rechtsanwalts) nur erstattet, sofern das Bußgeld mehr als 10 € betragen hat. Unter 10 € erfolgt eine Kostenübernahme nur, sofern die Hinzuziehung eines Rechtsanwalts wegen einer schwierigen Sach- oder Rechtslage oder der Bedeutung der Sache für den Betroffenen geboten war (§ 109a Abs. 1 OWiG). Eine schwierige Sach- oder Rechtslage ist gegeben, wenn es sich nicht nur um einen Formalverstoß handelt, besondere Tatumstände zu ermitteln sind oder die rechtliche Zuordnung der Tat streitig ist (BVerfG VRS 88, 81). Außerdem werden Anwaltskosten nicht ersetzt, wenn die Weiterführung des (später einzustellenden) Verfahrens durch ein rechtzeitiges Vorbringen entlastender Tatumstände hätte vermieden werden können, z. B. Angabe des Täters erst nach Eintritt der Verjährungsfrist (§ 109a Abs. 2 OWiG).

2.12 Vollstreckung der Bußgeldbescheide

Für die Vollstreckung von Bußgeldbescheiden findet das Verwaltungs-Vollstreckungsgesetz Anwendung (§ 90 OWiG). Die Geldbußen fließen dabei in die jeweilige Landeskasse. Die Einstellung eines Verfahrens unter Zahlung einer Buße an einen gemeinnützigen Verein (z. B. Landesverkehrswacht) ist unzulässig. Vollstreckungsbehörde ist die Bußgeldbehörde (§ 92 OWiG). Sie kann Zahlungserleichterungen (Ratenzahlung, Stundung) gewähren, wenn der Betroffene sich außer Stande sieht, den vollen Bußgeldbetrag sofort zu bezahlen (§ 93 OWiG). Bei Bußgeldbescheiden wegen Verkehrsordnungswidrigkeiten ist das wegen der geringen Beträge jedoch selten der Fall. Materielle Einlassungen des Betroffenen im Vollstreckungsverfahren (die Tat habe sich nicht so, wie im Bußgeldbescheid beschrieben, ereignet) bleiben außer Betracht.

2.12.1 Beitreibung

Nach Ablauf von zwei Wochen nach Bestandskraft des Bußgeldbescheides kann die Geldbuße nebst der Verfahrenskosten beigetrieben werden, wenn der Betroffene nicht zahlt (§ 95 OWiG). Da es sich bei der Geldbuße um eine öffentlich-rechtliche Forderung handelt, muss der Beitreibung keine formelle „Mahnung" vorangehen. Üblich ist jedoch, den Betroffenen vor der Beitreibung nochmals an die Zahlung zu erinnern (und die „Folterwerkzeuge" der Vollstreckung vorzuzeigen). Als zahlungsunwillig gilt der Betroffene, wenn er weder die Geldbuße innerhalb der 2-Wochen-Frist bezahlt, noch auf die Zahlungserinnerung reagiert. Vollstreckt wird grundsätzlich durch Pfändung von Geld, aber auch von Sachmitteln, die dann zur Versteigerung gelangen. Bei Weigerung zur Wohnungsdurchsuchung wäre eine richterliche Anordnung erforderlich, die indes wegen Fehlens einer gesetzlichen Grundlage nicht erlassen werden kann (AG Karlsruhe VRS 97, 377). Führt die Vollstreckung durch den Gerichtsvollzieher nicht zum Ziel, kann die

Bußgeldbehörde (vor allem bei geringfügigen Bußgeldern) die Vollstreckung niederschlagen, wenn nicht zu erwarten steht, dass sich die wirtschaftlichen Verhältnisse des Betroffene in absehbarer Zeit bessern (§ 95 Abs. 2 OWiG).

2.12.2 Erzwingungshaft

Bleiben Beitreibungsversuche erfolglos, kann die Bußgeldbehörde beim Amtsgericht Erzwingungshaft beantragen (§ 96 OWiG). Voraussetzung ist allerdings, dass die Zahlungsunwilligkeit nicht auf Zahlungsunfähigkeit beruht. Wegen des Grundsatzes der Verhältnismäßigkeit wird Erzwingungshaft im Massenverfahren meist nur bei Bußgeldern über 40 € in Betracht kommen. Bei strikter Zahlungsverweigerung von Verwarnungsgeldern darf die Erzwingungshaft aber nicht als „exotische Maßnahme" der Bußgeldbehörde verworfen werden, weil andernfalls Bagatellverfahren über die Zahlungsmoral ausgehebelt werden können. Für die Vollstreckung der Erzwingungshaft gelten die strafprozessualen Vorschriften entsprechend (§ 97 OWiG, § 451 StPO).

3 Hinweise

3.1 Verfahrensnormen des Bußgeldverfahrens: § 46 Abs. 1 OWiG i.V.m. der StPO; Gewährung von Zahlungserleichterungen für Bußgelder: § 93 OWiG.

3.2 Wer einem Polizeibeamten Geld anbietet, damit dieser von der weiteren Verfolgung eines Verkehrsverstoßes absieht, macht sich der Bestechung nach § 334 Abs. 1 StGB strafbar (KG VRS 101, 202).

§ 50 Sonderregelung für die Insel Helgoland

Auf der Insel Helgoland sind der Verkehr mit Kraftfahrzeugen und das Radfahren verboten.

(VwV-StVO zu § 50 nicht vorhanden)

1 Aus der amtlichen Begründung

Der Zweck der Regelung soll sein, Verkehrsverbote in der Form von Verkehrszeichen zu vermeiden. Damit soll der besonderen Ausnahmesituation auf der Insel Rechnung getragen werden.

2 Erläuterungen

2.1 Die entsprechende Anwendung des § 50 auf andere Inseln ist nicht zulässig.

2.2 Sonderrechte bestimmter Organisationen sowie des Straßendienstes, der Müllabfuhr und der Post bestehen auch auf Helgoland: § 35 Abs. 6.

§ 51 Besondere Kostenregelung

Die Kosten des Zeichens 386 trägt abweichend von § 5b Abs. 1 des Straßenverkehrsgesetzes derjenige, der die Aufstellung dieses Zeichens beantragt.

(VwV-StVO zu § 51 nicht vorhanden)

1 Aus der amtlichen Begründung

§ 5b Abs. 3 StVG enthält eine gesetzliche Ermächtigung, die Kostentragungspflicht des Baulastträgers bei neuen Verkehrszeichen auf andere zu übertragen. Davon ist in § 51 für die Beschaffung, Anbringung, Unterhaltung und Entfernung des Zeichens 386 Gebrauch gemacht worden (Begr. 1988).

2 Erläuterungen

Touristische Hinweise werden in der Regel von den Einrichtungen des Fremdenverkehrs beantragt. Vor der Aufstellung müssen die Z. 386 von der örtlich zuständigen Straßenverkehrsbehörde angeordnet werden. Die Kosten für die Schilder, Aufstellung und Unterhaltung trägt nicht der Baulastträger, sondern die Stelle, auf deren Antrag die Z. 386 angeordnet worden sind.

§ 52 Entgelt für die Benutzung tatsächlich-öffentlicher Verkehrsflächen

Diese Verordnung steht der Erhebung von Entgelten für die Benutzung von Verkehrsflächen, an denen kein Gemeingebrauch besteht, auf Grund anderer als straßenverkehrsrechtlicher Bestimmungen nicht entgegen.

(VwV-StVO zu § 52 nicht vorhanden)

1 Aus der amtlichen Begründung

Es handelt sich hier um nicht gewidmete Verkehrsflächen, die der Öffentlichkeit aber faktisch zur Verfügung stehen, wie Vorplätze von Bahnhöfen und Flughäfen sowie um Parkplätze (auch von Parkhochhäusern oder Tiefgaragen), die von privaten oder kommunalen Trägern erstellt und betrieben werden. Da diese der StVO unterliegen, wäre es rechtlich zulässig, dass die zuständige Straßenverkehrsbehörde Parkuhren oder Parkscheinautomaten anordnet, deren Missachtung ordnungswidrig wäre. In einzelnen Fällen geschieht das auch. In der Mehrzahl der Fälle erheben jedoch die Eigentümer dieser Flächen für das Parken Entgelte auf der Grundlage des Privat- oder des Kommunalrechts. Als Kontrolleinrichtungen werden dabei häufig (private) Inkassoeinrichtungen in der Form von Parkuhren oder Parkscheinautomaten verwendet, wobei die Gebühren allerdings in der Regel deutlich höher als in den Parkgebühren-Verordnungen der Länder (§ 6a Abs. 6 StVG) liegen (Begr. 1988).

2 Erläuterungen

Die Vorschrift lässt die Erhebung von Entgelten bei Benutzung straßenrechtlich nicht gewidmeter Flächen auf der Grundlage des Privatrechts zu (BayVerfGH VerkMitt 1999 Nr. 67). Mit welchen Inkassogeräten die Entgelterhebung erfolgt, bleibt dem Verfügungsberechtigten überlassen, z. B. Schranken, Inkassoautomaten, elektronische Systeme. Verstöße gegen solchermaßen privatrechtlich geregelte Nutzungsordnungen (z. B. Parken ohne zu bezahlen) sind keine Ordnungswidrigkeiten nach § 49, sondern können nach Privatrecht eingeklagt werden. Dies gilt nicht nur auf Parkplätzen und Tiefgaragen, sondern auch für die Erhebung von Straßenbenutzungs**entgelten** („Maut" sind keine „Gebühren"), wenn der Privateigentümer eine Straße oder Brücke der Öffentlichkeit zur Verfügung stellt, z. B. privat finanzierte und unterhaltene Autobahnen, die straßenrechtlich nicht gewidmet werden.

Stellt der Inhaber seine private Verkehrsfläche zum Parken zur Verfügung, haftet er nicht für den Diebstahl des dort abgestellten Fahrzeugs, selbst wenn die Parkfläche oder das Parkhaus durch Video überwacht wird (OLG Düsseldorf DAR 2001, 503).

§ 53 In Kraft treten[1]

(1) Diese Verordnung tritt am 1. März 1971 in Kraft.

(2) Die Straßenverkehrs-Ordnung vom 13. November 1937 (Reichsgesetzblatt I S. 1179) in der Fassung der Bekanntmachung vom 29. März 1956 (BGBl. I S. 271, 327) mit den Änderungen der Verordnung vom 25. Juli 1957 (BGBl. I S. 780), vom 7. Juli 1960 (BGBl. I S. 485), vom 29. Dezember 1960 (BGBl. 1961 I S. 8) und vom 30. April 1964 (BGBl. I S. 305) tritt mit dem gleichen Tage außer Kraft.

(3) Das Zeichen 226 der Straßenverkehrs-Ordnung vom 16. November 1970 (BGBl. 1 S. 1565, 1971 1 S. 38) in der Fassung der Verordnung vom 28. April 1982 (BGBl. 1 S. 564) hat bis zum 31. Dezember 1995 die Bedeutung des Zeichens 224 in der Fassung der vorstehenden Verordnung.

(4) Die Zeichen 274, 278, 307, 314, 380, 385 und die bisherigen Absperrschranken mit schrägen Schraffen behalten die Bedeutung, die sie nach der vor dem 1. Oktober 1988 geltenden Fassung dieser Verordnung hatten, bis längstens zum 31. Dezember 1998. Bis längstens 31. Dezember 1998 können Fußgängerbereiche (Zeichen 242/243) auch weiterhin mit Zeichen 241 gekennzeichnet werden. Bild 291 behält die Bedeutung, die es nach der vor dem 1. Oktober 1988 geltenden Fassung dieser Verordnung hatte, bis längstens zum 30. April 1989.

(5) Das Zusatzschild mit der Aufschrift „bei Nässe" darf bis zum 31. Dezember 1988 verwendet werden.

(6) Schutzhelme, die nicht in amtlich genehmigter Bauart ausgeführt sind, dürfen nach dem 1. Januar 1990 nicht mehr verwendet werden.

(7) Die bisherigen Zeichen 290 und 292 behalten die Bedeutung, die sie nach der vor dem 1. Januar 1990 geltenden Fassung der Straßenverkehrs-Ordnung hatten, bis längstens zum 31. Dezember 1999.

(8) Die bisherigen Zeichen 448 und 450 (300-m-Bake) bei Autobahnausfahrten dürfen bis zum 31. Dezember 1995 verwendet werden.

(9) Verkehrszeichen in der Gestaltung nach der bis zum 1. Juli 1992 geltenden Fassung dieser Verordnung behalten auch danach Gültigkeit. Ab dem 1. Juli 1992 dürfen jedoch nur noch Verkehrszeichen und Verkehrseinrichtungen mit den neuen Symbolen angeordnet und aufgestellt werden.

(10) Die Kennzeichnung des Anfangs, des Verlaufs und des Endes einer Verbotsstrecke durch Zusatzschilder (§ 41 Abs. 2 Nr. 8 Buchstabe c Satz 3 in der bis 30. Juni 1992 geltenden Fassung) bleibt bis 30. Juni 1994 wirksam.

(11) Die Kennzeichnung des Anfangs, des Verlaufs und des Endes einer Strecke, auf der das Parken durch die Zeichen 314 oder 315 (§ 42 Abs. 4) erlaubt ist, durch Zusatzschilder bleibt bis 30. Juni 1994 wirksam.

---

1 Nicht mehr aktuelle Übergangsbestimmungen sind „mager" gesetzt

(12) Rote und gelbe Pfeile in Lichtzeichenanlagen gemäß § 37 Abs. 2 Nr. 1 in der bis zum 30. Juni 1992 geltenden Fassung bleiben bis zum 31. Dezember 2005 gültig.

(13) Die bisherigen Zeichen 229 behalten die Bedeutung, die sie nach der vor dem 1. März 1994 geltenden Fassung der Straßenverkehrs-Ordnung hatten, bis längstens 31. Dezember 1994.

(14) Die bisherigen Zeichen 368, die zum Zeitpunkt des Inkrafttretens der Streichung des Zeichens 368 bereits angeordnet und aufgestellt worden sind, behalten bis zum 31. Dezember 2002 ihre Gültigkeit.

(15) Autobahnhinweistafeln, die auf Grund der Verkehrsblattverlautbarung vom 24. Oktober 1994 (VkBl. 1994, S. 699) vor Inkrafttreten des Zeichens 448.1 angeordnet und aufgestellt worden sind, behalten bis zum 31. Dezember 2005 ihre Gültigkeit.

(16) Zusatzschilder, die bislang Anwohner mit besonderem Parkausweis vom eingeschränkten Haltverbot nach Zeichen 286 oder einem Haltverbot für die Zone nach Zeichen 290 ausgenommen haben, und Zusatzschilder zu den Zeichen 314 oder 315, die die Erlaubnis zum Parken bislang auf Anwohner beschränkt haben, sowie der mit Verkehrsblattverlautbarung vom 6. Januar 1998 (VkBl. 1998 S. 99) bekannt gegebene Parkausweis für Anwohner behalten bis zum 31. Dezember 2003 ihre Gültigkeit.

VwV zu § 53 In Kraft treten

1   Die bisherigen Regeln dieser Verwaltungsvorschrift zu § 37 „Wechsellichtzeichen, Dauerlichtzeichen und Grünpfeil" zu Abs. 2 zu den Nr. 1 und 2 IX behalten auch nach der bis zum 1.7.1992 geltenden Fassung dieser Vorschrift ihre Gültigkeit, jedoch längstens bis zum 31.12.2005. Neue Lichtsignalanlagen sind nach dem 1.7.1992 nach den neuen Regeln auszuführen.

1 Aus der amtlichen Begründung

1.1 Die Übergangsregelung für die noch vorhandenen Z. 368 ist sachlich geboten. Ungeachtet der grundsätzlichen Entbehrlichkeit dieses Zeichens infolge der technischen Entwicklung bei den Autoradios erscheint es sinnvoll und geboten, die Information der Führer von Kraftfahrzeugen, deren Autoradios noch nicht über eine automatische Frequenzeinstellung verfügen, über die Frequenz von Verkehrsfunksendern für einen Übergangszeitraum von 5 Jahren beizubehalten. Die vorhandenen Zeichen 368 reichen hierfür aus und sollen für diesen Zeitraum bestehen bleiben (Begr. 1997).

1.2 Wegen Änderung des Begriffs „Anwohner" in „Bewohner" genügt für die Änderung das Überkleben der Schilder mit dem Wortteil „Be", so dass eine Übergangszeit bis 31.12.2003 ausreichend erscheint (Begr. 2001).

2 Erläuterungen

2.1 Verkehrszeichen 274, die noch die alte Angabe „km" enthalten, sind ungültig und müssen nicht beachtet werden (OLG Stuttgart VerkMitt 2001, Nr. 92 = NZV 2001, 272; a. A. AG Celle DAR 2001, 137).

2.2 Anwohnerparkausweise sind noch bis zum 31.12.2003 gültig und müssen dann in einen Ausweis mit den Worten „Bewohnerparkausweis" umgetauscht werden; zulässig ist auch die Änderung des Wortteils „An"- in „Be"-wohner.

Sachverzeichnis

(Die Zahlen bezeichnen die Seiten)